文化研究：理論與實踐

Chris Barker
Emma A. Jane　著

羅世宏　譯

五南圖書出版公司 印行

Cultural Studies
Theory and Practice

(5th edition)

Chris Barker

Emma A. Jane

名家推薦

「欣然歡迎《文化研究》一書新版面世，它至為全面、公允與睿智地處理（文化研究）這麼一個動盪且充滿變化的領域。有Emma Jane加入合撰陣容，不少新主題以踏實的步履開啓探險，其中既富學術意涵，亦寓思想啓發，讓本書在原本厚實的基礎上更添特色。」──John Hartley，**澳洲科廷大學與英國卡地夫大學合聘教授**，也是《文化研究簡史》（*A Short History of Cultural Studies*）（Sage）與《數位素養的用途》（*The Uses of Digital Literacy*）等書的作者

「本書對文化研究及廣義的關於文化的研究提供了極具權威性的回顧，將為數頗眾的學者和思想整合成一個完整且邏輯自洽的敘事。它不僅莊重地面對思想史，而且完全是最先進的。我本人從中學習到許多──相信你也是。」──Alan McKee，**澳洲雪梨科技大學教授**，著有《好玩！關於美好生活，娛樂告訴了我們什麼》（*FUN! What Entertainment Tells Us About Living a Good Life*）（Palgrave Macmillan, 2016）等書

「文化在空間、數位和政治場域的角色是當代生活的關鍵面向。關於文化研究和這些核心議題的關係，Barker與Jane兩位作者提供了卓越的導引，對思想大家與關鍵概念做出了清晰的解釋，並且提供精選的案例和基本問題。」──David O'Brien，**英國倫敦大學金匠學院文化政策高級講師**

「Barker與Jane合撰的《文化研究》第五版，是頗為細心與反思的更新版，掌握文化與文化理論有如萬花筒般的最新變貌。尤其值得注意的是有關數位媒體和數位青年文化的章節，提供諸多新術語、新理論。本書是極佳的教科書，善用要點整理、摘要與問題，供廣大師生進行批判性的反思。我毫無保留地背書這本書的最新版，並且熱忱地向您推薦這麼一本極具價值的教學與學習資源。──Antoinette Fage-Butler，**丹麥奧胡斯大學教授**

譯　序

距離本書中譯版首次於2004年出版以來，十多年過去了。

當時，中譯版是根據由Chris Barker撰寫原書第二版而譯，並且有國立中正大學電訊傳播研究所碩士班同學參與部分章節的初稿翻譯工作。他們的貢獻在此仍應銘記，包括曾瑋、蕭景岳、羅莊鵬、陳景威、王筱璇、徐瑋璿、黃秀玲、黃皓傑。全書譯文最後由我參照原著，逐字逐句校對後定稿。

本書中譯本最新版是依據Chris Barker與Emma A. Jane兩位作者合撰的《文化研究：理論與實踐》第五版，書名不變，架構微調，但全書內容經過大幅翻修，幾乎等於是一本全新的教科書。這次，由我自己獨力承擔全書中譯工作，雖然因此花費時間較長，未能更早地完成譯稿，但好處是用語風格較為一致，可讀性也應該更高。

怎麼學媒體與文化研究，幾乎和怎麼教一樣困難。本人衷心期盼，本書最新中譯本的出版，可以對媒體與文化研究的教師及學生有所助益。我自己在翻譯過程中，同樣從兩位作者重新編寫的這本書中學習到許多，不僅更能掌握媒體與文化研究的前沿與全貌，也更能領略這本書在教與學的實用性。

回憶自己最初接觸到文化研究這個領域，大約是1990年前後。當時，在熟悉的主流傳播研究之外，（英國）文化研究的經典文獻帶給我極大的思想刺激，幾乎可說是一種相見恨晚的感覺。後來負笈英倫，事後推想也應該和這個思想刺激的體驗有關。

與本書作者之一的Chris Barker一樣，我在英國留學期間，有幸親身接觸英國文化研究的思想大家史都華‧霍爾（Stuart Hall），直接領受文化研究的思想魅力與霍爾本人的大家風範。1997 年前後，倫敦政經學院為慶祝建校百年而設立了地位崇隆的拉夫‧密立班講座（The Ralph Miliband Programme），並且聘請霍爾擔任該系列講座的首位講座教席，為跨領域的研究生主持為期半年的公開課，我曾有幸在場聆聽受教。當時的他身體狀況已大不如前，出入課室時必須拄著一根拐杖。印象最深刻的是，他說自己從來不放棄社會批判的原因是他始終對這個世界仍懷抱著美好的想望。他還說，他有時也不免對某些學術理論的時髦趨勢或是同在左翼思想陣營的同志發出異議之聲，其實這是故意的，也是策略性的。他用了一個相當形象的比喻：同在一艘船上的我們，若全部都一股腦地坐在右舷或左舷，這船遲早要翻覆，所以他必須唱反調。當時聽霍爾此番言辭，覺得他頗有「予豈好辯哉？予不得已也」的風範。

綜觀霍爾的學思生涯，他始終是堅定的馬克思主義者，但也同時堅定拒絕教條馬

克思主義。

　　2014年2月10日溘然長逝的霍爾擁有許多頭銜：多元文化主義教父、英國文化研究大師、新左派思想陣營旗手，以及社會運動倡議行動者。這每一個頭銜，他都當之無愧，因為他一路走來，始終如一。

　　霍爾出身牙買加的黑人中產階級家庭，父親是美國「聯合水果公司」在當地僱用的會計師，也是被該公司拔擢擔任高級幹部職位的第一位非白種人。母親則是具有蘇格蘭白種人血統，一直視英國為祖國，認為英國的一切都是好的，而殖民地牙買加的一切（包括人），都是次等的。霍爾一家人比一般牙買加黑人的膚色要淡些、白些，但霍爾自己卻是家族成員當中膚色最黑的，一直感到自己是外來者。

　　霍爾後來回憶，他的家族血統不是只有單一的來源，而是具有多重的來源，有蘇格蘭白人、非洲黑人和葡萄牙猶太人的血脈，甚至摻雜了東印度群島的血統。但諷刺的是，霍爾的母親就像後殖民主義學者法農（Frantz Omar Fanon）所描繪的「黑皮膚、白面具」那樣，外觀上雖然更接近黑人，但意識卻澈澈底底是白人的。他的親姊姊為此付出了慘痛代價，原來姊姊年輕時與一位年輕醫師相戀，但母親因為這名醫師是個黑人，而堅決阻止了這樁戀情和婚事。姊姊為此悶悶不樂，甚至因此罹患心理疾病，嚴重到了必須接受電療的程度，而且終身未能痊癒。

　　年輕的霍爾出乎本能的想要反抗這個家族，特別是母親給他的重重限制。他沒有直接反抗認同大英帝國的母親，而是成為一個反帝國主義者，親自參與了牙買加的獨立運動，對帝國主義施加給殖民地子民的壓迫展開逆襲。

　　1951年，也就是霍爾19歲那年，出於母親的殷殷期盼，也因為自己想要離開限制重重的殖民地，他以優秀成績獲得羅德獎學金，搭船前往英國牛津大學就讀。抵達英國的霍爾很快就發現自己的「與眾不同」，儘管他從小在殖民地接受的是正統的英式教育，但他和牛津大學無論階級出身或是膚色都有極大差異。置身英國的霍爾，感到自己雖然熟悉英國的一切，但同時又是那麼格格不入，彷彿是個「熟悉的陌生人」。

　　1956年發生英法聯軍入侵埃及的蘇伊士運河危機，以及蘇聯揮軍鎮壓匈牙利民主革命，導致霍爾與友人形成了「新左派」的思想陣營；既不滿缺乏公平正義的西方帝國主義，也不滿蘇聯實行的與自由民主背道而馳的專制統治。霍爾與雷蒙・威廉斯（Raymond Williams）、愛德華・湯普森（E. P. Thompson）、拉夫・密立班等這些新左派的進步知識分子合作，共同創辦了《新左派評論》（New Left Review）這份兼具理論思辨與行動倡議的雜誌，並且出任首任總編輯，對英國當地、乃至於世界各地的新左派思想與行動者皆有莫大的影響力。

　　其後，霍爾在1964年任教於伯明罕大學當代文化研究中心，後來更出任該中心

主任，結合葛蘭西（Antonio Gramsci）的霸權理論和阿圖塞（Louis Althusser）的意識形態理論，他開創了被稱作「英國文化研究」的獨特研究路徑，並且影響了全球各地的文化研究。英國文化研究在霍爾的領導下，關注階級、性別、種族／族群和世代的因素，透過意識形態、語言學和符號學、流行文化和媒體再現的分析，為我們抽絲剝繭在資本主義社會下的各種結構條件限制，以及行動／變革的可能性。

　　霍爾除了活躍於大學和社會運動場域，也熱衷於平民教育和電視教學，更是積極入世的公共知識分子。1979年，他婉拒許多名校邀請，轉赴英國開放大學社會系任教，為的是在開放大學他可以接觸到更多英國弱勢家庭子弟，同時他也為開放大學製播一系列的電視教學節目，為許多英國普通民眾開啓了多元文化主義的視窗。打從年輕開始，面對英國社會發生的各項公共事件，他也透過學術研究、公開撰文和發表宣言，不只提供了社會進步不可或缺的新左派的聲音，也提供了難得且深刻的黑人群體及社會底層的觀點。

　　英國的一些黑人學者後來紛紛回憶霍爾曾經扮演的那個不可取代的公共角色。早年出現在英國電視的黑人，不是歌聲嘹亮的娛樂表演者，就是四肢發達的運動員，但霍爾當時頻繁在電視上的現身，給了英國黑人青年極大的啓發和鼓舞：看著同是黑人的霍爾如何以字正腔圓的英語和深厚學養點評公共事件，看著霍爾如何以雄辯和睿智的論證折服白種上流社會菁英，看著霍爾如何為底層民眾發聲……，著實令許多英國黑人青年興起「有為者，亦當如是」的自我期許。

　　同樣是新左派思想與行動者的塔利格・阿里（Tariq Ali）指出，霍爾留給那些想改變世界的人一項重要的遺產：思想、辯論和行動。他是令柴契爾夫人最敬畏的原創思想者與批判者，也是新工黨在1997年得以重新執政的關鍵啓蒙者，可惜新工黨重新執政後的實際表現背棄了對選民的承諾，令霍爾相當失望。

　　霍爾享年82歲，但他的影響力將在身後持續發酵。因為只要世界上還有不公不義，還有任何形式的歧視和暴力，就永遠需要像霍爾這樣的多元文化主義者，以及像他這樣的真正的新左派。

　　霍爾的辭世，文化研究可說是從此告別了「大師」時代。或許，這才是文化研究的真正精神，每一個關注文化的學子都應該在前人的思想啓蒙下，走出屬於自己的一方天地，勇於反思與探索，並且敢於批判與行動。這本書不僅承繼了霍爾的精神，也是極佳的導航，讓讀者可以走進媒體與文化研究的廣闊天地。

羅世宏
寫於天圓地方的嘉南平原
2018年7月

作者序

　　生命中唯一我們能確定的是——除了死亡和稅負——無常。每件事都在改變：我們的世界在變，我們本身也在變中。因此，這本關於文化研究的書也需要修正和翻新，因為自從本書在2000年首次出版以來，文化世界與我們關於它的思考也在激烈變化著。

　　當我還在英國伯明罕大學——這是以當代文化研究中心（CCCS）面貌出現的文化研究組織化形式的誕生地——讀大學的時候（1975-1978），柴契爾夫人（Margaret Thatcher）還是當時的英國首相，性手槍（The Sex Pistols）樂團和衝擊合唱團（The Clash）引領龐克音樂風騷，柏林圍牆依舊是持續中的冷戰的象徵，電視也還是最受歡迎的娛樂形式，學生繳給老師的作業是手寫的，而我的合撰作者艾瑪·簡（Emma A. Jane）才剛進小學。

　　如果柴契爾夫人、衝擊合唱團和柏林圍牆，以及觀看電視不是你鮮活經驗的一部分，甚至對你毫無意義可言——它們對我個人來說則是意義重大——這一點無疑是文化變遷的證據。

　　當我還在伯明罕大學時，我深受史都華·霍爾（Stuart Hall）的言傳身教所影響。他是當時即將成形的文化研究跨學科領域的要角。我相當幸運能受教於霍爾講授的大學部課程——雖然我自己並非當代文化研究中心的成員——也得以旁聽公開演講，有時甚至溜進該中心為研究生開設的討論課。當代文化研究中心成員探索文化本質的理論研究、語言的作用、經濟與文化的關係，以及西方世界裡左傾政治明顯失敗的原因，都令我篤信不疑。

　　透過和這個湧現中的文化研究領域的接觸，我開始接觸到意識形態、霸權、符徵（能指／符號具）、主體性和流行文化等理論概念，接觸了許多學者如威廉斯、葛蘭西和阿圖塞等人的思想，以及它們在解釋當代文化事件和形構的適用性：英國龐克和次文化群體、種族在英國生活裡占據的地位，以及電視肥皂劇的「意識形態角色」與其他。

　　所有這些議題和概念將在本書裡進一步探討，而艾瑪和我所做的修正並無意棄置或移置文化研究的歷史發展及其核心概念。本書一如既往地提供的是，理解文化研究的歷史發展和關鍵概念。如果這也是你想知道的，那麼本書就是為你寫的。

　　但是，正如前述，從我最初接觸文化研究以來，許多事都在改變，特別是行動裝置的增長、網際網路的擴張、智慧型手機的到來、串流內容的隨處可得，以及整個

「數位革命」的大廈已經矗立眼前，而且即使從本書首次面世以來算起，它的重要性也已經顯著提升。此外，從2000年至今，我們已經目睹許多事，包括美國出現首任黑人總統、澳洲出現首位女首相、紐約雙子星大樓的911攻擊事件，以及關於「伊斯蘭」的種種顯眼的報導、越來越可見的全球難民危機，以及在我看來越來越碎片化的所謂「西方」文化。

為了讓這本書對有心學習文化研究的學子繼續有價值——特別是它的主要讀者，也就是媒體、文化研究、社會學、英美文學、人類學、文化地理學等學科的大學生——本書舊版內容需要做一道整容手術，而且需要由一位熟悉且對變化快速的數位傳播世界感到自在的人來操刀。我很高興有艾瑪·簡加入一起完成這些修正，並且將她豐富的專業和寫作技巧用在這些對我而言，是個陌生人和旅行者的地方。和她一起工作非常愉快，她技藝高超地重新打造了這本書，讓它維持並增進了能量和它與當代的關聯性。感謝艾瑪，妳做得太好了！

帶著女性主義的視角，艾瑪在修正本書時，引介了創新的當代理論，關注著或新或舊的文化問題，以及特別是為本書澆灌了許多關於數位文化的素材。尤其是，她用以下重要方式翻新了本書：

翻新文化理論，透過關於後後現代主義、數位資本主義、神經哲學、後種族理論、伊斯蘭再現、女性主義和跨性別議題的新面向等的討論。

加入當代案例，討論電視（或是我們過去所知的電視）、電影、音樂、遊戲和一般的文化生活。

引介嶄新議題，例如：中國崛起、氣候變遷辯論的文化衝擊、社交網絡在青少年文化的影響力、陰謀論文化的盛行，以及數位音樂的文化意義。

數位化這本書，我的意思是她澈底翻新本書，反映數位媒體在當前文化的重要性，而且這不只在論及數位文化的專章，更貫串了本書的全部內容。

加入新的習作和資源，例如：提供相關論點的文化實例的「文字框」，以及供學生思考與學習的問題。

讓內容明白易懂，增添取自當代文化生活的許多圖表、照片，讓學生對我們生活的方式提出具有文化意義的問題。

我非常欣慰這本《文化研究：理論與實踐》最新版的出版，也深具信心本書會是瞭解這個領域的可靠指南。

Chris Barker
2015年8月

謝 辭

兩位作者想感謝SAGE出版社的Gemma Shields、Delayna Spencer與Chris Rojek，因為他們為本書付出了辛勞。

EJ：感謝Nicole A. Vincent、Anne Fawcett、Nikki Stevens、John Hartley、Tara Moss、Lauren Horwood、Emma Bjorndahl、Kiah Roache-Turner、Tohby Riddle、Buzz Slutzy、Hannah Maslen、Sally-Anne Stewart、Martin Twomey、Shazia Mirza、Sofi Sushi Jane、Oliver Orange Jane、Alice Jane Tabone（她在Minecraft領域的造詣無人能及），我也要感謝Chris Barker給了我這麼棒的邀約，深感榮幸。

目　錄

第二部分　文化研究的變動脈絡 157

本書參考書目部分厚達50頁左右，為了保護地球，請讀者自行上網免費下載pdf檔，網址是：https://sites.google.com/view/1Z84

第一部分

文化與文化研究

第1章 文化研究導論

　　這本書的書名——《文化研究：理論與實踐》（*Cultural Studies: Theory and Practice*）——令人合理預期會看到關於文化研究的完整介紹，包括對其主要論點和可觀的研究領域做一番整理和討論。的確，這是本書想達成的目標。然而，在開始介紹文化研究之際，我們應聲明這本書所涵蓋的範疇，就好像提供某種「健康警語」一般。

關於本書

取材限制

　　撰寫一本介紹文化研究的教科書，勢必面臨取材問題，而取材的標準與方式，或可能引起爭論。若要完整介紹文化研究，可能會需要複製（或至少是摘要）文化研究領域的全部文獻。對任何作者而言，這不僅是太過艱鉅的工作，而且很難決定到底應包含哪些文獻。因此，如同其他有關文化研究的書一樣，本書所能成就者，在於建構一種**特定版本**的文化研究。

　　在「文化與文化研究」（本書第一部分）的標題下，我們確實提供某種（經過揀選的）文化研究的歷史，但後面的章節（本書第三部分「文化研究的場域」）則援引更多當代的理論。的確，為了使本書跨越地理藩籬而對各地讀者具一定的參考價值，本書對理論的著墨較多，而對特定時空脈絡下的經驗研究（empirical work）著墨較少（雖然理論也立基於特定時空脈絡，而且本書確實嘗試扣連理論與經驗研究）。為此，書中討論許多可能並未自稱從事文化研究，但對文化研究有所啟發的理論家。書中援引的學者如班奈特（Tony Bennett）、吉爾洛（Paul Gilroy）、葛羅斯柏格（Lawrence Grossberg）、霍爾（Stuart Hall）、莫理斯（Meaghan Morris）、威利斯（Paul Willis）或許會接受我們稱其著作為「文化研究」；然而，影響文化研究至鉅的傅柯（Michel Foucault）、德希達（Jacques Derrida）或巴特（Roland Barthes）可能不會自稱從事文化研究，紀登思（Anthony Giddens）亦然。

　　本書取材有所揀選，強調的是某些類型（特別是那些將語言置於研究核心）的文化研究。這類文化研究受到語言的後結構主義研究途徑影響，比起關切鮮活經驗的民族誌學（ethnography of lived experience）或文化政策等面向的文化研究，更為強調再現（representation）及主體性（subjectivity）等問題。然而，本書仍對強調民族誌

學及文化政策的文化研究略有著墨，而且我們也肯定這兩類文化研究的價值。

＃文化研究並非一言堂，它的故事無法用單一的聲音來說，而我們也不打算只用一種
　聲音去再現文化研究。

　　本書題為《文化研究：理論與實踐》，口氣是太大了些。這本書不僅是選擇性
地討論文化研究，所徵引的大多數相關研究更限於英國、美國、歐陸（特別是法國）
與澳洲等地，而對亞、非及拉美日益茁壯的研究成果援引甚少。或許，這本書命名為
「西方文化研究」會更恰當；原因很簡單，我們自認不夠資格去評判，我們所瞭解的
文化研究和非洲的社會與文化狀況有多少關聯（雖然我們明白，快速增長的網際網路
正在生產大量具有跨國屬性的數位文化）。

文化研究的語言遊戲

　　再者，雖然對某一時空脈絡（例如：英國）發展的理論是否適用於另一時空脈絡
（例如：澳洲），持懷疑態度的大有人在（Ang and Stratton, 1996; Turner, 1992），
本書較少強調西方文化研究的內部差異。儘管如此，我還是要對文化研究的某種共通
性提出辯護，因為「文化研究」一詞並無特定指涉對象，而是由文化研究的語言遊戲
（the language-game of cultural studies）所構成：自稱在做文化研究的人所發展與使
用的理論術語，正構成了文化研究「是」什麼。我們強調，文化研究所用的語言是文
化研究的重要構成要素，並且在每章的開頭提請讀者注意我們認為重要的術語和概念
（另可參考書末的名詞解釋）。

　　這些術語被置身不同地理空間的文化研究者所使用著。正如葛羅斯柏格等人指
出，雖然文化研究歷來強調局勢分析（conjunctural analysis）——「（局勢分析）是
鑲嵌（於特定地理空間）的、描述的與立基於特定歷史脈絡的」，文化研究跨越地理
界線共享著若干概念和術語，形成了「文化研究成果的歷史進程，（正是這些概念及
術語）現在構成了文化研究傳統的一部分」，不用這些概念及術語將無異於「自願接
受（無法進行學術對話的）無能」（Grossberg et al., 1992: 8）。概念是用於思考與行
動的工具。

文化研究的政治關懷

　　至今仍然困難的是清楚地定義文化研究的範疇，因為它不是一個清楚、統一的學
科，也沒有獨一無二的主題、概念或研究方法，使它能夠與其他學科切割開來。文化
研究一直是多重學科或後學科（multi- or post-disciplinary）的研究領域，與其他「學

科」之間的界線模糊。文化研究不是物理學，也不是社會學或語言學，雖然它援引這些學科領域的知識。的確，如同霍爾（Hall, 1992a）所言，文化研究還是非得有其特定關懷面向不可，使它有別於其他學科領域。

對霍爾來說，文化研究的一個至關重要的面向是它對權力和文化政治的關注，亦即探索被邊緣化的社會群體的再現問題，戮力「為」這群人發聲，並且尋求文化變革的必要性。因此，文化研究是那些篤信理論知識的生產即為一種政治實踐（the production of theoretical knowledge as a political practice）的學者身體力行的成果。此處所謂「知識」，從來不宣稱中立或客觀，而是關乎位置性（positionality），亦即站在何種立場、為了什麼目的與向誰發言。

在初始階段，英國文化就把政治介入視為這個領域的特徵。現在，文化研究是否應該與政治行動主義（political activism）連結，則變得有所爭議——在這個領域內外皆然。在《文化研究未來式》（Cultural Studies in the Future Tense）一書中，葛羅斯柏格即質疑這樣的研究取徑，認為「提供一種具規範意義的政治或甚至是基於道德的政治判斷」，或是「告訴人們應該是什麼或要什麼」，不該是當代批判學者或分析者的工作（Grossberg, 2010: 97）。在本書裡，我們肯認文化研究應該提供思考與介入文化政治（cultural politics）的可行方式，但我們不希望預先斷定這些政治可能採取何種形式。所謂「進步的」社會變革的概念並非常識或不證自明的，而是言人人殊。因此，我們的目標是提供有助於思考和試圖影響文化變革的各種概念和理論架構，但對這些變革應該是怎樣的問題保持開放態度。

茶黨

美國的茶黨運動（the Tea Party movement）鼓吹保守的政治政策，例如：縮小政府規模、降低稅率，並提倡自由市場經濟。其支持者約當美國人口的十分之一。他們對當前政策感到不滿，並且訴諸左翼運動使用的一些抗爭方法，例如：手持抗議標語的大規模公共集會。

- 你認為茶黨是否算是一個被邊緣化的社會群體？
- 茶黨所呼籲的社會變革，與作為反對社會與經濟不平等的國際抗議運動之占領「華爾街」運動，有何異同之處？
- 如何用文化研究的研究取徑，去瞭解「茶黨」這種保守政治運動的理念和動態？

文化研究的參數

　　文化的研究（the study of culture）與體制化的文化研究（institutionally located cultural studies）之間，存在著差異。雖然有關文化的研究早已散見於各學術領域如社會學、人類學、英國文學，但這類研究並非文化研究。雖然文化研究沒有特定源頭，而且將其定位於某個特定源頭時難免掛一漏萬，但這並不表示我們不該稱它為文化研究，也不表示它缺乏一些關鍵概念。

　　文化研究是一種**話語／論述形構**（discursive formation），指的是「思想、形象與實踐的一個群集（或*形構*），提供與社會上特定主題、社會活動或制度性場域有關的討論、知識形式與作為的各種方式」（Hall, 1997a: 6）。文化研究的構成，關乎一種受到規約的談論客體的方式（並且因此得以看見此一客體），而且圍繞著關鍵概念、思想與關懷。再者，文化研究在特定時刻得其名，即使該名稱（譯按：英國文化研究）所標記的不過是「文化研究」這個不斷演化的知識方案的吉光片羽而已。

主要思想家

史都華・霍爾（Stuart Hall, 1932-2014）

　　生於西印度群島的英國思想家。先是1960年代末期英國「新左派」（the 'New Left'）的一員，後於1968至1979年間擔任伯明罕大學當代文化研究中心主任，而這正是被稱為文化研究作為一個可資辨認、特色俱在的領域開始浮現之時。霍爾或許是英國文化研究發展歷程中，最重要的人物。他的著作廣徵博引葛蘭西（Antonio Gramsci），以及意識形態和霸權等概念，但也在文化研究吸納後結構主義的過程中扮演要角。

建議閱讀：Morley, D. and Chen, D. K-H. [陳光興] (eds.)(1996). *Stuart Hall*. London: Routledge.

當代文化研究中心

　　文化研究一直不願接受建制化。然而，英國伯明罕大學當代文化研究中心（Centre for Contemporary Cultural Studies, CCCS）在1960年代的創設，是文化研究的一項重大發展歷程。此後，文化研究在知識基礎與地理範圍上皆有所延伸，在美國、澳洲、非洲、亞洲、拉丁美洲和歐洲各地，都有自許從事文化研究的人士，也各自有其特殊「形構」（formation）及實踐方式。我無意獨尊英國文化研究本身，但1960年代文化研究在英國伯明罕大學的形成，確實是別具建制化意義的時刻。同樣

地，2002年該研究中心在爭議聲中關閉，也在這個領域試圖回應批評並試圖跟上它的分析主體與客體的快速變化，標誌了一種重大的時刻（詳見下面的「文化研究遭受批評」一節）。

　　自興起以來，文化研究已占據許多學術基地，開設許多課程，出版許多教科書，並且吸引眾多學子研讀之際，文化研究已經變成某種可以被教、被學的知識領域。如麥奎根（Jim McGuigan, 1997a）論稱，雖然專業化、逐漸建制化的文化研究可能「會在正式化的過程中遺失其對權力、歷史與政治問題的批判立場」（Hall, 1992a: 286），但文化研究走上專業化與建制化的道路似乎無可避免。文化研究的主要場所一直是在高等教育及書店等機構。因此，檢視大學的文化研究課程是「定義」它的可行方式之一，而這也就必然涉及將文化研究「學科化」。

文化研究的學科化

　　許多文化研究的實踐者反對為文化研究劃定學科的疆界。然而，如果文化研究想要招收大學部學生（而非只是提供研究所課程）與爭取補助經費，以便在高教體系裡存活下去，恐怕很難拒絕學科化。在此一脈絡下，班奈特（Bennett, 1998）提供若干可用來「定義」文化研究的「元素」：

- 文化研究是一個跨學科的領域，可以有選擇性地援引各學科的觀點，用以檢視文化與權力的關係。
- 「文化研究關切的是與人們懷抱特定價值觀、信仰、能力、生活常規及行事習慣有關的各種實踐、制度與分類系統」（Bennett, 1998: 28）。
- 文化研究所探討的權力形式是多樣貌的，包括性別、種族、階級與殖民主義等。文化研究希望探索各種權力形式間的關聯，發展出關於文化與權力的各種思考方式，可以為人所用並追求變革。
- 如同其他學科，文化研究的主要制度化場域在高等教育體系。雖然如此，文化研究試圖與學院外的活動（如社會與政治運動、文化機構裡的工人及文化管理部門）保持密切的互動關係。

　　循此，我們可以思慮一下這些將文化研究規範為一種特殊的話語／論述形構或語言遊戲等概念與關懷。

文化研究遭受批評

　　除了其他指控，文化研究已被批評為理論外行主義（theoretical dilettanteism），缺乏嚴謹的科學方法，反歷史地只是聚焦在當代流行大眾媒體的解讀，以及只是一種學術時髦而已。最引起反彈的是文化研究挑戰所謂有單一客觀真實或真理存在（見本書第2、3、6、7等章）。哲學家史庫頓（Roger Scruton）以這為基礎，宣稱「理性現在處於倒退狀態，不管作為一種理想或是現實皆然」（1999），另一位哲學家法蘭克福（Harry G. Frankfurt）也對這種思考取徑嗤之以鼻，視之為「狗屁不通」（2005）。

在某些情況裡，文化研究遭受的批評似乎有其道理——尤其是來自文化研究領域本身的學者的批評。例如：特納（Graeme Turner）已經迷失了它的核心目標，亦即喪失了它原來追求公共利益的政治和道德目的（2012: 12）。甚至霍爾——文化研究領域的開山人物——也說文化研究包含「一大堆垃圾」（轉引自Taylor, 2007）。然而，在另外的一些情況裡，某些批評印證了文化研究所說的學界對「低級」或大眾流行文化的輕視，抗拒把它看做如同只供菁英人士欣賞的「高雅」文化那樣值得被嚴肅對待。比方說，美國文學批評家布隆姆（Harold Bloom）即視文化研究為「不可思議的荒唐」，視之為「半桶水的……傲慢」（轉引自Gritz, 2003）。關於文化研究內部的辯論與批評的更多討論，請見本書第14章。

索卡爾事件

1996年，物理學教授索卡爾（Alan D. Sokal）把一篇他胡謅的論文投稿給《社會文本》（*Social Text*），該學術期刊專注於後現代文化研究。索卡爾稍後說他提交這篇論文，是因為他好奇自己無法理解諸如豪爽和延異之類的術語，究竟是反映了自己能力不足，或是美國某些人文學術缺乏知識嚴謹度：「因此，為了測試當前的知識標準，我決定一個適度（雖然承認後來失控）的實驗。一份居領導地位的北美文化研究期刊……出版這篇胡說八道的論文，如果它聽起來像是一回事，並且迎合編輯群的意識形態預設？」（Sokal, 1996b）令《社會文本》相當尷尬，結果這篇文章被接受出版於該刊「科學戰爭」專號裡，文章名為〈逾越邊界：邁向量子重力的一個轉型詮釋學〉（*Transgressing the Boundaries: Towards a Transformative Hermeneutics of Quantum Gravity*）。在這篇文章裡，索卡爾論稱物理真實（包含量子重力）是一種社會和語言的建構物，並指控科學家擁抱所謂有個外在世界存在的教條，後者認定關於外在世界的知識可以透過「所謂『科學方法』」的「客觀」程序發掘（1996a）。索卡爾的造假文章引發激烈辯論，關於學術出版，後現代主義哲學對文化研究的影響，以及誤用和濫用術語導致的意義淘空，與索卡爾用欺騙手段來證明自己論點的行為是否有倫理爭議。在此同時，索卡爾則為自己行為辯護說，任何人若真的相信物理法則只不過是出於社會習慣，

就好比想從他二十一樓的公寓窗戶跳下來一樣（Sokal, 1996b）。

* 你對這樁造假事件有何看法？索卡爾的論點是否合理，或只是對和他不同理解方式的學科不甚公平？

* 索卡爾用他的學術地位去唬弄《社會文本》編輯群，並且讓後者以為他投稿是出於真誠，你覺得他這樣做是否恰當？或是你覺得期刊編輯理當更嚴謹地審查他的論文？

* 文化研究等學術領域習於使用複雜和專門術語，究竟算是加分還是減分？

* 索卡爾事件和《隱藏攝影機》（Candid Camera）或《明星大整蠱》（Punk'd）之類的電視節目之間，是否有任何相似之處？

* 更廣泛地說，你對造假的倫理問題有何看法？

文化研究關鍵概念

文化與表意實踐

　　如非聚焦於文化（見第2章）的研究，文化研究無以得其名。如霍爾指出，「所謂文化，這裡指的是實際扎根於特定社會的實踐作為、再現方式、語言及習俗。同時，指的是常識的矛盾形式，生根於常民生活，也協助形塑了常民生活」（Hall, 1996c: 439）。換言之，文化的關切點在於共享的社會意義，也就是我們理解世界的各種方式。然而，意義並非懸浮「在某處」那般簡單，而是透過符號（尤其是語言）產生的。

　　文化研究認為，語言並非意義形成與知識的中立媒介，或是獨立的客觀世界可以「存在」於語言之外，而是意義與知識本身的構成要件。這是說，物質客體的意義是語言所賦予的，而社會實踐活動也非透過語言體現不可，並在語言限定的範圍內被人理解。這些意義生產的過程可稱為**表意實踐**（signifying practices），而瞭解文化即在於探索意義如何在語言「作為一種『表意系統』」（見第3章）中，被符號化地生產出來。

再現

　　文化研究相當關注再現（representation）的問題。所謂「再現」，指的是「客觀」世界被我們以社會的方式建構，並且對我們重新展現的過程。的確，文化研究的核心，是將文化當作再現的種種表意實踐作為來研究的，而這也就需要我們去探究意義的文本生產過程，也驅使我們調查意義如何在各種不同的情境脈絡中被產製出來。

文化的再現與意義，無法與其物質條件須與分離，必須依託於聲音、銘刻、物件、影像、書刊與電視節目等，不但是在特定的社會脈絡中產製成形，也在特定社會脈絡中被使用與理解。

地球

©攝影：Svetlana Prevzentseva｜代理：Dreamstime.com

- 這張照片是自然世界的反映，或是一種文化再現？
- 這張照片只有在太空旅行來臨的時代才有可能拍攝。這種樣貌出現在我們的文化中，是否已改變人類關於自己的想法？
- 你能想像在我們腦中，沒有這幅圖像的文化生活嗎？

物質主義與非化約論

　　文化研究大部分的工作，致力於瞭解現代工業化經濟與資本主義影響下的媒體文化，以及追求利潤的媒體企業所產製的種種再現。在此一脈絡下，文化研究發展出一種特別的文化物質主義（cultural materialism）觀點，檢視意義在其產製過程中如何（與爲何）被創造出來。換句話說，關切表意實踐之外，文化還試圖將之與政治經

濟學（political economy）相扣連，同時關照權力及經濟社會資源的分配等問題。因此，文化研究歷來關注權力和經濟社會資源的分配：

- 誰擁有並控制文化生產；
- 文化產品的流通機制；
- 所有權和控制型態對文化地景的影響。

　　雖說如此，文化研究的一項特色是其堅拒化約論（reductionism）。文化有其自身獨特的意義、法則與實踐方式，不能簡單地化約為其他因素或社會形構的結果，也不應以任何其他的單一因素解釋之。用淺白的話來說：一個文化文本、人造物或現象，不能用單一因素如「經濟」來解釋；文化研究尤其反對經濟化約論，後者認為生產過程的「政治經濟」特性，支配／決定了任一（文化）文本的意義。對文化研究而言，政治經濟過程並不能完全決定特定文本的意義，也無法全面支配讀者對文本的詮釋方式。相反地，政治經濟、社會關係及文化，應以其個別的發展邏輯及形式來理解。文化研究此一非化約論的立場，堅持階級、性別、種族、族群、國族與世代等問題，各有其特殊性，不可率爾化約為政治經濟因素。

接合

　　為了將一個社會形構的構成元素之間的關係予以理論化，文化研究發展出所謂**接合**（articulation，或譯「構連」）的概念，意指一種構成社會的多種因素之間的暫時性的統一狀態。「接合」一詞，〔在英文裡〕有**表達／再現**的意思，也有「**組合在一起**」（'putting-together'）的雙重意涵。因此，性別再現可能被與種族或國族再現「組合在一起」，例如：國族常被以女性化的方式談論。這種接合，發生在特定脈絡下，充滿偶然性，無法在發生之前預測。接合這個概念也被用來討論文化與政治經濟的關係。因此，文化可以看成是與其生產的時刻（moments of production）相「接合」，但並非「必然」地被那個生產時刻所決定；反之亦然。因此，我們不只可以探索生產時刻如何影響文本，也可探索「經濟」現象本身的文化性，因為經濟現象也是一組具有意義的實踐活動。

權力

　　從事文化研究學者，大多認可**權力**（power）這個概念的核心地位。對文化研究學者而言，權力滲透於社會關係的每個層面，不只是社會凝聚的黏著劑，也不只是使人屈從於另一群人的強制力量（雖然確實可作如是觀），而且它還是一種過程，能夠產生並促發各種社會行動、關係與秩序。就這種意義來說，權力固然對人設限

（constraining），但也同時是賦能的（enabling）。不過，文化研究特別關切的是被支配的群體，先是被支配的階級，後來擴大關懷面到種族、性別、國族及世代意義上的被支配群體。

意識形態與流行文化

造成弱勢團體被支配的原因，並非單純因為迫於暴力威逼，也可能是本身**同意**被支配使然。在文化研究者眼裡，**流行文化**（popular culture）正是贏取或失去**同意**（consent）的場域。雖然不像過去那麼普遍，**意識形態**（ideology）與**霸權**（hegemony）這兩個相近的概念，不斷被文化研究者援引，用以捕捉流行文化與同意間的互動關係。

所謂「意識形態」，就像是一張意義的地圖，雖然表面上看來彷彿代表普遍真理，事實上卻是受特定歷史情況影響而形成的瞭解，遮掩了權力運作的斧鑿痕跡，而有維繫此權力運作的作用。例如：電視新聞固然提供瞭解世界的相關資訊，卻無法免於以特定國族立場詮釋世界；在電視新聞裡，國族被視為「自然」生成的客體，而社會形構中的階級差異與國族本身的人為建構本質，都一併被模糊了。

廣告中的性別再現，將女性描繪並貶低為只是家庭主婦或性感身體之屬，可說是否定了女性所具有的完整人格與公民身分。此類製造、維持與複製具支配性主流觀念與作法的過程，稱為霸權。權力團體所組成的「歷史集團」（historical bloc），透過贏得被支配團體的**同意**，而施展其社會權威並領導統御著後者的過程。

文本與讀者

此種**同意**的形成，意味著人們已對霸權文本（hegemonic texts）的表意實踐所傳達的文化意義產生認同。所謂**文本**，不一定是文字書寫的作品，還包括所有的表意實踐活動，包括被用來表達意義的影像、聲音、物件（例如：服裝）與活動（例如：舞蹈與運動）。影像、聲音、物件與活動都是符號系統的一部分，如同語言一樣有表意機制，因此可被當成文化文本（cultural texts）看待。

然而，學者從這些文化文本挖掘出來的意義，不必然和**主動閱聽人**（或讀者）對同一文本的詮釋相同。換句話說，學者只是一群比較特殊的讀者。再者，作為再現的形式，文本是**多義的**（polysemic），包含許多差別意義的可能性，有賴讀者在實際解讀過程中賦予文字與影像某種意義。雖然我們可以檢視文本的作用方式，但無法靠文本分析（textual analysis）「讀出」閱聽人實際會如何詮釋文本。無論如何，意義是在文本與讀者的實際互動過程中形成的，因此不少人認為文本的消費時刻（moment of consumption），也同時是意義的生產時刻。

主體性與身分／認同

　　消費時刻是我們之所以為人的過程之一。人之所以為人（亦即**主體性**），以及我們如何彼此描述自身（亦即**身分／認同**），是1990年代文化研究最關切的主題。換句話說，文化研究探討：

- 我們如何成為某一類人；
- 我們如何被形塑為主體；
- 我們如何對自身的性別（男女）、種族（黑白）或年齡（老少）特徵產生認同（或是投入相當程度的感情）。

　　此一論證，被稱作**反本質主義**（anti-essentialism），主張身分／認同並不是固定存在的東西；身分／認同本身沒有本質或普遍的性質。更確切說，它們是話語／論述建構（discursive constructions），是**話語／論述**（或被規約的談論這個世界的方式）的產物。換句話說，身分／認同是由各種再現（特別是語言）構成的（是人為製造的，而非等著被發現的）。有個特別貼切的例子關乎性別認同，正如女性主義哲學家巴特勒（Judith Butler, 1990）所探討的，性別並非我們「是」（are）什麼，而是我們「展演」（perform）或「做」（do）什麼（另見本書第7、9章）。

　　整體而言，這些關鍵概念構成了文化研究的話語／論述形構：

關鍵概念	
主動閱聽人（active audience）	政治（politics）
反本質主義（anti-essentialism）	多義性（polysemy）
接合（articulation）	流行文化（popular culture）
文化物質主義（cultural materialism）	位置性／發言位置（positionality）
文化（culture）	權力（power）
話語／論述（discourse）	再現（representation）
話語／論述形構（discursive formation）	表意實踐（signifying practices）
霸權（hegemony）	社會的[(the) social]
身分／認同（identity）	社會形構（social formation）
意識形態（ideology）	主體性（subjectivity）
語言遊戲（language-game）	文本（texts）
政治經濟學（political economy）	

＃文化研究學者對這些概念的運用方式有異，也對何者是最重要的概念看法有別。

文化研究的知識傳統

　　前面談過的許多概念，援引自不同的理論與方法學典範。文化研究領域裡最具影響力的理論是：馬克思主義（Marxism）、文化主義（culturalism）、結構主義（structuralism）、後結構主義（poststructuralism）、精神分析（psychoanalysis），以及差異的政治學（the politics of difference，為了方便討論，我將女性主義、種族與族群相關理論及後殖民主義納入此一名目下）。勾勒這些理論的基本原則，是為了提供如何在文化研究領域裡進行思考的指引。不過，更詳細的討論散見全書各處，但我不打算以專章探討某個理論，因為理論充塞於文化研究的天地之間，需要與特定議題和辯論扣連，而非（單獨地將理論孤立起來）以抽象的方式討論。

馬克思主義與階級的重要性

　　就其最重要的意義來說，**馬克思主義**是一種歷史物質主義（historical materialism）。它強調人類事物的歷史特殊性及其社會形構的可變動性，而社會形構的特性則須置於真實存在的物質條件中予以理解。馬克思（Karl Marx, 1961）認為，人類的第一優先目標是透過勞動創造營生之資。人類生產出食物、衣服與各式工具，因而形塑了其所生存的環境，也創造了人類自身。因此，物質生產所採取的勞動與社會組織的形式（即生產方式），構成了馬克思主義的核心範疇。

　　生產方式的組織並非單純只是協調物件的事情，而是根本地和人與人之間的關係須臾不可分。人是社會的動物，彼此之間有合作及協調運作的關係，但也有權力與衝突。各種社會性的敵意（social antagonisms），是生產方式必然具備的部分，被馬克思主義者視為歷史變遷的原動力。尤有甚者，由於「馬克思主義者」將生產置於優先地位，人類關係的其他面向（如意識、文化與政治）就被看作是受經濟關係所結構（見本書第2章）。

　　對馬克思主義而言，歷史並非平順的演化過程，而是標記著幾次在生產方式上的重大斷裂與不連續的狀況。因此，馬克思討論古代生產方式到封建生產方式的轉化，以及後來資本主義生產方式的崛起，每一種生產方式都有其特殊形式的物質組織情況，以及個別獨特的社會關係；一種生產方式取代另一種生產方式，肇因於後者本身的內部矛盾（特別是階級衝突），導致其轉化與被取代。

資本主義

　　馬克思著作中最重要的部分在於分析**資本主義**（capitalism）的動力，而資本主

義代表的是一種以生產工具私有產權為基礎的生產方式（在馬克思的時代，生產工具包括工廠、磨坊與工作坊；在最近，生產工具包括了跨國公司）。資本主義根本的**階級**區分是在於那些擁有生產工具的資產階級（the bourgeoisie），以及出賣勞力謀生的無財產的普羅階級（property-less proletariat）。

在資本主義社會的法律架構及其常識想法裡，工人被宣稱是擁有自由的能動者，其出賣勞力時乃是基於自由而公平的契約關係。馬克思不以為然，認為此一說法掩蓋了實際發生的根本剝削的事實。資本主義的目的在賺取利潤，而獲利則係透過剝削工人的剩餘價值（surplus value）而來。換句話說，投入產製某個產品的勞動價值（變成資產階級的私有財產），**多於**工人實際獲得的工資（譯按：原書此處誤植為「少於」）。

將剩餘價值以貨幣形式實現，係將財貨（goods，兼具「使用價值」與「交換價值」）當成商品銷售而來。商品是在市場上銷售的財貨，**商品化**（commodification）則是與資本主義不可分割的過程，透過商品化過程，客體、品質與符號皆可被轉變為商品。財貨透過市場機制銷售的表象，模糊了這些商品係源自於剝削關係的事實，此即馬克思所謂的商品崇拜（commodity fetishism）。再者，工人所面對的事實是：工人與透過他們勞動而生產出來的產品疏離，而造成了異化（alienation）的情況。無產階級與其自身勞動（人類的核心活動）發生異化，終至與他們自己發生異化。

資本主義是一個動態的體系，其利潤導向的機制，使之不斷追求生產工具的變革及開發新的市場。對馬克思而言，這是資本主義相較於封建主義（feudalism）的一大長處，因為它預示了歐洲社會在生產力上的擴大，把歐洲社會引進有鐵路、大量製造、城市與形式上較為公平與自由的人類關係〔就法而言，人們不再是其他人的財產（例如：封建社會下的農奴）〕的現代世界。

然而，資本主義的機制也同時導致持續發生的危機，而且（馬克思認為）最終將被社會主義所取代。資本主義的問題包括：

- 利潤下跌；
- 景氣循環；
- 漸增的獨占事業；
- 創造出一個無產階級（的多數人口），而他們將會是資本主義體系的掘墓人。

馬克思盼望資本主義將被階級衝突所撕裂，其中由無產階級主導的武裝力量、工會與政黨將獲得勝利，並代之以共同產權、公平分配為基礎的生產方式，最終造就出一個階級不再分化的社會。

馬克思主義與文化研究

　　從事文化研究的學者與馬克思主義有長久、曖昧，但極富生產性的關係。文化研究並不是馬克思主義的分支領域，而是從馬克思主義吸取養分，但用嚴格的標準對馬克思主義進行檢驗。毫無疑問的是我們生活的社會形構是沿著資本主義而展開的，在工作、工資、住房、教育和健康醫療上有深層的階級分化情形。再者，文化實踐被大型企業化經營的文化工業商品化，文化研究並不標榜客觀中立，而是高舉社會變革的旗幟。

　　然而，馬克思主義所具有的明顯的目的論述遭批評。這是說，馬克思主義指出一種歷史的不可避免的運動方向，亦即資本主義必將衰亡，而一個無階級的社會勢力將取而代之。在理論上這是一個問題，因為從決定論的觀點閱讀馬克思主義，剝奪了人們在歷史變遷過程中可能扮演的積極角色（agency，或譯「能動性」），因為人類行動的結果，大半已被形而上的法則（但諷刺的是，馬克思主義強調本身是一種客觀科學）預先決定了，使得歷史獨立存在於人類行動之外。在經驗層次上，馬克思主義也有其問題，亦即相當多的無產階級革命最後都以失敗收場，甚至有些以馬克思主義為名發動的革命，造成的卻是壓迫性的獨裁統治結果。

　　在與馬克思主義的交往過程中，文化研究特別關切的是結構、實踐（praxis）、經濟決定論和意識形態等議題。一方面，馬克思主義建議人類生存處境有其律則或結構，存在於任何個人之外。文化研究，與其他學科如社會學，尋求探索這些結構的特徵。另一方面，馬克思主義和文化研究一樣的是，它們都致力於透過理論與行動（實踐），企圖以人類行動去改變世界。

　　文化研究抗拒某些人解讀馬克思主義得到的經濟決定論，強調文化有其獨特性。文化研究歷來也關切資本主義明顯的成功，試圖解釋何以資本主義不僅存活，而且還能不斷轉化與擴張的原因，認為部分原因來自於資本主義在文化的層面上贏得了共識。因此，文化研究對於文化意識形態和霸權（見第2、14章）的分析，大多是透過兩種被稱作文化主義和結構主義的觀點（見Hall, 1992a）。

文化主義與結構主義

　　在文化研究的集體神話中，霍嘉特（Richard Hoggart, 1957）、威廉斯（Raymond Williams, 1965, 1979, 1981, 1983）與湯普森（Edward Palmer Thompson, 1963）公認是「文化主義」（culturalism）時期的代表人物，而文化主義後來與「結構主義」（structuralism）並列為對立的觀點。的確，文化主義雖說是**事後**命名的用語，其意涵可說是源自於其與結構主義的對比而來。

文化的平常性

　　文化主義強調文化的「平常性」（ordinariness），以及人們在建構共享意義實踐時的主動性與創造力。文化主義傳統所重視的實證研究，是在探索人們主動創造文化意義的方式，其焦點在於實際的生活經驗（lived experience），並且採取較寬廣的人類學對於文化的定義，亦即將文化看作是日常生活的實際過程，而非僅侷限於所謂的「高雅」藝術。〔當代文化研究受到的一種批評是它過度看中娛樂——例如：在YouTube上觀看貓咪的視頻——不夠關注實際的生活現實，如人們的工作、學習，乃至於和朋友在酒吧或俱樂部裡的社交活動（Newbold et al., 2002: 252）。〕

　　尤其對威廉斯與湯普森來說，文化主義是一種歷史的文化物質主義（historical cultural materialism），致力於探索文化及其生產與接收的物質條件的脈絡。其明顯的偏好面向是在探索文化的階級基礎，企圖讓被支配的弱勢群體有「發聲」的機會，並且檢驗在階級權力（class power）運作時，文化所扮演的角色。然而，這種形式的「左派文化主義」（left culturalism）在研究取向上也多少帶有國族主義的色彩，或至少是國族中心主義的味道，很少著墨於當代文化的全球化性格，也很少觸及種族因素在英國國族與階級文化裡的作用。而政治和文化地景裡發生的變遷，也讓我們難以清楚劃分政治的「左」和「右」。

結構主義

　　文化主義視意義為其核心概念，並視之為人們主動施為的產物。相反地，結構主義強調表意實踐之所以有意義，乃是**結構**（或可預測的規則）的結果，而這些結構與規則是在任何人的控制之外。結構主義探索的是外在於任何人的文化和社會生活的限制類型，個體的行動被解釋為社會結構的產物。就此而言，結構主義是反人本主義的，不將人類行動者視為研究的核心對象，其分析角度是認為一個現象之所以有其意義，來自於它在一個系統化的結構裡和其他現象間的關係，而此系統化的結構並非任何人得以左右。結構主義的文化觀關切的是使意義成為可能的基本結構（通常是語言）的「關係系統」（systems of relations）與文法規則。

語言的深層結構

　　在文化研究裡，結構主義將**表意**（signification）或意義生產看作是語言的深層結構的效應，發生於特定文化現象或說話的人，但並非純粹是出於行動者有意為之所造成的結果。因此，結構主義關切文化意義如何產生，並且將文化類比為（或是結構成像是）語言（見本書第3章）。

　　索緒爾（Ferdinand de Saussure, 1960）是結構主義發展的關鍵人物。他認為意義是透過語言的結構化差異而產生出來的，也就是說，意義係出於語言規則與慣例影響

的結果，也就是（索緒爾所謂的）「語言慣例」（*langue*），而非人們日常生活的特定使用情況〔亦即索緒爾所謂的「說話」或「言詞」（*parole*）〕。

　　根據索緒爾的理論，意義是透過**符號**（signs）的選擇與組合過程而形成的，符號可分為兩個軸線，亦即：

- 句法學的（syntagmatic）軸線（例如：以線性方式構成的句子）；
- 詞形變化學（paradigmatic）的軸線（例如：同義詞），集合而成一個完整的表意系統。

　　符號——由**符徵**（signifiers，或譯「能指」，意指被用來承載意義的媒介）與符旨（signifieds，或譯「所指」，即符號所指涉的意義）——並非根據「真實世界」裡的實體存在的現象而來，而是透過符號之間的相互指涉而來。因此，意義可看作是透過符號關係而構築出來的社會習慣。

　　簡言之，索緒爾與一般所謂的結構主義，關注的是使語言產生意義的語言結構本身，較不關心語言被實際應用時所發生的變異情況。值得一提的是，索緒爾主張這是一門關於符號的科學，或謂**符號學**（semiotics）。我們也應注意的是，結構主義傾向於以二元對立的方式進行分析，例如：前述「語言慣例」與「說話言詞」的對比，或是一組恰成反比的符號間的分析，像是「黑色」只有在與「白色」對照時才有其意義，反之亦然。

主要思想家

斐迪南‧索緒爾（Ferdinand de Saussure, 1857-1913）

　　索緒爾是瑞士的語言學家，他那本身故之後才獲出版的書，為結構語言學或符號學奠定了基礎。索緒爾對文化研究的影響力，間接來自於受他影響的其他思想家，例如：羅蘭‧巴特（Roland Barthes）。索緒爾論點的核心要旨是語言應被理解為一種符號系統，由相互關聯的詞語構成，並無正向價值（positive value）存在（亦即意義是關係性的）。他認為語言慣例（或符號的形式結構）是語言學的適合主題。文化研究通常將文化，當作一種符號的文法來探討。

建議閱讀：Saussure, F. de (1960). *Course in General Linguistics*. London: Peter Owen.

把文化「像語言般」看待

　　結構主義從「語言文字」（words）延伸到更廣泛的文化符號的語言機制，因此人類關係、物質客體或是形象，無不可納入符號的分析範疇。在李維史陀（Lévi-Strauss）的著作中（見Leach, 1974），把親屬關係形容成「像是語言一樣」，不難發現結構主義的操作原則。也就是說，結構主義者將家庭關係看作是二元對立的內在組織原則所結構。例如：親屬類型是圍繞著亂倫禁忌（incest taboo）而構成的，從而將人們區分為可婚配的與不可婚配的兩類。

　　李維史陀典型的結構主義分析，在於他對食物的解析；用他的話來說，食物的好處固然是在可以供人食用，更在它可以讓我們思考。道理很簡單，食物本身可被視為是**象徵**意義（symbolic meanings）的符徵。文化慣例告訴我們，食物是什麼，不是什麼，也告訴我們食用時的儀節習慣與各種食物代表的意義。李維史陀訴諸結構主義經常使用的轉喻，也就是二元對立的符號關係：生食與熟食、可食的與不可食的、自然的和文化的。只有同時關照兩者間關係，二元對立關係中的任一符號方有其意義可言，準此，烹煮過程把生食變熟食，即可看作是將自然轉化為文化。

　　其中，可食的與不可食的之間的差異，並不是營養與否的問題，而是依據文化意義所做的區分，例如：猶太人進食豬肉的禁忌，以及因為奉行猶太飲食規定而形成其特殊文化色彩的猶太食品（kosher food）。此處，可食與不可食的二元對立標誌了另一組二元對立，即局內人與局外人，因此形成了該文化或社會秩序的疆界。在李維史陀之後，巴特（見本書第3章）將結構主義特有的分析方式，延伸至他對流行文化及**神話**（myths）的自然化意義的分析上。巴特主張，要掌握文本的意義，不能藉由理解人在生產文本時所懷抱的特定意圖，而應將文本視為一組表意的實踐。

　　歸結來說：

• 文化主義聚焦於特定歷史脈絡中，人類行動者的意義生產。 • 文化主義強調（歷史縱斷面的）歷史性分析。 • 文化主義關注詮釋，將詮釋看作是一種瞭解意義的方式。	• 結構主義則指向文化作為一種行動者主觀意圖之外，且影響行動者的語言深層結構的表達。 • 結構主義則強調（歷史橫斷面的）共時性分析，分析特定歷史時刻的關係結構。 • 結構主義則主張符號研究自成一門科學，以及生產客觀知識的可能性。

結構主義最好被視為一種分析方法，更甚於是一種全括性的哲學。然而，結構主義慣用的二元對立及其知識保證的基礎，全在於此一概念：意義有其穩定性。此一（意義是穩定的）概念，已飽受來自後結構主義（poststructuralism）的批評。也就是說，後結構主義解構了語言有其穩定結構的想法本身。

有思想的食物

©攝影：Emma A. Jane

• 根據李維史陀的觀點，這道食物——預先準備的冷凍食品——如何值得吾人思考？

• 這盤東西的哪些視覺面向具有表意作用，意指它可能是：(1)食物；(2)非食物？

後結構主義（兼論後現代主義）

後結構主義一詞暗示「在結構主義之後」（after structuralism），對結構主義有繼承也有批判。這是說，後結構主義吸收了結構語言學（structural linguistics）的某些主張，但也將結構主義當作批判的對象，並宣稱本身較結構主義來得優越。簡言之，後結構主義拒絕接受語言有其根本的穩定結構，以及此一結構係透過二元對立

（例如：黑白或好壞之分）產生意義的看法。相反地，（對後結構主義來說）意義是不穩定的，永遠處於被延宕（deferred）與進行中（in process）的狀態。意義不是受限於單一的字詞、語句或特定文本，而是多種文本關係作用的結果，亦即後結構主義者所謂的**互文性**（intertextuality）。如同結構主義，後結構主義同樣帶著反人本主義的色彩，拒絕了所謂有產製穩定意義的統一、連貫的人類主體存在的想法。

德希達：語言的不穩定性

後結構主義最主要的哲學思想來自德希達（Derrida, 1976）與傅柯（Foucault, 1984d）（見第3章）。他們兩人思想各有強調重點，所以後結構主義不能被看作是一個統一的哲學思想。德希達關注的是語言，並且解構了將語言與意義等量齊觀的同一性。

德希達接受索緒爾的觀點：意義產生自各種符徵之間的差異關係，而非直接指涉了獨立客觀的世界。不過，對德希達而言，符徵交互作用的結果是意義永遠不是固定的，因為字詞傳達多種意義，包括了從其他情境脈絡被使用的相關字詞所衍生的意義。例如：當我們查閱字典中某一單字的意義時，我們不斷被指引去參考相關字詞，因此該字詞的意義彷彿處在永無止盡的延宕狀態，無法完全確定；意義沿著一連串的符徵不斷地滑行，是以一個穩定的符旨不復得見。對此，德希達另鑄新詞——「延異」（différance），意指「差異與延宕」（difference and deferral），強調意義生產是處於意義一直被延後決定與字詞之間不斷增補意義差異的過程。

鑑於意義的此種不穩定性格，德希達進一步解構了結構主義與西方哲學所憑藉的「穩定」二元對立觀點，而主張二元對立分類本身的「不定性」（undecidability）。特別值得注意的是，德希達解構拆解了原被階層化的對立概念，像是口語／書寫、真實／表象、自然／文化、理智／瘋癲等二元對立式的分類，因為二元對立觀有意、無意地排斥或貶抑了其所分類對象中較為「低級」（inferior）的一方（譯按：例如：瘋癲不如理智，或是真實優於表象）。

對德希達而言，「我們只能在符號裡思考」；在「再現」之外，別無任何所謂的原始意義。因此，書寫對意義的生產甚是關鍵。德希達所論是書寫永遠已經存在於口語表達之中，意義沒有所謂的初始來源存在，也沒有自成一格的意義能夠固定符徵與符旨的關係。在此一層意義上，可以說文本之外別無他物（德希達這麼說並非認定外在物質世界不存在），因此文本構成了各種實踐活動。

佛教聖壇

◎攝影：Freya Hadley

- 圍繞這個日本佛教聖壇發生什麼樣的文化實踐？
- 「旗幟」上的符號代表什麼意義？這個符號曾被倒轉並用於一個不同的脈絡下，在那個脈絡下它的意義為何？
- 有關這些符號的不同意義，你從中得出什麼結論？

傅柯與話語／論述實踐

　　如同德希達一樣，傅柯（Foucault, 1972）反對結構主義理論將語言看作是依循自身自主法則運作的系統。他也反對解釋或詮釋學的（hermeneutic）方法，後者則企圖揭露語言的隱藏意義。傅柯因此關注話語／論述表面的描述與分析，以及話語／論述在特定物質及歷史條件下的作用。對傅柯來說，話語／論述關注的是語言與實踐活動，意指透過語言進行受規約的知識生產，從而賦予物質客體與社會實踐某種意義。

　　話語／論述以一種可以被理解的方式，建構、定義並產生了知識客體，但同時將其他被視為不可理解的思考方式排斥在外。傅柯試圖指認各種受規約的談論客體的方式的形構，亦即話語／論述實踐與話語／論述形構出現的歷史條件與決定法則。他探

索某些陳述／聲明被合併與規約，終至形成且定義出一個知識／客體的特殊場域的狀況，這些狀況需要一套特別的概念，並且劃定「真理政權」（regime of truth，亦即：什麼被視為真理）。

對傅柯而言，受到話語／論述規約的，不僅是在特定社會文化狀況下可以說什麼，還包括誰可以說、什麼時候說、在哪裡說。因此，傅柯著作有不少是關於權力的歷史考察，以及透過權力的主體生產過程。傅柯並不將權力視為一種集中化的限制力，而是分散於社會形構之中的所有層面，權力是具有生產性的，亦即生產出各種社會關係與身分／認同。

傅柯認為主體是激進歷史化的（radically historized），也就是說，人完全是、也只能是歷史的產物。他探索身體的系譜學（genealogy），視身體為形塑主體的規訓實踐場域（a site of disciplinary practices）。此種實踐受到犯罪、懲罰、醫學與性的一套特定歷史話語／論述的影響。因此，傅柯（Foucault, 1973）分析了關於瘋癲的某些陳述／聲明，這些陳述／聲明提供關於瘋癲的知識，但同時也規定什麼「可說」或「可想」、瘋癲主體，以及處理瘋癲的若干制度性實踐活動（見第3章）。

反本質主義

後結構主義在文化研究領域中發生的影響，意義最重大的或許在於它的「反本質主義」（anti-essentialism）立場。**本質主義**（essentialism）認定文字有固定的指涉對象，社會類別對應著基本的身分／認同；因此，女性和黑人身分／認同有其穩固的真實性與本質，在那裡等著人去發現。然而，後結構主義的觀點認為，在語言之外，世間並無所謂固定的真理、主體或是認同／身分存在，而語言亦無穩定、對應的指涉對象，因此不可能再現固定的真理或是身分／認同。就這層意義來說，女性特質或黑人身分／認同並非固定、普遍適用的事物，而只是語言描述，透過社會規約而「被當作是真理看待」（換言之，意義如有任何穩定的狀態，也只是暫時的）。

抱持反本質主義的立場，並不是說我們不可以談論真理或身分／認同。相反地，反本質主義直指的是，真理或身分／認同並非自然、普遍適用之物，而是受特定時空限制的文化產物：發聲的主體，必須先有所謂話語／論述位置的存在；與其說真理是被發現的，倒不如說是被製造的，而認同／身分是話語／論述建構出來的。一反結構主義隱含的科學精確性，後結構主義提供的是羅逖（Richard Rorty）的**反諷**（irony），亦即體悟到自己的信念與瞭解乃出於偶然（contingent）和建構，缺乏堅實的普遍基礎。

後現代主義

雖然共享「後」（post）這個前置詞導致混淆，後結構主義與**後現代主義**

（postmodernism）之間，不能被直接劃上等號。不過，兩者確有著共同的認識論趨向，拒絕將所謂真理視為固定永恆。德希達論及意義的不穩定性，傅柯主張真理充滿歷史與偶然的性格，李歐塔（Jean-François Lyotard）對「後設敘事的懷疑」（incredulity toward metanarratives），也呼應了德希達與傅柯的看法。李歐塔（Lyotard, 1984）拒絕那些提供人類「發展」方向、意義與道德途徑的確定知識的「大敘事」（grand narratives）。在李歐塔看來，所謂「大敘事」包括馬克思主義的目的論、科學的確定性，以及基督教的道德性。

後現代主義學者如李歐塔（Lyotard, 1984）或羅逖（Rorty, 1989）同意傅柯所謂知識並非形上、先驗或普遍的，而是因時因地而異的。對後現代主義來說，知識好比人的視野，因此所謂掌握世界「客觀」面貌的總體知識並不存在。相反地，我們需要多重視野或多重真理（multiple viewpoints or truths），以便詮釋複雜、異質的人類生存經驗。所以，後現代主義認為知識是：

- 受限於「語言遊戲」（language-games）；
- 在地、多元與充滿多樣性的。

後現代主義當中有一流派很關切這些認識論層次的問題（亦即關於真理與知識的問題），同樣重要的另一類著作則強調當代生活的重大文化變遷。一種充滿支離破碎、意義曖昧與不確定感的世界，被高層次的反思能力／反身性（reflexivity）所標記，也被認為是後現代文化的特徵。這種觀點與另一種對於偶然性、反諷與文化邊界（cultural boundary）模糊化的觀點互為表裡。文本的特徵是自我意識（self-consciousness）、拼貼（bricolage）及互文性。對某些思想家而言，後現代文化預告的是，現代所謂真實與擬仿的區分行將瓦解（見本書第6章）。

\# 後結構主義與後現代主義皆有反本質主義的色彩，強調語言的不穩定性及其構成作用。

後結構主義與後現代主義認為，主體性是語言或話語／論述的效應，而主體是斷裂的、破碎的——我們可採取話語／論述所提供的多重主體位置。然而，與其強調外在話語／論述的「支配」，某些學者關注的是精神分析，特別是拉康（Jacques Lacan）對佛洛伊德（Sigmund Freud）進行的後結構主義式的解讀，從中思考主體的「內在」構成方式。

精神分析與主體性

精神分析（psychoanalysis）是一支具有爭議性的思想體系。對它的支持者來說（Chodorow, 1978, 1989; Mitchell, 1974），精神分析的長處在於它拒絕主體與性別意識有任何固定的本質。

佛洛伊德的自我概念

根據所謂精神分析之父、奧地利醫師佛洛伊德（Freud, 1977）的觀點，自我（the self）的構成，包括：

- 「本我」（ego，即有意識、理性的心靈）；
- 「超我」（superego，即社會良知）；
- 「無意識」（the unconscious，即心靈活動的符號來源及庫存地，此心靈活動與理性的運作邏輯有異）。

人類主體的結構過程，並非與生俱來，而是透過與我們直接接觸的「照顧者」（carers）的互動關係而得到的。根據定義，既然自我裂解為本我、超我與無意識，關於自我的統一敘事，其實是我們因為進入語言與文化的符號秩序之中，並且經歷相當時間才獲得的。透過**同一化**（identificaiton）他者和社會話語／論述的過程，我們創造出一個（關於自我的）身分／認同，（而此一身分／認同）體現了有一個完整的自我的幻覺。

在佛洛伊德理論裡，力必多（libido，或譯「性衝動」）並無預定的固定目標或對象：透過幻想，任何客體（包括人或其部分身軀）皆可能幻化成慾望投射的目標對象，徇致存在於人類性意識之中的性客體與性實踐方式，數量多到幾乎是數不勝數。不過，佛洛伊德的著作，主要是紀錄並解釋此一「多樣相的變態」（polymorphous perversity）如何被規約與壓抑，並且透過「伊底帕斯情結」（the Oedipus complex，或譯「戀母情結」）的解決（或未解決），而變成「正常」的異性戀的性別化關係。

伊底帕斯情結

在古典佛洛伊德思想中，伊底帕斯情結標記了本我與性別化的主體性（gendered subjectivity）的形成。在伊底帕斯時刻（the Oedipal moment）發生之前，我們無法區辨自己與其他客體，也沒有自己身為男性或女性的自覺。處於前戀母階段的嬰兒，只是透過感官探索與自體性慾（auto-eroticism，如自慰）的方式經歷周遭的一切。它們尋求身體滿足，主要聚焦於母親作為溫暖、舒適與食物的提供者。影響所及，嬰兒的

第一個愛戀的對象是它的母親，既是其認同也是慾求的對象。這是說，嬰孩想要「成為」像母親那樣的人，也想「占有」母親。伊底帕斯情結的解決，牽涉了拒絕再將母親視為愛戀對象，並且將自己轉化成一個獨立於母親的主體。

對男孩來說，亂倫禁忌指的是其對母親的愛慾站不住腳，而且遭受被閹割懲罰的威脅，從而將其認同對象從母親轉移到父親，逐漸接受男性特質與異性戀為可欲的主體形式。對女孩而言，其與母親的愛慾關係更加複雜，甚至可說是從未完成（像男童那樣）與母親分離的過程。女童無法完全斷絕對母親的認同，而且也無法轉而認同父親。不過，她們確實感受到陽具圖像（the Phallus）的力量，是她們缺乏（或謂「陽具崇拜心理」）、但父親擁有的東西。既然她們沒有陽具（或具有象徵作用的陽具圖像），她們無法成為或（像男孩一樣）從母親認同轉成父親認同。雖說如此，女孩能夠戮力以求占有之，透過其他男性（取代父親作為陽具的圖像）孕育子女，滿足其陽具崇拜心理。

精神分析作為一種反歷史的、普遍的主體性的觀點，標舉跨越歷史的人類心理過程，而且認為它在本質上是父權與陽具崇拜的；此種觀點在文化研究裡被證明是無法被接受的。不過，同情的批評者認為，精神分析可以被重新打造成一種關於主體形構的歷史偶然性的觀點。也就是說，將精神分析的論點應用在特定的歷史情況之下。文化和符號秩序的變遷被說是導致主體形構的變遷，反之亦然。精神分析具有的顛覆能量，因此是植基在它對社會秩序的斷裂（包括性別化的關係），試圖產生新的思想與新的主體性。因此，論者認為，精神分析可能去除原有的陽具崇拜主義，並且可能被重塑成有利於女性主義的政治方案（見第9章）。

伊底帕斯情結

伊底帕斯（Oedipus）是希臘神話裡的一個國王，他在無意間實現了弒父〔拉伊俄斯（Laius）〕與娶母〔伊俄卡斯忒（Jocasta）〕的神諭。發現這一事實後，伊俄卡斯忒上吊自殺，伊底帕斯則用母親的胸針挖出自己的雙眼。伊底帕斯神話成為希臘悲劇《伊底帕斯王》的取材基礎，該劇是古希臘悲劇作家索福克勒斯（Sophocles）創作的，並於大約西元前429年首度公演。佛洛伊德用「伊底帕斯情結」（Oedipus complex）一詞，表述嬰孩潛意識地受到父母當中的異性一方的性吸引；佛洛伊德說這表現在男孩的閹割／去勢焦慮（castration anxiety），以及女孩的陰莖／陽具羨妒（penis envy）。這也是佛洛伊德理論現在被認為最有問題的地方。例如：史迪芬‧平克（Steven Pinker）即指出：「所謂男孩想與母親發生性關係的概念，對大多數男人來說都是它們聽過最愚蠢的事情」（1997: 460）。雖然如此，佛洛伊德有關潛意識的角色和重要性重新獲得承認，因為大

腦掃描技術證實有意識的思考只是大腦運作的一小部分（見第4章）。不過，大多數的潛意識活動涉及的是生存相關資料處理，更甚於被壓抑的亂倫幻想。

差異政治：女性主義、種族與後殖民理論

　　結構主義與後結構主義認為，意義產生是透過一連串符徵當中的差異。主體是透過差異而形成的：我們是誰，部分是透過確認我們不是誰而構成的。

＃在此一思考脈絡下，學界越來越強調社會場域存在的各種差異，特別是性別、種族與族群等問題。

女性主義

　　女性主義（見本書第9章）是一個理論與政治領域，包含了相互競爭的觀點與行動準則。然而，一般而言，我們或可這樣界定女性主義：它將性別視為構成社會組織的一種根本的與無法化約的軸心概念，而這種概念迄今已導致女性受制於男性。因此，女性主義主要關切性別作為社會生活的組織原則，而**兩性**關係裡充塞著權力關係。女性受制於男性的處境，可見於各種社會制度及實踐當中，亦即男性權力與女性受制有其結構性。某些女性主義者將這種情況稱為**父權體制**（patriarchy），意指男性主導的家庭、「家長式的權威支配」（mastery）與男性的優越性。

　　自由主義女性主義（liberal feminism）強調女性應享有與男性平等的機會，並且認為這可在現行法理與經濟架構下實現。相反地，社會主義女性主義者（socialist feminists）認為階級與性別環環相扣，包括性別不平等的根本地位與女性在資本主義再製過程中所扮演的雙重角色（家務勞動與工資勞動）。與強調平等和同一性的（自由主義與社會主義的）女性主義不同，差異或激進女性主義（difference or radical feminism）主張，女性與男性有根本差異存在，並視之為值得頌揚的女性創意差異（creative difference），而且強調「柔性」價值的優越性。

　　父權體制的問題　一種對父權體制概念的批評強調，此一概念將「女性」視為無差別的類屬，亦即視女性都具有某種基本特質，並且與男性截然相反。對此一概念隱含的假設，黑人女性主義者（black feminists）一再提出質疑：女性主義運動在批判父權體制的同時，已先行將女性定位為白人女性，忽略了黑人女性與白人女性之間的經驗差異。這種對差異的強調，也見於師法後結構主義與後現代主義的女性主義者，她們認為性與性別都是社會文化建構的產物，既無法單純以生物學解釋，也不能化約為資本主義運作的結果。這種思想立場是反本質主義的，強調女性與男性特質皆非具

有本質性與普遍性的類別，而是作為話語／論述建構（discursive constructions）而存在。準此，後結構主義的女性主義關切主體性本身的文化建構過程，認為有多種男性特質與女性特質同時存在的可能。

種族、族群與混雜性

另一個漸獲文化研究重視的「差異政治」（politics of difference）是後殖民時代的**種族**與族群問題（另見本書第8、14章）。**族群性**（ethnicity）是一個文化概念，基於那些標示文化邊界形構過程的各種規範、價值觀、信仰、文化象徵與文化實踐活動。「種族化」（racialization）這個概念已用於闡明種族是一種社會建構（故不具生物或文化上的普遍性或本質性）的論點。種族不存在於再現之外，而是在再現之中，在社會與政治權力鬥爭裡被形塑出來的。

兩個獲得關注的主要問題在**後殖民**（postcolonial）相關理論中浮現（Williams and Chrisman, 1993），亦即支配─臣屬（domination-subordination）與**混雜性**─混語化（hybridity-creolization）的問題。支配與臣屬問題可見於直接透過殖民軍事控制，以及被種族化群體面臨的結構性臣屬狀況。用更具文化意涵的術語來說，後殖民理論關切殖民及帝國勢力否認與支配「本土」文化的情況，也關切**地方**（place）認同與**離散**（diaspora）認同之間的關係。

混雜性或混語化問題點出的一個事實是：殖民文化（語言）或被殖民文化（語言）皆非以「純粹」（pure）形式存在；兩者都無法從對方分離開來，而是共同地促成了某種混雜形式。在諸如美國與英國的大都會文化裡，此一概念被賦予新意義，將混雜文化（如拉丁美洲裔及移民英國的南亞族群文化）視為英美當地大都會文化的一部分。

文化研究的新方案

蓋瑞・霍爾（Gary Hall）與克萊爾・比爾歇爾（Clare Birchall）（2006）合編的書──《新文化研究：理論的冒險》（*New Cultural Studies: Adventures in Theory*）──宣稱有一股文化研究的「新」浪潮。他們特別感興趣的是理論在文化研究裡的地位。他們呈現他們稱作「後伯明罕學派」世代的著作，例如：尼爾・巴明頓（Neil Badmington）（關於後人文主義）、卡洛琳・貝塞特（Caroline Bassett）（關於數位文化）、戴夫・布思羅德（Dave Boothroyd）（關於藥物）、傑若米・吉爾伯特（Jeremy Gilbert）（關於反資本主義政治）、喬安娜・齊林斯卡（Joanna Zylinska）（關於新媒體時代的生物倫理學）等學者的著作。

他們也探討那些影響「新」文化研究的思想家的著作，一批已經相當「舊」的哲

學家，包括德勒茲（Gilles Deleuze）、拉克勞（Ernesto Laclau）、阿岡本（Giorgio Agamben）、喬治・巴代伊（George Bataille）、齊澤克（Slavoj Žižek）等人。所以，正如霍爾與比爾歇爾（Hall and Birchall, 2006）所說的，這裡真正「新」的是新一波文化研究學者使用這些哲學家著作的方式。

　　該書所呈現的新文化研究著作具有異質性，不容易擺在一起。在許多方式裡，很難將它們加總成一個前後一致的新方案。所以，該書書名似乎有點譁眾取寵的味道。雖然如此，某些主題性的特點確實從中浮現：

- 援引拉克勞與莫芙（Chantal Mouffe）、德勒茲、阿岡本和盧曼（Niklas Luhmann）的著作（明顯都受到馬克思和物質主義的影響），（新文化研究的）理論家試圖以新的方式理解民主與政治。
- （新文化研究的）理論家試圖探索人類、非人類與物質之間，自然（生物學）與文化（技術／科學）之間，以及人類與動物之間的關係。主要理論家包括哈洛葳（Donna Haraway）、唐・伊德（Don Ihde）和拉圖（Bruno Latour）。核心主題是文化與科學的匯流，科學是在有關再現的角色，以及科學話語／論述在產生希望和烏托邦的政治角色（見第5章）的脈絡下被理解的。
- （新文化研究的）理論家試圖以新的方式理解主體性和認同，援引德勒茲、伊德和齊澤克等哲學家的觀點。特別是關於人是什麼，以及基因碼是否應視為智慧財產，是否非人類的動物應該被賦予「人權」等問題（比方說，猩猩在西班牙被賦予人權）（見第7章）。
- （新文化研究的）理論家對身體和情感在政治和認同的角色有興趣，特別是恐懼和希望被賦予顯著地位（見第4章）。
- （新文化研究的）理論家試圖在科學、本體論和社會建構之間找到一條路徑，其核心主題似乎是想避免本質主義的人文主體，同時又試圖保留真理、演化和生物學的概念（見第3章）。

　　該書的附屬網站——「新文化研究：液態理論讀本」（*New Cultural Studies: The Liquid Theory Reader*）[1]——試圖藉由維基共筆的方式為理論建構增添新頁。這意味的是，讀者得以增補或修正該書業已出版的內容。因此，理論或「理論家」變成一種集體運作，而非固定實體。每隔一段時間，各章經重組後再以紙本印行。不過，在我們為了撰寫本書而在2014年拜訪該網站時，發現其活躍度並不高，因此並不清楚這個

---

[1]　譯註：網址是https://bit.ly/2MvwDTT。

構想有多成功。

文化研究的核心問題

過去三十年左右，文化研究已發展到這樣一個階段，類似的問題、議題和辯論紛紛在文獻中浮現。文化研究的一個「問題」是，這個領域的文獻不斷有疑問和謎題出現。雖然我們對這些問題的討論散見本書各處，但還是值得在這裡對一些關鍵的問題點做些釐清。

語言和物質的

文化研究有個經久不衰的辯論，亦即關於作為表意的文化（culture as signification）與作為物質的文化（culture as material）之間的關係。此一辯論處於三方對立的犄角態勢之下：

1. 文化研究的馬克思主義傳統；
2. 文化研究的反化約論；
3. 後來居上的後結構主義。

對馬克思主義而言，文化是一種有形的力量，與生存物質條件的社會組織化生產息息相關。馬克思主義認為，生產的物質形式是文化上層建築的「真正基礎」。這是說，物質——此處意指經濟——決定了文化。然而，在探索文化的**具體**特性時，這種對馬克思的正統理解方式太機械，也太決定論了。因此，文化研究的敘事也和馬克思主義化約論保持距離；相反地，對語言、文化、再現和消費的自主邏輯的分析則獲得揚舉。結構主義提供了工具，把語言和流行文化當作自主的實踐來探討，強調文化的不可化約性（具有自身內部組織方式的獨特實踐活動）。

有論者認為，文化研究太強調文化的自主性，反而拋棄了政治經濟學。雖然這種批評有其道理，但霍爾等人的「文化迴路」（circuit of culture）所提供的多重視野的取徑並未拋棄政治經濟學（見圖2.2）。對任何文化實踐的全面分析，需要討論「經濟」和「文化」及兩者間的接合關係。

文化的文本特性

語言的機制和運作是文化研究關注的核心議題。事實上，關於文化的研究，往往幾乎被等同為探索通過（「像語言那樣運作的」）表意系統所象徵性產生的意義。

文化研究這種轉向語言的研究，是它的一項主要知識進展和研究成果，但也有部分盲點：對語言的重視，導致文化研究相對忽略了其他議題，例如：鮮活經驗、文化政策等。

　　文化研究學者大多清楚，文化可被視為用表意、符碼或話語／論述等概念予以解讀的文本。然而，過度強調結構主義和後結構主義觀點下的表意實踐，有時導致文化研究將語言物化為一個「東西」或「系統」，而非當作社會實踐來掌握。這麼做的危險是陷入某種文本決定論（textual determinism），亦即文本主體位置（textual subject positions）被視為等同，並構成了說話的主體（speaking subjects）。活生生、具體的、真正在說話和行動的主體，卻可能在這種觀點下被忽視了。

　　把文化當作「像語言那樣運作」的隱喻，有其值得稱許之處，但同樣有益的作法是將文化視為實踐、常規和空間安排。語言不僅始終鑲嵌於實踐，而且所有實踐皆有其意義。再者，文本符碼和主體位置的同一性，並不保證這種意義被日常生活中具體的人所「採納」（taken up）（見Ang, 1985; Morley, 1992）。總結來說，語言的研究對文化研究這個進行中的知識方案絕對是重要的，但同時也有其限制。

習作

請指出三種不同類型的文化文本（cultural text），並對以下問題表達看法：
- 什麼是構成一個文化文本的共通元素？
- 你能指出這三種文本的不同特性嗎？
- 你能區分文本和實踐之間的任何差異嗎？

文化的場所

　　對威廉斯而言（Williams, 1981, 1983），就其所有的意圖和目的而言，文化是被定位在彈性但可指認的邊界之內，亦即文化有其地方特性。事實上，它確實由地方所構成。就文化是一種完整的生活方式來說，它的邊界主要是鎖定在國族和種族，例如：英格蘭人（或英國人）的文化。然而，全球化已使這種文化概念變得越來越成問題。

　　特別是，所謂在地，是在全球化話語的範疇被生產出來。這包括全球企業行銷策略，導向各個差異化的「在地」市場。許多被認為有別於全球的在地文化，其實是跨在地過程（translocal process）的結果（Robertson, 1992）。由於文化元素從一地移動到另一地，許多地方已被融合為全球化的一部分。比方說，人口移動和電子通訊傳播，已促成越來越多的文化並置、碰撞和交融。這種發展態勢意味的是，我們有必要

擺脫將文化視為在地範圍之內的「整體生活方式」的觀點。

　　全球化進程意味著，我們必須重塑我們的文化觀。想對文化有最好的理解，不能再囿限於地方和根源（roots），而應視之為全球空間裡混雜和混血的文化路徑（routes）。

主要思想家

霍米・芭芭（Homi K. Bhabha, 1949- ）

　　霍米・芭芭生於印度，在印度孟買大學及英國牛津大學基督教堂書院完成學業。他目前是芝加哥大學人文學院教授，任教於英語與藝術系。受到後結構主義強烈影響，芭芭反對將「第三世界」國家本質化為一種同質的身分／認同的傾向，宣稱所有的國族身分／認同都是敘事化的。對芭芭而言，語言裡的意義不穩定性，應將文化、身分／認同與同一性想像成一直是邊界和混雜的地帶，而非固著、穩定的實體。這種觀點具體呈現在他使用的概念，如學舌（mimicry）、裂縫（interstice）、混雜（hybridity）和閾限性（liminality）。

建議閱讀：Bhabha, H. (1994). *The Location of Culture*. London and New York: Routledge.

　　然而，將文化定位在地方仍有其價值，從而得以說「這在澳洲文化裡是有價值和有意義的實踐」，或是「黑色大西洋」的文化流動涉及「源自西非」的音樂形式。**文化的雙元性**（duality of culture）在於它同時是「在地方」（in-place）與「無地方」（no-place）的。

✎ 習作

請思考一下，你稱作「家」的地方。
• 你會把什麼樣的感覺與「家」連結？
• 何種象徵、實踐和情緒，使得「家」對你有某種意義和重要性？
請思考一下，「祖國」這個名詞。
• 哪些元素使這個名詞對你有意義？
• 有多少與你祖國連結在一起的象徵和實踐，其實是源自於國境之外的？

文化變遷如何可能？

　　文化研究學者向來認為檢視文化、權力和政治是其核心任務。的確，文化研究可理解為一群視理論知識產生為政治實踐的人所生產的一套理論體系。許多文化研究學者想將他們的研究與政治運動連結。這是遵循「有機」知識分子模式（Gramsci, 1968），他們（有機知識分子）是反霸權階級與其盟友在思想和組織上的要角。

　　然而，少有證據顯示文化研究學者曾經明顯「有機地」連結政治運動，而是如霍爾（Hall, 1992a）所說的，文化研究知識分子所言所行「彷彿」（as if）他們已經是，或是盼望有一天會是有機知識分子。文化研究學者最初想像自己是有機地連結於革命階級派系當中，但後來由於階級式微，無法成為有力的政治載具，社會主義難以成為立即能夠實現的目標，而是由新社會運動（New Social Movements）獨領風騷；不過，在連結這類運動時，文化研究也不是特別成功。

　　的確，西方世界少有證據顯示人民支持激進的政治變革，遑論「文化革命」（cultural revolution）。在西方自由民主政體裡推動改革，似乎成了唯一可能的方式。這不意味我們必須接受自由民主政體的現狀；相反地，一個可行的目標是在自由民主政體的架構下推動民主的擴展。因此，一部分文化研究學者主張，應該特別聚焦於文化政策，對想要達成的結果和轉型機制也應有清楚認識。

理性及其限制

　　西方文化大多有這樣的預設，亦即人類生活可用個人行動者的理性選擇來解釋。理性行動是指在特定文化脈絡下，可被辯護的行為。文化研究不會想採納這個理性行動者的概念，後者認為人類精於算計並會採取使自己利益極大化的手段。雖然如此，已有隱而不顯的假設存在，認為理性可以提供關於文化現象的解釋，例如：一個常見的假設是：種族歧視和性別歧視在理性論證面前將會衰微。

　　通常在文化研究當中缺席的是人類行為中，那些非線性、非理性和情緒驅動的面向；唯一例外的是被引進文化研究領域的精神分析（psychoanalysis）。例如：霍爾（Hall, 1990, 1992b, 1996a）與巴特勒（Butler, 1993）相當成功地探索拉康式的精神分析，以及我們對規訓話語（disciplinary discourses）產生心理同一性或情感投入的過程。但精神分析有其自身的問題，尤其是它的陽具中心主義和偽冒客觀科學的宣稱（見第2章和第9章）。雖然如此，作為一個學術領域，文化研究還是應該進一步探索情感和情緒等議題。世上很多恐怖的事——例如：性攻擊、路怒（road rage）和戰爭等暴力形式——係受到情緒反應的驅動，而且要解決這些問題從來不能只靠簡單的論證和分析。

　　許多後現代思想家批評現代理性的衝動。他們論稱，現代理性帶來的進步有

限，但帶來的支配和壓迫很多。透過科學和理性控制自然的衝動本身，是一種控制和支配人類的衝動。這是一種工具理性（instrumental rationality），其邏輯不僅帶來工業化，也導致了集中營的出現。

　　比方說，傅柯（Michel Foucault）論稱：

- 知識不是形而上、先驗的或普遍的。
- 知識涉及的是觀點問題。
- 知識不是純粹或中立的，而總是有其特定觀點。
- 知識本身與權力政權（regimes of power）之間有盤根錯節的關係。

　　不過，傅柯也質疑所謂啟蒙和後啟蒙思想、或是現代與後現代之間存在明確和最終的斷裂（Foucault, 1984c: 249）。

真理的屬性

　　關於文化理論和文化政治，我們如何立論或辯護？這是文化研究的核心問題之一。對現代主義者而言，寫實主義認識論（realist epistemology）使其得以提出普遍的真理宣稱（universal truth claims）。一旦我們知悉社會世界運作的真理，我們將有信心與策略性地介入人類事務。所有的社會科學，從社會學到經濟學和心理學，都是建立在概念和經驗真理終能被發現的預設之上。

　　然而，在文化研究裡，寫實主義認識論大體上已被取代。這是因為受到後結構主義、後現代主義和其他反再現主義典範（anti-representationalist paradigms）的影響；這些（在文化研究裡）被廣泛接受的思想流派，已瓦解了所謂客觀和普遍真理的概念。

　　對哲學家尼采（Friedrich Nietzsche, 1968）而言，真理必須透過語言表達，因此語言文字是唯一可供判斷真假的東西。真理不過是一支「隱喻組成的機動部隊」（Nietzsche，轉引自 Ijsseling, 1976: 106），並且由一個具支配力的權威在字裡行間做出仲裁。因此，「真理」是一個關乎誰的詮釋被當作真理的問題。真理與權力有千絲萬縷的關聯。受惠於尼采，傅柯（Foucault, 1972, 1973）論稱，不同的知識（epistemes）或知識形廓形成特定歷史時期的社會實踐與秩序。因此，傅柯不談真理，他談的是「真理政權」。同樣地，羅逖（Rorty, 1980, 1989）論稱，所有的真理都有其文化限制與特定時空背景，知識與價值觀也受時間、空間和社會權力的影響。主張所有知識都是有立場的（positional）或有文化限制的，並不等於是擁抱相對主義；相對主義意指有能力看到不同形式的知識，並且論稱它們有同等價值。但實情

並非如此，正如羅逖所說的，我們總是受限於對我們具有支配力的知識；能夠正確描繪獨立客體世界（我們稱之為真實）的最終語彙並不存在。我們使用的語彙若說是最終，也只是目前暫時無其他（更好的語彙）挑戰罷了。因此，我們的最佳策略應該是繼續說我們自己的故事，希望能對人類行動與制度做出最有價值的描述與安排。

有意思的是，即使在所謂「硬」科學的領域裡，有些研究者也不再認定這個知識領域能夠建立無可辯駁的證據。例如：天文物理學家路易斯（Geraint F. Lewis）即論稱，不像在幾何學能證明所謂「絕對真理」那樣，科學無法證明任何東西（Lewis, 2014）。在路易斯看來，科學有如一齣冗長且遲遲未達成絕對有罪或無罪判決的法庭劇，觀眾只能基於持續累積的證據做出睿智的猜測：

> 每個理論模式都是對我們所置身宇宙的好描述……但探索未知的新領域則顯得不足，我們不確定是否某個特定描述繼續能夠正確地再現我們的實驗，而我們對於另類可能性的信念則在增加。我們是否最終得以獲知真理，並且掌握真正統治宇宙運行的法則？雖然我們對某些數理模式的信念與日俱增，但未經無數次的測試，我們如何能確信它們是真的？（Lewis, 2014）

同樣地，諾貝爾獎得主、理論物理學家費曼（Richard Feynman）承認，他「對不同的事物，在程度不一的確定性下，約略有答案和可能信念」，但他無法絕對確定任何事物（Feynman, 2011）這樣的觀點，使平常的刻板印象更形複雜，亦即批判、臆測和特定歷史條件下的理論研究，在人文基礎的學科（如文化研究）與經驗性的科學採用的方法之間，彼此少有或沒有交集。

方法論問題

文化研究較不重視研究方法與方法學問題，但阿拉蘇塔利（Pertti Alasuutari, 1995）、麥奎根（Jim McGuigan, 1997b）與葛雷（Ann Gray, 2003）的方法學著作——以及媒介研究領域裡的麥基（Alan McKee, 2003）與布列南（Bonnie S. Brennen, 2013）——是少有的例外。再者，文化研究關切的不是方法的操作技術，而是底下更深層的哲學路數，亦即方法學的層面。如前所述，文化研究最重大的方法學辯論關乎知識與**真理**的地位，亦即認識論或知識哲學的問題。如同我們所見，持寫實主義立場的人認為，即使在方法學上有審慎與反思的必要，但以一定程度的知識來理解獨立的客體世界（真實世界）是可能的；而在文化研究領域裡，這通常接近馬克思主義者的立場。相反地，對後結構主義者而言，知識與（客觀與正確的）真理的發現無關，而是對「被當成真實的」世界所做的詮釋而建構。

文化研究的主要方法學

　　雖然知識的地位問題充滿爭議，學者對個別研究方法的相對價值也無共識，但有哪些研究方法被廣泛應用在文化研究卻是相當清楚的。我們可先從標準的方法學區分，即量化與質性研究方法著手，前者看重數字與計算（例如：統計與調查），後者透過參與式觀察、訪談、焦點團體座談與文本分析，探索行動者產製的意義。整體而言，文化研究偏好質性研究方法，關注文化意義。

　　文化研究的著作，集中在下列三種研究方法：

1. **民族誌**（ethnography），通常與文化主義的途徑緊密相連，強調「鮮活經驗」（lived experiences）；
2. 各種**文本分析方法**（textual approaches），通常從符號學、後結構主義及德希達的解構主義汲取養分；以及
3. **接收分析**（reception studies），在理論根源上採取兼容並蓄的立場。

民族誌學

　　民族誌是一種源自人類學的經驗研究與理論途徑，透過密集的田野調查，對文化進行詳細而全面的描述與分析。就其古典意義來說，它指的是「民族誌研究者長時間地參與人民的生活，觀察發生了什麼，聆聽他們說些什麼，並且向他們發問」（Hammersley and Atkinson, 1983: 2），目的在產生紀爾茲（Clifford Geertz, 1973: 10）所說的對「複雜概念結構的多重性」進行「厚描」（thick descriptions），其中包括關於文化生活的未明說的與被視為理所當然的假設。民族誌關注於在地生活的細節，並把它們連結到更寬廣的社會過程之中。

　　民族誌途徑的文化研究聚焦於「生活的全部方式」脈絡下的價值與意義問題，亦即透過民族誌對文化、生活世界（life-worlds）與認同問題進行質性研究。正如莫利（David Morley）所言，「質性研究策略如民族誌的主要立意是貼近『自然化的領域』及其特定活動」（Morley, 1992: 186）。然而，在媒介導向的文化研究脈絡下，民族誌已經變成許多質性研究方法的代稱，包括參與觀察、深度訪談與焦點團體座談。在此，民族誌的「精神」（亦即以質性方法瞭解脈絡化的文化活動）被刻意用來對抗量化傳播研究的傳統。

　　再現的問題　民族誌試圖「再現他者的主觀意義、感覺與文化」（Willis, 1980: 91）。透過此一方式，民族誌依賴隱含的寫實主義認識論。不過，這種認為可能以自然方式重新再現人們「真實」經驗的想法，受到相當程度的批評。

- 首先，有論者指出，民族誌研究者呈現的資料本身已是人為詮釋的產物，需要透過民族誌研究者的眼睛觀察，因此也就難以避免個人主觀立場。這種批評可以套用在所有的研究，但在這裡它推進了「詮釋的民族誌」（interpretative ethnography）的開展。
- 其次，一種更有力的批評來自後現代主義。它除了指出民族誌有其寫實主義認識論的問題外，更具體地批評民族誌是一種隱含修辭技巧且企圖維護其寫實主義宣稱的書寫（Clifford and Marcus, 1986）；換句話說，民族誌研究的產物永遠是一種文本。

克里佛（James Clifford, 1988: 25）的批評，指出了問題所在：

> 如果民族誌學是透過密集研究而產出某些詮釋，那麼凌亂的經驗如何被轉化成具權威性的書寫作品？精確來說，絮聒的、多元決定的跨文化接觸，在充滿權力關係與個人誤解的情況下，如何被轉化成關於「另一個世界」的適當詮釋，而由民族誌研究的作者獨力撰作而成的？

受到此類批評影響，民族誌文本開始受到嚴格檢驗，特別是其中必然涉及的修辭手段，而更具反思與對話精神的民族誌研究則要求作者說明自己的假設、觀點與立場。再者，諮詢民族誌的「主體」（譯按：即作為民族誌學的寫作對象的人們）是有必要的，從而使民族誌淡化其「事實」探險的屬性，而變成更像是參與者之間在研究過程中的對話。

對民族誌的認識論宣稱進行批評，並不代表它的價值減損，也不意味它應該被拋棄。民族誌與多層次小說（a multi-layered novel）之間並無認識論上的根本差異，小說的價值不在於產出關於世界的「真實」圖像，而在於促成移情共感和人類團結圈的擴大（Rorty, 1989）。因此，民族誌有其個人的、詩學的與政治的（而非認識論的）存在理由。

根據此一觀點，民族誌資料可說是讓其他文化或文化「邊緣」的聲音，得以用詩學的方式表達出來。將這些聲音書寫出來，不是作為「科學」報告，而是以詩學的探索與敘事存在，可以將新的聲音傾注在羅逖所謂的「人類的世界性對話」（cosmopolitan conversation of humankind）。因此，民族誌資料提供了一條路徑，讓我們對自身文化產生陌生感，從而允許我們以新的方式理解世界。例如：民族誌研究有助於我們向其他文化學習，可以提供「新的改革方案的立足點」，以及「促使人們願意聆聽自身不熟悉的觀念」，從而破除我族中心主義，並且用新觀念豐富我們自身的文化（Rorty, 1989）。

這不意味我們可以摒棄方法學上的嚴謹，理由如下：

1. 證據與詩學般的書寫風格有其實用價值，有助於確保真理與行動。在認識論層次上，這相當於物理科學上的程序協議。這是說，科學上的「客觀性」，在民族誌裡意味的是社會團結，而真理指的是最大程度的社會共識（Rorty, 1991a）。
2. 觀察與證據的語言是民族誌學不同於小說的諸多慣例之一。
3. 拒絕所謂普遍客觀真理，乃是基於文字不可能對應於真實世界（word-world correspondence），因此所謂正確或適當的再現亦不可能。這不意味我們必須拋棄在文字間進行翻譯（word-word translation）。這是說，關於他人的話語或行動，我們有可能做到「夠好」的報導，而不必宣稱此報導代表普遍真理。使用錄音機去記錄研究對象的話語，當然要比憑空杜撰好得太多，因為：
   (1)就實用目的來說，這些記錄使我們得以翻譯並瞭解他人的話語；
   (2)我們將更能夠預測他人的行動。

民族誌的問題是翻譯與合理性的問題，而非關乎普遍或客觀真理的問題。語言（以及文化和知識）涉及的不是無法翻譯或不相容的規則，而是可經由後天學習的**技巧**。由此觀之，民族誌事關**對話**，並且設法在研究過程中達成參與者之間的意義共識。

至此，我們已用相當篇幅討論民族誌，比稍後要討論的文本與接收分析還多。這麼做的原因有二：第一，民族誌提出了重要的認識論問題，在某種程度上此一問題也出現在其他研究方法上，因為有關寫實主義、詮釋與再現的問題，也適用在文本與接收分析的方法學。第二，本書提供的大量「證據」來自文本、接收分析與理論性的著作，因此此處用較多篇幅討論較受忽略的民族誌取向文化研究，似乎是合宜之舉。我們將民族誌、文本和接收分析分開討論，並非將它們看作是彼此互斥的研究方法。由於民族誌的研究對象（主體）越來越可能產生關於他們自身的文本再現，研究者藉由分析這些文本，並且結合民族誌調查，或可得以更深入地瞭解他們的生活、活動及其對世界的理解方式。

網路民族誌

由於網路空間的快速發展（見第11章），民族誌研究方法越來越常被用於調查社區和文化在線上和社群媒體平臺的運作方式。科津茨（Robert V. Kozinets, 2010）用「網路民族誌」（netnography）一詞來描述線上行銷研究技術，被用以蒐集人們在網路空間裡的行為和互動方式。和傳統的民族誌研究一樣，如何以最

好與合乎倫理的方式執行網路民族誌，也存在著不少爭論。其中一個爭論牽涉的是，研究者是否應該將網際網路視為私人或公共領域。例如：科津茨認為，不同程度的「網路詐欺」（cloaking）被線上研究主體用來隱藏身分和參與，因此知道一則網路貼文是公開的「不必然自動導出這樣的結論，亦即學者和其他類型研究者可以用任何方式使用這些資料」（Kozinets, 2010: 154-155, 137）。相反立場的看法則認為，雖然賽伯空間（cyberspace）的某些部分比其他部分更具私密性，但開放近用（open-access）的溝通和公開可見的發表內容，並不是網際網路意料之外的特徵：它們是網際網路之所以是網際網路的根本理由，構成了它所有可能性的前提。比方說，瓦爾特（Joseph B. Walther）主張網際網路的基礎和定義上就是儲存、傳輸和檢索評論的機制，因此任何網際網路上的隱私期待都是「嚴重錯置的」（2002: 207）。

- 你認為網際網路有哪些部分是值得文化研究學者批評的？
- 你同意瓦爾特所說的任何關於線上隱私的期待都是誤導的嗎？
- 「潛水者」（lurker）是被用來描述某些人拜訪並觀察線上社群，但不讓他人知悉。你認為在操作民族誌研究時，這是一種倫理上可被接受的行為嗎？
- 列出三種你認為符合倫理的執行網路和社群媒體平臺研究的方式。接著，請列出三種你認為不合倫理的線上研究技術。

文本分析途徑

雖然文本分析的作品有多種形式（包括「文學批評」），文化研究裡主要的三種文本分析方法是基於：

- 符號學（semiotics）；
- 敘事理論（narrative theory）；
- 解構主義（deconstructionism）。

作為符號的文本　符號學探討文本產生意義的過程，亦即文本如何透過符號的特殊安排，以及文化符碼（codes）的使用（見本書第3章）。此一分析引導人們注意文本中隱藏的意識形態和神話，例如：符號學分析已彰顯電視新聞是一種經過建構的再現，而非如鏡子般反映真實（見第10章）。媒體的再現是選擇性的，充斥著特定價值觀，因此不是「真確」的世界圖像，而是攸關意義與何謂真相的鬥爭。無懈可擊的編排手法與「看不見」的剪接技巧，使得電視或可令人誤以為很「寫實」，但此種寫實

主義是由一整套的電視美學**慣例規則**（conventions）所構成，並非所謂「真實世界」的反映（見第10章）。

作為敘事的文本　不管愛因斯坦的相對論、霍爾的認同理論，抑或是最新一集的《辛普森家庭》，所有的文本都在說故事；因此，敘事理論在文化研究裡扮演一定角色。所謂敘事是指一種有時間先後次序的描述，意在記錄某些事件發生過程。敘事有其結構形式，而其所說的故事則有助於解釋這個世界的諸多面貌。各種敘事提供理解世界的框架，以及社會秩序建構方式的參考法則，從而為這個大哉問提供答案：我們將會以何種方式生活？

雖然故事有很多形式，涉及形形色色的人物角色、主題和敘事結構（或謂說故事的方式），結構主義關切的是故事形構的共同特性。根據托德洛夫（Tzvetan Todorov, 1977）的看法，敘事最低限度是關切某種均衡狀態的中斷，並且追蹤此一中斷造成的結果，迄於另一個均衡狀態的達成。例如：肥皂劇裡先是鋪陳一對夫妻彼此恩愛的情節，作為某一方後來發生外遇的前奏，問題是：外遇事件是否會終止這對夫妻的婚姻關係？不管劇中這對夫妻最終復合或離異，在這一結果發生之前，劇中定然須先為此提供一大堆的對白、情緒與解釋。肥皂劇是一種**類型**（genre）的名字；類型結構並且限制了敘事過程：類型透過特定元素與諸般元素的組合，建立故事的連貫性與可信度，並且以特殊方式管制了敘事的過程。因此，類型意味的是：敘事中呈現問題與解決方案時所援用的那一套系統和重複的方式（Neale, 1980）。

解構　解構主義與德希達「拆解」（undoing）西方哲學的二元對立有關，也與它在文學領域〔代表人物如德曼（Paul De Man）〕和後殖民理論〔如史畢娃克（Gayatri Chakravorty Spivak）〕的應用有關。「解構」意指拆解，目的在找出並展示文本裡面隱藏的假設。具體地說，解構涉及的是破解階層式的概念對立，例如：男／女、黑／白、真實／表象、自然／文化、理性／瘋癲……，透過排除並貶抑二元對立概念中被視為「較低等」的部分，這些二元對立被用來「保證」真理；因此，口語被視為比書寫優越，真實比表象優越，男性比女性優越。

解構的目的，並不是單純地為了翻轉二元對立的等級次序，而是要展示它們彼此寓意於另一方。解構尋求的是暴露文本的盲點、那些未被承認但卻影響文本實際操作的假設。這包括文本的修辭策略與文本論證邏輯相互矛盾之處，亦即文本意圖說什麼與文本被限定應該意味著什麼之間的緊張關係。

解構主義最大的問題，在於它不得不使用它想要拆解的概念語言本身。例如：要解構西方哲學，無法不使用西方哲學提供的概念語言。為了強調此一緊張關係，德希達對他試圖解構的概念**加上刪除符號**（under erasure），亦即先寫出某個字詞，然後再對這個字詞加上刪除符號，並且同時保留兩種版本。如同史畢娃克所解釋的：「因為這個字詞是不正確的，所以它被加上刪除符號。因為這個字詞又是必要的，所以

把它保留在可被辨認的狀態」（Spivak, 1976: xiv）。將人們慣用或廣為人知的概念「加上刪除符號」（見第3章），是為了打破原先熟知事物的穩定狀態，以突顯這些概念是有用、必要的，但它同時也是不正確與錯誤的。因此，德希達尋求闡明的是意義的不定性（undecidability）。

接收分析

　　接收分析的支持者論稱，不論批評家從文本中分析出何種意義，很難確定是否等同於讀者／閱聽人／消費者從同一文本理解的意義，因為閱聽人是文本意義的主動創造者。閱聽人在接收特定文本之前，隨身配備著先前獲得的文化素養；因此，出身背景不同的閱聽人，對同一文本會有不同的解讀方式，從而對同一文本產生出不同意義。這樣的研究途徑與過時的媒介效果「皮下注射針」模式（the 'hypodermic needle' model）截然相反，後者將大眾傳播想像成如同將訊息和意識形態用針筒注射在容易受到操控的公眾身上（Dennis, 1988: 7-8）。這些關於文本的思考，也挑戰了那種所謂文本的「真正」意義是由作者所決定的想法。維薩特（William K. Wimsatt）與比爾斯利（Monroe C. Beardsley）提出「意圖的謬誤」（the intentional fallacy）一詞，亦即以作者意圖當作判斷某個特定文本意義的唯一標準，並且認為這在認識論上是可行的這樣一種假設，其實是大有問題的（轉引自Lamarque, 2006: 177）。

　　在理論層面上，有兩個研究領域已證明其特殊的影響力：霍爾（Hall, 1981）的「製碼─解碼」模式（'encoding-decoding' model），以及文學領域的接收研究。霍爾主張，意義的產生，不保證意義的消費方式會從製碼者所願，因為（電視）訊息作為一種被建構的符號系統，其意義是多重的，或可稱為「多義的」（polysemic），文本可能被閱聽人解讀出來的潛在意義不僅一種。閱聽人分享著越多與電視節目產製者相同的文化框架，那麼閱聽人解碼出來的，會更近似於文本所製碼的。然而，閱聽人成員置身於某些與產製者不同的社會位置（例如：階級、性別等），而且擁有與後者迥異有別的文化資源，因此他們將有能力以另類的方式解碼這些電視節目。

　　詮釋學與文學接收研究傳統的著作（Gadamer, 1976; Iser, 1978）論稱，理解總是從人的立場和觀點出發，涉及的不只是文本意義的複製，還包括讀者自己**產生**的意義。文本或可藉由引導讀者閱讀而影響意義的某些面向，但它無法將意義固著化，因為意義是文本與讀者想像之間交互運作的產物（見本書第10章）。

理論的地位

　　文化研究中有一類的重要著作，並非經驗性的實證研究，而是理論性的。

\#理論可以被理解成是一種敘事，企圖區辨並解釋一般性的特徵，從而足以描述、定義與解釋周遭世界發生的事物。

　　然而，理論的企圖不在於精確地描繪世界；而是一種手段、工具，或是一種透過描述、定義、預測與控制等機制來介入現實世界的邏輯。理論建構是一種自我反思的話語／論述實踐，尋求詮釋並介入人們所處的世界。

　　理論建構涉及的是透過概念與論證的思考，通常是重新定義和批評前人著作，旨在提供思考這個世界的新方式。因此，理論概念是思考的工具。理論建構在文化研究中具有顯著地位。理論著作可被看成是在精練那些引導我們的文化路標和地圖。文化研究反對經驗主義者的宣稱，後者認為知識不過是等同於事實的蒐集，從而得以檢驗並導出理論。相反地，對文化研究而言，研究主題與焦點的選擇，以及個別研究用以討論與詮釋的概念，經驗主義的研究早已預設某種理論，而且此一理論永遠已經是暗含在經驗研究當中。換句話說，「事實」並非中立的，而且沒有理論，光是堆砌再多「事實」也不足以解釋人們的生活。的確，精確來說，理論是有關人類的故事，具有指導行動和對行動結果進行判斷的深刻意涵。

本章摘要

文化研究：

- 是一個內部存在觀點交鋒的多元領域，企圖透過理論的產生來介入文化政治。
- 將文化看作是再現的表意實踐活動，並置文化於社會權力的脈絡下探究。
- 汲取各式各樣的理論，包括馬克思主義、結構主義、後結構主義與女性主義。
- 在研究方法上，文化研究採取的是兼容並蓄的立場，
- 由於它堅持所有的知識皆有其立場，文化研究產生的知識自然也不例外。
- 圍繞著許多核心概念如文化、表意實踐、再現、話語／論述、權力、接合、文本、讀者與消費等，匯聚成前後一貫的思想理路。
- 是一個跨學科或後學科的研究領域，探索意義地圖的生產與灌輸。
- 可以被描述為一種語言遊戲或話語／論述形構，關切人類生活各種表意實踐活動的權力議題。

　　最重要的是，文化研究是一個令人振奮、充滿變動性的研究方案，它訴說的是這個變動世界的故事，並且懷抱著改善它的初衷。

第2章 文化與意識形態

關鍵概念	
接合（articulation）	大眾文化（mass culture）
文化主義（culturalism）	流行文化（popular culture）
霸權（hegemony）	後結構主義（poststructuralism）
意識形態（ideology）	社會形構（social formation）
馬克思主義（Marxism）	結構主義（structuralism）

「文化」一詞的重要性對文化研究而言無可置疑，然而卻無「正確」或是絕對的定義。說它是「英文語彙裡最複雜的兩個或三個詞」，威廉斯（Raymond Williams, 1983）點出了文化與文化研究引人爭議的特質。文化，並非「在那裡」（out there）等著被理論家正確地描述，（這麼做的）理論家經常出錯；但作為研究思考的工具，文化這個概念對我們多少有些用處。文化一詞的用法及意涵持續發生變化，因為思想家希望用它來處理不同事物。換句話說，「文化」是一個詞，不是一個東西或實體，其意義繫於它如何被使用。

♯ 我們應該問的，不是文化「是」什麼，而是文化一詞如何被使用，以及為了什麼目的。

針對文化的研究，社會學、人類學與文學早於具有其特定主題與理論偏向的文化研究。雖然對文化的研究並無根源，**文化研究**作為一種制度化的**話語／論述形構**（discursive formation），確實有其特殊的歷史（縱使是有神話成分的歷史）。霍嘉特、威廉斯與霍爾等人所代表的英國文化研究，可被視為文化研究發展軌跡的重要時刻。追溯英國文化研究健將們如何界定與使用文化一詞，實際上也等於是在探索文化研究的關懷所在。

主要思想家

雷蒙‧威廉斯（Raymond Williams, 1921-1988）

雷蒙‧威廉斯生長在勞工階級聚集的英國威爾斯（Wales）鄉間，後來就讀劍橋大學，最後成為該校教授。勞工階級文化經驗與致力於追求民主和社會主義，是他的書寫主題。威廉斯將文化理解為「生活的全部方式」（'a whole way of life'），此一觀點對文化研究的發展極為重要。他受到人類學啟發，將文化理解為平凡與鮮活的，使流行文化的研究有了正當性。他的著作介入馬克思主義，但批判其經濟化約論。

建議閱讀：Williams, R. (1981). *Culture*. London: Fontana.

首字大寫的文化：文學傳統強調的高雅文化

根據威廉斯（Williams, 1981, 1983），「文化」一詞的字源與栽種、培植（cultivation）等農業活動有關。後來，此一概念被擴展為含括人類心靈或「性靈」（spirit），衍生出受過教化或有文化的人等概念。然而，在十九世紀，一個較具人類學色彩的定義開始浮現，將文化定義為「一個完整和特殊的生活方式」，強調的是「鮮活經驗」。在這些定義的拉扯之中，英國文化研究有了其話語／論述的與神話的源起。

在文化研究的敘事中，十九世紀英國作家阿諾德（Matthew Arnold）有其鮮明特殊地位。廣為人知的是他將文化譽為「世間一切被想到的與被說過的精髓」（Arnold, 1960: 6），並將「閱讀、觀察與思考」視為通往道德完美與社會共善的必要途徑。文化作為一種人類「文明」的形式，恰好對立於「草莽與未受教化大眾」的「無政府狀態」。準此，阿諾德的美學與政治觀點是對所謂「高雅文化」（high culture）的辯護。

利維斯主義

阿諾德影響了同樣視文化為高雅文化的利維斯（F. R. Leavis）夫婦。自1930年代伊始，利維斯夫婦的影響力綿延四十載。他們所代表的「利維斯主義」（Leavisism），與阿諾德的文化觀有共通之處，皆認為文化是文明的極致表現，是少數（受過教育的）菁英人士的關懷對象。利維斯論稱：在工業革命來臨以前，英格蘭同時擁有純正的常民文化與菁英的少數文化。對利維斯而言，那是「有機社群」（organic community）的黃金時代，是擁有「民俗歌曲和舞蹈」的「鮮活文化」

（Leavis and Thompson, 1933: 1），後來卻因（工業化）大眾文化的「千篇一律和向下沉淪」（Leavis and Thompson, 1933: 3）而喪失殆盡。高雅或少數文化的存在目的（利維斯認為只在文學傳統尚可得見），在於存續、培養並傳布足以區辨文化良窳的能力。從利維斯主義的支持者而言，當務之急是：

• 定義並捍衛文化精華，建立好作品的文學典律；
• 批評那些代表著大眾文化中最劣質部分的廣告、電影和通俗小說。

　　文化研究所對抗的，正是上述的文化觀；透過這種對抗，文化研究也定義了自身。但也可以說利維斯首開流行文化研究的風氣之先，並且引進了「藝術與文學」領域的分析工具與概念。

文化的平常性

　　迥然不同於美學與菁英主義的文化觀，威廉斯的文化觀強調文化的日常、鮮活的特質，是「生活的全部方式」。威廉斯特別關切工人階級的經驗及其對文化的主動建構。準此，威廉斯的文化觀不比阿諾德的文化觀更少政治性，但代表的是不一樣的政治，強調的是民主、教育與「漫長的革命」（the long revolution）（Williams, 1965），亦即工人階級透過當代生活制度而向文化與政治民主化的道路邁進。對威廉斯而言：

　　　文化有兩種面向：已知的意義和方向是其一，該文化的成員學而知之；供人檢驗的新觀察和意義是其二。這些是人類社會與人類心靈的平常過程，我們從中得以明白文化的本質：文化永遠是既傳統又創新的，既是最平常的共同意義，又是最精練的個人意義。我們用文化一詞代表兩種意思：意味著生活的全部方式，亦即共同的意義；也意味著藝術與學習──探索與創意活動的特殊過程。某些人只強調其一，而我則堅持必須強調兩者，以及它們交互作用的重要性。關於文化，我的提問與我們的一般及共同的目的有關，也與深層和個人的意義有關。文化是平常的，存在於每個社會、每顆心靈之中。（Williams, 1989: 4）

　　文化既是「藝術」，也是日常生活裡的價值觀、規範與象徵性財貨（symbolic goods）。它一方面關乎傳統與社會現狀的延續，另一方面又與創造力與變遷有關。

文化的人類學研究途徑

威廉斯的文化觀可說是「人類學的」，因為它是以日常生活的意義為核心，包括價值觀（抽象理念）、規範（清楚的原則或規則），以及物質或象徵性財貨。

\# 意義並非只是出於個體的創造，也是集體的產物。因此，文化一詞指涉的是共享的意義（shared meanings）。

> 說某兩個人隸屬一種文化是說他們以大致相同的方式詮釋世界，他們以能夠相互瞭解的方式，表達自我並分享彼此對世界的想法與感覺。因此，文化的存在，有賴其成員以有意義的方式詮釋周遭發生的事件，並且以大致相仿的方式「理解」這個世界。（Hall, 1997a: 2）

採取人類學版本的文化觀，若只被用來解釋殖民地人民的文化情境，而不將其用於解釋現代西方工業社會的生活與社會組織，那麼這種文化觀恐怕是過於平庸（McGuigan, 1992）。再者，與英國文學批評領域的語境相比，人類學式的文化定義較具批判和民主意涵。將文化理解為「生活的全部方式」有其實用價值，因為把它從「藝術」意涵中剝離出來，我們得以正當化流行文化，從而展開電視、報紙、舞蹈、足球和其他日常事物與實踐活動的研究，並且進行批判但同情的分析。

你曾經在火車偷聽到其他乘客的交談內容，或是在網路上「潛水」？你認為這些行為算不算是一種人類學？如果研究二十一世紀大學生活的「專家」研究的對象是你，你會作何感想？身為大學生的你，會給他們什麼建議，從而使他們得以更正確地研究你和你朋友的文化？

速食

©攝影：Wael Hamdan｜版權代理：Dreamstime.com

- 人類學家克勞德‧李維史陀（Claude Lévi-Strauss）曾說「食物有其值得思考的深意」，你認為他的意思是什麼？
- 我們會將什麼樣的文化與這種類型的食物連結在一起？它告訴我們什麼有關這個文化的生活風格和價值觀？
- 許多健康專家批評速食。在我們的文化中，這些批評與促銷漢堡的廣告比起來，何者較有影響力？
- 從營養的角度，一塊有火腿片與起司的新月形麵包和一個大麥克漢堡，含有一樣高的飽和脂肪、精製加工碳水化合物，以及卡路里，但它們的文化地位相當不同。你覺得為什麼會這樣？

文化主義：霍嘉特、湯普森與威廉斯

　　在文化研究的歷史敘事裡，霍嘉特、湯普森與威廉斯共同形塑了具有人類學與歷史意涵的文化觀，並稱為「文化主義」（culturalism）的代表人物（Hall, 1992a）。雖然彼此有顯著差異，但他們都強調文化的「平常性」（ordinariness），也同樣都認為普通人具有建構共享意義實踐的主動創造力。再者，他們都對階級文化、民主與社會主義等問題特別感興趣。

這些問題背後的脈絡是英國工人階級的歷史。就威廉斯與湯普森來說，他們還對馬克思主義的介入甚深，特別是關切所謂「人們自己創造自己的歷史，但是他們並不是隨心所欲地創造，並不是在他們自己選定的條件下創造，而是在直接碰到的、既定的、從過去承繼下來的條件下創造」（Marx, 1961: 53）。

霍嘉特：讀寫何用

在《素養的用途》（*The Uses of Literacy*）（1957）一書裡，霍嘉特探討英國工人階級文化的性格，析論英國工人階級文化在1930年代到1950年代的發展與變遷。該書可粗分為兩大部分：(a)「一個『較老舊』的秩序」及(b)「讓位給新秩序」，突顯霍嘉特所採取的歷史與比較研究途徑。該書第一部分，霍嘉特以自己的成長經驗為基礎，人稱「文化研究的（溫柔的）克拉克・肯特[1]」（Hartley, 2003: 25）的霍嘉特對於工人階級的鮮活文化〔包括海灘弄潮的週末、對流行歌曲的創造性挪用（creative appropriation）和使用〕，有著充滿同情、人本主義的詳細描述。聽在我們這些成長於商業文化和流行音樂的人的耳裡，霍嘉特的工人階級文化觀似乎充滿懷舊之情，對那種已經失去的、由底層創造的文化的純正性（authenticity）深表哀悼。

在該書第二部分，霍嘉特對「商業文化」的發展有過尖銳的批評，特別是「點唱機男孩」[2]、「邊緣下垂的美式帽子」和嘈雜音樂。雖然帶有浪漫主義的懷舊色彩，《素養的用途》是一本重要的著作。

＃霍嘉特留下的思想遺產是他對工人階級文化的翔實研究賦予正當性：工人階級文化是普通人的意義與實踐活動：他們過著自己的日子，並且創造自己的歷史。

《超時空奇俠》？

1960年，企鵝圖書公司因為出版勞倫斯（D. H. Lawrence）的《查泰萊夫人的情人》（*Lady Chatterley's Lover*）而遭起訴；為此，霍嘉特以具有影響力的專家證人身分出席聽證會。霍嘉特為這部小說——這本小說因為露骨的性愛場面和使用粗言穢語而飽受議論——提出辯護，說它是清教徒式的小說，而非猥褻的小說。他舉證指出，書中的粗言穢語其實經常可以在建築工地聽到，而且勞倫斯只不過是試圖重建「幹」這個字的「適當」意義（亦即指涉性行為），而非「惡

1　譯註：克拉克・肯特（Clark Kent）是美國漫畫虛構英雄人物「超人」的平民化身。

2　譯註：霍嘉特在書中曾描述他在北英格蘭的一家小餐館裡的觀察：一個不斷對著點唱機投幣，點唱美國流行音樂的英國泰迪男孩。

意濫用」這個字（Hoggart，轉引自Bowlby, 1993: 40）。有興趣的讀者可能想知道的是，BBC Four頻道曾在2006年以電視劇的形式重現當年這場審判，劇中飾演霍嘉特的是大衛・田納特（David Tennant）〔亦即第十位在《超時空奇俠》（*Doctor Who*）劇集裡飾演博士一角的演員〕。

哈特利：數位素養的用途

在《數位素養的用途》（*The uses of digital literacy*）一書中，哈特利（John Hartley）將霍嘉特的概念從印刷媒體延伸至數位媒體。哈特利指出，「閱讀」素養到多媒體的「讀寫」素養的進展，顯示書寫終於趕上閱讀。準此，他認為素養的概念需要超越批判解讀和學校裡教授的媒體識讀，而應延伸數位素養的教育（Hartley, 2009: 19-21）。布魯恩斯（Axel Bruns, 2008）也有類似的想法，用「生產使用」（produsage）一詞指涉互動環境裡生產者和消費者的匯流（參見本書第11章）。

你會怎麼定義「數位素養」？「讀寫」素養的優點有哪些？又有哪些缺點？你認為學校應該教導學生關於線上社群媒體、使用者創造內容和參與式媒介嗎？如果應該，你覺得應該怎麼做較好？

湯普森：英國工人階級的形成

「來自社會底層的歷史」（或譯「由下而上的歷史」）（History from below）是湯普森撰作《英國工人階級的形成》（*The Making of the English Working Class*）（1963）一書的核心旨趣[3]，關懷的是工人階級的生活、經驗、信仰、態度與生活實踐。與威廉斯一樣，湯普森將文化理解為實際生活的與平常的，雖然他也關切在他看來非屬文化的而是社會經濟的層面。對湯普森而言，階級是一個由人提煉與創造出來的歷史現象；不是（靜態的）「東西」，而是一組（動態的）社會關係與經驗。

當一批人基於共同經驗（不管這種經歷是從前輩那裡得來，還是親身體驗），而感受到並明確表達出他們之間的共同利益，他們的利益與其他人

---

[3] 譯註：本書有簡、繁體兩種中譯本，分別是：錢乘旦等譯（2001）：《英國工人階級的形成》，南京：譯林出版社；賈士蘅譯（2001）：《英國工人階級的形成》，臺北：麥田出版社。

有異（而且通常是對立）時，階級就形成了。（Thompson, 1963: 8-9）[4]

　　湯普森強調的是，英國工人階級在其自身形成過程裡（雖然不是在他們自己決定的條件下）的主動性與創造性，並且尋求在歷史書寫中搶救工人階級的生活經驗，一如他著名的宣稱：「我想把那些窮苦的織襪工、盧德派的剪絨工、『落伍的』手織工、『烏托邦式』的工匠，乃至因為受騙而盲從喬安娜・索斯科特（Joanna Southcott）的人，從後世的不屑一顧中解救出來」（Thompson, 1963: 12）。[5]（索斯科特是英國十八世紀晚期和十九世紀初期的宗教作家，著述甚豐，且以女先知自居。）

威廉斯與文化物質主義

　　霍嘉特與湯普森一直是文化研究發展過程中舉足輕重的人物，而威廉斯留下來的知識遺產更是歷久彌新。對威廉斯而言，作為日常生活中的意義與價值觀，文化是社會關係總體的一部分。因此，「文化理論」被定義為「研究生活的全部方式當中各種元素之間的關係」（Williams, 1965: 63）。

　　　　即使就其最一般性的定義來說，我們也有必要區分文化的三種層次：一是存在於特定時空的鮮活文化（the lived culture），而這只有那些生活在該時空中的人才能完全領略；二是各式各樣的紀錄文化，也就是特定階級的文化，從藝術到最日常生活的事實，稱之為階段文化（the culture of the period）；當然，在聯繫鮮活文化與階段文化的因素，有第三種稱之為經過選擇的傳統文化（the culture of the selective tradition）。（Williams, 1965: 66）[6]

　　對威廉斯來說，文化分析的目的在於探索並分析特定時地經人紀錄的文化，以求重建其「感覺結構」（structure of feeling）或共享的價值觀與視野，並且隨時

---

[4]　譯註：此段譯文參考錢乘旦等（2001〔1963〕）：《英國工人階級的形成》。南京：譯林出版社，頁1-2。

[5]　譯註：此段譯文參考自錢乘旦等（2001〔1963〕）：《英國工人階級的形成》。南京：譯林出版社，頁5。

[6]　譯註：此段文字之翻譯委實不易。承蒙長庚大學王賀白教授提供不少建議，特此致謝。

覺察此類經人紀錄的文化是一種被選擇性保存與詮釋的「傳統」的一部分。更有甚者，威廉斯堅持文化必須透過日常生活的再現與實踐活動來加以瞭解，並且置於導致其形成的物質條件的脈絡之中。此一觀點，威廉斯名之為**文化物質主義**（cultural materialism），涉及的是「在導致其形成的實際工具與條件之中，分析所有**表意**的形式」（Williams, 1981: 64-65）。因此，威廉斯（Williams, 1981）建議我們探索文化時聚焦於以下多個面向：

1. 藝術與文化產生的**制度**（或機構），例如：工藝或市場形式；
2. 文化產生所涉及的各種**形構**，即學派、運動和派系；
3. **產生方式**，這包括了文化產生的物質工具與外顯的文化形式之間的關係；
4. 文化的**同一性**（identifications）或**形式**，這包括了文化產品的特殊性、美學目的，以及產生並表達意義的特殊表現方式；
5. 意義與實踐（牽涉了社會秩序與社會變遷）的選擇性傳統，在時間與空間之中的**再製**；
6. 從一種所謂「被實現的表意系統」的角度言，「經過選擇的傳統」的文化是如何被**組織**出來的。

　　此一研究策略或可應用在當代音樂與其相關聯的影像與實踐活動，因此饒舌（Rap）、嘻哈（Hip-Hop）、銳舞（Rave）等音樂，被理解成在唱片公司及廣告公司所產製的流行音樂形式。流行音樂的生產方式還包括了錄音室的技術工具，以及根植於資本主義社會關係之中的實踐活動。很清楚地，嘻哈或銳舞等音樂形式涉及了特殊社會團體形成認同的特定樂音、歌詞與影像的組織方式。因此，我們可以分析樂音與符號作為表意系統的特定組織方式，像是嘻哈等音樂形式再製並改變美國非洲裔音樂的方式，以及這些音樂形式在歷史過程中形成的鮮活文化的價值觀，即嘻哈對年輕的非洲裔美國人的意義。

文化是鮮活經驗

　　總而言之，對威廉斯來說，文化是由以下元素構成的：

• 尋常男女所創造的意義與實踐活動；
• 參與者的鮮活經驗；
• 所有人在生活之中涉及的**文本**與實踐活動。

　　這些意義與實踐發生的外在條件不出於我們的創造，即使我們奮力有創意地形塑

我們的生活。文化並非在生活的物質條件之外浮動；相反地，對威廉斯來說：

\#鮮活文化的意義必須在它們的生產條件下理解，從而將文化理解為「生活的全部方式」。

高雅文化／低俗文化：美學及其邊界的崩解

　　利維斯與阿諾德關於文化有好壞、雅俗之分的主張，問題核心在於美學品質（aesthetic quality）問題，亦即有關美、善與價值的判斷問題。歷史上，源自於文化品味（cultural taste）被制度化且立基於特定階級的論事立場，刻意維持了何謂「佳作」（good works）的典律邊界，導致流行文化被排除在品質判斷的對象之外。

　　此種文化品味的階層化，有其形成的特殊社會和歷史脈絡，但卻被它的辯護者當成是一種可以普遍適用的美學判準。不過，有關美學品質的判斷問題，一直容易引起爭議。隨著時代演進，再加上人們對於流行文化的興趣漸增，一批新的理論家論稱，將具有（美學）價值的與無（美學）價值的文化一刀切，是不具正當性的作法。評價並非批評家的要務，他們的義務應該是去描述並分析意義的產生。這種觀點極為有用，開展我們得以討論許多新穎的文本（例如：肥皂劇）（Brunsdon, 1990）。

肥皂劇

　　「肥皂劇」（soap opera）一詞被用來稱呼歷久不衰與通常是通俗連續劇，如《鄰居》（*Neighbours*）（澳洲）和《我們的日子》（*The Days of Our Lives*）（美國）。肥皂劇最早為1930年代美國無線電廣播而生，後來繼續在電視上獲得歡迎，從此風行六十餘年（Ford, 2011）。雖然肥皂劇收視率持續下滑（見第10章），某些節目還是非常受歡迎。比方說，在2014年，《勇士與美人》（*The Bold and the Beautiful*）在超過一百個國家，總共吸引了3500萬觀眾（'B&B Wins Ninth Consecutive Golden Nymph', 2014）。

品質問題

　　艾倫（Robert Allen）論稱，「直到最近，有關肥皂劇的美學話語／論述充斥的幾乎都是對於此一戲劇形式的蔑視」（Allen, 1985: 11）。對主流批評觀點而言，「藝術客體」是由「藝術靈魂」所創造的浪漫想法，與所謂藝術作品的複雜性和純正

性扣連在一起，認為讀者必須具備某些必要的技巧方得以親身體驗真實的審美經驗。從此一批評典範出發，被當成是一種大眾文化表達的肥皂劇，自被看作是膚淺與不能令人滿意的。

然而，藝術的形式及其脈絡，不足以確保其具有普遍的意義。美、和諧、形式與品質等概念，可以適用於分析蒸汽火車，如同其適用於分析小說或一幅繪畫作品。因此，美、形式與品質等概念在文化上相對的。在西方思想中，美的概念可能與其他文化不同。藝術可以被理解為一種社會創造的類別，被連結於某些外在和內在的符碼，從而使藝術本身獲得承認。藝術作為一種美學的品質是被西方文化及階級菁英所標籤出來的。將藝術視為「一種獨特不同的作品，有其獨一無二或甚至是先驗的產物，是錯誤的想法，卻被錯誤地通則化為藝術價值的本質」（Wolff, 1980: 17）。

流行文化形式如電視肥皂劇或因社會的因素，或因其「創造力」的緣故，而長期被研究者忽略。更有甚者，我們或可注意到，在所謂高級藝術及流行文化形式之間，不僅存有差異，更有類同之處。〔達文西的名畫〕《蒙娜麗莎》或電視肥皂劇《實習醫生》（*Grey's Anatomy*），都不是所謂天才的神奇實踐的結果，而都只是勞動的產物，即人類透過勞動將物質環境予以轉化。藝術也是一種產業，有其所有者、經理人和工人根據利潤法則運作，而此一現象與流行文化和流行電視節目的產製別無二致。

\# 基於藝術活動（美學品質）的獨特性，而將肥皂劇排除在藝術的範疇，正當的理由並不充分。

形式與內容

許多批評者論稱，優質作品是那些在形式上精緻、複雜及其對於內容的形式表達是最正當的。然而，此一論點依賴的所謂形式—內容的區分，是很難成立的，因為兩者同樣是一個客體所具有的不可區辨的面向。

就它與其指涉對象的關係來說，優質作品是那些最貼切與最善於表達的，亦即好的藝術較壞的藝術要來得優越，在於前者較能闡明真實世界。然而，許多學者很難支持此種**寫實主義**的**認識論**（the epistemology of realism）。藝術並非世界的複本，而是一種經過社會建構的再現。

低俗

「低俗」和「垃圾」之類的詞語，已被用來批評流行娛樂及其消費者。事實上，這類表達的應用長時間都很穩定，比方說，在一本1894年出版的自助手冊《偉大的勵志書》（*Pushing to the Front*）裡，醫生作家馬登（Orison Swett

Marden）懇求讀者成為「美好品質」的殿堂，而非「低俗東西的庫房」。他說，如果身穿「loud, flashy」服裝、口操「粗鄙言詞」、專講「下流故事」，以及抽菸，那麼生理、心理和道德退化，將會是不可避免的結果。

　　以此和當代另一位醫生作家丹尼爾（Anthony Daniels，用筆名「Theodore Dalrymple」）寫作的內容比較。他的許多作品在不同程度上都在批評英國遭低俗傳染病侵襲，而且婦女特別被他點名批評。比方說，他特別惱怒的是「穿著暴露、沒文化的蕩婦」，她們的週末夜都用於酒醉鬼叫（Dalrymple, 2005），以及「如今人數非常多的放蕩未成年媽媽階層」的成員，有如「臭鼬散發著臭味」（Dalrymple, 2006）。他也哀嘆許多年輕婦女公開袒露「肚皮」，上頭有著蜥蜴或蝴蝶圖案的刺青，而且讓她們的孩子戴仿寶石領扣（Dalrymple, 2010）。

- 馬登和丹尼爾是不同時代的人，但兩人都批評「低俗」。你認為他們在用「低俗」這個詞的時候，他們是把自己定位在社會和文化上的哪個位置？
- 你覺得丹尼爾的批評是否可理解為是以階級或性別為基礎的？
- 你認為什麼類型的人和活動，會被馬登和丹尼爾看做是不低俗的？
- 你曾聽過「低俗」和「垃圾」等字詞，被用於形容當代的名人嗎？
- 如果有人說你這個人或你的刺青圖案是低俗的，你會有什麼反應？

意識形態分析

　　這種創造普遍的審美判準——「高雅」或「低俗」文化形式——的企圖，不免遭致相對主義的批評，後者論稱不同的審美判準適用於不同的時空脈絡。影響所及，文化研究捨棄追尋普遍適用的美學標準，轉而以建構與傳播關於世界的特定話語／論述的種種社會與政治結果為主題，逐步發展出文化研究的獨特論證。

　　就此而言，當代文化中心的英國文化研究先驅提出的評估判準，係基於政治價值觀與意識形態分析（而非美學）；文化研究開展的批評，在於更全面地理解文化與象徵過程，以及它們與社會、政治和經濟等權力的關聯（Eagleton, 1984）。依循此一理路，討論文化在形式上或美學上是「好」或「壞」，並無太大意義，我們需要的是考量（無可避免是帶有特定價值觀的立場）文化的意識形態建構及其潛在後果。

　　例如：坎特（Muriel G. Cantor, 1991）論稱，美國電視的家庭劇主要是一種關於我們應該如何生活（特別是如何教養子女和何謂允當的愛情關係）的道德劇。她宣稱，電視所播放的，是主流價值規範的各種再現。雖然家庭的再現方式總是有些變化，家庭類型有所增加，電視肥皂劇中被選為理想類型的卻仍然是一夫一妻制的家庭或是核心家庭。即使電視情境喜劇中偶爾出現「古怪」的非主流家庭，劇情中浮現的

問題最後總是透過關愛、團聚、愛與和平等價值獲得解決。

電視上的家庭話語／論述可能造成的結果是：

• 妖魔化大多數不是生活在核心家庭的人；
• 支持壓迫女性的父權制度；
• 暗示我們應在家庭內找尋社會問題的解決之道（認定家庭應為「犯罪」或「社會照顧」等問題負起責任）。

從坎特的著作問世至今，電視已呈現越來越多非核心或非傳統家庭。其中一個例子是《摩登家庭》（*Modern Family*），劇中一對男同志配偶（Mitchell和Cam）領養了一個越南小孩。雖然如此，很重要的是，不要因為該劇處理的是男同志家庭，就放大了該劇的非正統元素。正如諷刺作家妮可・克里夫（Nicole Cliffe）在幽默網站《The Toast》指出，在《摩登家庭》裡所有悲慘的婚姻裡，Mitchell和Cam似乎是最悲慘的：

> Mitchell和Cam相互憎恨。他們看不慣對方身上任何的獨特性。他們在早晨醒來時想：「我今天如何能最好地表現出我對丈夫的不敬？」他們沒有共同興趣，經常彼此撒謊。他們執行的是冒名嫁禍的偽旗任務（false flag operation）……打著正常化他們的旗號，做的卻是貶損所有同性婚姻的事。（Cliffe and Ortberg, 2015）

雖然上述引文取自幽默網站，你認為克里夫是在表達一個嚴肅的觀點嗎？假如劇中的同性婚姻非常幸福美滿，何種批評可能會湧向《摩登家庭》的製作團隊？

價值判斷的問題

在文化研究裡，「價值」的相對性經常導致討論時面臨兩難困局。一方面，文化研究在面對西方高雅文化美學話語／論述時，有其想要將流行音樂和非西方音樂正當化的欲望；另一方面，文化研究又不願採取特定立場，以致於無法做出判斷。

如果我們迴避對文化產品做出判斷，勢必只能接受文化工業產生出來的一切蔚為流行的文化商品——因此，在立論時應以權力話語／論述，而非美學評估作為批評的對象。我們仍然必須進行價值判斷，不過這些判斷基於政治的、更甚於是美學的判

斷。道德與政治判斷是無可迴避的，我們也不應迴避，因為人類生活的核心議題在於根據價值觀進行決策。

所謂高雅文化與低俗文化的普遍分野是不能成立的，這與流行文化能見度與地位的揚升，共同促成有論者建議「在我們之間，高雅文化變成只是諸多次文化的一種，諸多意見的一種」（Chambers, 1986: 194）。

不過，雖然文化分析者可能質疑所謂高雅—低俗文化分野的有效性，這並不意味著此一分野沒有被利用於維持社會權力的運作。正如布爾迪厄（Pierre Bourdieu, 1984）論稱的，文化品味問題仍然標誌著階級分界、文化能力及文化資本（cultural capital）。

大眾文化：流行文化

有人傾向於苛責商品導向的文化是不純正、人為操控與無法令人滿足的，不脫所謂高雅—低俗文化之間涇渭分明的說法，一再予人以流行文化是「庸俗低劣」的印象。此一論點有鑑於商品化的資本主義「大眾文化」：

- 由於並非「人民」所生產的，因此是不純正的；
- 其目的在販售牟利，所以是人為操控的文化；
- 因為在消費時不須具備任何素養，它不能帶給消費者在性靈上真正的滿足。

持這種觀點的包括保守派的文化評論家，如利維斯與受馬克思主義影響的法蘭克福學派，後者認為大眾文化是資本主義企業的產物。因此，對流行文化的批評，同時來自於右派和左派的知識分子。對前者而言，高雅文化先天比較優越，因為它能夠將人們形塑成較好的公民；對後者而言，藝術而非流行文化，才能培養獨立思考和政治的進步行動（McKee, 2007a: 5）。

值得一提的是，強調生產面的學者偏好使用「大眾文化」（mass culture）一詞，而強調消費面的學者偏好「流行文化」（popular culture）一詞；兩者在用語的差異，反映了他們對於商品價值和消費者能力的不同評價。

文化作為一種大眾欺騙

阿多諾（Theodor W. Adorno）與霍克海默（Max Horkheimer）是法蘭克福學派最知名的理論家，他們對大眾文化的態度清楚大膽地表達在一篇名為〈文化工業：啟蒙作為一種大眾欺騙〉的文章（Adorno and Horkheimer, 1979）。他們論稱，文化產品是由文化工業（culture industry）生產出來的商品，表面上看來是民主的，充滿個人主義和多樣性，實際上卻是威權、順從和高度標準化的。因此，「文化在任何東西

上蓋上戳記。電影、廣播和雜誌共同組成了一個系統，在這個系統裡，統一作為一個整體具現於構成整體的每一個部分」（Adorno and Horkheimer, 1979: 120）。文化工業產品表面上顯露的多樣性，只是一種幻影，因為「它提供所有人同一套東西，而且沒有人可以遁逃」（Adorno and Horkheimer, 1979: 123）。

　　阿多諾（Adorno, 1941）認為，流行音樂，特別是爵士樂，是形式化的，缺乏原創性，而且不需要閱聽人具備思辨賞析藝術的素養。對阿多諾而言，標準化、規格化的〔流行〕音樂，其目標只是對生活做出制式反應與確認。這不僅止於〔這些音樂本身〕明白傳達什麼意義的問題，而是涉及了人類心智被捏塑而傾向順服的問題。汲取意識形態（作為思想）概念與佛洛伊德心理學，阿多諾論證了文化工業與家庭協力造成了「本我的軟弱」（ego weakness）與「威權人格」（authoritarian personality）。

　　相反地，對阿多諾來說，具批判性質的藝術不以取悅市場為導向，而是致力於挑戰這個物化社會的智力標準。對阿多諾而言，批判藝術的一個例子是荀白克（Arnold Schoenberg）具有無調性作曲特色的音樂（atonal music）；阿多諾宣稱，〔荀白克的音樂〕迫使我們以新的方式去看待這個世界。我們或可留意到阿多諾在此處的論點大體上是關於形式更甚於內容，特別是強調非寫實主義與藝術所展現的「異類」特質，透過「烏托邦式的否證」（utopian negativity），而對人有激勵、鼓舞的作用。

習作

　　爵士樂現在被很多人當成「高雅」文化形式的一個例子。這說明了這種價值判斷是易變的，而非固定的。請舉一個當代電視節目、音樂風格和時尚的例子，你覺得它可能在五十年後會變成「菁英」文化的一部分，並請解釋原因。

對法蘭克福學派的批評

　　法蘭克福學派提供的文化分析是悲觀的，其所抱持的文化工業的觀點過於僵化，而且完全否定了**流行文化政治**（popular cultural politics）的潛在效力。流行文化在他們看來，無論就美學或政治意義來說，都是低劣與被汙染的。法蘭克福學派與利維斯類同之處（雖然他們在其他方面迥然不同），在於他們都很依賴文本的分析。他們稱之為「內部批評」（immanent criticism），亦即對文化產品的「內部」意義進行批判分析；法蘭克福學派這樣做是根據從文本中指認出的意義，會被同一文本的閱聽人照單全收的假設。

　　因此，法蘭克福學派被視為過度強調美學及文本的內在建構，以及用文本的內在批評來**臆測**閱聽人〔對文本〕的反應。這種立場受到來自文化研究當中的**主動閱聽**

人典範（active audience paradigm）的挑戰。的確，圍繞法蘭克福學派分析的各種論證，反映的是更廣泛的辯論，而兩造包括了那些將意義產製擺在生產／文本的學者，以及將意義產製擺在消費時刻的學者。

創造性的消費

流行音樂、電影、電視與流行時尚的生產，大部分掌握在跨國資本主義公司的手上——但網路空間和社群媒體平臺提供的自己動手做的機會正在改變這種態勢（見本書第11章）。消費導向的文化研究論稱，意義卻可在消費的層次被人們所生產、更動與管理，因為人們是意義的主動生產者。此說法特別明顯出現在「符號學的過度」（semiotic excess），因為本質上是**多義的**符碼的廣泛流通，使其很難固著於任何支配性的意義。

學者如錢伯斯（Chambers, 1987, 1990）、費斯克（Fiske, 1989a, 1989b）和赫布迪齊（Hebdige, 1988）等人已論及，消費者透過拼貼（bricoleurs）、選擇和重新安排物質商品的元素及有意義的符碼，具有種種創造性的意義產製活動。同樣地，威利斯（Willis, 1990）也論稱，與其說意義和價值內在於商品之中，不如說意義與價值是透過消費者的實際使用過程中建構出來的。總的來說，此論主張的是，人們跨越一系列的意義的疆界和場域，能夠從這些原非他們生產出來的意義之中主動產製出新的意義。正如德塞圖（Michel de Certeau）指出：

> 對理性化、不斷擴張且同時是中央化、喧嚷的、令人目眩神迷的生產來說，與之相對應的是另一種生產，可以「消費」名之。後者是迂迴的、分散的，滲透於每個地方，但卻無聲（且幾乎是）無影地，因為它並不透過其產物來彰顯自身，而是透過它對於主控經濟秩序所強加的產品的使用方式而形成。（1984: xii-xiii）

呼應德塞圖的觀點，費斯克認為流行文化是由人們產製的意義所組成的，而非那些可在文本之中被指認出來的東西。雖然他相當清楚流行文化大多是由資本主義的企業所生產的事實，他「聚焦的是人民處理、逃逸或抵抗這些勢力時所採取的策略」（Fiske, 1989a: 8）。費斯克發現，「人民的舉足輕重與創造力」導致「社會變革的可能性，以及推動變革的動機」（Fiske, 1989a: 8）。再者，他論稱「雖然極度運用行銷手法，百分之八十至九十的新產品還是失敗」，據以主張文化工業要讓我們消費大眾文化，必須使出非常大的力氣。消費者並非被動的笨蛋，而是極為挑剔、有能力主動產製意義的人。

費斯克的立場與阿多諾和霍克海默截然相反，強調蘊含在媒體消費行為（像是

觀看摔角或搖滾音樂電視節目）當中的流行愉悅（popular pleasure），「必然」包含抵抗的語義策略（Fiske, 1987: 240），認為抵抗存在於（文本）解讀／消費行為本身（Fiske, 1989a: 28）。

流行文化

　　流行文化一詞有許多不同的用法（見Storey, 1993）。例如：

• 它可以指涉在高雅文化的典律決定之後，被「遺漏」的部分。
• 或是指涉被文化工業大量製造出來的文化。

　　這些觀點與前述利維斯和阿多諾等人語出同調，認定流行文化是在二元分立的文化領域屬於較為低下的地位。由於它嚴肅對待流行文化，文化研究致力於反對這些菁英主義式的定義。其中一種關於流行文化的理解，被那些對商品文化不具好感但卻不想全面否定的庶民學者，則將大眾文化對比於人民產製出來的純正的民俗文化。此一觀點不斷縈繞在學者對於黃金時代的懷舊式的追尋，保守的文化理論家和批判文化商品化的左派批評家皆然。然而，如同費斯克論稱，「在資本主義社會，不存在所謂純正的民俗文化，遑論用它來對比大眾文化的『不純正』，因此哀悼文化純正性的失落，無異於浪漫式的懷舊，只是徒然之舉」（Fiske, 1989a: 27）。

　　當代流行文化主要是以商業形式生產出來的文化，而且沒有理由認為這種情況將在可預見的未來會有所改變。不過，〔費斯克等人的〕前述觀點認為，庶民閱聽人有能力在接觸流行文化的文本時，產製屬於他們自己的意義，他們有自身的文化能力和從事話語／論述的資源。在此，流行文化被看作是：庶民閱聽人在從事消費時，自行產製的意義與實踐活動。因此，流行文化的研究也就等於是以閱聽人如何運用流行文化為核心。

＃這些論點代表的是逆反傳統的問題，不問文化工業如何將人們變成有利於文化工業本身的商品，而是探索人們如何將文化工業的產品轉化為有利他們自己的流行文化。

交響樂團

©攝影：Pavel Losevsky｜代理：Dreamstime.com

洞穴俱樂部

©攝影：Freya Hadley

- 上一張照片中的什麼元素告訴我們，這是一場高雅文化活動？誰會重視這種活動？
- 披頭四最初在洞穴俱樂部（Cavern Club）演出。當初他們在英國文化裡如何被看待？誰喜歡他們？誰又討厭他們？
- 披頭四在西方文化中如何被看待？關於當今流行文化，這可能意味著什麼？
- 這張和上一張照片之間，有何共同的文化特性？

評價流行文化

　　「高雅」文化（例如：莎士比亞）或「低俗」文化（例如：電視卡通《辛普森家庭》）之爭，在媒體研究中構成了一場所謂的「文化戰爭」（culture wars）。文化研究介於這個辯論，主要是指認和拆解消費者用來判斷一齣電視劇、電腦遊戲、推理小說、漫畫書、八卦雜誌……是好是壞的各種判準。菁英主義知識分子對大眾文化蔓延的抱怨，麥基（McKee）指出，「就像嘮叨老人抱怨搖滾樂，他們說『聽起來千篇一律』」……但日常消費實踐……涉及許多相互競爭的判準之間的區辨、決策、應用和欣賞……，最好的流行文化作品，在許多層次上，值得詳細的研究與欣賞」（2007a: 2, 6; 2007b: 208）。

　　為了闡明這一點，麥基回憶買一本羅曼史小說給他母親當生日禮物的經驗，因為知道她喜歡閱讀其中的「bodice ripper」。雖然他自己不是這類小說的粉絲，他以為這類小說是無差別且可互換的。因此，他不假思索就選了一本封面上描繪「身穿海盜裙，臂彎裡擁著一個昏厥過去的女主角的」英雄（McKee, 2007a: 1）的羅曼史小說。他母親後來說這不是她喜歡的類型，而且根本無法代表羅曼史小說。這件事情顯示，局外人可能犯錯，誤以為大眾文化的消費是千篇一律的。這也同時顯示，消費者具有主動區辨的能力，而非只是被動地接受任何人塞給他們的「垃圾」。

　　你是他人所嘲笑的某類流行文化（例如：某雜誌、電視劇）的粉絲嗎？你認為這種流行文化產品是「帶著罪惡感的愉悅」（guilty pleasure）嗎？或是你覺得這是因為局外人不懂其中奧妙？你認為不同音樂類型有本質上的高下之分嗎？還是這取決於誰在聽呢？

流行的即是政治的

　　文化研究對流行文化持正面的觀點，認為流行文化有其價值，同時又值得批判地

加以分析。文化研究拒絕菁英主義式的高雅—低俗文化區分，也拒絕後者對於大眾文化的全盤否定。正如麥奎根（McGuigan）所論，文化研究有民粹主義的傾向，「文化民粹主義是其知識上的假設，此一假設由某些流行文化的研究者所提出，亦即認定一般人的符號經驗和實踐活動，就分析及政治的意義上來說，要比英文字彙首字大寫的文化〔譯按：即用首字大寫的英文Culture一詞來強調其意義為高雅文化〕要重要得多」（McGuigan, 1992: 4）。

　　流行文化的構成是透過在消費的時刻發生的流行意義的產製。這些意義是對於文化和政治價值觀的鬥爭場域。如霍爾（Hall, 1977, 1981, 1996c）指出，流行文化是一個同意及抵抗的場域，所抗爭者無它，惟文化意義是問；是在這樣的一個場域裡，文化霸權獲得確保，或是遭到挑戰。

　　霍爾引領我們回歸流行文化的政治意涵，亦即流行文化作為一個意義抗爭的場域。有關流行文化的判斷關切的是文化或美學價值（好或壞）的問題，而是權力的問題，以及流行文化在更大的社會形構內的地位。流行的挑戰不只是高雅—低俗文化的區分，而且是藉由權力將文化予以分類的這個舉動本身（Hall, 1996e）。

　　有關流行文化消費的觀點存在著一道光譜。光譜的一端是法蘭克福學派，認定消費者永遠是被動的，容易被操縱的。在光譜的另一端是費斯克，將消費者看成是主動的，有能力參與反抗的行動。你的看法呢？其中有沒有任何你覺得可能更有用的折衷立場？

習作

請為「文化」一詞，嘗試撰寫一個字典般的定義。
- 首先，自己寫。
- 其次，找另一個人合作寫。
- 最後，另找三個人進行團體討論後撰寫。
- 改為「流行文化」一詞，操作上述步驟。
- 你的答案有改變嗎？

文化與社會形構

　　文化研究之所以關注文化的政治意涵，有其淵源，特別是有關文化在社會形構之

中的地位的辯論，以及文化與其他社會實踐活動（尤其是經濟和政治）的關係。這場辯論的歷史發展，是發生在文化研究繼承馬克思主義這樣的一種脈絡之下。

馬克思主義與基礎／上層結構的隱喻

馬克思主義（或謂歷史物質主義）是一種哲學思想，試圖將文化的生產和再製與生活的物質狀況的組織聯繫在一起（見第1章）。文化是一種物質的力量，與生存的物質條件的社會性、組織化的產製，兩者間有密切的關聯，指涉的是社會存在狀況於特定歷史條件下採取的形式。所謂文化被物質存在狀況的產製與組織所決定的想法，在馬克思主義裡透過基礎和上層結構的隱喻所接合，見於下列馬克思本人著作經常被引用的段落：

> 在社會生產過程中，人類進入一種無可避免的特定關係，此一特定關係獨立於他們的意志之外；這些生產關係與他們的物質生產力的特定發展階段之間，存在著一種對應的關係。這些生產關係的總體性，構成了社會的經濟結構──真實的基礎（結構），在其之上支撐起法理與政治等上層結構，而且〔這個基礎結構〕也是特定形態社會意識呼應的對象。物質生活的生產方式，決定著生活的社會、政治與精神等各個層面。不是人的意識決定著他們的存在，而是他們的社會存在決定著他們的意識。（Marx, 1961: 67）

文化的基礎

所謂生產方式（mode of production），是由生產工具（means of production，如工廠、機器）的組織方式，以及不斷被再製的特定社會關係（例如：階級）所構成的，而特定的社會關係（如階級），則是由這些生產力的組織方式所形塑的。值得注意的是，此一生產方式被看作是支撐法理與政治等上層結構的「真實基礎」（the real foundation），亦即經濟領域的生產方式，「決定了」社會、政治與精神的領域。因此，經濟的生產方式形塑了上層結構（如文化、法理或政治等領域）（見圖2.1）。

文化，生產的特定歷史形式造成的結果，並非一個中立的領域，因為「個人間在生產上的既存關係，必然是自我表達為同時作為政治的和法理的關係」（Marx, 1961: 92）。文化是政治的，因為它表達了權力的關係，因此「統治階級的思想，在每一個時代，也是占支配地位的思想；這也就是說，在社會的物質生產力上占據支配地位的階級，也同時支配了該社會的智識思想力量」（Marx, 1961: 93）。

此外，在市場機制裡，本質上被視為理所當然的資本主義的一整套社會關係，掩飾了它在生產領域以剝削為基礎的事實。所謂「自由」勞動的講法模糊了經濟的剝

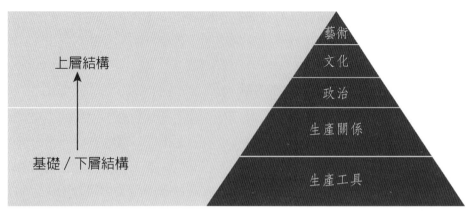

說明：箭頭表示因果決定關係

圖2.1　馬克思理論中的基礎與上層結構

削，而表面上的市場主權與平等（大家都是消費者）模糊了在生產層次上不平等的「真實」基礎。特定歷史情況下產生的人與人間的某種社會關係，從而表面上變成了事物之間自然而普遍的關係，亦即偶然性的社會關係被實／物化（reified）了（被自然化為固定而具體的事物）。

文化是一種階級權力

　　簡言之，文化是政治的，因為：

1. 它表達了階級權力的社會關係。
2. 它在某種方式上自然化了這個社會秩序，讓人以為是不可避免的「事實」。
3. 它掩蓋了存在社會剝削的根本關係。

　　這麼看，文化也是意識形態的。所謂意識形態，指的是一張意義地圖，雖然看起來像是普遍真理，但實則是有其特殊歷史成因的瞭解，掩蔽了並且維繫權力的運作。或者，換個更露骨的講法，具支配力的思想，也就是位居統治地位的階級所持有的思想。

　　用這種方式表述，經濟基礎與文化上層結構的關係是一種機械的與經濟決定論的關係。所謂經濟決定論（economic determinism）指的是獲利動機與階級關係，**直接地**決定了文化產品的形式與內容。經濟決定論意味著，由於電視公司受到獲利的需求所驅使，那麼該公司生產的所有節目將都會是傾向於支持資本主義的。此一機械的與充滿決定論意味的模式，在文化研究之中衰微已久。與此不同，文化研究的敘事涉及了一種與經濟化約論的分道揚鑣，轉而強調語言、文化、再現與消費的自主邏輯。這

向來是文化研究之中激起許多論辯的主題。

文化的特殊性

　　文化研究陣營中大多數的學者，拒絕經濟化約論，以其過度簡化且無力賦予文化實踐任何自身的特殊性。雖然經濟決定論的分析對於瞭解文化或有必要性，但光靠經濟決定論的分析是不夠的。我們需要根據文化自身的規律、邏輯、發展與效能去檢視文化現象，重點是在於多重學科領域與多重視野的可欲性，對於瞭解文化並且試圖掌握經濟、政治、社會與文化層面的錯綜複雜關係，而不將社會現象化約為其中任何一種層次。此處，對於發展一種非化約論的觀點去瞭解物質／經濟和文化現象之間的關係，威廉斯的著作（Williams, 1965, 1979, 1981, 1989）再次被證明有其深遠的影響力。

威廉斯：總體性與實踐的變動距離

　　威廉斯（Williams, 1981）認為，對人類關係與實踐的社會總體性（social totality）而言，文化同時是其構成要素與表達形式。他用「設定限制」（setting limits）這個概念，討論了經濟與文化的關係。所謂「設定限制」指的是經濟設定了在文化之中，我們能做什麼或說什麼的限制，但無法以一種直接的對應關係去決定文化實踐的意義。威廉斯言及「實踐的變動距離」（the variable distance of practices），意指：鑲嵌於工資勞動過程的社會關係具有關鍵性和支配性，但其他的關係和實踐與前者之間維持某種「變動距離」，從而也具有某種程度的決定性、自主性與特殊性。簡言之，一種文化實踐與核心的經濟關係的距離越近，那麼前者受制於後者的程度越大；與核心的資本主義生產過程的距離越遠，則其自主性越高。藉由此一思考，個別生產的藝術，要比大量生產的電視節目，擁有更高的自主性。

　　威廉斯的論點具有啟發性，代表的是告別粗糙的經濟化約論。不過，雖然電視節目的產製可能比繪畫更緊密鑲嵌於資本主義的生產體系，這絕非意味著繪畫的意識形態或政治意涵一定比電視節目要少。所謂「設定限制」的講法也未告訴我們太多關於電視節目的形式，也未明示何以電視節目與繪畫有異。在威廉斯的思想架構裡，粗糙的基礎──上層結構模式不可取，而將社會概念化為一個「表達的總體性」（an expressive totality），其中各種社會實踐（包括政治、經濟與意識形態層面的實踐作為）之間，彼此是互動、中介與相互影響的。霍爾（Hall, 1992a）曾經指出，文化研究後來進入一個新的理論發展階段，未能賡續威廉斯對於總體性的探索；那是結構主義（見第 1、3 章）在文化研究獨領風騷的歲月，特別是阿圖塞的結構主義馬克思主義（structuralist Marxism）。

相對自主性與文化實踐的特殊性

\# 結構主義將社會形構描述成被複雜的結構或律則所構成，關注文化意義如何被產製出來，視文化為類比於語言（或是有著與語言類似的結構方式）。

結構主義不是將文化消解而回到經濟的解釋（如基礎／下層結構模式的解釋），而是強調文化作為一組獨特的實踐，具有不可化約性，有其自身的內在組織或結構。在分析社會形構時，強調組成結構的不同元素之間如何接合或構連在一起。

阿圖塞與社會形構

阿圖塞（Althusser, 1969, 1971）察覺社會形構不是一個總體，而文化作為其表達形式，而是將社會形構視為不同事例（在不同層次或實踐活動上）所形成的複雜結構，形成一種「支配結構」（structured in dominance）。這是說，不同的事例如政治、經濟與意識形態被接合在一起，形成一個整體，並且作為非單向基礎結構決定上層結構的結果，而是源自多種不同層次的決定，因此社會形構是「多元決定」（over-determination）的產物，意思是說任何特定的實踐或事例是許多不同因素導致的結果。這些獨特的決定是實踐的層次或類型，各有其自己的運作邏輯和特殊性，不可被化約為（或解釋成）其他的層次或實踐。這一論證得到霍爾（Hall, 1972）譽為「重大的突破」，因為它容許我們將文化現象當作一個獨立的表意系統（有它自己的效應和決定過程，不可被化約為經濟因素）來檢視。的確，文化與意識形態的概念，可說是幫助了我們對經濟因素有更真切的瞭解。

主要思想家

路易・阿圖塞（Louis Althusser, 1918-1990）

路易・阿圖塞是法國共產黨馬克思主義哲學家與理論家，他試圖開創一種結構主義的馬克思主義。他的論點是社會形構由存在於不同的自主的實踐層次之間的一組複雜的多元決定關係所構成，對文化研究深具影響力。尤其是，他是促成文化研究與經濟決定論發生決裂的重要人物，並將理論自主性賦予文化和意識形態的層次。他在1960年代和1970年代相當有影響力，但後來已不復當年。

建議閱讀：Althusser, L. (1971). *Lenin and Philosophy and Other Essays*. London: New Left Books.

相對自主性

　　雖然特殊性被視為存在於不同的層次或實踐活動當中，阿圖塞並不認為每一個事例皆有其絕對自主性（total autonomy），而是主張經濟因素仍然是發生了至為關鍵的「最後」決定作用（determination in the last instance）。在他看來，文化之於經濟，有其「相對自主性」（relative autonomy）（此一相當含混且有問題，因此一度曾是激烈辯論的主題）。在解釋何謂相對自主性時，阿圖塞給了一個例子說明，在封建社會的脈絡下，扮演支配與決定力量的是政治而非經濟，但這本身是經濟產生「最後」決定作用的結果。也就是說，是封建社會的經濟組織方式本身，它的生產方式，決定了政治變成一種具支配力的實踐。

　　雖然這場由阿圖塞引起的辯論的複雜性，不再像過去那樣在文化研究領域吸引眾人注意，此一跳脫經濟化約論的嘗試，透過將社會形構視為相對自主的實踐，接合於複雜且不均等的決定方式，仍然有其深遠的意義。比方說，它構成了霍爾以下提法的基礎：「社會或社會形構必須被『思考』成向來是由一組複雜的實踐構成的；每種實踐都有其自身的特殊性、自身的接合方式；每種實踐與其他實踐之間，有一種『不均等發展』（uneven development）的關係」（Hall, 1977: 237）。

　　此處，所謂統一，被理解為「社會」，亦即在一個社會形構各層面的關係與意義之間，在獨特的、特定歷史脈絡下達成暫時性的穩定狀態（見第3、14章）。

接合與文化迴路

　　在其最近對這些議題的討論中，霍爾等人提出「文化迴路」（circuit of culture）的概念，以及生產與消費的接合關係（Du Gay et al., 1997）。在此模式中，文化意義的產製與嵌合，見於此一文化迴路的各個層面，其中每個層面對於作品的意義都有必然的影響力，但各自卻不足以決定此迴路中下一時刻的意義產製情況。每一個時刻（即生產、再現、認同、消費與管制）都涉及意義產製，並且與下一個時刻相互接合、連結在一起，但卻無法完全決定意義會如何被接收或生產（見圖2.2）。

　　舉例來說，一臺iPhone可以根據其在設計和製造的層面來分析其意義，但新力牌隨身聽所代表的文化意義旋即可能被修正，例如：當iPhone出現在廣告上的時候，它可能被賦予了新意義。接下來，透過（廣告）再現出來的意義，可能會連結於並且協助組構出隨身聽使用者的有意義的身分認同。被嵌合在生產和再現層次的意義，可能或可能不會在消費的層面上被全盤接受，因為新的意義可能再次在消費過程中被產製出來。因此，在生產層面上產製出來的意義，或可影響消費層面上的意義，但無法全然決定它以何種意義的面貌被消費。再者，再現與消費也可能反過來影響生產的層面，例如：隨身聽的設計與行銷方式。

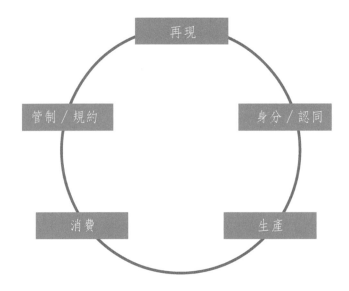

圖2.2　文化迴路

兩種經濟

　　雖然霍爾堅持需要瞭解文化迴路中不同時刻的接合關係，有些抱持非化約論立場的學者則是（矯枉過正地）將經濟的與文化／意識形態的範疇完全分開。例如：費斯克（Fiske, 1987, 1989a, 1989b）描述兩種分立、不相統屬的經濟現象：生產面的金融經濟與消費面的文化經濟。前者主要關切的是金錢與商品的交換價值，後者關切的是文化意義、愉悅與社會認同的場域。

　　正如我們所見，費斯克認為，生產面的金融經濟「需要被考量」，但它並無法決定，也無法否定閱聽人在消費層次所擁有的意義產製者的權力。的確，流行文化被視為是一個符號學爭戰的場域，也是閱聽人採取策略躲避或抵拒生產者產製，並銘刻於文化商品裡頭的意義。

　　在這場辯論之中，**意識形態**（ideology）概念在經濟範疇與文化範疇之間扮演了關鍵性的中介角色。如特納（Turner, 1990）所言，意識形態或許是英國文化研究基礎上最重要的一個概念。

主要思想家

約翰・費斯克（John Fiske, 1939-）

　　對於1980年代和1990年代文化研究的廣泛流傳，約翰・費斯克功不可沒。他的著作關注流行文化，特別是電視，強調人們在使用文本時扮演主動的讀者或意義生產者的角色。雖然他深知流行文化大多是資本主義企業所生產的，他更關切

的是面對、逃避或抵抗這些力量時採取的人民策略（popular tactics），故而流行文化可理解為一個「符號戰爭」的場域（a site of 'semiotic warfare'）。

建議閱讀：Fiske, J. (1989a). *Understanding Popular Culture*. London: Unwin Hyman.

習作

你認為何謂「化約論者」？以何種方式，文化會被說是有其特殊性？

設想一個有關行動電話的解釋，分由不同角度說明：

- 經濟化約論
- 文化特殊性
- 多重視野

意識形態問題

馬克思主義者對意識形態的關注，乃鑑於無產階級革命的失敗，以及歷史物質主義無法適切地處理**主體性**、意義和文化政治等問題。簡單地說，（馬克思主義者）對意識形態的關注，最初是為了要探究為何資本主義（作為一種經濟與社會關係的剝削體系）沒有被工人階級所推翻。

- 無產階級革命的失敗，是否緣於無產階級無法正確認識他們所處的真實處境？
- 是否工人階級受制於某種「虛假意識」（false consciousness），亦即錯誤地擁抱了資產階級世界觀，而有利於資產階級的利益？

馬克思主義與虛假意識

馬克思本人的著作有兩個面向，可能對這種強調「虛假意識」的思考路線提供了基礎。首先，馬克思（Marx, 1961; Marx and Engels, 1970）論稱，社會上占據優勢地位的支配意識形態，等同於統治階級的意識形態。其次，他論稱我們在資本主義體系裡誤認為是真實自然的種種社會關係，其實不過是市場機制創造出來的神話。這也就是說，在這個資本主義社會所展現的種種表象裡，我們不知不覺接受了自己可以自由出賣勞力的想法，也以為可以用勞動換得合理的報酬。

　　然而，馬克思認為資本主義在生產的環節涉及了種種剝削，尤其是從無產階級手上榨取他們（用勞力創造）的剩餘價值（surplus value），結果是公平的市場關係的表象，掩蓋了剝削的深層結構。循此，我們得出兩種關於意識形態的概念，可以解釋意識形態如何將少數權力階級的利益予以正當化：

• 意識形態是關於這個世界的一種有條理的陳述，而資產或資本家階級占據主導支配的地位；
• 意識形態代表的是世界觀，是資本主義結構產生的系統性的結果，誤導我們以不適當的方式去理解社會世界。

　　對馬克思主義而言，意識形態無法獨立於物質與歷史條件；馬克思主義者認為，人們的態度與信念，與其存在的物質狀況，有系統性與結構性的關聯。不過，此一非常寬廣的意識形態與物質條件的概念，留下若干關鍵問題未能解答：

• 問題在於意識形態如何與存在的物質條件發生關聯？
• 若「基礎—上層結構模式」（base-superstructure model）不適當（許多文化研究學者如是說），那麼意識形態與物質條件之間可能存在何種關係？
• 在何種程度上，所謂意識形態是「虛假」意識的說法是正確的？
• 我們都是過著虛假意識支配的生活嗎？從何得知這是事實？
• 誰有能力察知「真理」，並將之與意識形態分隔開來？此一行動如何是可能的？
• 若意識形態問題不全然是關於本質的真理，而是關於適切性，亦即意識形態的問題不在其虛假與否，而在於它的片面性，那麼我們應該站在哪一個思考的制高點上，提供一個較適切的解釋？

　　上述這些問題是意識形態這個概念對我們提出的問題，甚具影響力的學者如阿圖塞與葛蘭西（Gramsci）提供了若干思考方向。

阿圖塞論意識形態

　　對阿圖塞而言，意識形態是一個社會形構的主要場域或範疇之一。循此，意識形態被他看作是相對自主於其他範疇（例如：經濟範疇），雖然經濟範疇對意識形態「產生最後的決定作用」。此處，意識形態作為「一種再現（如影像、神話、思想與概念）的系統（有其自身的運作邏輯）」（Althusser, 1969: 231），被理解為一種生活的實踐活動，具有轉化物質世界的潛在可能性。在阿圖塞的著作中，四個面向構成

了他對意識形態的理論核心：

1. 意識形態具有構成主體的普遍功能；
2. 意識形態透過生活實踐而存在，因此不全然是虛假的；
3. 意識形態作為有關存在的真實狀況的誤認是謬誤的；
4. 意識形態涉及社會形構的複製及其權力關係。

意識形態國家機器

　　對阿圖塞來說，我們進入（語言的）**象徵**秩序，以及因此逐漸成為主體（人）的過程，係出於意識形態的作用。在他撰作的〈意識形態和意識形態國家機器〉（Althusser, 1971）一文中，阿圖塞論稱，「意識形態召喚或質問具體存在的個人，使之成為具體的主體而存在」，亦即意識形態「具有將個人構建成主體的作用」。此一論點反映了阿圖塞的反人文主義，亦即主體被看作不是透過人的主觀施為而自行構成的，主體是結構造成的「結果」。以此角度論事，意識形態的作用造就了主體，因為「除了透過意識形態與在意識形態之內，別無人的實踐可言。」

簡言之，意識形態話語／論述建構主體位置，或謂主體站在一定位置上而得以理解世界。

　　主體的形成是**話語／論述**造成的效果，因為主體性的構成，是因為話語／論述強迫我們接受某種主體位置所致（因為我們的主體位置是在話語／論述中，且被話語／論述構成的）。話語／論述指涉的是透過語言進行的知識生產，從而賦予與物質客體及社會實踐某種意義（見第3章）。話語／論述是以一種可辨認的方式建構、定義並產製了知識的客體，但同時也將其他的思維方式視為無法辨認的而予以排除，所以話語／論述有意識形態的作用，因為它是片面而不完整的。再者，由於透過不完整的方式去瞭解世界，從而形成的是再製社會秩序與服務權勢階級利益的主體。

意識形態的雙重性格

　　意識形態在阿圖塞看來，有如雙面刃。

- 一方面，它構成了人們生活的實際處境，並非虛假的。
- 另一方面，意識形態也被視為是一組比較精微的意義，使得人們透過一種被誤認的與錯誤再現的權力和階級關係去理解世界（亦即一種包藏著意識形態的話語／論

述）。在這個意義上，它是虛假的。

在第一種意義上，意識形態構成了人們據以生活與經驗世界的世界觀。在此意義上，意識形態並非虛無縹緲之物，因為它構成了被用來再現的類別與系統本身，從而使社會團體得以理解世界；因此，意識形態是一種鮮活經驗。然而，在第二種意義上，意識形態再現的是個人與其真實存在狀況之間的想像關係。因此，如果我將資本主義社會之中的剝削的階級關係，誤會成人類彼此之間自由與平等的關係，那麼我等是臣服於意識形態提供的幻覺與欺妄，並且受制於它。

阿圖塞認為，意識形態存在於社會機制及其相關實踐作為之中；結果，他進一步指認出一系列的制度化機制俱為「意識形態國家機器」（ideological state apparatuses, ISAs），包括：

- 家庭；
- 教育體系；
- 教會；
- 大眾媒體。

雖然教會是一種支配性的前資本主義的意識形態國家機器，他論稱在資本主義的脈絡下，其地位已被教育體系所取代，後者在意識形態（及實體）的勞動力複製和社會生產關係的複製扮演要角。意識形態，阿圖塞論稱，對於維持階級權力，遠不如實體的暴力來得有效。

對阿圖塞而言，教育不僅傳遞一般的統治階級意識形態，為資本主義辯護並且正當化，它同時也複製了各個階級團體在社會分工上應持的態度與行為。意識形態教導了工人去接受並屈從於他們遭遇的剝削狀況，同時教導管理及行政階層為占據支配地位的統治階級去操作種種統御的手段。根據阿圖塞的說法，每一個階級實際上都被提供了在階級社會裡恪守其職分的意識形態。

尤有進者，意識形態執行了波蘭札斯（Poulantzas, 1976）所謂的「分化與統一」（separation and uniting）：它遮掩了存在於物質生產的「真實」剝削基礎，透過轉移思想重點從生產到交換〔消費〕，強調人們作為個體存在，從而瓦解任何可能存在的〔集體〕階級意識，接著再重新塑造成一種想像的群體，作為一種被動消費者的共同體，或是被吸納於國族的概念之內。

阿圖塞與文化研究

阿圖塞的影響力相當重大，特別是將關於意識形態的辯論提升至文化研究的思

考前沿。尤有進者，阿圖塞的思想遺產在於視社會形構為一個由相互關聯但相對自主的事例所組成的複雜結構，其影響力可見於霍爾、拉克勞（Ernesto Laclau）與莫芙（Chantal Mouffe）等人的著作（見下述及第14章）。然而，阿圖塞關於意識形態的觀點，現今被認為是有其問題的，因為：

- 阿圖塞關於意識形態國家機器運作方式的觀點，有過於功能主義的傾向：意識形態似乎是在人們的背後運作，在功能上滿足一個無能動性的系統的「需要」。阿圖塞意識形態論點的另一個問題是太過於協調一致（雖然主體被看作是支離破碎的），因為拿教育系統為例，是一個充滿矛盾與意識形態**衝突**的場域，而非一個無問題和同質的複製資本主義意識形態。
- 阿圖塞關於意識形態在一個社會形構中所占的地位，也就是作為相對自主但最終為經濟因素所決定，這樣的觀點失之不夠精確，而且也冒著將分析倒退回它原先想要避免的經濟化約論的危險。
- 阿圖塞的著作有重要的認識論的問題，亦即關於真理和知識的問題。如果我們都是在意識形態中形成自我，那麼一種允許我們解構意識形態的非意識形態的觀點從何而來？又如何辨認？阿圖塞的回答是科學的嚴謹（以及特別是他自己所代表的科學）可以揭露意識形態，或許同時是菁英主義與站不住腳的觀點（見第3章）。

　　雖然葛蘭西的著作早於阿圖塞，但它對文化研究的影響力卻晚於阿圖塞的著作（阿圖塞的著作曾受葛蘭西影響）。的確，葛蘭西在文化研究之中蔚為風潮，部分原因是由於文化研究對阿圖塞理論的問題做出的回應，而葛蘭西似乎提供了關於意識形態的性格與運作方式一個更彈性、精微與實踐的解釋（另見第14章）。
　　葛蘭西是義大利共產黨哲學家和政治人物。他的文化霸權論（theory of cultural hegemony）描述，統治階級得以維持權力，係因為支持其繼續統治的價值觀能夠以常識（comon sense）的樣態流通。葛蘭西對人民能動性（popular agency）的概念主要是在民間社會（civil society，或譯市民社會）穩步建立力量（Johnson, R., 2007: 95）——一種他稱作「消極革命」（passive revolution）的現象，亦即一種緩慢和轉型的變遷，而非激烈的爆裂。葛蘭西在法西斯監獄裡寫下他最知名的著作，聚焦於擘畫符合他那個時代需要的政治策略。雖然如此，他的思想繼續在當代政治、文化和知識的廣大領域裡擴散。馬克·霍加德（Mark Haugaard）用谷歌搜尋對葛蘭西的影響進行粗略評估（Haugaard, 2006: 3）。最新的英文谷歌搜尋結果是「葛蘭西」（Antonio Gramsci）有一百二十萬條、「馬克思」（Karl Marx）有一百九十萬條、「傅柯」（Michel Foucault）有一百五十萬條〔雖然如我們將在第11章討論的，「過濾泡泡」（filter bubble）效應意味著谷歌搜尋結果可能會有很大差異，取決於是誰在

執行搜尋〕。

葛蘭西、意識形態與霸權

　　文化的建構，可從意義串流的多樣性開展，而且包含了許多不同的意識形態和文化形式。不過，學者們如此論稱（Hall, 1977, 1981; Williams, 1973, 1979, 1981），其中有一組特殊的意義可以被稱作是主控的或優勢的。形成、維持和複製這類權威性的意義與實踐的過程，學者們追隨葛蘭西的用法，把它稱作**霸權**。這些概念延續馬克思主義者一心想瞭解的問題：為何工人不站出來反抗資本主義，即使後者被認為是一個壓迫他們的體系？

文化與意識形態霸權

　　對葛蘭西而言，霸權一詞暗示的是一種情境，特別是當一個統治階級諸派系構成的「歷史集團」施展社會權威，並且掌握對被統治階級的領導權，透過暴力，更重要的是透過被統治階級的認可（另見第14章）。因此，

> 在典型的議會政體之中，霸權的正常施展，其特色是結合了暴力和同意，兩者以互惠的方式相互平衡，使得訴諸暴力不致於凌駕於透過同意的手段。的確，它的企圖永遠是確保即使在動用暴力時，仍然顯得基於多數同意，以所謂的民意機制表達出來，如報紙和人民團體等。（Gramsci, 1971: 80）

　　在葛蘭西的分析當中，意識形態被理解為思想、意義與實踐，雖然被視為普遍適用的真理，然則事實上卻是一張用來捍衛特定社會團體權力的意義地圖。最重要的是，意識形態並不與生活的實際活動分離，而是一種物質現象，植根於日常生活處境之中。

　　意識形態提供人們實踐行動與道德行為的法則，等同於「一種被瞭解成世俗意義的信仰統一，在有關世界的概念與相映的行為規範之間」（Gramsci, 1971: 349）。正式教育系統的再現為一種菁英體制，提供所有人一種公平社會中同等的受教機會，但又同時將有色人種再現為「天生」低等與能力較低，遠遜於白人。這些再現可說都是帶有意識形態的再現。

　　一個霸權的歷史集團未曾是包含單一的社會經濟類別／團體，而是透過與其他社會類別／團體的一系列結盟關係，某個團體取得了領導權的地位。意識形態扮演一個至為關鍵的角色，允許各團體（原先被理解為各階級）之間得以形成結盟關係，

並且克服狹隘的經濟—社會的利益，達成支持「國族—人民」主導的局面（'national-popular' dominance）。因此，「社會—文化的統一」的達成，是「透過將分散的意志、異質的目的的複雜多樣面貌，轉變成擁有單一的共同目標，形成平等與共同的世界觀的基礎」（Gramsci, 1971: 349）。共同世界觀的打造、維持或顛覆，是意識形態抗爭過程之中的一個面向，涉及了透過對既存的人民意識形態的批評。

意識形態與流行文化

　　意識形態是活生生的經驗，也是一組系統性的思想，其角色是組織並將一大區塊的不同的社會元素綁在一起，作為一種社會的黏著劑，從而有助於形成霸權的與反霸權的各種歷史集團。雖然意識形態可能採取整合一致的思想形式，它更常以「常識」（common sense）的面貌，散見且深植於各種再現之中。

　　對葛蘭西來說，所有的人都在關照這個世界，而且透過流行文化的「常識」，組織他們的生活與經驗。因此，常識變成了一個意識形態衝突的關鍵場域，尤其是爭奪形塑「好的常識」（good sense）的權力，對葛蘭西而言，在於承認資本主義的階級性格。常識是意識形態抗爭過程中意義至為重大的場域，因為它是「被視為理所當然」的領域，是一種引導日常生活世界之中的人類行動的實踐意識（practical consciousness）。更一致的哲學思想被爭辯且轉化到常識的領域。因此，葛蘭西關切的是流行思想與流行文化的性格。

　　　　每一個哲學思潮留下的是一個「常識」的沉積：這等於對它〔一個歷史思潮〕的歷史效能所做的紀事。常識不是僵化與死板的，它會不斷轉化它自身，並且以科學概念和哲學意見強化自身，進入日常生活之中。常識創造了未來的民俗，那是一種流行知識在特定時間與空間變得相對牢固。
　　（Gramsci, 1971: 362）

✎ 習作

請進行三人或四人的小組討論：

• 犯罪劇如何傳達與法律相關的意識形態？

• 電視廣告裡的女性，興奮地談論家用清潔用品；像這一類廣告是如何呈現有關家庭和性別角色意識形態的？

霸權的不穩定性

#霸權可被瞭解成優勢團體（無論就階級、性別、族群或國族構成的意義上）維持其
世界觀和權力的策略。

然而，這必須被看作是相對的、關係性的（in relational terms），而且在本質上
是不穩定的。霸權是不同的社會團體之間，達成一種**暫時性的**安排與動態的結盟關
係，而這種暫時性的安排與結盟關係，是必須被贏取的，而非給定的。更有甚者，它
需要經常地被贏取、重新協商，是以文化是一個意義衝突與鬥爭的場域。霸權不是一
個靜態的實體，而是一系列與社會權力息息相關且不斷變遷的話語／論述和實踐。葛
蘭西將霸權刻畫為：

> 一個與不穩定的均衡狀態的形成與瓦解有關的持續過程，〔此一均衡
> 狀態〕存在於基礎團體與從屬團體的不同利益之間，……在此一均衡狀態之
> 中，占主導地位的支配階級的利益位居上風，不過只能說在一定程度之內是
> 如此（Gramsci, 1968: 182）。

由於霸權必須一直被再造與贏取，因此也開啟霸權被挑戰的可能性，亦即從屬
團體、階級形成一個反抗霸權的集團（a counter-hegemonic bloc）。對葛蘭西而言，
在試圖取得國家力量之前，此一反霸權抗爭必須先尋求在市民社會中取得領導權（亦
即須先與正式政治範疇之外的力量形成結盟關係，包括家庭、社團、報業及閒暇活動
等）。葛蘭西做了以下區分：

• 一是尋求在市民社會領域贏取霸權的**「陣地戰」**（war of position）；
• 一是對國家權力發動攻擊的**「機動戰」**（war of manoeuvre）。

葛蘭西認為，「機動戰」是否能成功，端賴能否透過「陣地戰」先行奪得霸
權。

受葛蘭西影響的文化研究

文化研究引進與發展葛蘭西思想，有其長遠意義（見14章），尤其它賦予作為
意識形態抗爭場域的流行文化的一種核心重要地位。實際上，葛蘭西將市民社會裡的
意識形態抗爭和衝突當成文化政治的核心領域，而對霸權的分析則成為思索其中各種
勢力折衝的方式。葛蘭西認為，「具體地研究那些致使意識形態世界在一個特定國

家保持活躍狀態的文化組織形式，並考查它們在實踐中怎樣發揮作用，會是有趣的」
（Gramsci，轉引自Bennett et al., 1981: 195-196）。至少在後結構主義和後現代主義
的辯論興起（見本書第6章和第14章）之前，葛蘭西的思想幾乎等於是文化研究的行
動指南。

　　例如：早期有關廣告的研究，即是從意識形態和霸權的問題意識出發。對廣告
的文本和意識形態分析，強調廣告販賣的不只是商品，而且還是觀看世界的方式。廣
告的職能在於為產品創造出一種「身分／認同」，在各種相互競爭的意象的疲勞轟炸
中，透過連結一個品牌與可欲的人類價值觀。購買一個品牌不只是關於買一個產品，
而且是買進一套生活風格和價值觀；誠如溫席普（Janice Winship）論稱，「一個女
人只不過是她所穿戴塗抹的商品：『女人』就是口紅、襯衣、衣服……」（Winship,
1981: 218）。

　　對威廉森（Judith Williamson, 1978）而言，廣告中的客體是意義的符徵，而我們
是在一個已知的文化系統中去解碼它們，並把這些廣告中的商品與其他的文化「財
貨」（goods）產生聯想。雖然特定產品意象的外延意義不過是豆子或一輛汽車，但
它們被用來暗示的是「自然」或「家庭」等內涵意義，亦即廣告在商品與生活風格之
間創造了一個差異的世界（a world of differences），供我們「購買並融入其中」。在
購買這些商品時，我們也等於是購買了這些意象，從而透過消費過程而建構了我們的
身分／認同。對威廉森而言，廣告是意識形態的，因為它透過自由與平等消費的意
象，遮掩了在生產層面上的經濟不平等。

　　回想一下，你在過去這一年購買的衣服。你記得你為什麼購買它們，而非做
出另類選擇？它們和以下的主流價值觀相符，還是抵觸？(a)你的同儕團體；(b)你
的家庭；(c)你所處的社會？所謂「女人就等於她穿在身上的商品」的觀點，你同
意嗎？如果你同意這種說法，你會同意男人就等於他穿在身上的衣服和配件？

霸權與意識形態的問題

意識形態與碎片化

　　自1970年代晚期以降，雖然新葛蘭西霸權理論已成為文化研究領域的主流分析
方式，但它並非完全沒有受到挑戰。柯林斯（Jim Collins, 1989）拒絕霸權概念，因
為從已產製出來的文本多樣性及文本內彼此競爭的意義多樣性來說，文化是充滿異質
性的。對柯林斯而言，無論就工業生產或是意義產製而言，當代（後現代）文化已不
再有任何中心存在。在西方世界裡，我們見證了「共同文化」（common culture）的

終結。

霸權文化這個概念，從社會群體的鮮活文化來看，也是有問題的。特別是過去三十年來，隨處可見的生活風格文化碎片化的現象。而這是以下因素造成的結果：

- 移民的衝擊；
- 族群性的「再度浮現」；
- 青年文化的興起與區隔；
- 性別政治的衝擊；
- 聚焦在消費的各種生活風格的創造。

勞動階級的這種消費中心主義，導致了它自身的碎片化。價值觀和生活風格之間的選擇，變成不過是一種品味和風格的問題，而非由能夠被稱作霸權的一種純正的文化權威所形塑。

霸權與權力

霸權這個概念本身即「內含」權力議題；如果權力操作從霸權這個概念移除，它就不再是個有效的概念了。然而，從文化研究使用權力這個概念的方式推論，權力主要被看成是一種有權力者對臣屬者施加的限制。這是說，霸權概念意指一種不可欲的「強加」（imposition），並且偽裝成廣泛接受的同意（consent）。如果把同意看成是對真實的權力關係和利益操作的錯誤認知，那麼我們就面對了意識形態的問題，後者被理解為一種虛假意識（false consciousness）（詳下）。

拉克勞和莫芙（Laclau and Mouffe, 1985）提出一個修正的霸權概念。他們把階級和經濟的最後決定作用先擺在一邊。這是說，意識形態並無「階級屬性」（class belonging）。相反地，霸權和反霸權集團是透過暫時和策略結盟而形成的，其中涉及各種話語／論述建構的不同主體與利益團體。此處，「社會」並非被理解為唯一的客體，而是被理解為一種爭辯的場域（field of contestation），多重的自我和他者描述競逐優勢地位。對拉克勞和莫芙來說，正是霸權實踐扮演著這樣的角色：它試圖在話語／論述場域裡將差異固定下來，試圖在符徵充滿不穩定性的（開放的）意義裡獲致封閉性。

進步的霸權

霸權也好，支持霸權的常識觀念也好，都不能被看成在本質上是負面的。「有機知識分子」（organic intellectuals）（第14章）被認為是營造「進步霸權」（progressive hegemony）的要角（Clayton, 2006: 9）。和我們更熟悉的那個葛蘭西的

退步霸權（regressive hegemony）相反，進步霸權翻轉具剝削性的觀念和結構，為更平等的安排創造條件。因此，葛蘭西的霸權概念被看成是「雙刃劍」，既可能被用來壓迫，也可能被用來解放普羅階級（Clayton, 2006: 6）。

> 公民記者（citizen journalists）──透過網際網路和社群媒體平臺散播新聞的普通民眾──被頌揚為葛蘭西所謂有機知識分子的現代版（Moore, 2010: ix）。你同意這種說法嗎？

作為權力的意識形態

　　整個意識形態概念本身，遭受一些質疑，因為它涉及了至少兩個核心問題：

1. 適用**範疇**的問題；
2. **真理**的問題。

　　早期的馬克思主義者與社會學者，將意識形態概念限定在與優勢階級維護其權力有關。稍後的發展，除了階級的層面之外，還將此概念的延伸適用於**性別**、**族群**、**年齡**（世代）等方面。紀登思認為，意識形態概念應從「表意的結構如何被動員來正當化霸權團體的利益」（Giddens, 1979: 6）來理解，代表了當代對於意識形態的定義，反映的正是前述的延伸思考方向。換句話說，意識形態指涉的是意義被用來正當化優勢團體的權力的方式，而優勢團體除了是優勢的階級之外，也可能包括了基於種族、性別或世代而形成的優勢團體。在他的「結構化理論」（structuration theory）（Giddens, 1984）裡，紀登思認為社會系統有形塑個體的影響力，但也容許個體擁有某種程度的自由。

　　雖然紀登思對意識形態的定義，指涉的只是優勢團體的思想，其他版本的定義（包括阿圖塞提供的定義）視意識形態為正當化**所有**團體的行動。換句話說，邊緣和從屬團體也有其意識形態，用以組織和正當化關於他們自己與世界的思想。當然，此一較為寬廣的定義也可以擁抱一個較窄化的定義，如傅柯（Foucault, 1980）所言，我們都涉入於權力關係之中。占支配地位的優勢團體和從屬團體之間的差異，因此是一個權力大小和世界觀有所差異的問題，而不是意識形態與非意識形態之分。

習作

回答以下問題，並且分別從流行文化中舉例說明：

• 一個階級如何合理化其對其他階級的支配？
• 一個性別如何合理化其對其他性別的支配？
• 一個種族如何合理化其對其他種族的支配？

並與他人討論。

意識形態與誤認

　　關於意識形態的另一個根本問題與認識論有關，亦即意識形態與**真理**和知識的關係。這些問題將會在第3、6章詳細討論。不過，我們可以在此指出，意識形態普遍被拿來與真理做對比，例如：阿圖塞將意識形態與科學作比較，貶抑前者為一種「誤認」（misrecognition）。然而，科學是一種思考方式，有其一組產製某類知識的程序，而非崇高神聖的知識形式，可以產製無爭辯餘地的客觀真理。

　　大部分有關意識形態的討論，都將意識形態看作是虛假的。這麼做，需要的是一種再現主義的認識論（representationalist epistemology），亦即必須能夠再現真實（世界的真實圖像），以便和「虛假」的意識形態形成對比。不過，由於受到後結構主義、後現代主義及其他反再現主義典範（anti-representationalist paradigms）的影響，再現主義的認識論在文化研究裡已差不多被拋棄。

　　這種在文化研究裡被廣泛接受的觀點，已否定了有所謂普遍、客觀的真理存在。現在，比較常見的說法是「真理政權」、「被當作真的」、「多重的真理宣稱」與「真理的社會建構」。根據這種觀點，普遍、正確的世界圖像已不可能，只有對什麼被當成真理的同意程度。由於這個緣故，思想家如傅柯（Foucault, 1980）和羅逖（Rorty, 1989, 1991a, 1991b）完全拒絕意識形態這個概念。傅柯顯然認為知識與權力是無法片刻分離的，因此他提出所謂**權力／知識**（power/knowledge）的概念，意指權力與知識之間存在著一種相互構成的關係，因此知識無法脫離各種權力政權（regimes of power）。知識是形成於權力關係與實踐的脈絡之內，從而有助於新的權力技術的發展、精練與擴散。然而，沒有任何純粹為汙染的「真理」可以被用來與權力／知識對比，因為在權力／知識之外，亦無所謂真理存在。

　　羅逖（Rorty, 1989）認為知識是一系列關於世界的描述，而這些描述有其實際的影響。他們可以用價值觀來加以判斷，但無法用絕對真理的標準來衡量。對羅逖而言，「真理」是一種社會讚許（social commendation），亦即那些我們認為「好的」

知識，然則卻不能稱得上是普遍〔絕對客觀、真實〕的知識。因此，我們可以用它們的價值觀、影響及生產的社會歷史狀況，來比較不同的世界觀（意識形態），但無法根據終極真理或非真理的對比來比較它們。

雖然如此，意識形態這個概念在文化研究領域的影響仍然巨大。文化研究面臨一個兩難困境：若對語言持反再現主義的認識論立場，就不能將意識形態這個概念當成是虛假之物。為了繼續使用意識形態這個概念，我們有必要重新定義它。

什麼是意識形態？

假設意識形態不限於階級的問題，而且少有人認為意識形態應該限定在階級問題的層次上討論，那麼我們可以透過下列方式去看待意識形態：

- 支配性團體的世界觀，被用來合理化並維護他們的權力，因此〔意識形態〕與真理是相左的；
- 任何社會團體的世界觀，被用來合理化他們的行動，因此〔意識形態〕與真理是相左的；
- 支配性團體的世界觀，被用來合理化並維護他們的權力，但不見得與真理是相左的；然而，它們本身可以被重新定義，因此不見得必須被人接受；
- 任何社會團體的世界觀，被用來合理化他們的行動，但不見得與真理是相左的；然而，它們本身可以被重新定義，因此不見得必須被人接受。

若論稱任何特定版本的意識形態是「正確的」，乃是相當不智的。雖然如此，如果要用這個概念，我們確實有責任釐清自己如何用這個詞的真正意涵。

我們的看法是，將意識形態視為對立於真理的講法是不能成立的（見第3章），況且，所有的社會團體都各有其意識形態。在此意義上，唯一可以被接受的意識形態概念，應是那種可與傅柯的權力／知識概念相容的。果能如此，意識形態不能被視為是一種簡單的支配工具，而應被看作是對社會關係各層面的權力關係具有一定的影響力（包括為優勢團體辯護並維持其優勢地位）。

♯意識形態這個概念只需要被理解為任何社會群體用來「凝聚和正當化（自身）的觀念」。這種意識形態的定義，不需要有真理這樣的概念作為前提。

解構練習：形式 vs. 內容

- 形式如何影響內容？
- 內容如何影響形式？
- 形式和內容的界線何在？

本章摘要

文化研究的第一個故事，是從把文化看做是「藝術」轉移到將文化看做是「平常」，囊括「生活的整體方式」，亦即從廣泛的文學轉移到人類學的定義。

文化研究的第二個故事，關注的是文化在社會形構中的地位，亦即文化與其他社會實踐如經濟與政治之間的關係。文化研究拒絕文化受經濟力量決定的想法，主張應將文化理解成自主的意義與實踐活動，有其自身的邏輯。與此邏輯並行不悖的是，文化研究自此將文化從人文與社會科學的邊陲，轉化成人文與社會科學的核心概念之一。

文化的定義充滿爭議，但在文化研究裡普遍接受的是將文化理解為一張「意義地圖」，據此提出一系列問題：何種意義被流通？被誰？為了什麼目的？服務誰的利益？因為，如費斯克（Fiske, 1992）所言，在文化研究裡，文化的概念最重要的是作為一種政治的概念，關切的是權力問題。影響所及，許多文化研究的作品關注權力、知識、意識形態與霸權等問題。

出於對意義的考量，文化研究關切我們手上這張意義地圖究竟是如何被產製出來的，因此把文化看成是一組表意實踐，亦即使意義得以產生的符號組織方式。其中，最主要的符號系統是語言，這使得理論家對話語／論述（discourses，或被管制的說話方式）這個概念反覆致意。簡言之，文化研究，如同整個人文與社會科學，發生了一場「語言學的轉向」（linguistic turn），這個主題將在下一章裡討論。

第3章 文化、意義與知識：文化研究的語言學轉向

關鍵概念	
符碼（codes）	語言遊戲（language-game）
差異／延異（difference／différance）	後結構主義（poststructuralism）
話語／論述（discourse）	表意（signification）
互文性（intertextuality）	結構主義（structuralism）
反諷（irony）	象徵秩序（symbolic order）

　　語言與文化的關係，已躍居文化研究的首要議題之一。原因有二：

1. 語言是一種地位優越的媒介，藉此文化意義得以形成與傳播。
2. 藉由語言這種工具與媒介，我們得以瞭解自己及**社會**世界。

　　對價值觀、意義與知識的形構和傳遞來說，語言並非中立的媒介；更確切的說，語言是這些價值觀、意義與知識的**構成要素**。也就是說，語言賦予了物質客體與社會實踐某種意義，並使得我們在語言限定的範圍內得以關照、理解它們。語言並非單純反映非語文意義，也不單純反映語言使用者的意圖，而是：

＃語言建構意義。語言決定了在特定的情況下，說話的主體可以採用哪些意義。

　　世界上有這個或那個的客體，也存在著這些客體的語言描述。亦即有花，也有「花」這個語言文字；我們知道語言文字和它所描述的客體之間是有差異的。一旦我們談論什麼「是」一塊岩石，我們是在語言「之內」這麼做的，亦即我們與岩石之間並非處在無中介的情況下。即使我們能夠親身「經驗」花朵的「具象」，正如禪宗鼓勵我們這麼做，我們還是在使用一種雙元的語言。

索緒爾與符號學

　　要瞭解文化，必須探究意義如何透過語言的**表意實踐**而產製出來。這一向是符號學（semiotics）的範疇，通常被理解為符號之學（the study of signs），始自語言學家索緒爾的先驅研究。

　　索緒爾（Ferdinand de Saussure, 1857-1913）是**結構主義**（structura-lism）的先驅，他根據語言的結構差異解釋意義如何產生。他研究語言（langue）組成的規則和慣例，而非專注於人們每天使用的特地用法與話語行為（parole）。索緒爾和結構主義傾向於關心語言的**結構**，甚於語言的實際表現。結構主義著重文化的意義如何產生，認為文化意義有其結構，「就像語言一樣」。結構主義者將文化視為潛在結構下的「關係系統」，藉此形成文法，以產生意義。

表意系統

　　索緒爾主張（Saussure, 1960），語言並不反映某一獨立客體的預先存在與外在真實，而是透過一連串概念與發音的差異，從語言本身建構出意義。他認為，語言中只存在不具明確關係的差異。換句話說，意義的產生並非因為一個客體或指涉物本身具有某種本質和內在的意義，而是因為符號之間的差異。

　　對索緒爾來說，表意系統是由一系列的符號（signs）構成，這些符號的組成元素包括**符徵**（the signifier）和**符旨**（the signified）。符徵是指符號的形式或媒介，例如：聲音、圖像、或形成頁面上文字的記號。而**符旨**則是概念與意義。

　　聲音和語言的記號（符徵）和它所代表的事物（符旨）之間的關係，不是一成不變的；相反地，它們之間的關係是**任意的**（arbitrary），因為我們可以用英文說「貓咪」坐在「砂墊」上，但同樣也可說「咪貓」坐在「墊砂」上，或是用西班牙文的同義字。

　　根據索緒爾，意義的產生是沿著句法學和詞形變化這兩個軸線，對符號進行選擇和組合。句法學軸線是透過符號以線性排列組合成句子而構成。詞形變化軸線指的是符號選取的廣度（例如：同義詞），在該範圍中選取特定符號。意義是經由句法學軸線的累積，同時句子中每一個點的意義是由詞形變化軸線的範圍內選取而成。哈特利（Hartley, 1982: 20）給了下面的例子：

　　　（詞形變化軸線）
　　　士兵
　　　自由鬥士

恐怖分子

-------------- >　　　今日攻擊了　　-------------- > （句法學軸線）

志願者　　　　　　　今日解放了

槍手

　　在詞形變化軸線上，自由鬥士或恐怖分子之間的選擇是有意義的。它可轉變我們所認定的參與者特性，也會影響句法學軸線上的組合，因為習慣上，儘管文法上許可，人們是不會把恐怖分子和解放聯想在一起的。符徵和符旨的任意性關係暗示意義是不定的，是依文化和歷史而定，且非固定而普遍一致的。然而，從恐怖分子與解放兩者間極不可能的組合中，亦可得知意義是受到特定的歷史社會脈絡所約束的。正如柯勒（J. Culler）所說：「因為符號是任意的，所以完全受制於歷史，而且特定時機下的特定符徵和符旨的組合是歷史演進中偶然發生的結果」（Culler, 1976: 36）。

我♥符號學

- 以三或四人為一組，共同研究如下面這張照片裡的「愛心」圖案的歷史。什麼是愛心圖案、「愛心」這兩個字、真人的心臟構造圖，以及戀愛的想法或感覺之間的聯繫（或缺乏聯繫）？
- 如果你收到一張內含真人心臟醫學照片的情人節卡片，你會有什麼反應？

©攝影：Emma A. Jane

文化符碼

　　符號通常被組織在一個序列之中，透過在特定脈絡下使用的文化慣例，從而產生意義。一個例子是顏色被組織，並納入交通號誌的**文化符碼**（cultural code）之中。

　　顏色是人們將連續的光譜打破，再用紅色、綠色、黃色等符號一一區分。當然，沒有一個普遍適用的理由可解釋何以「紅色」必須指某種特定顏色，這種關係其實是任意的。「同樣的」顏色可以指定給「rojo」這個符號。索緒爾的核心論點是，紅色只有透過和綠色、黃色等顏色的差別關係才有意義。這些符號接下來透過在特定情境下使用的文化慣例，以一定順序組織起來而形成意義。因此，交通號誌利用「紅」來表示「停止」，用「綠」表示「通行」。顏色和意義的關係是透過交通號誌系統中的文化符碼，暫時固定起來的。

＃符號變成自然而然、中立的符碼。看似清楚易懂的意義（我們「知道」何時該停，何時該走）其實是文化實踐的結果，其作用在於隱藏文化符碼的運作與實踐。

　　索緒爾的貢獻在於研究定義較狹隘的語言學。然而，他預言了一個更廣的「在社會範疇下研究符號生命的科學」。這是因為文化物件傳達意義，而所有的文化實踐都根據符號衍生的意義在運作。因此，文化被認為是以「語言的形式」運作，且所有的文化實踐都可引入符號學研究中。因此，巴特（Barthes, 1967, 1972）採用索緒爾的方法，並修正應用到**流行文化**的研究中，以瞭解這些事件如何產生意義。

著裝規範

以下各項物品的內涵意義為何？

• T恤
• 吊褲帶
• 圓頂小檐邊黑色禮帽
• 公事包
• 馬丁大夫鞋
• 結婚禮服
• 比基尼
• 黑色蕾絲內衣
• 紅玫瑰
• 細條紋西裝

寫下這些物品的不同組合方式以產生：

- 對一位在(a)辦公室；(b)教堂；(c)海灘；(d)臥室的男性來說，是合宜與不合宜的打扮方式。
- 對一位在(a)辦公室；(b)教堂；(c)海灘；(d)臥室的女性來說，是合宜與不合宜的打扮方式。

哪些物品不只在一種脈絡／場合是合宜的？客體如何在不同脈絡／場合下，改變其意義？

巴特與神話學

巴特認為，有兩種**表意**（signification）系統：外延意義（denotation）與內涵意義（connotation）。

- 外延意義是指描述性、字面上的意義，幾乎通用於該文化的所有成員。因此，「豬」這個概念意指一種粉紅色的農場動物，有一個大鼻子和捲曲的尾巴等。
- 內涵意義中，意義是藉由符徵與更廣的文化作連結而產生：信仰、態度、組織和社會體的意識形態。意義變成了符號與其他具意義的文化符碼連結的結果。因此，根據運作中的次層符號和字彙，「豬」可能暗指惡劣的警察、或男性沙豬。

意義被認為會從單一符號繁衍，直到該符號已經承載各種意義為止。內涵意義的涵義來自於線性排列後累計的意義（就句法學來說），而更常是透過比較未被選擇的意義而來（就詞形變化上而言）。當內涵意義內化成為具強勢性，也就是被認為是「正常」、「自然」時，他們會成為概念上意義的地圖，使世界產生意義。這就是巴特所說的**神話**（Myths，或譯「迷思」）。

雖然神話是文化建構的，他們可能會被視為是先驗的普適真理，並且被當成常識的一部分。因此，神話便類似於**意識形態**的概念，同樣都被認為是在內涵意義的層級中運作。的確，伏洛西諾夫（Vološinov, 1973）主張意識形態的領域與符號的範疇相符。哪裡有符號，哪裡就有意識形態。

對巴特來說，神話是第二層的符號系統或後設語言。它是第二種語言，表達的卻是第一層語言。產生外延意義的第一層系統的符號（符徵與符旨），在具神話意義的第二層內涵意義中會變成符徵。巴特（1972）將此以一空間的隱喻來表達（見圖3.1）。

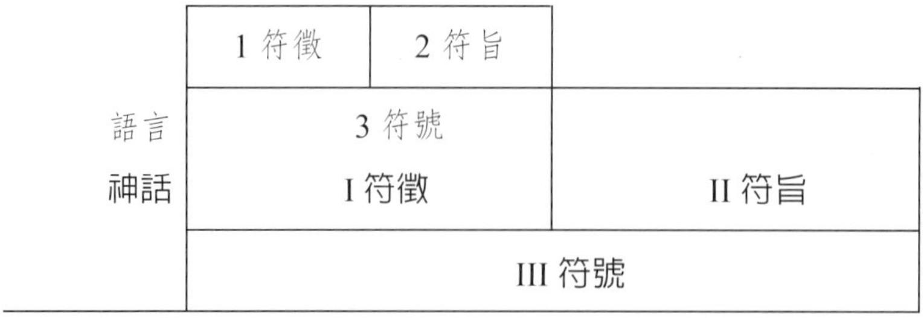

語言 神話	1 符徵	2 符旨	
	3 符號 I 符徵		II 符旨
	III 符號		

図3.1 巴特：神話的表意系統

〈今日的神話〉

　　在〈今日的神話〉（Myth Today）一文中（*Mythologies*, 1972），巴特給了一個（日後常被人引用的）例子說明表意、神話及意識形態的運作。這個例子以一本法國雜誌《*Paris Match*》的封面作說明，封面是一個年輕、於法國服役的黑人士兵，他穿著制服對著法國國旗敬禮。他的眼睛往上看著法國國旗。就外延意義的層級，這可被解讀為「一個黑人士兵朝法國國旗敬禮」。然而，對巴特和他的時代〔包括法國的殖民史，和他們在阿爾及爾城（北非國家阿爾及利亞的大城）的軍事行動〕來說，這個可能的文化符碼解讀範圍使他用更意識形態的角度來解讀這個意象。對他來說，這畫面的內涵是在暗示法國黑人對法國國旗的忠誠，以用來掩飾法國的帝國主義行為。正如巴特所說：

> 我在一個理髮店裡，然後拿到一本《*Paris Match*》雜誌。在封面，一個年輕的黑人穿著法國的制服在敬禮，而他的眼睛往上看，或許是在注視著旗子顏色的褶痕。這就是這個圖片的意義。但是，或許有點天真，但我卻很瞭解這想傳達給我什麼：就是法國是個偉大的帝國，所有的子民不分膚色，都忠誠地服從這面國旗。若連黑人都熱忱地服從國家，這不正是對認為法國是帝國主義的最好回應？（Barthes, 1972: 125-126）

　　根據巴特的說法，神話和意識形態的運作，是將對特定歷史人物的偶然性進行**自然化**的解讀。也就是說，神話讓某種特定的世界觀看似不容置疑，因為它是自然的、是天賦的。「神話將一歷史事件自然而然地合理化，並讓當初的偶然解讀維持長久」（Barthes, 1972: 155）。在另一個分析中，巴特談到了一個法文的廣告如下：

> 現在我們看到一個盤茲尼（Panzani）的平面廣告〔照片〕[1]：一袋通心

---

[1] 譯註：盤茲尼（Panzani）是一種義大利麵的品牌。巴特分析的這一幅平面廣告照片可見於http://twmedia.org/telshl/archives/000395.html。

粉、一罐麵醬、一包香料、一些番茄、洋蔥、胡椒和蘑菇，從一個半開的網袋裡露出來，在紅色的背景裡反襯出鮮明的黃色（譯按：義大利麵的顏色）和綠色（譯按：盤茲尼的綠色商標）。（Barthes, 1977: 33）

接下來的分析中，他先對符碼做了以下區分：

- **語言符碼**（linguistic code）（法文、盤茲尼的商標）；
- **視覺符碼**（visual code）：「半開的袋子、讓食物散置在桌面上」。

他特別指出一個視覺符碼。他將此解讀為「從市場回來」，暗示「新鮮」和「家庭烹調」。第二個符號把「番茄、胡椒和海報的紅、黃、綠三色合在一起，它的符旨是義大利或**義大利風格**（*Italianicity*）」（Barthes, 1977: 34）。整個構圖，呈現的也是義大利的形象。

索緒爾的作品和早期的巴特是當代文化研究的奠基者，代表了由文化主義走向結構主義的轉變。他們兩者都對文化研究相當有貢獻，打破了原先文字為純然意義負載者的概念。他們主張所有的文化文本，都是由符號所建構。然而，結構主義的語言觀也招致批評。特別是二元性與外延意義的概念，使人認為符號有穩定意義，但隨後為巴特、伏洛西諾夫（Vološinov）／巴赫汀（Bakhtin）和德希達（Derrida）所推翻。

主要思想家

羅蘭‧巴特（Roland Barthes, 1915-1980）

羅蘭‧巴特是法國作家、批評家、教師與理論家，將結構主義帶進文化研究，影響宏大。特別是，他以符號學方法分析廣泛的文化現象，闡明所有文本皆在社會脈絡中由符號所建構。其著作核心是符號在生產意義和框架文本，被閱讀方式所扮演的角色。他探討內涵意義，變成神話的自然化過程。為了闡明意義的互文性（the intertextual character of meaning），他的名言是宣告「作者已死」（'death of the Author'）。

建議閱讀：Barthes, R. (1972). *Mythologies*. London: Cape.

多義的符號

後期的巴特認為，符號並不是只有一個穩定的意義，而是**多義的**，亦即符號有許多隱含的意義。因此，文本可以不同的方式解讀。意義的產生牽涉到讀者的主動參

與，並且需要文化的薰陶以使讀者可隨特定的目的而修正文本的意象。因此，**文本**的解讀需要讀者的文化經驗與社會符碼的知識。這是隨著階級、性別和國籍等而有所不同。

　　透過伏洛西諾夫（Vološinov, 1973）的著作和他符號「多重音」（multi-accentuality）的概念，此觀念被帶入文化研究中。對他而言，符號不只有一種意義，而是具有一種「內在辯證的特質」（inner dialectical quality），以及一種使符號可表達某個範圍的意義的「可變調性」（evaluative accent）。符號意義的改變，就如同社會慣例和社會抗爭，是為了追求穩定意義。也就是說，符號的意義不是固定，而是可協商的。意義不斷地被挑戰，使得「符號本身變成階級鬥爭的場域（Vološinov, 1973: 23）」。這種意識形態的抗爭是一種符號意義的競賽，爭奪規範並「固定」其流動意義的權力。

　　霍爾（Hall, 1996e）認為，伏洛西諾夫1973年的作品（Volosinov, 1973）與巴赫汀1984年的作品（Bakhtin, 1984）相呼應，論稱所有的瞭解在本質上都是對話的（dialogic）。巴赫汀暗示，符號並沒有一個固定的意義，反而認為，意義是透過說者與聽者、發言者與接收者的二面關係而成形。許多人認為，巴赫汀其實是用伏洛西諾夫的筆名寫作。總之，兩者都暗示：

＃意義是沒有保證的。它不是純粹的，而是矛盾、模糊的。意義是本質上不穩定的爭議場域，而不是已完成的、穩當的語言的成品。

　　伏洛西諾夫的作品將符號的多重音特性帶入文化研究之中，強調意義是政治與權力運作的結果。意義在本質上的不可決定性，以及管制權力的重要地位，俱為後結構主義的主題，也在文化研究中更具恆久的影響力。

美國國旗

請描述這個符號的以下元素？

• 符徵：
• 符旨（外延意義層次）：
• 符旨（內涵意義層次）。

　　■ 判斷何種意義在何種層次上運作，容不容易？
　　■ 關於符號的意義，這意味著什麼？
　　■ 在何種脈絡下這個符號對不同的人，會有不同的意義？

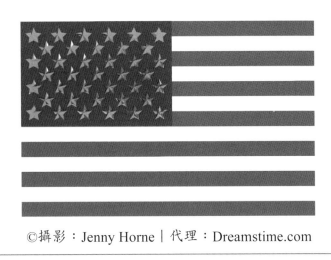

©攝影：Jenny Horne｜代理：Dreamstime.com

後結構主義與互文性

後結構主義（poststructuralism）這個詞暗示的是「在結構主義之後」。它包含了批評與吸收的成分。也就是說，後結構主義接納了結構主義語言學的某些層面，而同時從更高的層次對其提出批評。簡言之，後結構主義反對深層結構中，認為外延意義是明確、可描述而且穩定的概念。反之，意義總是被延宕而處於發展中的。也就是「後期的」巴特，在如下所認為的：

> 一個文本並不是由排列出來的字所表達出的單一「絕對的意義」（作者如上帝般所傳達的「訊息」），而是一種多次元的空間，在其中各式各樣的寫作中沒有一個是原創、混合和碰撞的。文本是從一個文化的無數中心點，表達出來的一部分。（Barthes, 1977: 146）

換句話說，文本的意義是不穩定的，而且也不能被侷限在單一的字詞、句子或一段文字。意義沒有單一原創的來源，而是文本間相互作用關係下的產物，也就是**互文性**（intertextuality）。（如早期的巴特著作所示）一個明確而穩定的外延意義是不存在的，因為所有的意義都殘留來自於不同地方、不同意義的痕跡。

如果我們去研究德希達（Jacques Derrida, 1976），這位對當代文化研究影響極大的哲學家，就會發現這是很有道理的。這引起了一個問題，因為德希達的作品刻意抗拒其意義的穩定性。然而，雖然有將它過度簡化的危險，但我仍試圖將德希達的作品主要觀點的大概提出來，因為這些觀點一直在文化研究中被探究著。

德希達：文本性與延異

除了符號，別無他物

德希達將索緒爾的一句話視為格言（雖然他認為索緒爾自己反而與此句矛盾），認為語言是一種由符號組成的系統，其中意義的產生是透過其間的差異，而非透過一個既有絕對的意義或藉由指涉一個「真實」的事物而產生。因此，「意義從不存在，存在的只有符號。我們只能透過符號來思考」（Derrida, 1976: 50）。

根據此一論點，在符號之外，並不存在任何原生意義（original meaning）。既然符號是一種圖像「再現」的形式，因此寫作便是意義的源頭所在。我們不可能不藉由符號，也就是寫作，來思考知識、真理和文化。對德希達來說，寫作是永存的軌跡，在我們能夠感知或意識到它之前**即已存在**。因此，德希達解構了所謂符號和意義之間存在某種同一性的概念；也就是說，符號並不擁有清晰與固定的意義。

德希達從許多角度來闡述這個論點，例如：他反對天生與後天的對立。德希達認為先天原本即是個在語言中才存在的概念（例如：文化），而不是一個超越符號的純然狀態。天主教被認為是奠基於上帝所說的絕對真理。但上帝的話卻只能透過寫作形式這種依靠不穩定意義的方式來傳達，也就是聖經。所以，德希達主張，字面意義的概念轉換是由「文字」，也就是寫作來決定，而字面意義因此是以隱喻（明顯的對立）來建立的。如德希達所說，「所有話語／論述中的隱喻功能都加強了一種標誌的存在，同時也找到了寫作中『字面』的意義：一個表達自己的符號，也表達了一種外在的標誌」（Derrida, 1976: 15）。

德希達批評西方哲學界中，他所稱的「理體中心主義」（logocentrism，或譯「邏各斯中心主義」）與「言語中心主義」（phonocentrism）。

- 所謂「**理體中心主義**」，德希達指的是依賴固定先存的絕對意義，也就是一種在任何形式的思想前就已存在於人類理性中的普遍意義、概念和邏輯的形式，例如：理性與美感這種普遍的概念。
- 「**言語中心主義**」認為就意義的產生而言，聲音與話語比書寫更加重要。

根據德希達的說法，蘇格拉底認為話語是直接發自人心和自我的，而書寫卻被認為是一種矯飾的形式。對德希達來說，這反映出蘇格拉底企圖不透過符號的媒介找到智慧與真理。德希達則認為，這種對話語的重視讓哲學家們認為主體性的形成是未經符號媒介的、是「來自於對符旨的獨特經驗，而這符旨卻是從自己內部自然而然流露出來的」（Derrida, 1976: 20）。

這種將言語當作是未經中介的意義形式，為的是對普遍與先驗真理的追尋，而這種真理是自我的來源，也可能是純粹自發性的。德希達對此提出反駁，表示這種對話語的重視來自於一個無根據的想法，認為我們和真理與穩定的意義間有一條直接的管道。這種想法之所以站不住腳是因為，為了讓一種存在於**再現**之外的**真理**再現，我們必須再次再現才可達成。也就是，在再現之外沒有真理與意義存在，所有的一切都是符號。

習作

請查英英字典或電腦同義字典裡的「text」這個字，接著請再查「text」的同義字。之後查與這個同義字意義接近的字，如此繼續查下去，直到你找出二十個與「text」這個字相關的單字。

- 對「text」這個字，你能寫一個穩定的定義嗎？這個過程停得下來嗎？
- 關於意義與文字之間的關係，這告訴了我們什麼？
- 思索以下這個句子的意義為何：「文本創造脈絡，一如脈絡創造文本」。

延異

對德希達而言，意義產生是透過符號的運作，而非藉由指涉一個現實中的獨立物件來達成，所以不可能有固定的意義。文字帶有多重的意義，意義的來源包括來自其他情境中相關文字的意義與呼應。語言是非再現的、且意義本質並不穩定，所以意義隨時都有流動的現象。因此，德希達的關鍵思想，**延異**（différance），意指「差異與延宕」。

＃ 在表意過程中，一個意義的產生會與其他意義發生交互作用，而彼此不斷地進行著延宕與補強。

在文本位置（textual location）和言談情境之外，意義便不再是固定的，而且永遠與一些另外的文本位置發生關聯，而後者是同一個符徵出現在別的場合。一個符徵在每次被接合時，都帶著先前它在其他接合情況的軌跡。符旨並非是固定且先驗的，因為概念的意義經常是（透過這些軌跡的網絡）被與它們在別的話語／論述中被接合的情況相互參照：意義無法固定下來，一直處於被延宕的狀態。（Weedon et al., 1980: 199）

德希達方案的核心是以「增補」邏輯（the logic of 'supplement'），去挑戰符號與意義之間的同一性邏輯（the logic of identity）。我們對語言的常識性用法是將一個字詞的意義等同於一個固定的實體，因此「狗」這個符號表意的是一種我們稱為狗的動物，因為狗就是狗，無法被以其他方式所表意。

相反地，德希達認為，增補總是增加並且取代著原先的意義。比方說，書寫增補了言語的意義，因為增加並取代了原先的意義。狗之所以是狗，那是因為牠不是貓或狼（差異）。然而，狗的意義是不穩定的。因為牠是看門狗還是導盲犬？德國牧羊犬或是大麥町狗？

請在字典裡查「dog」（狗）這個字，我們可獲得一長串的符徵，因此：
- Dog（狗）—— canine（犬）—— hound（獵犬）—— hybrid（雜種犬）—— crossbreed（雜種狗）——composite（混成犬）
- 一隻混成犬還是狗嗎？（延宕）

雖然如此，這種關於「增補」的用法是有問題的，因為這暗示的是增補增加了一個已經存在、自我存在的原始意義，亦即「狗」這個符徵有其固定意義，因此「雜種犬」這個新的意義被增補進去。相反地，增補早已是被增補物的一部分，因為意義總是被取代、延宕的。「狗」和「雜種犬」這兩個符徵早就互為對方的一部分，彼此相互定義。這種意義不斷被延宕的過程——透過符碼的運作，不斷被取代、不斷被添加——直接挑戰了聲音與符號與其固定意義之間的同一性，所以狗這個字的最終、固定的意義並不存在。

德希達的《明信片》

在《明信片》（*Le Carte Postalle*, 1980）一書中，德希達對明信片與郵政系統玩味再三，用來當作描述意義產製與循環的隱喻。德希達用明信片的概念，反駁所謂意義是在封閉迴路內運作（其中被傳送與接收的意圖和訊息毫無含糊曖昧之處）的講法。究其實，明信片可能郵遞錯誤，它可能會送錯對象而滋生非意圖的意義。在這情形下，「真正」的意義與傳播的概念被取代，因為在意義的流通過程中，沒有任何絕對的起始點或終點。理性無法永遠固著與定義概念的意義；明信片註定是為某位特定的人寫的，他或她明白德希達寫的那種密碼般的訊息（亦即書寫具有不可化約的特殊性）。

書寫的策略

「書寫」（writing）一詞，德希達指的並不純粹是頁面上的文本，而是他所謂的**「原初書寫」**（archewriting），意指沒有所謂文本「**以外**」的東西存在。寫作已經成為文本以外的一部分，而文本也構成了文本以外的世界。在這層意涵上，可以說文本之外不存在任何東西，或者是除了文本，別無他物（這並非指外在世界不存在），文本自身是各種實踐活動的構成元素。

在德希達的著作中，書寫這個概念扮演重要角色：

• 書寫並非從屬於口語（作為自我存在的意義），而是構成口語與意義的必要元素。
• 真理宣稱（truth claims）與意義總是以書寫形式表達，而且受到書寫的修辭、隱喻和策略影響。

首先，書寫早已包含於口語中。因為書寫是「符號的符號」，所以一個字詞的意義不可能是穩定的，也不可能等同於某個固定的概念，而是會受到其他字詞的延宕。其次，書寫策略是任何真理宣稱的一部分，而且也可能透過這些策略予以解構。

解構

談到德希達，總令人聯想到**解構**。

＃解構指的是分解、還原的動作，以試圖尋找和展現一個文本的假設。

特別是，解構牽涉到對原有階層二元結構的拆解，例如：

• 口語／書寫；
• 真相／表象；
• 先天／後天；
• 理性／瘋癲。

這些都是藉著排除或降低二元當中的弱勢角色來呈現真理。因此在西方文化的傳統中，話語尊於書寫、真相勝於表象、男人優於女人。

解構理論試圖揭露這些文本的盲點，找出未被發現的文本運作的前提。這包括文本的修辭策略違反其自身論證的法則部分，也就是存在於一個文本原本想要說的和文本所能說的之間的衝突。

　　例如：索緒爾主張符旨與符徵之間的關係是任意的。然而，德希達企圖以解構索緒爾的作品來表示他的文本是以不同的邏輯運作，在其中話語尊於書寫、且符號的任意性也不是那麼地絕對。

　　然而，德希達面對著一個概念上的問題。他必須用他試圖復原的西方哲學的概念語言來解構西方哲學的二元性，並且攻擊「現有形上學」（metaphysic of presence）（例如：穩定的自我呈現意義的概念）。在德希達的看法中，從理性，也就是從哲學的概念來逃脫是不可能的。為了表示這個以逆向邏輯，而非駁倒或取代，來呈現的衝突關係（例如：將書寫置於話語之前，或表象置於真相之前），德希達提出了他「刪除」（under erasure）的概念。

　　　　所謂「加上刪除符號」（under erasure）指的是：寫下一個字，然後把它劃掉，而留下了這個字和被劃掉的痕跡。例如：~~理性~~。

　　正如史畢娃克所解釋的，「因為這個字是不正確的，所以我們劃掉它。但因為這個字又是必要的，所以我們還讓它保留在可辨認的狀態」（Spivak, 1976: xiv）。使用「加上刪除符號」這個人們熟悉的概念，是為了把它為人所熟悉的部分**去穩定化**（to destabilize the familiar），同時也把它有用、必要、不正確或錯誤的部分去穩定化。德希達試圖揭露形上學對立（metaphysical oppositions），以及意義的不可決定性。他的作法是用哲學概念來反駁哲學本身，也反對哲學藉由事先決定什麼可被當成主題、論點和策略的手段來維持它在真理範疇的權威地位。

畫上刪除線

　　過去，在文句上畫上刪除線被用於編輯過程，以確保文件裡的某些部分最終不讓讀者看到。現在，在電腦支援隱形編輯的時代，畫上刪除線反而最常被用於吸引讀者注意文件的某些部分。請考量以下幾個網路上看到的畫刪除線的例子，並找一位同學討論下面的問題：

1.「我在欣賞凱蒂・佩芮（Katy Perry）美妙~~乳溝~~音樂的時候，不要來煩我」（Zenojevski, 2013）。

2.「……在網路文化裡，畫線……具有一種反諷作用，是一種拙劣的方式在兩方面～一種邊寫邊評的風趣方式」（Cohen, 2007）。

3.「育兒經驗分享網站mumsnet上面的每一個討論主題，都有自作聰明的人以這種所謂可笑方式發文，在他們『即將』說出口的、令人惱火的話上面畫線。這導致閱讀時要花兩倍時間，~~所以真是些自作聰明的傢伙~~所以我有點受不了。一開始我覺得很可笑，現在我只覺得火大」（Cosydressinggown, 2013）。

問題

- 對於上述每個例子裡的畫刪除線使用情況，你有何看法？你覺得有趣嗎？或是你會傾向於同意第三位評論者的説法，當代畫刪除線的使用方式很令人惱火？你認為第三個評論者使用刪除線的方式，是為了要表達他對使用刪除線的反對意見嗎？

- 語言學研究者和網誌寫手Gretchen McCulloch認為，劃上刪除線相近於「羞愧、照樣啓齒」（muttering-while-blushing），提供「一種『貌似可信的否認』」（plausible deniability），用以表達任何你放在刪除線下面的話」（2014）。你同意這種説法嗎？McCulloch的觀點和德希達的「加上刪除符號」（*sous rature*）有何異同？

- 2014年，網媒*Gawker*編輯Max Read發信給該網站寫手，宣布禁用刪除線（Silverman, 2014），理由是這「會被谷歌搜尋框、RSS、推文、複製貼上……情況裡被去除掉」，而這將造成混淆，特別是標題的意義。他也宣稱，「用刪除線開的玩笑不值得保存」（轉引自Beaujon, 2014）。關於刪除線的幽默價值，你有何看法？你覺得這種網路為主的溝通方式，適合主流媒體嗎？在什麼情況下（如果有的話），在大學課程期末報告中使用刪除線會是合適的？

主要思想家

雅克・德希達（Jacques Derrida, 1930-2007）

　　德希達是生於阿爾及利亞的法國哲學家，他的著作對文化研究的影響很大。他以解構和後結構主義聞名於世。德希達對文化研究的影響在於他的反本質主義。德希達鬆動了語言有任何所謂穩定的二元結構，他認為意義是在一連串符徵上滑動，處於持續延宕和有待增補的狀態。德希達尋求解構西方哲學的認識論基礎，質疑「再現」之外還有任何自我呈現的、透明的意義。

建議閱讀：Derrida, J. (1976). *Of Grammatology*. Baltimore: Johns Hopkins University Press.

德希達與文化研究

　　德希達的著作是複雜、細微且難懂的，有許多不同版本的解讀方式。對某些人（如Norris, 1987）來説，德希達是個好辯的哲學家，試圖操作一種絕對法則，亦即試圖發現理性的根本前提，存在法則的情境。對其他人（特別是Rorty, 1991b）來

說，德希達是個充滿詩意的作家，將一個知識的世界以另一個取代，提供我們新的想法和視野，讓我們不會只滿足於過去的舊思維。對羅逖而言，德希達使我們發現我們該摒棄再現的觀念，因為我們無法找到一個穩定的指涉關係，或找到一個真實是不需要被再次再現的。對其他人如霍爾（Hall, 1997a）而言，他們繼續使用再現這個字眼，但也承認再現是被建構的。

文化研究從德希達的理論中摘出了幾個關鍵的要素，書寫、互文性、不可決定性、解構、延異、軌跡（trace）和增補。以上都是透過文本、書寫與過去的紀錄彼此間交互運作的方式，強調了意義的不穩定性與意義的延宕性。結果，每一種分類都是語言的社會建構，沒有一個具有本質上普遍的意義。這是文化研究中很熱門的反本質主義論的核心。也就是說，文字不具有普遍意義，且也不指涉有本質的物件。例如：由於文字不指涉實質意義，因此身分／認同並非是一個固定普遍的「東西」，而只是語言的敘述（參閱第7章）。

不過，文化研究領域裡的德希達遺產並不是沒有問題。比方說，符徵和符旨之間的關係是任意的，亦即「有可能是另一種情況」——這是說，意義是約定俗成的，而非具有普遍性和本質性的。然而，也可說是它們的關係並非任意的，因為語言和文化的歷史，字詞在實際上或多或少有個固定的意義和用法。之所以會有「固定」意義，是因為語言和實踐一直存在**不可分解性**（indissolubility）。若是忽略語言的這個面向，就等於是：

- 主張語言是一種自主的、自由浮動的系統，而非作為一種人類的工具；
- 將表意和其他實踐、習慣和常規分開；
- 操作一種不帶任何社會意涵的文本分析；
- 將文本的研究抬高到活生生的人的語言能力之上；
- 加入懷疑論者的行列，誤以為語言文字和世界是可以裂解的。

傅柯：話語／論述、實踐與權力

除了德希達之外，傅柯也是當代文化研究中最具影響力的反本質主義者（anti-essentialism）與後結構主義的思想家，且他的作品會在本書許多章節被引用到。在此我們著重討論他的語言與實踐的概念，以及伴隨的話語／論述、話語／論述實踐與話語／論述形構的概念。

傅柯（Foucault, 1972）反駁語言的形式主義，後者視語言為一種自主的系統，有其自有的規則與功用（例如：結構主義符號學）。他也反對企圖用詮釋的方法來揭開語言中「被隱藏的」意義。他反而關心的是針對不同話語／論述面的敘述與分析，

以及這些話語／論述面所造成的影響。

　　傅柯的論點是非常具有歷史觀的，因為他堅持語言是在特定的物質與歷史條件下發展和產生意義的。他研究了特定與明確的歷史情境，在其中，每個聲明都是被組合與**規約**的，形成一個知識／客體的特殊領域，需要一套特定的概念與「真理政權」（例如：什麼被當成真理）。傅柯企圖辨識的是歷史情境和決定性的法則，以瞭解其如何影響陳述客體的特定方式的形構。

話語／論述實踐

　　對德希達而言，若說意義有其無限地進行增殖的潛能，那麼傅柯探索的則是意義如何——透過權力與社會實踐的運作——被暫時地穩定下來，或是被規約於某種話語／論述之中。對傅柯來說，**話語／論述**（discourse）「統一」了語言與人的實踐作為。

＃話語／論述以一種可理解的方式建構、定義與產生知識的物件，同時也排除了其他被理性認為不可理解的形式。

　　傅柯認為，話語／論述意指經由語言的知識產製，因此話語／論述賦予物質性的客體與社會實踐某種意義。雖然物質性的客體與社會實踐「存在於」語言之外，但它們卻因語言而有了意義，或說是「得以被看見」（brought into view），因此是因為話語／論述而得以形構出來。

　　話語／論述給人們在不同的地方、針對同一個話題討論時，同樣類似的主題、知識、實踐或知識的形式，我們或許可以談談**話語／論述形構**（discursive formation）的問題。話語／論述形構是一種話語／論述事件的類型，它意指一種可見於許多不同場域的共同客體，或是促成其存在。它們是意義的指引，也是說話的方式，透過這種方式物件和實踐有了意義。例如：傅柯（Foucault, 1973）對瘋癲病症（madness）的話語／論述研究包括：

- 對瘋癲的聲明，給予我們有關「瘋癲」的知識；
- 規定在有關瘋癲的討論中，什麼是「可說的」或「可想的」；
- 可以將瘋癲的話語／論述具體化的主體，例如：「瘋子」；
- 瘋癲的話語／論述在某一特地的歷史階段，得到其自主性與真實的過程；
- 在社會中有關瘋癲的實踐；
- 認定關於瘋癲不同的話語／論述會出現在後來的歷史時刻，並將產生新的知識與新

的話語／論述形構。

話語／論述與規訓

傅柯認為話語／論述不只規範了我們在一個社會文化情境下什麼是可以說的，也規範了誰可以說、什麼時候說、在哪裡說。因此，許多他的作品便關注於從歷史的角度分析**權力**現象。傅柯（Foucault, 1977）在現代機構、實踐與話語／論述的「規範」角色研究中，一直是著名的理論家。尤其是現代性的「真理政權」（關乎什麼被當成真實），牽涉到**權力／知識**的關係。傅柯集中研究於三種具規訓作用的話語／論述：

1. 一是「科學」，是它將主體當作客體來探究；
2. 二是「區分的實踐作為」（dividing practices），被用以分隔瘋癲或理智、罪犯或守法公民，乃至於區分敵友；
3. 三是「自我的技術」（technologies of the self），個體即透過這些〔自我的技術〕將自己變成主體。

規訓的技術（disciplinary technologies）出現在很多場域，包括學校、監獄、醫院與庇護所，產製出傅柯所謂的「柔順身體」（docile bodies），可供「支配、使用、轉化和改良」（Foucault, 1977: 198）。規訓涉及的是藉由一些區分的實踐作為、訓練和標準化，而在空間中組織主體。規訓產製主體的方式是循著效率、生產力（productivity）與正常化（normalization）的理路，對主體進行有等級次序之分的分類與命名。所謂「正常化」，指的是將一個系統內部分等級、分區段，使個體皆可依此而被分門別類。舉例來說，西方的醫學和司法制度，越來越傾向於訴諸統計測量和分布狀況，來判斷何謂正常。這不只創造了何謂理智和何謂瘋癲的分類方式，也創造了判斷「心智疾病」的病況輕重的標準。分類系統（classificatory systems）對正常化過程而言，至為基本，也影響了被產製出來的主體類型。

通常被認為與傅柯有關，被用來描繪規訓權力的隱喻是「圓形監獄／全景敞視監獄」（the Panopticon）。這種監獄的設計在正中央有個天井和高塔，可監視周圍的建築和牢房，而每個牢房則有一扇窗正對著高塔。高塔中的獄吏可以看到牢房中的囚犯，但囚犯卻看不到獄吏。牢房因此變成了「小劇場，在裡頭的每個演員都是孤獨自處，完美地被隔離，而且總是無所遁逃於被看見的狀況」（Foucault, 1977: 200）。圓形監獄／全景敞視監獄是一種隱喻，用來類比在社會各層的組織中，一種持續、匿名和普遍的權力和**監控**機制。

　　社群媒體平臺如臉書與圓形監獄／全景敞視監獄之間，有何類似之處？這說明了什麼人類的本質，我們竟然**自願選用**這麼一種密集的檢視和監控？邊沁（Bentham）認為，他所構想設計的這種監獄具有綏靖囚犯的作用（prisoner-pacifying powers），即使獄方管理人員不在場也一樣。鑑於很多名人和政客醜聞往往因為他們輕忽或忘記社群媒體使用係受到他人監視而爆發，你對上述（邊沁的）說法有何感想？

權力的生產性

　　對傅柯來說，權力透過社會關係流通散布，不可被簡化為集中化的經濟形式或決定論，也不能被化約為其法理或司法的特性。更正確地說，權力的形式有如散布的微血管，糾結成為整體社會秩序的組織構造。進一步言，權力不只是壓抑的，它是具有**生產性**的，產生了個體。權力意指「產生力量，使力量成長，並且指揮力量；而不只是阻止力量，讓力量屈服，甚至是摧毀力量的東西」（Foucault, 1980: 136）。

　　例如：傅柯反駁所謂的「壓抑假設」（the 'repressive hypothesis'）：性的話語／論述長期受到壓抑。相反地，他認為長久以來有某種「誘因鼓動話語／論述」，有關性的話語／論述充斥於醫學、基督教與人口學研究等領域。這些關於性的話語／論述，分析、分類與管制著性意識，產製了性主體（sexed subjects），使得性意識成為主體性的構成要素。

　　傅柯認為權力與知識間是一種互相構成的關係，因此知識與權力政權（regimes of power）分不開。知識是由權力的運作中成形，且也構成了新權力技巧的發展、修正和增殖；因此，便產生了所謂「權力／知識」（power／knowledge）的分析用語（Foucault, 1980）。例如：心理治療便是因為人們企圖去瞭解並控制「瘋癲」而產生的，因此它為瘋癲做了分類，藉此產生了新規訓的形式與新個體的種類。因此，心理治療這套知識系統決定了什麼是瘋癲和理智，但同時強化了這種分類方式，並且把它當成是「自然的」而非「人為（文化）的」。

個案研究：自慰的「發明」

　　現代意義的自慰誕生於1712年。這麼說，並不是意味著啟蒙時代之前人類沒有自慰行為；而是——按照現代醫學將同性戀和賣淫「創造」成一種病態——我們現在所理解的自慰之意義，是相對晚近與話語／論述建構的產物。在《一個人的性：自慰的文化史》（*Solitary Sex: A Cultural History of Masturbation*）

（2003）一書中，美國歷史學者拉科爾（Thomas W. Laqueur）指出古代世界不太在意自慰這件事。事實上，西元二世紀的（古羅馬）知名醫學家蓋倫（Galen），還真的為飽受某種體液病症之苦的婦女開出「觸摸生殖器」的療方（Laqueur, 2003: 93）。大約1712年，當時有位匿名作者，透過出版一篇題為〈自慰：或自我汙染的可憎罪惡〉（*Onania; or, The Heinous Sin of Self Pollution*）的短文，「發明了這一種新的疾病」。

　　因此，（自慰）這一種原本無足輕重的性習慣，突然變成哲學家、道德家和醫療人員視為危險的活動，而且被認為很可能導致各種疾病，包括下巴鬆弛、雙手麻痺、心雜音、癲癇、脊椎結核病、瘋狂、陽痿、面黃肌瘦、粉刺、犯罪偏差行為、或有致死風險。德國哲學家康德（Immanuel Kant）甚至說「自我汙染」的罪行，令「自殺」相形見絀（轉引自Laqueur, 2003: 58-59）。將自慰框架成問題，呼應了傅柯的觀點，亦即在十八和十九世紀有一個轉變發生：國家對主體身體的權力控制轉變至所謂「生物權力」（bio-power）的控制之上（見第7章）。

話語／論述的主體

　　對傅柯來說，主體是受話語／論述的規範力量「支配」的，因此主體成為了自己與其他主體的被支配者。在這裡，傅柯關注的是在話語／論述中的**主體位置**而成形的主體性。說話者並非是一段話語／論述的作者或原創者，說話者應只是先占有該話語／論述位置，而〔這一話語／論述位置〕

> 　　可被任一表達聲明的個人填補；同理，我們要承認同一個人於同一聲明系列中，可以輪流占領不同的地位，扮演不同主體的角色（Foucault, 1972: 94）。

　　傅柯提供我們有用的工具，以瞭解社會秩序藉由權力的話語／論述構成的方式。權力產生了適合、構成、生產該秩序的主體。雖然，對一些批評家來說，傅柯將自我從**能動性**（agency）的形式中摘除。然而，在他後期的作品中，他轉而研究個體如何「被引導集中焦點於他們自身，如何被引導解釋、認識、承認他們自己為慾望的個體」（Foucault, 1987: 5）：也就是說，在自我建構、自我認知與自我反省的實踐中，一個人如何視自己為自己的主體。

　　此一對於自我產製（self-production）作為一種話語／論述實踐（a discursive practice）的關懷，聚焦在倫理問題，亦即「自我照顧」（care of the self）的模

式。對傅柯而言，倫理學關切的是實際的建議，像是個人應如何在日常生活中立身行事等。倫理學著重「對他人和對自己的統理」（government of others and the government of oneself），從而形成一部分我們對「關於行為的行為」（conduct about conduct）之策略，以及「深思熟慮的行事方式」（calculated management of affairs）（Foucault, 1979, 1984a, 1984b）（參閱第7章及第9章）。

 習作

性別話語／論述

請思考以下類別，並請各舉一個當代的例子：

- 有關男性和女性的一些話語／論述，給了我們有關男性和女性的知識。
- 有關男性和女性，規定什麼「可說」與什麼「可想」的規則是什麼？
- 象徵男性特質與女性特質話語／論述的主體。
- 男性與女性話語／論述在特定歷史階段獲得權威地位的過程。
- 機關／制度在面對男性和女性的處理方式有哪些差異？

請與其他人一起討論你對上述問題的想法。

- 寫下一段摘要記錄當代有關男性和女性的話語／論述。試著將這些有關男性和女性的話語／論述與特定的人或機關制度連結起來。
- 權力如何涉入男性和女性的話語／論述？
- 你認為有關男性和女性的話語／論述在過去一百年來是如何改變的？
- 閱讀手邊任何一本雜誌，舉例並討論性別話語／論述是如何彰顯在雜誌的男性和女性意象？

蜜雪兒 · 傅柯（Michelle Foucault）

　　蜜雪兒・傅柯（michellefoucault.tumblr.com）是一個由紐約布魯克林的藝術家、作家兼策展人布茲・斯盧茨基（Buzz Slutzky）在Tumblr上開設的部落格。它將蜜雪兒・譚納（Michelle Tanner）和傅柯的一段話同框（參見下圖）〔蜜雪兒・譚納是美劇《天才老爸俏皮娃》（*Full House*）裡頭的角色〕。

- 這些混搭（mash-ups）是在開傅柯玩笑，還是開《天才老爸俏皮娃》的玩笑？兩者皆是？或兩者皆非？
- 你認為這些瀰因的創造、流通及（／或）欣賞，有沒有涉及權力／知識的面向？為什麼是或為什麼不？
- 在這個以網路為基礎的幽默，其中使用的並置（juxtaposition）手法，如何與

文化研究關於創造性消費和消費者作為一個修補匠（bricoleur）等概念有所關聯？

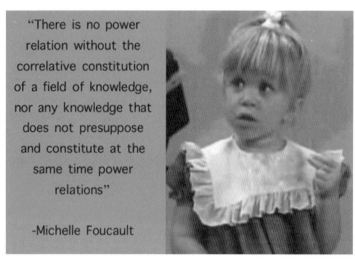

"There is no power relation without the correlative constitution of a field of knowledge, nor any knowledge that does not presuppose and constitute at the same time power relations"

-Michelle Foucault

圖片製作：Buzz Slutzky

後馬克思主義與「社會」的話語／論述建構

傅柯在文化研究上的重大影響，可從後者拋棄馬克思思想看出。傅柯反對**馬克思主義**的**經濟化約論**與**歷史必然性**（亦即歷史有其目的性，將不可避免地循此開展）。然而，拉克勞與莫芙（Laclau and Mouffe, 1985）等人將後結構主義用於馬克思主義，對馬克思主義有所批評之外，也致力於重建馬克思主義（Hall, 1997b）。他們的觀點有時被稱為**後馬克思主義**（post-Marxism）。

解構馬克思主義

拉克勞和莫芙特別批評**本質主義**（essentialism）、**基礎論**（foundationalism）和馬克思主義的化約論（參閱第14章）。他們不接受任何本質、普遍概念（例如：階級、歷史、生產模式），也不認為這些概念可以用來指涉世界上任何一成不變的實體。更進一步言，不能如化約論色彩的馬克思主義那樣，將話語／論述概念化約為經濟基礎，或單純用經濟基礎來解釋。相反地，拉克勞和莫芙主張，話語／論述建構了它的知識客體。因此，他們從真實是由話語／論述所建構的角度來分析「社會」（一個他們認為不適合成為分析對象的概念）：對他們而言，「社會」是充滿著話語／論述差異（discursive differences）的不穩定系統，社會─政治認同代表的是：文化與政

治範疇之間某種開放的與偶然的接合。

　　階級在馬克思主義裡被認為是一種本質性的、統一的身分／認同，也代表一個符徵與一個特定、享有同樣社會經濟情況的團體的關係；階級，看在拉克勞和莫芙眼中，是話語／論述的效應（the effect of discourse）。階級不只是一種客觀的經濟事實，而是一種透過話語／論述形成的集體的主體位置。階級意識既非不可避免，亦非一種統一的現象。階級，雖然分享某些共同的生存狀況，並不會自動地形成一個核心、統一的階級意識，反而可能會因各種利益衝突而分裂。階級和階級意識在實際歷史發展過程中形成與瓦解，並被性別、種族、年齡等因素影響。因此，不僅主體性是由話語／論述強迫我們接受的各種發言位置所構成，就連主體也不是統一的整體：主體是支離破碎的，有著多重的主體位置。

　　對拉克勞和莫芙來說，「社會」牽涉到權力和對立的多中心性質，而非圍繞在馬克思主義中的階級衝突。權力、臣服與對立的多種形式的複雜性是不能從單一角度來化約或抽出的。因此，任何激進政治不能預設其具有一特定的政治目標（如馬克思主義的無產階級）；相反地，必須先認知到，激進的政治是建構於**差異**與同一性的基礎上，且其中所共享的共同利益也會隨時間發展。

　　拉克勞和莫芙批評一種普遍理性的存在，並主張任何發展中的價值必須在其務實的情境中被特地的道德傳統所捍衛，而非為絕對的合理化標準所保護。他們認為，所謂的公平是透過現代政治概念中的民主、正義、包容、團結和自由的恢復所形成的。拉克勞和莫芙因為追求激進的民主（見第6章），所以被視為現代與後現代（第14章）。

接合的社會

　　拉克勞和莫芙認為，「社會」不是一個總體，而是暫時組成的人群，具有差異性而接合或「縫合」（sutured）在一起的。拉克勞（Laclau, 1977）認為話語／論述概念間沒有必然的關聯，而且這些被創造出來的接合只是暫時的、意義隱含的。這些概念被認為是透過傳統和意見的力量連結在一起的。的確，企圖把意義「永遠地」固定起來是很霸權的。我們視為理所當然的某些概念上的關聯，其意義乃是一種「接合政治」（politics of articulation）的結果（見第14章）。

　　正如霍爾所說：

　　　　這個詞〔接合〕有絕佳的雙重意涵，因為「接合」意味著發聲、說出、表達：它含有說著話、表達中等意思。但我們也這樣說，一輛「連結」（articulated）貨車，這種車的前面（駕駛艙）和後面（拖車）可以，雖然

不一定必然，被連結在一起。兩個部分被連結在一起，但此連結裝置也可將它們分開。因此，接合是一種可以在特定情況下將兩者合而為一的連結形式。這種連結並非總是必然、決定、絕對與本質的。你必須問，連結會在什麼情況下產生？所謂話語／論述的「統一」（unity）其實是不同的、獨特的元素連接而成的，這些元素可以其他方式重新接合，因為它們沒有必然的「歸屬」。重要的「統一」，在於一種接合後的話語／論述與社會力量的連結，透過這些力量，它可以在某些特定的歷史情境下，雖然不必然，被連結起來。（Hall, 1996b: 141）

＃原本那些被我們視為具有統一性（或普遍性）的社會生活的面向（身分／認同、國家或社會），其實只是一種暫時性的穩定狀態、或是約定俗成的意義。

　　這樣說來，我們可以視個人**身分／認同**與**社會形構**為話語／論述元素在特定歷史情境下的連結。例如：因為各種認同（如階級認同、性別與種族認同）之間，沒有必然或自然形成的連結，所以黑人女性勞工不見得與所有男性中產階級白人之間，享有更深的情感認同。因此，透過權力的運作，各種偶然性的實踐不斷地與其他實踐被「放在一起」，而文化研究的使命便是在於分析這種接合。

　　透過德希達、傅柯、拉克勞和莫芙的論點，**主體性**是透過話語／論述建構的這個概念已經在文化研究中被廣泛接受。然而，對有些批評家來說（Hall, 1996a），這種過度強調「外在」的話語／論述則沒有完全地解釋「內在」的情感部分；也就是，為何有些主體位置會被某些主體以投注情感的方式占去，而非由其他的主體所占有？因此，有一些文化批評家轉向**精神分析**，希望建構出一個對語言、主體性、認同的較適切的解釋，其中尤以拉康試圖將後結構主義對語言的看法與佛洛伊德的精神分析整合在一起，雖有爭議卻相當具影響力。

語言與精神分析：拉康

　　根據佛洛伊德（Freud, 1977）的觀點，自我的組成包括：

• 本我（ego，有意識、理性的心靈）；
• 超我（superego，社會良知）；
• 無意識（unconscious，也就是心靈的象徵操作的源頭與貯藏室），其運作邏輯與理性有別。

在此一模式中，人的自我就定義而言被劃分為本我、超我和無意識。隨著時間的演進，我們進入語言與文化的象徵秩序中，從而獲得一種自我的統一敘事。

根據佛洛伊德，力必多（libido）或性衝動（sexual drive），原先並無固定對象或目標。相反地，透過幻想，任何的目標，不管是人或身體的一部分，都可以成為慾望投射的對象。因此，人類性行為的範圍幾乎包含了無限可能的性目標和性實踐。佛洛伊德著作關注於記錄、解釋這種「多樣相的變態」的**規約**（regulation）與壓抑，亦即伊底帕斯情結如何轉化為「正常的」異性戀關係。就這層面來看「解析是必要的」，因為我們很難從規範話語／論述中脫離，而規範話語／論述建構了身體的差異和**性／別**（sex and gender）的表意。

佛洛伊德、拜物、「女同性戀性玩具辯論」

「拜物」一詞的意義差別很大，取決於人類學、馬克思主義或佛洛伊德的觀點；若用在當代的平常情境裡，此詞也還有另一組意義。對佛洛伊德來說，拜物的形成與男孩在前理性階段意識到母親缺乏陽具的創傷反應有關，一種作為母親閹割的「事實」之失落感，以及擔心自己陽具被閹割的威脅。一種拜物的替代，以器官或客體的形式出現，並且透過否認一種心理防衛機制，替代失去的母親閹割的位置（1961: 152-155）。佛洛伊德以「非常……精巧」（1964: 277）一詞形容人們這種否認現實的能耐，其額外益處是讓拜物者免於變成同性戀（1961: 154）。許多當代讀者認為佛洛伊德上述觀點太過於陽具中心主義，而且有恐同傾向，因此並非一個有用或自洽的概念。雖然如此，女性主義和酷兒理論家已用創新方式，重新挪用佛洛伊德的部分概念。比方說，芬德賴（Heather Findlay）應用佛洛伊德的概念分析女同性戀社群關於性玩具（dildo）（及其「聲名狼藉的表弟，也就是綑綁帶（strap-on）」）與女性認同的性行為不相容的辯論。芬德賴認為，透過使用海豚、一根玉米或女神造型的性玩具，許多女性主義事實上「像一個拉康式分析的追隨者……〔透過〕忙於與樂於**解除接合**（disarticulating），不再把性玩具視同（男性的）陰莖」（1992: 569）。在此同時，布萊特（Susie Bright）也強調，性玩具和陰莖的唯一相似處是它們都占點空間（轉引自Findlay, 1992: 565）。

鏡象階段

拉康（Lacan, 1977）解讀了佛洛伊德後，認為伊底帕斯情結的克服表示無意識作為一種受壓抑領域的形成，且也代表了性／別化的個體進入了象徵秩序（symbolic order）的階段。在伊底帕斯情結克服之前，嬰兒被認為無法區分他們自己與周遭世界物體的差別。在前伊底帕斯情結階段，嬰兒利用感官探索與自慰來體驗這個世界。這個階段的首要焦點是母親乳房是溫暖、舒適與食物的來源，而這是嬰兒無力控制的。嬰孩從拉康所稱「鏡象階段」（mirror phase）時才開始體認到自己是獨立個體。這牽涉到與另一人（主要是母親）產生認同為一體的感覺，以及（或者）認為自己與鏡中的影像也是「一體」的。然而，因為對佛洛伊德與拉康來說，人類是碎裂的主體，這種一體的認知只是個「誤認」，亦是嬰兒部分「想像關係」的部分。

伊底帕斯情結是指男孩對母親的慾望，將母親當成一個愛欲對象，這種慾望在象徵秩序中會被以亂倫禁忌的形式所禁止。特別是，這種禁忌的想法會使男孩覺得父親帶給了他去勢的威脅。最後，男孩將認同感由母親轉移至代表權力與控制（陽具）象徵的父親。對女孩而言，因為她們認為自己已被閹割，因而導致暴怒與部分認同母親的性別角色，以及認同父親與權威、支配，特別是優勢之間的關係。對拉康來說，意義是由系統間的差異所產生，而陽具是主要普遍而絕對的符徵。具爭議的是，這使「女性」成為了第二符徵，是符號男性的附屬物，透過與男子氣概的不同來獲取意義。

象徵秩序

在拉康的理論中，語言扮演了關鍵性的角色。語言形成的動機是來自於駕馭感帶來的愉悅，且語言的獲得代表了透過占領符號的權力世界以規範慾望的企圖。事實上，拉康對個體核心的觀察是，語言是空缺（lack）的表現。特別是在鏡象階段與母親脫離所帶來的空缺，以及更廣義的，過去經歷象徵秩序階段時所帶來的空缺。

透過進入象徵秩序時期，主體才得以形成。對拉康來說，象徵秩序是語言與公認的社會意義之上的支配結構。那是人類的法律與文化的範疇，以語言的形式進行結合後而被具體化，靠著這語言的結構形成了主體位置，人並依著這主體位置來發言。關鍵的是，這些主體位置是性／別化的（gendered）。

「如語言般」的無意識

套用拉康的說法，無意識的結構就像是語言一樣。語言不只是通往無意識的唯一途徑，無意識也是表意的場域；也就是說，無意識是意義活動發生的場所，其運作方式有如語言一般。特別是，佛洛伊德提出縮合與移遷作用的機制是「初級過程」（primary processes）中最重要的部分，拉康也認為這兩者相當類似於隱喻（metaphor）和轉喻（metonymy）的語言功能。

- 縮合作用（condensation）[2]是指用一個概念來代表一連串符徵的一系列相關意義。
- 移遷作用（displacement）[3]涉及的是將一個客體或概念的能量導引至另一個。

　　縮合作用的例子，我們可考量玫瑰這個符號，它被比喻為芳香的、有花瓣的，又被比喻為陰道、女人。玫瑰具有女性意涵。同樣地，隱喻是用一個符徵替換另一個，例如：用玫瑰代表女人。因為從差異／**延異**中產生，意義從未被固定（或外延），但在壓抑的力量影響下，一個符徵得到的是一個符旨的狀態。作為一種隱喻，一個有意識的概念（conscious idea）代表的是一整串無意識的意義（unconscious meanings）。

　　轉喻是指局部替代全部的過程。它是能量的移遷，亦即意義沿著一連串的符徵移動。例如：燃燒中的車輛可以被看作是一場都市暴動的轉喻，或甚至暗指「國家的形勢」。當差異產生出不同的意義時，為了想達到意義固定下來後所能帶來的滿足，從而驅動了移遷作用／轉喻。這涉及的是控制象徵，克服空缺。藉著圍繞那些結構化（與性／別化）無意識的文化節點，轉喻，防止意義持續滑動或將意義暫時地穩定下來。

拉康理論的問題

　　雖然在文化研究中很具分量，但拉康對佛洛伊德的解讀仍留下一些未解的疑問：

- 無意識是「如語言般」，或者根本就是語言？
- 陽具結構著象徵秩序，以及父權法則對我們進入這種秩序當中，是一種具有普遍性的人類狀態，抑或是具有文化和歷史的特殊性？拉康理論本身是否太過**陽具中心主義**（phallocentric）？
- 性／別化的主體何以是受制於象徵秩序的結果，並且同時成為伊底帕斯情結得以獲得解決的前提（伊底帕斯情結這個概念本身需要先有男女差異存在）？
- 是否可能反抗或改變**父權體制**的語言和意識形態，還是我們將永遠無法逃脫它的影

---

[2]　譯註：縮合作用原本在佛洛伊德的理論中是指「心理表象向自我表現出諸個聯想系列（chaines associatives），這個心理表象就處在這些聯想的交匯之處。」（杜聲鋒，1988：96）

[3]　譯註：移遷作用原指「一個心理表象的重點、興致、強度脫離這個表象本身，以過度到另一些不怎麼強烈的表象，這些不怎麼強烈的表象是透過一個聯想鏈與第一個表象相關聯的。」（杜聲鋒，1988：98）

響？

這些問題對**女性主義**特別重要，因為它既受精神分析（特別是拉康）吸引，也遭後者排斥。女性主義者受拉康理論吸引，因為可以用它來解釋性／別化主體（gendered subjects）是怎麼形成的（Mitchell, 1974）。然而，拉康理論似乎是將主體性的形成視為普遍的、反歷史（ahistorical）與父權（即男性支配）的過程（見第9章）。

別的學者也對精神分析有過猛烈攻擊，說它在最好情況下是不必要的，最壞的情況下甚至是一種有誤導和規訓性質的神話。例如：羅斯（Nikolas Rose）附議傅柯的觀點，認為精神分析脫胎於十九世紀的一種探索個人的方式，有其歷史特殊性，不能「當作研究人類歷史性的基礎」（Rose, 1996: 142）。

＃精神分析所描述的這種獨特的精神解決，不能當作人類的普遍狀態，而應被視為是一種探索人類本質的方式，而且是一種受到時空限制的方式。

語言使用：維根斯坦與羅逖

德希達、傅柯和拉康的理論，代表了語言與再現的後結構主義理論對文化研究的影響力。然而，還有另一個傳統，雖然在某些方面有所不同，與後結構主義共享反再現主義（anti-representationalist）、反本質主義（anti-essentialist）的立場。這個傳統由哲學家維根斯坦（Ludwig Wittgenstein），以及杜威（John Dewey）和詹姆斯（William James）等人開創的美國實用主義傳統（the American tradition of pragmatism），而羅逖是此一傳統的當代主要倡導者。雖然影響力不及後結構主義，但其重要性日增，尤其在它與**後現代主義**的辯論上（見本書第6章）。

維根斯坦的研究

語言作為一種工具

對維根斯坦而言，語言不是形而上的存在，而是人類在社會關係脈絡下用以協調行動的工具。「一個字的意義是它在某種語言當中，如何被使用」（Wittgenstein, 1953: §43: 20e）。重要的是，我們要問「在什麼特殊情況下這個句子被實際使用，從而具有意義」（Wittgenstein, 1953: §117: 48e）。將語言視為工具，意指我們是利用語言來做事；語言既是行動，也導引著行動。在社會使用的脈絡裡，語言的意義可

以因實際目的而暫時地被穩定下來。德希達與維根斯坦的著作有共同點，都強調：

- 語言的非再現性；
- 符號與其指涉對象間的關係是任意的；
- 所謂「真理」，在本質上是具有脈絡性（contextual）的。

　　然而，維根斯坦比德希達更強調語言的實用性與社會性。對維根斯坦來說，雖然語言的意義是在差異關係中產生，但意義會因社會習慣與實踐活動，而被賦予某種程度的穩定性。

　　對維根斯坦來說，一個有意義的表達，是指可以被活生生的人類所使用的。這是說，語言直接聯繫到人類的「生活形式」（forms of life）。因此，只要「桌子」一詞的意義源自於它與其他符徵間的關係──例如：桌子、書桌、櫃檯桌、折疊桌等──它的意義就不會是穩定的。不過，因為某種關於「桌子」的社會知識（social knowledge），它的意義仍可被穩定下來，像是桌子是用來做什麼的、什麼時候、什麼情況下使用等。換句話說，透過實用敘事或**語言遊戲**（language-games），「桌子」這個字詞有了特定意義。

語言遊戲

　　讓我們看維根斯坦是如何討論「遊戲」（game）這個字的。在對遊戲的觀察中，他表示：

　　　　你找不到一體適用的東西，只有相似、關聯與連續性。……看看棋盤遊戲的例子，還有它們多方面的關係。再看紙牌遊戲，現在你發現有許多第一組相符的地方，但很多相同的特質不見，但有其他特質出現。當我們再看球類遊戲，與前者有許多相同之處，但也有許多特質不見了。……而這個檢驗的結果是：我們看到了一個由共同點組成的複雜網絡，彼此重疊與交叉：有時是整體上的共同點，有時是細節上的共同點。（Wittgenstein, 1953: 31e-32e）

　　「遊戲」這個字的意義不只是從一個遊戲的某些特別或本質性的特徵中抽出來的，而是來自於一個複雜的關係與特徵的網路，而只有部分特徵會出現在一個特定的遊戲中。因此，各種遊戲都具有著一組「家族相似性」（family resemblances）。家族的成員也許會與其他成員有共有特質，但卻不一定都要共有一特定的特徵。如此看來「遊戲」這個字是帶關係的：卡片遊戲的意義在於其與棋盤遊戲和球類遊戲的關

係。更進一步看，「遊戲」這個字獲取意義的方式是，從它在遊戲中的一個特定語言遊戲的位置，以及「遊戲」這個字與其他非遊戲之間的關係。

然而，如維根斯坦所說，當企圖要對其他人解釋「遊戲」這個字時，我們很可能展示出一些遊戲並告訴他們這些就是遊戲。我們這麼做可以為特定的目的劃下界線，此例並且說明了「意義」可以不是由一個抽象而具體化的「語言」所產生，而是對某些特定目的的實務作解釋。就某種意義上，知道什麼是遊戲代表可以玩這種遊戲。雖然語言遊戲是受限於規則的活動，這規則卻不是語言的抽象成分（如結構主義），而是**構成的規則**（constitutive rules），這些規則會讓他們在社會實踐中產生作用。這些語言的規則，建構了我們對於在社會中「如何生存」的實際瞭解。

歸結而論，維根斯坦比德希達更強調語言與實踐的不可分解性。「語言」，如維根斯坦所言，「並不從思維中浮現……兒童並不是學習那裡有說書或這裡有扶手椅……，他們的學習是直接把書拿起來與直接坐在扶手椅上……」（Wittgenstein, 1969: 475-476）。同樣的，痛感的立即表達，並不是出於思考的結果，而是自發性的（生物化學觸動的）行為。當兒童在發展語言能力時，語言文字取代像是哭泣這樣的行為，學習關於痛感的語言時等於是學習「新的痛感行為」（Wittgenstein, 1953: §244: 89）。以這種方式瞭解，語言不是被描述為一個前後連貫的體系或結構關係，而是被用於協調行動與適應環境的一連串的標記和聲音。但這不意味著，有時為了分析的目的，我們不能將語言當成「彷彿」是一個有結構的體系。

李歐塔與不可共量性

一個「應用」維根斯坦（於文化研究裡）的知名例子是，後現代主義哲學家李歐塔（Jean-François Lyotard）的研究。他認為，維根斯坦已經揭示了「語言非一體，而是像一群小島，每座島嶼各有自己的規則系統，無法轉譯成其他系統（Lyotard, 1984: 61）。也就是說，真理與意義是在特定、在地的語言遊戲裡構成的，性質上並不具普遍性；知識有其相對應的特定語言遊戲。因此，後現代主義哲學擁抱在地、多元和異質的知識，拒絕接受宏大敘事、或大型總體化的解釋（其中較著名的是馬克思主義）。在李歐塔的解釋中，這意味的是語言和文化的「不可共量性」（incommensurability）以及不可轉譯性（untranslatability），也因此對差異與「在地的」知識政權抱持肯定態度。不過，同樣受維根斯坦影響的羅逖（Rorty, 1991a）並不同意這樣的觀點。羅逖認為，我們應該把語言當成一種運用技巧的行為。雖然難以對語言或文化進行正確的轉譯，但我們依然可以學習語言的技巧，從而讓跨文化傳播（cross-cultural communciation）成為可能。

東京魚市場

◎攝影者：Freya Hadley

- 這張照片顯示東京魚市場販賣鯨魚肉。我們如何將此描述為「平常的」？
- 你對這張照片的反應為何？你會覺得奇怪嗎？
- 如何將「文化價值」、「語言遊戲」和「不可共量性」等概念用在這張照片？

羅逖與語言的偶然性

　　對羅逖（Rorty, 1980, 1989, 1991a, 1991b）來說，人類使用聲音與記號，我們稱之為語言，來協調行動與適應環境。在此羅逖利用了維根斯坦的觀點，認為語言是被人類有機組織使用的工具，且「將記號以及其聲音和我們所製造出來的相搭配，便可以有效地預測、控制其未來的走向」（Rorty, 1989: 52）。從這觀點來看，語言和物質世界之間是因果關係而非是前者再現或表現了後者。也就是說，我們可以有效地去解釋人類有機組織如何以特定有因果關係的方法來行動或說話，但我們其實無法完全視語言在某種程度上，呼應或反應了物質世界。

反再現主義

　　對羅逖來說，「語言的物件**無法**代表**任何**非語言的物件」（Rorty, 1991a: 2）。也就是說，沒有任何語塊（chunks of language）能夠貼近或對應於真實。人不可能客觀、獨立地驗證一個關於世界的特定描述之真實性（如果真實是指世界與語言之間存在著對應關係）。我們並不擁有像上帝般的優越位置，有能力分開檢視世界與語言，從而掌握它們之間的關係；就算我們企圖去建立這樣的關係，我們仍不得不藉助語言來表述。我們可以說這個或那個話語／論述或語塊更有用或更無用，可以說它們是否帶來更可欲的結果。然而，我們無法藉由它與獨立存在的真實之間的對應關係來達成，只能參照我們的**價值觀**〔來判斷真偽〕。這是說，我們無法宣稱有所謂客觀真理的存在，最多只能為我們的價值判斷做出辯護。

　　羅逖認為沒有一種「天鉤（skyhook）——某種可將我們從自己的信念拉開，讓我們可懸浮在高處窺見信念與現實之間的關係」（Rorty, 1991a: 9）。然而，這不是說物質真實不存在，也不是說「陷入」語言之中我們就會與物質真實脫節（如懷疑論者可能會這麼宣稱）。相反地，因為語言是用來適應與控制環境的工具，如果我們把語言當成「被影響或影響人的」，而不是「反映真實」的話，我們就可以在文化的每一個環境都與真實相合。認為語言與環境不同、語言不是從反映來瞭解的，這樣並沒有意義，也沒有用。如羅逖所說：

　　　　我們必須區分「世界就在那裡」與「真理就在那裡」這兩種主張。「世界就在那裡」、「世界不是我們所創造」，是說依一般常識，空間和時間中的大部分事物，不是由人類心智狀態所創造的結果。說「真理不在那裡」指的是，如果沒有語句，就無所謂真理；語句是人類語言的元素，而人類語言是人類創造的東西。真理不能就在那裡——其存在不可能獨立於人類的心智——因為語句不可能就這麼存在、或就在那裡。世界就在那裡，但是關於世界的描述卻非「就在那裡」。只有對世界的描述才有所謂有真有假；世界本身——如不藉助人類的描述活動——不可能有真假可言。（Rorty, 1989: 69）[4]

---

[4]　譯註：此處中譯另請參考徐文瑞譯（1998[1989]）：《偶然、反諷與團結：一個實用主義者的政治想像》，臺北：麥田，頁38。

習作

請思索羅逖上述的話：

- 用你自己的話解釋給別人聽。
- 你是否同意羅逖的觀點？

作為社會讚許而存在的真理

羅逖認為，大多數被我們宣稱為「真」的信念，確實就是「真」的；不過，「真」這個字指的並不是語言與真實之間的相符性。說大多數我們的信念是真的，意指我們與他人在關於一個事件的性質有共識。這是說，「真」並不是一個認識論的詞，意指語言與現實之間的關係，而是一個共識的詞，指涉的是同意的程度和行動習慣的協調性。

真理是社會讚許（social commendation），是我們認為好的東西；若說某事不是真的，意指還有更好的描述方法。此處，「更好的」是對這種描述世界的方式（包括其預測能力）所做的價值判斷。

真理、知識和瞭解，都是置放在特定的語言遊戲裡。真理是將語言遊戲裡的隱喻文字化（或透過社會常規而暫時地將意義固定下來），最終達到羅逖所說的「最終字彙」（final vocabulary）。我們認為真的和好的，是我們所經歷的特定**涵化**過程的結果。

描述與評估

對羅逖而言，由於語言的偶然性（contingency）與反諷（irony），我們不禁問自己的問題是想成為什麼樣的人。此處，反諷意指人所懷抱的信念和態度是具有偶然性的，亦即是可以反轉的；換句話說，它們並無普遍的根基存在。

我們必須問自己想成為誰，因為沒有先驗的真理和上帝可以幫我們回答這個問題。我們問自己的問題——對個人而言是「我想成為誰？」，以及我們和其他人的關係——「我們和他人應該是什麼關係？」這些問題關乎實用主義層次的政治價值問題，而非真理與現實是否相符之類的形上學或認識論層次的問題。

反本質主義的語言觀，其放棄追求呼應世界的真理，而偏向話語／論述與行動的實用結果。真實因此借用詹姆斯的話來說，就是「相信它對**我們**是好的」。對自我，以及行動方針的評估及合理化，並非透過形上學的真實才能得知；相反地，這種判斷是以我們原有的價值觀為基礎，再考量其結果的實用程度來得知。因為現在的好與可

能更好之間有段落差，所謂「好」，乃是與不同**實踐活動**（actual practices）比較的結果。也就是說，當我們在比較其他做事的實際方法時，我們可期待以新角度來看待可能帶給我們更好結果的事情。

透過〔文化與社會〕涵化過程獲得的真理，可能存在著這種風險，亦即變成一種對特定文化或生存方式的狹隘忠誠。為了避免這一風險，羅逖建議我們應該盡可能地將自己置於（關於世界的）更多可能的敘述與看法當中。因此，羅逖捍衛政治文化多元主義（political-cultural pluralism），主張應該透過接觸各種新態度與新信念的過程來擴大自我〔的視野〕。

採取對世界更多元的描述，其實際結果如下：

- 更可能找到適應與形塑世界的有效方法。
- 當逃避受苦被認為是重要的政治價值時，也有較多方法傾聽那些可能在受苦的人的聲音。
- 透過學習新字彙，個體得以成長。

個體的**身分／認同方案**（identity projects）與集體的**文化政治**，兩者都需要我們形塑新的語言或最終字彙，以及新的描述我們自己的方式，以重整我們在世界上的位置而得到我們想要的結果。我們不需要普遍的基礎來使政治價值或政治行為生效，相反地，就我們的價值觀而言，政治投射可透過實用主義合理化（見第14章）。

反諷與艾拉妮絲 · 莫莉塞特

因為她對「反諷」（irony）一詞的用法被認為有誤（在她1995年的同名歌曲），艾拉妮絲·莫莉塞特（Alanis Morissette）一直飽受揶揄。在這首暢銷排行榜上表現不俗的歌曲中，這位加拿大裔美國歌手將諸如這些情況稱為反諷：「大婚之日偏逢下雨」、「已經遲到了卻還遇到塞車」。在這首歌首發至今數十年來，有關莫莉塞特歌詞的辯論仍在繼續，至於歌詞中描述的那些情況算不算反諷也尚未達成共識。這彰顯了反諷一詞的使用與誤用問題引發爭議之烈，以及此詞意義仍存在著顯著爭論的事實，即便在語言專家之間亦然。比方說，有個致力於定義反諷並推廣其「正確」用法的網站，提出有一種可能性是《反諷》這首歌並不實際包含任何反諷在內。不過，這個網站並沒有能為這首歌的反諷程度提出較精準的評斷，只說這個問題「很難處理」（tricky）（Lowton, n. d.）。

反諷一詞最簡單與常見的定義是嘴上說一件事，但其實意指另一件事——通常是反轉的情況。舉個例子：若你的文化研究課程作業不及格，你卻告訴朋友

説：「感謝文化研究，我的學術生涯今天變得更加傑出了。」更廣義的定義，包括反諷是一種面對生活的態度，或甚至是時代的特色所在。比方説，科爾布魯克（Claire Colebrook）指出，反諷一詞可指涉的是「後現代性的巨大問題」，並説「我們的歷史脈絡是反諷的，因為在當前這個時代，人們所説的和實際情況根本是兩回事。我們生活在一個引述、拼貼、擬仿和憤世嫉俗的世界：一個通用的和包羅一切的反諷」（2004: 1）。同樣的，科茨斯科（Adam Kotsko）形容電視劇《歡樂單身派對》裡的反諷彰顯了「對一般生活更加疏離的立場，一種有點玩世不恭的立場」（2010: 21）。關於後者，有個例子是舒適穿搭（normcore）的時尚趨勢（或反趨勢），理應很「酷」的青少年故意穿的很普通，特別是穿著「《歡樂單身派對》裡老爸角色穿的那種牛仔褲」（Williams, A., 2014）。

反諷類型怎麼分類一件事同樣充滿爭論，彼此「互有重疊和關聯」（Elleström, 2002: 50）。再者，反諷類型的區分方式，有可能與其實際作用不同。意圖、接收和脈絡也有影響。不過，一般説來，反諷可分為以下三種類型：

- 語文或修辭反諷（verbal or rhetorical irony）。這包含説什麼和真正涵義之間的反差。比照前述不及格的文化研究課程作業的例子，看著窗外狂風暴雨，嘴上卻説「真是野餐的好天氣」。

- 戲劇反諷（dramatic irony）。在這類型的反諷裡，一個文本的觀眾或讀者比裡面的角色知道更多情況。比方説，在索福克勒斯（Sophocless）的劇作《伊底帕斯王》裡，觀眾老早就知道拉伊俄斯與伊俄卡斯忒是伊底帕斯的父母，但伊底帕斯本人卻不知道。

- 情境反諷（situational irony）。這種類型也被稱為宇宙反諷（cosmic irony）、命運反諷（irony of fate）或歷史反諷（historical irony）。它包含結局與原先預期大不相同，或是通常包含矛盾或反差。一個例子是某人為了避免被一隻全身溼淋淋的狗噴溼而閃到一旁，卻不慎掉進游泳池（Elleström, 2002: 51）。

蘇格拉底式反諷

這指的是佯裝無知，為的是促使對話者解釋某個宣稱或觀念，通常試圖暴露普遍接受的「常識」背後的思維缺陷或不完整。它參考的是蘇格拉底和柏拉圖的對話，蘇格拉底先是假裝對諸如友誼或正義等概念一無所知，其實是為了揭露其他人的無知。

羅逖式反諷

　　如同先前討論的，羅逖用「反諷主義者」（ironist）一詞描述那些承認自己最核心的信念和欲求其實是充滿偶然性的人，因此他們不會「在時間和機會不允許的情況下回頭指涉某個東西」（1989: xv）。他認為，反諷的對立面是常識，因為「成為一種常識意味的是，想當然耳地把用某個最終字彙能概括的聲明，用於描述和評判別人用另類最終字彙陳述的信念、行動和愛」（1989: 74）。

- 你認為人們為何使用反諷？直截了當說出你真正的意思，難道不是比嘴上說某些反話卻希望對方能猜到你真正的意思，要來得更有效率嗎？

- 用反諷來溝通的好處有哪些？如果對方沒聽懂你的反諷，可能會發生什麼情況？萬一你說出一些反諷的話卻發生「誤擊」，對方只從字面上理解你的話，那會怎麼樣？

- 你認為反諷是一種權力／知識嗎？回想你最近所說或所寫的話裡，有沒有用到反諷？你為何會在那個特殊場合裡使用反諷？關於你的反諷表達，你的聽眾或讀者如何回應？

反諷與名人裝飾品

©攝影：Emma A. Jane

　　這位女性的T恤上面印了布蘭妮‧斯皮爾斯（Britney Spears）和凱文‧費德林（Kevin Federline）在2004年的高調婚禮照片，這張照片高居網路排行榜上，普遍認為是一張過頭、怪異，甚至令人尷尬的名人婚禮照片。你認為這位女性穿這件T恤的目的，是希望被反諷地解讀嗎？請與同學一起討論。

文化作為一種對話

　　「對話」（conversation）這個概念來掌握文化的動態和語言特徵。對羅逖而言（Rorty, 1980），我們必須建立「人類的世界主義對話」（the cosmopolitan conversation of human kind）。對話這個隱喻：

- 允許我們將意義和文化形構，看成是在「社會關係的共同行動」中形成的；
- 引導我們注意到在社會對話的脈絡下的語言構成和行動取向；
- 強調為行動提供辯護時所提出理由的社會實踐的重要性；
- 讓我得以用語言學習的概念來思考跨文化傳播；
- 強調任何事物狀態能夠用以描述說法本身的可變動性；
- 點出文化涉及意義和行動方面的同意、爭論和衝突。

　　雖然如此，文化和對話之間的類比，有其侷限性。普遍理解的「對話」意涵可能導致我們過於強調說法更甚於行為，強調語文更勝於視覺的，強調聲音更勝於身體。確實，作為文化分析的重要部分的客體和空間，可能因此有被忽視的風險。

　　用對話這個隱喻來理解文化概念，有什麼優點和缺點嗎？你能想到可能對我們理解文化有幫助的其他隱喻嗎？

話語／論述與物質

　　本章強調語言和話語／論述在形構文化和主體性的重要性。有論者擔心這種觀點是某種形式的唯心論（idealism）。唯心論將世界看成是由語言與心智所構成的，而沒有任何物質的考量；在它的極端形式裡，「一切都是話語／論述」。

　　然而，這並不是本章的觀點。以維根斯坦的說法，世界的物質性是毫無疑問的事物之一，亦即若沒有這假定存在，世界即無法運作。誠如維根斯坦所說，我們原則上可以想像每次我們把門推開時，門後會有一個無底洞。然而，這麼做是沒有意義的，也沒什麼道理可言。

不可分解性

　　物質客體與社會實踐都被語言賦予意義，並且因此更具能見度；在這個意義上，它們都是藉由話語／論述而形成的。話語／論述以一種能讓人理解的方式建構、定義並生產知識的客體，但在建構過程中它也排除了其他思考方式。對傅柯而言，

這是一種歷史和物質的過程，因為語言是在某些特定條件下生成意義。如巴特勒（Judith Butler, 1993）論稱的，話語／論述及其物質性是不可分解的。話語／論述是我們用以理解物質身體的工具，並且以特定方式讓物質身體進入人們視野。比方說，「性別化的身體是話語／論述建構的產物，這種建構是不可或缺的，它既形塑了主體，也支配著身體的物質化。」因此，「身體無法脫離統理其物質化過程的管制規範，也無法與那些物質效果的表意化過程分開」（Butler, 1993: 2）。

語言有其目的

　　物質和話語／論述的對立是不必要的二元劃分。我們可能會這樣想，它們之間的區分本身呼應的是我們談論這個世界的方式，但並不是一種概念或物質分野的反映。

　　「工具」這個隱喻捕捉到這個概念：我們是在用語言來做事。雖然如此，「使用工具」這個概念不該被理解成一個預先就存在的主體意圖性，「使用」是透過涵化和適應某些社會實踐及其附帶過程中發生的。然而，「工具」這個隱喻能讓我們理解語言文字在人類生活當中扮演的不同作用：「我們可以把語言文字想成是工具箱裡的工具：裡頭有榔頭、鉗子、螺絲起子、尺規、熱熔膠爐、黏合劑、釘子和螺絲。語言文字的作用就像這些物件的作用那麼多樣」（Wittgenstein, 1953: 6）。

　　這種關於溝通／傳播的理解，強調人類使用（我們稱之為語言的）標記和聲音的不同方式。人類生產各種不同的關於這個世界的描述，並且使用其中最符合我們目的的部分陳述。正如羅逖所說的，我們擁有不只一種語言，因為我們擁有不只一種目的。

＃知識非關獲得一個正確的真實圖像，而是學著如何為了追求這些目標而和這個世界爭辯。

　　回想一下，你曾有過的與朋友或家人發生誤會或無法溝通的經驗。溝通過程「破裂」，是什麼樣的一種情況？你認為為何會發生這種情況？是因為你或他／她對某個字或某個詞的意義有不同的理解嗎？你是如何處理這種情況的？你認為溝通困難是否在文字溝通時多少會發生？或是，比較常發生在面對面的情境裡？

解構練習：客體 vs. 文字

- 請描述一塊岩石。請描述「岩石」這個字詞。
- 可不可能將一塊岩石和「岩石」這個字詞區分開來？

本章摘要

　　語言是文化研究的關切重點。它是意義或表意的工具與媒介。意義這個概念在探索文化時占據核心地位。研究文化等於探索意義如何從符碼系統的語言符號中產生。在此，意義是透過差異形成的，亦即一個符徵與另一個符徵的關係，而非指涉獨立客觀世界中的某個固定實體。

　　若說意義存在於一連串的符碼中，這是說「壞」的意義存在於與**邪惡——撒野——不被認同**……的關係之中，因此，意義有無限可能。意義絕非固定的，永遠處在變動中、不斷被添補的狀態。因此，德希達的**延異**——「**差異與延宕**」——即強調意義的不穩定與不可決定性。

　　然而，雖然語言的意涵相當豐富，但也有人主張在社會實際情況中，意義也會暫時地被穩定。對維根斯坦來說，這種情形發生於語言使用、社會傳統，以及對字詞使用的實用敘事上。對羅逖而言，這牽涉了偶然的「最終字彙」的產生。對傅柯來說，這是透過權力滲入話語／論述與話語／論述形構中對意義的管制。

　　文化可被視為一張張受到規約的意義地圖，由交疊的各種話語／論述所構成，從而使客體與實踐取得某種意義。文化是在特定時空下的不同話語／論述的掠影，一張暫時將「變動中的意義」（meaning-in-motion）固定下來的地圖。

　　文化與文化認同是在一些重要的「節點」（nodal points）上被暫時地穩定下來，它在現代西方社會是圍繞階級、性別、族群與年齡的一種歷史形成。意義被暫時穩定的過程，也就是權力與文化政治的問題（第14章）。

第4章 生物學、身體與文化

關鍵概念	
身體（body）	基因組（genome）
情緒（emotion）	整體主義（holism）
認識論（epistemology）	瀰因（meme）
演化（evolution）	顯型（phenotype）
演化心理學（evolutionary psychology）	化約論（reductionism）

關於人類生物學和人類文化之間的關係、或常被提問的先天與後天的關係，在人文和社會科學裡爭辯已久，觸及性和性別問題時爭辯尤烈。也就是說，我們問的是，紅男綠女行為所趨，是生物學的結果或是社會和文化建構所致（見第9章）。

許多文化研究學者對人類行為的生理解釋不屑一顧，認為是一種生物學化約論（biological reductionism），從而比較偏好強調文化建構的解釋。相反地，我會提供一個對演化生物學（evolutionary biology）抱持同情態度的解釋，主張文化研究與演化生物學可以相互為用。這種夥伴關係打破類如身體與心靈、文化和生物學、認知和情感的二分法。

化約論的問題

化約論（reductionism）這個字在文化研究裡是個忌諱。特別是，該領域學者向來抗拒將文化化約為經濟因素，其理由是吾人理解文化不能只訴諸經濟解釋，因為文化有其自身的具體形式和特殊的運作機制。文化的這些特殊性不能被化約為（亦即解釋成）財富生產和分配的活動（雖然這些是任何文化的重要面向）。此處，化約意指縮小、收縮、貶低和降級，因為人類努力的一部分（文化）被當作其他活動（例如：經濟活動或人體解剖學）的產物。

為了能與人類生物學交流，又要能避免被指責為生物化約論，我們需要同時「解構」自然和文化的二元對立。一方面，文化是人類從祖先繼承而來的自然環境中學習和適應的產物。但是，另一方面，不僅自然本身已經是語言概念（而非超越符號

的一個純粹的存在狀態），而且所謂自然世界也已受到人類知識和制度的影響。事實上，我們不僅可說「自然的社會化」（socialization of nature），而且透過遺傳學的調查，我們正學習進一步介入「自然」的人體。

化約的形式

生物化約論是指人類基因遺傳有其抗拒變遷的不變特徵。因此，在這個觀點上，遺傳學可解釋人類文化的特性，例如：侵略，不管存在著其他的什麼因素。比方說，生物化約論宣稱，無論在什麼環境下，所有男性在自然天性上都比女性更具有侵略性。

＃沒有任何真正的生物決定論者，會完全無視於環境。

無人會這樣想像：不管種植在什麼環境，種子都將以同樣方式生長。因此，要緊的是基因和環境之間的關係。丹內特（Dennett, 1995）提出的區分方式值得參考：

- **貪婪化約論**（greedy reductionism）：試圖將所有人類行為化約到基因，而無視中介其間的因素；以及
- **良善化約論**（good reductionism）：試圖透過因果鏈（causal chains）來解釋現象，不訴諸神祕或奇蹟。

顯然，「貪婪化約論」是不能接受的。採納「良善化約論」只是表明，我們可發現人類行為的因果鏈和解釋，而遺傳物質在其中占有一席之地。

生物學家同意，生物體的身體和行為是遺傳與環境因素互動的產物。「環境」要造出人類，非有人類基因組不可，但若無穩定的環境狀態，生物體也將無從發展。此論另一種更為強烈的主張認為，不僅基因和環境都是必要的，而且其中任何一方若發生變化，「最後」結果也將發生變化。因此，透過環境變化，基因差異可促成各種不同的顯型（phenotypes）（一個生物體的顯性形態、生理和行為）出現。再者，我們不能將環境當作一種常存的背景而自動予以排除，因為一個新的環境可能產生一種新的顯型。也就是說，基因和其他發展因素與環境的互動，是以多因子、非相加的方式（multi-factorial, non-additive ways），產生各種可變的結果（Sterelny and Griffiths, 1999）。

文化是人類身體的環境，並且對演化變遷有所影響。因此，環境變遷，其中包括人類生活的社會和文化面向，可以改變生物發展的結果。當然，人類文化變遷和演

化適應的時間尺度，有著根本的區別。後者的發生需要數十億年之久，而前者顯然用幾十年就可以測量得到。因此，我們使用著遠古以前演化得到的人類基因組和大腦結構，但卻置身於與遠古時代完全不同的環境（包括文化）狀況。

誠如史特瑞尼和格里菲斯（Sterelny and Griffiths, 1999）論稱，哲學（此處我們認為包括文化研究）對生物學相當重要，因為後者的結論並非遵循「事實」而已，而是需要解釋。同樣地，生物學對哲學也很重要，因為這些結論並不依賴科學證據。

在任何情況下，人類之所以能順應他們所處的環境，係由於演化的過程。因此，巴斯（Buss, 1999a, 1999b）認為，必須揚棄一系列的二分法，包括：

- 先天vs.後天；
- 文化vs.生物學；
- 基因vs.環境。

人類文化和人類生物學是共同演化、不可分割的。

整體主義

就其將分析對象細分得越來越小的意義上來說，傳統科學學科都是化約論的。這些細分的微小部分，在一個可被解釋的因果鏈上彼此相互關聯。然而，人既是生物性的動物，也是文化性的動物。任何想瞭解他們的合理企圖，必須接受整體主義和複雜系統分析的概念。此處，分析對象不只是孤立的，也是置身於系統性的脈絡之中。的確，人類和物理世界相互連結，本身之內和彼此之間，每件事可說都對其他事發生影響。

我們是互相依賴的世界中，相互關聯的人。

方法論個人主義論者認為，研究社會必須調查個人的行為；方法論整體主義者則認為，在闡明社會和文化整體的運作時，這麼做的用處有限。方法論整體主義認為，研究一個複雜系統的最好方法是把它當作一個整體。我們不能自滿於分析其組成部分的結構和「行為」。事實上，整體主義固有的不可分離性表明，整體的性質無法完全被它的組成部分的性質所決定。按照這種觀點，人類社會總是超過對其組成部分或層次的關係描述的加總。這就是說，在方法學整體主義的脈絡下，不能有意義地將事物的性質歸因至一個絕對的層次。指定層次或部分是為了理解而設，它只能被用在一個明確的分析安排或隱喻之中，旨在實現特定目的。在這個意義上，「生物學」和「文

化」可以被理解為一個整體，而非彼此分離，也不能將一方化約為另一方。

✏️ 習作

- 列出三種方式，說明人類在社交上是相互關聯的（socially interrelated）。
- 列舉三種方式，說明人類在文化上是相互關聯的。
- 列舉三種方式，說明人類在生物學上是相互關聯的。
- 統整這份包含九種相互關聯方式的清單，並依據它們對人類生活和發展的重要性排列順序（從1到9）。綜合上述，你可以從中導出什麼結論？

科學的能耐

我們通常透過物理科學來瞭解身體。物理科學是一種**文化分類系統**（cultural classification systems），但有其獨特的語言。它們包括若干的概念工具，對我們或多或少都有用處。因此，物理、化學、生物學和遺傳學都有其特定詞彙，被用來實現特定目的。

物理科學的論點不應被理解為客觀真理。它們的語言和獨立的客體世界之間，也不能理解成相互對應的關係。相反地，科學再現的是人們同意的程序（agreed procedures）。這些程序使我們達成可預測性的一定水準，在科學社群達到一定程度的共識或團結，從而使他們稱呼特定聲明為真實的。

此處，科學並不被認為擁有特權，可進入更深層次的真理。換句話說，

＃科學不能建立在再現主義（representationalism）之上。

然而，正如顧亭（Gutting, 1999）認為，科學能夠成功預測，確實使其成為一種優越的知識。之所以如此，不是因為科學仰仗他人未知的方法，而是因為科學有效擴展了人人皆用的嘗試錯誤的經驗方法（empirical trial-and-error methods）。再者，它以這種方式，產生了關於物質世界的更可行的知識。

科學的最終測試，不在於它是否能適切再現一個獨立的客體，而在於它是否符合特定目的。這是說，科學以實際測試為準。正如傑出物理學家理查‧費曼（Richard Feynman）曾經論稱：

一般來說，我們藉由下列過程尋找新的定律。首先，我們用猜的，然

後我們對此一猜測的各種後果進行運算，看看其中有無任何線索暗示我們猜測的定律是正確的。然後，我們將運算結果與自然做比較，透過實驗或經驗，與觀察直接進行比較，看它是否行得通。若它與實驗不符，那麼它就是錯誤的。（Feynman，轉引自Gribbin, 1998: 4）

格里本（Gribbin, 1998）認為，即使草擬的模式與實驗相符，這並不表示它再現了某種普遍真理（universal truth）。例如：分子可以被描述為「小硬球」，但這並不表示它們是這樣的實體，而是指在特定情況下它們表現得「彷彿」像小硬球那樣。為了其他目的，或在不同的情況底下，原子被用電磁的力量和電子的運動來描述。正如他接著說：

> 即使是最佳模式，也只是在它自己的脈絡下是好的……鑿子在任何時候都不應被用於敲打。當我們描述某個東西是「真實的」，我們的真正意思是說，用在與此相關的情況裡，這是最佳模式。（Gribbin, 1998: 7）

根據這種論點，文化研究、物理科學和一本多層次的小說之間，並不存在著根本的認識論上的差別；它們都涉及社會同意的程序，產生或多或少有用的文本，可用以導引我們的行為。其間若有差異，不在於它們與真實相符的程度之別，而在於目的與類型之別。科學證明自己善於預測和控制自然環境，而文化研究與小說則善於生產同情和擴大人類團結圈（the circle of human solidarity）。

因此，這種論點的邏輯是：

- 生物學和文化之間的關係並非以貪婪化約論為準，因為它是複雜系統的一部分。

然而，……

- 生物學和文化之間的關係，為了特定目的可以以特定方式描述。

文化科學？

在《什麼是科學？》一書中，查默斯（Alan F. Chalmers）討論廣泛接受的一個信念是，科學和它的方法有其獨特之處，可帶來更好、更可靠的結果。他指出，有很多研究領域被描述為——或重新標示為——科學，「似乎是為了暗示其所使用的方法嚴格基於、並且會有潛在的豐碩成果，就像物理學或生物學等傳統

科學一樣」（1999: xix）。出現在大學授課大綱的例子，包括圖書館科學、行政科學、演說科學、森林科學、乳製品科學、肉類與動物科學，以及殯儀館科學。

　　在文化研究領域，也有個浮現中的跨學科研究領域自稱「文化科學」——有時自稱為「文化科學2.0」（比較：'Cultural Science'; Hartley, 2012; Hartley and Potts, 2014; 'Welcom to Cultural Science'）。哈特利認為，這種結合演化理論、複雜研究（complexity studies）和文化／媒體研究的研究途徑提供文化研究一個新的方向，既能免於訴諸一種行為主義實證主義版本的科學，也能免於完全無視於科學的存在（Hartley, 2012: 37-38）。

減肥緊身衣的「科學」

　　在2011年，一個澳洲電視八卦節目介紹一個名為Peachy Pink緊身褲的產品，說是「內含」綠茶、桃子和咖啡因等天然成分，而且具有微按摩、去油脂的功效。「不只立即讓你變得苗條，而且能夠在二十一天內有效減肥，這些全都已經臨床證實」，該產品的發言人在節目中興奮地這麼宣稱（轉引自Jane and Fleming, 2014: 57）。非營利的澳洲消費者組織「選擇」（CHOICE）追查這些所謂有臨床證據的宣稱後發現，這些所謂的實驗是一家名為Spincontrol Laboratories的公司執行的，而這家公司曾誇口可以提供客戶：「兩劑正確性，一劑創意，以及些許的大膽……提供你越來越有創意的技術，以證明你的行銷宣稱」（轉引自Bray, 2011）。

- 你會被包含「研究顯示」或「臨床證實」等宣稱的廣告說服嗎？
- 這種準科學宣稱的廣告應該被禁止嗎？你認為消費者能看穿它們嗎？
- 像Peachy Pink這種促銷手段會讓科學的公信力受損嗎？
- 科學決定什麼是客觀真相的能耐，有沒有可能被過分吹噓了？
- Spincontrol這家公司似乎表明它可以從「結果」開始，逆時針地打造支持結果的「證據」。你自己曾有這種先有結論，再找事實依據的經驗嗎？

語言有其目的

　　語言無法準確再現世界，它只是我們為了實現某種目的所用的一種工具。因此，知識並非為了獲得一個關於真實的正確圖像，而是學習如何以最佳方式面對世界。因為我們有各種各樣的目的，我們發展出各式各樣的語言。因此，我們無法知道什麼「是」什麼，若「是」代表一種對獨立客體世界的正確再現，亦即一種形而上的

普遍真理（a metaphysical universal truth）。因此，我們不能說生物學和文化之間的關係「真正是什麼」（really is）。

這種論點不是語言哲學的禁臠，而是諸多「硬」科學（'hard' sciences）所共享的。例如：量子物理學（quantum physics）的核心概念是波粒二象性（wave-particle duality），其中量子實體可以同時被視為波**和**粒子。在某些情況下，可將光子（光的數量）看作是一串粒子流（stream of particles），在其他時候，它們最好用波長（wavelengths）的概念來想像。這兩種描述方式都「行得通」，端視我們的目的而定。物理現象用不同的模式「描述下」（under the description）（Davidson, 1984），實現著不同的目的。因此，我們可以重新提問有關生物學和文化的問題，不問「某事物是什麼？」這種形而上、再現主義式的問題，而問「我們如何談論某事物？」這種較為現實和實用的問題。

主要思想家

維根斯坦（Ludwig Wittgenstein, 1889-1951）

　　維根斯坦是生於奧地利的哲學家，大部分在英國劍橋大學完成他的著作。他的語言學反本質主義與整體主義（linguistic anti-essentialism and holism），對建構主義乃至於文化研究皆有不可磨滅的影響。對維根斯坦而言，「語言」是人類使用的一種工具，字詞意義形成於語言遊戲（language-game）脈絡下的使用當中。雖然語言遊戲是受規則束縛的活動，這些規則並非（像結構主義那樣）是抽象的語言組件，而是構建的規則（constitutive rules），亦即規則是在社會實踐當中形成，鑿痕斑斑。

建議閱讀：Wittgenstein, L. (1953). *Philosophical Investigations*. Oxford: Basil Blackwell.

這些論點把我們的注意力，從尋求普遍真理轉向辯護，亦即給予理由（giving of reasons）。給理由（reason-giving）是一種社會實踐，因此為一種信仰辯護等於是在某個傳統和社群的脈絡裡給理由。此處，就它們有相互主體性基礎（an intersubjective base）的意義而論，這些理由是客觀的。這就是說，社會運作有其給理由的規範，趨於同意獲得實踐加持的宣稱。然而，規範可能是矛盾的，在社群裡被以各種不同方式理解。再者，有可能以不同程度的自覺性去調查一個議題。因此，辯護是人類持續「對話」的一部分。

＃無論我們如何描繪「真理」，除了我們彼此間持續進行的交談之外，得到真理的可
　靠來源付之闕如。

習作

• 請用一百字寫出「真理」這個字詞的兩種不同的、像字典般的定義。
• 請組成一個四人小組，試著對「真理」這個字詞取得一致同意的定義。

文化的身體

　　傳統上，身體一直是科學領域。然而，身體近來已經逐漸成為文化研究的重要
研究領域之一，尤其是它代表文化建構主義的前沿。例如：布萊恩・透納（Bryan
Turner）宣稱，我們生活在一個**身體社會**（somatic society）之中，「重大政治和個
人問題都在身體之中被問題化，並透過身體表達」（Turner, 1996: 1）。此處，身體
不單是一種生物學上、自然所給定之物，而是受到文化的澆灌。身體被認為具有可塑
性；它是能夠被風格化和展演的，而非生理學意義上的固定和永恆的實體。

＃把身體看作一種前社會的、前文化客體的觀念，已無立足之地。

　　在當代西方文化的脈絡下，各種對身體的文化關注現象，可謂俯拾皆是（見
Hancock et al., 2000; Shilling, 1993, 1997）。因此：

• 器官移植引發有關身體所有權的問題。
• 從心臟節律器到義肢各類植入手術，引發有關身體邊界的問題。
• 各種涉及認知增強（cognitive enhancement）的實驗，引起關於這種醫療、裝置和
　技術的倫理爭辯。
• 節食、運動和整容手術的各種機制，見證話語／論述的規訓權力已成功地敦促我們
　去塑身和美化身體，以符合文化規範。
• 生活風格的醫療化（medicalization of lifestyle）是透過各種健康促進策略達成的，
　千篇一律是透過自律達成自我變革的敘事。
• 要求有一個可以接受的身形和健康的身體，現在已經不屬於健康和美學的領域，而
　是屬於道德正確（moral rectitude）的領域。擁有正確的身體現在不僅是品味和美
　觀的問題，或是延年益壽的問題，也變成道德良善與否的問題。

- 透過時裝和身體裝飾（body decoration）達成的身體變革，已經變成當代身分／認同方案的一個重要面向。
- 有別於過往，性別已不再是身體器官和生物化學的問題。不僅它被認為是一種展演（見Butler, 1993，另見本書第9章的討論），而且手術和藥物治療也可實現澈底的變性。
- 社會類別如「老人」和「失能者」，曾經各自被看成不過是簡單描述生物過程和生理缺陷，但至少對社會行動主義者和理論家而言，現在已越來越是社會和文化產物。

紋身的男人

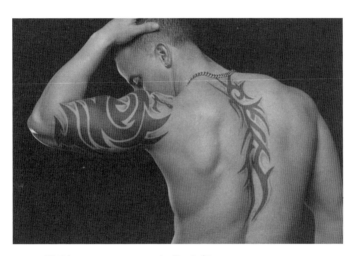

©攝影：Les3photo8｜代理商：Dreamstime.com

- 請簡短描述這張照片，其中有意義的細節是什麼？
- 這張照片的意象以何種方式再現了身體的文化轉型？
- 這張照片是否有任何特別的性別化面向？

理論的身體

　　在當代文化裡，我們被要求展演「身體工作」（body work），即致力於維護一個特定的、可欲的體現（state of embodiment）。這一過程可以被理解為一方面是規訓權力所致，另一方面是身分／認同建構的積極方案。

　　傅柯的著作深具影響力，將血肉之軀（或至少其再現）帶進文化研究領域，含括

上述這兩種理論方向。傅柯思想的影響力，可見於特納（Turner, 1996）那本論身體的重要著作，試圖檢驗社會與「身體治理」（government of the body）的關係。

傅柯有很多著作（例如：Foucault, 1977）關注現代制度、實踐與話語／論述的「規訓」性質。規訓涉及主體在空間中的組織，透過分化的實踐、訓練和標準化（見第3章）。規訓技術（disciplinary technologies）出現在學校、監獄、醫院和庇護所。它們生產傅柯所謂的「柔順身體」，可被「駕馭、利用、轉化和改善」（Foucault, 1977: 198）。

紀律是一個廣泛的治理過程的一環，亦即所謂「維安」社會（'policing' societies）的各種機制，使其所有人臣服於官僚政權和規訓方式。此處這裡的所有人可被分類和受命為各種可管理的群體。讓傅柯感到關切的是透過下列方式操作的規管技術：

• 醫學；
• 教育；
• 社會改革；
• 人口學；
• 犯罪學。

一個常見的對傅柯的批評，是他把紅男綠女之男性變成沒有付諸行動能力、默默順從的動物，亦即缺乏任何能動性（第7章）。為此，有些研究身體的學者（例如：Frank, 1991）轉向象徵互動論（symbolic interactionism），特別是高夫曼（Erving Goffman）的著作，以探討主動的、有介入能力的身體。

對高夫曼（Goffman, 1969, 1974, 1979）而言，身體使人們介入日常生活的熙來攘往，包括人們斟酌如何做自我介紹。例如：高夫曼討論我們用身體傳達意義的溝通方式，透過臉部表情、衣著和姿勢。這些象徵性的行動建構，並展開身體傳播的共享文化詞彙或慣用語法。因此：

身體既是物質實體，也是一套文化符號，分類、訓練和薰陶著人們。

傅柯關於身體的著作遭受批評，多肇因於分開閱讀他早期的著作所致，明顯將注意力過度集中在被動性和柔順性的問題上。然而，權力在傅柯著作中被認為是有生產性，也具有限制性。這是說，社會規管過程中不只對個人形成限制，也構成行為、倫理能力和社會運動的自我反思模式。從這個意義上講，規訓不僅是制約的（constraining），也是賦能的（enabling）。再者，他後期著作（Foucault, 1986）

聚焦於「自我的技術」（techniques of the self），重新引進能動性和「自我塑造」（self-fashioning）。特別是，在他對古希臘和羅馬生活實踐的研究中，傅柯指出「自我風格化」的倫理學（ethics of 'self-stylization'）作為有價值的「自我支配」（self-mastery）過程的一個面向。在這個意義上，傅柯和高夫曼共同關切個人身體與文化實踐（這個更廣大的身體）之間的相互構成（mutual constitution）。

醫學的身體

　　身體被醫學以何種方式理解所彰顯出來能動性與規訓之間的弔詭，明顯可見於傅柯和高夫曼的著作。例如：毫無疑問地，在現代人口的規訓和監控上，醫藥的角色吃重。

　　以生物學為基礎的醫學（生物醫學）認為，身體約莫是個固定的實體。它是由先於文化而存在的、不變與不可或缺之物所構成。此處，疾病被看成是人體組織的病態。所有人類的功能障礙，最終可追溯到人體的特定因果機制。因此，醫學首要關注的是疾病的分類、紀錄和消除。醫生的工作是描述和評估功能障礙的跡象和徵候。此種看待身體的方式，具有三種主要意涵：

1. 疾病成因來自身體內部。
2. 疾病是生物學客觀事實的結果。
3. 醫生最懂（身體），因為他／她具有適當的科學知識。
　　這種模式的後果之一，是各種的社會和文化規訓。因此：

＃醫學開始以各種產生正常性和病態的方式，去描述和比較身體。

　　生物醫學的主要侷限是生物化約論，因為健康不良的分布狀況因年齡、性別、地域等因素而異，理至易明。生病不只是個別身體封閉的內部運作結果，健康不良與我們吃什麼、運動程度和形態、思考類型等因素，可謂息息相關。

　　因此，在當代西方文化的脈絡裡，對健康實踐更全面的瞭解已經浮現。這被稱為醫學的生物─心理社會模式（bio-psychosocial model）。從生物醫學轉向生物─心理社會醫學，用詞從「治療」（treatment）變成「健康促進」（health promotion），即已可見端倪。此處，我們被要求對自己的健康扮演主動的角色，公眾健康宣傳活動也推進我們應該承擔自我健康責任的想法。從生物醫學轉向生物─心理社會醫學，可見於以下焦點的**相對**變化：

- 從孤立的身體轉向環境脈絡下的身體；
- 從治療轉向預防；
- 告別醫療權威主導全局的過去，開始與主動的、有見識的常民合作。

身體在醫學領域已變得越來越少受到規訓，而變得越來越具有主動性。或是說，當真如此？弔詭的是，健康促進可以很容易地被理解為一種新形式的醫學規訓（a new form of medical discipline）。健康促進將醫療化過程（process of medicalization），擴張至文化組織和生活風格的管理（lifestyle management）。因此，我們被百般訓誡、要求和規訓，應採取「正確」健康的態度去對待我們的身體。我們被期待戒菸、遠離毒品、保持身材，並且吃「正確」的食物……。在某些地方，疾病被當成道德和人格弱點，顯示缺乏自制與未能堅守道德。健康促進策略明顯是基於將行為二分為「好」與「壞」，管好自己的行為從而是我們的倫理責任。

因此，轉了一圈之後，所謂積極的能動者又再度落入規訓的場域。然而，這一明顯的弔詭，是思想風格施加於知識客體的問題，而不是客觀的描述。身體從來不只是受制約的主體，也不是**擁有**（possess）能動性的主體。正確地說，規訓產生能動性，能動性也產生規訓。規訓和能動性彷彿是一體之兩面。的確，它們不應被理解為客體的性質，而是為了特定目的的談論且同時構成客體的各種方式（見上）。

✎ 習作

- 「身體社會」（somatic society）這個概念意味著什麼？
- 請想出五種方式，說明「重大政治和個人問題都在身體之中被問題化，並透過身體表達」（Turner, 1996: 1）？

愛是一種藥

露西・普瑞布伯爾（Lucy Prebble）（2012）的劇作——《效應》（*The Effect*）——針對人類狀況的醫學化，以及科學的真理宣稱之有效性，提出了有趣的質疑。在其中一個特別生動的橋段裡，一位負責新的抗憂鬱藥物實驗的醫生承認，「醫學史大體上就像placebo的歷史，因為我們現在已經知道它們大部分都沒有療效」（Prebble, 2012: 62）。在《效應》一劇中，普瑞布伯爾也質疑什麼是精神病症，以及是否嚴重的心理狀態是發生在身體、心靈或是兩者之上。

該劇的風趣建議是墜入情網的效應可能和醫藥產生的效果相似，或是與臨床精神醫生法蘭克・塔利斯（Frank Tallis）在《愛之病》（*Love Sick*）（2005）一

書中所說的病症雷同。與流行文化常出現的浪漫愛情的甜蜜再現相反，塔利斯説初期、充滿激情的愛會產生明顯和精神病發一樣的症狀。確實，墜入情網時的狀況，例如：魂不守舍、憂鬱、狂喜和心情不穩定等，都完全對應於精神病症如偏執、憂鬱、瘋狂和躁鬱的常規診斷症狀。

> 雖然被診斷爲強迫症的病人和墜入情網的人執迷於非常不同的事情，但兩者陷入執迷的思考方式非常類似。戀人也同樣經歷反覆發生、持續且難以忘卻的念想、衝動和意象：新的戀情都會有的那些幻想、白日夢和無法抗拒的傳簡訊或打電話的衝動。（Tallis, 2005: 55）

- 回想你上一次迷戀某人的經驗。列出清單，寫下十種當時你的感覺和你做的事。這些感覺或行為當中，有什麼是和疾病徵候類似的？
- 在醫療情境下，你覺得(a)一個醫師；和(b)一個精神科醫師會怎麼看待上述清單？疾病簡單地作為一種由醫師正確診斷並治療的客觀事實，會如何因為上述這個狀況而變得更複雜？

基因工程

　　身體和生物學在基因工程（genetic engineering）領域，已變成主要的哲學與文化關切。基因工程是操縱特定基因密碼（基因型）（genotype），以便促進或妨礙某種特質或特徵（表型）（phenotypes）表現在新生兒或成人身上。被用來生產具有特定特徵的人類的基因工程計畫，被稱作優生學。優生學一向聲名狼藉，因為和納粹大屠殺有所牽連，也和納粹試圖孕育他們認定的優越人種有關（雖然某些人論稱，懷孕期間做的產檢，意味著我們已經在應用優生學了）。

倫理爭議

　　用基因療法治療重症，少有爭議；不過，生殖細胞基因強化（germline genetic enhancements）的優生學則爭議性極大。

　　支持基因工程的人主張，它可以帶來更健康、更有活力、更聰明和更強大的人類潛能。整體而言，人類痛苦可能會因此大幅減輕，而且很多種惡疾將得以預防和治癒。哲學家艾格（Nicholas Agar, 2004）與分子生物學家西爾沃（Lee M. Silver, 1998, 2006）論稱，接受基因工程並不意味邁向赫胥黎（Aldous Huxley）的《美麗新世

界》（*Brave New World*）（1932），亦即極權政府控制一切的基因強化。相反地，他們倡議的是用基因療法來設計兒童，透過西爾沃所稱的「自由市場優生學」（free market eugenics），或是艾格所稱的「自由優生學」（liberal eugenics）。

艾格論稱，基因強化與環境／文化優勢之間並無倫理差異，後者同樣讓兒童擁有較好的就學、健康醫療條件和訓練設施。不過，他確實倡議要提供免費公共近用基因工程的機會，以避免基因階級化，亦即富裕家庭能選擇讓自己的孩子擁有基因優勢，而貧窮家庭卻無此選擇。要是基因工程的近用取決於財務狀況，那麼艾格和西爾沃都認為將會形成新的階級。由於後果會被繼承，我們可能最終會面對的是西爾沃所說的「天然人」和「基因富裕者」（亦即有幸能夠近用基因強化者）。此處的主要憂慮是出現存在於這兩個階級之間的「基因鴻溝」（genetic gulf）變得越來越大，導致人類變成（貧富程度不等的）不同物種（Silver, 1998: 313）。

兩人皆稱這些潛在問題可以預先被處理，而且這些問題並非嚴重到超過基因工程能帶給人類的好處。

桑德爾（Michael Sandel, 2007）以反對基因工程著稱於世。他認為，基因強化的問題不在於科技本身，而在於背後驅動它發展的那種出於控制的文化態度。雖然他認為舒緩疾病和人類痛苦是一項合乎倫理的方案，但他反對基因強化干預人類與生俱來的困境。他說，生命的問題和無法預期的變化，讓我們彼此憐惜和關愛。人類的脆弱性往往是人類可愛之處，也是讓人類彼此相繫的原因所在。

有文化研究風格的基因工程研究

桑德爾、西爾沃和艾格都清晰地討論了這項經常出現在媒體上的當代文化議題。文化研究目前的話語／論述關切的是基因工程跨越和模糊自然與文化界線的情況，以及關於它服務著誰的利益。這種情況通常被稱作後人類（post-human）。

基因工程的能耐，對人之異於非人的特徵，具有若干意涵。比方說，人造基因人類是人，還是非人類？人造基因像人工心臟是機器嗎？我們最終是否會變成人造的人類基因組？如果是，界線何在，抑或是已不存在著界線？如果那樣的話，我們如何理解世界？如唐‧伊德（Don Ihde）論稱的，如果人類是什麼，繫於其與非人類的關係，那麼基因工程確實對什麼是人類本身提出了問題。如果，正如哈洛葳（Haraway, 2003）所說的，人和非人類之間的關係是象徵性的，那麼或許我們仍可保持著人類的身分，即使是創造了一個人造的身體（見Ihde and Selinger, 2003）。

針對基因工程的問題，有文化研究風格的提問會是：

• 如果身體植入基因或人造基因，你是否會變成不同的物種？「人類」會分裂成不同物種嗎？以階層來做區分的話，這意味著什麼？

- 這將會如何改變我們關於身分和主體性的理解？（見第7章）
- 就權力而言，後人類的世界的影響會是什麼？科學會不會變成宛若上帝一樣？誰會受益於基因強化？基因強化為誰效力？可能的政治用途和意涵又是什麼？
- 基因工程是怎麼被談論的？何種話語／論述被用來支持或反對基因工程？人們如何被動員去同意或不同意基因工程？

認知增強

©攝影者：Sally-Anne Stewart

　　漢娜·馬斯倫（Hannah Maslen）是牛津馬丁學院的研究員，正戴著一具顱直流電刺激（transcranial direct current stimulation, tDCS）裝置，用以研究認知增強在倫理、法律和社會方面的意涵。

　　「認知增強」（cognitive enhancement）是指用各種醫藥、裝置、科技和技術來提升心理官能的不同面向，例如：記憶力、注意力、反應力、思考的清晰度，以及可以在睡眠極少的情況下表現出色的能力（Vincent and Jane, 2014）。通常，這涉及先前被用於幫助「病」人變回「正常」的醫藥，像是管制用藥「利他能」（Ritalin）（一種中樞神經系統興奮劑）、「多奈哌齊」（donepezil）（一種治療失智症的藥物），以及「莫達非尼」（modafinil）（是一種覺醒促進劑，用於治療像是發作性嗜睡症之類的疾病）。

　　雖然益智藥物（smart drugs）聽起來像是科幻小說裡面才有的概念，目前正在做的許多實驗（在正式的實驗室裡，或是非正式的場合如學生、學者或其他人用以獲得

認知優勢）。比方說，2014年一項針對英國大學生的調查發現，有五分之一的人自行服用莫達非尼，也被稱作「讀書必備用藥」（the study drug），為的是保持清醒與長時間持續工作（Young-Powell and Page, 2014）。

　　學術界和一般人都越來越對顱直流電刺激（transcranial direct current stimulation, tDCS）裝置感興趣（Coffman et al., 2014）；這是用九伏特電池的電流刺激大腦，正如你在圖中所看到的。電痙攣療法（electroconvulsive therapy）──又稱電療法（electroshock therapy）──通常在流行文化裡被描述成嚇人和惡夢的對待精神病人。〔有個例子是電影《飛越杜鵑窩》（*One Flew Over the Cuckoo's Nest*）。〕雖然顱直流電刺激涉及用電流刺激大腦，但和電痙攣療法（需要麻醉）不同的是它用的是非常弱的電流，而且不會導致癲癇（Silverstein et al., 2014）。當代「電子藥學」（electroceuticals）大多未受監管，而且尚在測試，然而它們卻已被大量製造和行銷，連同其關於治療沮喪和慢性病痛的誇大療效，以及宣稱它改善腦可塑性、手眼協調、運動表現、記憶力和學習能力等。有家公司販售可用iPhone控制的顱直流電刺激設備（包含四個電極的頭戴式耳機），邀請遊戲玩家「讓電力刺激你的神經元，好讓你可以射擊得更快……並且在線上遊戲裡取得優勢」（'foc.us is tDCS headset for gamers'）。

　　也有人數頗眾的DIY電子藥學狂熱人士組成的社群，用電池、電線和電極自行組裝顱直流電刺激設備（Hannah Maslen，轉引自Basulto, 2014）。有個網頁──點閱率超過8.7萬──提供三步驟的教學課程，教導人們如何組裝和運作一個「人類增強設備」（Human Enhancement Device），宣稱可改變大腦皮質興奮性。然而，這個網頁作者是一位電子器材愛好者，卻強調對可能造成的「燒傷、**永久性神經損傷**或是最嚴重包括死亡等其他個人傷害」不負任何責任（quicksilv3rflash, 2013，粗體字強調的部分是原文所加）。這種免責聲明似乎顯得如此可笑，但這確實反映了一個事實，亦即關於認知增強技術是否有效，以及關於它可能造成的副作用，學術上存在著嚴重分歧意見。再者，一般人購買和使用這些醫藥和技術通常涉及法律灰色地帶。

　　正值研究者繼續調查認知增強的效果和安全性，有關這些技術的倫理問題也激起熱烈辯論，這些問題包括：

- 在何種狀況下，使用藥物從一種療法（therapy）變成一種增強劑（enhancer）？
- 如果認知增強技術變成商業上可以取得，但因為價格昂貴而只有少數有錢有勢者才負擔得起，那麼會發生什麼後果？
- 高層級專業人士例如：外科醫師和機師應該使用認知增強劑，以便能在長時間的手術和航程中保持清醒嗎？
- 讓我們不斷變得更好、更快和更有效率是件好事嗎？抑或是人類有其自然極限，我

們應該學著去尊重和接受？

> 　　如果我們知道它是安全的，我們該試用一種益智藥物嗎？如果你發現班上同學在使用這種藥物，你會感到有壓力必須也用這些藥物嗎？如果你在這種情況下選用這些藥物，你覺得那還算是一種完全出於自由意志的選擇嗎？咖啡、止痛藥和酒精屬於這類增強劑嗎？你做過的療法或服用過的藥物中，可被歸類為增強劑的有哪些？請就此列出一張清單。

生物學的演化身體

　　演化生物學（evolutionary biology）研究和解釋的是地球上的生命多樣性、生物體求生存的各種適應過程，以及物種的長期發展。

　　正如邁爾（Ernst Mayr, 1982）所理解的，演化理論的基礎可以理解為一個包含五種組成元件的網絡：

1. 生活世界並非恆常不變；演化變遷已經發生。
2. 演化變遷有如開枝散葉，顯示當代物種繁衍自遙遠的祖先。
3. 物種的母群體分裂並繁衍支系的亞群體，新物種於焉形成。也就是說，新物種的產生是由於亞群體的孤立。
4. 演化變遷是緩慢漸進的。
5. 適應變遷機制出於天擇（natural selection）。

天擇與基因的地位

　　天擇過程是使某個物種的生物體生長和繁殖的特性，獲得遺傳的過程。道金斯（Dawkins, 1976, 1995）是這種「基因之眼」演化觀的總工程師。此處，演化被理解為流經時間的基因長河所構成。

　　用道金斯的術語，基因是形成一個譜系或血統鏈的**複製體**（replicators），每個環節都是其前身的副本。這是生物體（及其特徵）無法做到的。也就是說，生物體不能複製，基因才可以複製。當然，基因的成功複製取決於它們打造強有力身體〔載具或**互動體**（interactors）〕的能力，使其得以在環境中生存並繁衍。長期來看，善於生存和繁衍的基因是那些能夠打造身體和特徵，能在環境中匯集累積優勢的基因。

> 哲學家丹內特（Daniel Dennett, 1995）將演化過程描述為無心的與無目的的。你／妳認為這是什麼意思？

演化的文化

一種文化的演化觀認為，文化的形成是祖先在適應物理環境的過程中所留下的遺產。今日，文化代表了人類創造的一種新的「合成的」環境。人們常說，人類語言和文化的複雜性，是我們與其他動物之間最大的差異。然而，我們不能對人類的語言、合作和文化抱著想當然耳的態度，它們是在一個演化的脈絡下，從無到有才逐漸建立起來的。人的生命，畢竟，與動物的生命無異。

語言的發展，文化的基石，可能取決於「語言學習裝置」（language acquisition device）的演化發展。此外，我們思考的風格與參數，一部分是受到大腦認知結構的形塑。其後，我們學習語言，這也是學習如何在我們的環境中做事情的一部分。因此，我們發展語言技巧主要是透過實作而非思維。

演化心理學

演化心理學（evolutionary psychology）已告別可用（基因導致的）調適選擇直接與唯一合理地解釋不同行為的想法，轉而對監督我們行為的**認知機制**（cognitive mechanisms）的演化情形產生興趣。後來，「演化心理學主張不同層次的分析的整合與一致性，而非心理或生物的化約論」（Buss, 1999b: 20）。

#心理學理論本身不會，也不能構成文化的理論。它們只提供文化理論的基礎（Tooby and Cosmides, 1992: 88）。

文化的基礎是演化的心理學機制，利用社會和文化輸入並在其上發生作用。由於各種不同的脈絡下的各種不同的輸入，導致這些心理機制的差別作用，從而解釋了文化多樣性（cultural diversity）。

演化心理學關注的是找到支撐文化行為的認知機制（及其功能）。這樣做的目的是指認基因對行為的直接決定作用。因此，演化心理學並不是基因決定論（genetic determinism）。事實上，「演化心理學家強烈抵制演化和文化理論的分工方式」（Sterelny and Griffiths, 1999: 325）。因為社會群體是人類的主要生存策略，所以天擇可能已經發生在合作生存（co-operative living）（Brewer and Caporael, 1990）。因

此，許多最重要的演化的心理機制將是具有社會屬性的（Buss, 1999b）。我們的基本心理機制，幾乎可以肯定是由所有或大多數人共享的（亦即他們是一種物種典型），雖然因環境不同的結果可能有所差異。因此，對演化心理學家而言，人類行為受到兩種因素影響（Buss, 1999a）：

1. 演化的適應；
2. 觸發這些適應的發展和啟動的環境因素。

演化的大腦

　　演化心理學將人類大腦概念化為一系列的資訊處理機制或模組的發展，旨在執行特定任務。也就是說，人類大腦發展是透過解決環境裡出現的問題，從而讓人類得以演化。在為特定問題找到解決方案時，即使該解決方案的適用範圍和未來效用有限，它們往往還會在可預見的未來持續存在。影響所及，特定調適方式並不一定最符合我們祖先的環境，遑論我們當前面對的狀況，但只要它們還算「夠好」，而且在它們的原生環境裡行得通，這些調適方式就會存活下來。

＃演化時間差（evolutionary time-lag）意味著我們所運用的大腦機制，是在於且為了與當代文化相當不同的環境而發展出來的。

　　根據巴斯（Buss, 1999a: 47-49），一個演化的心理機制是一套具有以下屬性的過程：

- 一種演化的心理機制的存在形式有其道理，因為它在演化史上一再地解決了生存或繁殖的具體問題。
- 一種演化的心理機制是設計來只取用相當少量的資訊。
- 一種演化的心理機制的輸入告訴一個生物體面臨的特殊適應問題。
- 一種演化的心理機制的輸入是透過決策規則轉化為輸出。
- 一種演化的心理機制可以是心理活動，給其他心理機制的資訊或明顯行為。
- 一種演化的心理機制的輸出是導向一個特定適應問題的解決。

　　概括地說，一個演化的心理機制是生物體內的一組程序，其目的是輸入某種特定資訊，並透過決策規則將此資訊轉化為輸出，歷來這種過程是協助解決適應的問題。心理機制存在於目前的生物體，因為平均說來它曾經成

功地協助該生物體的祖先解決某種特定的適應問題。（Buss, 1999a: 49）

　　大腦裡特定領域的模組有助於文化的形成，藉由提供人類思考的樣版，並提供解決我們可能會面對的問題的參數，這包括專殊化的推論機制（specialized inference mechanisms）。這些促使構成文化的再現方式，透過觀察及／或互動，得以從一個心靈傳播到另一個心靈（Tooby and Cosmides, 1992）。當然，文化的某些方面如藝術、文學、電影、音樂等，似乎與生存和繁殖的關聯不大。然而，我們能夠從形狀、顏色、聲音和故事中得到樂趣，這些機制的演化與我們的祖先面對的演化任務息息相關，從而使現在的我們得以欣賞和發展藝術活動（Pinker, 1997）。

對文化研究的意涵

　　演化心理學和神經科學，為我們提供瞭解世界的有用證據和思維方式。舉例來說，值得反思這一想法，亦即我們都是共同祖先的子孫，享有共同的基因組（99.9%是共享的）。雖然我們之間的文化距離很遠，但我們仍然是人類物種的成員。有時我們之間的文化距離明顯如此遙遠，導致我們視彼此為異類，彼此想法似乎非常分歧。然而，共享生物學特性的道理，可能有助於彌合這一差距。它可以支撐文化行動（例如：人權宣言）的可欲性。此外，情緒反應的根源是生物化學。儘管情緒是文化中介的，廣泛情緒反應的共享是將我們凝聚為人類的特性之一。我們都同樣有所懼，也同樣有所愛。

　　演化生物學也意味著有文化普遍性（cultural universals）的可能性。例如：所有文化使用的符號，其根源都來自人類大腦的生物化學能力。後來，當然，我們使用不同語言，這僅是普遍性的特定形式上的不同。再者，所有人類文化都包括圍繞著生死與飲食的性意識、家庭關係、歡笑、淚水和儀式。文化研究向來關注文化的特殊性，以及在地的局勢特性。然而，沒有任何理由這項工作不能放置在文化普遍性的背景之下。因此，文化研究可以探討差異與類同。

＃各種文化圍繞性意識、家庭和死亡等所建構的意義是獨特和不同的，同樣也讓我們感到興趣的還有人類〔不同文化之間〕的共同點。

　　演化生物學和遺傳科學在人文學科尚未獲得高度重視，這是因為他們認為人的能力和行為的可塑性是有限制的（在現有人類歷史時間尺度之內）。這裡的難題是：一方面，接受了人力可塑性確實有所限制，可使我們免於承受追求無法企及目標而受挫後的永恆挫折。另一方面，這種接受人類可塑性很小的心態也是危險的，因為很多是

可以改變的。

　　因此，測試文化變遷的水溫通常是值得的。雖然如此，我們對何時實驗已不再可行，也需要有所判斷。因此，對社會性別不平等完全根源於生物學、從而不可改變的說法，女性主義的質疑是正確的。然而，現在也很清楚，人的身體和大腦也設限了人類基於性別的行為的可塑性（見第9章）。然而，這並不是說要回歸到傳統的性別角色。五十年來性／別方面的文化變遷已經表明，某些轉變是可能的。

習作

- 請為以下說法建構論點：演化理論必然意味人類沒有行動自由。
- 請為以下說法建構論點：演化理論並未根絕人類的行動自由。
- 上述這兩種觀點如何並存不悖？

個案研究：基因、文化和乳糖耐受性

　　道金斯舉（大多數）成人的乳糖耐受性，作為文化驅動的演化變遷的例子。牛奶是嬰兒食品，而非成人食品，所以最初對食用的成人並不好。因此，幼小的哺乳動物在斷奶期後會自動關掉能夠分泌乳糖酶的基因，而乳糖酶能夠消化乳糖（牛乳中的一種糖分）。但有悠久游牧史的部落基因已發生改變，其成年族人也可以耐受乳糖：

　　　　乳牛、綿羊和山羊的溫馴程度和產乳量增加，其演化過程與豢養牠們的部落族人的乳糖耐受性一樣。兩者都是真實的演化趨勢，都發生基因變化，但兩者都同樣受到非基因的文化變遷所驅動。（Dawkins, 2005）

　　這樣的例子展示，複雜的社會施加了演化驅力給我們的過程，和最初的「野蠻」人類所經歷的不同（McCredie, 2011: 53）。它們也是一個提醒，雖然不可避免會有時間差，演化過程確實不曾突然停歇——如某些演化心理學者想要我們相信的——在更新世（Pleistocene）那個時代。事實上，在對的情況底下，演化會突然加速進程。比方說，為了馴化而選擇性配對銀狐的基因實驗，在短短二十年之間就產生了極為不同的動物，不管外觀或行為上都是如此（McCredie, 2011: 50-51）。

神經哲學與法學

　　心靈科學（the mind sciences）的突破，已撼動有關道德、自由意志與刑事正義的長期辯論。刑法懲罰罪犯是基於人應為自己的行為負責；然而，我們對基因如何形塑大腦，以及大腦如何影響行為瞭解得越多，就會發現人真正自由的空間似乎並不大（de Duve, 1995: 250-254）。

　　在光譜的一端是消除物質主義論（the eliminative materialist contention），主張我們所想所為都是大腦機械運作的結果，而且最終可用「完整的神經科學」（completed neuroscience）解釋（Churchland, 1992: 1）。對人類行為越來越詳細和完整的科學解釋，令卡什莫爾（Anthony R. Cashmore）印象深刻，他說由於「個人無法為自己的基因或環境負責……要個人為自己行為負責也非合於邏輯的事」（2010: 4499）。道金斯（Richard Dawkins）甚至說，懲罰罪犯無異於英國情境喜劇《非常大酒店》（Fawlty Towers）當中的一個場景，亦即約翰・克里斯（John Cleese）所飾演的角色因為車子無法發動而痛毆車子一頓：「謀殺犯或強暴犯不就是一臺有瑕疵零件的機器？或是有瑕疵的養育？有瑕疵的教育？有瑕疵的基因？」（Dawkins, 2006）。從這種機械式的觀點，報復性的懲罰應該被廢除，改用強調嚇阻、預防、治療和從社會中移除危險分子（例如：de Duve, 1995; Eagleman, 2011; Greene and Cohen, 2004）。

　　然而，並非每個人都認為人類行為的科學解釋——即使是完整和正確——能夠完全否定人的自由意志和責任。神經法哲學家文森特（Nicole A. Vincent）（2008, 2013）指出，法律的重點不在於犯罪行為，而是犯罪的心理層面（2013: 2）。法院通常考量包括被告分辨是非的能力，以及「理性」行為的能力。因此，涉嫌謀殺者若處於精神病態，通常和預謀殺人的正常人受到的判決有別。神經科學的進步因此是重要的，因為越來越精密的大腦攝影技術讓我們得以辨認大腦的反常狀態，而這一點可能攸關一個人的刑事責任輕重。諸如道金斯等人抱持的立場，遭到來自於思想家摩斯（Stephen J. Morse, 2006, 2010, 2011, 2013）等人的反駁，後者認為大腦—心靈—行為之間的關係尚不清楚，而且科學還未能證明自由意志不存在。因此，摩斯論稱，「基於神經科學而宣稱我們必須根本改變關於我們自己的圖像，是一種神經科學的傲慢」（Morse, 2013: 44）。

　　摩斯談到「神經法學張揚」（NeuroLaw Exuberance），也要求「神經科學謙卑」（neuromodesty），你認為摩斯說的是什麼意思？道金斯將殺人犯視同一輛無法發動的汽車，你同意道金斯的說法？如果罪犯能被醫學或手術治療，這是否意味著所有犯罪都只是一種疾病？與關於演化生物學對人類行為衝擊的辯論相比，上述有關神經科學和法學的相關辯論是否有類似之處？

生物學與文化：情緒的問題

　　西方文化面臨的許多主要問題涉及心理困擾，而非物質匱乏（這不是說，這兩者不是經常齊頭並進）。這些難題關係到：

- 我們與他人的關係：孤立、失敗的婚姻、侵犯和暴力；
- 我們的無意義感：疏離、自殺和沮喪；
- 我們的成癮：對毒品、對性和對購物的成癮；
- 我們的心理健康：抑鬱、焦慮和酗酒等問題蔓延。

　　這些問題既是生物化學的，也是文化的。情緒狀態有其演化根源，受到文化狀況的觸發。再者，情緒反應是社會建構的，亦即我們以文化的方式詮釋身體的反應。我們需要文化研究，幫助我們去瞭解情緒被產生和理解的方式。

瞭解情緒

演化和情緒

　　從演化的角度看，情緒出現在長時段的人類歷史（the *longue durée* of our history），與我們常相左右並且對我們物種的生存有所貢獻（Ekman, 1980; Tooby and Cosmides, 1992）。演化是生物體為了生存而做的適應變遷的過程，影響了物種的長遠發展。在此脈絡下，情緒被理解為一種生物化學的表現，涉及一系列的生理變化。情緒召喚人類發展史上，重複發生的一些狀況。它們應付根本的生活任務，並幫助解決我們先祖們面對的問題。

　　在此基礎上，演化理論從生物需要的角度探索情緒，並且主張我們面對刺激尋求恐懼、焦慮、憤怒、成癮、性意識等的廣泛取向是受到基因影響的（Hamer and Copeland, 1998）。例如：普拉契克（Robert Plutchik, 1980）論稱，我們有「與生俱來的」（hard-wired）基本情緒（悲傷、驚訝、厭惡、憤怒、期待、高興、接受、害怕），以及一些較新的情緒，揉合了「基本的」情緒狀態（友善、警戒、內疚、慍怒、愉悅、焦慮等）。同樣，埃克曼（Paul Ekman, 1980）指出，情緒涉及普遍的身體反應和面部表情，它們是自動的、不學而能的與公認是跨文化的。

　　這樣的解釋的問題是，情緒被化約為生理和基因決定論。然而，情緒的演化理論不一定文化的解釋不相容。因此，埃克曼承認與生俱來的情緒有受到習俗、規範和習慣的影響，人們得以控制情緒的表達。

情緒的大腦

勒杜斯（LeDoux, 1998）認為，演化的心理功能的適當分析層次是它在大腦中被再現的方式。因此，〔大腦〕杏仁核（amygdala）的活動狀況與焦慮和恐懼有強烈關聯，〔大腦〕海馬體（hippocampus）則與記憶及事件和情緒的脈絡化有關，而〔大腦〕額葉（frontal lobes）在情緒調節上扮演重要角色。情緒涉及大腦、身體與有意識經驗之間的複雜回饋機制，因此情緒是動態的狀態。

正如勒杜斯承認，雖然人類意識和情緒是大腦組織方式的結果，大腦裡的感覺將不相同，能將世界以語文的方式分類，這是大腦無法辦到的。例如：焦慮、恐懼、恐怖和憂慮之間的差別，有賴於認知和語言。因此歐特尼和特納（Ortony and Turner, 1990）認為，我們有許多種身體反應（例如：心跳）組成了各種「情緒」，這些情緒本身是由較高的認知功能（評價）組織和命名的。根據這種觀點，並沒有所謂基本情緒存在，而是有一系列的主初級反應，結合並接受認知監督之後，被認定為某種情緒。因此在一組身體反應之上，我們從我們的工作記憶加入有意識「感覺」，而且使用某些字詞不僅將特定脈絡下的反應標籤為「恐懼」、「憤怒」、「愛」等，而且這些字詞也會引發進一步的情緒反應。

認知、文化和情緒

雖然在歐特尼和特納的說法裡，認知在命名生理反應時扮演一定角色，哲學家瑪莎‧努斯鮑姆（Martha Nussbaum, 2001）提出一個強有力論點，將認知過程置於情緒的最核心地位。她對認知的定義為「接收和處理資訊」，雖然這一概念也與「心理過程」（mental processes）如注意、察覺、思想和再現有關。努斯鮑姆論稱，一種情緒是由我們的判斷構成的，這些判斷與對我們的世界及福祉重要的客體有關。通常這些評價涉及到我們不能完全控制的事物，亦即情緒涉及與價值有關的認知判斷，既充滿了評價與我們福祉息息相關的外部客體的情報，也承認我們對這個世界的需要和自身的不完美（Nussbaum, 2001）。

雖然認知不一定用語文形式表達，但語文能力的獲得賦予我們許多資訊處理或思想一個文化的面向。人類情緒是文化建構的，因為它們是(a)由文化建構的認知所構成的；(b)透過文化詮釋和展示規則而管制；而且(c)被文化話語／論述命名和理解。

情緒的文化建構

篤信社會和文化建構論者（Gergen, 1994; Harré, 1986）認為，情緒是文化建構的。他們列舉了不同文化之內的差別情緒反應，認為情緒的話語／論述組織和規範了我們應如何理解特定脈絡下的身體反應。事實上，情緒本身可理解為話語／論述建構（discursive construction），亦即情緒的存在與我們如何談論它們有關。情緒不只是

個人如何詮釋經驗的問題，也不可避免是更廣泛的文化資源（亦即同一文化的成員可取用的話語／論述解釋、資源和意義地圖）的一部分。

在這種情況下，波特和威斯瑞（Potter and Wetherell, 1987）試圖表明，基本的心理學概念如態度、情緒和內在心靈（inner mind），可透過共享語言的檢視來理解。他們論稱，「說」在語言背後，並無情緒這種「東西」存在，情緒是由語言和文化資源的修辭組織所構成的，吾人從中得以建構引起「情緒」的有關我們的特定說法。這些論點的邏輯是人並非因情緒而引發或付諸行動，而是「人建構情緒，或參與其中，就像人登上舞臺演出時一樣」（Gergen, 1994: 222）。雖然如此，情緒的語言有其價值，作為一種討論激烈有意義的方式，因為那是文化定義的（culturally defined）、社會表現的（socially enacted）與親身接合的（personally articulated）（Lutz, 1988: 5）。

情緒涉及認知和道德判斷，以及文化核可的表現方式。事實上，盧茨（Lutz, 1988）描述情緒為「文化建構的判斷」（culturally constructed judgments）。因此，感情會受到文化和歷史變遷的影響。所以，史登（Stearns, 1995; Stearns and Knapp, 1996）討論了悲痛在英美世界不斷變化的性質。悲傷的展現在十九世紀以前被壓抑，到了維多利亞時代，它變成一種文化彰顯的情緒，涉及公共展示和儀式。然而，到二十世紀初期，悲痛的人再度被要求應克制悲傷的表現。

此處，我們看到，情緒受到規則的限制，人們被期待在婚禮時顯得喜孜孜，喪禮上顯得傷心（感覺規則），並以文化上核可方式（表現規則）表現出來。如果不這樣做，會帶來社會告誡，引起罪惡感和羞恥，亦即牽連在社會和文化管制當中的情緒。因此，霍曲查德（Hochschild, 1983）曾探討空服員情緒管理的培訓方式，作為組織情緒管理的一環，以便在面對客戶時隨時露出愉快、充滿微笑的面容。

珍妮·蔡（Jeanne Tsai）在討論「西方人」和「亞洲人」表現情緒時的文化差異（見Goleman, 2003）。她論稱，個人主義較盛的西方人的情緒表現，與受到亞洲文化影響的人有所不同。例如：與西方人相比，當他人而非自己應為某些事件負責時，亞洲人往往會感受到更多的羞恥和罪惡感。因此，植根於社會相互依存關係的亞洲文化的自我觀，影響了情緒的建構和經驗。再者，在人際發生衝突時，西方人似乎感受到比亞洲人更「正面」的情緒，亞洲人較可能將這些看作是負面的現象。

概括地說，情緒可透過演化理論、心理學理論和文化理論來探索，而且可被理解為同時是生理、神經學和語言學的現象。這些形式的分析，往往被認為是相互矛盾和相互排斥的。然而，它們不必如此不可；它們可能被整合到一個整體的「情緒迴路」（a holistic 'circuit of emotion'）當中。

情緒迴路

　　認知、生理反應和文化命名（cultural naming），都是人類情緒的必要組成部分。對情緒的精巧的理解將其掌握為「完整系統反應」（Lineham, 1993），包括：

* 一定程度源自於演化／生物學，亦即生理上的與生俱來（physiological hard-wiring）；
* 引起生理反應的認知判斷（cognitive judgements）；
* 評估（appraisals），將反應命名為恐懼、愛……狀態的反應；
* 社會脈絡（social contexts），情緒在此被命名、學習，並以文化管制的方式展現；
* **詮釋**（interpretations），對我們的現象學經驗予以解釋；
* **動機**（motivations），據以行動。

　　例如：恐懼涉及處理一個感知到的威脅（認知）、心跳加快和手心冒汗（生理學），以及觸發的逃跑（行動）、一個特定的社會脈絡（例如：拳擊場或演講廳）及其文化理解，接著影響人如何表現出恐懼（例如：搏擊對方或手捻忘憂珠）。注意這些要素並命名它們（「我知道我很害怕，因為我的腿在發抖」），將會塑造我們對此一經驗的詮釋。因此，情緒可以理解為既是文化又是生物的，互為因果。換言之，與其將情緒化約到一種單一的必要和充足的元素，我建議我們將情緒想像成相互作用的因素之間串聯而成的迴路。

　　「情緒迴路」（circuit of emotion）的隱喻，是企圖擺脫單一線性層面的決定論

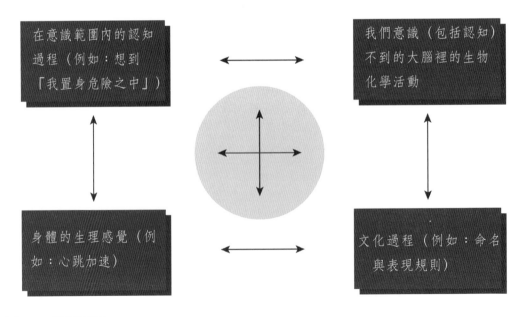

在意識範圍內的認知過程（例如：想到「我置身危險之中」）

我們意識（包括認知）不到的大腦裡的生物化學活動

身體的生理感覺（例如：心跳加速）

文化過程（例如：命名與表現規則）

圖4.1　情緒迴路

和化約論〔此處受惠於保羅‧蓋等人（Du Gay et al., 1997）的「文化迴路」概念〕。重點是強調迴路裡的每個時刻的不可化約性，它們同一時間處於相互決定的關係。此處，「情緒工作」（emotion work）產生在這個由文化（語言／意義）、認知（資訊處理）、大腦（生物化學和演化的心理機制）、基因（根據DNA圖譜的行為可預測性）和身體生理（心跳加快、瞳孔擴大等）組成的迴路的每一個層次。這些「時刻」的每一個都是接合和相互作用的。因此，「情緒」不是一個本質性的實體，而是在過程中相互作用的結果（見圖4.1）。

　　眼前的挑戰是掌握這個過程中的每個時刻如何與其他時刻互動，文化環境又如何塑造我們的認知？例如：在什麼樣的文化狀況下，我們會認為「我是一個失敗者」或「我受到威脅」？認知和語言之間的關係是什麼？「我受到威脅」的認知是如何以大腦化學運作而產生恐懼或憤怒的生理反應呢？在一個特定文化中，憤怒的表現規則是什麼？它們是如何影響思維，進而改變大腦的生物化學作用的？

　　此一情緒迴路隱喻的優點是，它允許對迴路的每一時刻的特殊性進行分析，同時具兼顧它們彼此之間的關係。它聲稱是以整體的方式，情緒是迴路中所有時刻相互作用的結果，但認識到一個務實的要求，亦即個別分析其中每一個過程。

笑

©攝影：Chris Barker

・你如何命名形容這張照片再現的情緒？

- 什麼樣的思維可能和這種情緒同時發生？
- 何種生理感覺可能是與此情緒有關？
- 在何種文化脈絡下，這種情緒的表達方式是可被接受的？
- 在何種文化脈絡下，這種情緒的表達方式是不被接受的？
- 你認為（照片上）這張臉的意義會不會因族群或國族文化的差異，而有所不同？

　　請為恐懼、憤怒、厭惡、悲傷、歡欣和驚訝等情緒各畫一張臉，並逐一自問自答一次上述的問題。

作為經驗的情緒

　　情緒迴路是一種分析的隱喻，也是一個解釋框架。然而，情緒也可以理解為一種經驗。經驗這個概念在文化研究裡似乎有些矛盾，一方面要將文化理解為鮮活的和有意義的，它是很關鍵的概念；另一方面，若無語言的框架作用，人並無法理解經驗。這是說，話語／論述將經驗建構為對我們有意義的。

　　情緒的語言「指向」我們直接體現的情緒經驗（direct embodied experience of emotion）。在存在主義、現象學的意義上，情緒是感官體現的行為，在文化世界裡被賦予意義，它可能是前反身性的（pre-reflexive），但有目的或世界導向的。「情緒並非一場意外，它是一種有意識的存在方式，從而得以瞭解（近似海德格所謂的了悟）它是「存有於世」的（Sartre, 1971: 91）。情緒構成看待世界的一種觀點，也是我們存在其中並且通過的一種存有方式（Crossley, 1998）。

身分／認同和情緒

　　情緒可理解為一種「體現的意識」（embodied consciousness）或「存有的方式」（way of being），它是鮮活的、經驗的和接合的。它們涉及文化習癖的實踐及我們透過文化話語／論述、表現規則和情緒工作，對它們所做的詮釋（Denzin, 1984）。這些詮釋是通過文化形成的有關身體的話語／論述，透過冷和熱、緊和鬆、動與靜等隱喻（Lupton, 1998）。其後，這些情緒敘事的話語／論述使我們形成主體並形成一部分的身分，通過（例如）學習和訴說愛情或悲傷的敘事。再者，身分也涉及我們對自身生活敘事的情緒依戀。

快樂運動

　　二十一世紀的頭一個十年，由正向心理學運動（the positive psychology

movement）領軍的快樂研究（studies of happiness）大有增加之勢。馬丁・賽里格曼（Martin Seligman, 2002）與索妮亞・柳波莫斯基（Sonja Lyubomirsky, 2010）論稱，樂觀、希望、寬恕、感恩與「心流」（flow）[1]等品質，提升了幸福感。他們認為，透過特殊方法開發這些品質，可以增加我們的快樂程度。如今，書店充斥有關快樂的書籍，大學研究並教授這個主題，甚至有新的跨領域學術期刊名為《快樂研究學刊》（*Journal of Happiness Studies*）。

在那個脈絡下，關於快樂運動，文化研究會問以下問題：

- 文化因素會提升或阻礙快樂幸福嗎？
- 快樂是一種普遍經驗，抑或是不同文化會以不同方式談論和定義快樂？
- 什麼因素導致正向心理學運動此時在西方社會興起？
- 在快樂的定義和提升過程中，權力扮演什麼角色？

哲學與不快樂的追求

海布龍（Daniel M. Haybron）檢視人類本質和古代哲學家所謂「美好生活」（意指美德、性格卓越與智慧的培養，而非僅是追求極大化一己的快樂）之間的關聯。有關快樂的科學研究發展蓬勃，進入心理學經驗研究的主流。然而，海布龍發現在哲學裡還有明顯的歧見關於快樂**是**什麼：例如：它是否等同於享樂主義、生活滿足或一種正向的心理狀態（Haybron, 2001: 5, 9）：

> 快樂是一個不清不楚的**典範**，問題的根源。即使你能從那種讓這個主題（或是多個主題）討論根本無法進行的無盡爭吵中脫身，你也會發現自己面對的是人類所知的最豐富、複雜、模糊不清、半透明滑動與短暫的現象，恐怕連詩人都沒辦法勝任這個任務。（Haybron, 2008: vii，粗體字爲原文所加）

雖然經驗研究發現，超過基本所需的財富增加對增進快樂的助益有限，海布龍（他本身支持快樂的情感狀態理論）指出，很多人犧牲快樂去追求金錢（2001: 314）。他也認為：

---

[1] 譯註：「心流」是指因專注投入於創作或優質工作時，而達到的某種暢快和忘我的狀態。

- 快樂之所以重要，是因為它對實際目的的重要性可能大於它對幸福的重要性；
- 我們許多人相信自己是快樂的，但其實我們並不快樂（因為我們對自己生活的評估和判斷是任意的、不嚴謹，而且沒有實際經驗的基礎）；
- 在追求快樂這方面，我們通常拙於選擇（也就是我們相信會帶來快樂的事物，經常並沒有真正能讓我們快樂）；
- 在追求快樂方面，人們可能會做出更明智選擇，假如他們能夠更全面瞭解快樂的本質和價值。

你如何定義快樂？你認為如何得到快樂？你曾做什麼事（或買什麼東西），原本希望讓自己更快樂但最終並沒有？如果一個人的快樂得自於別人的損失，那麼是否該用一個不同於快樂的詞？你認為海布龍的觀點——鑑於我們在追求快樂方面，我們很多人經常做出不明智的選擇——我們可能是不自覺的追求不快樂者？你認為快樂是個值得深度學術研究與分析的主題嗎？科學家能幫助我們變得更快樂嗎？或許可透過研究人腦以發掘能讓我們快樂的方式？

文化與快樂

　　在《文化與主觀幸福讀本》（*The Culture and Subjective Well-Being Reader*）（Deiner and Suh, 2000）裡，作者群尋求影響主觀幸福感的文化因素，其中大多數作者同意文化會影響快樂程度，但對文化的影響力大小及其中涉及的因素並無共識。不過，他們認為確實有一些會影響幸福感的因素既獨立於文化之外，又受到文化的影響。

　　文化研究學者對所謂快樂能夠獨立於文化的說法有所懷疑。他們認為，快樂這個概念本身就是一種具有文化特殊性的社會建構，透過文化實踐活動而建立起來（Kitayama et al., 2000）。當然，在全球化時代，不同文化之間彼此滲透，有關快樂的文化概念也因此在全球各地移動。比方說，亞洲文化的快樂概念在傳統上是集體導向的，但現在已被西方的個人主義導向影響。此外，快樂的概念也具有歷史特殊性。

　　快樂具有文化本質這一種觀點意味著，「雖然想要保持價值中立，主觀幸福感實際上是規範性的：這個概念的設計本身就預設了西方文化的價值觀和假設」（Christopher, 1999: 146）。因此，根據克里斯多福（John Chambers Christopher）的看法，快樂相關的經驗研究有問題地假定西方的個人主義概念是「作為什麼是好的或理想的人的規範性建議」（1999: 144）。

文化研究、快樂與權力

由於情緒會受到權力關係的影響，因此文化研究探索文化、幸福感與權力之間的關聯（Harding and Pribram, 2002）。因此，文化研究探討權力的文化過程，因為後者導致關於快樂的特殊概念和經驗得以出現，以及它造成的影響。比方說，澤夫尼克（Luka Zevnik, 2014）建議對快樂進行傅柯式的系譜學分析，追溯快樂這個概念的起源和發展，以及其中牽涉的權力關係。比方說，他認為我們不應假定「快樂」一定是件好事，因為這會導致一種追求「強迫快樂」（compulsory happiness）的壓力（Bruckner, 2001），最終因為達不到我們預期的快樂程度而反生更大的挫折感。雖然這麼說，澤夫尼克也建議文化研究應該在傅柯的「關照自我」（care of the self）概念之脈絡下（為了轉化自己，主體採取某些特定實踐方式），探討關於快樂的各種實踐活動。因此，我們可能用快樂的實踐活動來追求一種「滿足的文化」（culture of contentment）（Barker, 2002），但同時又對它們進行歷史和文化的批評。

瀰因理論

一些受演化生物學影響的作家採用「瀰因」（meme，或譯文化基因）一詞，以此為基因理論和文化之間的橋梁（Blackmore, 1999; Dawkins, 1976; Dennett, 1995）。瀰因被理解為最小的文化元素，藉由人類的模仿能力而複製。特別是，「瀰因是行為表現的指導，儲存在大腦（或其他客體），透過模仿相傳。瀰因的例子可能包括車輪、字母、特殊歌曲或音樂片段、流行服飾、書籍和思想。一個特定瀰因獲得複製，不一定是因為它最適合我們，而只因它們可以被複製。這是說，一個成功的瀰因是一個持續被模仿的瀰因。這種複製有利於瀰因，但不一定對人類本身是有利的。然而，演化適應的壓力，以及我們自己的自尊對特定瀰因所產生的作用，意味著瀰因複製的一般運動，與我們的價值觀（本身也是瀰因）是一致的。

當瀰因的散播方式越多，當它們擴散得越快，它們所受到基因限制也越小。全球範圍的大眾傳播的發展，從印刷媒介到電視，再到網際網路，已成為當代的瀰因擴散過程的重要機制。再者，這種說法表明，瀰因演化使人類變得（比基因單獨允許的）更加利他與無私。

為何某些瀰因勝出而其他瀰因失敗，是由於我們的感官系統和注意力機制的性質所致。這是說，導致瀰因興衰的一個最重要的因素，在於我們演化的心理機制所設定的參數。一個富含情緒的瀰因叢結（memeplex），而瀰因叢結是能一起複製的一群瀰因，這包括自我概念，亦即自我叢結（selfplex），是一組相互連結的瀰因。我們的瀰因決定了我們**是誰**，人類意識本身也是瀰因的產物。

網路瀰因

在當代流行文化裡，「瀰因」（meme）一詞被用來指涉病毒般的圖／照片、視頻和流行語，使用者經常對它們進行修改，透過賽伯空間而快速散播（Coleman, 2012: 109）。網路瀰因（Internet memes）——通常被用於幽默的目的——也採取超連結、井字號標籤（hashtags）、故意拼錯的字詞，以及惡搞等形式。惡搞的例子包括「瑞克搖擺」（rick-rolling），亦即利用一個具誤導性的網路超連結引誘人們點擊，點開卻是瑞克·艾斯特利（Rick Astley）那首歌曲《永不會放棄你》（*Never Gonna Give You Up*）（1987年發行的老歌）的音樂視頻。

網路瀰因也包括在賽伯空間上歷久不衰的lolcats（是一個綜合字，包括'laugh out loud'和'cat'等字詞）。Lolcats瀰因一般包含的是配上風趣文字的貓咪照片——通常包括獨特文字和網路俗語。「不爽貓」（Grumpy Cat）〔原名「塔達醬」（Tardar Sauce）〕是特別知名的lolcat明星（詳見第13章），曾躍上《華爾街日報》和《紐約》雜誌的封面，截至2015年中，她的臉書粉絲專頁已累積八百萬次「按讚」數。不爽貓甚至有自己的經紀人——又名「瀰因經理」（meme manager）——還有一個產值高達100萬美元的衍生商品產業（Syckle, 2013）。她的高人氣可歸功於它作為公認的網路著迷現象的縮影：貓咪和帶有鄙視意味的幽默。正如席軻（Katie Van Syckle）在論及不爽貓時寫道：「她那張總是顯得古怪的臉本來純粹是個負評。技術上來說是天生缺陷，但那似乎變得時髦：總是不屑和不爽的表情」（2013）。

在《自私的基因》（*The Selfish Gene*）（1976）一書中，首創「瀰因」一詞的道金斯——自己也無法免於變成網路瀰因之一：他的照片被拿來與女星艾瑪·華森（Emma Watson）（她在電影《哈利波特》中飾演妙麗·格蘭傑（Hermione Granger）這個角色）相提並論。被問到關於「瀰因」一詞被網路綁架時，道金斯表示這種用法很接近「瀰因」一詞的原意：「它是任何能夠病毒式散播的東西。在《自私的基因》最後一章裡最早提到『瀰因』這個詞時，我實際用的就是病毒（virus）這個隱喻。所以，當任何人談論任何在網路上有如病毒般散播的東西時，它不折不扣就是瀰因」（Dawkins，轉引自Solon, 2013）。不過，道金斯提出「圖像合成軟體」（morphing software）有可能被用在這個艾瑪·華森瀰因裡。

請用谷歌搜尋這個對照道金斯和艾瑪·華森的瀰因。你認為道金斯「被瀰因」成這樣，是否很有反諷意味？若然，你認為這其中包含的是第3章討論過的哪一種反諷？

不爽狗

　　請找一個網路上的瀰因製作網站（meme-making sites），製作一張不爽貓風格的網路瀰因照片，並自行為它下一個標題。

解構練習：自然 vs. 文化

- 自然如何存在於文化之中？
- 文化如何存在於自然之中？
- 自然與文化的界線何在？

本章摘要

　　在本章裡，我們探討了人類既是演化動物又創造自身文化世界這個不可否認的事實，以及圍繞這個事實的某些論證和辯論。為了完成這一探討，我們必然遭遇有關解釋形式的論點，特別是化約論和複雜（complexity）理論的論點。我們可以從中歸納的結論如下：

- 人類大腦與身體是基因和文化共同演化過程的結果。
- 人類心靈的運作，乃是依據形塑我們認知和行為能力的演化心理機制。
- 人類文化受到這些演化過程的參數的影響。

- 人類文化也有自主的元素，係由他們自身擁有的機制發展出來。
- 瞭解生物文化是一個試圖掌握複雜的相互關係的問題。
- 這樣想，成果會更豐碩：不將人類想像成有顆心靈的身體（bodies with a mind），而是將它當成「思想的身體」（thinking bodies）（Johnson, 1987）。

第二部分

文化研究的變動脈絡

第5章　新世界失序？

關鍵概念	
文化帝國主義（cultural imperialism）	現代性（modernity）
解組織化的資本主義 （disorganized capitalism）	新社會運動 （new social movement）
全球化（globalization）	後福特主義（post-Fordism）
混雜（hybridity）	後工業社會（post-industrial society）
生活政治（life-politics）	後現代主義（postmodernism）

　　我們正處在一個社會秩序快速變遷的時代。舊有的那張深受信賴的地圖，逐漸崩潰在全球失序的不確定性當中。這些多面向的、相互關聯的變遷，包含：

- 經濟；
- 科技；
- 政治；
- 文化；
- 認同。

　　然而，最重要的是，變遷並不是侷限在特定的民族國家範疇，而是糾結在全球化的過程中；全球化質疑有疆界的社會與文化的這個基本概念。這些變遷的複雜性，使得社會決定（social determination）的問題重新被思考，特別是承認這些複雜重疊與多元決定的肇因是混沌非線性的，而文化在其中扮演了舉足輕重的角色。

　　在這些變遷中有許多的面向，一直被排除在**文化研究**的理論範疇之外，特別是在科技與經濟層面上，而這正反映了作者在安排這個章節上的選擇。然而，這些變遷形成1990年代之後以及進入二十一世紀的文化研究的發展脈絡。

　　其中許多詞彙如後福特主義（post-Fordism）、後工業社會（post-industrial society）、後現代化（post-modernization）等，已被文化研究所吸納。此外，文化研究透過探索消費文化、全球文化、文化帝國主義（cultural imperialism）、後殖民主義等，從文化的層面上瞭解這些變遷。

經濟、科技與社會階級

福特主義

\# 1945 年後，西方世界的經濟體，特別是英國與美國，受到「福特主義」及凱因斯主義的支配，前者成為主導的經濟實踐方式，後者則成為其作為民族國家的經濟政策。

這些實踐方式不僅僅是作為經濟上的策略，它們同時建構了整個**社會形構**（social formation）的組織原則與文化關係。雖然在經濟體與民族國家之間存在著許多變異形式，但是福特—凱因斯主義（Fordism-Keynesianism）的廣義特質，其標記是在大眾消費的環境下進行標準化財貨的大規模生產，而這至少對於核心員工，需要一個較高薪資的系統。當然，相對於高薪的核心勞動力，對於女性與有色人種占絕大多數的低薪部門來說，這並不是一個流著牛奶與蜂蜜的富饒之地。

消費品的大量生產與大量消費的核心，是一套發展中的促銷與廣告文化，用來支持銷售的過程。此外，完全就業策略追求的不只是社會「共善」，更是一種持續運用權力，維持消費力以滿足生產量的方式。效率透過「科學管理」的技術達成（Taylor, 1911），科學管理強調：

• 分工的組織，以允許任務的區別；
• 運用時間與動作的研究（time and motion studies），評估並描述工作任務；
• 財務誘因的使用，給予員工工作的動機。

作為一種經濟管制的方式，福特主義需要某種程度的規劃與管理，以維持穩定。這一切係透過：

• 美國對於世界貨幣的支配；
• 某種程度上國際的合作；
• 國家扮演企業政策制定者與經濟管理者的雙重角色。

在這個時期，國家扮演提供社會福利的創造者、公司衝突的解決者，以及直接雇用者等重要的干預角色。產業景象顯得如此欣欣向榮，難怪有人說這會是左右全世界每個社會的工業化邏輯（Kerr et al., 1973）。

飲料生產

©攝影：Guy Shapra｜代理：Dreamstime.com

工廠工作

By day, Clive works in a factory.
He doesn't know what is made there; he just puts
the same two parts together – over and over.

© Tohby Riddle (2008). *Nobody Owns the Moon*. Camberwell, Australia: Penguin.

- 這兩張照片或圖片中有哪些元素顯示，這是一種福特主義式的生產過程？
- 請閱讀下文有關後福特主義的內容，然後指出這張照片裡的生產過程如何可能變成後福特主義式的？
- 上面的第二張圖（取自一本童書），能用馬克思有關勞動和異化的理論來解讀嗎？

被描述成福特主義的經濟與社會形構的許多要素，現已發生變遷。雖有許多不同的名詞被用來描述這些變遷，其中三個最具影響力（而且是重疊的）的是：

1. 後福特主義；
2. 後工業社會；
3. 解組織化的資本主義（disorganized capitalism）。

用這些概念去描繪這些變遷，指的是位於經濟與文化前沿的最新變化。這並非意指這個模式適用於所有的生產與文化形式，而是再現了變遷的方向。

後福特主義

如哈維（David Harvey, 1989）所述，1970年代初期福特主義體制開始面臨一些令人頭痛的問題（他認為1972年的石油危機是關鍵時刻），尤其是這個大量生產與消費的系統，在西方社會面臨市場飽和及隨後而至的生產過剩問題。這並非表示每個人都得以擁有自己想要的消費產品，而是消費者的消費力已達極限。

此外，西方經濟面臨來自日本與新興工業國家如臺灣、南韓與新加坡的價格競爭，再加上石油生產暨輸出國家組織（OPEC）提高油價，以及美國霸權衰弱而導致無力穩定世界金融市場等，造成了停滯性通膨（經濟零成長，但高度通貨膨脹）。

為了逃避接踵而至的全球衰退，企業察覺到必須藉由新技術、重新組織勞動力，並加速產品／消費週期等更具彈性的生產技術，以促使公司再次成長並增加提高獲利率。

在生產的層次上，從福特主義到後福特主義，意味著從同質商品的大量生產，轉變為生產小量的客製化（customization）商品，從一致性與標準化，轉變成針對利基市場提供彈性與多變的產品。一個當代的例子是隨需列印（print-on-demand）的圖書出版趨勢（Sadokierski, 2014）。另外，透過及時（Just-in Time, JIT）存貨管理系統，確保只有需求產生才提供供給，以降低在福特主義生產過程中，因囤積大量緩衝存貨的成本。及時存貨管理系統與小量生產依賴新科技的使用，例如：運用電腦來訂貨或是修正商品的產量與（或）產品的顏色、外型、樣式與大小等。此外，由於後福

特主義是將生產過程轉包（subcontract）給水平連結的「獨立」公司，因此資訊科技被用來協調合作公司之間的營運作業。

重新組織勞動力

　　後福特主義涉及了勞動過程的重新構造。它以多元技能（multi-skilling）的勞工為目標，排除僵化的工作劃分，轉而強調員工的共同責任，以創造一個較水平式的勞動組織。受到日本經濟成就的影響，品質管控（quality control）從生產後的測驗，轉變成整個製造過程的控管。這需要能夠對品質負責且「持續提高良率」的勞動力，這也是勞工角色中最重要的部分。在某些情況下，這包含由員工組成的「品質圈」（quality circles），其中員工們能夠彼此分享改善產品品質的想法。

　　由於多元技能需要昂貴的員工訓練，因此公司提供核心員工較長期的工作保障，以免因為勞動流動率（labour turnover）高而造成投資浪費。日產或豐田的終身僱用制度，就是後福特主義／日本化（Japanization）圖像的典型象徵。然而，這只是核心勞動力的情況，終身僱用保障等權利並未延伸至後福特主義所依賴的龐大的邊緣勞動力。因此，許多的生產過程，特別是水平連結的供應商，僱用的是兼職的、短期合約的與低薪的臨時工，而其工作時數經常變動。女性、有色人種和青少年，正是這些主要的「邊緣」勞動力。

　　在日本以外的地區，論者的注意力集中在「矽谷」與北義大利地區[1]。義大利的全球流行服飾公司班尼頓（Benetton），公認是後福特主義企業的「理念型」（ideal-type）（Murray, 1989a, 1989b）。這是一個已經建立世界性零售連鎖業務網絡的組織，但是在其總公司卻只僱用了1500名員工，其中許多都是擁有高超技能的設計師或行銷專才。不需直接聘僱大量勞工，而是在生產與行銷上利用資訊科技和轉包廠商的供應鏈關係，使得班尼頓擁有彈性與迅速的市場反應時間。比方說，利用直接、電子化的方式連結它的零售商，使得班尼頓隨時取得最新的銷售資訊，核心的營運部門得以快速地反映消費者的需求，並可立即據此調整轉包廠商的訂單。

主要思想家

大衛・哈維（David Harvey, 1935-）

　　大衛・哈維生於英國，任職於美國約翰・霍普金斯大學和英國牛津大學。他是引領風騷的馬克思主義文化地理學者，在重振空間和地方方面的研

---

[1] 譯註：亦即艾米里亞─羅馬尼亞（Emilia Romagna）或被稱作「第三義大利」（Third Italy）的地區。

究上居功厥偉。根據他的說法，後現代主義主要並非是一種認識論的狀況（an epistemological condition）或審美趨勢，而是政治經濟層次上重大變遷導致的一種社會和空間狀況。哈維將後福特主義和文化的後現代化聯繫起來，特別是都市設計的形式及「新的文化中介者」（the 'new cultural intermediaries'）揄揚的文化。

建議閱讀：Harvey, D. (1989). *The Condition of Postmodernity*. Oxford: Blackwell.

新福特主義

　　包括亞格里特（Michel Aglietta, 1979）在內的一些學者認為，所謂後福特主義的工作實踐的改變，其實應被看作是新福特主義（neo-Fordism）；亦即福特主義實踐方式為了獲得新生，所做的**延伸**（extension）。這裡所謂的新福特主義涉及：

- 公司多角化經營，開發新產品；
- 為開拓新的市場而國際化；
- 追求規模經濟；
- 透過密集應用科技與自動化，強化其勞動力。

習作

請填入適當內容到以下空格，以比較福特主義和後福特主義。

	福特主義	後福特主義
產品		
分工		
行銷		
品質管控		
庫存管理		
科技使用		
工資		
水平設計		
垂直設計		

　　似乎有可能的情況是，福特主義、新福特主義與後福特主義的實踐，乃是同時並

存於全球特定經濟的部門之內與部門之間。不過，我將討論焦點擺在後福特主義，乃是因為後福特主義的立場在文化研究裡較常被討論與採納。

「新時代」

　　生產、政治、消費、生活方式、認同與日常私人生活等層面的新形貌，構成了一種狀況，此一狀況條件被稱作「新時代」（New Times）（Hall and Jacques, 1989）。這個所謂「新時代」的研究路徑，廣泛地探索了文化、社會與經濟議題，以及它們之間的連結關係，包括：

- 彈性化的生產製造體系；
- 設計與品質的客製化；
- 利基行銷（niche marketing）；
- 消費者生活風格；
- 全球化；
- 新社會與政治運動；
- 國家的去管制化（deregulation）與社會福利供給的私有化（privatization）；
- 後現代主義的文化形貌；
- 階級結構的重新形構。

　　在此一脈絡下，所有過去用**階級**分析將經濟、社會與政治連結在一起的觀點，開始遭受質疑。有人論稱我們正目睹手工工人階級最終的式微、服務業與白領工作的上揚，以及兼職與「彈性」勞工的增加，將導致新的社會分工狀況，可表述成是二比一的社會（the two-thirds: one-third society），亦即一個社會有三分之二的人相對富裕，另有三分之一的人則因技術剝離（de-skilled）而操持著兼差性質的工作，或甚至是置身於由失業與無業可就者匯聚而成的「不成階級」（underclass）。〔晚近的社會行動主義如占領華爾街運動，使用的是另一種分類方式。例如：後者被稱為「99%」，其所參照的事實是美國前1%的富裕階層在1981年以來的三十年間，稅後收入暴增為原來的三倍之多（Pear, 2011）。〕同時，論者指出，各個階級的**文化認同**及其政治忠誠，從此變得更加難以預料。持**後工業社會**與後現代化觀點的理論家與思想家，對這些變遷提供了最為清楚的視野。

Etsy、小微生產與手工藝復興

　　Etsy這個網站說明了網路商務如何影響消費與生產的既有觀念，以及文化理論化（cultural theorizing）的不同面向。Etsy是數位版的手工藝品市集，讓人在網路上設立販賣純手工、經典款和手工藝品的虛擬攤位。截至目前為止，該網站展售的產品包括老派車牌、裝有電池霓虹燈的皮毛胸罩、給愛犬用的暖腿套。創辦於2005年，Etsy的獲利主要靠收取產品上架費20美分，以及每筆成功交易金額3.5%的手續費。在2013年，它的銷售額達到13.5億美元，有一百萬個賣家——其中大約95%是女性（Stinson, 2014; Luckman, 2013: 261）。Etsy公開承諾支持「小微生產者」（micro-producers）和製造手工產品的手藝人（Matt Stinchcomb，轉引自Kikic, 2011）。雖然如此，它已因鬆綁有關委外勞動（outsourced labour）及「純手工精神」（handmade in spirit）的規定而遭致批評（Stinson, 2014）。

　　除了提供洞察數位時代資本主義運作方式之外，Etsy也可以從性別和環境運動的視角分析。對蘇珊‧盧克曼（Susan Luckman）來說，該網站代表的意義是讓女性家庭手工藝品被提升到了一個可欲的審美客體，得以在更大的商業經濟中流通（Luckman, 2013）。再者，她認為Etsy成功背後的手工藝復興，其部分原因是消費者意識提高，他們知道大量生產的廉價消費產品的環境和社會成本。因此，Etsy充分說明了「網際網路的社區營造能力……以及它讓個人經營者和小微企業近用國際行銷和發行網絡的能力」（Luckman, 2013: 259）。

狗文化

©攝影：Emma A. Jane

- 老派的手工藝活動如編織和鉤織（例如：上面這張照片裡的貴賓狗戴著手工編織的雨披和斗篷），已在青少年文化和名流文化裡變得越來越受歡迎。你認為這種趨勢為何會發生？參與這種「復古」活動和吃「安慰食物」（comfort food）在意義上是一樣的嗎？
- 盧克曼認為手工藝實踐和手工藝品受到青少年歡迎是因為對數位原住民來說，「類比是新的」。你同意這種看法嗎？
- 標誌著web 2.0時代的作為生產者的消費者感性（the consumer-as-producer sensibility），是否在手工藝實踐活動中得到了線下的延續？
- Etsy將純手工製造定義為「一組價值觀」，而非只是一種特定的方法或過程（'Etsy Twon Hall', 2013）。你認為這是合理的定義嗎？你會將Etsy的賣家們看成是業餘玩家，還是專業人士？

具有共益特色的資本主義

　　Etsy，以及在四十一個國家的將近一千五百家企業，已被認證為B型企業（B Corporation，或譯共益企業）。B型企業是一場運動，宣稱要發揮有如公平貿易認證對咖啡、USDA有機認證對牛奶的影響力。B型企業協會（B Lab）是總部設在美國的非營利組織，試圖透過B型企業認證（B Corp certification）來推廣合於倫理要求的資本主義（ethical capitalism）。B代表的是「共益」（benefit），強調對所有利害攸關者都有益處，而非只是對股東負責。想要獲得B型企業認證的公司必須基於營收額的比例繳付年費，接受嚴格的認證過程，包括評估該企業對社會和環境的影響，以及修改公司章程，遵守B型企業協會對於永續和善待勞工的承諾（Adams, 2011）。在其互賴宣言中，B型企業提出建議，經濟的新部門應該用私人企業的力量讓公眾獲益（'The B Corp Declaration'）。

後工業社會與階級認同的再形構

　　對丹尼爾·貝爾（Daniel Bell, 1973）而言，後工業社會的特徵是從工業製造轉變成以資訊科技為中心的服務產業，使得知識生產與規劃扮演關鍵角色。在此一觀點中，科技變遷驅動了社會變遷，因為資訊交換與文化生產取代重工業，成為經濟的核心。新的生產過程，以及從強調生產到強調消費的一般性轉變，使得資訊科技與傳播工具成為未來的產業。在這個變遷過程中最重要的是電腦在處理數量、速度和距離的角色與能力大增，得以產製與轉換日益複雜的資訊。對後工業社會概念來說，最具樞紐作用的變遷是：

- 知識在經濟和文化中的關鍵地位；
- 人們做的工作類型發生轉變；
- 職業結構的改變。

　　同時正在發生的是：勞工的產業部門再分配（sectoral redistribution of labour）——勞動力從初級與次級產業部門轉移至〔第三級產業的〕服務部門；勞動形式與組織的轉變——白領工作的組織方式逐漸變成沿著技藝，而非工業的軸線發展。亦即純手工勞動的工作，逐漸被白領、專業與服務的工作取代（Allen, 1992; Burnham, 1941）。貝爾認為，這個新的階級結構，與後工業社會中日漸重要的知識與技術技能，有著密切的關係。也就是說，「在這個正在浮現之中的新社會，其主要的階級是以知識，而非以財產為基礎的專業階級」（Bell, 1973: 374）。

服務階級的興起

　　鮮少有人懷疑西方國家在工業製造部門已漸式微的事實，以及服務業部門興起造成職業類型上的相當程度的改變。因此，在美國與英國，屬於管理的、專業與技術性的勞工在比例上穩定增加，相當於所有勞動力的三分之一（Bell, 1973; Goldthorpe, 1982）。服務階級不直接生產商品，而是販售自己的技能，依靠著他們自己的市場力量。他們通常擁有高度的自主權，在工作上是專業的「專家」，或是負責指導其他勞工。雖然他們沒有掌握生產工具，但是他們也許是股東，或至少是身處在光譜的頂層，且（／或）擁有管理這些大公司策略方向的能力。

　　貝爾描繪了一種社會階級結構，由以下階級組成：

- 專業階級；
- 技師與半專業階級；
- 事務與業務員階級；
- 半技術與工匠階級。

　　值得注意的是，在這個社會階級結構中獨缺從事手工勞動的工人階級，亦即論者如高茲（André Gorz, 1982）著書「告別」的工人階級[2]。高茲的核心話語／論述是，在自動化與後工業社會經濟的脈絡下，新科技已改變社會的就業型態，移除了許多工人階級的純手工工作及其階級認同，取代了原先那個工人階級的是：

---

[2]　譯註：高茲著有《告別工人階級》（*Farewell to the Working Class*）一書。

1. 擁有就業保障與優越地位的勞工「貴族」；
2. 新的、消費導向的後工業的「勞動」階級；
3. 失業的下層階級。

　　循著類似的理路，阿蘭・圖賴訥（Alain Touraine, 1971）與貝爾一樣，將資訊與知識的控制視為新的社會衝突的核心。因此，所謂的支配階級，就是那些能夠近用與控制資訊的人：技術官僚們占據著支配的位置，而勞工、學生與消費者則處在被支配的位置上。

解組織化的資本主義

　　在指認西方世界經濟與社會的主要變遷時，後工業社會或是資訊社會理論確實有所助益。不過，這些理論也有如下問題。

　　首先，對許多的評論家而言，這些理論誇大了這些變遷在地理上的規模、範疇與範圍（不同的地區與國家其經歷的變遷也有所不同），而且論點太過絕對化。評論家認為，變遷的範圍侷限在特定的經濟部門，而非像這些理論所認定的那樣有著廣泛的影響。比方說，朝向資訊與服務工作的趨勢是事實，但傳統的資本主義勞動組織型態仍是主流。

　　其次，雖然服務階級確有成長，但是其種類卻是非常分歧的——辦公室的事務人員、商店店員、律師和多國籍企業（multi-national corporations）的總裁，皆屬服務階級。然而，這些人在職業與文化上的形式似乎天差地別，不適合將他們視為同一個階級。的確，有增無減的碎裂化（fragmentation）與階層化（stratification），才是這個新階級組織的特徵。

　　第三，後工業社會理論家過度依賴各種形式的科技決定論。這是指他們將科技視為變遷的首要動力，卻疏於把科技的發展與運用，置於整個文化、社會與經濟的脈絡下考量。科技發展的動機本身是文化的，而且科技在實際的發展過程中，深受得失損益的考量左右，不少於科技**本身**的考量。

　　與後工業社會理論家相反的是，拉許與厄里（Lash and Urry, 1987）將經濟的、組織的與科技的變遷，視為是全球資本主義的重構與再造。由於它繼承的是**馬克思主義**，因此**資本主義**作為具有特殊意義的類目，拉許與厄里所提出的「解組織化資本主義」，相較於後工業社會理論，更快被納入文化研究之中。拉許與厄里論道：

　　　　此處所謂「解組織化資本主義」，其意義非常不同於其他人所謂的
　　「後工業社會」或「資訊社會」。不同於後工業社會論者，我們認為資本主

義的社會關係持續存在。對我們而言，某種程度的資本累積，是資本主義解組織化時代的必要條件，而資本家階級仍然是最具支配力的。（Lash and Urry, 1987: 5）

組織化的資本主義

拉許與厄里集中討論的是全球資本主義，亦即經濟、科技與階級組成的變遷，不囿限於任何的民族國家之內，而是全球化過程的一部分。根據他們的觀點（Lash and Urry, 1987），從1870年代中期以後，西方世界發展出一系列的工業經濟（industrial economy），構成他們稱作「組織化的資本主義」（organized capitalism）的一部分，其主要特徵如下：

- 在管制漸增的市場環境下，工業、銀行與商業資本的集中化；
- 營運上產權與經營權的分離，包括了複雜的科層管理組織的發展——新的管理、科學與技術知識部門；這些部門的發展同時也強化了技術理性與科學讚頌的意識形態；
- 在大公司就業人數的成長，以及勞工集體力量的增加；
- 在經濟管理與衝突解決上，國家扮演越來越重要的角色；
- 產業資本主義的集中，不再侷限在民族國家內，而是轉而尋找跨國的擴張以及世界市場的控制；
- 工礦或製造業發展成為主要部門，伴隨著工業大城的成長。

去集中化與去工業化

＃「解組織化資本主義」透過全球的生產、集資與銷售流通，達到全球資本的去集中化。

資本主義在「發展中國家」的成長，導致在工業與製造業上，與西方世界國家日益競爭，而這使得第一世界經濟的職業結構轉向「服務」部門。因此，西方世界經濟經歷了工業／製造業部門的衰退，也就是經濟的去工業化（deindustrialization），直接導致核心工人階級在絕對與相對數量上的銳減，以及服務階級的出現。此一部門的再組織造成了地區性與都市集中度的下降，勞動組織彈性形式的興起，以及全國性集體協商手段〔保障勞工權益〕的衰微。

　　在經濟實踐與階級組成上的這些變遷，與政治思想的改變有密切關係，例如：大型企業越來越獨立於政府管制之外，國家統合主義的權威之崩解與集中化的社會福利的挑戰等。國家角色的改變，是政治與政黨的重要性及其階級特徵普遍衰退的一個面向。這是由於以教育為基礎的階層系統，打破了職業與階級政治之間的連結。

消費模式

　　到目前為止，分析的焦點在於工作結構與特徵的改變。然而，我們仍需要思考改變中的階級認同與消費模式之間的關聯，此一主題經由**後現代**文化理論家吸納至文化研究中（見第6章）。在這裡，我們關心兩個重要的面向：

1. 勞工逐漸提升的絕對消費水準；
2. 工人階級的崩解及其消費者傾向。

　　身處在後匱乏的情況下，西方社會的大多數人擁有足夠的住屋、交通與收入。所以，有人論稱，勞工的身分／認同從生產的位置轉移至消費的位置。雖然服務階級比工人階級持續享有較多的消費品與服務，而且他們的經驗在**品質上**相仿。工人階級以消費為中心的趨勢，成為工人階級碎片化的媒介與工具——藉由「品味」（taste）喜好的不同，而逐漸呈現內部的階層化現象（internally stratified）（Crook et al., 1992）。更有甚者，他們透過收入與消費能力的提高，逐漸從下層階級脫離。

後現代化

　　其中一個更具影響力、雖說是有些怪異的理論立場，是來自後現代思考者布希亞（Jean Baudrillard, 1983a, 1983b, 1988）。他認為，在消費社會的客體，人們不再根據其使用價值而去購買它，而是追求日漸**商品化**社會脈絡下的商品符號（commodity-signs）。對布希亞而言，沒有任何客體具有所謂的本質價值（essential value）；使用價值本身是由交換所決定的，並使得商品的文化意義比勞動價值或其效用更加重要。商品授予使用者某種聲望，並且表現出源自於更寬廣的「社會秩序」的文化意義脈絡下的社會價值、地位與權力。因此，消費財貨之中或異或同的各種**符碼**，被用來表示社會關係：〔消費財貨等〕客體「意味的是一個階層化的社會」（objects 'speak of a stratified society'），文化從而接管、吸納了社會，使得社會不再能脫離文化互動而獨立存在。

　　以這個觀點來看，消費大多是屬於符號的消費；而符號消費根植於商品文化（commodity culture）的成長，利基行銷與各種「生活風格」（lifestyles）的營造。

柯魯克等人（Stephen Crook et al., 1992）將此一過程稱之為後現代化〔包括超商品化（hypercommodification）與超差異化（hyperdifferentiation）〕，生活的全部領域都被商品滲透。外在驗證（external validation）的系統崩潰瓦解，而價值與生活風格間的選擇變成只是品味與風格的問題，而不是根據社會形成的「純正的」（authentic）文化權威。風格形式不受正式典律或社會階層的道德禮俗侷限，而是運作在自我參照的商品世界之中（within a self-referential world of commodities）。

　　費哲史東（Mike Featherstone, 1991）認為，這代表的是一種消費文化（consumer culture）的形成。在這種消費文化下，生活風格的創造是以美學符號的消費為中心，而美學符號的消費，與重要性從生產轉移到消費的變遷有關。確實，「重要的是把焦點放在日漸顯著的消費**文化**，而不是把消費只當成是從生產導出的結果」（Featherstone, 1991: 13）。換句話說，消費的文化有其自身的邏輯，不可被化約為生產；同時，消費文化的邏輯鬆脫了社會階級團體與生活風格／認同之間的關聯。費哲史東認為，我們正在轉向成為一個沒有固定地位團體的社會；在這個社會中，特定的社會團體與部門，與其所採行的生活風格，兩者之間已經變得越來越不相干。他們正向某種生活風格讓步：

> 　　消費文化的新英雄們將某種生活風格變成一種生活方案，從而得以展現他們的個體性與風格感，這可見於商品、服飾、實踐活動、經驗、外表與身體儀態被裝配在一起的特殊方式，整個被設計融入為某種生活風格。
> （Featherstone, 1991: 86）

關於決定論的問題

　　福特主義、後工業社會、解組織化資本主義與後現代化等話語／論述，不只是關於當前世界的描述，更是為一連串先後發生的事件提供一些因果解釋。由於這些話語／論述有用經濟變遷解釋文化變遷的傾向，因此後福特主義的論點隱含了經濟**化約論**的危險。然而，霍爾駁斥所謂後福特主義典範隱含經濟化約論的講法，他說後福特主義「對文化變遷的描述與對經濟變遷的描述是一樣多的」（Hall, 1989）。

　　他也說，現代文化「在其實踐上澈澈底底是物質性的」，而商品的物質世界則「完全是文化的」，尤其是設計、風格與美學已滲透在許多的生產過程當中。實際上：

\#「不只是反映了其他過程——經濟的或是政治的——文化被視為社會世界的組成，就如同經濟或是政治的過程」（Du Gay et al., 1997: 4）。

　　雖然霍爾主張「文化迴路」的**接合**（每一個階段對於下一個階段都是必須的，但並不會決定其形式），但布希亞、柯魯克與費哲史東等人的話語／論述則傾向於「社會的終結」（end of the social），而「文化取而代之」（culture takes over）。他們斷定，在面對中介的文化意義與認同感的關係時，相互存在獨立形成的**社會**關係將衰退。對於柯魯克等人來說，經濟、社會、政治與文化等實踐之間的關係，應該被看成在它們之間的**文化**意義的界線的相互滲透（interpenetration）與越界（transgression）。因此：

- 不再將文化過程視為「更深層的」經濟與社會動力的作用；
- 從它們的附屬地位獲得解放，文化的因子於焉增長、分裂且重新結合；
- 文化的動力不但扭轉了傳統的唯物論與唯心論的層級關係，而且文化動力也扮演了關鍵角色，破解所謂經濟、政治與社會各自可以自主發展的邏輯（Crook et al., 1992: 229）。

　　對於霍爾（1988, 1989, 1997b）而言，重大攸關的並不是社會是否面臨崩解，而是社會與文化的重新接合——物質商品（material goods）化身為各種社會符號（social signs）。一個日漸差異化的社會市場，產生「社會生活的多元化，使一般人可能採納的發言位置與身分／認同的選擇機會大增」（Hall, 1988: 129）。舉例來說，莫特（Mort, 1989）對支撐並構成新的身分／認同的廣告與消費文化有所討論，像是「職業婦女」（career women）、「新好男人」（new man）、雅痞（1990年代的「年輕都市專業人士」的簡稱，或是「年輕向上流動的專業人士」）與各種青少年身分／認同。

✎ 習作

請畫兩張圖說明汽車廣告的生產過程。
- 第一張圖必須是線性的，亦即，圖中各部分之間呈現一條直線般的因果關係。
- 第二張圖必須是循環的，亦即，在原本呈現一條直線般的因果關係的圖中各部分之間，加上多種連結方式。

再試一次，不過這次請用圖示說明你的身分／認同的生產過程。

富流感

「富流感」（Affluenza）一詞，是那些認為當代社會存在過度消費問題的人偏好使用的。某些人將「富流感」定義為「一種因為執迷於追求更多，而導致的超載、債務、焦慮和浪費，以及這種痛苦、傳染與社會散播的狀態」（John de Graaf et al., 2001: 2），另有人用它來指涉「一種無法持續的追求經濟增長之成癮狀態」（轉引自Hamilton and Denniss, 2005: 3）。這些有關富流感的著作也把它比擬為飲食失調症，正如削瘦的厭食症患者誤以為自己過胖一樣，富流感受害者也誤以為自己處於物質匱乏狀態，但其實已達到物質產品相對豐饒狀態。

在澳洲，漢米爾頓（Clive Hamilton）與丹尼斯（Richard Denniss）指出，「隆隆在耳的抱怨聲不斷」，彷彿澳洲這個國家正處於艱困時期。在調查中被問及他們是否能負擔購買真正需要的東西，大約有三分之二的澳洲公民回答不能。然而，澳洲是世界上最富裕的國家之一，當代澳洲人的真實收入比1950年高出三倍（Hamilton and Denniss, 2005: 4）。再者，2004年的研究顯示，澳洲人每年花費105億美元購買他們從未或很少使用的產品和服務——這個金額超過澳洲政府每年花在大學和道路建設的經費（Hamilton et al., 2005: 6）。

這些現象，或許與所謂「身分焦慮」（status anxiety）有關。艾倫·狄波頓（Alain de Botton）（2004）觀察發現，只有當我們和周遭的人擁有一樣多——或許是擁有更多一點——我們才會自認幸運。正如他挖苦道：

> 我們擁有一個愉悅的家和舒適的工作……但若不智地參加同學會與老朋友重聚，而且還從中知悉他們……現在住的房子比你大，從事的職業更吸引人，我們很可能回到家後會需要療養自己強烈的不幸感。（2004: 46）

女性主義對消費的批判，是將資本主義看成是綁架了女性運動的哲學，倡導購物是一種中級的女性力量（girl power）。有個例子是鑽石交易公司的廣告，推廣專為女性「閃亮的手指」準備的右手鑽戒（Bryon, 2004）。「寶貝自己的戒指」（me-rings）是包裝成象徵自由和經濟獨立，但花錢購買才會真正讓自己深陷過勞、過度花費的循環。因此，法雷利（Elizabeth Farrelly）認為女性主義：

> 已變成新的公主遊戲（princess game），讓自私自利（self-concern）變成不只是值得尊重的，更是值得崇拜的。商業已澈底剝削各種新的自私自利（selfishness），將「因為妳值得」（because you deserve it）廣告應用在任何商品上，從汽車到巧克力，從生活風格到女用內衣。（2008: 136）

不同面向的消費造成社會與環境問題，倡議財政責任、永續與慢活／簡單生活的運動和組織也應運而生。然而，當代消費文化如此根深蒂固，即使是對抗消費的運動如「拒絕購物日」（Buying Nothing Day）的倡議活動，也無法跳脫商品（「拒絕購物日T恤」）。

雖然富流感的許多面向很具說服力，但值得一提的是某些當代消費主義批評本身充斥階級偏見（class-based prejudice）。反物質主義者通常說產品可分為人們需要的和人們想要的這兩種。這種二分法被當成是不證自明與普遍的，而且有正義感的人也都一定同意的。然而，情況卻不一定是如此。

麥基（McKee）要求40位中產階級學術界人士，分類以下產品為需要的和想要的這兩類：洗衣機、書籍、浴室、清潔用品、汽車、早餐玉米片、刮毛用品、電視、兒童玩具、口紅和CD。結果沒有一項產品的分類方式是大家普遍同意的。共識最高的是洗衣機，但也有6人不同意它是必需品。大多數人說口紅不是必需品，但有6人認為它是。正如麥基的結論所說：「『需要』與『想要』這種簡單化的二分法是謬誤的區分……你會發現的是人們傾向於把自己想要的當成需要，並且把別人需要的當成想要。」（轉引自Tom, 2007）。

雖然需要／想要的二分法可能引起爭辯，而且意義不穩定，但我們可以將問題重新框架，不只是考量個人偏好，也考量對地球的環境衝擊，比方說：「鑑於它消耗這麼多自然資源A、B和C，我真的需要X嗎？」或是「我必須一週工作五十小時才買得起這個產品，它真的會讓我更快樂嗎？」

> 蘇斯博士（Dr. Seuss, 1971）所寫的以環境為主題的童書《羅雷斯》（The Lorax），裡面有個百無一用的服飾產品叫做「呢絲」（Thneed），其大量生產過程會消耗很多自然資源。你覺得這項虛構產品的命名，作者有何特殊用意？

✎ 習作

寫下十種你認為屬於「需要」的消費產品，以及十種你認為屬於「想要」的消費產品。和同學所列的清單進行比較，並且討論你們如此分類的理由。接著，再重新檢視一次你自己先前所列的清單，留意（為了生產滿足你的「需要」的）這些產品會造成的環境衝擊，你會覺得其中某些產品其實更像是屬於「想要」的產品。

電子資本主義、網路商務和免費勞動

正如前述Etsy的例子顯示，網際網路與數位科技倒置的巨大社會文化和經濟變遷，正在改變文化研究關於資本主義消費和勞動的思考（見第11章）。從歷史的角度，很有趣的現象是當前賽伯空間密集進行的企業活動，和最初創造全球資訊網（the world wide web，或譯萬維網）的反文化（counter-cultural）電腦科學家抱持的反資本主義理念（anti-capitalist ideals）格格不入。在網際網路出現的初期，「商業數據流量是非法的……網路和金錢不被看成是應該擺在一起的東西」（Aleks Krotoski，轉引自Crossley-Holland, 2010）。這意味的是，雖然早期網路勞動者並未為他們**收穫**的東西付費，他們也同樣未因他們**勞作**的事而獲得報酬：勞動是在準禮物經濟（quasi gift economy）裡進行免費交換。

提姆・伯納斯—李（Tim Berners-Lee），公認發明網際網路的英國工程師和電腦科學家，將早期網際網路的精神描述為「當時，人們穿著睡衣工作……在其他人下班後還留下來繼續工作」（轉引自Jane, 2010b）。這種志願者（志工）精神在1990年代初期發生變化，當時美國國會解除電子商務禁令。1994年左右，必勝客（Pizza Hut）已開始在網路上賣披薩，大批企業家在這波網路淘金熱爭先恐後地想占有一席之地。

「網路泡沫」（Dot-com bubble）一詞，被用來形容1997到2000年間因為網路相關企業的投機炒作，而造成工業化國家股市大起大落的現象。在網路泡沫期間，網路的新奇之處在於，許多公司只要名稱加上「e」的前綴及（／或）「.com」的後綴，股票價格即可一飛沖天（Masnick, 2003）。在學者保羅・史塔爾（Paul Starr）看來，1990年代最大的企業騙局就是人們不屑一顧過往經驗，因為網際網路被看成已改變所有的一切：

> 當它首次進入公眾視野，網際網路似乎既是經濟，也是科技的奇蹟。身為消費者，美國人期待往上的資訊和服務都是免費的；但作為投資人，他們又相信網路會產生數以十億計的獲利。這正是奇蹟之所在：網路被用來同時實現這兩種期待。（Starr, 2002）

2000年網路泡沫大崩盤的發生，是思慮不周的商業計畫和投資人「非理性繁榮」（Alan Greenspan，轉引自Lessard and Baldwin, 2003: viii）所造成的結果，也是執迷於快速擴張壓倒一切——一種「快快變大」的生存心態。再者，網路企業家提出的許多新觀念在後勤作業上是不可能成立的，因為其相對高成本、低可得性，以及1990年代末期仍慢如牛步的網速（Wray, 2010）。在2000到2002年之間，電信產業有50萬美國人失業，電信公司約有2兆美元的市值蒸發，而且其中有二十三家破產

（Starr, 2002）。正如萊蘇德（Bill Lessard）與鮑德溫（Steve Baldwin）所說，先用酸創造、再用咖啡因打造的東西，最終死於氟西汀（俗名：百憂解）（Lessard and Baldwin, 2003）。

具有反諷意味的是，原先在網路泡沫時期誕生的新觀念，如今已變成理所當然的現象：網路電視（web TV）、雲端運算（cloud computing）、社交網絡（social networking）及行動網路（mobile web），只舉四個例子。電子商務的新方式也從過去的企業混亂中逐漸浮現（Wray, 2010），當代電子商務包括純網路公司（internet-only companies），以及結合實體零售通路和電子商務的企業（Clark, 2013）。

截至目前為止，這個第二波的電子商務正取得相當高的財務成功。在2014年，全球電子商務（global e-commerce）銷售額達1.316兆美元。零售電子商務可望在2018年達到2.489兆美元或總銷售額的8.8%（Bhaiya, 2015）。美國電子零售（e-retail）的銷售額可望繼續成長，並在2017年達到4322億美元（Enright, 2013），但2013年起亞太地區——在中國電子商務增長的驅動下——可望超越北美，成為全球「企業對消費者」（B2C）電子商務的最大市場。

與第二波高科技興起有關的這個企業狂熱，受到雲端服務、行動裝置和社群媒體的加持，也在諸如蘋果、臉書、谷歌等企業帶頭下往前衝刺（Martin, 2013）。雖然不乏可能爆發另一次網路泡沫的崩盤風險，當代科技公司被認為已和千禧年前後那些公司迥然不同。主要差異包括真正原創產品的創造（例如：推特），而且不像1990年代末期網路企業的商業模式，現在這些科技公司的商業模式可用白話解釋：「Dropbox提供線上儲存服務並收取訂閱費。Uber從每次媒合載客服務中收取手續費。Square從顧客每一筆線上信用卡交易中抽取服務費。有些比較模糊——我想到的是Pinterest——但其中的荒謬程度和過去有所分別」（Wohlsen, 2013）。

當然，當前網路企業的成功，不必然帶來社會和文化的進步。許多評論者和網路行動主義者譴責近年來已經發生在賽伯空間的過度貨幣化（extraordinary monetization，或譯過度商業化／過度變現）。這是說，賽伯空間的企業化正從網路用戶的隱私資料獲取巨大利益，而且它正在摧毀網路最初那種開放和去中心化的文化（見第11章）。

培力、成癮和情感

關於線上購物對消費者的培力（／賦權）本質，電子商務的擁護者經常做出離譜的宣稱。正如與網路其他面向有關的名人話語／論述，一種常見的說法是網路的互動性讓消費者擁有「回嘴」的機會，而且與生產者之間形成一種新的權力關係（Jarrett, 2003）。有位網路企業家甚至說，「我們正在見證歷史上規模最大的一次權力轉移，

從最強大的企業和社會機構拿走權力，並把權力交到……消費者手上」（Murphy, 2000: 1）。一個更優質的分析是賈萊特（Kylie Jarrett）提供的，他認為置身於線上消費社群的消費者，有機會進行集體消費者抵抗，並且與其他人、與產品和品牌之間建立情感驅動的關係：

> 這種情感、培力的消費者，鑲嵌在需求面經濟框架所承認的消費者之生產權力，突顯情感在符號經濟中越來越重要的作用，但也不僅於此。現代主義、福特主義和凱因斯經濟體制下，社會生活、勞動和後設敘事的碎片化，已促成這樣一個環境的出現，讓（與消費直接相關的）社會變遷**能夠**成為可能。（2003: 347，粗體字為原文所加）

雖然持懷疑立場者會說消費驅動變遷的潛力是相當受限的，線上購物——以及販售——的選項當然對普通人也帶來一些好處，包括：能夠參考其他購物者的評論、透過電腦和手機購物的便利等。然而，其中也有與隱私、信用卡詐欺、駭客入侵，以及個人資料被轉售給第三方的風險（第11章）。再者，網路購物本身可能有問題，各種線上購物衝動和購物狂的傳聞不斷，「在極端案例中甚至可能變成一種成癮行為」（LaRose, 2006）。

一方面，這些可以被理解為只是「消費文化」的再度擴張，過去的理論焦點多擺在符號而非產品的消費上（the consumption of signs rather than products）（第6章）。雖然如此，鑑於用以製造消費產品的自然資源之物質性，圍繞氣候變遷的環境辯論已將焦點帶回生產面。

＃雖然融化中的北極冰山確實以符號形式流傳，它們也有一種物質層面的意義，需要我們超越符號學去進行理論思考。

網奴與賽伯渾話

另一種針對線上版資本主義的批評，與基於社群的網路免費勞動之傳統有關，而今這種免費勞動已被商業組織利用。再者，部分獲得酬勞的數位勞工可能不會一直如此。在她那篇有影響力的〈免費勞動：為數位經濟生產文化〉（Free Labor: Producing Culture for the Digital Economy）一文中，泰拉諾瓦（Tiziana Terranova）否定所謂「數位（／網路）菁英那種充滿唯心論的賽伯渾話（cyberdrool）」，並且明確指出，為數位媒體產業工作並不像它經常被展示出來的那麼美好：

「網奴」（NetSlaves）……正變得越來越大聲疾呼，這份工作無恥的剝削本質，它有如懲罰般的工作節奏，以及它那無情的臨時工狀況（casualization）……他們談及「每週七天、每天二十四小時電子血汗工廠」（24-7 electronic sweatshops），抱怨每週長達九十小時的工時，以及「新媒體公司愚蠢的管理方式」。（Terranova, 2000: 44, 33）

蕭爾茨（Trebor Scholz）認為，網際網路包含新形式的勞動，但剝削形式還是舊的，因為在許多浮現中的網路相關工作環境，甚至連過去最不安穩的勞動階級工作的保護措施都付之闕如（2013: 1）。再者，持續進行中的培訓進修、自行接案和「額外勞動」（supplementing）（亦即從常規辦公室將額外工作帶回家做）等實踐方式（Terranova, 2013: 34）正在擴張。因此，我們正在見證一種「永遠開機中」的文化（'always-on' culture），工作安排表面上提供彈性，但卻讓員工感到不得不在下班時間查收電子郵件和手機簡訊的壓力，讓他們感到無法關機（詳見第12章）。

正如前述，網際網路這種無酬勞動的傳統倫理，和它的越來越貨幣化或商業化之間，存在著一種緊張關係。泰拉諾瓦（Terranova, 2000: 49）指出，公認維持網站能見度和活躍度的最佳方式是確保用戶不僅能近用這個網站，而且還願意付出心力**打造**它，透過撰寫訊息、參與討論和上傳特色內容等方式，讓這個網站充滿生機。

網路用戶明顯並非被迫地參與留言評論、撰寫同人小說，或是藉由更新個人檔案和注意它的廣告來推升臉書的獲利數字。但僅僅因為網路勞動（e-labour）是出於志願的，而且被免費提供服務，並不意味著他們沒有受到剝削。正如泰拉諾瓦指出，「1996年，正值〔AOL聊天室版主管理工作〕從事志願勞動的高峰，超過3萬名『社群領袖』（community leaders）幫AOL創造了每月至少700萬美元的產值」（Terranova, 2013: 48）。富比世雜誌估算，在它開始營運的頭五年，AOL因為使用志願者勞動，而非付費勞工的作法，已為該公司省下超過10億美元（Jarrett, 2003: 342）。因此，原本區分工作與文化表達的那條線已經變得越來越模糊了。

你在賽伯空間的參與狀況中，是否包含可被理解為提供免費無酬勞動的情況？你曾否停下來並且計算使用「免費」社群媒體（例如：臉書）的隱藏成本（比方說，用戶資料被轉賣給廣告主）？「粉絲勞動」（fan labour）和「玩樂勞動」（playful labour）是否仍是屬於勞動？你認為賽伯空間主要是一種公共或私有化的領域？

毒品和電子毒販

電子商務興起的一個意外後果是，大量毒品目前在加密的暗網上被交易（Martin, 2014）。賽伯販毒（cyber dealing）不是一個新現象，早在1970年代初期的第一筆網路商業交易，就是用來買賣大麻（John Markoff，轉引自Power, 2013）。從那時到現在，網路交易發展更加蓬勃。在2013年，全球毒品調查（the Global Drug Survey）發現，22%的人透過絲路（Silk Road）等網路加密市場購買毒品，絲路是「毒品界的eBay」，在被不同國家以不同時機介入強制關閉之前，使用無法追蹤的線上貨幣比特幣（Bitcoin）（Ball, 2013）。許多可以在網路上買到的毒品在技術上是合法的，因為它們雖然在化學上和被禁的成分相近，但其所用配方成分並沒有真的被禁止。這種涉及化學製造的「令人困惑的新奇」藥典，意味著它們並沒有經過反覆測試，而且可能對使用者有害。正如《毒品2.0》（*Drug 2.0: The Web Revolution That's Changing How the World Gets High*）一書的作者邁克・波沃爾（Mike Power, 2013a）這麼寫道：

> 今天，可以取得的新毒品的數量正在快速增加，以警方和毒物專家還來不及辨認它們的速度，因為它們沒有任何參考樣品可供比較，而且整個網路上還有數以百萬計的毒品交易正在發生。（2013b）

這個繁榮的國際市場——已經穿越各國毒品法規的迷宮，而且通常讓警方感到超級頭痛——展示著電子商務對更廣大全球化現象的貢獻，儘管是比較不正統的那一面。

全球化

根據羅伯森（Robertson, 1992）的說法，所謂的全球化是指：

• 世界加劇的壓縮；
• 我們的世界意識漸增。

換句話說，這意味的是越來越豐富的全球連結，以及我們對於此一關係的瞭解。我們可以用現代性的制度來瞭解「世界的壓縮」，而反思的「世界意識的強化」，可以有效地透過文化的詞語來理解。

現代性的動態

　　現代性是以變遷、創新與動態為特徵的後中古世紀（post-Middle Ages）或後傳統秩序（post-traditional order）。紀登思（Giddens, 1990, 1991）認為，**現代性**的制度（見本書第6章）是由資本主義、工業主義、監視（surveillance）、民族國家、軍事力量所組成。因此，現代世界的特徵是，武裝的工業資本主義民族國家，有系統的監視他們的人民。全球化可以藉由以下概念理解：

- 世界資本主義經濟；
- 全球資訊系統；
- 民族國家系統；
- 世界軍事秩序。

　　現代性制度在本質上是全球化的（inherently globalizing），因為現代性制度允許時間—**空間**的分離（the separation of time-space）以及社會秩序的「離根化」（disembedding）；或是從某處的社會關係中抽離，並在另一個地方重新植根。所以，任何地方都受到遠方的社會影響力的滲透與形塑。比方說，貨幣與電子通訊的發展，透過全球二十四小時處理的金融交易形式，使得社會關係的延展得以跨越時空。

　　紀登思將現代性的制度比喻成力量強大而無法控制的龐然大物，將一切阻遏它前進之物掃除殆盡。此說認為，現代性源自於西歐，繼而延伸至全球。然而，現代性與全球化之間的關係導致對歐洲中心論的批判，因為後者認定只有一種現代性，只有西方世界代表現代性。費哲史東（Featherstone, 1995）認為，現代性不只是一種時間的概念（例如：當作是劃時代的社會轉變），也應是空間與關係的陳述。他主張，地球上不同的空間地域以各種方式逐漸現代化，所以我們需要以複數形來表述全球現代性（global modernities）。

　　費哲史東提出，日本並不完全適用於傳統—現代性—後現代性的直線發展模式。莫利（David Morley）與魯賓斯（Kevin Robins）也認為，「日本的成功範例足以質疑以西方世界為文化與地理中心的現代性思想」（Morley and Robins, 1995: 160）。日本在新科技上持續的領先，擁有好萊塢文化產業重要的部分，具有先進的後福特主義生產技術，也是世界上最大的債權國與淨投資國。也就是說，日本有其自身獨有的現代（與後現代）形式。

全球經濟流動

　　許多全球化的過程是以經濟為其特徵。因此，全世界最大的經濟體中的二分

之一是由二百家的跨國公司所組成，並生產出全世界三分之一到二分之一的產品（Giddens, 1989）。汽車零件、化學物品、建築、半導體是其中最具全球化的產業（Waters, 1995）。舉例來說，90%的半導體生產是由十家跨國公司所執行，而這些跨國公司地理政治中心逐漸從美國轉移到日本。不過，晚近中國的崛起已經在全球經濟裡變得更有影響力。在2014年，國際貨幣基金會（IMF）估計中國經濟在規模上已經超越美國：基於購買力平價標準，中國是17.63兆美元，美國是17.42兆美元（Tordjman, 2014）。再者，國際貨幣基金會估計，到2019年左右，中國經濟規模將比美國大20%（Duncan and Martosko, 2014）。這些數字和1980年形成極大反差，當時中國經濟產出只相當於美國的十分之一。

藉由新科技在資訊轉換的能力，全世界的金融交易得以每天二十四小時處理。事實上，在所有的經濟實務運作上，金融部門是最全球化的部門。當歐洲匯率機制瓦解，證券交易的黑色星期一，以及所謂的「亞洲金融風暴」等，都顯示出國家任由全球的金融市場所擺布。全球化的一部分是由全球範圍的經濟活動所組成，而這些經濟活動正創造出一個相互連結的（如果是不均等的）世界經濟。

全球經濟活動的興起與成長，並不是一個全新的現象。從十六世紀開始，歐洲的商業貿易已經擴張至亞洲、南美洲與非洲。然而，當今全球化的現象受到注意乃是因為其範疇與步調。自從1970年代早期，我們目睹了一個**加速的**（accelerated）全球化狀態，以時空壓縮的新面向為其特徵。這是由於跨國公司面臨福特主義的危機，為了尋找新的獲利資源所驅使。

全球的不景氣促進了世界經濟活動的重新全球化，藉由資訊與傳播科技的使用，加速生產與消費的流轉（Harvey, 1989）。因此，加速的全球化是指在「解組織化」的時代中，資本主義實踐的相關經濟活動。

✎ 習作

試以今天的經驗，思索一下以下事物的組成內容：

- 你吃的早餐；
- 你穿的衣服；
- 你（今天）使用的任何交通工具；
- 你（今天）使用的任何電子產品。

它們的原料來自何處？誰製造它們？

全球文化流動

＃全球化不只是經濟的問題，同時也關注文化意義的議題。雖然與地方有關的價值及意義仍很重要，然而我們正步入一個大幅超越目前地理區位的網絡之中。

　　當然，我們不是統一的世界國家（a world state）或是世界文化（world culture）的一部分，但我們可以看到文化整合或文化分裂的全球文化過程，非國與國關係可以盡括。根據派特西（Jan Nederveen Pieterse）的話語／論述，人們可以將文化的概念區別為有疆界的、與地理位置有關、內部的；或是將文化視為向外的「跨在地學習的過程」（translocal learning process）。他提出：「在過去很長的一段歷史中，內部的文化（introverted cultures）一直占有顯著的地位，而且掩蓋了跨地域的文化；然而，內部的文化已經逐漸退居幕後，取而代之的是具有多樣性要素所組成的跨地域文化」（Pieterse, 1952: 62）。

　　赫布迪齊（Hebdige, 1990）主張，世界主義（cosmopolitanism）是西方世界日常生活的一個面向。多樣性與遙遠的文化，以符號或商品的方式，透過電視、廣播、超級市場與購物中心等，已經可以被取得。〔以這種方式發展起來的「世界主義」並不意味著社會特權或休閒旅遊，而是想像超越在地與國族形式的歸屬（Heise, 2008: 6）。〕

　　當代文化的一個特徵是程度增加的文化並列、相遇與混合，因為以下因素所促成：

- 殖民主義與其後建立起的人口移動與定居類型；
- 近來全球化的加速；
- 電子通訊的全球化。

　　克里佛（Clifford, 1992）主張用旅行（travel）去「取代」（re-place）場域（location），作為隱喻的文化概念。克里佛認為民族與文化四處旅行，而地域／文化是旅行者的交會點。這種例子隨處可見，例如：英國的人口中有塞爾特人、撒克遜人、維京人、諾曼人、羅馬人、非洲裔加勒比海人、亞洲人等。又如美國繼承了來自於土著美國印地安人、英國人、法國人、西班牙人、非洲人、墨西哥人、猶太人、波蘭人與其他各民族的遺產。然而，晚期現代性的加速全球化，增加了以旅行為譬喻的關聯性，因為**所有的**在地（*all* locales）在現今都受到遠處地域的影響。

分裂的流動

相對於強調旅行與流動（travel and movement），乃是地域政治的重新出現。對於地域的依戀，可以被視為東歐民族主義、新法西斯主義政治以及某種程度上伊斯蘭基本教義的再生。因此，全球化不只是西方世界藉由經濟力量而擴張的過程。

阿帕杜瑞（Arjun Appadurai, 1993）話語／論述當今全球狀態的特徵是**分裂的**（disjunctive）流動：

- 族群地景（ethnoscapes）；
- 科技地景（technoscapes）；
- 金融地景（financescapes）；
- 媒體地景（mediascapes）；
- 意識形態地景（ideoscapes）。

換言之，全球化包含族群、科技、金融交易、媒體影像、意識形態衝突等動態運動，而這些過程並非由一個和諧的「大計畫」（master plan）所決定。比方說，金融地景的狀態並未完全決定科技地景的形貌，也同樣無法決定媒體地景或意識形態地景的性質，其中部分原因是受到多樣的族群地景影響所致。這是說，我們已經告別一種經濟決定論的線性模式，轉向另一個模式，其中的經濟與文化流動之速度、範疇和影響，都是碎裂的與不相關聯的。

不確定性、偶然性與混沌等隱喻，取代了秩序、穩定和系統性。全球化與全球文化流動無法透過線性的決定論瞭解。更確切的說，它們最好被理解為一連串重疊的、多元決定的、複雜的與混沌的狀況，最多是環繞主要「節點」（nodal point）聚集叢生。難以預測的、精巧的多元決定過程，「不是創造出一個有秩序的地球村，而是產生了更多的衝突、敵對與矛盾」（Ang, 1996: 165）。這個論點強調文化多樣性與碎片化，不同於將全球化看成文化同質化（cultural homogenization）過程的一般觀點。

> ✎ **習作**
>
> 　　請以小組方式討論族群人口（族群地景）、電腦使用（科技地景）、電視製作（媒體地景）及消費文化（意識形態地景）的全球分布狀況。
>
> - 你能指認這些「地景」之間的連結狀況嗎？
> - 阿帕杜瑞說這些「地景」之間的關係是分裂的，他的意思是什麼呢？

同質化與碎片化

文化帝國主義與其批判

　　文化同質化論點認為，消費資本主義（consumer capitalism）的全球化包含了文化多樣性的喪失。它強調「同一性」（sameness）的成長，認為經由**文化帝國主義**（cultural imperialism）的方式，將造成文化自主性的喪失。這個觀點話語／論述某一文化被另一文化所支配，而通常是以**國家**的形式。文化同步化（cultural synchronization）的主要代理人是跨國公司（Hamelink, 1983）。因此，文化帝國主義是一連串經濟與文化過程的結果，糾結在全球**資本主義**的再生產。在此一脈絡下，魯賓斯認為：「因為它（文化帝國主義）本身將自己設定為跨歷史與跨國的，視為現代化與現代性卓越及普遍化的力量，所以全球資本主義事實上已是所謂的西方化——西方世界商品、價值、優先性與生活方式的輸出」（Robins, 1991: 25）。

　　文化帝國主義論點的主要提倡者，席勒（Herbert Schiller, 1969, 1985）認為全球的傳播產業是由美國掌控的公司所支配。他指出了一個連結美國電視、軍需工業承包商（defense sub-contractors）和聯邦政府的互聯網絡。席勒所舉的例子說明了大眾媒體（尤其是跨國公司）藉由提供資本主義意識形態上的支持，而融入世界資本主義的系統中。大眾媒體扮演企業行銷的角色，伴隨著一個普遍的「意識形態的影響」，促使並強化當地人對美國資本主義的依附。

　　毫無疑問的，第一波經濟、軍事與文化的全球化，乃是西方世界現代性動態擴散的一部分。由於這些制度發源於歐洲，我們必須承認現代性是西方的方案（project）。早期全球化的階段的確包含了西方世界對於「其他」非西方世界的質問（Giddens, 1990）。更有甚者，當更直接的殖民控制取代商業貿易的擴張，歐洲強權藉由串聯軍事與經濟力量，試圖將其文化形式強加於他國。殖民控制顯示殖民者：

- 軍事優勢；
- 文化優越；
- 經濟依附的起源。

　　占領的土地成為帝國強權的市場與原料的來源。雖然在二十世紀初期有許多成功的反殖民抗爭與獨立運動，但是這些國家的經濟已經整合至世界經濟的秩序中，扮演附屬的角色（Frank, 1967; Wallerstein, 1974），而且是一種不均衡的方式（Worsley, 1990）。

　　不過，「全球化是文化帝國主義」的這個論點有三個主要問題：

1. 所謂文化話語／論述的全球流動是由單方向流動所構成的說法，已經不再適用（就算曾經是如此）；

2. 到目前為止，雖然占優勢的文化話語／論述流動仍然是從西方世界流向東方世界，從北半球流向南半球，但這不必然是一種支配的形式；

3. 全球化只是一個簡單的同質化過程是不確定的，因為碎片化與混雜化的力量也同樣強大。

混雜性與複雜的文化流動

　　歐洲的殖民主義在全球都留下了文化的標記。最鮮明的例子就是南非的種族隔離政策，將白人至上與歐洲的軍事力量結合，強化並合法化其支配地位。在南非，歐洲的文化明顯的呈現在語言、運動、建築、音樂、食物、繪畫、電影、電視以及在白人給人的感覺印象；歐洲文化代表高級的文化。因此，在這個有許多種類語言的國家，英文作為最廣泛通用的語言，其實並不是一種巧合。

　　雖然如此，在南非「外在的」文化影響力的衝擊，比單純的文化帝國主義概念要來得複雜許多。想一想美國的嘻哈與饒舌音樂在南非黑人中盛行與受歡迎的程度。南非饒舌歌者擷取了完全不屬於非洲風格的音樂形式，並賦予它非洲的風格，創造出一種混雜的樣貌，而這種音樂現在重新輸出到西方世界。因此，視為美國人的饒舌音樂，可以說是從加勒比海流傳進入美國；而進一步追溯其源頭／路線，則可以回溯到西方黑人音樂與奴隸制度的影響。因此，劃分「外在的」與「內在的」明確的界線已經一掃而空。饒舌音樂沒有顯而易見的「起源」，而它的美國形式是來自於非洲。所以，我們可以說在索威托（Soweto）[3]盛行的饒舌音樂是所謂的文化帝國主義嗎？

　　文化帝國主義的核心概念，在於其強調不合理的強迫與壓制。但是，要是非洲人聽某種形式的西方音樂，看某些西方電視節目，購買西方國家生產的消費品，但同時他們是樂在其中，如果不訴諸所謂「虛假」意識的論點，這種支配是如何被維持的（Tomlinson, 1991）？有如根莖狀盤根錯節的與分裂的全球文化流動，較少以支配的形式，而是以文化混雜（cultural hybridity）的方式呈現。

＃全球化並不是「從西方世界到其他國家」這種單方向的流動。

---

[3] 譯註：索威托（Soweto）一詞是由「西南小鎮」（South-western Townships）幾個字的字首組成。它原是黑人礦工的臨時住宿城，之後發展成為南非最大的黑人都會和反種族隔離抗爭的指揮中樞。

這可以從非西方的概念與實踐的衝擊，對於西方世界的影響一探究竟。例如：

- 「世界音樂」（world music）的全球衝擊；
- 從拉丁美洲輸出至美歐地區的電視小說（telenovelas）[4]；
- 南方到北方人口移動造成少數族群的離散群體；
- 伊斯蘭、印度教以及其他世界宗教在西方世界的影響；
- 「族群」食物與服務被商品化及販售。
- 韓國流行音樂（又稱為K-pop）在國際市場的成功。

　　這些的總和，不只是等於西方世界關於「進步」的觀點的去中心化，也是同質的國家文化這個概念本身的被解構（見第8章）。

　　這場加速進行的全球化，其目前所處的階段，並不是那麼單向的，「不平衡發展的過程，各個部分彼此協調——導入世界相互依賴的新形式，但這裡還是沒有所謂的『他者』存在」，而這涉及了「浮現中的世界互賴與全球意識」（Giddens, 1990: 175）。紀登思認為，他者不但可以「還嘴」（'answer back'），而且交互詰問也成為可能（Giddens, 1994）。的確，阿帕杜瑞認為，既存的中心——邊緣模式（centre-periphery models），在面對一個新的「複雜、重疊且不連續的秩序」時，已經不適用了：「對於居住在伊利安查亞（Irian Jaya）的人來說，印尼化比美國化更讓他們擔心；就如同韓國人擔心日本化，斯里蘭卡人擔心印度化，柬埔寨人擔心越南化，亞美尼亞與愛沙尼亞人擔心俄國化」（Appadurai, 1993: 328）。

全球在地化

　　資本主義的現代性的確包含了文化同質化的要素，因為它提高了全球協作（global coordination）的層次與數量。然而，碎裂化、異質化以及混雜性的機制也同時在運作，因此，「這並不是同質化或是異質化的問題，而是這兩種趨勢已經成為跨越許多二十世紀晚期世界的生活特徵」（Robertson, 1995: 27）。

　　畛域分明的文化、族群意識復甦，以及強大國族主義情感的再生，這三者與一種作為「跨地域學習過程」的文化並存（Pieterse, 1995）。全球與在地之間，彼此相互建構對方。如羅伯森（Robertson, 1992）所言，許多被認為相對於全球的在地文化，其實是跨地域文化過程相互影響的結果。民族國家本身是在一個全球的系統中建構出

---

[4] 譯註：「電視小說」（telenovelas）為拉丁美洲獨特的一種電視連續劇形式，以巴西與墨西哥為其最重要的生產基地。

來的，而當前民族主義情愫的興起，也可以被看作是全球化的一個面向。

　　此外，全球消費資本主義目前的方向是，憑藉利基市場、客製化以及不斷認同轉換的愉悅，鼓勵無限度的需求／欲求，而造成異質性的興起（Ang, 1996）。因此，所謂的全球與在地的意義是相對的。在地的概念，尤其是何謂在地的，是在／藉由全球化的話語／論述中所產生，而全球化的話語／論述包含了針對差異化「在地」市場的資本主義行銷策略。強調獨特性與多樣性，可視為逐漸增加的全球話語／論述。羅伯森（Robertson, 1992）採用全球在地化（glocalization）這個源自於行銷領域（marketing）的概念，用以表述在地的全球生產與全球的在地化。

混語化

　　亞希克羅特等人（Ashcroft et al., 1989）認為，語言、文學與文化認同的混雜化與混合化，成為**後殖民**文學的常見主題，展現出與後現代主義某種心靈的交會。殖民的或被殖民的文化跟語言，都無法以「純粹」（pure）的形式表現出來，也無法彼此分離，而造就了其混雜性。這論點不但挑戰了殖民文化的中心性以及被殖民文化的邊緣性，同時也挑戰「中心」與「邊緣」的概念。

　　在加勒比海語言的脈絡下，「混語連續體」（Creole continuum）的概念越來越重要。[5]所謂的「混語連續體」是指：將一套重疊的語言使用與符碼轉換，套用其他語言（如英語與法語）的特定模式，從而創造出本身特有的形式。混語化這個概念強調語言是文化實踐，超越了文法的抽象概念或任何「正確」用法。

　　混語化顯示出，對於文化帝國主義的論點，文化同質化的宣稱並非一個有力的基礎。許多被視為文化帝國主義（的現象），或許應該說是覆蓋上了一層西方資本主義現代性的產物，但卻不需要除去先前文化的形式。現代與後現代對於時間、空間、理性、資本主義、消費至上主義（consumerism）、性、家庭、性別等概念，與舊有的話語／論述擺放在一起，並與之產生意識形態上的競爭，可能會產生兩個結果：認同的各種混雜形式**以及**傳統的、「基本教義派」與國族主義認同的產生。國族主義和民族國家，將會與世界主義及弱化中的國族認同繼續共存。碎裂化與混雜化的反向流動過程與同質化的推動力，兩者一樣強大。

---

[5]　譯註：克里奧（Creole音譯）源自葡萄牙文*crioulo*，用以指稱中南美洲的歐裔白人，之後則被挪用來描繪多種族、語言接觸而產生之混合、融合的現象，其形成原因與殖民帝國主義有關，同時也標記著不同語言之間的權力關係。

全球化與權力

　　雖然全球化與混雜性的概念比文化帝國主義的概念更為恰當，因為它們主張一個比較不連貫、不一致與直接的過程，但是我們不該因此放棄對於權力與不平等的探究。權力的擴散，或是商品被用來創造出新的混雜的認同，這些事實我們仍需要去檢驗。正如派特西所論稱：

　　　　權力與霸權的關係，被鑲嵌並再生在混雜（within hybridity）之中，因為當我們仔細的看，在文化、地域、世系血統中，我們可以發現不對稱的痕跡。因此混雜性引起了對**混合**這個詞的疑問，混合的情況以及混合物（mélange）。在此同時，注意霸權是以何種方式運作是很重要的。霸權不只是再生，也重新出現並作用於混雜化的過程之中。（Pieterse, 1995: 57）

　　舉例來說，黑人的離散群體所產生的文化混雜性，既沒有掩蔽根植於奴隸時期的權力關係，也沒有掩藏移居的經濟拉力與推力。如霍爾（Hall, 1992b）所論，離散群體的身分認同，在（並且藉由）文化權力中建構出來。他認為，「這個權力已經成為我們自身認同的一個組成要素」（Hall, 1992b: 233）。因此，住在紐約富有白人的**文化認同**，與印度鄉下貧窮亞洲女人的文化認同，兩者大相逕庭。雖然我們都是屬於全球社會的一分子，而且沒有人能夠脫離全球社會的影響，但是仍然有不平等的參與者，全球化仍然存在著不平均、不均衡的過程。

　　下列何者代表全球同質化（global homogenization）？何者又代表多樣性的維持？它們能兼顧兩者嗎？

- 可口可樂：
- 奧運：
- 好萊塢電影：
- 世界音樂：
- 嘻哈音樂：
- 寶萊塢電影（印度電影）：
- 佛教（在西方社會裡快速成長的市場）：
- 廣告業：
- 汽車銷售：
- 觀光旅遊業。

現代性作為一種喪失

湯林森（John Tomlinson, 1991）將西方現代性的擴散視為文化的**喪失**（loss），因為它提供的是不合宜的（在性質、意義和道德上的）參考點與經驗。湯林森同意卡斯托里阿迪（Cornelius Castoriadis）的看法，在西方世界，「發展」這個概念強調的是「貪多務得」（more of everything），特別是索求更多的物質商品，而未能提供可指出貪多無益，或是將「成長」定義為個人與有意義經驗的可能性的重要文化價值觀。大多數前現代社會的人民，擁有鮮活的傳統，包括家庭、社區、道德和神祇，鑲嵌在他們的生活當中。如今，西式社會遭抨擊缺少有意義的集體傳統或社區。再者，我們似乎重量不重質。西方文化見證各種成癮、瘋狂、沮喪、低自尊、自溺和自我中心的行為大幅攀升。這些現象被約斯特（Kim A. Jobst, 1999）等人在《另類與補充醫學期刊》（*Journal of Alternative and Complementary Medicine*）中稱為「意義的疾病」（diseases of meaning）。

衝突地毯

©攝影：Emma A. Jane

這張阿富汗傳統編織地毯反映了1979年蘇聯入侵以來，這個國家飽受戰爭之苦和被占領的經驗。如上圖所示的戰爭地毯是2012年在阿富汗購得。請參考本章介紹過的一些概念，並且找一個同伴一起討論這張地毯的設計元素之意義。

克里斯多福·拉施（Christopher Lasch, 1980, 1985）將西方社會描繪成「自戀文化」（culture of narcissism），以及後來所謂的「生存主義的文化」（culture of survivalism）。此處，自我中心的個體變得越來越冷漠，因為：

- 深深捲入消費文化之中，但消費文化雖能提供好生活，卻無法提供深刻的意義；
- 科層組織的興起，對我們施加明顯充滿任意性的權力；
- 傳統家庭的式微，無力支撐有意義的人類關係。

　　根據紀登思，「個人無意義——感覺生活了無生趣——變成晚期現代性的根本精神問題」（1991: 9）。他論稱，日常生活向我們提出、但拒絕回答道德問題，而我們應從這種壓抑的角度來瞭解這個現象。這是說，我們被從這個道德資源中分離，而後者是我們能夠完整與滿足地生活所必需的。

　　那麼，吾人可以論稱，這種意義的喪失是現代性向非西方世界構成的最大威脅。文化帝國主義這個概念也有其解釋力，特別是對那些文化經驗被否定的人們；亦即，特定社會群體或在地關懷無法在媒體上獲得再現，因為當地生產經濟受多國籍企業控制所致。

主要思想家

安東尼・紀登思（Anthony Giddens, 1938-）

　　安東尼・紀登思是英國思想家，曾任劍橋大學社會學教授和倫敦政經學院校長。紀登思試圖將社會學方案正當化，有時對文化研究的衝動有所批評；然而，他的著作對文化研究領域的學者也有相當影響力。紀登思在古典社會學上的涵養，使他致力克服能動性與結構的雙元主義（the dualism of agency and structure）。他的近作論稱，全球化是現代性動力的結果。在此脈絡下，自我是一種從傳統限制中解脫出來的反身性方案，處於一種持續重新發明的狀態。

建議閱讀：Giddens, A. (1991). *Modernity and Self-Identity*. Cambridge: Polity Press.

　　然而，對於不平衡或喪失的認知，不同於將全球化的過程視為帝國主義的單向過程。湯林森認為：

　　　　全球化與帝國主義差異之處，在於它並沒有那麼前後連貫而首尾相隨，它在文化方面的企圖、方向也有欠明晰。但就帝國主義這個概念來看，它容許遊走於政治與經濟意涵之間，曖昧不清，但它卻有其意定的宏圖：處心積慮地將某個特定的社會體系，從一個權力中心點，往外擴散到全球各地。「全球化」這個概念卻指涉全球各地域的相互關聯與相互依賴，但其發生過程卻比較沒有那麼具有目標。這樣的情勢之所以出現，是由於經濟與文化行事及過程之結果所致，但它們本身並非有意朝向全球之整編進行，雖然

它們還是產製了這樣的景況。更為重要的是，全球化的效果，勢將削弱所有民族國家的文化內聚力，即使經濟上的強勢國家（先前時代的「帝國主義強權國家」），亦不能倖免於此。（Tomlinson, 1991: 175）[6]

反全球化抗爭

©攝影：Pictura ｜ 代理：Dreamstime.com

這張照片是反全球化抗爭活動的場景，示威者反對資本主義。

• 你認為他們反對的是資本主義的什麼特性？你是否同意他們的觀點？

• 閱讀下文有關新社會運動的內容。你認為反全球化抗爭活動是否算一種新社會運動？

• 1990年代晚期的反全球化運動和2011年的「我們是99%」占領運動之間，有何異同之處？

　　全球化的特徵是在世界某地發生的事件，對世界另一地產生的影響。像這樣的全球化，沒有人能逃脫它的影響。比方說，有關氣候變遷的當代辯論發生在世界各地，關切地球變遷對每個人都會有所影響，雖然這種影響不必然是均等的。

全球氣候變遷

　　「氣候變遷」（climate change）一詞，意指因為人類行為導致的溫室氣體在大

---

[6] 譯註：此段引文之中譯，另見馮建三譯（1994）：《文化帝國主義》，臺北：時報，頁328-329。

氣層的增加，所導致的全球氣候變遷。其結果正在激烈辯論當中，但一般預測是我們將會看到全球溫度上升，而這對地球的生態系統會有實質影響，比方說包括北極／南極氣溫上升，導致冰山變小，冰帽和冰原融化；風的模式改變，造成乾旱和熱浪頻繁發生，永凍土的面積減少，降雨改變，生物多樣性減少，以及熱帶氣旋和極端氣候狀況的增加（Szerszynski and Urry, 2010）。

在氣候變遷的一般文獻，以及圍繞它的政治辯論裡，我們指認出以下三種論點。

- **懷疑論**（sceptics）── 懷疑論者認為，全球暖化（global warming）不一定是人類行動的結果；氣溫波動被說成是地球在不同時間的正常現象。其他人則論稱，雖然證據看起來嚴謹，氣候變遷的威脅被誇大了，而且被用於政治目的。其他更迫切的全球挑戰如世界貧窮問題、疾病與宗教極端主義，更值得我們耗費時間、金錢和精力去面對。

- **漸進論**（gradualism）── 漸進論認為氣候變遷確有其事，也承認主要是人類行動導致，但認為氣候變遷對人類生活的影響將會是漸進的，而非立即和劇烈的。紀登思（Giddens, 2009）稱漸進論是一種關於氣候變遷的主流觀點，而且這一立場也被「政府間氣候變化專門委員會」（IPCC）在其四份報告（1990-2007）中採納。這種取徑導向兩種選擇：

  ■ 緩解（mitigation）── 執行為了限制和可能反轉溫室氣體排放量的政策和措施。有個例子是目前的一項基於「汙染者付費原則」（polluter pays principle）的政策提議，以「碳排放交易機制」或更直接的「碳稅」（carbon tax）的形式出現。國際上來說，每個國家將按照人口數而被分配到一定的年度排放額度，若超排則將受到懲罰。在一國之內，碳排放者（例如：燃煤發電廠）會因為超排而遭罰款。

  這項解決方案在世界各地受到很大的支持，因為它建立在市場機制，而且有可能成為一個公平的解決方案。一項碳排放交易機制已在歐盟實施，但批評者說它沒有效果。全球一致因應氣候變遷的行動難以達成，正如2009年哥本哈根會議以失敗收場所示。其中一個原因是汙染大國如美國不願支付代價，而發展中國家（同樣論稱自己並未造成氣候變遷問題）則無力這麼做。至於世界各國在2015年簽署的巴黎氣候變遷協議，是否會成為真正有效的方案，尚待進一步觀察[7]。

  ■ 調適（adaptation）── 意指對那些受到氣候變遷影響的人，提供保護和援助的

---

[7]　譯註：2017年6月1日，美國總統川普宣布美國退出巴黎氣候協議。

方案。各類提議包括興建海堤、為遷移人口提供財務援助、移動和安置可能受氣候變遷威脅的動物。但這些方案受到的批評是相關行動的規模太小，而且相對於正在發生的情況，這些行動太小也太遲。尤其是，受到氣候變遷最嚴重影響的人，往往最不可能得到援助；確實，西方大國正在加強限制人口移動的控制措施。

- **災難論**（catastrophism）——紀登思（Giddens, 2009）將抱持這種立場的，稱為「激進派」（radicals）。他們認為，預測氣候變遷的科學證據是真實與可怕的。他們也認為，歷史和考古學分析顯示，氣候變遷將會是一種非線性的過程，一旦跨越某個門檻，氣候變遷的效應將會發生激烈的「跳升」。比方說，紀登思所引用的一種論點主張：西伯利亞西部和加拿大永凍土正在融化，釋放出大量的甲烷（強度極大的溫室氣體），並且將會引發劇烈的氣候危機。

洛夫洛克（James Lovelock, 2006）是這種主張的倡議者。他宣稱，地球適應變遷的方式是透過一種正回饋循環系統，這意味的是目前的氣候變遷很可能是不可逆的，因為一種新的平衡將會達成。他也認為，一旦突破某些門檻，生態系統將發生巨變，而非漸變。因此，劇烈的氣候變遷可能會在很短的時間（例如：十年）內發生。洛夫洛克表示，我們必須集中力量，並且立即執行實質的碳排放減量和調適措施。

文化研究與氣候變遷

文化研究學者也越來越關注氣候變遷議題。文化研究特別關注的是氣候變遷科學的再現問題，以及相關辯論被呈現和管理的方式。比方說，主流媒體對此議題的報導，通常是給予氣候變遷議題的正反雙方等量的時間。這種報導方式已遭受批評，因為他讓「一小群全球暖化懷疑論者的聲音被放大」（Boykoff and Boykoff, 2007）。因此，新聞學兩面併陳、平衡報導的傳統，有可能反而變成一種資訊偏見（informational bias）。

在此同時，紀登思分析氣候變遷辯論在當代政治和文化對話中，變得越來越重要的過程。

> 以非比尋常的方式，而且是在非常短的時間內，氣候變遷已登上公共矚目的舞臺中央。科學家對全球暖化表達嚴重關切已超過四分之一個世紀，環境團體也已奮戰多時，希望政府和公民正視這個問題。然而，在過去幾年之間，氣候變遷取得了非常顯著的位置，一躍成為討論和辯論的核心議題，而且不只是在這個或那個國家，而是全世界皆然。（Giddens, 2009: 5）

　　那麼，文化研究會關切的是氣候變遷話語／論述在變得顯著的方式，以及它們如何形塑相關思考方式；換句話說，作為一種文化政治（cultural politics）（見第14章）。特別是，學者們已經指出「恐懼」和「希望」等概念被用來當作激勵和動員的文化工具。促成及（／或）構成氣候變遷文化政治的主要元素包括：

- 物質世界裡發生的事件；
- 政治倡議；
- 專家的文化權力；
- 環境美學（例如：特殊符號和象徵的使用）。

　　比方說，紀登思直指高爾（Al Gore）的氣候變遷倡議行動，包括紀錄片《不願面對的真相》（*An Inconvenient Truth*），以及諸如美國卡崔納颶風和南亞海嘯等事件，是一個重要的文化時刻。舍捷爾津斯基（Bronislaw Szerszynski）和厄里（Urry）認為，氣候變遷論稱的文化顯著性，乃是一種對物質世界事件做出的直接回應：「文化與虛擬的世界已經遇上它的對手；物質世界明顯非常重要，而且還會『逆襲』」（2010: 1）。

　　當然，我們對氣候議題的回應，乃是基於我們的科學知識，而且對Brian Wynne（2010）來說，這展示了我們對專家的依賴，指出氣候變遷政治如何將社會定位為依賴且難以不受到科學知識的影響。這反映了更廣泛的方式，亦即當代社會在很多領域對於專家的依賴（Giddens, 1991），而這也同時直接為所謂的「陰謀論文化」〔conspiracy culure（詳下）〕添磚加瓦。

　　文化研究也關切所謂「自然」和「社會」的觀念，被文化所建構的方式。比方說，休爾姆（Mike Hume, 2009）認為沒有所謂氣候穩定（climate stability）或後自然天氣（post-natural climate）的存在；更確切說，是政治話語／論述創造了想像的世界。文化活動也形塑著我們認知的社會，以及我們預期對氣候變遷採取的政治行動。比方說，在科學和經濟話語／論述裡，社會被理解成「個人主義的、市場機制的與計算利害得失的」，而這強化了需要個體選擇、新科技和市場的回應方式，而非那些強調瞭解和改變文化規範，以及集體實踐的回應方式（Szerszynski and Urry, 2010: 3）。帕克斯（Bradley C. Parks）與羅伯斯（J. Timmons Roberts）（2010）主張，政治與文化現象的相互連結意味的是，關於氣候變遷的國際協商必須擴大範圍，應把許多表面上與氣候變遷無關的發展議題納入，如貿易、投資、債務和智慧財產權協定等。

　　尤索芙（Kathryn Yusoff, 2010）引介環境美學這個概念（以生物多樣性的標準論事），認為它對氣候變遷辯論被以文化方式呈現時具有政治重要性。比方說，北極熊已成為氣候變遷和特定末日浩劫想像的「象徵」或「符號」（Swyngedouw, 2010）。

這個概念或許還可用於探索氣候變遷在電影和電視的再現狀況，比方說，在暢銷書籍和電影《末路浩劫》（The Road）（如果將它詮釋為指涉氣候變遷的電影）。

在此同時，湯普森（Stacy Thompson）指出，在氣候變遷時代，資本主義精於生產關於自身的敘事，它將消費者定位為合於倫理的行動主義者（在消費的當下）（2012）。這種生態資本主義的幻想，用微觀形式的倫理取代社會或「鉅觀」形式的倫理行動，把消費當成我們介入生態問題的能力「極限」。因此，「關於透過消費更少一點來拯救地球的幻想觀念（亦即意識形態），以及透過公平貿易來自救，在在都掩蓋了資本主義必然貪婪掠奪和剝削的本質」（2012: 897）。與其將生態災難框架成個人責任的問題，湯普森建議我們支持倡議集體、社會行動的環境運動者。

同樣地，海希（Ursula K. Heise）也質疑1960到1990年代之間美國環境作家和思想家所想像的那種在地和全球之分，批評在她看來是對在地的「過度投資」。她鼓勵培養一種「生態世界主義」（eco-cosmopolitanism）或環境世界公民身分／認同（environmental world citizenship），建立在文化理論其他領域裡復興當中的世界主義。她說：

> 因此，去疆界化帶給環境想像的一項挑戰，是想像能夠代表非人類世界和更大的社會環境正義的生態倡議，不再建立於在地連帶的想像，而是建立在能夠包含整個地球的疆域和體系連帶的想像。（Heise, 2008: 10）

如果吾人接受氣候科學的意涵（正如本書兩位作者確實接受），那麼氣候變遷就是我們這個時代的一大道德與政治議題，也是文化研究應該繼續介入更多的議題。

氣候變遷、能動性與陰謀論文化

有關氣候變遷的當代話語／論述經常包含陰謀論的指控，不管政治左派或右派關於氣候變遷的宣稱都有這種情況。前者通常宣稱否認氣候變遷的祕密策略有大企業參與其中，後者則從私人電郵導出有一個氣候科學家的私人陰謀小集團，而且他們為了確保研究經費而不惜造假研究數據……云云（Jane and Fleming, 2014: 99）。

氣候變遷陰謀論的一個例子是，美國電視主持人斯圖亞特‧沃爾尼（Stuart Varney）將氣候變遷稱為「一項科學陰謀」（轉引自Fitzsimmons, 2012）。另一個例子是美國共和黨參議員詹姆士‧殷荷菲（James Inhofe），他說政府間氣候變化專門委員會（Intergovernmental Panel on Climate Change）是一項想要促成單一世界治理的陰謀，他還出版了一本名為《最大的騙局：全球暖化陰謀如何威脅我們的未來》（The Greatest Hoax: How the Global Warming Conspiracy Threatens Your Future）（2012）的書。殷荷菲在接受媒體專訪時指出，氣候受人類影響是一個不可能成立的

欺騙，因為「神還在那裡。人的傲慢認為我們人類有能力改變祂才有能力對氣候做的事，對我來說這是駭人聽聞的說法」（轉引自Tashman, 2012）。

　　這種由Varney和殷荷菲創造的陰謀論話語／論述，說明了一種受迫害的解釋風格，與被稱為「陰謀論文化」的更廣泛的現象有關（Knight, 2000），有助於解釋很多開口閉口就說「我不是陰謀論者，但……」的現象。在陰謀論文化裡，常見說法包括：世貿中心攻擊事件是內賊所為；登月是捏造的；美國總統歐巴馬是地下（／隱瞞身分的）穆斯林；來自外太空的蜥蜴人透過變形、單一世界治理和氟化物等手段，正控制著我們的心靈。

　　雖然讓人忍不住想要將這些陰謀論者當成不過是少數的怪咖，但在越來越多的當代議題上，他們實際上已經構成聲量很大的多數。因此，將近五分之四的美國公民相信，政府故意不公開不明飛行物體（俗稱飛碟）的資訊，有四分之一的英國人相信戴安娜王妃是被暗殺的。想要揭穿這些陰謀論的努力通常以失敗收場，因為任何想要駁斥陰謀論的努力都會被當成是陰謀的一部分。對陰謀論者而言，他們相信陰謀非常強大，已經控制了幾乎所有資訊傳播的渠道，包括媒體、大學……（Barkun, 2003）。由於陰謀本身會不惜一切代價隱匿它的活動，陰謀論者相信它將會控制知識生產和散播，以誤導想要揭穿它的人。

　　陰謀論也完全免疫於反面證據。有個例子是美國「出生地質疑者」運動（American 'birther' movement），他們宣稱歐巴馬並非出生在（美國）夏威夷，因此沒資格當美國總統。歐巴馬在2008年出示的出生證明，只是被他們當成再一次「逮到你了」的時刻，他們把這份出生證明譏諷為造假文件，而且質疑為何製造假「證據」，除非是想隱匿什麼見不得人的事？出生地質疑者也質疑1961年印在兩份夏威夷當地報紙上的出生公告，自行腦補式想像歐巴馬祖父當年刻意安排這些假公告，一切出於精心的預先策劃，好讓他的孫子最終能夠當上總統。

　　有人說，陰謀論者是在捍衛這樣一種觀念，亦即「事件的背後是人」。你認為這是什麼意思？你同意嗎？美國法律學者凱斯‧桑斯坦（Cass R. Sunstein）和阿德里安‧韋穆爾（Adrian Vermeule）（2009）認為，暗中進行的「認知滲透」（cognitive infiltration）是面對當代生活普遍存在陰謀論的一種可能解方。根據他們的規劃，政府幹員以嘗試癱瘓陰謀論，透過臥底滲透到陰謀論的圈子，並且「種下關於這些陰謀論的懷疑種子，且重新安排在這類團體裡流傳的事實。」你認為這個建議如何？要處理陰謀論思維，可能還有什麼其他辦法？

話語／論述與氣候變遷

話語／論述包含：

• 命名社會世界的權力；

• 再現常識（common sense）的權力；

• 創造「官方說法」（official versions）的權力。

上述權力如何應用到氣候變遷議題？

氣候變遷話語／論述過去這些年發生了什麼樣的轉變？

這些轉變如何發生？

習作

選擇一項消費產品（例如：手機或平板），並且從以下視角為它撰寫一段描述文字：

• 作為一種自由選擇的象徵或行為；

• 作為導致全球暖化的因素之一。

國家、政治與新社會運動

全球化有一部分是超國族的（supra-national），也就是凌駕於民族國家「之上」運作。它影響了民族國家與其政治形式。因此，有人論稱，我們正目睹重大的政治變遷，包括國家角色的轉變、政治意識形態的改變，以及新社會運動（New Social Movements, NSMs）的出現。

根據紀登思（Giddens, 1985）的說法，現代的民族國家是權力的擁有者，由政治機器所組成，擁有特定領土區域的主權，並藉由軍事力量以維護其主權聲明。國家透過法律規範與合法暴力的獨有權以維持秩序。許多民族國家的公民對於**國族認同**有正面的觀感。即使國家的政治過程因時因地有所差異，但是某些代議制民主的形式已成為自由民主的象徵。此外，許多戰後的國家建立了福利提供組織，並且在企業經濟管理上扮演重要的角色。簡言之，現代國家主要擁有三項重要的功能：

1. 對外防禦；
2. 對內監視；
3. 公民權（citizenship）的維持。

民族國家衰微與歷史終結?

根據一些評論家的觀點（Crook et al., 1992; Held, 1991; Hertz, 1957），國家的功能面向正逐漸衰退。例如：當核子戰爭使得軍事策略成為高風險的選擇時，花費大量資源以作為軍事用途，其正當性遭受越來越大的反對。以這個觀點來看，國家無法澈底地保衛它們的人民。依據其更清楚的政治功能來說：

> 有四個重要元素造成國家（角色）的逐漸鬆脫：〔國家〕權力與責任水平式地重新配置給具有自主性的企業體；〔國家〕權力與責任垂直式地重新配置給地方議會、公民組織，以及重新配置給非國營企業；還有，〔國家〕責任的外部化，移交給超國家〔國際〕組織（supra-state bodies）。（Crook et al., 1992: 38）

在英國，去中心化的趨勢顯現在主要公用事業（瓦斯、水利、電力、電信）和重要的公民服務部門的私有化，。雖然各個國家在私有化／去管制化的規模與範疇有所不同，但是普遍性的原則已經為「超過一百個國家所採用」（Crook et al., 1992: 99），包括美國、澳洲、德國、瑞典與波蘭等。除了出售國家資產之外，去中心化也包含了賦予學校更多的在地自主權，以及澈底減少國家對於健康與社會安全所負擔的責任。事實上，私人的健康保險與個人年金方案顯示出「後福利典範」的到來（Bennett, 1990: 12）。

最重要的是，民族國家捲入了多面向的全球化過程中，「現代民族國家的重要功能正逐漸削弱，包括國家的能力、形式、自主性、權威或合法性。」（McGrew, 1992）。

歐記健保與「死亡小組」殭屍

一如既往，有關私有化、解除管制與福利的辯論仍然被激烈地政治化。這種情況2010年在美國獲得極大緩解，當時歐巴馬總統推出《患者保護與平價醫療法案》（the Patient Protection and Affordable Care Act, PPACA）。「歐記健保」包含對美國私有化醫療體系進行相對溫和的改變，希望增加健保的覆蓋率和可負擔性。然而，這個方案的批評者譴責它是一種「社會主義化的醫療」（socialized medicine），宣稱它會導致財物和人類災難（Faux, 2013）。阿拉斯加州前州長莎拉‧裴琳（Sarah Palin）甚至以「極端邪惡」形容這個方案，而且說會導致生病、年長與失能者必須面臨「死亡小組」（death panels）的裁判，由後者決定他們是否值得接受醫療照顧（轉引自Holan, 2009a）。這番企圖召喚希特勒納粹時代

德國意象的修辭，當時納粹德國的官員祕密謀殺許多精神分裂症患者、癲癇患者和殘障者（Holan, 2009b）。

　　雖然這個所謂死亡小組的宣稱完全沒有事實依據，而且後來還被Politifact（一家非營利的第三方事實查核中心）選為「年度謊言」（lie of the year），但它在動員公眾力量反對歐巴馬健保改革時仍然深具影響（Hopkins, 2012: 3）。因此，它可以算是經濟學家所說的「殭屍觀念」（zombie idea）——一種已經死亡，但又拒絕死亡的觀念，而是有如殭屍般四處橫行（比較：Laurenceson, 2014; Quiggin, 2012）。

　　對文化研究而言，美國2009-2012年的健保辯論突顯了有關政府角色話語／論述的兩極化本質，也拋出了關於政治和媒體修辭潛在影響力的問題。布倫丹·尼（Brendan Nyhan）等學者做過一個研究，想瞭解更積極的媒體事實查核（fact-checking）是否能修正人們對「歐記健保」將會創造所謂死刑小組的錯誤認知。他們的研究結論是，要想修正迷思和減少人們對健保爭議的錯誤認知，可說是極端困難，因為這些人「有動機也有能力拒絕正確資訊」（Brendan Nyhan et al., 2013）。不過，透過內容分析和調查資料，霍普金斯（Daniel J. Hopkins, 2012）否定所謂政治菁英在死刑小組辯論中使用的框架具有影響民意的因果關係。霍普金斯也提請我們注意一個事實，政治人物在發展其修辭時通常依賴焦點團體和民調，因此這些修辭本身可能就受到民意的形塑影響（Hopkins, 2012: 34）。

形式與能力

　　國家逐漸無法管理與控制其經濟政策，或是保護人民免於如環境災害等全球事件的傷害。也就是說，國家的**能力**遭到了削弱破壞，轉而導向跨政府或是超政府機構的發展，改變了國家的**形式**與範疇。國際組織參與經濟與政治的事務，因而降低了國家的能力並調整其形式。主要的國際組織包含：

- 國際貨幣基金會（the International Monetary Fund，簡稱IMF）；
- 主要經濟強權國家組成的八大工業國高峰會議（the G8 summits）；
- 歐洲聯盟（the European Union，簡稱EU）；
- 歐洲人權法庭（the European Court of Human Rights）；
- 聯合國（the United Nations，簡稱UN）；
- 國際能源組織（the International Energy Agency）；
- 世界衛生組織（the World Health Organization，簡稱WHO）。

自主性

　　經濟與政治過程的全球化意味國家逐漸無法直接控制政策的形成，但又必須扮演國際妥協與協議舞臺上的行動者。也就是說，國家的**自主性**日漸受到限制。赫爾德（David Held）認為全球化顯示出：

> 　　藉由模糊國家的政治界線、改變政治決策狀況、轉換國家制度與組織環境、改造政府的法律架構與行政實務，以及混淆國家責任的界線等，這許多力量的結合，限制了政府與國家的行動自由。這些過程證明國家是在一個更複雜的國際系統中運作，這個系統不僅限制了國家的自主性，也侵犯了國家的主權。主權的概念，即國家權力對內最高與不可分割的形式已遭破壞。現今，我們必須瞭解主權本身已分割給許多的組織，包括國家、地區與國際組織，同時主權也被此種多元本質所限制。（Held, 1991: 222）

正當性

　　如果國家能力與自主性逐漸被削弱，而且國家的某些權力已經移交給超國家〔國際〕組織，那麼它將無法完全行使其現代功能。而這將導致一個**正當性（或譯合法性）**（legitimation）的危機：由於國家無法善盡它的分內責任，人民可能喪失對國家的信賴。比方說，芝加哥大學全國民意研究中心調查公眾對機構領袖的信心發現，最受信賴的部門是軍方。然而，即使如此，只有50%的受訪者表示「很信賴」那些統領軍隊的人；可供比較的數據是美國最高法院（30%）、聯邦政府行政部門（16%），以及國會（10%）（'Science and Engineering Indicators 2012', 2012）。

　　有些評論者（如Gilpin, 1987）不接受民族國家受到侵蝕的說法，他們認為國家與跨國機構之間的國際合作，**增加**了國家掌握其自身命運的能力。此外，國家主義與國家軍事力量，在國際關係上仍扮演重要的角色，看不出來有衰退的跡象。國際外交仍然是透過國家的基礎來運作，而不是超越它們。國家內部權力的位置仍然模糊不清。英國等國家，一方面在去中心化的過程中達到私有化與去管制；但另一方面，在「法律與秩序」、道德、內部監控等問題上，卻逐漸增加其獨裁主義的權力（Gorden, 1988; Hall, 1988）。

＃雖然國家正逐步改變其形式，轉移部分權力到超國家實體，並歷經某種程度上「合法性的危機」，但這並不是全貌，而且國家似乎並不會在不久的將來消失。

歷史的終結？

　　到目前為止，討論的焦點集中在歐洲、澳洲與北美的自由民主國家。隨著1980

年代東歐國家共產主義制度的垮臺，東歐大部分政權以不同速度轉變成代議制民主，擁護消費資本主義，並尋求加入北大西洋公約組織與歐盟。雖然俄羅斯不像波蘭或捷克那樣熱忱擁抱西方世界，然而可口可樂與麥當勞卻已象徵性地建立在莫斯科市中心。這是否代表自由民主與消費資本主義在全球最後的勝利呢？

　　自由民主與資本主義的勝利成為永久形勢，這是福山（Francis Fukuyama）提倡與推廣的論點。他認為「歷史至此終結如斯；這是說人類意識形態演化的終點，也是西方自由民主成為人類政府的最後形態的普遍化」（Fukuyama, 1989: 3）。他所說的「歷史的終結」，並不是指事件發生的結束，而是自由民主**概念**的全面勝利，亦即成為唯一可行的政治制度（Fukuyama, 1992）。歷史的終結是意識形態競爭的結束，「全世界發展出一個卓越的共識，關注自由民主制度的合法性與可行性」（Fukuyama, 1989: 22）。雖然福山不預期社會衝突將從此消失，但他主張在自由民主的國家與資本主義經濟和社會關係的環境下，巨型的政治意識形態（grand political ideology），將會被經濟管理與技術性的問題解決辦法所取代。

　　赫爾德（David Held, 1992）對於福山的核心論點提出質疑。他認為自由主義並非如福山所言，被視為一個「統一體」。福山沒有對不同形式的自由主義加以區別及選擇，同時忽略其內部在意識形態上的競爭。再者，赫爾德認為福山並沒有探究在自由民主制度中，「自由」與「民主」兩個要素之間潛在的緊張關係，例如：個人權力與公眾責任之間的關係。

　　此外，福山並未探究市場關係，以及伴隨而來的權力與財富不平等對自由與民主造成的妨礙。換句話說，社會的不平等本身，可能是損及平等公民權利的市場力量所造成的結果。因此，「現存的經濟系統，與自由主義認為每個人都是『自由與平等』的概念並不相容，兩者間的關係並非不證自明」（Held, 1992: 24）。

　　赫爾德認為全球經濟的不平等，伴隨著國家、種族、宗教與政治的意識形態，將持續造成衝突，並可能引起新的大眾動員力量，此一力量甚至足以促成新政體的合法化。當然，有人可能會將「伊斯蘭基本教義」詮釋為一場全球運動，針對自由主義霸權和歷史終結論提出挑戰。然而，在現有自由民主的制度中，無論是以意識形態或是以社會行動的方式促使制度改變，目前我們很難窺視出另類的經濟與政治的**系統**（systems）將由何處產生。自由主義與社會民主改革，以及制度的修補，似乎是在當前氣氛下最好的選擇。這將政治行動導向改良主義，亦即尋求在體制內推動變革（見第14章），以及（／或者）以壓力團體的方式進行新社會運動。

新社會運動

　　新社會運動（New Social Movement, NSMs）出現在1960年代的現代西方世界，與當時的學生運動、反越戰運動、公民權抗爭和婦女運動有關。新社會運動通常包含

了**女性主義**、生態政治學、和平運動、青年運動與文化認同的政治學（見本書第7章至第9章）。他們脫離了傳統勞工運動的階級政治。

取代階級？

根據圖賴訥（Touraine, 1981）與梅盧西（Alberto Melucci, 1980, 1981, 1989）的論點，當代激進政治已經逐漸與階級決定論分離，並透過新社會運動加以組織。依照這些作者的描述，新社會運動是日漸鮮明的社會與政治的集體，植基於工作場所之外。新社會運動集體認同的形成，包含了共同習慣、凝聚力與連續性的實現。新社會運動的達成是透過將社會界線視為集體行動的面向，即暫時與進行中的認同形式，必須跨越時空不斷地生產與再生產。

新社會運動核心的集體認同形式，並非那些正統的階級**認同**。新社會運動的興起，與階級和政治忠誠兩者間預測性關係的衰退有關。因此「在投票行為與政治激進主義的研究中顯示，在主要階級或職業部門，以及主要政黨之間，忠誠度持續衰退。……自從1960年代晚期……，階級投票指數（class voting index）逐漸下降」（Crook et al., 1992: 139）。

另外亦顯示，對主要政黨的信賴度下降，以及對更直接的政治行動形式所產生的興趣。

將新社會運動視為完全取代階級政治，或是階級消失的結果，都是錯誤的。雖然如此，我們可以將其視為對社會形成中的變遷，所做出的部分反應。例如：圖賴訥指出工業社會中普遍的分化與解構，伴隨勞工運動與階級政治首要地位的衰退，進而促成了新社會運動。雖然圖賴訥將新社會運動描述為階級鬥爭的一部分，但是新社會運動在語言、風格與階級組成上，與工業時代的傳統有很大的差異：

> ……在一個社會中，大量的投資不再如工業社會中用來改變勞工組織，而是用以創造新的產品，除此之外，並透過複雜傳播系統的控制來產生新的經濟力量來源，之後主要的衝突隨之轉變。（Touraine, 1985: 4）

對圖賴訥來說，原本存在於管理階層與勞工之間的對立衝突，已被取代成為更廣泛的鬥爭，以控制社會、經濟與文化發展的方向。尤其，衝突的主軸已轉而質疑認同、自我實現與「後物質主義」的價值觀。

生活政治

根據紀登思（Giddens, 1992）的論點，現代的「解放政治」（emancipatory politics）關注的是，由限制生活機會的束縛中獲得解放。也就是說，「解放政治」將

注意力集中在階級剝削的關係上，以及從傳統的穩定性中所解放的社會生活。這包含了正義、公平與參與的倫理學。相反地，賦予其某種程度上從物質剝奪中解放，「生活政治」（life-politics）更關心自我實現、選擇與生活方式。生活政治思考關於生活正當形式的創造，而這將在全球的脈絡下，促進自我實現。它們關注的焦點在於「我們應當如何生活？」的道德觀：

> 生活政治關心在後傳統情境下，自我實現過程中的政治議題。在後傳統情境下，全球的影響力深深侵入自我反身性的方案之中（the reflexive project of the self），而自我實現的過程也反過來影響全球的策略。（Giddens, 1992: 214）

紀登思認為，在我們持續「塑造自我」的同時，「人是什麼？」與「我要成為什麼樣的人？」這類問題，在全球的情境下會更常被提及，而且沒有人得以逃脫。例如：全球資源有限的認知以及科學與科技的限制，將導致經濟的資本累積不再受到重視，並引發對新生活方式的需求。同樣地，生物科學的發展使我們質疑生命的定義、未出生胎兒的權利、身體的自主權，以及基因研究的倫理等。此種**反思能力／反身性**[8]，伴隨著社會生活的重新道德化，隱含於許多當代的新社會運動中。

習作

請完成以下表格。

新社會運動	核心信念與目標	活動形式	主要象徵
1.			
2.			
3.			
4.			
5.			

---

[8] 譯註：Reflexivity一詞多被漢譯為「反身性」或「反思能力」。何春蕤在為紀登思著作《親密關係的轉變》一書中譯本撰寫的導讀中指出，紀登思所謂的reflexivity一詞，沒有「反省、悔過」等道德意涵，而是指自我透過不斷重組自我的敘事來構築自我認同的過程。在這個構築自我認同的動態而開放的過程中，個人主體會根據資訊、知識不斷進行自我調節或修正，從而重新定義自我認同。

符號社群

　　梅盧西的觀點指出，新社會運動的組織特徵，不同於階級政治的特徵，較少在既有的社會系統中運作。再者，雖然某些工具性目標的達成的確形成了部分新社會運動的議題，但新社會運動更關注其自身的自主性以及更廣泛社會發展的價值。梅盧西認為新社會運動具有一種以身體及「自然」世界為中心的「精神」成分，為道德權威的來源。

　　新社會運動較關注直接民主（direct democracy）與成員參與，而非代議民主（representative democracy）。它們通常有明顯的：

- 反威權、反官僚，或甚至是反產業的傾向；
- 鬆散、民主與行動導向（activist-oriented）的形式；
- 個別運動之間的界線模糊；
- 所謂「成員身分」，往往具有重疊性、彈性與變換性；
- 「成員身分」得之於行動的參與。

　　新社會運動通常訴諸「直接行動」（direct action），雖然其目標不在於政府當局與正統代議制政治的人事（例如：國會議員），而是其他公民社會中的行動者或機構，例如：公司、研究機構、軍事基地、鑽油平臺、道路建設計畫等。新社會運動透過**符號性**的事件（symbolic events）和煽動的語言，挑戰制度性權力關係的文化符碼，使其形成一個「想像的共同體」（imagined community）。

　　新社會運動的符號性政治已藉由大眾媒體散布傳播。對於大眾媒體來說，這些活動與符號是很好的戲劇性新聞題材。新社會運動所產生的意象是活動的核心，同時也模糊了其形式與內容的界線。也就是說，新社會運動的許多活動是為了吸引大眾目光而設計的媒體事件。這些運動的符號性語言是**多義的**，在形成由同一群人所組成的想像社群或聯盟的基礎時，其範圍之廣足以滿足其不確切的目標。

＃新社會運動表現出來的是一種文化政治的形式（第 14 章），超越現代政黨政治的傳統意義。

解構練習：全球的 vs. 在地的

- 是什麼造就了全球的？
- 是什麼造就了在地的？
- 你能在全球與在地之間畫一道界線嗎？

本章摘要

本章描繪變遷中的世界，當代文化研究運作並試圖介入的面向。這是一個不確定的世界。在這個世界中，政治、社會、經濟與文化之間，秩序井然與關係明確的隱喻，已經被較為混沌、盤根錯節與斷裂的關係所取代。

文化，一如有人這樣說，在新的全球化失序中，扮演日漸重要的角色。的確，華特斯（M. Waters）認為，全球化不只是文化範疇中最重要的，更由於符號比物質商品或服務更能輕易跨越時空。「我們可以期待，經濟與政體的全球化將會達到文化化（culturalized）的程度，亦即其中發生的交換關係是透過符號的方式達成」（Waters, 1995: 9）。

儘管文化同質化的力量確實存在，但同樣重要的是異質化與在地化。因此，在二十一世紀來臨之際，比起帝國主義和同質性的概念，全球化與混雜性等概念較受歡迎。文化研究探索了混雜性與混語化及認同、音樂、青少年文化、舞蹈、時尚、種族、民族、語言和文化概念本身（有人說所有的文化皆被混雜化了）的關係。在當代文化研究中，從德希達的解構（二元對立關係的結束，自我存在於他者之中），經由後現代主義到族群性與後殖民性的探索，混雜性是一個不斷提及的主題。

由福特主義到後福特主義，以及後工業社會的出現，我們討論了主要世界經濟基礎的變遷，包括：

• 階級崩解的程度；

• 消費文化的興起；

• 生活方式與認同的新形式之浮現。

有人論稱，階級與政治忠誠間的關係不像過去那樣可以預測，以及新社會運動現象的興起。我們也回顧了民族國家在角色與能力上日漸衰退的若干論證。本章指出，這些發展可以放在解組織化資本主義的脈絡下理解。

許多評論家大致同意，上述這些是社會與文化變遷的主要因素。然而，對其範疇與重要性則有不同的意見。特別是，我們是否正經歷一個由現代性到**後現代性**（postmodernity）的劃時代轉變，或至少是文化與認識論層次可被稱作後現代的一種「感覺結構」的興起？這些問題仍有許多爭論，而這些主題構成下一章（第6章）的基礎。

第6章 進入後現代主義

關鍵概念	
啓蒙（enlightenment）	現代性（modernity）
大敘事（grand narrative）	後現代主義（postmodernism）
超真實（hyperreality）	後現代性（postmodernity）
反諷（irony）	後後現代主義 （post-postmodernism）
現代主義（modernism）	反身性（reflexivity）

　　以後現代主義為主題的著作激增，或可以一種學術時髦視之。不過，這類著作的大量問世，同時是對社會世界發生的組織與制度的實質變遷所做的重要回應。換句話說，以嚴肅態度面對這些圍繞著後現代主義的辯論，有其道理。許多關於後現代主義的主要理論之作，出於與文化研究「學門」無直接關係的學者。然而，隨著後現代主義浮現而發展出來的諸多辯論與概念圖譜，已滲入文化研究之中，形成了從事當代文化研究的情境，並且遍布於文化研究的研究「場域」（sites）（見本書第7至14章）。然而，這些被視作後現代主義的爭議與概念地圖卻被歸類為文化研究。後現代主義在文化研究領域所發揮的影響力，在於強調文化研究應斬斷原本所繼承的馬克思主義遺產。

界定重要用語

　　不從**現代性**（modernity）與**現代主義**（modernism）等相關概念入手，難以理解何謂後現代理論。不幸的是，這些概念的適切意義所指為何，缺乏共識。為了我們此處的目的：

♯現代性與後現代性是用來指涉歷史性與社會形構的術語。現代主義與後現代主義同
　屬文化的與認識論的概念。

現代主義與後現代主義概念特別關切的是：

- 文化形構與文化經驗，例如：現代主義是現代性的文化經驗，後現代主義則是高度現代性或後現代性的文化感性（cultural sensibility）。

- 藝術或建築的風格與運動，亦即，現代主義是一種建築風格〔如柯比意（Le Corbusier）〕或文學書寫風格〔例如：喬伊思（James Joyce）、卡夫卡（Franz Kafka）、布萊希特（Bertolt Brecht）等作家〕，以及電影（如《藍絲絨》、《銀翼殺手》）、攝影（例如：謝曼〔Cindy Sherman〕的作品）或是小說〔例如：達克特羅（E. L. Doctorow）與魯西迪（Salman Rushdie）〕中的後現代主義。

- 一組哲學的、認識論的關懷與立場，也就是思索知識與真理的特性。現代主義讓人聯想到啟蒙時代如盧梭（J. Rousseau）和培根（F. Bacon）等人的哲學，以及馬克思、韋伯（Max Weber）、哈伯瑪斯（Jürgen Habermas）等人的社會經濟理論。哲學裡的後現代主義則讓人想起李歐塔、布希亞、傅柯、羅逖和鮑曼（Z. Bauman）等人，但他們並非個個都欣然接受後現代主義者這樣的頭銜。概括地說，〔現代主義的〕啟蒙思想追求普適真理，而後現代主義則指出「真理」有其社會歷史與語言面向上的特殊性。

現代性的制度

現代性是中世紀後的歷史時期，具有後傳統（post-traditional）以變遷、創新與動態聞名的秩序。對鮑曼（Bauman, 1991）而言，現代性與絕對真理、純粹藝術、人性、秩序、確定性及和諧有關。現代性的制度至少有如紀登思（Giddens, 1990）所述包含了：

- 工業主義（自然的變化；人造環境的發展）；
- 監控（資訊的控制與社會監督）；
- 資本主義（在勞動力與產品市場競爭脈絡下的資本累積）；
- 軍事武力（在戰爭工業化脈絡下對暴力工具的操控）。

習作

- 請思索上述現代性的制度。
- 請各舉一個當代的例子。

工業革命

　　發生在英國的工業革命，將低生產力、零成長率的前工業社會轉型為高生產而不斷成長的社會。在1780至1840年間，英國經濟明顯改變，從家戶生產、自產自銷，轉變成大量生產以交換為目的之消費產品；從簡單、以家庭中心的生產，轉變成嚴格、照章辦事的（impersonal）勞力分工與運用資本設備的生產。人口成長三倍，經濟活動的價值增為四倍（Hobsbawm, 1969）。個人的、**社會的**與政治的生活，也發生了改變。例如：工作習慣、時間分配、家庭生活、休閒活動、居家形態上都發生改變，人們從鄉村移居都市。

監控

　　工業化勞動過程的出現導致勞工人數及分工作業的情況俱增，以及工作的機械化與密集化。工作坊與工廠被用來執行規訓與創造新工作習慣（Thompson and McHugh, 1990），亦即標舉了各種新的**監控**形式。誠如紀登思所說的，「所謂現代性，彰顯的不只是各式各樣的組織，而是構成這些組織的法則——亦即跨越非限定時空距離，施加於各種社會關係的規範控制」（Giddens, 1990: 91）。[1]

　　監控指的是資訊的蒐集、儲存與檢索、對活動的直接監控以及運用資訊來監視其支配的人口。儘管現代性並未創造監控**本身**，它引進了新的、更複雜與延伸的監控形式，包含了控制方式從親身的（personal）轉變成照章辦事的。科層化、理性化與專業化，形成現代性的核心的制度性結構（Dandeker, 1990）。

資本主義現代性的動力

　　現代性的產業組織沿著資本主義的軸線組成。在首次出版於1848年的《共產主義宣言》（*The Communist Manifesto*）中，馬克思對資本主義現代性的特有的研究與創新過程，有以下的描述：

> 　　自然力的征服、機器的採用、化學在工業和農業中的應用、輪船的行駛、鐵路的通行、電報的使用、整個大陸的開墾、河川的通航、彷彿用法術從地下呼喚出來的大量人口，——過去哪一個世紀料想到在社會勞動裡，蘊

---

[1]　譯註：作者此處引用紀登思觀點時所註明的出處似有錯誤。紀登思所寫的這段文字，應是出現於1991年出版的《現代性與自我認同》（*Modernity and Self-Identity*）的第16頁，而非1990年出版的《現代性的後果》（*The Consequences of Modernity*）一書的第91頁。

藏有這樣的生產力呢？（Marx and Engels, 1967: 12）[2]

　　資本主義的生產動能大量產生，從煤礦到核能，從火車到火箭，從檔案櫃到電腦與電子郵件。資本主義無止息地為了追求利潤、累積資本，而尋找新市場、新原料、新資源，具有全球化的天性。今天所有國家的經濟結構，都整合在世界的資本經濟秩序中（Wallerstein, 1974）。

　　現代的動能如此由其歐洲基礎，擴散、包含了全球。起源於西方的現代制度充滿活力而促進全球化，因為，如紀登思所寫的，現代性促進了人們與「不在場的」他者間的關係，交易可跨越時空進行，任何一個地方都被距離遙遠的社會影響所滲透與形塑；也就是說，社會關係從地方脈絡中「離根」（disembedded）或說「連根拔起」（lifted out），又跨越了時空重新結構。紀登思舉出，特別是象徵符號（symbolic tokens）（例如：金錢）與專家系統（expert system），因此，金錢與專家知識的發展使得社會關係得以跨越時間與空間而延伸（或延長）。

　　現代生活意味著不停地依照社會實踐的資訊，測試、改變這些實踐。**反身**則意味著應用社會生活的知識是現代生活的基本元素，並涉及不斷地依據新知識修改社會活動。例如：政府與企業蒐集人口統計資訊的目的，是政策規劃與行銷。

民族國家與軍事力量

　　今日我們知道世界可分作幾個分立的民族國家。然而，相對而言，民族國家是個晚近的現代設計，在地表上生活的大部分人類並未參與其中，也無法認同。現代民族國家是權力容器，包含了在劃定的領土區域界線內行使主權的政治機器，透過掌控軍隊的力量以維繫主權的宣示。既然國族主義的話語／論述是全球性的，而民族國家是在彼此的關係中浮現，我們可以說這是一個全世界的民族國家系統（world-wide nation-state system）（Giddens, 1985）。

　　國族不僅是政治形構，也是文化再現的系統，藉由這系統國族認同不斷地透過話語／論述行動（discursive actions）重製。國族認同是以一種想像的方式，對民族國家透過符號和話語／論述的表達所敘述及創造的國家起源、延續和傳統的概念產生認同（Bhabha, 1990; Hall, 1992b）。

　　國家透過法律和獨占的正當的暴力，來維持秩序。現代戰爭的基礎如下：

---

[2] 譯註：本段譯文參考中國中央馬恩列斯毛著作編譯局《馬克思恩格斯選集》第一冊（1995年版）之譯文。

- 國家軍事力量；
- 政治野心；
- 投入國族認同的情感。

　　如紀登思（Giddens, 1985）論稱的，現代進行的是工業化戰爭，亦即現代軍隊中的士兵都經過訓練、教育，具有科層化的組織，其武器補給由從事國際武器貿易的資本公司所擁有的工廠生產。

現代主義與文化

　　工業主義、資本主義、監控以及民族國家出現的過程，我們可稱之為「現代化」，「現代主義」意指伴隨著現代而出現的人類文化形式（Marshall Berman, 1982）。在此，我們關心的是作為一種文化經驗或者「感覺結構」（Williams, 1981）的現代主義。

作為文化經驗的現代主義

＃文化現代主義是一種「一切原本固定的東西都已消解於煙塵之中」的經驗，這句引自馬克思的話，暗示的是變遷與不確定。

　　因此，工業、科技與傳播系統已經改變，還將持續地急促改變人類世界。雖然這些改變提出終結物質的稀少的承諾，他們也具有陰暗面。例如：電子工程學是資訊科技的基礎，而現代資訊科技是全球財富生產、傳播網絡、個人化的資訊以及娛樂系統的中心。同時，電子工程學也是現代武器系統與監控科技（從洲際彈道飛彈到裝置在大街上，具監視作用的攝錄影機）的基礎。

　　　　現代化就是在一個應許我們冒險、權力、樂趣、成長，改變我們自己和
　　我們世界的環境中找到自己，但同時這也威脅著摧毀我們擁有、知道以及我
　　們所屬的一切。（Berman, 1982: 15）

風險、懷疑與反身性
　　現代主義者展現出樂觀地相信科學、理性和工業的力量，能讓世界變得更好。現代主義不是一種確定文化（culture of certainty）；相反地，其動力在於不斷地修訂知識。現代制度立基於懷疑精神，因此所有的知識都形成開放修訂的假設（Giddens,

1990, 1991）。更確切地說，紀登思（Giddens, 1994）將現代主義看做是「風險文化」（risk culture）。他論稱，這不是說現代生活本質上有較多風險，而是指在制度與尋常人生活中的策略思考裡，風險估算扮演核心角色。

現代主義的標記包括：

• 曖昧性（ambiguity）；
• 懷疑（doubt）；
• 風險（risk）；
• 持續的變遷（continual change）。

的確，這些特性在現代自我（modern self）的構成中展現無遺。「傳統」崇尚安定性，人們處於規範的秩序，永恆不變的宇宙中，而事物之所以具有某些固定特徵是因為他們應該如此。相反地，現代主義推崇變遷、對生命加以計畫、反思。在傳統情境中，**自我認同**主要是社會位置的問題，但對現代人而言卻是個「反思方案（reflexivity project）」；指的是「一種過程，其中自我認同的形成，係對自我敘事（self narrative）進行反思能力的梳理而來」（Giddens, 1991: 244）。所謂**認同方案**（identity project），指的是認同的想法不是固定的，而是被創造、建構的，總是朝著某方向移動而不是抵達某個終點。對現代主義來，自我不是表層的外觀，而是被喻為**深度**的深層結構運作所主導（metaphors of *depth* predominate）。**精神分析**（當然包括潛意識）的想法與概念可充分說明。浮士德（Faust）是象徵現代的人物之一，因為他決心作自己（make himself），追求自己的世界，即便付出與魔鬼交易的代價也在所不惜[3]。根據哈維（David Harvey, 1989）的解釋，浮士德可看作是現代發展的兩難（創造與毀滅交互影響）的文學原型。

---

[3]　譯註：《浮士德》原是德國民間的傳說，歌德據以創作成一悲劇，敘述窮究人類一切知識卻無法滿足的學者浮士德，為了跨越界線、體驗極限，與魔鬼（梅非斯特）打賭，如果他沉湎於逸樂、停止奮鬥，就失去自己的靈魂。最後，築堤攔海為人類造福，眼盲的他誤信大堤即將完成，與魔鬼訂下的契約生效，他倒下，靈魂卻也落入魔鬼之手，在天使護衛下進入天界。他代表著人類自強不息的進取精神，並非出賣靈魂而是與魔鬼討價還價。梅非斯特在《浮士德》中是魔鬼的化身。譯註參考：歌德著、綠原譯（2000）。《浮士德》，臺北：貓頭鷹。

城市漫遊者

　　現代主義的重要形象是波特萊爾（Baudelaire）[4]筆下的**漫遊者**（*flâneur*）。一個漫遊者或說一個遊蕩者漫步於現代城市裡沒有特色的空間，體驗這些街道中的商店、陳列、影像和各式各樣人的複雜、騷亂以及迷惘。這觀點強調現代主義的**都會**特質。對波特萊爾（Baudelaire, 1964）來說，漫遊者是現代生活的英雄，他接受短暫的美和生機，以及瞬息的人群印象，以一種超然的態度，見證每件事物的倏忽變化而能不陷溺其中。

　　漫遊者是城市的、當代的、風格化的，這些主題與齊美爾（Simmel, 1978）所提出的現代對時尚（fashion）的關切有關。對齊美爾來說，時尚再現了在追求個性（individuation）和納入集體之間取得平衡的動作。時尚特別具現代特徵，尤其是它快速變遷與多元的**風格**，形成自我風格化（the stylization of the self）的方案藍圖。

現代性的幽暗面

　　現代的自我形象是：

• 持續不斷的興奮狀態；
• 技術與社會進步的承諾；
• 消蝕傳統，喜新厭舊；
• 都市發展；
• 自我的展現。

　　然而，正如同浮士德是個困頓不安的、破壞性的悲劇人物，所以現代性也充斥以下現象：

• 工業化都市中的貧窮和髒亂；
• 兩場具有毀滅性的世界大戰；
• 死亡集中營；
• 全球毀滅的威脅。

　　齊美爾（Simmel, 1978）論稱，一方面個體的自由增加了，但人們卻必須屈服於嚴苛的規訓與城市的冷漠。那正是韋伯（Weber, 1948, 1978）所探求的主題，他對現

---

[4] 譯註：波特萊爾（1821-1867）是法國詩人及散文家。

代科層組織發展的看法可總結為他對現代世界的深切矛盾。

對韋伯而言，科層組織的步調是更廣為擴散的世俗理性，以及基於計算、規則與專家知識的理性決策過程的外貌之一，這也伴隨著「解除世界魔咒」，而有利於經濟與科技發展。韋伯式（Weberian）的科層組織強調照章辦事、功能分配、規則系統與文件紀錄的過程。科層組織由按規則的管理、有條理的活動的架構所組成，而不論個體與他們人格特質的獨立。仰賴一個由穩固權威所監督的固定、公務管轄領域。韋伯確信科層組織無法改變的進步、理性與效率，還有它對個體自我表達的入侵：科層是物質「進步」的「牢籠」。

總的來說，現代主義包含變遷、速度、曖昧性、風險，以及不斷修訂知識的「感覺結構」。這個結構以社會與文化過程的以下變化為基礎：

• 個體化；
• 差異化；
• 商品化；
• 都市化；
• 理性化；
• 科層化。

習作

• 請定義以上的每個專有名詞。
• 請舉例說明它們與現代文化興起之間的關聯。

作為美學風格的現代主義

現代主義概念也包含範圍較小，聚焦於十九世紀開始與藝術運動結合的美學形式。關鍵人物包括文學的喬伊思（Joyce）、吳爾芙（V. Woolf）、卡夫卡（Kafka）和艾略特（Eliot），以及藝術家畢卡索（Picasso）、康定斯基（Kandinsky）、米羅（Miró）。雖說「一些現代主義」的說法會比「一個現代主義」來得好，藝術的現代主義包含了一些普遍主題：

• 美學的自我意識；
• 對語言的興趣以及再現的問題；
• 拒絕寫實主義而傾向探索「真實」的不確定特徵；

- 揚棄線性的敘事結構，偏好蒙太奇（montage）[5]與同時性（simultaneity）；
- 強調從浪漫主義獲得的美學經驗的價值；
- 接受具有深層、普遍創作意義的想法；
- 破碎的探索與使用；
- 前衛高雅文化（avant-garde high culture）的角色與價值。

　　現代主義反對「真實」能夠透過任何直接方式再現的想法。**再現**不是模仿或複製真實的行動，而是「真實」的美學表達或規則建構。在不確定且不斷變遷的情境中，現代主義文學家認為其職責在找出能抓住世界上「深層真實」的表達方式。因此，對於美學自我意識的關注，也就是察覺到形式，特別是語言在建構意義時的重要性。在現代主義作品實驗取向的美學風格特色：企圖透過碎裂來表達真實，即可獲得充分說明。

寫實主義的問題

　　既然現代主義接受了表象之下或表象之外存在著真實意義，便否定了自然主義／寫實主義是能夠毫無疑問地再現真實的形式。對現代主義者來說，**寫實主義**的問題在於他們聲稱「表現事物真正的樣子」，而未「體認到其（寫實主義／自然主義）本身就是一種人造物」。再者，寫實主義的敘事結構是由**真理**的「後設語言」所組成，給了編輯的位置某些特權又將它隱藏起來，而不是讓不同的話語／論述「自己說話」或是競逐支持（MacCabe, 1981）。

　　對現代主義者來說，他們需要實踐來展現技術，從而能夠反思**表意**的過程，因此現代主義的故事不遵循既有線性因果的慣例或是「平常」每日時間的流動。如果說有一種風格可以概括現代主義，那就是蒙太奇的使用；透過鏡頭和再現的選擇與組合，形成並置、混合的影像與想法，這些是過去寫實主義的時間與動機概念未曾「連結在一起」的。例如：高達（Jean-Luc Godard）用蒙太奇探索真實碎裂、多重的話語／論述，也鼓勵觀眾檢視意義建構的過程。

巴特略之家

　　這是西班牙巴塞隆納的巴特略之家的照片，該幢公寓由建築師安東尼・高迪（Antonio Gaudi, 1852-1926）設計，屬於加泰隆尼亞現代主義或新藝術運動的風

---

[5]　譯註：將個別的鏡頭銜接後使之成為一種有意義、特殊效果的新結合，即成為一種富藝術特質的新總體。

格。

- 雖然嚴格說來不是現代主義運動的一部分，這幢建築具有哪些現代主義的特徵？
- 這幢建築的設計也似乎預演了一些後現代主義的特徵，你能看出有哪些嗎？

©攝影：Freya Hadley

碎片化與普遍的

現代主義結合了一方面強調碎片化、不穩定與瞬間即逝，另一方面關注深度、意義與普遍主義（universalism）的壓力。儘管現代主義作家一般來說都拒絕以神為基礎的普遍主義，他們創造了扎根於神話──詩歌故事中的人文主義的普遍性（而藝術具有發現與建構的功能）。藝術取代了神成為人類存在的**基礎**敘事（foundational narrative）。例如：喬伊思（Joyce）的《尤里西斯》（*Ulysses*）以其意識流、非寫實**敘述**風格，被認為是高度現代主義的小說原型。藉此，喬伊思透過新的語言運用，捕捉自我的碎裂化特徵，企圖再現真實。儘管喬伊思同意尼采所謂「上帝已死」，沒有了浩瀚的普遍性，但這還是意味著藝術能夠接近、重新形廓普遍神話中的意義。因此，一個都柏林人生命中的一天，借鏡於希臘神話中的普遍主義者尤里西斯的形象。

現代主義的文化政治

　　一個瞭解現代主義作為**文化政治**的路徑，可以從探索盧卡奇（Lukács, 1972, 1977）、阿多諾（Adorno, 1977; Horkheimer and Adorno, 1979）與布萊希特（Brecht, 1964, 1977）的作品中關於形式的爭辯著手。盧卡奇基於現代主義關注碎裂、疏離，憂心現代主義僅僅是反映世界的表象，而反對現代主義。現代主義代表了盧卡奇所謂遁入焦慮的主體世界，而外在的世界是無可改變的恐怖（例如：卡夫卡）。盧卡奇指稱現代主義是形式主義（formalism），意即執迷形式而漸失有意義的內容。相反地，他支持寫實主義，他論稱寫實主義在表現世界的外觀之外，還表達了真實的真正本質、潛在趨勢、特徵與結構。

　　儘管受到盧卡奇的影響，阿多諾（Adorno, 1977）採取了截然相反的立場。對阿多諾來說，卡夫卡（Kafka）、貝克特（Samuel Beckett）和荀白克（Arnold Schoenberg）的現代主義作品，在最激進的藝術形式中，正如同他們「喚醒了存在主義僅止於說說的恐懼」。現代主義強調資本主義的疏離特質，並且引發讀者方面的批判活動。特別是現代主義的「否定性」（negativity），拒絕被當代文化的支配語言所吸收，使現代主義成為希望的信號與不妥協的符號。

　　布萊希特將現代主義與寫實主義的分界複雜化，以化解盧卡奇認為寫實主義具有的「去神祕」（demystifying）目的（「發現社會的因果糾結」），而將它們與現代主義的技巧連結。布萊希特論稱，真實既已改變，寫實主義的政治目的也必須透過新的、現代的形式表現。布萊希特主張要成為新的、真實的、受歡迎的寫實主義者，要使用現代的形式。例如：「疏離手法」（alienation device）：

- 直接向觀眾說話；
- 仿希臘歌唱隊；
- 暗示戲劇的建構特質。

　　這些技術的目的在於改變舞臺與觀眾的關係，引導人們反省意義與各種表意的過程。

各種現代主義

　　盧卡奇—阿多諾—布萊希特的論辯，突顯了談論「一些現代主義」而非「一種現代主義」的必要。能將喬伊思、卡夫卡、畢卡索與布萊希特都歸類在一起的概念，就是高度概括的層次操作。然而，我們可以說現代主義全都在談再現的問題或是運用非線性、非寫實的模式，保留「真實」這個概念。儘管現代主義拒絕形上學的基礎，卻以透過藝術闡明的進步和啟蒙的敘事加以取代。對藝術來說就是高雅文化的作品，

需要其觀眾的反思與介入。因此，現代主義仍有好與壞的藝術、大眾文化與高雅文化的界線。進一步言，不論盧卡奇、阿多諾、布萊希特、高達、喬伊思與艾森斯坦間的差異，他們都共享現代的概念：世界是可知的，可能有真正的世界知識。的確，也許現代與後現代唯一最大的分野在於他們對於真理與知識的概念化，也就是認識論的問題。

現代與後現代的知識

現代性的狀況與解放的方案（emancipatory project）有關，透過此方案，啟蒙理性可導致確定且普遍的真理，而這將成為人類進步的基礎。因此，啟蒙哲學與現代性的理論話語／論述皆主張，「人類理性」（reason）是知識與社會進步的來源。

啟蒙方案

啟蒙思想著名的是相信理性能去除神祕、燭照世界，對抗宗教、神話和迷信。啟蒙思想家歡呼人類的創造力、理性、科學探索，是現代性所預示的打破傳統的認識論基礎。「現代性方案」（project of modernity），在其所能的範圍內，也有其道德政治議題，可概括為法國大革命的口號：「自由、平等、博愛」。

\# 在科學與道德政治方案兩方面，啟蒙哲學都尋求普遍的真理，亦即追求跨越時空與文化差異均得一體適用的知識與道德準則。

啟蒙哲學可透過十八世紀的關鍵哲學家如伏爾泰（Voltaire）、盧梭、休謨（D. Hume）等人的著作來理解。但我將運用兩個較近期、互相矛盾的思潮——泰勒主義（Taylorism）與馬克思主義——來說明啟蒙認識論的實踐意涵。

科學管理

泰勒（F. W. Taylor）在1880年代晚期發展他的想法，1911年出版他的《科學管理的原理》（*Principles of Scientific Management*），他在其中宣稱：以科學知識為基礎能提供**一套**最佳的組織生產流程，進而獲致效能。茲將泰勒的論點摘要如下：

- 組織勞動力的分工，以便區分職務與功能；
- 應用時間與運動研究去測量和描述工作任務；
- 指派工作給工人時，用分鐘作為計量單位；
- 以激勵機制和金錢作為動機；

• 管理在計畫與控制的重要性。

　　泰勒主義生產的組織，表現在工廠裝配線的標準化與機械化，這讓人想起早期的福特汽車公司。然而泰勒主義的影響範圍遠超過工廠，它被視為服務業、教育體系、國家行政甚至政黨政治的管理控制策略。對布雷弗曼（Braverman, 1974）來說，泰勒主義最好視為一種管理與控制的**意識形態**加以探索，其修正的形式，成為資本主義與蘇維埃共產主義技術控制的正統教條。

　　簡單地說，泰勒主義是哈伯瑪斯（Habermas, 1972）所謂支撐支配的「工具理性」（instrumental rationality），意即泰勒主義將理性與科學的邏輯用於規範、控制與支配人類。儘管承諾了物質利益，泰勒主義卻也展現了啟蒙思想的「黑暗面」。

馬克思主義作為啟蒙哲學

　　布雷弗曼和哈伯瑪斯汲取甚多**馬克思主義**的知識資源，而馬克思主義本身脫胎於啟蒙思想。根據馬克思（第1章），資本主義激化階級衝突，並且種下其毀滅的種子。無產階級的歷史角色在於推翻資本主義，藉此解放所有人，帶來新的、建立於需求、而非剝削的社會，亦即資本主義終將被社會主義、共產主義的生產模式所取代。

　　由於強調科學思想、歷史進步、人類的創造力以及無產階級的解放角色，馬克思主義是啟蒙思想的一種形式。然而對哈伯瑪斯（Habermas, 1972, 1987）來說，不同於泰勒主義，它不是工具理性而是批判理性（critical rationality），意即馬克思主義用理性的邏輯來批判資本主義，並讓人們從剝削和壓迫中解放。但是，論者也認為馬克思主義本身亦蘊含啟蒙思想的「黑暗面」。馬克思主義延續了人們意圖征服與控制自然的理性形式。因此，阿多諾指控馬克思透過不斷地擴張的生產力，想把世界變成一座工廠。

科學定理與懷疑精神

　　對馬克思的一種解讀斷定人類的歷史顯示出不可避免的，從封建主義到共產主義的發展邏輯。在此意念下，歷史有其**目的性**（telos），或謂必然的演進方向，由人類演化與發展的**法則**所支配。如此機械化地解讀馬克思主義支撐了先鋒黨（列寧主義的共產黨）的想法，先鋒黨有真正的歷史知識，而且「最清楚」（know best）如何領導我們。換句話說，也可以論稱蘇維埃式極權主義的種子，存在於將馬克思主義視為歷史哲學的認識論基礎之內。

　　這樣看來，泰勒主義和馬克思主義都擁有基於啟蒙的科學和真實知識的一般認識論。抱持有所謂「歷史法則」存在的想法，是馬克思主義帶有科學主義（scientism）傾向的特徵，亦即希望能模仿物理和化學科學（宣稱）的確定性。對於現代科學的信

任使其為以醫藥為代表的「進步」喝采，儘管現在一直受到核子毀滅的威脅。

然而，現代主義的面貌仍然模糊難辨，因為科學本身是否按照確定法則進行仍很難講。比方說：

- 科學必須經過實驗和否證（falsification）的過程（Popper, 1959）。
- 科學週期性地推翻自身的典範（Kuhn, 1962）。
- 目前居主導地位的愛因斯坦典範，也是一種相對論。

因此，紀登思（Giddens, 1991）認為，現代科學的前提是秉持懷疑精神的方法學原理，不斷地修訂知識。啟蒙的科學可能始自追求確定的法則，現在卻被懷疑與混沌所包圍。

啟蒙思想表現出來的是增加物質生產的水準、承諾消除匱乏和痛苦。它推廣醫藥發展、普及的教育、政治自由和社會平等。然而，有些思想家認為現代性的黑暗面不僅僅是來自啟蒙思想的脫軌（aberration）或副作用，而是啟蒙思想本來就具有的。許多不同的思想家如阿多諾、尼采、傅柯、李歐塔與布希亞批評現代性的推動力所預示的不是進步，而是宰制與壓迫的來臨。現代世界認為必須給每件事物理性的描述，如傅柯所描述的「質問萬物」（interrogating everything）。就這個特性來說，理性並未帶來物質需求的緩和或是哲學的啟蒙，而是控制與破壞。至少可以這樣說，理性有可能變成選擇性的與失衡的。

啟蒙的批評

在《啟蒙的辯證》（*Dialectic of Enlightenment*）一書中，霍克海默和阿多諾論稱啟蒙理性是宰制和壓迫的邏輯。透過科學和理性來控制自然的推動力是，他們論稱，控制和主宰人類的動力。從這一觀點，啟蒙思想內含了工具理性，其邏輯不僅導致工業化也帶來了奧斯威辛和貝爾森等地的納粹集中營。從認識論上說來，霍克海默和阿多諾描繪啟蒙思想的特徵是，斷定思考與其客體間的「同一性」，企圖將所有不同於自己的都捕獲、納入於客體之中。他們認為啟蒙理性排除其他思考方式，宣稱自己是真理的唯一基礎，將理性變成非理性與欺騙。

傅柯

阿多諾與霍克海默關於啟蒙思想的批判仍然重要。不過，傅柯的著作在文化研究領域裡更具影響力。

尼采：真理是隱喻的機動部隊

　　雖說霍克海默和阿多諾對於啟蒙的批判是中肯的，傅柯的著作對於文化研究更具影響。傅柯受惠於哲學家尼采，對尼采而言，知識是「追求權力的意志」的一種形式，純粹的知識是不可能的，因為理性和真理「不過是某些種族和物種的權宜手段，效用才是真理」（Nietzsche, 1967: §515）。尼采將真理描述成隱喻與轉喻的機動部隊，意即語句是唯一能被判定真假之物。知識不是在發掘真實，而是被建構來詮釋被視為真實的世界。

　　對尼采來說，真理不是事實的集合，因為只有各種詮釋存在，而且「這個世界能用無窮無盡的方式所詮釋」。就真理的概念有其歷史的效力而論，那是權力造成的結果，也就是造成了誰的詮釋被視為真理。因此，尼采反對主張普遍理性與進步的啟蒙哲學。

傅柯的考古學

　　傅柯早期作品中，運用的方法途徑稱為**考古學**（archaeology）。指的是探究在特定決定性的歷史狀況下，結合、規範若干陳述，以形成、界定知識／客體的明確領域，需要一組特定的概念以及劃定明確的「真理政權」（regime of truth）（即什麼被看做真理）。傅柯企圖界定形成規範性陳述客體方式的歷史狀況與決定規則，也就是話語／論述實踐與**話語／論述形構**。

　　傅柯（Foucault, 1972, 1973）論稱，從一個時代遞嬗到另個時代，社會世界將不會以同樣的方式被理解、描述、分類與認識，意即，**話語／論述**是**不連續的**，其特徵是理解的歷史斷裂，客體被概念化與瞭解方式所改變。不同的歷史年代的特徵是具有不同的**知識**（epistemes）或知識的形廓，形成特定歷史時期的社會實踐與社會秩序。例如：傅柯指出對瘋癲（madness）的瞭解的斷裂，現代理性打斷與瘋癲對話，而企圖使瘋癲和理智、正常（sane）與不正常（insane）對立起來。根據此一觀點，歷史不應透過連結的、跨越歷史時期來解釋（儘管斷面從不是完整的，同時也必須在既有的基礎去瞭解），也不該把歷史視為必然的從發源到預訂命運的運動。傅柯強調的不連續性，是他對現代的創始、神學、連續性、完整性以及統一的主體等主題提問的角度。

傅柯的系譜學

　　考古學建議挖掘特定場域的過去，（傅柯稱自己晚期的研究途徑為）**系譜學**（genealogy）則追蹤話語／論述在歷史上的連續與不連續性。在此，傅柯強調話語／論述的物質與制度狀況及**權力**的運作。考古學挖掘在地場域的話語／論述實踐，系譜學則檢驗在特定、不能化約的歷史情境下，透過權力運作、話語／論述發展與被

作用的方式。

> 「考古學」是分析在地話語／論述的適當方法，「系譜學」則是以這些在地話語／論述的描述爲基礎的策略，被管制的知識的釋放與作用。（Foucault, 1980: 85）

> 〔系譜學〕必須記錄任何單調結局外，事件的獨特性，……必須對它們的復發保持敏感，不是爲了追溯其演進的平緩曲線，而是單獨看待它們以不同角色參與的不同場景，……有賴大量累積的原始材料。（Foucault, 1984a: 76）

傅柯的系譜學研究檢驗了監獄、學校、醫院以表現出知識的形成與使用時，權力與規訓（discipline）的運作，包括將主體的建構視爲話語／論述的「效果」（第7章）。傅柯論稱在既定社會與文化情境下，話語／論述不僅規範了什麼被說，也規範了誰能說、什麼時候說、在什麼地方說。特別是現代的「真理政權」牽涉了**知識／權力**關係，知識是用於生產主體性（production of subjectivity）的一種權力的形式。很重要地，傅柯論稱：

> 批評不再落實於尋找具有普適價值（universal value）的形式結構，而是對讓我們構成自身的事件進行歷史考察，並且承認我們是行動、思想與言說的主體。在這個意義上，批評不是先驗的（transcendental），其目標不是讓形上學成爲可能：在設計上它是系譜學的，在方法上是考古學的。考古學——不是先驗的——它不尋求指認所有知識的普遍結構，或是所有可能的道德行動，而是尋求處理（如許多歷史事件一般）連結我們所思、所說與所做的話語／論述。這種批評將是系譜學式的，在某種意義上是從我們不可能做或不可能知道的形式演繹出來；而是從讓我成爲我們的偶然性——亦即我們不再是、不再做或不再思想我們是什麼、做什麼、或想什麼的可能性——分開。（Foucault, 1984b: 45-46）

主要思想家

米歇爾・傅柯（Michel Foucault, 1926-1984）

　　米歇爾・傅柯是法國哲學的要角，其著作對文化研究影響深遠。他與後結構主義思想密切相關。傅柯探討話語實踐對人類身體的影響，但不相信所謂根本的

結構秩序存在，或是最後具決定性的力量。傅柯試圖指認話語形成的歷史狀況和決定規則，以及它們在社會實踐中的運作狀況。傅柯著作不乏關注對於權力的歷史考察，權力有如分散的毛細管（dispersed capillary），與社會秩序的結構相互交織，不單純是壓迫性的，也是具有生產性的。

建議閱讀：Foucault, M. (1979). *The History of Sexuality Vol 1: The Will to Truth.* London: Allen Lane.

與啟蒙決裂

傅柯的思考在五個關鍵的面向上，打破了「古典」啟蒙思想的前提：

1. 知識不是形而上的、超越的或是普遍的，而是具體地對應特定的時空。傅柯不談論真理，而談論「真理政權」，意即在既定的歷史狀況下，被「視為真理」的知識結構。
2. 知識具有觀點（perspectival）的特質，沒有一個整體的知識可以理解世上「客體」的特質。我們有、也需要多重的觀點與真理，來詮釋複雜異質的人類存有。
3. 知識不被視為純淨或中立的理解方式，而被用於權力政權。
4. 傅柯打破了啟蒙的中心「深度」的隱喻。他反對用詮釋或詮釋學的方法，找出隱藏在語言中的意義。傅柯關切的是描述及分析在既定的物質與歷史條件下，話語／論述的表面和他們的效果。
5. 傅柯質疑啟蒙思想關於進步的看法。知識作為話語／論述，未顯露出歷史的演化，而是其不連續。亦即傅柯發現知識的認識論跨過時間有著明顯的斷裂，而他拒絕任何終點的想法，或是人類歷史必然方向。

然而，在啟蒙與後啟蒙思想間或是現代與後現代間，存在一個清晰、明確、最後的斷裂的想法，為傅柯所挑戰，他提出我們無須「支持」或「反對」啟蒙。問題不在於接收或拒絕啟蒙理性，而是問：

> 我們使用的是什麼理性？其歷史效果為何？限制何在？又具有什麼危險？〔如果〕哲學在批判思考中有其功能，那正是接受這一串螺旋，一連串將我們歸於其必要性、可省卻性，同時歸於其本身危險的一道理性旋轉門。
> （Foucault, 1984c: 249）

後現代主義是大敘事的終結

雖然傅柯未將自己定位為後現代思想家，其他學者尤其是李歐塔（Lyotard）欣然地擁抱知識的觀點概念（perspectival conception）與「後現代」這個術語。李歐塔論稱，真理和意義由它們在本地的語言遊戲中的位置所組成，具有無法普遍化的特色。對李歐塔來說，後現代狀況既不是時間分期的概念（例如：後現代不是一個歷史時代），也不是現代性與後現代性的制度特徵。而是：

> 在最高度發展社會中的知識狀況。我決定用後現代這個字來描述這狀況……〔它〕爲十九世紀末的轉變之後的文化情勢而命名，這個轉變改變了科學、文學與藝術的規則。（Lyotard, 1984: xxiii）

對李歐塔來說，現代知識依賴訴諸後設敘事（meta-narratives），即是宣稱普遍有效的大歷史故事。相反地，後現代論稱知識是語言遊戲特有的，擁抱在地、多元和異質的知識。後現代狀況包含了失去對決定現代世界理性的、科學的、科技的、政治方案之基本計畫的信仰，是李歐塔所說「對後設敘事的懷疑」，藉此他指出沒有任何可行的後設敘事（或高層次的觀點）可用於判斷萬物的普遍真理。對李歐塔來說，我們應該拒絕這些信條的整體化恐怖，而頌揚差異，在特定知識政權中進行理解。

某些被——相當彆扭地——稱為「後後現代」時期的理論，企圖調解現代主義對事實和真理的確定性與後現代主義的知識作為一種社會建構的觀念。比方說，在《後現代主義之後》（After Postmodernism）一書裡，羅培茲（Jóse López）與波特（Garry Potter）（2001）支持一種「批判的寫實主義」（critical realism），這讓我們在偏好一種理論而非其他理論時，係基於理性基礎，而非出於個人興趣。這種哲學（重新）申明有「客觀」真實存在——雖然會透過人的主觀性與詮釋過濾（Vermurlen, 2013）。雖然批判的寫實主義是一個精緻的途徑，但它關於理性、知識和真理的宣稱，仍然包含了一種與後現代哲學乖違的普遍主義。

✎ 習作

請用你自己的話，解釋「對後設敘事的懷疑」。大敘事的例子可能包括：
- 馬克思主義
- 科學
- 基督教

其中，有何共通特性使它們成爲「後設敘事」？

認識論的終結

＃對後現代主義來說，普遍化的認識論是不可能的，因為所有真理的宣稱都在話語／
　論述中形成。沒有所謂普遍人類思想或行動哲學基礎，因為所有真理都與文化緊密
　聯繫。

　　這是因為我們無法親臨一個不受語言影響的獨立客觀世界，也沒有阿基米德的基
點可用來中立地評估這些宣稱。的確，羅逖提出，真理的概念沒有解釋力，只是在特
定傳統中最佳程度的社會同意而已。他建議我們放棄認識論，承認「真理」是一種社
會讚許（social commendation）（Rorty, 1989, 1991a）；亦即傅柯所謂「真實存有」
（being-in-the-true）的一種狀態。
　　吉根（Kenneth Gergen, 1994）論稱，現代科學與後現代主義並無任何認識論位
置能提供其自身真理宣稱的普遍基礎。然而，接受現代與後現代認識論的**結果**是不同
的。根據吉根，現代真理的宣稱是普遍化的：他們斷言真理可適用於每個地方的每
個人。這可能帶來毀滅性的規訓後果，亦即「真理」承載者最懂真理（the bearer of
'truth' know best）。相反地，吉根指出，真理僅存在特定語言遊戲中，這麼說就是接
受很多種真理宣稱、話語／論述與「真實」再現的正當性。

相對主義或位置性？

　　對某些評論者而言，後現代主義是一種相對主義（relativism），亦即各種真
理宣稱被認為有同等的認識論地位（of equal epistemological status）。因此，我們
無法在各種形式的知識判斷真偽好壞。吉根擁抱「相對主義」一詞，論稱真理是
（／應該是）各種競爭真理宣稱之間爭辯的結果。羅逖拒絕這種相對主義，認為
它是自相矛盾的，他偏好的看法是真理的文化特殊性，也就是文化研究所稱的**位
置性**（positionality）。他認為，沒有一個立足點可以看遍各種不同形式的知識，
並且認定它們具有等同價值。更確切地說，我們總是身處涵化知識（acculturalized
knowledge）之內的位置上，從而相信其中的真與善。對羅逖來說，真與善是根據實
用主義來判斷的，亦即採納某種理解方式的結果。這樣的判斷只能是在參考我們的**價
值觀**（而非某種先驗的真理）而做的判斷。

　　後現代主義被描述為一種知識潮流，「嚴重挫傷（理性、客觀性與知識）的
自信」（López and Potter, 2001: 3）。你對此一說法的理解為何？你同意嗎？為何
是／為何不？

像物理科學這樣的現代方案，如何描述真理？有人將真理描述為隱喻的機動部隊，這是什麼意思？後現代主義對真理的理解方式對科學有何意涵？

後現代主義的承諾（或者，現代性是未竟方案？）

對於鮑曼（Bauman, 1991），後現代主義具有讓差異、多樣與團結的解放政治（liberatory politics）發聲的潛力。他論稱，後現代狀況是現代心靈從一個距離外反思自身，並且感受變遷的迫切性。鮑曼認為，後現代狀況的不確定性、矛盾與模稜兩可，開放了掌握意外狀況作為命運的可能性，藉此我們或許能創造自己的未來。要這麼做，我們必須將容忍（tolerance）轉化成團結（solidarity）。

> 不只是道德完美的問題，而是生存的條件……要在充滿偶然性、多樣的世界裡生存，唯有每個差異承認其他差異是其自保的必要條件才有可能。團結，不像她的微弱版本——容忍，意味的是已做好戰鬥的準備；為他人差異（而非自我差異）而戰。容忍是自我中心的沉思；團結則是社會取向的，而且是富戰鬥性的。（Bauman, 1991: 256）

無基礎的政治

這樣的一個方案沒有保證，也沒有普遍基礎，只是後現代文化中蘊含的一種可能性。如鮑曼所說的，這種解放仍是被去頭截尾，多樣的繁榮只透過市場驅動，容忍形同漠不關心，消費者取代公民。但是，他指出，後現代文化暗示著政治、民主、成熟公民權的需求，將同意從國家的政治華廈撤回。後現代的心態要求現代實現其（儘管是扭曲的）理性做過的承諾。

後現代主義的批評者擔心，放棄基礎論（foundationalism）將導致不理性，而且無法落實任何激進政治（radical politics）。比方說，哈欽（Linda Hutcheon, 2002: 171）指出，某些流派的女性主義與後現代主義之間在1980年代發生爭執，係因為某些女性主義理論家和女權運動者認為後現代主義的立場曖昧，而且欠缺倡議行動上需要的能動性理論（theory of agency）。然而，有人可能論稱，接受一個真理宣示範圍的正當性，本身就是政治立場，標示了支持實用的後現代文化多元主義。因此，羅逖（Rorty, 1991a）同意拉克勞和莫芙（Laclau and Mouffe, 1985）：以我們的傳統價值為基礎，追求務實地改進人類處境，無須普遍的批准和基礎。

這些是差異政治（第14章）的主題，可見於種族政治、女性主義政治、酷兒政

治等方面。

現代性是個未竟方案

　　後現代的「認識論」並非未受挑戰。當代知識的懷疑與不確定特徵在紀登思（Giddens, 1990, 1991）看來並不是後現代狀況，而是「激進現代性」（radical modernity）。在他看來，相對性、不確定性、懷疑和風險是高度現代或晚近現代的核心特徵。相似地，哈伯瑪斯（Habermas, 1987, 1989）認為現代性的政治方案仍在持續進行，他論證的基礎是他所做的「工具理性」與「批判理性」的區分。他批評啟蒙理性是工具理性，使得「生活世界」遭受「系統命令」（system imperatives）所殖民，亦即社會生存問題受制於金錢和行政權力。這樣看來，哈伯瑪斯認為理性是不平衡而具選擇性的。然而啟蒙也有其批判面，對他來說仍是未完成的解放方案的基礎。

　　哈伯瑪斯追求批判理論的傳統，尋找評價判斷與人類解放的普遍基礎。他藉由論稱所有人類互動都以語言為前提，在語言的結構中，可找到適用於所有社會組織形式本質的基本條件。當我們說話時，哈伯瑪斯提出，我們是在做四個有效性的宣稱：

1. 可瞭解性（comprehensibility）；
2. 真理（truth）；
3. 合宜（appropriateness）；
4. 真誠（sincerity）。

　　這些宣稱，他認為可用於真理的邏輯辯護與理性辯論的社會脈絡。哈伯瑪斯假設「理想語境」（ideal speech situation）的存在，其中相互競爭的真理宣稱都服膺理性辯論與論證。在「理想語境」中，真理未受制於既得利益與真理尋求者的權力遊戲，而是在論辯過程中浮現。

公共領域

　　對哈伯瑪斯而言，我們做出真理宣稱的能力，有賴於近似「理想語境」的一種基於民主組織的**公共領域**（public sphere）。哈伯瑪斯追溯公共領域這個概念的歷史，認定它湧現於「布爾喬亞社會」（bourgeois society）的特殊階段。它是一個中介於國家與社會的空間，公眾在此組成，「民意」也在此形成。哈伯瑪斯描述文學俱樂部與沙龍、報紙、政治期刊、政治辯論及參與制度在十八世紀的興起。公共領域藉由私人個體的資源，局部地免於受到教會與國家的干預。它原則上（雖然實際上不是）對所有人開放。在這個領域中，個體可以發展自我，參與有關社會走向的理性辯論。

　　哈伯瑪斯接著闡明公共領域的衰落。這是因為資本主義日趨獨占的發展與國家權力的強化所致。比方說，大企業造成日常生活越來越商品化，人們從理性公民被轉化成消費者。他特別關切的是廣告與公關產業的「非理性」產品。與公共領域的腐蝕同步發展的是，國家權力對我們生活的影響日增；在經濟領域裡它是企業的管理人，而在私領域裡它是福利提供與教育的管理人。

　　在哈伯瑪斯著作中，公共領域是一個哲學、歷史和規範性的概念。在其歷史的層次上，此一布爾喬亞社會公共領域概念的歷史正確性（Curran, 1991）與男性性別偏見（Fraser, 1995b）飽受批評。也有人（如Thompson, 1995）認為，現代媒體實際上擴張了公共領域。哲學的層次上來說，有些後現代學者，特別是李歐塔（Lyotard, 1984）認為哈伯瑪斯複製了「啟蒙理性」（Enlightenment Reason）的總體化話語／論述（the totalizing discourse），卻對其壓迫性格視而不見。漢納斯（Axel Honneth, 1985）予以反駁，指出李歐塔對哈伯瑪斯話語／論述倫理（discursive ethic）的詮釋有誤。他認為，哈伯瑪斯的目標不在於共同需求的最終決定，而在於對那些讓不同需求得以形成與實現的社會規範，亦即互為主體性的同意（intersubjective agreement）。藉此，他意指哈伯瑪斯強調民主過程的重要性，而非那個過程的結果。

一個規範性的方案

　　不論哈伯瑪斯著作中有任何歷史問題，作為**規範性的**（normative）地位，公共領域這個概念仍然具有吸引力。後現代主義者、後結構主義者與新實用主義者都認為，哈伯瑪斯錯在企圖為公共領域建立普遍、先驗與理性的辯護理由。然而，此一概念仍保留了規範性的政治影響，亦即在文化多元主義的實用基礎（而非認識論基礎）上是站得住腳的。因此，公共領域（或複數型的公共領域）應以能容納差異為其關鍵原則。

＃如果致力於建立基於差異、多樣性與團結的「後現代」公共領域（複數型），現代性的解放方案將能夠最好地得到實現。

後現代文化

　　當代生活發生了顯著的文化變遷，並且已被「後現代」這個詞所描述。這些社會與文化變遷是社會的前沿發展，指向社會的未來（或已是支配形構）。這個「後現代年代」（postmodern era）不必然代表一種與現代的尖銳斷裂，而是處於變遷中的經

濟、社會和文化類型的過渡階段，正在形塑著未來的輪廓。

　　後現代不必然意味著後現代性（作為一個歷史時期），而是指一組「感覺結構」（structure of feeling; Williams, 1979, 1981）和**文化**實踐。後現代「感覺結構」的核心是：

- 斷裂感、模糊感，以及生活的不確定本質；
- 體認到偶然性的中心地位；
- 承認文化差異；
- 生活步調的加速。

具有反身性的後現代

　　缺乏傳統宗教與文化信念的確定性，現代生活顯露出一系列激增的、缺乏決定基礎的選擇。這鼓勵我們更加反思自身，因為不再有讓我們得以退卻的確定性存在。反思能力可以理解為「經驗話語／論述」（discourse of experience）（Gergen, 1994: 71）。反身性（reflexivity）是在參加某一範圍的話語／論述與關係，同時更進一步建構有關它們的話語／論述。反身性增加有創造力的，時而異想天開的多重認同的自我建構（self-construction of multiple identities）的可能性。它也要求我們比較我們與他者的傳統；結果，後現代文化邀請了現代性的「他者」，促使那些被現代驅力壓制、消滅差異的聲音，找到言說的新方式。這些聲音包括了女性主義、族群流離群落、生態環境運動者、青少年次文化和旅行者的聲音。

　　反身性鼓勵一種對「以前說過」的反諷感，一種無法創造新事物，只能把玩既存事物的感覺。艾柯（Eco，轉引自Collins, 1992: 333）提供了一個好例子：一個人不能——不反諷地——說「我愛你」，又同時用「像芭芭拉・卡特蘭〔譯按：英國羅曼史小說作家〕會說的」（As Barbara Cartland would say）開頭。事情已被說過，但非原創性也被承認。的確，以羅逖的觀點來理解，反諷是對個人價值與文化的偶然性進行反身性的瞭解，是後現代主義的主要感性。對電影、電視、音樂和文學史的廣泛瞭解，促成了這種感性。例如：電視有其歷史，而且在頻道之內與之間不斷重複著這個歷史。因此，「電視產製了反諷知識（ironic knowingness）的條件」（Caughie, 1990: 54）。

　　作為一種具有解放性的概念，具有反身性的後現代文化需要附加兩個但書：

1. 社會的與制度的反身性（social and institutional reflexivity）的增加，彰顯在制度想知道更多關於勞動力、消費者與顧客。這包含越來越多的各式監控（increased

forms of surveillance），從購物中心的監控攝影機、工作上的「品質管理」，以及越來越重要的行銷手段。

2. 後現代文化的經驗不能假設對所有人都一樣，而無分階級、族群、性別和國族性。較恰當的社會學分析，應將後現代文化的多變經驗考慮在內。

> 　　法國作家卡繆（Albert Camus）將知識分子形容為「具有反思能力的人」（someone whose mind watches itself）。在反身後現代性（the reflexive postmodern）的脈絡下，如何理解卡繆這句話？

後現代主義與文化邊界的崩解

　　拉許（Lash, 1990）指出，從「話語／論述」到「圖像」的轉變，是後現代轉向的核心，意指現代與後現代的表意邏輯以不同的方式運作。漸趨顯著的後現代「圖像」，是「日常生活的美學化」（aestheticization of everyday life）和對現代性文化疆界的侵蝕所不可或缺的要素。

　　現代主義的「表意政權」（regime of signification）：

- 文字優先於影像；
- 散播理性主義者的世界觀；
- 探索文化文本的意義，疏遠觀察者與文化客體。

　　相反地，後現代「圖像」：

- 更加視覺化；
- 汲取日常生活經驗；
- 與文化的理性主義觀相抗衡；
- 將觀眾沉浸在對於文化客體的慾望之中。

\# 後現代文化的特徵是傳統邊界的模糊與崩解：文化與藝術之間、高雅與低俗文化之間，以及商業與藝術之間。

　　比方說，電子媒介加速了流行文化的能見度（visibility）與地位的提升，意味著高雅與低俗文化界線不再有效。「高雅文化不過成為我們之間的另一種次文化、另一

種意見」（Chambers, 1986: 194）。再者，企圖維持藝術／高雅文化分野的崩解：商業／低俗文化秀異，結合對主動閱聽人詮釋能力的承認，讓政治「左派」與「右派」對商品文化的批評（the critique of commodity culture）不再那麼顯而易見。「混搭文化」（remix culture）與「參與式文化」（participatory culture）（見第11、13章）的出現，包括「過往所知的閱聽人」（the people formerly known as the audience）（Rosen, 2006）所生產的文化文本。「取樣」（sampling）或「剪貼」（cutting and pasting）既有內容而生產某種新內容，跨越且模糊了文化形式的邊界。

　　一個廣為人知的例子是危險老鼠（Danger Mouse）──美國音樂製作人布萊恩‧波頓（Brian Burton）的藝名。他結合披頭四的《白色專輯》（*The White Album*）與Jay-Z的《黑色專輯》（*The Balck Album*），創造出一個具有開創性的混搭音樂《灰色專輯》（*The Gray Album*）。《灰色專輯》具有劃時代意義，因為它在線上發行後，EMI（披頭四音樂的版權擁有者）發出停止並中止通告（cease and desist notice）。一個叫做「下坡戰」（Downhill Battle）的音樂社運團體為此組織了一個名為「灰色星期二」的抗議行動，號召全世界將灰色專輯放在網頁上一天。EMI不只因此讓步，而且還僱用危險老鼠，後來他變成一個成功的雙人組合──奈爾斯‧巴克利（Gnarls Barkley）──的一員。有趣的是，Jay-Z說他創作《黑色專輯》的目的就是希望鼓勵更多的混搭和混音創作。

　　YouTube上有相當比例混音或混搭的用戶生成娛樂內容（user-generated entertainment），越來越精於運用文本拼貼與並置技巧來模糊邊界（第13章）。某些人認為這種趨勢屬於後現代，也有人認為這展現的是一種後後現代的心態（post-postmodern mentality）。一個相當早的視頻混搭例子是「蠻牛董輝」（Raging Fred），結合了高度好評的馬丁史科西斯電影《蠻牛》（*Raging Bull*）與動畫電視劇《摩登原始人》（*The Flintstones*）。

　　一個更晚近且技巧高超的視頻剪輯，是將麥莉‧希拉（Miley Cyrus）在2013年MRV視頻音樂獎爭議演出片段，置入於電視劇《絕命毒師》（*Breaking Bad*）的一幕之中。在「漢克與瑪麗觀看麥莉‧希拉演出（HD）」這個混搭視頻──原本劇中漢克（Hank Schrader）和瑪麗（Marie Schrader）觀看的那段勒索視頻，被替換成希拉的「撅臀舞」（twerking）（用於淫穢舞蹈文化的專有名詞，特指彎腰扭臀的舞姿）視頻。這種怪異的並置──漢克與瑪麗觀看視頻的反應與麥莉‧希拉的演出視頻──許多人認為極為有趣，該視頻累積觀看次數將近二百萬次。對這個混搭視頻的反應又激發出更多混搭創作，比方說，有個記者描述漢克與瑪麗的反應是部分困惑（mystified）與部分被噁心到（disgusted），這又導致一個新字（mys-gusted）被發明和使用（Mullins, 2013）。這是個很生動的例子，讓我們看見數位文化裡文本創造力那種無窮盡的動態「剪貼」（cut and paste）本質。

何謂：   、
- 高雅文化；
- 低俗文化；
- 流行文化？

所謂「高雅和低俗文化之間的區分不復成立」的意義為何？請與他人討論一下。

拼貼與互文性

後現代以歷史的模糊性（historical blurring）著稱，亦即過去與現在的再現都在同一拼貼（bricolage）中展現，將過去不關聯的符號並置，從而產生新的意義符碼。拼貼作為一種文化風格，是後現代文化的核心元素，可見於建築、電影與流行音樂錄影帶。購物中心將來自不同時空「商標」的風格混合，而音樂電視（MTV）融合了來自多個時期與地點的流行音樂。在文化產品中，也有顯而易見的類型界線的傾圮或模糊。《銀翼殺手》（Blade Runner）常被視為混合了黑色電影、恐怖片與科幻小說等類型的電影。同樣地，《史瑞克》（Shrek）電影、《黑道家族》和《Da Ali G Show》則展現了類型解構（genre deconstruction）的若干面向。再者，它們是「雙重製碼」（double-coded）的（Jencks, 1986），知識階層與普通觀眾都能瞭解其中的意義。

與後現代文化著稱的是自覺的互文性（intertextuality），意即在另一作品中引用其他文本。這包含明確提及特定節目與間接提及其他類型的傳統手法或風格。例如：《末路狂花》（Thelma and Louise）與黑色電影或「公路電影」的手法，被重新運用在《黑色追緝令》（Pulp Fiction）和《絕命大煞星》（True Romance）等電影裡。又如《發展受阻》（Arrested Development）和它頻繁提及演員在其他電視和電影的經典橋段，包括提及亨利・溫克勒（Henry Winkler）在1970和1980年代情境喜劇《歡樂時光》（Happy Days）飾演的角色（the Fonz），以及莎莉・賽隆（Charlize Theron）在2003年電影《女魔頭》（Monster）飾演的連續殺人犯角色艾琳・伍爾諾斯（Aileen Wuornos）。這種互文性，反映了放大的文化產品歷史與功能的文化自我意識。

日常生活的美學化

　　藝術與文化、文化與商業間界線的模糊結合了突出的影像，被認為導致了都市生活的美學化。費哲史東（Featherstone, 1991）論稱，這表現在三種關鍵形式上：

1. 藝術的次文化企圖抹除藝術與日常生活的界線；
2. 將生活變成藝術作品的方案；
3. 符號與影像的流動滲入且充斥於日常生活之中。

　　透過集中於美學客體與**符號**消費的生活風格的創造，認同方案與日常生活的美學化在消費文化中連結起來。這也與社會上相對地重要性從生產轉移至消費有關，伴隨著**後福特主義**的彈性生產而實行小量生產、客製化以及利基市場。

電視裡的後現代美學

電視是影像生產的中心，也是後現代文化風格的核心縫補影像的拼貼的傳播機制。

　　電視中多樣的影像與意義的並置，創造了一個電子拼貼（electronic bricolage），使得未曾預期的關聯可能發生。這是在已有頻道中流通的結果與多頻道多樣性的反應。觀眾快速移動、轉臺與快轉的能力，組成了一個拼貼的「剪貼文本」（strip text）（Newcombe, 1988），而採用「適當」的解讀態度與能力本身，就是後現代文化的面向之一。

　　在風格上，後現代主義的特徵包括：

- 美學的自我意識；
- 自我反身性；
- 並置／蒙太奇；
- 弔詭；
- 模稜兩可／曖昧性；
- 類型、風格與歷史邊界的模糊。

　　儘管在藝術上後現代主義被視為是對現代主義的反動，後現代電視事實上承襲並推廣了許多現代主義的技巧，包括蒙太奇、快剪、非線性敘事技巧及將影像去脈絡化（de-contextualization）。

電視或螢幕

在當代脈絡裡，「電視」一詞的重要性已不如「螢幕」一詞。這反映的事實是視聽娛樂如今透過許多移動／行動科技（而非固定在某個地點的裝置）消費，而且不受限於電視網管理人員決定的播出時間。雖然這個主題將會在第10章詳細討論，此處我們暫時用「電視」一詞來代表所有商業製作的，能夠被觀眾以任何一種螢幕觀看的娛樂內容。

後現代式的偵探片

美國的電視「偵探」影集《雙峰》（*Twin Peaks*）與《邁阿密風雲》（*Miami Vice*），普遍被看作是後現代風格的代表作。就一般後現代文本的瞭解規則來說，《雙峰》是「雙重符碼」的。這包含了**符碼**的結合，使它可以吸引熟悉「專家」語言的「關切的少數」（concerned minority）與一般觀眾。《雙峰》是後現代的，它具有多類型（multi-generic）的形式，警察故事、科幻小說與肥皂劇常用的手法被混搭在一起，有時要嚴肅看待，有時又被看成是幽默的矛盾仿諷（Collins, 1992）。〔《雙峰》歷久不衰的吸引力——被廣泛視為不落俗套的有線電視劇的先驅，這些電視劇如今在HBO等有線頻道大受歡迎——很明顯是一個精心翻拍的節目（planned remake）。〕

對凱爾納（Kellner, 1992）來說，《邁阿密風雲》在兩個基本方面是後現代的：

1. **美學風格**（aesthetic style），其中的打光、攝影機運動、搖滾樂、明亮色調與充滿異國風情的場景，營造了令人目不暇給的美學景觀。
2. **多義本質**（polysemic nature），包含了變換的與彼此衝突的身分／認同、意義與意識形態。

在此同時，電視劇《黑道家族》（*The Sopranos*）也玩弄著黑幫類型的慣例。尤其是，它「引述」關於黑手黨的電影，包括《四海好傢伙》（*Goodfellas*）、《教父》（*The Godfather*）等。再者，整部電視劇是用反諷的方式拍攝，這是一種後現代最卓越的特徵。其中最明顯的是，有一個核心的「教父」人物去看精神醫師（後現代地景裡的關鍵人物）。更晚近的拍攝手法是：與實境秀如《與卡黛珊一家同行》（*Keeping Up with the Kardashians*）有關的奇觀；《歡樂合唱團》（*Glee*）與《蓋酷家庭》（*Family Guy*）的拼貼；《怪醫豪斯》（*House*）、《絕命毒師》（*Breaking Bad*）、《夢魘殺魔》（*Dexter*）與《紙牌屋》（*House of Cards*）的反英雄（antihero）主角，以及「偽電視」（faux TV）如《我們的辦公室》（*The Office*）與《超級製作人》（*30 Rock*），這也被稱為後現代（「後現代電視」）。

卡通後現代

　　《辛普森家庭》（*The Simpsons*）劇中有個不正常的美國家庭，一系列諷刺性的人物是雙重符碼的，吸引了成人與兒童。它是娛樂，精微地反映了美國的文化生活。與當代後現代文化一致地，電視是辛普森家及其觀眾生活的核心。節目做出某些互文性的指涉時，需要我們擁有對其他電視與電影類型的自覺意識。例如：辛普森家小孩最喜歡的卡通《貓鼠大戰》（*Itchy and Scratchy*），是對《湯姆貓和傑利鼠》（*Tom and Jerry*）的仿諷，嘲笑對電視暴力的雙重標準：既譴責又享用電視暴力。

　　後現代的模稜兩可／曖昧性、反諷與互文性等特徵，在廣受歡迎的《南方四賤客》（*South Park*）裡同樣明顯。它仿諷了一系列文化刻板印象。我們看到心胸狹小的種族主義者和歧視女性者的特質，與一連串種族、性別、年齡、身材等刻板印象結合在一起。不過，這節目藉由讓我們以嘲笑的方式，設法破除這些刻板印象。非洲裔廚師再現為性感的黑人靈魂歌手，《南方四賤客》的貝瑞・懷特（Barry White），在於仿諷「原創」形象本身就是刻板印象。還利用海斯（Isaac Hayes）的歌聲，他以對黑人興趣為號召的電影《殺戮戰警》（*Shaft*）主題曲為人所知，增加互文面向與諷刺劇情。這節目遊走在冒犯每個人與破除冒犯之間，全沒正經卻往往大放厥詞，例如：把電視當成兒童的臨時保母。

　　在此同時，卡通《探險時光》（*Adventure Time*）也是後現代的，因為它打破了所謂「第四面牆」（fourth wall）──亦即展演者與觀眾之間的那道看不見的障礙。有個例子是在其中一集裡，主角阿寶（Finn Mertens）試圖用電腦製作動畫。最後，他宣布：「老兄，我沒有耐性搞這種動畫垃圾。誰搞這個就一定是不懂人生為何物……」。在完整說完他的話之前，阿寶打了自己一巴掌，神情詭異地問道：「喔……我為何這麼做？」這一場景暗示該節目的人物角色有某種程度的自主性，相對獨立於創造他們的製作團隊，但同時又強調製作團隊的無所不知與無所不在。反諷的是，打破第四面牆是一項來自於布萊希特現代主義的戲劇技巧。

文化干擾

　　在1980和1990年代出現了一種新的，稱作「文化干擾」（culture jamming）〔或游擊符號學（guerrilla semiotics）〕的後現代「再現政治」。此一策略源自於1960年代的「境遇主義」運動（situationist movement），但和德里（Dery, 1993）廣為流傳的《文化干擾》（*Culture Jamming*）和克萊恩（Klein, 2001）的《No Logo》同時引

起注意。文化干擾是透過藝術嘲諷方式，顛覆大眾媒體訊息，尤其是廣告的實踐活動。文化干擾設法反抗消費主義，藉由重塑商標、時尚聲明和產品形象，促使人們關切消費、環境破壞與不平等的社會現象。

✎ 習作

請觀看一集《辛普森家族》、《南方四賤客》或《探險時光》。

- 它們以何種方式描繪多重類型／文類的形式與互文性？
- 其中包含哪些類型／文類？
- 它們如何被並置在一起？
- 它們如何運用反諷和仿諷？
- 這些卡通的某些面向也可被稱為後後現代主義。在閱讀下面的「後現代主義」乙節後，回來思考這個問題，並且試著說明這些面向可能是些什麼。
- 請以三到四人小組討論的方式，設想你們即將向電視公司「提案」拍攝一部新的多重類型電影或電視劇，並為此準備一份簡單的書面和口頭報告。

　　文化干擾的目的是透過符號的使用，擾亂那種生產同意的工具性「科技文化」（technoculture）（Rheingold, 1994）。它援引符號學和後現代理論，在它想要顛覆的體系中運作。文化干擾的作法是使用拼貼策略，「取用既有的文本片段，加以修改後去傳達一個迥異於原意的意義」（Tietchen, 2001: 114-115）。「（文化）干擾者」（Jammers）企圖顛覆媒體的符號學，將訊息轉化為它自身的「反訊息」（anti-message）。它的支持者認為，成功的當代媒體行動主義（media activism），較少是透過簡單反對，而較多是透過誇張的手法，使用商業修辭之矛攻彼之盾（Harold, 2004）。

　　1989年，一個戲稱為芭比解放組織（Barbie Liberation Organization, BLO）的團體，在聖誕節前購買了數百個芭比娃娃和美國大兵喬（G. I. Joe），然後調換這兩種娃娃的電腦晶片語音箱，再把娃娃全數退還給玩具店，重新賣給不知情的顧客。當孩子們在聖誕節早晨打開他們的新玩具時，「芭比不是發出代表美國女孩的娃娃音，而是用美國大兵喬粗獷的聲音喊叫：『吃子彈，眼睛蛇！』和『我要復仇！』同時，美國大兵喬娃娃卻喊道：『來準備我們的夢幻婚禮』」（Harold, 2004: 198）。這樣做的目的是希望透過翻轉文化規範，促使人們關注兒童玩具的性別刻板印象化現象（見第9章）。

顛覆廣告

　　另一個文化干擾的例子，是在澳洲雪梨塗改柏蕾牌（Berlei）內衣的大型廣告看板。廣告中的形象是一個只穿著內衣的女人，正準備被魔術師切成兩半。有五名女性被控破壞財產，只因在廣告看板上加了這麼一句話：「即使被大卸八塊，穿著柏蕾的妳總是感覺良好。」這些女性後來被起訴，但法官駁回此案，沒有判刑或要求賠償。事實上，她支持這五位女性，認定該廣告有冒犯女性之虞。其後引發了公共辯論，更引發有關女性再現及男性施暴女性的文化容忍程度等議題。

　　文化干擾問題再次提出，是否可能從內部去顛覆消費文化的意識形態和美學。當然，「干擾」與法蘭克福學派的論點相左，後者認為任何大量生產的美學（mass-produced aesthetic）都成為複製這個體系的共犯，即使它試圖使用另類話語（alternative discourses）（Adorno and Horkheimer, 1979）。現今有些批評者認為，文化干擾者本身也變成了另一種產品。比方說，「廣告打擊組織」（Adbusters）這個加拿大的組織，致力於廣告嘲諷和反企業的分析，現在也行銷一系列反消費產品，包括海報、視訊、明信片和T恤，也在電視劇《今日美國》（USA Today）和音樂電視（MTV）頻道上有廣告時段。它還推出了一個很有企圖心的反品牌宣導，用廣告推銷他們以合乎倫理方式產製的「黑點」（blackspot）運動鞋，有別於名牌運動鞋耐克（Harold, 2004）。

　　這樣的運動招致批評，「廣告打擊組織」等運動組織已成為僅僅是這個商業機器的另一部分。「它已經成為了一份反廣告的廣告」（Klein, 1997: 42）。事實上，克萊恩（Klein, 2001）指出，廣告主使用進步的政治主題，作為推廣產品的方式。例如：讚揚多樣性和更全面再現女性和少數族群的呼籲，被班尼頓等企業用在「時尚」的利基市場。這仍是爭議點，是否消費者能夠區分廣告和企圖顛覆它們的廣告，或是否他們只是體驗一個無深度的文化（depthless culture）。

　　更晚近的例子是YouTube上，對資訊廣告嘲諷和顛覆已變成一個病毒式傳播的現象。有個例子是Jaboody Dubs的幽默、髒話連篇的重新過音（他將一則名為Sticky Buddy的寵物除塵與除毛刷廣告重新過音）。截至目前為止，這段名為「Sticky Buddy Dub」的視頻已在YouTube上被觀看達一千五百萬次。這些（由大眾為大眾生產的）視頻受到歡迎，拋出了一個問題：是否文化干擾的技巧現在主要被用於娛樂目的？在「Sticky Buddy Dub」的個案裡，標準的「你可以在五秒後跳過這個」的YouTube訊息，也成為反諷對象，因為你跳過這則廣告後將會看到的是另一則廣告。

評價後現代文化

　　就像《南方四賤客》獲得正反兩極的評價，後現代文化的重要或不重要性，

也受到熱烈爭辯。對某些批評者來說，當代文化既無深度（depthless）也無意義的（meaningless），然而對其他人來說，他們欣然接受這種越界文化（transgressive culture）新穎而流行的形式。

無深度的文化

對布希亞（Baudrillard）來說，後現代文化由不斷流動的影像所組成，這些影像不建立外延意義的層級。後現代文化被論稱為扁平的、單向度的；是字面上，也是隱喻的「膚淺」（superficial）。在這脈絡下，葛羅斯柏格（Grossberg）將《邁阿密風雲》（*Miami Vice*）描述為「全都是表面。這個表面不過是從我們集體歷史碎片中撈出引語大雜燴，一個瑣碎的移動遊戲」（Grossberg, 1987: 29），亦即這是客體不再具有「本質」、「深度」價值的文化。更確切地說，價值決定於象徵意義的交換，亦即商品具有授予威望、表意社會價值、地位與權力的符號價值。商品不只是具有使用價值的客體（an object with use value），更是商品符號（commodity-sign），符號能夠在客體間「任意浮動」（floating free）。因此，（如同每日的電視廣告中展現的）符號能被使用在各種連結之上。正如費哲史東所說的，「消費⋯⋯不該以消費的使用價值、物質效用來理解，而是主要作為一種符號的消費」（Featherstone, 1991: 85）。

內爆與擬象

在布希亞的世界中，現代的區別系統一一崩解（被吸入「黑洞」中，如他所說）：真實與非真實、公與私、藝術與真實之間的秀異（distinction），不再有任何意義。對布希亞來說，後現代文化的特徵就是統攝一切的迷人擬象（simulations）與影像流動的超級真實（hyperreality），在其中我們被迫承載過多的影像與資訊：

> 今日的真實本身是超級真實，⋯⋯是在整體中的每日真實 ── 政治的、社會的、歷史的以及經濟的 ── 從現在開始與超級真實主義的擬象面向整編」。我們生活在到處都是真實的「美學」幻覺中。（Baudrillard, 1983a: 148）。

'hyper' 這個字首指的是「比真實更加真實（more real than real）」。真實根據某個模式產製，不是天定的而是人造的真實，經「幻覺相似」（hallucinatory resemblance）的真實本身重新潤飾過。真實本身內爆（the real implodes on itself）。內爆（implosion）在布希亞的著作中，是指導致真實與擬象間的疆界瓦解的過程，也包括了媒介與社會的界線，因此「電視就是世界」。電視擬象真實生活的情境，並

非為了再現世界，而是為了使本身生效（execute its own）。新聞重新演出「真實生活」事件，模糊了「真實」與擬象、「娛樂」和「時事」的分界線。

　　根據布希亞，傳播工具無處不在的後現代世界，代表世界上過度熱烈的主體意識的進展，他稱為「精神分裂」（schizophrenic）。此外，過度暴露或是能見度的爆炸，使得一切都變得透明、立即可見，布希亞稱為猥褻（obscenity）。「猥褻」的精神分裂主體變成「一個純粹的螢幕，一個所有影響網絡的切換中心」（Baudrillard, 1983b: 148）時，電視螢幕就是核心隱喻。

主要思想家

布希亞（Jean Baudrillard, 1929- 2007）

　　法國理論家布希亞批評結構主義和馬克思主義，企圖發展他自己的後現代主義理論。他的主要思想是商品不單純是具備使用價值，用於交換的商品，也是一種商品符號（commodity-sign）。對布希亞而言，後現代文化是透過一個持續的影像流動而構建的，這些影像是單面向的（one-dimensional）和「表面的」（superficial）。他主張，一系列的現代秀異（包括真實的和非真實的、公共的和私人的、藝術和現實），都已經破碎傾頹，導向一種擬象和超真實的文化（a culture of simulacrum and hyperreality）。

建議閱讀：Baudrillard, J. (1983). *Simulations*. New York: Semiotext(e).

晚期資本主義的文化風格

　　對援引布希亞著作的詹明信（Jameson, 1984）來說，後現代主義指的是當下的無深度感（depthless sense of the present）與喪失歷史性的瞭解。我們生活在一個無法定位我們自己的後現代的超空間（hyperspace），其具體的表現包括了：

- 拆解過去與現在的風格；
- 喪失可信的藝術風格而傾向於混仿；
- 打破高雅與低俗文化的嚴格區分；
- 擬象（simulacrum）或複製的文化（不再有所謂「原創／原作」存在）；
- 由世界的再現轉型為影像與奇觀；
- 懷舊復古風的盛行，歷史不是再現的客體，而是風格寄託意義的對象。

　　詹明信對後現代的描述與布希亞頗多類似之處，亦即後現代的特徵是碎裂、不穩

定與失措。然而，在解釋層次上，詹明信持不同於布希亞的看法。詹明信極力表明後現代主義具有真切的歷史真實。他論稱後現代文化實踐不是表面的，而是表達深層真實中的發展與經驗。對詹明信來說，後現代主義是多國籍企業的世界系統或是晚期資本主義的表現，代表晚期資本主義運作在新的全球空間的文化風格。晚期資本主義藉著將商品化擴張至所有個人與社會生活的領域，將真實轉化為影像與擬象。

購物中心

- 在何種程度上，購物中心代表後現代文化的公共空間？
- 購物中心有哪些特性是詹明信可能會描述為「後現代的超空間」（postmodern hyperspace）？

©攝影：Pryzmat｜代理：Dreamstime.com

越界的後現代主義

和布希亞與詹明信的負面評價相比，卡普蘭（E. Ann Kaplan, 1987）宣稱後現代文化越界與進步的角色並且打破界線。她論稱，後現代音樂錄影帶以**解構主義**的模式，提供觀眾不確定的敘事位置，損及將再現看成真實或真理的地位。這和哈欽（Hutcheon, 2002）的論證相同，後現代使所有再現的想法都變得有問題，即使它與再現共謀。她提出後現代「採用自我意識、自我矛盾、自我破壞陳述的形式，更像是在講述的時候，在說明的事物中處處插入逗點」。

#後現代主義是反諷的知覺意識，因為探索了自身知道的限制與情境。

　　柯林斯（Collins, 1992）論稱後現代主義承認多元的主體位置與認同，積極地鼓勵立場間意識的進或出，把玩意義與形式。對柯林斯來說，詹明信把後現代主義描述成重複使用「滑稽（camp）」、拼貼與缺乏歷史深度，「無法描述多種可能的再接合（rearticulation）策略」，範圍從簡單的復古與懷舊，到「性感手槍（Sex Pistols）或衝擊合唱團（The Clash）激進的大眾標準的封面版本唱片，這樣一來，不僅是接近過去，而且還『挾持』了過去，賦予過去完全不同的文化意義」（Collins, 1992: 333）。

　　錢伯斯（Chambers, 1987, 1990）認為，與其說是處於無深度文化的核心，商品符號是主動、意義導向的閱聽人用以建構多重認同的素材。這裡，閱聽人是拼貼的，選擇、排列物質商品的元素與有意義的符號成為個人風格。因此後現代可理解為民主化，新的個體與政治的可能性將出現。其他學者則指出消費文化裡符號意義的顛覆潛力，形成一種文化反抗，例如：透過文化干擾的策略（見前）。

後現代主義產生器的後現代主義

　　後現代主義產生器（the Postmodern Generator）是一種能夠產生隨機文本的電腦程式，意在嘲諷後現代主義理論和文學（Larios, n.d.）；像索卡爾造假事件（見第1章）一樣，它嘲諷的是後現代主義思想家那種通常艱澀與含糊的語言。

　　後現代主義產生器明顯是一種後現代主義文本的反諷。然而，它也是突顯了後現代主義充滿反諷意味的自覺，以及充滿任意性的美學判準。這種趨勢可追溯至受到達達主義和超現實主義啟發的文學技巧，例如：惡搞（cut-up），將一個文本分割、切塊並隨機重組成某種怪異的新組合。這種技巧的一位知名代表人物是威廉・柏洛茲（William S. Burroughs）。同樣前衛的取徑，也被美國鋼琴家約翰・凱吉（John Cage）採用。他用《易經》來創作所謂的機率音樂（aleatory music）或機會音樂（chance music）。他受到相當高的評價，但他的批評者也諷刺說，將音樂從作曲家的意志解放出來，也等於是把音樂從其可聽性解放出來了。

• 在何種程度上，你認為後現代主義產生器是在取笑後現代主義的概念？在何種程度上，它是在取笑這些概念被表達時所使用的語言本身？

• 複雜的概念需要複雜的語言來表述嗎？簡單化到哪種程度會讓表達變得很「弱智」？

　　後現代主義產生器只是許多類似程式當中的一種。其他幽默的網路產生

器包括吸血鬼命名產生器（the vampire name generator）、B級電影片名產生器（the B-movie title generator）、名人時尚飲食產生器（the celebrity fad diet generator）、啤酒名稱產生器（the beer name generator），以及莎士比亞罵人用語產生器（the Shakespeare insult generator）。

• 上述這些產生器的哪些面向，可被視為是後現代的？

• 你認為它們只是純粹為了好玩的目的，還是也在表達某種嚴肅的觀點？

• 構想一個自創的產生器。找一個夥伴，並對他解釋你的這個產生器背後的思路。

後現代產生器技巧測驗

你認為，在下面這兩段引文中，哪一段是由「後現代主義產生器」生成的？哪一段是由真人所寫的？（解答可見於本章末尾處）

引文一：

在檢視布希亞式的超真實這一概念時，勢必面臨一種選擇：拒絕後結構主義的表達典範，或是做出這一結論，亦即詩人的存在理由是有意義的形式，但（這種選擇）只有基於前文本的物質理論是無效的這一前提下。德希達用「結構主義後文本理論」（structuralist posttextual theory）一詞，表述的不是物質主義，而是次物質主義（submaterialism）。然而，Abian對資本主義虛無主義批評的主要主題是後現代主義社會的停滯狀態。馬克思用「布希亞式的超真實」（Baudrillardist hyperreality）一詞，表述一種神話詩學的弔詭。

引文二：

遠離結構主義的理論解釋（亦即將資本視為以一種同質的方式結構著社會關係），轉而採取霸權論的觀點（其中的權力關係受制於重複、匯流與重新接合），可將時間性的問題（the question of temporality）導入對於結構的思考，並且標誌著從一種阿圖塞式理論（將結構總體性視為理論客體），轉向至一種能夠洞察結構充滿偶然性的可能性，開啟一種經過更新後的霸權概念，並且得以將權力重新接合時的偶然場域和策略考量在內。

後現代主義之後

　　1990年代初期以來，許多理論家論稱後現代性與後現代主義已經終結，並提出他們認為可以取而代之的各種術語和解釋。下面我們會用一個古怪的名詞「後後現代主義」（post-postmodernism）來涵蓋這些理論，以避免讓讀者誤會我們在立場上支持他們。

　　後後現代主義取徑發軔於文化研究、哲學、社會學和文學理論。許多人用它來表示歷史和社會學意義上的時代分期（或可稱為後後現代性），以及用以作為文化的和認識論的概念（或可稱為後後現代主義）。模糊或打破這些重要的區分，意味著這些概念當中的一部分概念並不是那麼具有說服力，也很難清楚理解到底所謂後後現代時期是什麼意思。

　　一般而言，後後現代主義等概念強調的是以下發展的影響和重要性：在藝術和流行文化、科技、新自由主義的資本主義和全球化。以所謂和後現代主義的斷裂而言，後後現代主義認同的是熱情優於冷漠、重構勝於解構、真心誠意多於反諷和拼貼。全球化拉平一切的力量與個體化造成的碎片化之間的緊張關係，也是一個反覆出現的主題。

　　某些人論稱，後現代主義並沒有過時，而是「變形」和「跨越臨界點後在外型和運作上變成不同的東西」（Nealon, 2012: ix）。一個類比是熱帶風暴在跨越某個門檻後會轉變成颶風。不過，這個隱喻強調的是強度之別，但當代的許多面向如賽伯空間等現象太新了，無法被理解為先前現象的延伸或放大版。

後後現代感性

#在不同的後後現代主義理論中有個共性，均都宣稱後現代主義不再提供能夠用來理解當代生活和文化的知識途徑。

　　後後現代主義概念，與以下現象的加速和強化有關：
• 全球化；
• 消費主義；
• 個體化；
• 自由資本主義；
• 數位化；
• 科技。

　　後後現代主義感性，則被認為是反對：

- 犬儒主義；
- 相對主義；
- 引用；
- 興趣缺缺；
- 悲觀主義；
- 反諷（在非羅逖式的意義上）。

　　後後現代主義感性，被認為是擁抱或傾向於：

- 真誠性；
- 純正性；
- 認真；
- 原創性；
- 希望與樂觀主義；
- 寫實主義；
- 移情能力；
- 形上學；
- 倫理學。

為什麼是後後現代主義？

　　各種後後現代主義概念之間的意見分歧，出現在後現代主義的何時／為何終結這個問題上。托斯（Josh Toth）和布魯克斯（Neil Brooks）（2007）認為1989年柏林圍牆倒塌是個關鍵的轉振點，因為它代表了「最後的明顯烏托邦話語」的傾頹。因此，後現代主義的反烏托邦情緒的最終勝利出現了——弔詭地——也代表著它自身終結的開端。

　　對於確定性與信仰的追求，可見於至少幾種後後現代主義理論。比方說，展演主義（performatism）重申文本的作者能夠「強迫」讀者接受某些詮釋。它也發現，藝術創作領域裡對於有神論的興趣重新抬頭。宗教和信仰同時是超現代性（ultramodernity）這個概念的重要元素。

後現代主義？大約五分鐘前……

　　誇張和擬人化的語言，經常出現在詳述後現代主義已死的學術著作中。比方說，各種不同的文本描述後現代主義已經筋疲力盡、病入膏肓，或是已被埋葬在世貿

大樓的瓦礫堆中。這種色彩豐富的用詞顯示關於此一議題的感覺強烈，也似乎顯示了「抗議過度」（protesting to much）的情形。而所謂「抗議過度」是莎士比亞的說法，意指一種過於強烈的說法反而會讓聽眾相信與其說法相反的情況。

時尚語言也經常出現。後現代主義被以不同方式貶抑為過氣、不復流行與「退流行了」（so last year）。學者——像是星探（talent scouts）一樣——似乎熱衷於在越來越激烈競爭的知識市場裡發掘「下一個大熱門」（next big thing）。哲學家柯比（Alan Kirby）指出，在宣布後現代主義終於死了之後，理論家現在相互推擠「就像在宣讀遺囑時缺乏耐性的聽眾」（2009: 44）。不過，如我們即將看到的，柯比自己對後現代主義的「霸權遺產」（hegemonic inheritance）也搶分一杯羹。

後後現代主義的問題

某些理論家論稱，西方當代生活已與十年前迥然不同，因為數位革命已帶來深遠的社會和文化變遷。他們認為，需要新的哲學典範，才能夠理解這些變遷。雖然如此，這些理論家尚未足以擔當此一大任，亦未能展現其具備解釋力、知識廣度、效用和受歡迎的訴求。

以下討論的後後現代主義諸理論，尚無任何一個取得像後現代主義那樣廣為人知的知名度。現有的大部分概念似乎在理論上都不完備，但在它們對新時代的診斷上、典範和「文化支配物」（cultural dominants）確有顯得過於大而無當。這很諷刺——或許可說是相當後現代——這些想要提供宏大敘事來解釋這個時代的理論企圖，目前為止的成果都很有限。

各種後後現代主義理論的問題包括：

- 將後現代主義視為一成不變的東西及（／或）刻板印象的集合體；
- 使用含混的描述，而這些描述同樣可適用於其他時代的文化現象；
- 它們提出的概念充其量只是現代主義或後現代主義的概念發展，而非提出全新的典範。

值得一提的是，後後現代主義理論家有關後現代主義的觀察，涉及的是後現代文化的社會和文化層面，並未觸及後現代哲學的認識論旨趣。

主導的、殘餘的與浮現中的

探索後後現代主義的一個進入點是威廉斯（Williams, 1977）的概念：主導的（dominant）、殘餘的（residual）與浮現中的（emergent）。威廉斯將殘餘的（文化）定義為形成於過去，但在當前文化過程中仍然表現活躍的一些文化元素。所謂

「浮現中的（文化）」，威廉斯意指與主導文化（dominant culture）實質有別或對立的文化元素，而非僅只是新的文化元素。對威廉斯而言，用「劃時代」取徑來分析文化，其風險是殘餘的與浮現中的（文化）面向會被忽略或排除在外。相反地，他主張文化的複雜性應被理解為包含一種動態且有時是充滿矛盾的交互作用，存在於主導的、殘餘的與浮現中的（文化）元素之間。

在後後現代主義的脈絡下，威廉斯的取徑也有限制。他的模式主要連結的是歷史分析，而且扎根於馬克思主義。因此，他主要關切的是另類和對立階級的形成（the formation of alternative and oppositional classes）。雖然如此，他的概念仍然很有用，因為他認為文化的**主導**特徵並非**唯一**特徵。與此契合的是哈欽（Hutcheon）所說的，雖然後現代時刻可能已經過去，「它的話語策略和意識形態批評仍繼續與我們同在——如同現代主義也是這樣——存在於我們當代二十一世紀的世界」（2002: 181）。

命名遊戲

大量被用來描述文化和理論典範的術語，可能都有追隨後現代主義的傾向；某些術語比其他一些術語更有說服力。英美文學教授尼龍（Jeffrey T. Nealon）支持這個顯得「醜陋」和拗口的「後後現代主義」一詞，部分原因是它已有自己專屬的維基百科條目（2012: ix-x）。康寧翰（David Cunningham）不可能繼續添加「後」這個前綴詞，否則「很快就會有荒謬和令人絕望的『後後後現代』（post-post-postmodern），是不是？」（2010: 121）

雖然很容易引人嘲笑，下面這些各式各樣的後後現代主義理論能夠提供有用的視角，幫助我們理解當代生活和文化實踐的某些面向。研究它們也能夠給我們一個機會考量，企圖將歷史和文化整齊切割成清晰可辨的不同區塊的風險和問題；或許必須有夠長的時間沉澱，才可能看得清楚。

後設現代主義

- 主要思想家：默朗（Timotheus Vermeulen）與凡‧登‧埃克（Robin van den Akker）；
- 主要學科：文化研究、哲學（美學）；
- 主要領域：建築、藝術、電影。

在所有描述後後現代時代（post-postmodern era）的術語中，「後設現代主義」（metamodernism）或許是最廣為人知的。像「後後現代主義」一樣，「後設現代主義」一詞也有自己的維基百科條目——以及自己的網路雜誌。默朗和凡‧登‧埃克用

「後設現代主義」一詞描述現代熱情與後現代反諷之間的擺盪，存在於他們稱為「知情天真」（informed naivety）和「務實理想主義」（pragmatic idealism）的形式當中（2010）。他們指出，歐巴馬（Barack Obama）在2008年美國總統大選的「是的，我們做得到」（Yes, we can）演說，可以看成是一種在文化生活中追尋理想和可能性的新敘事和新感覺的例證。

向地球轉，以及世界現代主義

- 主要思想家：莫拉魯（Christian Moraru）；
- 主要學科：文學批評、文化研究、哲學〔政治哲學、倫理學、「地緣美學」（geoaesthetics）〕；
- 主要領域：文學、理論、全球政治。

　　「世界現代主義」（cosmodernism）與被描述為文學及文化研究的「向地球轉」（the planetary turn）有關。莫拉魯用這個術語描述一個新的文化典範，因為加速全球化、混語化和後現代的在地回收（local recyclings）而應運而生（2011, 2013）。世界現代主義聚焦於跨越政治、族群、種族與宗教邊界的關係，也被看成是培育了一種在差異中的團結（solidarity in difference）。莫拉魯認為，不像後現代主義那樣帶有西方和「自我中心的」（egological）傾向，世界現代主義可以讓人類更好地回應來自於全球化的漸增壓力。

表演主義

- 主要思想家：羅爾埃・舍爾曼（Raoul Eshelman）；
- 主要學科：哲學（美學）；
- 主要領域：建築、藝術、電影。

　　德國理論家羅爾埃・舍爾曼用「表演主義」（performatism）一詞，描述那種對統一、美與封閉性的藝術之強調，而非他認為概念藝術（concept art）或和反藝術（anti-art）那種無止無休的反諷（2008）。他重申，一個文本的作者在某種程度上可以「強迫」讀者接受某些詮釋。這和有關主體及藝術裡的有神論有關。

另類現代主義

- 主要思想家：波瑞奧德（Nicolas Bourriaud）；
- 主要學科：精緻藝術；
- 主要領域：視覺藝術。

　　法國策展人與藝術批評家波瑞奧德（Nicolas Bourriaud）用「另類現代主義」（altermodernism）一詞，理解在現代主義和後殖民主義交融的全球脈絡下的視覺藝術。這也是英國泰德美術館2009年三年展的名字，該展覽由波瑞奧德負責統籌。另類現代主義，至少在波瑞奧德看來，讓獨特性和自主性在越來越標準化的世界裡還有存在可能，構成了針對全球化的一種美學反抗（Gibbons, 2012: 239）。

數位現代主義

- 主要思想家：亞倫・柯比（Alan Kirby）；
- 主要學科：哲學；
- 主要領域：數位文本、數位文化。

　　「數位現代主義」是柯比提出來取代他先前所謂的「假現代主義」（pseudo-modernism）（Kirby, 2009），為的是描述一種因為文本電腦化（the computerization of text）而浮現的一種新的文化典範。它特別關注的是多重與社會作者身分（multiple and social authorship）在賽伯空間的可能性。「數位現代主義」一詞同時指涉的是一種技術模式（technical mode），以及人力在產製數位文本上扮演的角色。

超現代主義

- 主要思想家：尚・保羅・威廉（Jean-Paul Willaime）；
- 主要學科：社會學；
- 主要領域：宗教。

　　「超現代性」（ultramodernity）意指在全球化和個人主義之間拉扯的脈絡下，宗教的民主化和「自己動手做」（DIY-ing）。此詞由尚・保羅・威廉（Willaime, 2006, 2010）提出，他強調現代性並未終結，並且進入一個激進化的階段。威廉指出，在宗教領域裡，正如其他領域，人們想要打造自己的、個人化的道路。因此，各種不同宗教的符號、文本和圖像，被以無法預測的方式挪用。面對他所謂「文化的麥當勞化」（cultural McDonaldisation），威廉認為宗教認同正被重建為一種少數群體的認同，並且正在次文化裡站穩腳跟。

高度現代性

- 主要思想家：吉勒・利波維茨基（Gilles Lipovetsky）；
- 主要學科：哲學；
- 主要領域：科技、市場、全球文化。

　　法國哲學家吉勒・利波維茨基的觀點是後現代已讓位給高度現代性（hypermodernity），後者包含「飆速消費者」（turbo-consumers）與「快速資本主義」（fast capitalism）（Lipovetsky, 2005; Rendtorff, 2014; Weaver-Zercher, 2013）。生存在一個高度連結、超文本、超現實、高度情報與高度恐怖主義的時代，利波維茨基認為高度消費者（hyper-consumers）比過往更具自主性，但也比過往更脆弱。

> 　　莫拉魯（Moraru）說後現代主義沒死，只是「一副死樣子」（deadish），宛若殭屍一樣（Moraru, 2013: 3）。你覺得他是什麼意思？你認為後現代主義死了（或是一副死樣子）嗎？為什麼是或為什麼不？你認為能夠命名並解釋後現代主義之後的狀況是重要的嗎？為什麼是或為什麼不？如果要提出一個詞來描述後現代主義之後的時期，你提出的那個詞會是什麼？

文化後現代

　　各式各樣的文化形式——其中先前曾被視為後現代的一些形式如今被重新看待成標舉了**後後現代感性**（post-postmodern sensibility）。比方說，魏斯・安德森（Wes Anderson）導演的詭詐電影，經常被後者引為例證，因為他的作品被說是平衡了「反諷的分離與真誠的介入」，與更廣泛地脫離後現代主義的招牌犬儒主義的趨勢一致（MacDowell, 2011: 6, 12）。

　　被認定屬於後後現代主義的作家，包括華萊士（David Foster Wallace）、埃格斯（Dave Eggers）、查蒂・史密斯（Zadie Smith），女神卡卡（Lady Gaga）（見第9章）也被認定是後後現代主義的感覺結構（the post-postmodern structure of feeling）的例證。雖然某些人可能會把這位美國歌手視為瑪丹娜後現代系譜的繼承人，貝爾納・科瓦（Bernard Cova）認為她事實上是後後現代真誠性（post-postmodern sincerity）的具體化身。

> 　　對瑪丹娜而言，表演是一種專業主義——華麗、完美、反諷與一切在掌握之中——但對女神卡卡來說，重點是熱血和勇氣、蹣跚與跌倒、生與死，女神卡卡「總是在舞臺上」，真誠地活出她的藝術，深入扎扎實實的生活本身，而非耍弄反諷的引語和距離。（2013: 8-9；內部引用從略）

> 　　對於這種籠統的說法，「瑪丹娜完全是專業主義」或「女神卡卡的表演完全是真誠的」，你有何看法？你怎麼看這兩位具有標誌性的女藝人？你認為她們的作品應該被描述為「後現代」、「現代」，或是以上皆非？

解構練習：現代主義 vs. 後現代主義

- 什麼是現代主義？什麼是後現代主義？
- 後現代有什麼現代的特徵？現代又有什麼後現代的特徵？
- 在支持後後現代主義的論點中，你認為哪些(1)具有說服力？(2)相較於現代主義或後現代主義更具有解釋力？

本章摘要

現代、後現代與後後現代（或是你偏好的其他術語），都是一種對歷史進行分期的概念，指涉的是特定的歷史時期。它們廣泛地定義了社會形構的制度特徵。在這個意義上，現代性是指中世紀以後工業資本主義與民族國家體系的興起。現代性的制度也與個體化、差異化、商品化、都市化、理性化、官僚化和監控的社會與文化過程有關。後現代性始於二十世紀的某個時點（取決於你閱讀的是哪一位理論家的著作），但多數認同此概念的人多認為它大約發軔於1990年代。

現代主義、後現代主義與後後現代主義，也是文化與認識論的概念。作為文化概念，它們關切日常生活經驗和藝術風格或運動。然而，現代主義、後現代主義與後後現代主義之間的分野並不清楚。比方說，現代的生活經驗被論稱為包含了步調、變遷、曖昧性、風險、懷疑和不斷地修訂知識。然而，碎片化、曖昧與充滿不確定的世界，涉及的是高度的反身性（high levels of reflexivity），而這也是後現代文化的標誌。弔詭、疏離和差異政治被認為與後現代主義和後後現代主義有關，而強調偶然性、反諷和文化邊界的模糊性，則更是後現代的明顯標記。作為一種藝術運動與哲學，現代主義支持高雅—流行文化的分野，而後現代主義和後後現代主義則不支持這種分野；在後現代主義的外圍，理論家指出真實與擬象間的現代分野已經崩解。後後現代主義的一些理論家宣稱，他們在現代主義和後現代主義的兩個極端間尋求中道。

作為一組哲學的、認識論的關懷，現代主義與理性、科學、普遍真理及進步的啟蒙哲學有關。相反地，後現代主義則與這些分類的質疑有關，例如：

- 沒有深度，只有表面；
- 不只一個真理，而是有多種真理；
- 沒有所謂客觀性存在，只有團結或社會讚許（羅逖）；
- 不存在基礎主義，只存在特定歷史條件下的「真理政權」（傅柯）。

然而，相對於李歐塔稱這些哲學立場為後現代，傅柯質疑贊成或反對啟蒙的必要性，而羅逖則後悔使用「後現代」這個詞（他所支持的後啟蒙哲學，至少能追溯到尼采）。和一些後後現代理論家一樣，紀登思論稱後現代文化其實是「激進的現代性」（radicalized modernity）的表現。

許多爭議與辯論，集中在是否該把當代生活的特徵描述為現代、後現代或後後現代，或是該用其他截然不同的術語。現代主義、後現代主義與後後現代主義的藝術方案，究竟屬於分立的世界或是共享著某些特徵？許多人認為這些對現代哲學基礎的質疑，指向的是對差異的民主接受和創造自我的反思能力，其他人則不以為然，擔心這樣一來將無以落實文化政治，並且視後現代主義和後後現代主義是一種非理性主義，恐大開權力暴虐而不受節制之門。同樣地，有些人認為消費資本主義釋放出創意遊戲（creative play）與認同建構的可能性，另有些人則認為那只是全球企業力量更進一步的支配。

解答：後現代主義產生器的技能測試

本章前面的引文一，是用「後現代主義產生器」（Postmdern Generator）[6]自動生成的文字；引文二則是由真人撰寫，出自知名的性別與酷兒研究理論家巴特勒（Judith Butler）所寫的〈再思我們時代的對話〉（Further Reflections on the Conversations of Our Time）一文，並曾刊登在學術期刊《Diacritics》（1997）裡。巴特勒那段「風格可悲」的引語，1998年曾在《哲學與文學》（Philosophy and Literature）期刊不良寫作競賽（The Bad Writing Contest）中被評為首獎。哲學家瑪莎・努斯鮑姆（Martha Nussbaum）曾將巴特勒那段文字，改寫成淺白的文字：「馬克思主義的理論解釋，將資本視為影響社會關係的核心力量，並把這種力量的運作描述成在任何地方都是一致的。相反地，阿圖塞的理論解釋則聚焦於權力，將這種力量的運作視為色彩斑斕與隨著時間變化的」（1999）。巴特勒對自己寫作風格的辯護，連同她對自己的政治立場的辯護，將在本書第7章詳述。

---

[6] 譯註：「後現代主義產生器」是由Andrew C. Bulhak於1996年編寫的電腦程式，可用以模仿後現代主義風格自動生成文字內容。

第三部分

文化研究的場域

第 7 章　主體性與身分／認同

關鍵概念	
能動性（agency）	同一性（identification）
反本質主義（anti-essentialism）	身分／認同（identity）
建構論（constructionism）	身分／認同方案（identity project）
話語／論述（discourse）	主體位置（subject position）
反本質主義（essentialism）	主體性（subjectivity）

　　本章檢視文化研究中有關主體性與文化認同的辯論，探討西方世界關於「自我政權」（regime of the self）的種種假說。在政治鬥爭與哲學語言學思辨的推波助瀾之下，「身分／認同」一躍而成為1990年代文化研究的中心主題。女性主義、族群性及性別取向的政治，連同其他相關議題，與認同的政治緊密相接，並且引人關注。這些爭取與圍繞身分／認同的鬥爭逐一浮現，令人不禁要問：究竟什麼是身分／認同？

主體性與身分／認同

　　主體性（subjectivity）與身分／認同等概念，在日常語言裡，其相互關係相當緊密，幾不可分。然而，我們或可做以下區分：

- **主體性**：我們身為人的存在狀況，以及成為一個人所經歷的過程；也就是，我們如何被構成為文化主體（constituted as cultural subjects），以及如何經驗自身的過程。
- **自我身分／認同**（self-identity）：我們對自己的認識（也就是自我概念），以及我們對這些自我描述的情感認同。
- **社會認同**（social identity）：他人對我們的預期與意見。

　　在我們討論時，主體性和身分／認同都採取一種敘事或說故事的形式。研究主體性的問題，也就等於探問以下問題：一個人是怎樣的一個人？而探討身分／認同的問題，也等於是問：我們如何看待自己？而他人如何看待我們？

個體是文化產物

　　主體性和身分／認同是某一條件下，才會產生的文化產物。對文化研究而言，這意味著人「一路走來」都是社會的、文化的產物；也就是說，身分／認同乃是社會建構，而不可能獨立於文化再現之外，並沒有哪一個已知的文化不使用「我」這個代名詞，也沒有哪一個文化沒有自我或個體等概念。然而，在每一個文化中，對於「我」這個代名詞的使用，其意義各有不同。對伊里亞思（Norbert Elias, 1978, 1982）來說，在西方社會的文化中，個人覺得自己獨一無二的感覺，以及所擁有的自身意識均不相同，這是因為個體無法和親屬關係網絡及社會契約分開來看。

　　在西方世界關於「自我」的文化概念裡，認為：

- 我們具有真實的自我；
- 我們擁有讓別人得以瞭解我們的身分／認同；
- 身分／認同乃透過各種再現形式表達；
- 身分／認同是可被我們自己和他人辨認的。

　　這也就是說，身分／認同是一個經由品味、信仰、態度和生活形式等符號所意指的本質。身分／認同是個人的，也是社會的，它使我們有別於其他人，或與其他人相似。我們可能會同意身分／認同與同一和差異的問題有關，與個人及社會和**再現**的形式有關。然而，我們將會質疑一種關於身分／認同的假設，這種假設認定身分／認同的假說是我們所擁有的事物，或是一個等著被發掘的固定東西。

＃身分／認同並不是一個固定的實體，而是對於我們自己所進行的一種充滿情感的描述。

✎ **習作**

　　請填表描述你自己的不同面向。請思考許多不同的自我描述的方式，分別描述(1)文化特性；(2)形體特徵；(3)社會關係；(4)空間經歷。

　　我是……

　　(1)文化特性上，我是_____

　　(2)形體特徵上，我是_____

　　(3)社會關係上，我是_____

　　(4)空間經歷上，我是_____

本質主義和反本質主義

　　西方有關身分／認同的探索，是建立在有身分／認同這樣的「東西」存在的前提上，亦即身分／認同具有普遍性與恆常性，構成了人皆有之的自我概念的核心；根據此一觀點，我們可說人都具有其構成自我的「本質」，名之為身分／認同。此種本質主義的觀點假定，我們對自身的描述，如實反映了吾人本質、根本的身分／認同。因此，無論是女性特質、男性特質、亞洲人、青少年，或是其他的社會分類，都有固定的本質。

　　與前述觀點大異其趣的是，持反本質主義觀點的論者指出，身分／認同「一路走來」始終是文化性的，因時、因地而異。所謂身分／認同的形式是可塑的這種想法，統稱為**反本質主義**（anti-essentialism）。此處，語言文字所指涉的對象本身，並無本質性與普遍性的意義，因為語言的作用其實是「製造」而非「發現」（見第3章）。身分／認同者不是事物本身，而是一種語言的描述。

自我身分／認同是一種方案

　　對紀登思（Giddens, 1991）而言，自我身分／認同的構成，有賴於支撐起一種有關自我的**敘事**（narrative）的能力，從而建立自傳式的連續性的一致性的感覺。認同故事（identity stories）試圖回答這些重大問題：

- 做什麼？
- 如何行事？
- 成為什麼樣的人？

　　個人嘗試建構一種前後一致的認同敘事，藉此「自我形成了從過去到可預見的未來的發展軌跡」（Giddens, 1991: 75）。因此，「自我認同並非個人擁有的某種獨特品質，或甚至是某類的品質，而是**個人對他或她的自傳生涯經驗進行反思後所瞭解的自我**」（Giddens, 1991: 53；粗體字為原文所加）。

　　紀登思的說法與常識上關於認同的概念一致，因為他講的自我認同是指身為人的我們認為它（自我認同）是什麼。然而，他也同時論稱，認同並非我們所占有的某類特質；認同者，無法從我們擁有的某些事物來理解，也不是指向特定的實體或東西。相反地，認同是我們關於自身的一種思考。然而，我們對自身的想法，會隨著時空變化及情境差異而發生變動。這是紀登思將認同稱作一種**方案**（project）的原因所在。所謂方案，紀登思意指認同是我們創造出來的，而且永遠處於進行中的狀態，一種像是不斷處於遊走而非抵達終點的情況。**認同方案**係建立在：

- 我們認為我們是誰，根據我們所處之過去與現在的情境；
- 我們想像自己將會成為什麼樣的人，亦即我們所冀求的未來軌跡。

社會認同

　　雖然自我認同可被理解為**我們的**方案，社會學上不證自明的一個道理是，我們生於一個早就已經存在的世界。在我們面世之前，我們所習用的語言就已為人所使用，而且也生活在與他人互動的社會關係脈絡之中。簡單地說，我們是在社會過程中被構成為個人，與他人共同分享社會物質資源，此即一般所謂的社會化或涵化（acculturation）的過程。捨涵化，不足以語個人，因為我們是在日常生活中瞭解何謂「個人」；捨語言，個人性（personhood）與認同的概念本身，將無法被理解。

　　對文化研究而言，人之所以為人，沒有任何先驗的（transcendental）或非歷史的成分。認同可說全然是社會與文化作用的結果，基於以下原因：首先，人之所以為人，何以致之？這是一個文化問題。例如：個人主義是現代社會所特有的。其次，語言和文化實踐為形成身分／認同方案的資源，這些是社會層面的特徵。因此，在不同的文化脈絡中，對於女人、小孩、亞洲人、老人的定義皆有不同。

　　造成我們產生身分／認同方案的資源，和我們所處的文化脈絡之情境權力有關；我們是男性還是女性、是非洲人或美國人、有錢或是貧窮，就會產生不同的方案，因此，身分／認同不只是自身描述，而是社會歸屬。

　　　　社會身分／認同和規範權利、義務、認可有關，在特定的集體中形塑著角色。儘管有跨文化的變異存在，以身體屬性如年齡、性別等作為標準化的標記，這樣的使用方式在所有的社會裡都是非常根本的。（Giddens, 1984: 282-283）

＃總結來說，身分／認同和相同與差異有關，是個人的，也是社會的，我們應該說「身分／認同是你和別人的相同之處，也是你和其他人相異之處」（Weeks, 1990: 89）。

▇ 碎片化的身分／認同

　　在〈文化認同的問題〉（the question of cultural identity）一文中，霍爾定義了三個將身分／認同概念化的方式：

1. 啟蒙的主體（the enlightenment subject）；
2. 社會學的主體（the sociological subject）；
3. 後現代的主體（the postmodern subject）。

本節的目的是擴展身分／認同的概念化。特別是追溯斷裂的、去中心或後現代主體（fractured, decentred or postmodern subject）的發展。

啟蒙主體

啟蒙時代將個人視為獨一無二的行動者，認為理智和理性是人類的基礎。啟蒙主體乃是：

> 基於人是全然中心的、一致的個體，並且具有理性思考、感知和行動的能力。在人的「中心」有一內在核心……這個核心就是人的認同感。（Hall, 1992b: 275）

這種觀點被稱為笛卡兒式的主體（the Cartesian subject），呼應的是笛卡兒（R. Descartes）的名言——「我思，故我在」——將理性、有意識的**個體**置於西方哲學的中心。此處，人的心靈被認為是具有理性的，可以依據世界的真實特性來理解這個世界。

用這種方式理解啟蒙主體，不只是一個哲學問題，也是一個關於主體與身分／認同形成的更寬廣的文化過程，因為將人視為統一且有能力組織自己，這種概念對當前西方的自我觀至為重要。例如：在西方社會中，有關道德的言談尋求解決我們遇到的道德和倫理困境，主要和個人對行動責任的問題有關。的確，個人責任彰顯在法律之中，認為個人須為自己的行為負責。這也彰顯在學術知識被組織成分立的學科，其中心理學處理個體心靈的運作，而醫學則負責治療個體的病痛；經濟理論，雖然關切的是社會過程，但也將理性、自利與有能力選擇的個體置於中心地位。

經濟人 vs. 荷馬‧辛普森

拉丁文 *Homo economicus*，亦即所謂「經濟人」，認定消費者是理性、自利的，會在仔細考量後做出選擇，以便將價值極大化。這種模式在經濟理論裡具有支配地位，認為日常消費者在每次購買之前會多方比價，並且嚴謹地評估效用和成本。比方說，經濟學家與諾貝爾獎得主貝克（Gary S. Becker）相信人們決定結婚是因為預期婚姻帶來的效用大於維持單身或另尋合適伴侶的成本。他甚至

認為重度吸菸者因為此習慣而縮短壽命，仍屬出於理性而極大化效用的行為，因為他們已權衡壽命縮短的價值，繼而決定他們不值得為了戒菸而付出的成本（Becker，轉引自Schneider, 2010: 5）。

也是諾貝爾得主的心理學家丹尼爾·康納曼（Daniel Kahneman）與認知兼數理心理學家阿摩司·特沃斯基（Amos Tversky）的著作，駁斥這種所謂人類理性的觀念。康納曼與特沃斯基向我們展示，在日常生活裡人們很少透過仔細評估所有相關資訊來處理不確定性的問題。相反地，我們的決策過程是相當偏頗的，來自於**損失規避**（loss aversion）的偏見所致（1979）。換句話說，損失比收益帶來的好處更加令他們難以忍受，而這將影響他們的決策行為。在一篇比較經濟人和卡通人物荷馬·辛普森（Homer Simpson）的文章中，斯特芬·施奈德（Stefan Schneider）發現這些尋常生活態度帶來有用的結果，但也同時導致扭曲的認知和系統性的謬誤（2010: 1）。喬納·雷爾（Jonah Lehrer）提供更有趣的結論指出，「人類理性是相當脆弱的，容易被古老的直覺和懶惰的偏見所推翻。心靈是一臺問題重重的機器」（2011）。

• 有證據顯示人們傾向於：死抱手中持股，不肯停損；偏好現狀；需要「至少五次佳評來抵銷一次負評」（Lehrer, 2011）。這些現象和損失規避這個概念有什麼關聯？他們如何將人類是理性的這種觀念問題化？

• 請寫下三種與現實人（homo realisticus）（亦即活生生的消費者，而非經濟學家假定的經濟人）有關的花錢習慣。

社會學主體

這種經由社會涵化過程而形成的社會化的自我（the socialized self），霍爾稱之為社會學主體（the sociological subject），而此一主體的內核並非自動生成的，而是在與「重要」他者（'significant' others）互動關係中形成的，從而形成關於他或她所生存的世界的價值觀、意義和象徵——也就是文化（Hall, 1992b: 275）。

我們的第一批「重要他者」是家庭成員，經由被讚美、責罰、模仿與溝通，我們向家人學習如何社會生存之道。因此，社會學觀點的一個重要假設是，人類是社會的產物，個體會相互影響。自身會形成一個內在統一的核心，使得個人的內在世界與外在社會得以**互動**。社會價值觀和角色的內化，透過被縫綴或被「縫合」進這個社會結構之中，個體於是漸趨穩定，並且「符合」其所置身的社會結構。

後現代主體

　　從「啟蒙」的主體轉向「社會學」的主體這場知識運動，代表著告別將人描述成統一的整體的一個轉折，而將主體看成是由社會形構而成的。社會主體並不是它自身的主體的來源，但它也不是憑藉自明之理的「整體」，因為人們採取許多種社會位置（social positions）。雖然如此，主體被認為具有一個核心的自我（core self），有能力**反身性地**將自身融合於一個統一的狀態之中。然而，

去中心或後現代的自我，涉及變遷的、碎裂的與多重身分／認同（multiple identities）。人們並不是由一種身分／認同所構成，而是由多種（時而互相衝突）的身分／認同所構成。

　　　該主體假設在不同的時間裡，會產生不同的身分／認同，因此，身分／認同並不是一致的。我們可能會同時具有許多相衝突的身分／認同，朝向不同的方向，因此我們的身分／認同時時在改變。如果我們認為從出生到死亡，都會擁有一致的身分／認同的話，這只是因為我們建構了一個故事，或是對自身的描述罷了。（Hall, 1992b: 277）

社會理論與碎片化的主體

　　霍爾論稱，有五個關於現代知識話語／論述的斷裂點幫助我們形成主體是去中心化的概念。這五個現代知識話語／論述的斷裂點包括：

1. 馬克思主義；
2. 精神分析；
3. 女性主義；
4. 語言的中心地位；
5. 傅柯的著作。

馬克思主義的歷史主體

　　馬克思主義不認為人具有所謂普遍本質（a universal essence），因為「人們自己創造自己的歷史，但是他們並不是隨心所欲地創造，並不是在他們自己選定的條件下創造，而是在直接碰到的、既定的、從過去承繼下來的條件下創造」；換句話說，也就是特定歷史條件下的生產方式和社會關係。因此，作為一個人，不可能具有普遍性；相反地，主體性是在具有某種特性、特定時空的社會形構中產生的。

　　因此，封建生產方式是基於大財主的權力，擁有土地和農奴（或將之租佃給農民），因此不僅大財主和農奴之間的身分／認同很不一樣，而且其與資本主義生產方式下的社會關係和身分／認同也相去甚遠。資本家（和股東）僱用勞工階級（而非擁有奴隸）的「自由」勞動。大財主、農奴、資本家和勞工的意義大不相同，因為他們各自置身在特殊形式的社會組織當中。

　　要不是他點明阿圖塞詮釋馬克思的重要意義，認定意識形態在主體構成過程的核心地位，那麼霍爾對馬克思主義主體（the Marxist subject）的詮釋可能會被認定只是一個社會學主體。**意識形態**這個概念指的是構成社會關係、合法化有權力者利益的表意結構或「世界觀」。重要的是，對阿圖塞來說，在意識形態之中形成的主體並非如笛卡兒學派所謂的統一的主體，而是分裂的、碎片化的主體。

　　阿圖塞認為，階級雖然共享某種生存條件，但他們並非自動對階級形成一個核心、統一的共識，而是因為相互衝突的利益而切分；其形成階級與否，受到實際歷史發展的影響。雖然我和鄰居的工作條件相同，但可能因為我是男性、她是女性，我是黑人、他是白人，或我是自由主義者、而他是國族主義者，我們不會共享同質的工人階級身分／認同。此處強調的是，主體是經由符徵構成的差異而形成的，因此，我們是部分地由**我們不是什麼**構成的（what we are is in part constituted by what we are not）。在此脈絡下，霍爾的馬克思主義指出身分／認同的歷史特殊性，以及形成於意識形態之中的碎片化主體。

精神分析與主體性

　　霍爾將他的去中心（decentrings）的第二個因素歸諸於佛洛伊德，以及透過精神分析發現的無意識（unconsciousness）。對霍爾（Hall, 1996a）而言，精神分析的意義在燭照人的「內在」同一化和「外在」話語／論述的管制權力之間的連結。霍爾與許多女性主義者們一樣，用精神分析來連結「內在」與「外在」，強調話語／論述建構的主體位置被具體個人接受與否的過程。這個過程是透過幻想同一化（fantasy identification）與情感「投資」（emotional 'investments'）來達成（Henrique et al., 1984）。的確，這個論點對霍爾整個的「身分／認同」的概念化至為重要，他把身分／認同看作：

> 　　一個縫合點（point of suture），一方面是試圖「質問」，對著我們言說或召喚我們進入作為特定話語／論述的社會主體的位置；另一方面是生產主體性的過程，將我們建構為能夠被「言說」的主體。身分／認同是暫時的情愫，建構在我們的話語／論述實踐上。（Hall, 1996a: 5-6）

根據佛洛伊德，自我是從**本我**（ego），亦即有意識、理性的心智所建構出來的，**超我**（superego）是一種社會意識，而**無意識**（unconscious）則是心智符號活動的儲藏室，其運作邏輯與理性不相同（見第1章）。這種關於人的觀點打破了笛卡兒學派所謂統一的主體觀，我們所做、所思不只是理性整合的自我所產生的結果，也是出於有意識的心靈難以直接觸及的無意識的運作之結果。

在這個脈絡下，統一的自我敘事是我們進入語言和文化的象徵次序，並經歷一段時間而獲得的東西，亦即透過對社會話語／論述的同一化的過程，我們創造了一種身分／認同，體現了一種完整性的幻覺（an illusion of wholeness）。

對其支持者來說（Chodorow, 1978, 1989; Mitchell, 1974; J.Rose, 1997），精神分析的最大意義是否定主體和性意識有任何固定本質，強調主體性的建構和形構過程。精神分析也透過同一化的概念，點明身分／認同的精神與情緒面向。相反地，羅斯（Nikolas Rose, 1996）則主張，精神分析是一種用來瞭解人類的方式，本身具有歷史特殊性，不能用來探查人的歷史性。他論稱，「許多人覺得非加以診斷不可的『內在性』（the interiority）其實並非來自於心理系統，而應被理解為『一種不連續的表層，一種外在性的折疊』」（Rose, 1996: 142），亦即「內在」是由流通於「外在」的那些話語／論述所形成的。

很少人會懷疑情緒在主體性和身分／認同構成過程中的重要性（見第4章）。不過，精神分析本身仍有個重要的問題存在。精神分析的科學程序未有共識，而且大部分也不具經驗研究的可測試性和可重複性。因此，精神分析應被視為一種具有影響力的詩學、隱喻和神話學敘事；它的真實性存在於它本身的實踐和結果上。精神分析是一種具有歷史特殊性的理解人類的方式，無法作為一個普適理論的基礎；尤其是，它的證據基礎汲取自一小群十九世紀維也納的中產階級女性。確實，就精神分析依賴的是超越歷史和具普適性的語言與文化過程這一點而言，它與文化研究之間存在著某種扞格之處，因為後者強調的是主體性的文化建構過程。

建構論作為精神分析的另類方案　作為精神分析的另類方案，文化研究轉向鑲嵌於社會建構論（social constructionism）的心理學支派（例如：Gergen and Shotter），以及（／或是）所謂話語／論述心理學（discursive psychology），強調的是語言在自我形成過程中的重要性（例如：Billig、Potter、Edwards等人）。在這方面，波特和威斯瑞（Potter and Wetherell, 1987）試圖展示，諸如態度、情緒和內在心靈等基本心理學概念的探索，可透過檢視我們共享的語言；尤其是，他們認為在語言背後並沒有所謂情緒或態度之類的「東西」。

女性主義與差異

女性主義是一個多元的理論和政治領域，由很多相互競爭的觀點和行動方案所構

成。女性主義的主流觀點主張性別差異是一條根本，而且無法化約的社會組織軸心。女性主義的核心關懷是把性視為一種社會生活的組織原則，其中充斥著將女性順服於男性底下的權力關係。

在霍爾看來，女性主義對主體這個概念發揮了進一步去中心的影響力，透過「個人的就是政治的」（personal is political）這種口號和實踐，挑戰了「內在」和「外在」、公共和私人的區分。比方說，家庭暴力可能發生於私人場域，但是卻引起公共和社會關注。

女性主義提出這樣的質問：在性別化家庭（gendered families）的脈絡裡，我們如何被形成性別化主體（sexed subjects）。它探索性別的「內在」，如何被家庭的「外在」所形塑。因此，身為一個人的意義，不可能有所謂普遍、統一性存在，因為身分／認同至少存在著性別差異。

特別是，後結構主義與後現代主義的女性主義（Nicholson, 1990; Weedon, 1997）主張，性與性別是社會及文化建構的產物，不能簡單地用生物學解釋。這是一種反本質主義的立場，認為男性和女性在本質上並非一種普適、統一的分類，而是一種話語／論述的建構。因此，後結構主義的女性主義關心主體性本身的文化建構，以及男性特質和女性特質的可能範圍。後結構主義的特色在於強調語言的重要性，而語言也是霍爾所謂碎片化身分／認同（fractured identity）的論證核心。

語言與身分／認同

如第3章所論，語言不是一面反映獨立客體世界（「真實」）的鏡子，而是關於我們自己和世界的一種屬於「出借形式」的資源（a resource in 'lending form'）。在此，身分／認同不被理解為一種固定、永恆的事物，而是一種受管制的「言說」人們的方式。身分／認同是由話語／論述建構出來的這個想法，係基於一種語言觀，亦即再現並非在「描繪」世界，而是為我們建構世界。這是因為：

- 符徵（能指）產生意義的方式不是透過指涉一個固定的客體，而是透過與其他符徵（能指）的關係。根據符號學理論，意義是透過差異關係產生的。因此，「好」的意義來自於它與「壞」之間的關係。
- **符徵**（語言的聲音或記號）與**符旨**（符徵所代表的東西）之間的關係不是固定、永恆的。
- 我們是用語言在思考一個獨立的客體世界，不可能不用語言而直接地看待這個獨立的客體世界。同樣地，我們也不可能用上帝般的視角觀察語言與世界的關係。
- 每一個字詞都包含對於不同情境下，其他相關的字詞的呼應或軌跡。意義在本質上是不穩定的，永遠處於滑動狀態，因此，**延異**（亦即「差異與延宕」）是指：意義

的產生總是處於延宕狀態，而且會添加（或增補）其他字詞的意義。

這種語言觀對瞭解自我與身分／認同有重要影響。不能說語言直接**再現**了一個預先存在的「我」；相反地，語言與思考**建構**了「我」，透過表意過程而讓「我」得以存在。正如一個人沒有「我」的話，也不可能「擁有」身分／認同。更正確的說，一個人是透過語言、一連串的話語／論述而被建構出來的。語言不是在表達一個已經存在的「真實自我」（true self），而是讓自我得以存在。

笛卡兒的名言「我思，故我在」在此變得大有問題。「我思，故我在」暗示了思考是與先存的「我」分離，並且再現後者。然而，因為在語言之外沒有「我」，也沒有思考**等於是**存在這回事；「我」在語言中只是個發言位置。

語言透過一連串不穩定與關係性的差異（relational differences）來產生意義。不過，它也在話語／論述中被管制，並且定義、建構與產生它們的知識客體。因此，我們所能說的有關身分／認同的特質，例如：男性，是受到社會限制的。身分／認同是一種話語／論述建構，具有不穩定性，只是被社會實踐、常規和可預測的行為暫時地穩定下來。霍爾認為，這種觀點是受到傅柯著作的影響。

傅柯的主體觀

傅柯被認為是創造「現代主體的系譜學」（a genealogy of the modern subject）的第一人，追溯了主體在歷史過程中的來源與世系。此處，主體是激進歷史化的（radically historicized），亦即主體完全是、也只能是歷史的產物。對傅柯而言，主體性是話語／論述的產物。換句話說，話語／論述（就是受管制的言說／實踐）建立了言說者的**主體位置**，從而得以理解世界，但同時使言說者「受制」於某種話語／論述。主體位置是指透過某觀點或一組受管制的話語／論述意義，從而使話語／論述產生意義。一個人在言說發聲的同時，等於是採取一種既存的主體位置，並且受制於該話語／論述的管制權力。

傅柯將主體描述為權力的產物，因為權力將那些受制於它的人個體化（individualize those subject to it）。對傅柯來說，權力不只是負面的控制機制，也同時生產了自我。學校、工作組織、監獄、醫院和庇護所的規訓權力，以及不斷增殖中的性意識話語／論述（discourses of sexuality），都透過將個人帶入視野而產生了主體性。它們透過（比方說，醫學的）話語／論述來命名主體，並透過書寫將主體固定化。

對傅柯而言，系譜學的任務是揭露歷史在身體上深切銘刻的印記，以及歷史摧殘人的身體的過程（Foucault, 1984a: 63）。身體是規訓實踐的場所，從而產生了主體，這些實踐是具有歷史特殊性的犯罪、懲罰、醫學、科學和性別等話語／論述造成

的結果。因此，權力是具有產生性的；它生產了主體性。

傅柯聚焦於三種規訓話語／論述：

1. 「**科學**」，將主體建構成研究客體；
2. **自我的技術**（technologies of the self），個人藉此將自己轉化為主體；
3. 「**分化實踐**」（dividing practices），其將瘋癲與理智分開、將守法公民與罪犯分開、將朋友與敵人分開。

　　規訓技術（disciplinary technologies）發生在各種不同場域，包括學校、監獄、醫院和庇護所，而這產生了傅柯所稱的「柔順的身體」（docile bodies），可供「支配、使用、轉化和改良」（Foucault, 1977: 198）。

　　規訓牽涉的是個體藉由分化實踐、訓練和標準化，在空間裡將主體予以組織化的過程，而且同時帶來了知識、權力與控制。規訓藉著階層式分類及命名來產生主體，並且透過效率、生產力與「正常化」（normalization）（見第3章）的理性來操作。因此，我們被生產與分類成某一特別類型的人。分類系統（classificatory systems）是正常化過程及各種主體得以被生產的根本所在。比方說，學校要求我們在特定時間待在特定地點（教室和課表）監視我們的活動，並對（據稱是）我們的能力打分數（例如：考試）。

　　規訓權力與生物權力的話語／論述，可從歷史追溯。因此，我們可以把某一個特定的「自我政權」連結到某一個特定歷史文化，亦即不同類型的主體是特定歷史和社會體系的結果。傅柯抨擊所謂「內在性的偉大神話」（great myth of the interior），而把主體看成是特定歷史下的話語／論述產物，任何兩個主體位置之間並沒有所謂先驗的連續性存在。這是一種反本質主義的觀點，認為主體是碎片化而非統一的。

✎ **習作**

- 請翻閱任何一本「女性雜誌」。請問這本雜誌為女性建構了什麼樣的主體位置？
- 請翻閱任何一本你認為針對男性讀者發行的雜誌。請問這份雜誌為男性建構了什麼樣的主體位置？
- 請描述這樣的主體位置是如何被建構出來的。

接合的自我

對霍爾來說，馬克思主義、精神分析、女性主義、當代語言理論與傅柯的著作，都解構了本質主義論者所謂統一的能動者的觀念，亦即所謂主體擁有一種固定身分／認同，並且可以由人稱代名詞「我」代表。相反的，文化研究的身分／認同概念強調的是去中心化的主體（the decentred subject）：自我是由多重且可變的身分／認同構成的。

反本質主義與文化認同

霍爾（Hall, 1990）精闢地歸納本質主義和反本質主義的立場，有助於我們瞭解文化認同。在本質主義的版本裡，身分／認同被認為是一個集體的「統一的真實自我」的代名詞，被視為由共同歷史、祖先和象徵資源而形成。因此，「英國認同」乃是透過：

- 「英國國旗」（Union Jack）的象徵；
- 第二次世界大戰的記憶；
- 諸如英國足球聯賽、每年例行的國會開議儀式和夜間新聞等集體儀式。

這種觀點背後的假設是集體認同確實存在，是經由象徵再現而表達的「整體」。同樣地，黑人認同有其本質性存在，因為它基於共同經驗。

但若把「英國」和「黑人」放在一起看，本質主義假設馬上就成了問題，因為英國認同假定的是一種屬於白種盎格魯一薩克遜的認同，但英國有大量黑人（或亞洲人、猶太人、中國人、波蘭人等）存在的事實讓這種假設不可能成立。確實，它重新定義了什麼是「英國人」，因為英國人包含源自非洲、現居英國的黑人。然而，不只是英國認同有問題，黑人認同（black identity）也一樣有問題。我們可以說，有一種文化認同**連結**了非洲、美國、加勒比海和英國的黑人，但他們之間也有明顯**差異**存在，畢竟英國黑人和非洲黑人或美國黑人並不是完全相同的。

關於文化認同，霍爾所持的反本質主義立場是既強調其共同性，也強調其差異性。文化認同並不是一種固定的、自然存在狀態的反映，而是一個**變成**（becoming）的過程。

＃認同沒有一種所謂的本質可供發現；文化認同乃是根據共同性與差異性而持續形成的過程。

　　再者，文化認同形成時所繫的差異是多重的，而且不斷在增殖當中。差異包括階級、性別、性意識、年齡、族群性、國族性、政治立場（在很多議題上）、道德與宗教……，而且這些話語／論述位置本身都是不穩定的。美國性、英國性、黑人性、男性特質……的意義持續在變化當中。每一種意義都永遠處在尚未完成的狀態，因此認同是不斷變化意義的一個「截斷面」或一幀快照剪影；它是一個讓意義成為可能的策略性位置（a strategic positioning）。這種反本質主義並不是說我們不能談認同，而是強調認同作為一種「生產」的政治性。它也讓我們看到多重的、變化中的與碎片化的認同，可被以不同方式接合在一起。

年輕黑人甲

- 這張年輕黑人的照片建構了一種特殊的身分／認同，你如何描述它？
- 這張照片可能是用在什麼脈絡下？請寫三種或四種不同的照片說明文字，以彰顯不同的意義。
- 在何種程度上，這張照片呈現的是一種「刻板印象」？你能為它寫圖片說明文字，以突顯較不尋常的意義嗎？
- 請比較這張照片和第8章（p.331）的年輕黑人照片，其中有何異同？

©攝影：Ted Denson｜代理：Dreamstime.com

身分／認同的接合

　　拉克勞（Laclau, 1977）主張，話語／論述概念之間沒有必然的連結關係，這些連結是暫時形成的接合關係，受到權力和傳統的影響。**接合**（articulation）這個概念強調，社會生活的許多面向，例如：身分／認同，並非如我們所想的那麼統一和永恆，而是具有獨特性、歷史特殊性，是一種意義上的暫時穩定狀態或具有任意性的閉合狀態。

　　霍爾（Hall, 1996b）認為，接合是一種連結，**能夠**在某種狀況下將兩種不同元素結合在一起，身分／認同的「統一」其實是不同元素的接合，而這些元素在其他歷史和文化狀態下大可被以不同方式重新接合。因此，個人是話語／論述元素的獨特、具有歷史特殊性的接合，而這種接合不僅充滿偶然性，也受到社會因素的決定或管制。由於身分／認同、階級、性別、種族和年齡等的不同話語／論述之間並無**自動**連結的關係存在，它們能夠被以不同方式重新接合。因此，中產階級白人不必都共享相同的身分／認同，勞動階級黑人女性之間亦然。

主要思想家

歐內斯特・拉克勞（Ernesto Laclau, 1935-2014）

　　歐內斯特・拉克勞生於阿根廷，就讀布宜諾斯艾利斯大學和英國的艾克薩斯大學，他也在艾克薩斯大學任教，擔任政治哲學教授。他強調激進偶然性（radical contingency）的反基礎論哲學（anti-foundationalist philosophy），意在解消概念，並弱化現代性的方案。特別是，他主張在話語概念之間並無必然連結，而且這些連結的形成是暫時的接合（temporary articulations），受到霸權實踐（hegemonic practice）影響所致。他與莫芙（Chantal Mouffe）合作發展出一種後馬克思主義（post-Marxism），在文化研究領域極具影響力。

建議閱讀：Laclau, E., Mouffe, C. (1985). *Hegemony and Socialist Strategy: Toward a Radical Democratic Politics*. London: Verso.

　　霍爾以克萊倫斯・湯瑪斯（Clarence Thomas）（非洲裔美國人，是持保守派政治觀點的最高法院大法官）為例闡述他的觀點。湯瑪斯大法官被安妮塔・希爾（Anita Hill）控訴性騷擾，她是一名黑人女性，湯瑪斯的前同事。正如霍爾指出：

　　　　一些黑人因為種族理由支持湯瑪斯，其他人則因為性別理由反對他。黑人女性為此分裂，取決於她們更重視的身分／認同是黑人或是女性；黑人男性也為此意見紛歧，取決於他們的性別主義是否凌駕於自由主義之上；白

人男性也爲此分裂，取決於不只是他們的政治，也取決於他們對種族主義和性別主義的立場；持保守立場的白人女性支持湯瑪斯，不只是因爲政治立場，也因爲她們反對女性主義；白人女性主義者，通常在種族議題上持自由主義立場，反對湯瑪斯是基於性別理由。而且因爲在事發之際，湯瑪斯是法界菁英，而安妮塔‧希爾只是資淺雇員，所以也有社會階級位置的議題在這場爭論中發生作用。（Hall, 1992b: 279-280）

霍爾藉此主張各種身分／認同之間，是彼此矛盾、交織與影響的。他認爲，沒有單一的身分／認同是一種支配一切的，而是會根據主體如何被言說或再現而發生轉變。我們是由碎片化、多重的身分／認同所構成的，這對霍爾（Hall, 1996a）來說同時是身分／認同的「不可能性」（impossibility）與「政治意義」（political significance）。確實，身分／認同的可塑性意味著政治意義，因為身分／認同的轉變與變化的特性標誌著我們思考自身與他人的方式。關於身分／認同和主體性的爭論，關乎我們如何形成人類主體，亦即我們會變成怎麼樣的人。

互動的場域

紀登思（Giddens, 1991）主張，自我的多重敘事（the multiple narratives of the self）不只是語言意義改變所致，也會受到社會關係和互動情境與場域增殖及多樣化的影響（雖然是在話語／論述之中，且透過話語／論述所建構，見第12章）。

比方說，和十八世紀的農民相比，現代人的關係更複雜，人與人互動的空間和地方（place）也更多，包括工作、家庭和朋友的空間和關係，以及電視、社群媒體和旅行等全球資源。互動情境和場域的增殖與多樣化，防止我們輕易接受某種給定的、固定的身分／認同。因此，同一個人能夠根據情況變化而轉換不同的主體位置。

\# 在特定時空下的話語／論述、身分／認同和社會實踐，形成一種相互構成的組合，並且會對身分／認同的文化政治和人類生活產生影響。

✏️ 習作

• 請列出所有用來描述人的二元對立詞組，例如：黑人與白人。
• 請問是否有任何一方在文化上占據優越地位？

後人文主義

後人文主義（posthumanism）挑戰著所謂基本人類自我或身分／認同的觀念，它涵蓋許多主題包括主體哲學、生物權力、基因工程學（見第5章）、技術科學和動物的地位。廣義來說，後人文主義哲學不再把完整的人當作最重要的分析和理解層次。在文化研究的語境下，後人文主義與結構主義、後結構主義及精神分析有關。因此，傅柯主張話語／論述建構了我們不得不承接的主體位置；主體是話語／論述的「效應」（effects），而非統一的個人能動者所做的表達。德希達（Derrida）對西方哲學裡的「理體中心主義」（logocentrism，或譯「邏各斯中心主義」）與「言語中心主義」（phonocentrism）之批評，也屬於一種後人文主義，因為他否認人類個體是穩定的意義的來源。最後，精神分析也屬於後人文主義，因為它對自我的理解拆解成本我、超我和無意識，否認有統一的人文主義主體存在，因此部分源自於無意識層次的行動，通常不會出現在有意識的心靈層次。

哲學家德勒茲（Gilles Deleuze）向前推進了一種後人文主義的主體觀，或是成為「一個人」是什麼意思。他認為，存在是一個流動狀態，其中沒有先驗的層次，也沒有內在的分離。一個客體（包括人類在內）並非以一種先驗的本質存在，它的存在是透過諸多狀況的巧合，或是「多種力量之間的關係」（relations of forces）所致。因此，主體性是各種圍繞它的力量聯合作用的結果。此處的關鍵概念是，人類本身力量不足以自持，必須依賴其他的力量。正如科學哲學家安德魯・皮克林（Andrew Pickering）所言，「每件事都變得和其他任何事有關係，沒有任何事是固定的」（轉引自Ihde and Selinger, 2003: 96）。所有的實體，包括人在內，都應被理解為多種力量的「組合體」（assemblages），並且處在不斷變動的狀態。

我們可以用實踐的與文化的概念來理解，如果我們想要問的問題是：我的想法從何而來？在當代的全球化世界裡，我們從父母、學校、電視、網際網路等管道獲得一些想法。我們置身於一個話語／論述流動（a flow of discourses）當中，但在實踐上我們是如何獲得這些想法的呢？同樣地，我們的身體是一個由基因組成的化學反應鏈的集合體，再加上陽光、食物和飲水……的產物。那麼，在何種意涵上，我們的身體算得上是獨一無二，而且只屬我們自己的呢？

與後人文主義相關的概念，越來越常以具體的形式表達，而這也是文化研究對它特別感興趣的原因。比方說，唐娜・哈洛威（Donna Haraway）在她的〈人機合體宣言〉（Manifesto for Cyborgs）（1985）一文中論稱，促進人類身體的技術（科技）（從心律調節器到基因工程皆然）正在模糊了人類身體和機器的界線（見第9章）。她也解構了自然和文化之間的界線，改用「自然文化」（natureculture）這個概念，認為人與動物的區分是政治性的。比方說，她認為人類並非將野狼馴化為家犬的主要

行動者，因為野狼本身也是行動者（轉引自Ihde and Selinger, 2003）。我們也在第5章討論過，基因工程已拋出「人是什麼」這樣的問題，以及如果我們介入身體建構過程，我們還能否維持人類的身分／認同。

人是什麼？其定義通常與人不是什麼息息相關，例如：人被看成和其他動物有別；此處，人與猿或狗之間有清楚的區分。其中有個區分的重要元素是語言的使用。比方說，本書專門介紹過的哲學家維根斯坦和李歐塔認為，使用語言的能力讓人明顯有異於其他動物。然而，〔芬蘭的動物哲學家〕艾麗莎‧阿朵拉（Elisa Aaltola）（2005）論稱，動物倫理學已經挑戰了這種觀點。她的核心論點是動物也經驗到意識的能力，而這一點比其他特定能力更重要，是我們應將人的概念適用於動物的基礎所在，並且有相應的道德權利。他論稱，動物的意識意味著牠們具有內在的倫理價值：

> ……所有能經驗的動物都是人。從動物個體價值、動物權概念的觀點，以及動物備用於不同目的的方式（食物、研究等），這傳達了清晰的意涵。動物的人格屬性（personhood）暗示了**個體價值**：(1)是基於動物的內在特質；(2)在對待動物整體時加諸直接義務，以及(3)動物本身將經驗到前述這些影響／義務。（Aaltola, 2005）

因此，以各種不同的方式，「人類」的身分／認同正在接受重新審視。

你會如何回答這些問題。什麼是人格屬性？你認為動物也有「人格屬性」嗎？將動物當人看待，將會有什麼意涵？

▶ 能動性與身分／認同的政治

能動性的問題

在文化研究中，雖然公認身分／認同是話語／論述建構的產物，但其中仍有值得思索的問題存在。尤其是，如果主體和身分／認同是話語／論述的產物，如果它們「全然」是文化和社會的產物，我們如何還能想像人類行動並造成改變？由於在這些主張中，主體比較像是「產品」而非「生產者」，那麼我們將如何解釋變革的文化政治所需要的人類能動性（human agency）？

傅柯與能動性的問題

對傅柯而言，主體是話語／論述建構與權力產物。話語／論述管制著人們在特

定社會和文化情境下能說些什麼。特別是，規訓現代性（disciplinary modernity）的「真理政權」（亦即：什麼是當成真理看待）包括**權力／知識**（power/knowledge）的關係。這是說，知識是一種權力的形式，影響主體性的產生。因此，傅柯提供我們有用的概念工具，幫助我們瞭解主體性／認同與社會秩序的關係。

　　然而，他並沒有告訴我們，特定話語／論述為何與如何被某些而非其他主體所「接受」，他也沒有解釋透過規訓話語／論述實踐產生出來的某個主體如何能夠反抗權力（Hall, 1996a）。因此，他並未提供一種能動性的理論（a theory of agency）。在此脈絡下，傅柯將主體描述為「柔順的身體」，是話語／論述造成的「效果」，引起女性主義者和投入身分／認同政治的人的不滿，因為傅柯似乎剝奪了政治行動所需要的主體能動性。

　　不過，傅柯後期著作著重「自我的技術」（techniques of the self），確實重新導入能動性的概念，而且重新導入了反抗和變革的可能性。此處，傅柯探討主體如何「被導向於注意他們自身，辨認、承認和認可他們本身是慾望的主體（subjects of desire）」（Foucault, 1987: 5）；亦即，自我如何認識自身作為一個主體，涉及自我構成、承認與反身性等實踐。這種對自我生產（self-production）作為一種話語／論述實踐的關切，集中在倫理學作為一種「自我關照」（'care of the self'）形式的問題[1]。

　　根據傅柯的觀點，倫理學和實用的忠告有關，亦即關於日常生活中人應該如何關照自身。例如：什麼是「好」人、自律的人、有創造力的人……。倫理學觀乎「對他人的治理，以及對自己的治理」；因此，獨立於特定人之外的倫理學話語／論述，是我們構成我們自己、讓我們自己得以存在的方式（Foucault, 1979, 1984b, 1986）。倫

---

[1]　譯註：傅柯晚期著作《性經驗史》（*The History of Sexuality*）原計畫撰寫六卷，但在寫完其中第三卷《關注自我》後辭世（1984，英譯本出版於1986年），呈現了傅柯晚年的思想進程。《性經驗史》一書的中文譯者佘碧平在譯序裡，對傅柯的思想轉折有精闢的討論：「如果說在60年代福柯〔譯按：本地多譯作傅柯〕專攻知識考古學，在70年代他又轉向權力譜系學，那麼從80年代起，他則關注『自我的倫理學』。以往他力圖揭示主體是如何在主流話語實踐中被構成和塑造的，以及其中的權力機制，可以說他更多地注重反思和批判社會規範的控制系統。到了80年代，他把注意力轉向闡述『自我的倫理學』，即個體是如何透過一套倫理學和自我塑造的技術來創造他們的同一性。對於福柯來說，僅僅揭示個體被他者（如社會規範）透過話語〔譯按：即論述〕實踐構成為主體是不夠的，還要關注個體的自我創造的自由和自律」（見佘碧平譯，《性經驗史》，上海：上海人民出版社，頁14）。

理學話語／論述建構主體位置，讓能動性得以發生。更廣泛地說，管制的話語／論述建構了能動性的主體位置，亦即能動性也是一種話語／論述建構，只是它彰顯的是權力的生產性。比方說，正念認知（mindfulness）和自助在當代文化裡被主體用來形塑自我，以一些可欲的和涉及特殊的自我反身訓練的方式，例如：冥想或特殊療法。

個案研究：自我提升與被過度強調的自我（belabored self）

美國蓬勃發展中的自我發展產業（self-development industry）提供了一個有趣觀點，讓我們可以重新檢視主體性、能動性和資本主義的交互作用。形形色色的自助書籍（slef-help books）已存在數千年，反映的是變動中的社會狀況。例如：蘭姆—夏皮羅（Jessica Lamb-Shapiro）發現，在第二次世界大戰期間，自助書籍包括《戰鬥人心理學》（*Psychology for the Fighting Man*）、《日軍如何作戰》（*How the Jap Army Fights*）、《軍人妻子與母親手冊》（*Handbook for Army Wives & Mothers*）：

> 像《規則與祕密》（*The Rules and the Secret*）這樣的書……同樣是我們文化的反映……身為美國人，自助書籍反映了我們的核心信念：自力更生、社會流動、無盡的克服困難的能耐、合理與平等地追求成功，以及這麼一個奇特的說法：每一個人都想，也都值得擁有一大筆錢。（2014: 205-206）

包括書籍、研討會、音頻和視頻產品，以及個人教練，自助產業的年產值高達24.8億美元。麥吉（Micki McGee, 2005）把這種蓬勃發展的現象歸諸於工資停滯、就業條件不穩定等因素。為了要在勞動市場保持競爭力，個人必須工作更長時間與更努力，也必須不斷進修：「沒有原先那張社會安全網之後，美國人現在眼前擺滿了一排排的自助書籍，以便自我激勵，奮力在深不可測的經濟和社會汪洋中載浮載沉」（2005: 12）。麥吉論稱，浸淫在改造思想下的伏擊心態（ambush mentality）和批判凝視（critical gaze），會導致勞工進入一種被奴役狀態，自我非但沒有真的提升，但卻是「被無止無休地批評」。

為何自助產業沒用

在自助產業的核心，存在著多種矛盾。首先，正如卡林（George Carlin）曾指出的，買一本由他人寫的書，不是自助而是他助（轉引自McGee, 2005: 11）。其次，為了成為成功的資本主義企業，自助產業必然辜負消費者（讓他們確信自己不足以自助，而是需要自助產品），而且讓他們得到滿足（或至少讓他們相信這類產品的價值，從而一試成主顧）。就像節食產業（diet industry）內建的問

題一樣，過分強調個人能動性，並且將這類產品無效的責任推諉到消費者自己身上。

- 你曾買過某種自助產品嗎？你想要改變什麼？有效嗎？
- 在何種程度上，你認為改變自己和自己的生活狀況是可能的嗎？這和身分／認同方案的概念如何發生關聯？
- 在何種程度上，你認為麥吉的上述解釋可被理解為一種「經濟化約論」？

紀登思和結構化理論

　　紀登思一直將主體理解為擁有主動性和知識的人，並且批評傅柯將能動者從歷史敘事中抹除。援引葛芬科（Harold Garfinkel, 1967）的理論，紀登思主張社會秩序是有技能與知識的行動者（或社會成員）透過日常活動和說法（透過語言）所建構的。

　　行動者汲取的資源，以及這些資源構成的方式，在性質上是社會的。的確，社會結構（或社會活動的常規類型）在分配資源與能力給不同行動者時並非均等的。這是說，獨立於任何特定個體之外的社會體系的常規或結構屬性，影響著行動者本身。比方說，社會體系對男性或女性的期望模式不同，而這些與性別有關的實踐活動將男性和女性建構成不同的主體。性別化的主體性（gendered subjectivity）驅使我們以某種性別化的方式行動，像是作為一個父親或母親。

　　結構化理論（structuration theory）（Giddens, 1984）聚焦人們透過行動，而生產和再製社會結構的方式[2]。常規化的人類活動並非因個別行動者而存在，而是不斷地被他們透過表達自己作為行動者的種種手段重新創造，亦即人們是經由行動而再製了使行動成為可能的條件。身為一個男性或女性，意味著社會體系常規對他或她的性別期望和實踐有別，於是我們學會怎著做一個父親或母親，並且根據這些規則行事，從而再度複製了這些規則。

　　在此一脈絡底下，紀登思（Giddens, 1984）討論威利斯（Paul Willis, 1977）的著作——《學做工：勞工子弟何以接繼父業？》（*Learning to Labour*）。該書認為年輕小伙子們是主動、有想法的行動者，他們根據自己的階級期望，拒絕接受學校教育。然而，正是透過這種反抗的活動本身，他們不知不覺地生產及再製了他們在勞動過程裡臣屬的階級位置（subordinate class position）。年輕小伙子們之所以拒絕學校教育，是因為他們不覺得學校教育和他們的未來生活相關，因為他們只想從事工人階

---

[2]　譯註：紀登思的「結構化理論」（structuration theory）解決了社會結構與個人能動性之間的二元對立，為社會學研究開創一條嶄新的思路。

級的工作（他們對此評價較高）；這又導致他們在學業表現上的「失敗」，而於後來在擇業上受到限制。紀登思試圖以此例向我們展示：人既是積極主動、有想法的行動者，**也同時**被階級、性別和族群等社會結構所形塑，並且複製了這些社會結構。

結構的雙元性

紀登思的結構化理論的核心概念是「結構雙元性」（duality of structure），意指結構不只有限制作用，也同時有促進作用。此處，個別行動者受制於他們直接控制範圍之外的社會力量；不過，社會結構也賦予個人行動所需的力量。

#身分／認同被理解為一個同時是能動性（個人建構某個行動方案）與社會決定（我們的行動方案係出於社會建構，我們的社會身分／認同則是被賦予的）的問題。

舉例來說，在特定社會裡，身為母親意味的是不得從事有薪資的工作。在這個意義上，我們受到限制。然而，母職的結構也讓我們得以像一個「母親」那樣行動：和小孩親近、和其他母親建立社交關係等。就和語言一樣，我們都受到早已存在的語言的建構和限制，但是語言也是自我意識和創造力的工具和媒介。這是說，我們只能說可以用語言表達的話，但若沒有語言我們也什麼都說不了。

雖然紀登思強調能動性，而傅柯強調規訓和決定性，但他們兩位都同樣認為，我們可以將主體理解成擁有能動性的，但能動性本身是被話語／論述及（／或）結構決定的。為了理解這種可能性，我們必須進一步定義能動性的概念。

能動性的概念

能動性的概念與以下概念息息相關：

• 自由；
• 自由意志；
• 行動；
• 創造力；
• 原創性；
• 自由能動者以行動改變社會的可能性。

然而，我們必須區分兩種能動性的概念，一種是認為自由能動性是自我建構的（亦即能動性本身可以無中生有）那種形上學的或「神祕的」概念，另一種是將能動

性視為**社會生產的**（socially produced）。此處，文化生成的能動性由差別地分配的社會資源所促成，導致在特定空間的不同程度之行動能力。比方說，我們的身分／認同與教學和寫作有關，而這並非任何前語文階段的「我們」能夠選擇的。相反的，這是因為家庭和教育背景的話語／論述和價值所產生的結果，讓我們以行動者的姿態實現這些主動性。因此，所謂能動者的自由行動「不受決定」，與能動性是社會建構的行動能力，兩者存在著差別。

　　能動者是自由、不受決定的論點，因為以下兩個原因而站不住腳：

1. 不受決定或獨立自存的人類行動如何形成？無中生有而自發形成──一種形上學和神祕形式的原創（original creation）。
2. 不只是傅柯和紀登思的作品，還有許多歷史和社會學著作指出，主體是被外在的社會力量所決定、作用和產生的。我們都受到「歷史烙印」（impress of history）的影響（Rorty, 1989）。

能動性是創造差異

　　能動性包含創造實用差異的行動。此處，能動性指的是選擇採取X而非Y的行動過程。因為能動性是社會地和差異地生產的，某些行動者比其他人有更多的行動領域：某些人可能受過較高教育，某些人可能擁有較多財富，因此他們的行動選擇比其他人來得多。能動性概念寓意的是「有可能以不同方式行動」（could have acted differently），而非所謂「不受外力影響的自由」（free as undetermined），因為行動路徑本身是由社會建構的。

選擇與決定

　　在行動過程中，實行X而非Y並不代表我們真的選擇了X，我們只是就這麼行動了。雖然如此，選擇和決定的問題仍是能動性最受爭議之處。以下有一些相關概念可供考量：

- 小說家昆德拉（Milan Kundera）指出，「我們永遠不知道我們想要什麼，因為我們只擁有一種生活，所以我們無從比較之前的和未來的生活，哪一種比較好」（Kundera, 1984: 8）。我們面對一連串充滿偶然性的選擇，但我們無法比較它們。
- 當我們比較過去行動的結果時，我們是在做關於什麼是最好的行動過程的**價值判斷**。這些價值本身是先前由社會建構在我們身上的。我們做選擇的基礎，受到我們被構建成主體的方式所決定或影響。

- 佛洛伊德著作帶給我們的影響是，我們行動和選擇的方式，是被那些我們無法意識的精神及情感敘事所決定的。行動在某種程度上受到施為者意識之外的因素所決定。
- 通常，我們完全不是自覺地做選擇，而是根據社會決定的常規路徑做選擇。
- 在某個意義上，我們從未擁有關於我們行動狀況的「客觀」知識，因為我們無法走出自己的環境，從而比較原始的自我與這些狀況。無論我們關於自身和其存在狀況必須說的是什麼，往往是根據社會建構的自我。我們能做的是，最多是生產另一個關於我們自身的故事。

＃本節已說明，能動性是被決定的結果，亦即它是一種受到社會建構的行動能力，沒有人能夠擁有完全不受決定的自由（否則這人可能根本就無法「存在」）。

　　雖然如此，能動性是一種具有文化智慧的方式瞭解我們自己。我們擁有面對與做出選擇的存在經驗。即使這些選擇和行動是（超乎個別主體之外的）社會力量（尤其是語言）所決定的。社會結構的存在（以及語言）是促成行動的條件。因此，人類自由或人類行動皆無法逃脫社會決定因素的影響。

話語／論述模式
　　將自由和決定視為不同的**話語／論述形式**（modes of discourse）或**言說方式**（ways of speaking）是恰當的，因為以下幾種原因：

- 我們無法避開語言而取得神一般的制高點，來觀察一個獨立的真實。因此，在絕對形而上的意涵上，問人們是否「真的」自由或「真的」被決定是沒有意義的。更正確的說，自由的話語／論述和決定的話語／論述是關於人類的不同的、社會產生的敘事，各自的目的有別，並且被以不同方式應用。
- 我們是懷抱著自由的概念在行動，而決定的話語／論述「自始至終」都與這種真實存在的經驗無關。換句話說，它在我們的日常實踐之中並未扮演任何角色。
- 自由與決定的話語／論述都是社會產生的，為了不同目的，用在不同領域。因此，我們大可談論免於政治壓迫與經濟匱乏的自由，不須說施為者一定得擁有完全不受限制的自由。這樣的話語／論述方式，比較不同的社會形構與決定，從而根據我們社會決定的價值來判斷何者較佳。

原創性
　　主張主體性和身分／認同是偶然的和被決定的，並不意味我們不是原創的

（original）。身分／認同是社會和文化的產物，我們可以經由自身的社會資源來瞭解我們的個體性（individuality）。這是說，雖然我們都受到「歷史烙印」的影響，但我們採取的特殊形式、話語／論述元素的特殊安排，在每個人身上都有其獨特性。我們擁有獨一無二的家庭關係、朋友關係、工作關係，以及近用話語／論述資源的方式。再者，我們可以將心靈運作的無意識過程視為創造力的獨特資源，因為每個人都是「偶然性的組織」（tissue of contingencies）（Rorty, 1991b）。例如：夢可以視為是某個人獨特、原創的聯想，因為沒有兩個人有一樣的夢境。自我是原創的，就像萬花筒中的千變萬化，或像是片片皆有所不同的雪花（雖然其內容物和白雪是一樣的）。

創新與改變

自我被決定或事出有因的偶然性，不會讓**創新行動**（innovative acts）的問題變得更有問題，因為它們可以被瞭解為社會結構、話語／論述與精神狀態的獨特組合之實際結果。創新並非一個行為本身具有的性質，而是出於我們事後對其形式與結果的判斷，這種判斷係基於比較它與特定歷史及文化局勢下的其他行為。

創新也可以是形成於文化生活某個領域的話語／論述，被轉移到另一領域的結果。比方說，在藝術實踐或餘暇互動的領域中形成的個體性與創造力的話語／論述，若放在紀律導向的工作組織、學校或家庭（奉家長權威和控制為圭臬）的脈絡下，可能帶來創新或騷亂的後果。

創新和改變是可能的，因為我們是獨特與互動的話語／論述個體，也因為構成社會的各種話語／論述本身有其矛盾之處。在近代西方社會的文化脈絡底下，我們會「重新接合」、重新創造自我，並且以獨特的形式重新形成自我。這並不是說我們不是被決定的，但我們可以藉由創造新語言而讓本身顯得獨特。我們生產新的隱喻來描述我們自己，並且擴展另類描述的資源（Rorty, 1991a）。這不只可以應用在個體的範圍，也可以應用在社會形構裡。透過重新思考「社會」元素的接合，重新描述社會秩序和未來的可能性，社會變革變得有可能發生。

正如維根斯坦（Wittgenstein, 1953）所主張的，所謂私有語言（private language）並無存在，重新思考我們自己是一種社會和政治活動。透過重新思考、重新描述，社會變革得以發生，而且牽涉其中的物質實踐也將發生變革。因為社會實踐和社會矛盾而重新思考我們自己，將會帶來了新的政治主體和實踐。比方說，霍爾（Hall, 1996a）認為，牙買加的羅斯塔發里派教徒（Rastafarians）是因為學習說新語言而形成新的政治主體，這是一種從聖經改編而來的語言，為了滿足它們自己的目的而重新改造。

能動性、原創性和創新的概念很重要，因為它們都是身分／認同政治（identity

politics）和社會變遷的基礎。這是說，身分／認同政治依靠人類有目的與創造力的行動。然而，我們必須問，以反本質主義的觀點來看，身分／認同政治意指什麼？如果沒有身分／認同，身分／認同政治如何形成？

反本質主義、女性主義與認同政治

女性主義政治（the politics of feminism）（見第9章與第14章）提供了一個認同政治的好例子，它是奠基於「女性」這個被認為具有共享利益的類別。有些女性主義者的作品預設了一種建立在共享生物學特徵的共同利益。然而，這樣的生物學本質主義（biological essentialism）不無問題。

作為話語／論述存在的生物學

很難把女人看成是以生物學為基礎所建立起的一個共同利益政治，因為生物學上的女性在階級、族群、世代和國族等社會與文化建構上是分化的。

比方說，有人批評西方女性主義大體上屬於西方的中產階級運動，無法接合黑人女性或發展中國家女性的利益。再者，我們無法找到存在於文化話語／論述之外的生物學真理（biological truth）。因為生物學不存在於話語／論述之外，所以女性政治也不可能奠基在一種共享的本質或「真實」的生物學之上。

這不意味著「一切都是話語／論述」，也不意味著身體不存在。用維根斯坦的觀點看，身體的物質性是無庸置疑的事實。正如巴特勒（Butler, 1993）指出，話語／論述與身體的物質性是不可分解的。話語／論述不只是我們瞭解身體是什麼的工具，話語／論述也以特殊方式將身體帶入人們的視野：

> 換句話說，「性」是一種理想的建構，經由時間而被強制地物質化。這不只是身體的一種簡單事實或靜態狀況，而是一個過程，其中的管制規範將身體物質化，並且透過具有強制性的重述這些規範而達成這種物質化。（Butler, 1993: 1-2）。

性的話語／論述利用不斷重複其所指引的行為，將性帶入人們的視野，使其成為一種必要規範。性是建構出來的，也是不可或缺的，形塑我們成為主體，並且治理著身體的物質化過程。

主要思想家

茱迪絲・巴特勒（Judith Butler, 1960-）

　　茱迪絲・巴特勒是生於美國的哲學家和女性主義思想家，是性／別、主體性與身分／認同研究最知名的學者之一。巴特勒主張，「性」是一種規範性的「管制理想」（'regulatory ideal'），產製它透過霸權話語／論述（異性戀的指令）的引用和重述所治理的身體，產生一種永遠具有衍生性（always derivative）的展演性（performativity）。巴特勒的方案包括解構強制的性別矩陣，並將扮裝作為一種嘲諷形式，期能鬆動性別規範。雖然如此，對巴特勒而言，所有的身分／認同類別都是必要的虛構物，必須予以質問。

建議閱讀：Butler, J. (1993). *Bodies That Matter*. London and New York: Routledge.

性與性別

　　大部分女性主義著作都試圖避免生物決定論（見第4章），並且依賴一個性（sex）與性別（gender）的概念區分。此處，前者（性）意指身體的生物性，後者是指統理男性、女性及其社會關係的社會建構的一套文化假設和實踐。因此，女性的不平等狀態被認為源自於性別的社會、文化與政治話語／論述和實踐。

　　這是尼科爾森（Linda Nicholson, 1995）所說的自我身分／認同的「掛衣架」（the 'coat-rack' view of self-identiy），意指身體是一個掛衣架，而文化意義是另外被掛上去的。她認為「這種立場的關鍵優點在於，可以使女性主義者同時思考女性之間的共同性與差異性」（Nicholson, 1995: 41）。再者，因為社會性別是文化建構的，所以是可以改變的。

　　然而，巴特勒認為性與身體都是話語／論述建構出來的，打破了生物性別與社會性別的差異（the sex-gender difference），因為兩者都是社會所建構的。

　　　　在這種另類觀點看來，身體並沒有從女性主義理論中消失，而是成為一個變數而非常數，不再將其主張奠基在歷史上普遍認定的男性／女性差異，而是作為一個重要的潛在元素，影響著**男性／女性差異如何在任何特定社會中運作**。（Nicholson, 1995: 43-44，黑體字的部分是我們所強調的）

　　當然，多數社會持續以男／女差異的二元邏輯發展，並且涉及種種對女性有害的文化期待。然而，存在於女性之間的文化差異——不只是由於階級、種族的不同，還包括身為女性意味著什麼——意味著不存在一種普遍、跨文化的「女性」這個分類，

被所有女性共享。接受性是一種文化建構的觀念，會帶來男／女差異的模糊化，並且允許模稜兩可和雙重的性意識存在。簡單的說，不管是生物本質或文化本質主義，都無法將女性主義政治建立在一種普遍適用所有女性的身分／認同上。

普適的女性主義，可能嗎？

　　卡普蘭（Kaplan, 1997）在討論非洲裔美國導演沃克（Alice Walker）與肯亞出生的英國亞裔導演帕瑪（Pratibha Parmar）的影片《戰士標記》（*Warrior Marks*）時，提出前述這些問題。這部影片批判非洲部落閹割少女陰蒂（以減少其性愛快感）的習俗，意在以戲劇化方式呈現恐懼與痛苦，並且教育婦女閹割陰蒂的危險性。影片藉此主張陰蒂閹割是酷刑和虐待，因為這麼做違反女性人權（於1995年北京婦女會議中被確認）。

　　然而，該部電影中的成年非洲女性堅決捍衛陰蒂閹割禮，視之為傳統與神聖儀式不可或缺的一部分。雖然卡普蘭同情反陰蒂閹割禮的話語／論述，但也對該片提出批評，認為這部電影：

- 以犧牲非洲女性為代價來闡述其論點；
- 再次以帝國主義的傳統來教導非洲人「更好」的生存之道；
- 依賴既有對非洲人的刻板印象，以奇怪、野蠻視之；
- 假定有一種全球適用的女性權利存在，因此是本質主義論者。

　　既然在西方女性主義者與電影中的非洲女性之間有個無法彌補的隔閡存在，那如何可能有一個普遍、全球化的女性主義存在？事實似乎是不可能有個都被認同的法則或者可能的結合，以針對什麼構成了正義或女性權利、利益這部分達成共識。就其意義來看，普遍的女性權利是不可能的，或者就算被主張也是另一種版本的、可用於所有時空中的西方分類法的帝國主義再現。

　　既然所有知識都有其發言位置且受制於文化，文化與政治話語／論述可以說是不可共量的（incommensurable）。這是因為不可能有傳譯的後設語言（metalanguage of translation）。女性主義不能跨越文化差異，必須對其受限於特定時空這點抱持著知足的心態。不過，我們可以承認他人是語言使用者。如果我們視語言（如文化或知識）不是由不可轉換、不可比較的法則所構成，而是後天學習的技巧，那不可共量的語言就只能是無法學習的語言了。如戴維森（Davidson, 1984）所言，毫無道理說另一種語言是無法學習（或無法翻譯）的，因為我們必須先學習另一語言到某個程度，才會承認他們是某一種語言的使用者。

　　因此，我們必須鼓勵**對話**與追求務實共識的努力。沒有預先存在的理由保證

這會成功——或許共識永遠無法達成——但也沒有理由堅持這一定會失敗（Rorty, 1991a）。既然全球各地的女性都承受著貧窮、不平等與暴力，就一個實用的議題範圍內，也很難讓人相信無法達成任何共識。

在伊朗爭取女權的示威活動

- 這張照片呈現一場在伊朗爭取女權的示威活動，什麼樣的象徵是這張照片試圖傳達的？
- 許多女性主義者將面紗和長袍視為一種壓迫的符號，但某些伊斯蘭女性則認為可保護婦女。什麼樣的論點可以用來支持這兩種觀點？
- 抗議標語是用英文寫的。為什麼會這樣？這傳達了什麼意涵？
- 列出一張所有特徵的清單，你認為：
  - ■所有女性共同擁有的特徵；
  - ■讓女性彼此有別的特徵。

比較你和別人列的清單，你同意別人列的那份清單嗎？

- 哪些實際的政治議題，你認為會被這些人同意：
  - ■西方女性；
  - ■西方女性與非洲女性？

比較你和別人列的清單，你同意別人列的那份清單嗎？

©攝影：Ariadna De Raadt｜代理：Dreamstime.com

女性主義的方案

以上論點不意味女性主義方案不再有效，也不表示性別不平等不嚴重（見本書第9章）。更正確地說，這是主張「用主張女性置身於獨特脈絡的宣稱，取代那些認為女性就是這樣、或甚至說女性處於父權體制社會的宣稱」（Nicholson, 1995: 59）。

尼科爾森論稱，我們不應把「女性」當成單數的名詞，而應當成語言遊戲中的一部分，同時具有重疊與差異的意義。因此，女性主義被認為是一種結盟政治（coalition politics），一群相信她們在特定脈絡下擁有共同利益的女性之間形成的結盟關係。「女性」的意義在女性主義政治裡是被形塑的，而非給定的；身分／認同政治必須**被創造**，而不是被發現的。

同樣地，羅逖認為女性主義意味著女性被重新描述為主體。羅逖的關鍵論點在於：

> 不公義的事情可能不會被認為是不公義的，即使對承受這些不義的人也是如此，直到某人發明了一個前所未有可供扮演的角色。只有當某人擁有一個夢、一種聲音，以及用來描述這個夢的聲音，原先看似自然的東西才開始看似文化，原先看似命運的東西才會開始變成道德上令人憎惡的事情。因為直到那一刻來臨前，只有壓迫者的語言可用，而大多數的壓迫者早知道要教導被壓迫者這種語言，這導致甚至對被壓迫者自己而言，若是將自己描述成被壓迫者，自己都會覺得匪夷所思。（Rorty, 1995: 126）

此處的論點是女性主義的語言，將壓迫帶入人們的視野。這麼做的同時，它為道德和政治審議擴展了邏輯上的空間。女性主義不需要本質主義，它需要的是一種「新語言」（new language），其中關於女性的宣稱不會聽來很瘋狂，而是可被接受為「真理」（從社會讚許的角度看）。女性主義所包含的被扭曲感知不會更少；更正確的說，它包含一種新語言的生成，為特定目的和價值觀服務。這樣一種語言的出現，並不是發現一種普遍真理（universal truth），而是一場演化中的鬥爭的一部分，並沒有所謂內在目的論（immanent teleology）存在（亦即，不存在它必須朝向一個未來已預先決定的命運）。

創造「新語言」

和尼科爾森一樣，羅逖認為女性主義是在創造新語言——而非發現何謂女性或揭開真相或不公義——來創造「女性經驗」。因此，女性主義被視為一種「先知式的實用主義」（prophetic pragmatism），以想像並試圖實現一個另類形式的共同體（an alternative form of community）。

\#女性主義為女性形塑了一個道德身分／認同，藉著在關於女性的描述上取得語言權威。因此，它不（或不應）假定有個女性本質認同等待被發現。

　　在她對羅逖觀點的討論中，弗雷瑟（Nancy Fraser, 1995a）指出，羅逖認為這種重新描述只適用於個別女性。相反的，她認為這種重新描述應該成為集體女性主義政治的一部分。這必須包含論證何種新描述算數，以及哪種女性將會得到賦權／培力。因此，弗雷瑟將女性主義與民主傳統當中的精髓連結起來，也把它和「女性主義反領域」（feminist countersphere）的集體辯論與實踐連結在一起。藉此，她開始研究身分／認同政治能夠如何帶來改變（這在羅逖理論裡輕描淡寫）。這些主題會在第14章再次討論與闡釋。

挑戰對身分／認同的批評

　　這種將身分／認同視為話語／論述建構的反本質主義觀點，是文化研究中較強勢的思想支系。然而，在文化研究中仍有一個思想支系反對、或至少嘗試修正這樣的概念：

- 一些學者認為，社會與身分／認同的話語／論述概念把社會化約為語言的一部分。論者謂一切都變成話語／論述，沒有物質真實存在。然而，主張我們只能透過話語／論述獲得有關物質世界的知識，不等於說物質世界不存在。世界的確有些面向是「人類心靈狀態之外的原因，所造成的效應」（Rorty, 1989），但我們只能透過語言知道它們。用巴特勒的話來說，話語／論述與物質性是不可分離的。
- 以話語／論述為基礎的理論被認為抹除了人類能動性，亦即人類被看成是話語／論述的「效應」。然而，我們在之前已談到這個問題，能動性是社會建構的行為能力。話語／論述藉著提供一個能動性的主體位置，而促成行動。
- 有人認為反本質主義關於身分／認同的論點並無**實踐**價值，也認為我們需要更具建設性、更正面的關於身分／認同政治的說法，亦即基於一種策略性的本質主義（strategic essentialism），且為了特定政治與實踐目的，我們在行動時把身分／認同**彷彿**當成穩定的實體看待。這一點需要進一步闡釋。

策略性的本質主義

　　阿帕（Appiah, 1995）指出，雖然我們可說「非洲身分／認同」（African identity）是一種可被解構的話語／論述產物，這並不意味人們不能用非洲身分／認同來進行動員，或是利用泛非洲主義（pan-Africanism）作為爭取政治變革或改良的

手段，也不表示泛非洲主義不是可改善人類處境的有用工具。的確，阿帕指出，在學院裡誇誇其談，大力解構身分／認同，可能與大多數人民的生活或政治行動的實踐沒有太大的關係。

這個論點在實用目的上有若干好處。的確，策略性的本質主義可能是實際上會發生的狀況。霍爾（Hall, 1993）論稱，任何自我、身分／認同、社群認同（如國族、種族、性別、階級等）的意義，都是虛構的，被用來標記暫時的、局部的、任意的意義封閉性（temporary, partial, and arbitrary closure of meaning）。為了可能說或做些事，對意義做某種策略性截斷（strategic cut）或暫時性穩定（temporary stabilization），是有必要的。正如霍爾評論道，「若不是用語言進行權力的任意解釋、意識形態的截斷、發言位置與立論的交叉和斷裂，那麼政治是不可能的」（Hall, 1993: 136）。

雖然如此，策略性本質主義最受批評之處在於某些時候某些聲音被排除在外。因此，女性主義的策略性本質主義，為了策略考量而將女人視為具有本質性的類目，可能導致某些女性（例如：黑人女性或拉丁美洲裔女性）——對白人女性說「你並沒有考慮我們與妳們的差異點和共同點」。同樣地，泛非洲主義可能導致模糊差異，而且可能排除了某些聲音，特別是「策略性的本質主義」逃避了這條策略的分界線應劃在哪裡的問題。比方說，誰是一個非洲裔或是一個女人？策略性的本質主義傾向族群和性別的「絕對主義」（absolutism），忽略了當代文化與認同具有的混雜（hybrid）與合成（syncretic）的特質（另見本書第8章）。

#關鍵在於同時記得身分／認同的可塑性（plasticity）與實踐上的固定性（practical fixity），允許人可以在兩端遊走。……

普適主義作為一種話語／論述

最初只看到普適性（universality）的「暴力與排斥」性格，巴特勒後來改稱，訴諸普適性也有其重要性與必要性（但不必然是「策略性的」）（轉引自Olson and Worsham, 2000: 745）。比方說，所謂「女性與男性必須平等對待」這句話表達的是抽象的平等概念，其意義因不同情境而可能有極大區別。因此，可以將普適性這個概念帶進「一個非常有生產力的危機」（an extremely productivbe crisis）。有個例子是，當梵蒂岡聲稱捍衛人權，而同性戀是在危害人類時，女同性戀可以說「我也是人類，我該擁有某些權利」。正如巴特勒指出，「在這樣的時刻，存在一個弔詭的狀況：普適性實際上被她們（女同性戀）精確地主張，而她們卻又是被所謂普適性預先排除的那群人」（轉引自Olson and Worsham, 2000: 746）。

當那些原本缺乏既有與合法權利宣稱普適性的人，無論如何就這麼做的時候，他

們產生了一種巴特勒所謂普適性的「幽靈召喚」（spectral invocations）作用：

> 所以，我所理解的普適性，是一種因為排除某些人而不斷陷入危機的話語／論述，它被迫必須重新接合自身……在這個意義上，普適性不再那麼暴力或全面控制：它會變成是一個開放的過程，政治的任務將會讓它保持開放性，讓它保持一個持續有危機存在而不斷爭辯的場域，而不會讓它成為已解決所有爭議的場域。（Butler，轉引自 Olson and Worsham, 2000: 747）

「實踐」vs.「象徵」政治

關於女性主義和政治的不同取徑，瑪莎・努斯鮑姆（Martha Nussbaum）與巴特勒曾經有過論辯；而雙方論點也等於是有關語言在主體形構、身分／認同方案與社會變遷中的角色，這些更廣泛問題上的爭論。

在第6章末尾，我們曾觸及努斯鮑姆對巴特勒學術書寫的批評，說是「沉重晦澀」。這位知名哲學家與女性主義者也譴責巴特勒的「口頭和象徵」女性主義（'verbal and symbolic' feminism）（Nussbaum, 1999）。努斯鮑姆認定巴特勒的取徑忽略了女性受苦的物質現實，因此這是「實踐」政治的一種安全又容易的替代品。她特別不滿巴特勒所謂權力結構定義我們的身分／認同，以及巴特勒所謂改變的唯一希望是語言上的嘲諷和越界：

> 嘲諷式的展演沒什麼不好，如果你是一所自由大學裡有權力的終身職教授……〔但〕……對那些飢餓、不識字、沒有投票權、被毆打與被強暴的女性來說，重演——無論如何反諷地——飢餓、不識字、沒有投票權、被毆打與被強暴的狀況，既不性感，也沒有任何解放意義可言。……巴特勒的「袖手旁觀」（hip quietism）是一種可以理解的反應，因為要在美國實現正義是艱難的任務。但這是一種不好的反應，（袖手旁觀）等於是和邪惡勢力合作。（Nussbaum, 1999）

巴特勒為自己複雜的寫作風格和政治取徑做出辯護。比方說，她相信，艱澀困難的文字與開啟瞭解這個世界的新方式之間，存在著某種連結。巴特勒承認自己的著作帶給讀者焦慮，或是如傅柯所說的**不舒服的政治**（the politics of discomfort）。然而，她強調自己並不是故意這麼做的。相反地，她相信至關重要的是質疑那些被視為理所當然的事物，並且承認在語言層次上存在巨大衝突：

> 我想日常語言和標準文法會限制批判思考。……比方說，我們想要建

構一個稱作「公共領域」的虛構物，或是稱作「常識」的虛構物，或是所謂「淺顯易懂的意義」的虛構物，從而可以暫時思考並感覺我們全都居住在同一個語言世界，〔但〕……對我而言，我們的社會責任似乎得適應這個事實，亦即**不再有共同語言存在**。（Butler，轉引自 Olson and Worsham, 2000: 728 & 735-736）

〔反過來〕巴特勒對努斯鮑姆的女性主義取徑的看法是：關於女性處境，它有強烈父權主義的宣稱，而且它在使用普適性的語言時不帶任何質疑。這種「白種女性主義」（white feminism）再起，以理性之名為來自其他文化的女性代言，完全不想瞭解她們的觀點。巴特勒將努斯鮑姆看成是「非常反對文化翻譯與文化差異問題：她認為它們有礙於建立強大的規範性理論」（Butler，轉引自 Oslon and Worsham, 2010: 764）。

在這場辯論中，你比較支持哪一方？在努斯鮑姆的觀點裡，有哪三個面向是你比較同意的？在巴特勒的觀點裡，有哪三個面向是你比較同意的？你認為可能結合這兩種取徑於女性主義政治當中嗎？找一位同學討論，那樣的政治可能會像什麼？

你是蕾絲邊嗎？

巴特勒述說的個人親身經歷，有助於闡明她關於身分／認同與女性主義的語言和展演取徑：她走在柏克萊一條街上，某個小男孩從窗邊探出頭便問：「你是蕾絲邊嗎？」巴特勒用確定的語氣回答：「是的，我是蕾絲邊」。對她來說，〔小男孩問的〕這個問題是「天外飛來的質問」（an interpellation from nowhere）（轉引自 Olson and Worsham, 2010: 759-760）。

雖然她在學術生涯中，花了這麼多時間解構「酷兒」、「女同性戀」（lesbian，或譯：蕾絲邊）等名詞，巴特勒相信，她不假思索的瞬間回答，剝奪了質問者的權力。在那個時刻，她雖不是「蕾絲邊」一詞的作者，但她以強而有力的方式重演並重述了它。因此，巴特勒和她的質問者可能經歷了一個奇特的共同體時刻，其中涉及了語言的重塑。

彷彿聽到我的質問者說：「嘿，我們怎麼處理蕾絲邊這個字？我們還應該用它嗎？」而我則說：「是，讓我們這麼用！」或是，彷彿這個質問者從窗邊說：「嘿，你認為蕾絲邊這個字只能在大街上當成貶義詞使用嗎？」

而我則說：「不，它可以在大街上這麼用！來，加入我！」我們處在一種協商的情境……我想質問者其實是問我那是仇恨語言（hate speech）嗎：「我現在對你說的是不是仇恨語言？」「不，它不一定非是仇恨語言不可。」
（Butler，轉引自 Olson and Worsham, 2000: 760）

- 巴特勒對她和小男孩那場互動的分析，你有何看法？你有任何不同的詮釋嗎？
- 在你的生命歷程中，你曾重新使用或重新挪用一個負面的詞，但卻讓你感到獲得培力（賦權）的經驗嗎？

解構練習：能動性 vs. 決定性

- 人們如何展現能動性（agency）？
- 何謂「決定性」（determination）？
- 能動性本身如何被決定？

本章摘要

　　身分／認同關切的主題，包括自我認同和社會認同；它是關於個人的和社會的、關於我們本身，以及我們與他人的關係。有人主張身分／認同完全是文化產物，無法獨立存在於文化話語／論述的再現之外。身分／認同並不是我們擁有的一個固定的東西，而是一種「變成」（becoming）的動態過程。它是一種策略性的截斷，或是語言上暫時的意義穩定狀態。我們可將身分／認同看作具有某種管制作用的話語／論述，經由同一化及感情投入過程而產生的歸屬感。

　　自我被理解為一種多重、碎片化與去中心化的概念，這是由於以下因素所致：

- 語言的不穩定性；
- 我們被多重話語／論述所構成；
- 社會關係和活動場域擴散的結果。

　　這些主張並非否定人的能動性，只要我們將能動性本身理解為社會建構與行動能力的差異化；反本質主義的論點也不是排除身分／認同政治，只要身分／認同政治能夠透過語言重新描述，並且暫時地策略結盟那些至少共享著某些價值觀的人們。

第 8 章　族群、種族與國族

關鍵概念	
文化認同（cultural identity）	東方主義（orientalism）
離散／流離群落（diaspora）	後殖民主義（postcolonialism）
族群性（ethnicity）	種族（race）
混雜（hybridity）	再現（representation）
國族認同（national identity）	刻板印象（stereotype）

　　本章將討論幾種**文化認同**的形式：族群、種族與國族身分。的確，從身分／認同的視角探索族群、種族與國族身分，已成為文化研究的特色（見Black and Solomos, 2000）。比方說，社會學家研究種族時聚焦於階級和政治關係脈絡下的資源分配，而其用語則為「種族和弱勢族群」（racial and ethnic minorities）作為一種「底邊階級」（underclass）（Rex, 1970）。在新馬克思主義取徑裡（例如：Miles, 1982, 1989），種族這個類別被理解為一種為資本主義服務的意識形態建構。在這個脈絡下，被探討的議題是種族主義，而非種族本身。在馬克思主義觀點裡，身分／認同政治通常被視為轉移了我們對資本主義這個核心問題的注意力。

　　文化研究承認種族、族群和階級交互作用的重要性，但它試圖避免將這些類別化約為階級或只是資本主義的作用。相反地，文化研究想要探討的是：

- 以再現而言，關於種族和族群的文化理解所具有的變動性格；
- 種族作為一種「再現政治」的文化政治；
- 與族群性有關的文化身分／認同的各種變動形式；
- 階級、種族和性別的交互作用；
- 殖民主義的文化遺產。

　　在此脈絡下，身分／認同被認為是話語／論述—展演的建構（discursive-performative constructions）（見第7章）。也就是說，族群、種族與國族認同是我們

對充滿偶然與不穩定特質的文化創造物產生的認同，它們不能被視為普遍或絕對存在的「東西」。不過，作為一種關於我們自身的、被管制的話語／論述，認同也非全然是任意性的；透過社會實踐活動，認同是一種暫時性的穩定狀態。確實，種族、族群和國族是現代西方社會談及認同問題時會不斷通過的重要「節點」（nodal points）。圍繞著美國在2008年歐巴馬當選首任黑人總統後，是否已進入「後種族」或「後認同」階段的辯論相當激烈。這種宣稱與許多研究的發現相左，因為與美國白人相比，美國許多種族和文化群體仍面對持續的物質不平等處境。因此，後種族話語／論述最好的分析方式，不是試圖發現關於種族的「真理」，而是試著診斷人們如何思考、言說與理解這些議題。正如我們將會看到的，告別美國種族議題的種種企圖所透露的，更多是那些言說這個議題的人，而非那些被言說的人。

種族與族群

種族這個概念，帶有強調「血統系譜」與「人的類屬」的社會達爾文主義（social Darwinism）。此處，種族意指所謂的生物與生理差異，尤其是膚色差異。而膚色差異則常被連結到人的「智力」與「能力」，被用來斷定那些「被種族化的」（racialized）群體的優劣之分，從而合理化特定「種族」應處在社會及物質上的尊卑地位。這些種族化的分類方式（racial classifications）——由權力所構成，而且也構成了權力本身——正是種族主義（racism，或譯：種族歧視）的根源。

種族化

\# 「種族化」（racialization）或「種族形構」（racial formation）等概念直指種族其實是社會建構的產物，而非生物學或文化意義上普遍適用或反映其本質的類別。

種族，正如霍爾（Hall, 1990, 1996d, 1997c）強調的，並非存在於**再現**之外，而是社會與政治權力鬥爭過程所形塑的。因此，可觀察得到的形體特徵，被轉化成種族的符徵，包括似是而非地訴求本質上的生物和文化差異。誠如吉爾洛（Paul Gilroy）論稱：

> 無論我們知道它有多麼無意義，接受膚「色」在生物學上有其嚴格受限的物質基礎，開啟了用表意理論（theories of signification）介入的可能性，它強調的是「種族」相關符徵的彈性和空洞，以及為了將「種族」符徵轉化成一個開放的政治類別，必須完成意識形態的抗爭，因為是抗爭行動決

定了何種「種族」的定義會蔚為主流，也決定了它們的興衰條件。（Gilroy, 1987: 38-39）

「種族」的歷史形構，在英國、美國和澳洲是一個涉及權力與臣屬的過程，從而有色人種占據著**結構性的**臣屬位置，見諸於「生活機會」（life-chances）的每一個層面。英國的非洲－加勒比海黑人族群、非洲裔美國人與澳洲原住民在各個方面皆處於不利的處境：

- 勞動市場
- 住房市場
- 教育體系
- 媒體和其他形式的文化再現

在此脈絡下，種族形構或種族化過程有其固有的種族主義，因為它涉及了各種形式（透過種族分類方式和種族話語／論述）的社會、經濟和政治的臣屬位置。種族化這個概念，意指「人與人之間的社會關係被侷限在生物學特徵意義上，並且以這種方式定義與建構分殊化的社會集體」（Miles, 1989: 75）。

種族主義千百種

作為一種話語／論述建構，「種族」一詞的意義不斷改變，而且涉及諸多抗爭，結果是不同的族群被差別化、種族化，而且都無法免於受到種族主義的影響。正如戈德堡（Goldberg）指出，「單一、有如磐石般的種族主義的這種假設，正被一種**多重的種族主義**（racisms）的歷史形構所取代」（轉引自 Black and Solomos, 2000: 20）。例如：英國亞裔族群在歷史過程中被以不同形式刻板印象化，並且在社會和種族階層結構裡占據著不同於非洲裔和加勒比海裔的英國黑人族群（British Afro-Caribbeans）。英國亞裔族群被視為二等公民，而黑人族群在英國的地位則更等而下之；前者被刻板印象化成醫生和小店主，而年輕的黑人在英國則被投射了罪犯的角色。

種族的意義隨著時空變遷而有差異。例如：論者指出（Barker, 1982），英國的「新種族主義」（new racism）依靠的不是強調血統優越的生物學話語／論述（如在南非的種族隔離政策），而是排斥將黑人視為**國族**一分子的文化差異話語／論述。此外，種族的意義也因空間而異，例如：種族在美國與英國的意義即有微妙差異。在英國，本地原本相對上同質的、由白種人組成的人口，在1950年代開始改觀，許多加勒

比海地區及印度半島的有色人種移民紛紛來到英國，使得國族認同問題變成一個關鍵的類別，透過此一類別，種族化過程得以運作。然而，韋斯特（West, 1992）論稱，整部美國現代史，始於對美洲土著民族的掠奪與滅種屠殺，繼之以奴隸非洲裔黑人的漫長歷史。因此，種族問題是美國建國初期即已形成的問題，與英國相比，種族問題比國族問題在美國引起更多關注。

　　思考一下你所在的國家，貴國有哪些不同的種族群體？他們之間存在著權力和地位的階層關係嗎？在以下各個方面，有沒有種族不平等的證據：

- 經濟；
- 法律體系；
- 媒體再現；
- 住房市場；
- 移民政策？

如果你不太清楚，請試著找出答案……

族群的概念探討

　　族群性（ethnicity）是一個文化概念，指的是特定人群共享的規範、價值觀、信仰、文化象徵與實踐活動。「族群」的形成，有賴於在特殊歷史、社會與政治脈絡下發展的一套共享文化符徵（cultural signifiers）；族群鼓勵一種至少部分基於共同神話、祖先的歸屬感。然而，根據反本質主義話語／論述的觀點（見第7章），族群其實並非基於最初的連帶，也非基於特定團體擁有的普遍文化特徵，而是透過話語／論述實踐形成的。

＃族群性形成於我們談論團體認同的方式，以及我們認同族群符號與象徵的方式。

　　族群性是一個表述關係的概念（a relational concept），關切的是自我認同與社會歸屬的種種類別。我們的身分／認同取決於我們認為我們不是誰，是以塞爾維亞人不是克羅埃西亞人，也不是波士尼亞或阿爾巴尼亞人。如此一來，族群性最好被理解成：在特定社會歷史狀況下，被建構與維持的一種邊界形成的過程（a process of boundary formation）（Barth, 1969）。當然，族群性不是在事先給定的文化差異，而是一種邊界形成與維持的過程，這並不是說族群的差異性不能被以人為、社會的方式建構，透過諸如血濃於水、同胞手足與祖國等隱喻，建構了族群內部的普遍性、固有疆域與純粹性。

文化主義的族群性概念，試圖跳脫深植於種族此一歷史概念之中的種族主義意涵。正如霍爾（Stuart Hall）寫道：

> 如果黑人主體與黑人經驗不是被上天決定的，也不是因為某些其他本質性的保證而得以形成的，那麼它們必然是在歷史、文化與政治過程中被建構出來的，也就是所謂的「族群性」。族群性一詞承認歷史、語言與文化在主體與認同的建構過程中的重要作用，也承認所有話語／論述都是人為安置、定位與受情境影響的，所有知識都有其脈絡性。（Hall, 1996c: 446）

不過，族群性此一概念並非沒有使用上的問題，而且仍然是一個充滿爭議的用詞。例如：白種的盎格魯－薩克遜人經常用此一用語稱呼**其他**有色人種，從而視亞裔、非洲裔、拉丁美洲裔與非洲裔美國人為族群團體（ethnic groups），但不這麼稱呼英格蘭人、白種盎格魯－薩克遜人或澳洲人。此處，白種被想當然耳地認定是普遍的，而任何非白種人則被看作是族群團體。事實剛好相反，白種的英格蘭人、美國人或澳洲人實際上與其他有色人種同樣是族群團體。正如戴爾（Richard Dyer）指出，研究白種族群特性，「應先將白種族群特性看作是奇怪、陌生的事物，而非將它看作是理所當然的人類常態標準、規則」（Dyer, 1997）。雖然如此，如他所指出的，認識到白種性（whiteness）是一種歷史發明（a historical invention），不意味單憑願望就能把它取消掉。

習作

- 花五分鐘寫下「白」這個字對你的意義？
- 以小組討論方式比較其間浮現的意義，並在班上討論「白種性」的意義。
- 一個人的族群身分是否會影響他們對「白」這個字的理解？

族群與權力

族群性（ethnicity）這個文化概念的問題，是權力與種族主義可能被擺在一邊。例如：在一些關於多元主義的討論中，族群性這個概念可被用來暗示這個社會形構運作的是多元與平等的族群團體，而非有階層關係的種族化團體。因此，胡克斯（bell hooks, 1990）與吉爾洛（Paul Gilroy, 1987）偏好使用「種族」一詞，不是因為它對應於任何生物學或文化上的絕對事實，而是因為它隱含（並引導我們去探查）權力問題。相反地，霍爾（Hall, 1996c）試圖重新活化族群性這個概念，點明我們每一個人

都受族群概念影響的事實。

　　族群性是透過群體間的權力關係而構成的，它彰顯的是在變動的歷史形式與環境脈絡下，核心與邊陲之間的邊界關係。此處，所謂核心與邊陲必須透過再現政治（the politics of representation）予以掌握，因為如布拉（Brah, 1996: 226）所言，「此一概念有必要變成定理，亦即**被再現成『邊緣』的完全不是邊緣，它只不過是再現本身的構成效應**。而『中心』也不比『邊緣』更稱得上是中心」（Brah, 1996: 226；粗體強調為原文所有）。

　　族群中心與邊緣的話語／論述，普遍地被**接合**在國族性（nationality）上。例如：工業化西方國家通常被認為是「中心」，而「發展中」國家則被視為「邊緣」。再者，歷史上充斥著某個族群被定義為占據中心的地位，而且比某個位居邊緣的「異己／他者」優越的例子。納粹德國、施行種族隔離政策的南非和「種族淨化」（ethnic cleansing）的波士尼亞俱為顯例，但優越和臣屬等隱喻同樣可見於當代英國、美國和澳洲。因此，種族與族群性一直都與國族主義有密切的結盟關係，後者將「國族」視為一個共享文化，要求族群邊界不得與政治邊界交錯（雖然它們當然是交錯的）。

美國印第安旗

©攝影：Jim Parkin｜代理：Dreamstime.com

> ・關於美國和印第安人的關係，這張照片說明了什麼？
> ・關於民族國家和少數族群之間的關係，這張照片傳達了什麼訊息？

國族認同：民族國家

民族國家

現代民族國家（nation-state）是相對晚近的發明。的確，世界大多數人過去未曾從屬、也從未認同任何特定國家。民族國家、國族主義與國族認同（national identity）是組織與認同的集體形式，並非「自然」發生的現象，而是充滿偶然性的歷史文化形構。

- **民族國家**是一個政治概念，意指在民族國家的（世界）體系裡被認為在特定空間或疆域裡擁有主權的行政機器。
- **國族認同**是人們對民族國家象徵及其話語／論述的一種想像的同一化（imaginative identification）。

國族不只是政治形構，也是文化再現系統；透過此文化再現系統，國族認同被話語／論述行動不斷地再製。民族國家作為一種政治機器與象徵形式有其時間面向，因為政治結構本身的存續和變遷，而國族認同的象徵和話語／論述面向，則透過敘事而創造國族根源、一脈相承和傳統等觀念。

談及民族國家，有必要將這組概念（民族—國家）分解，因為國族文化認同並不等同於政治國家的邊界。對散居全球的流離群落（global diasporas）而言——非洲裔、猶太人、印度人、華人、波蘭人、英格蘭人和愛爾蘭人等——他們的國族與族群文化認同跨越多個民族國家的邊界。再者，鮮少有國家擁有族群上同質的人口。史密斯（Smith, 1990）不只區分公民（civic）／政治與族群（ethnic）意義上的國族，而且列出有超過六個國家是由一種以上的國族或族群文化所組成。

大一統敘事

文化並非靜止的實體，而是由不斷變遷的實踐與意義在各種社會層面上運作而構成的。任何一個國族文化，都被不同社會群體以不同方式理解與對待。例如：不同的政府、族群和階級可能以不同的方式理解它們自身的國族文化。再者，任何族群或階級群體都還沿著年齡與性別等軸線而分化（Tomlinson, 1991）。因此，我們可以問以

下問題：

- 一個國族文化應該在哪一個層次被認同？
- 在這些群體之中，到底誰的價值觀才算**純正**（authentic）？

　　國族文化的再現有如快照掠影，反映的是特定群體在特定歷史局勢中為了特定目的而表現出來的象徵與實踐。國族認同是一種將文化多樣性予以統一的方式，因此，正如霍爾指出：

> 　　與其將國族文化看成是統一的，我們應該把它們看作是一套將差異再現成統一狀態的話語／論述。它們因深層的內部分化與差異而有極大出入，只有透過各種形式文化權力的施展而獲得「統一」。（Hall, 1992b: 297）

　　國族大一統（national unity）是透過國族敘事建構出來的，用故事、形象、象徵與儀式再現國族的「共享」意義（Bhabha, 1990）。

\# 國族認同是一種對共享經驗與歷史再現的同一化，並且透過故事、文學、流行文化與媒體敘說。

　　國族敘事強調國族傳統及其一脈相承的連續性，連同集體根源的國族肇造神話，以有如「事物本質」（in the nature of things）的方式再現，而兩者皆認定並生產了國族認同與一種純粹、初民或「民俗」傳統之間的連結。

✎ 習作

請整理一份清單，列出被用於建構你的國族認同的故事、象徵和符號。
- 這些符號和話語／論述在當代媒體上有多明顯？
請思考一個主要的運動賽事，如奧運或世界盃足球賽。
- 國族認同如何在這些賽事中被建構？

想像的共同體

　　國族認同在本質上連結著各種形式的傳播活動，並且被這些傳播活動所形塑。對班乃迪克・安德森（Benedict Anderson, 1983）而言，「國族」是一種「想像的共同

體」（imagined community），而國族認同是透過與疆域和行政有關的象徵及儀式建構的。

> 〔國族〕是**被想像出來的**，因為即使身為最小國族〔小國寡民〕的一分子，（也）將不會認識他們的大多數同胞，不會見到他們或甚至是聽到他們的聲音，但在這些成員的心靈之中，他們每個人都展現了他們是共同體的形象。……國族被想像成是**限定的**，因為即便是最大的國族（或許包含十億人口之眾），也有其限定的（就算是有彈性的）界線，超出此界線的就算是其他國族的範圍。……它也被想像成**有主權的**〔實體〕，因為國族概念發軔於啟蒙時代與大革命摧毀神聖秩序、階級井然的封建王朝。……最後，它是被想像成一個共同體，因為儘管實際的不平等與剝削情形可能普遍可見於每一個國族，國族總是被看成是〔提供了〕一種深層、水平的同志袍澤情懷。終極而言，是源於這樣的一種博愛／兄弟情誼，使得過去兩百年來數以百萬計的人們，並非因為嗜殺成性，但卻願意為此一種限定的想像而死。
> （Anderson, 1983: 15-16）

根據安德森的觀點，書籍和報紙的機械化生產與商品化，亦即「印刷資本主義」（print capitalism）的興起，使得各地的方言被標準化且傳播四方，提供了有利於國族意識形成的條件。因此，「印刷語言（而非特定的語言自身）是國族主義的發明者」（Anderson, 1983: 122）。有史以來，特定國家的庶民大眾首度得以透過共同的印刷語言相互瞭解。此一印刷資本主義的興起過程，將方言「定型化」為「國」語，並且讓一個新的想像共同體成為可能。

傳播促成的不只是共同語言的建構，尚及於共同的時間觀，在**現代性**的脈絡下，此一時間觀代表的是一種空洞而普遍的時間概念，可以用日曆及時鐘來測量。舉例來說，媒介使我們得以想像一些事件同時在不同空間發生，〔此一時間概念〕從而有助於形成國族概念，以及在空間化分布的全球體系中各個國家占據的地位。

對安德森的批評

雖然安德森的論點有助於瞭解國族認同與傳播之間的關聯，但他的觀點或有不足之處，如湯普森（Thompson, 1995）指出，〔安德森的觀點〕未清楚說明新的印刷媒介究竟如何促成國族情懷，而且他也未能適當處理這個問題：各個社會群體以不同方式使用媒介產品，而且以不同方式解讀媒介傳送的訊息。安德森提示的至多是印刷媒介，提供了國族認同與民族國家的必要條件。

　　安德森似乎誇大了國族的統一性和國族主義情愫的強度，從而掩蓋了階級、性別、族群等層面存在的差異。的確，透過在話語／論述的建構，互動脈絡與場域的增殖和多樣化，特定主體或難輕易同一化任何事先給定、固著的身分／認同。因此，處於晚期現代性加速全球化的脈絡下（見第5章），我們已開始談論混雜文化認同（hybrid cultural identities），而非單一、同質的國族或族群文化認同。再者，語言中的意義不穩定性——**延異**（différance）——促使我們重新思考文化、身分／認同和同一化等問題，因為它永遠是一個處在邊界地帶的場域，而且是混雜更甚於是固著、穩定的實體（Bhabha, 1994）。

流離群落與混雜認同

　　穩定的身分／認同很少被人質疑；它們有著看似「自然」的表象，並且被視為理所當然。然而，當其「自然性」開始瓦解，我們將會傾向於重新檢視這些身分／認同。如同梅瑟（Mercer, 1992）所言，當它處於危機狀態，身分／認同會被激烈辯論。全球化提供的正是這種危機可能發生的脈絡，因為全球化增加了可以用來建構身分／認同的來源與資源。殖民主義時期以來形成的人口流動與暫居類型，結合了晚近加速的全球化現象（特別是電子傳播媒介），大大增加文化與文化之間並置、相遇與混合的情況（見第5章）。在此脈絡下，流離群落（diaspora）這個概念越來越受到重視。

流離群落

＃流離群落可被理解為一個族群和文化意義上，血脈相連的人民之間的分散網絡。

　　在此一〔全球化〕脈絡下，流離群落（diaspora）這個老概念被賦予新意義，聚焦於旅行、旅程、離散（dispersion）、家園與邊界等概念，拋出了誰旅行「到哪裡？何時？如何？以及在何種情況下？」（Brah, 1996: 182）的問題。因此，「流離群落的身分／認同同時是在地的與全球的，它們是跨國界身分／認同組成的網絡，包含了『想像』與『遭遇』的共同體」（Brah, 1996: 196）。流離群落是一個**表述關係的**概念，指涉的是「從內部區分流離群落，並且將他們置放於彼此相互關係之中的權力輪廓」（Brah, 1996: 183）。

　　離散空間（diaspora space）屬於一種概念上的範疇，「居住」其間的不僅包括那些遷徙移居的人和他們的後代，也包括那些被建構與再現爲世居本

地的人。換句話說，流離空間概念……包括離散系譜與那些「安土重遷」留在原地的經驗之間的交錯。流離空間是一個這樣的場域，〔在這個場域裡〕本地原住民具有流離群落的特性，一如流離群落具有本地原住民的特性。（Brah, 1996: 209）

　　根據吉爾洛（Gilroy, 1997）的觀點，彼此休戚相關的人群透過分裂的網絡而形成的流離群落，「在特徵上是被強迫的離散與不情願的播遷」，「流離群落」一詞：

　　　　暗示的是受暴力威脅而流亡，……〔因此〕流離群落的認同較少是聚焦共同疆域的平等、原始民主力量，而是記憶與紀念的社會動態，其一大特徵是強烈的危亡憂患意識，對於家鄉與離散過程的記憶，念茲在茲，無時或忘。（Gilroy, 1997: 318）

黑色大西洋

　　流離群落的概念有助於我們將身分／認同想成是充滿偶然性、不可決定性與衝突的，把身分／認同看成是動態變化而非任何自然或文化上的絕對狀態，並將身分／認同想成是路徑（routes）而非根源（roots）。流離群落具有「變中有同」（the changing same）的特性，其中包含「混語化、融合、混雜化與不純粹的文化形式」（Gilroy, 1997: 335）。

　　為了提供例證，吉爾洛（Gilroy, 1993）提出了「黑色大西洋」（Black Atlantic）的概念，論稱黑人身分／認同不能單純以美國人、英國人或西印度群島人視之，也不能用族群絕對主義（ethnic absolutism，亦即有所謂一種全球的、本質的黑人身分／認同）的觀點來掌握，而應該用散居大西洋兩岸的黑人流離群落來理解。此處，黑人流離群落之內的文化交流，產製了混雜的身分／認同，以及不同區位之內與之間的相同及相異的各種文化形式。誠如吉爾洛剴切指出，黑人的自我認同和文化表達，反映了此一流離群落的多元歷史。

　　黑人性（blackness）並非一種泛全球的絕對身分／認同，因為英國、美國和非洲黑人的文化認同是有差異的。雖然如此，吉爾洛指出在黑色大西洋的地理空間範圍內，存在著一些**歷史性的**共享文化形式。雖然「種族」在英國、美國、非洲及加勒比海地區有著不同意義與歷史：

　　　　一種手上毫無權力（powerlessness）的共同經驗，或多或少是超越歷史的，而且在種族類別上被經驗到；在白人與黑人（而非歐洲人和非洲人）之

間的對立裡，足夠支撐這些異質的臣屬類型之間形成某種親近性。（Gilroy, 1987: 158-159）

　　例如：饒舌與嘻哈文化（俱為美國與加勒比海文化的混雜物），已經變成黑人流離群落中極為顯眼的音樂形式，構成黑色大西洋（黑人流離群落）的一個認同點。

主要思想家

保羅・吉爾洛（Paul Gilroy, 1956- ）

　　保羅・吉爾洛生於倫敦貝夫諾格林區，曾在伯明罕大學當代文化研究中心就讀。他目前是倫敦政經學院安東尼・紀登思社會理論講座教授。他在2005年擔任此一教席，此前是耶魯大學非洲裔美國文學系主任。雖然他反對將人們分類為「不同種族」，但吉爾洛本人是使種族和種族化研究在文化研究裡大放異彩的要角。吉爾洛著作甚豐，闡述他所謂流離群落文化認同的「變中有同」（changing same）之現象。他認為，黑人自我認同與文化表達利用了多元的歷史，吾人應將身分／認同視為變動中的存在（being in motion），而非是自然或文化上的絕對狀態。

建議閱讀： Gilroy, P. (1993). *The Black Atlantic*. London: Verso.

混雜的類型

　　混雜性（hybridity）這個概念，在強調文化混合與新的認同形式時頗有用處。不過，我們需要區分混雜性的類型，而且在這麼做的時候，必須考慮特定社會群體的特殊處境。派特西（Pieterse, 1995）建議區分為結構混雜化（structural hybridization）與文化混雜化（cultural hybridization）：

- **結構混雜化**是指混雜性發生的各種社會及制度性的**場域**，例如：邊境地區或像是邁阿密、新加坡之類的城市。這增加了對人們開放的組織選項。
- **文化混雜化**是指文化上的**回應**，範圍涵蓋同化（assimilation）、各種分離的形式，以及那些造成文化邊界不穩定且模糊化的混雜情況，這包括「想像共同體」的開放。

　　派特西論稱，結構混雜化和文化混雜化都是跨界情況漸增的符號（signs of increased boundary crossing）。然而，它們不代表邊界的消除。因此，我們需要對文

化**差異**和那些承認**類同**（similarity）的身分／認同形式，保持一定的敏感度。

所有文化皆混雜

　　混雜性的概念仍然有其問題，因為它假設或暗示在文化的相遇或混合發生之前，存在著兩種原本完全分離、各具自身同質性的文化領域。將英國亞裔或墨西哥裔美國人想像成兩種分立傳統相互混雜而產生的形式是有問題的，因為英國、亞洲、墨西哥或美國文化原本即非各自存在分明界線，也非各自具有內部同質性，每一種類別永遠已然是混雜的形式，更何況沿著宗教、階級、性別、年齡、國族等軸線而有分化。

　　因此，混雜化的對象，是混合了那些原本性質上已經是混雜的文化。所有的文化，都是不斷變換邊界與混雜化的區域（Bhabha, 1994）。雖然如此，混雜性這個概念讓我們認識到新身分／認同與文化形式的生產，例如：「英國亞裔」和英國孟加拉裔。因此，透過文化類別的策略性截斷或暫時的穩定化，混雜性這個概念是可被接受的，是一個有助於掌握文化變遷的概念工具。

混雜性與英國亞裔

　　混雜的文化認同出現在全世界，從美國到澳洲，從歐洲到南非都有。在英國，亞洲裔的「場所」和文化[1]，與盎格魯・薩克遜及非洲加勒比海英國人之間的關係，更深化了關於純粹和混雜的議題。巴拉德（Ballard, 1994）記錄了*Desh Pardesh*一詞1950年代初期現身於英國的歷史，*Desh Pardesh*一詞有「他鄉為故鄉」（home from home），以及「海外為家」（at home abroad）的雙重意義。他強調這一詞語代表如下意涵：

・從南亞出發，追尋他們自己自決的目標的決心；
・現居英國的南亞族群多樣，而異質的性格；
・變遷中的氣質，涉及於移居者的調適策略。

　　南亞移民的文化認同本來已頗複雜，可見於他們非常廣泛的「祖籍／來源地」，來自一些特殊的地理區域如旁遮普〔目前分屬印度及巴基斯坦所有〕、印度西部的古吉拉特（Gujarat）與孟加拉境內的席列特（Sylhet）等地區，每一個地區又各

---

[1]　譯註：在英國一般用語習慣裡，所謂亞裔族群，主要是指來自南亞的移民及其後裔，特別是來自印度、孟加拉、巴基斯坦及斯里蘭卡的移民後裔。

有宗教、種姓〔封閉性的社會階級制度〕、階級、年齡及性別，還有城鄉等種種差異。在這些差異之外，我們或可再加上一種「二度移民」（twice migrants）的存在，借道東非，終抵英國。

從暫居者變成移／住民

根據巴拉德（Ballard）的看法，現居英國的南亞移民將自己從「暫居者」（sojourners）轉化為「住民」（settlers），亦即從一種暫時的、以賺錢與存錢為優先考量的企業家精神式的習性，轉變成安居落戶並在當地建立家庭、商業與文化制度的移民／住民。然而，就算移民／住民的地位完全獲得承認，清楚的畛域之分仍可見於他們與當地白種人之間。尤其是，個人尊嚴（izzat）[2]或個人聲譽的維護，要求他們與當地白人似乎較不強調家庭觀念、性道德、敬老或個人衛生的文化保持距離。的確，「那些仿擬英國文化過頭的人，已開始被稱作活得沒有尊嚴」（Ballard, 1994: 15）。

轉換文化符碼

生在英國的年輕「亞洲人」的出現，導致一個在跨族群界線文化交流上，比第一代移民涉入更深的新世代的出現。年輕的英國亞裔和白人及非洲／加勒比海黑人後裔的英國人一起就學，共享遊樂場所、看一樣的電視節目，並且經常是雙語的交談溝通經驗。雖然英國亞裔經常被視為是「在兩種文化之間」（Watson, 1977）或是被捲入於一種「文化衝突」的過程，我們或應將這些年輕的英國亞裔視為一群對於文化**符碼**轉換（code switching）操作相當有技巧的人，如布拉（Brah, 1996）論稱，理由如下：

- 「兩種文化」的概念是不正確的，因為所謂「英國」和「亞洲」文化本身都是異質且有階層性的；
- 沒有理由將文化之間的遭遇視為必然會發生碰撞或衝突；
- 「英國」和「亞洲」文化間的關係，不是單向而是多向的過程；
- 雖然某些亞裔可能會經歷失諧的情況，沒有證據顯示這種情況是普遍的；
- 世代之間的差異不應混淆成衝突。

沿著所謂「英國亞裔特質」（British Asianness）的政治和文化論述的軸線，

---

[2]　譯註：在印度語中，*izzat*一詞是指個人的尊嚴、聲譽及威望。

英國亞裔青年已經發展出他們自己土生土長的綜合或混雜的文化形式。這一過程中涉及的許多文化議題，已被搬上當代電影如《我的國，父的國》（*East is East*）（1999）、《海灘假期》（*Bhaji on the Beach*）（1993）與《我愛貝克漢》（*Bend It Like Beckham*）（2002）當中。

　　在她對倫敦沙索區（Southall）亞裔青年的研究中，吉勒斯比（Gillespie, 1995）展示了這些青年，在不等的程度上，如何構成他們自己的英國亞裔（British Asian）身分／認同。在某些情況底下，這涉及了對於英國性（Britishness）的認同，但在另一些時候，則是對亞洲文化（不具同質性）的某些面向產生認同感。〔對英國亞裔來說，〕波灣戰爭的爆發，圍繞著前舉的這些認同點，開啟了曖昧與不安。一方面某些亞裔年輕人所認同的一個伊斯蘭信仰的「發展中國家」，正與西方世界發生衝突。另一方面，他們希望留在「英國性」的邊界之內，亦即這個他們生於斯、長於斯的國度。〔兩者著實難以取捨？但是，〕在他們自己認為適當的情境下，他們隨時從一個位置移轉到另一個。這種認同上的動態移轉，發生於英國性與亞洲性之內（與之間），更因亞裔文化本身因宗教和地理差異，以及年齡、性別與階級上的差異，而更添其複雜性。

多重身分／認同

　　吉勒斯比發現的英國亞裔社群內差異，防止了將特定主體同一化為一個給定、固定的身分／認同。因此，一個英國亞裔女孩可能認同自己的亞洲特質，論稱傳統服飾必須被尊重，或是認為亞洲人在電視上被錯誤地再現。然而，在討論關係的脈絡下，同一個女孩可能會從西方**女性主義**的立場上發言，反對某些亞洲男性的**父權**行徑。在另一個場合，她可能站在青年人的立場，不管族群或性別的問題，而採取特定青年次文化的服裝和音樂。一個如此包羅萬象的認同轉換位置，可見於一位年輕女孩的受訪內容裡：

> 　　我用孟加拉語和英語唱饒舌歌，饒舌歌的內容包含從情愛到政治的任何東西。我總是一直在唱饒舌歌……它是反叛的，歌詞是熱情洋溢的。我可以和它水乳交融，我可以認同它。就像住在貧民窟，……它是切身的經驗。它是：「我是孟加拉人，我是亞洲人，我是女人，而且我住在這裡。」（轉引自 Gardner and Shukur, 1994: 161）

　　這位年輕女性的**主體位置**涉及了從各種論述及場域，汲取的多種位置的接合。以最低限度而言，她擁有同時以下身分／認同：

- 孟加拉人；
- 英國人；
- 女人；
- 青少年文化參與者；
- 饒舌音樂狂熱者（饒舌音樂是美國─加勒比海的混雜產物，現在被她挪用為盎格魯─孟加拉的混雜物）。

　　因此，她涉及的不只是轉換變遷中的認同過程，也包括以行動實現一種混雜的身分／認同，汲取自多重擴散的全球文化資源。

＃ 身分／認同既不純粹也非固定的，而是形成於世代、階級、性別、種族與國族等因素的交疊互動之中。

交疊互動與越界

　　根據霍爾的觀點，本質主義的終結「包含了承認種族的核心議題永遠在歷史的接合、形構過程中浮現，其他的類別和分野是經常被跨越的，被紀錄於階級、性別和族群的類別之中」（Hall, 1996d: 444）。我們或可以三種基本方式考量此一過程：

1. 後現代主體的**多重身分／認同**，亦即從階級、種族於性別論述中，編織出身分認同的類型；
2. 一種透過從隱喻論述的建構，用性別隱喻來建構國族，或是用階級隱喻來建構族群的分野，例如：「種族」的概念與所謂「人」的進化提升有關，某個族群團體或可被嘲弄為娘娘腔的，或是某個國族被性別化為女性的，以及絕對的族群差異立基在血脈相連的生物學特性，從而尚且涉及了女性的身體；
3. 人們具備跨越論述與活動空間等場域的移動能力，因此以不同的方式定位自身。

　　在此脈絡下，英國亞裔女孩的社會位置是值得重視的，因為她們可說是「特別的」，根據她們跨文化疆界的生活方式，以及她們在男性支配的文化之中或多或少被邊緣化的處境。在一個有關英國亞裔女孩觀看電視肥皂劇的道德論述的研究中（Barker, 1998），她們占據的是矛盾的多種主體位置，雖然在道德論述本身合於邏輯上的緊張關係，但同時也源自相互矛盾的不同慣例、場域和實踐活動的論述資源，再行增殖擴散所致。

　　吉勒斯比（Gillespie, 1995）討論了年輕亞裔女孩們觀看電視肥皂劇《鄰居》

（*Neighbours*）的方式[3]，企圖探索圍繞在男女關係及青少年羅曼史的規律。這對女孩子特別有意義，因為該劇在呈現年輕女性時，比許多英國亞裔女性自己能期待的，展現了更大的自由。《鄰居》一劇提供她們觀看自信女性的愉悅感，也激發她們之間進行關於性別角色的討論。

◢ 習作

　　閱讀以下內容，這些內容取自一項針對一群英國亞裔女孩如何談論肥皂劇的訪問研究（Barker, 1999）。

　　關於以下兩者，這些對話內容告訴我們：

- 亞裔女孩在英國文化中的地位？
- 「混雜性」的概念？

B：《鄰居》裡的那個女的，就是拉妲，她怎麼樣？

D：那不是典型的亞洲女孩，妳看到她穿紗麗（Sari）了嗎？

A：那是個笑話

B：而且和那個誰約會

C：那個布列特

A：我知道，出去喝那個爾……摻合麻藥的酒，真是典型的亞洲人，他們總是嘲弄亞洲或黑人，或華人

B：或是當她們有很多華人在的時候

C：那女的滿臉都是痘痘

B：她們待在那節目裡多久？

A：沒有其他種族會待那麼久

D：沒有黑人會待那麼久

B：《鄰居》裡有黑人嗎？

B：而且她〔拉妲〕哥哥過度控制她的生活到那種程度，不合實情，我們的生活不像那樣

A：根本不會發生這種事

B：人沒有那麼苛刻

C：而且我不認為哥哥會像那樣對待妹妹

---

[3]　譯註：《鄰居》是一齣澳洲出品、英國播出的電視肥皂劇，片中刻劃許多年輕自信的女性。

B：我想，你曉得，那真是有點太誇張了。我是說，你曉得，他叫什麼名字
　　去了，我是說拉妲的哥哥？

C：維昆姆

D：我的意思是，你不會看到一個亞洲女孩那樣對待一個英國男孩——喔！
　　我想要和你結束關係

C&D：對，沒錯

B：不過那真的會發生，你聽聽

A：你要曉得，那個女孩來自印度

B：你知道維昆姆，他最愛假啦！因為你記不記得他上次在那個舞會，我不
　　記得什麼時候，他和菲立普的老婆茉莉跳舞，他沒有告訴他女兒，我是
　　說他妹妹

A：沒有，但他沒有愛上她

C：但他不愛她，那只是普通的一支舞而已

A：他不在意她交朋友，像是正常交往的朋友，但不喜歡她有，你曉得的，
　　男朋友，所以想辦法拆散他們

B：是，我想那是錯的，是因為他身邊每個人的影響，你曉得，拉妲不想感
　　覺被孤立

A：對，那是為何亞洲人有時會這樣做

B：對，有時候，對

C：為什麼不是亞洲人，而大部分是女孩

D：會敗壞門風，以及那種東西

B：我的意思是大部分女孩現在都這麼做

編織各類型的身分／認同

　　有些批評者擔心對本質主義的批評，可能剝奪了我們可以用來對抗種族主義的工具，因為〔在反本質主義的論述中〕種族類別本身似乎就此消失。不過，拋棄一種所謂「種族」的本質主義、普遍主義的條件，並不意味著種族的社會和歷史建構，以及特定人種團體的種族化，並不一定也會被同時失去。相反地，抨擊本質主義觀點是揭露身分／認同本身的偶然性，幫助吾人對抗將人們**化約**為種族的作法，鼓勵我們將所有的人視為是多面向的。因此，

　　對本質主義的批判，使得非洲裔的美國人認識到階級流動的方式已經

改變了集體的黑人經驗，從而使得種族主義不必然對我們的生活發生等同的影響。此一批判，允許我們確認多重的黑人身分／認同，以及差異的黑人經驗。它同時也挑戰了殖民帝國主義典範〔遺緒〕對黑人身分／認同的影響，殖民帝國主義典範以單面向的方式再現黑人性，從而強化與維持白人的優越性。……當黑人同胞批評本質主義時，我們被充權培力（empowered）而得以指認黑人認同的多重經驗，亦即活生生的生活狀況，使得多樣的文化生產成為可能。當這多樣性被忽視時，很容易用二分法看待黑人同胞：國族主義者或同化主義者，黑人認同者或白人認同者。〔hooks, 1990: 28-29〕

正如胡克斯（hooks, 1990）所指出的，拋棄本質主義（以及黑人絕對主義或國族主義）的好處之一，在於黑人女性不再需要壓抑她們對於黑人男性父權主義（black masculinity）的批評。

反本質主義的論點建議，社會類別並不反映一種本質而根本的身分認同，而是透過再現的形式構成的。因此，對於族群性及種族的考量，引導我們關注身分認同再現權力與政治的問題，比方說，何種再現建構了誰，被誰建構，以及此一建構懷抱什麼目的？

主要思想家

貝爾・胡克斯〔bell hooks，又名葛洛利亞・華肯斯（Gloria Watkins），1952-〕

胡克斯是非洲裔美國女性作家，她的思想主要關注階級、性別和種族在文化和政治中的交互關係。政治介入與某種好辯的非學術寫作風格，明顯抱持教育和介入目的，使她的作品獨樹一幟。她批判「白種至上資本主義父權體制」（'white supremacist capitalist patriarchy'），呼應她所關切的，當代美國男性權力在種族和階級的脈絡下皆遭濫用的狀況。她是一位著述甚勤、不拘一格的作家，著作探討饒舌音樂、電影、黑人「民俗」文化、非裔美國政治、愛與教育。

建議閱讀：hooks, b. (1990). *Yearning: Race, Gender and Cultural Politics.* Boston, MA: South End Press.

種族、族群與再現

再現提出了含納（inclusion）與排斥（exclusion）的問題；因此，永遠與權力的問題分不開。儘管如此，戴爾（Dyer, 1977）提出一個有用的關於典型（types）和刻

板印象（stereotypes）的區分。

- **典型**是根據在地文化類別（local cultural categories），而將人們及其角色做一般性與必要的分類。
- **刻板印象**可被理解為一種生動但簡化的再現方式，將人們化約為一組誇大且通常負面的特徵。

　　刻板印象通常是將負面特徵，歸屬於那些與我們不同的人身上。這點出刻板印象化過程中的**權力**運作，以及刻板印象在他者被排斥於社會、象徵與道德秩序之外的過程中扮演的角色。戴爾建議，「類型是被用來指稱那些依循社會規則的人（社會類型）的事例，以及那些被這些社會規則排斥的人（刻板印象）」（Dyer, 1977: 29）。刻板印象是關於那些被事物的「正常」秩序排斥的人，同時建立了誰是「我們」和誰是「他們」的分野。因此，「刻板印象化約、本質化與自然化**差異**，並且將**差異**固定化」（Hall, 1997c: 258）。在西方國家，有色人種歷來都被再現成一系列的**問題**、客體和受害者（Gilroy, 1987）。黑人被建構成歷史的客體，而非主體。

　　「刻板印象威脅」（stereotype threat）一詞，被用來描述負面刻板印象的影響力，意指強烈負面社會觀點所加諸的對象群體可能將這些觀點內化，進而影響他們的行為。比方說，研究顯示非洲裔美國學生的測驗分數較低，假如他們被告知這是智力測驗的話；但若將同一測驗用中性方式命名，他們的測驗分數則較高（Steele and Aronson, 1995）；而造成測驗分數滑落的原因，可能是由於個人感受到刻板印象的焦慮所致（Osborne, 2007）。

野蠻人與奴隸

　　在英國和美國，最明顯的種族主義刻板印象分別呼應殖民與奴隸的歷史。霍爾（Hall, 1997c）論稱，英國在帝國時期對黑人的再現，其核心元素是非基督教奴隸需要來自英國教會及海外探險家的文明教化。這些形象，後來被轉化為他所謂的「商品種族主義」（commodity racism），其中「殖民征服的形象隨處可見於肥皂箱……餅乾盒、威士忌酒瓶、茶葉罐和巧克力棒上的戳印」（Anne McClintock，轉引自Hall, 1997c: 240）。白種殖民強權與黑種「野蠻人」的再現也被性別化，例如：大英帝國的英雄清一色是男性，但這些帝國男性英雄肖像卻經常出現在以女性消費者為對象的家務商品上。

　　　肥皂象徵了這種家務世界的「種族化」與殖民世界的「馴化」。透過

它的淨化和純化的效能，在帝國廣告的遐想空間裡，肥皂取得一種神物（a fetish object）的屬性。它顯然具有將黑人皮膚洗白的神奇力量，也能將本國工業貧民窟及其居民（鮮少洗澡的貧民）身上的煤灰、汙垢和塵土洗刷乾淨。另外還同時在遙遠而充滿種族汙染的接觸區「那裡」，讓帝國的身體保持乾淨與純粹。然而，在此一過程中，女性的家務勞動通常沉默地被抹除。（Hall, 1997c: 241）

拓殖時期的大農場形象

和英國一樣，美國拓荒殖民時期的大農場形象，反映二元對立的刻板印象：白人的文明與黑人的「自然性」、「原始性」。非洲裔美國人被再現成沒有能力領受白人文明的洗禮，因為他們生性懶惰，最好也最適合臣屬於白人之下，任憑白人驅使。黑人在社會與政治上的臣屬地位，被再現成是天經地義（上帝賦予）的秩序之一部分。這並不是說，美國的種族刻板印象與英國如出一轍；剛好相反，我們必須瞭解不同的、具有歷史特殊性的種族主義形式的湧現，以及存在於特定文化脈絡裡更為幽暗的〔種族主義〕類型。在美國，布果（Donald Bogle, 1973）指出，有五種特殊刻板印象源自於拓殖時期的黑奴形象，可見於電影當中：

1. **湯姆**（*Toms*，指性格柔順、禁慾謹行的好黑奴）；
2. **黑鬼**（*Coons*，專指滑稽的黑人娛樂者、賭徒、「無足輕重的傢伙」或「黑鬼」）；
3. **悲劇性的黑白混血兒**（*Tragic Mulattoes*，指的是面貌姣好、性感且充滿異國風情的混血女性，不過已被黑人的血統所「汙染」）；
4. **黑人老媽子／保母**（*Mammies*，意指精壯、幹練、事必躬親，且對白種主人一家竭智盡忠的黑人女傭）；
5. **壞胚子**（*Bad Bucks*，意指身材魁武、強壯、充滿暴戾之氣、性好漁色且易生叛念的男性黑奴）。

英國黑人的罪犯化

在英國，吉爾洛（Gilroy, 1987）描繪了與法律相關的種族主義之轉化。他指出，在1950年代，警方、司法部門與報業對黑人犯罪問題的焦慮程度相對較低，最多只是控訴黑人與賣淫、賭博問題有所牽連。到了1950年代晚期及1960年代初期，這種性汙穢的形象被與住宅短缺和過度擁擠問題綁在一起。1960年代晚期與1970年代初期，種族主義話語／論述集中在移民問題，以所謂英國「異邦人存在」（alien presence）的形式出現，並且開始指控黑人移民對英國國族文化和法律構成「威脅」。到了這個時期，所謂黑人文化有犯罪傾向的觀念變得根深柢固，而黑人青少年形象則變成了吸毒襲劫犯及（／或）城市滋事分子。享樂主義、怠工卸責和黑人文化的罪犯傾向，成為與英國媒體種族主義緊密相連的主題。

霍爾等人（Hall et al., 1978）論稱，在英國媒體有關「襲劫」（mugging）的報導中[4]，新聞記者再製了街頭犯罪全是黑人青少年造成的印象。新聞記者採訪的是警方、政治人物和法官的觀點，這些官方消息來源宣稱，街頭犯罪活動增加，必須透過嚴刑峻法遏止這股犯罪風潮。新聞媒體在呈現這些言論時，彷彿把它們當成是常識看待，而且將犯罪問題歸咎於黑人青少年。至此，這種指控粲然完備：法官引用犯罪新聞報導作為公眾關切犯罪問題的證據，據以合理化更嚴厲的刑罰，以及他們和政治人物所訴求的強勢警察作為。強勢警力大多被部署在黑人社區（因為那裡被當成罪惡淵藪之地）。於是，警方與黑人青少年之間衝突對立情況增加，乃不可免。

東方主義

\#種族主義不僅是一種個人心理或病理層面的問題，而是一個深植於西方社會實踐、話語／論述及主體性的文化再現類型的問題。

在討論東方主義（Orientalism）的名著裡，薩伊德（Said, 1978）闡明這種種族主義的「結構」與社會特徵。他指出，文化—地理實體如「東方」並非作為自然的既定事實存在，而是作為一種具有歷史特殊性的話語／論述建構，有其歷史、傳統、想像和語彙，在西方社會裡賦予它一種特殊的真實和存在狀態。

東方主義是一組西方的權力話語／論述，被用來建構一個名為「東方」的存在實體——從而「東方化」了東方——依賴並複製了西方的優越與霸權地位。對薩伊德而言（Said, 1978），東方主義是一組充斥歐洲優越性、種族主義與帝國主義的一般概念，透過各式各樣的文本與實踐精緻化，並藉由這些文本與實踐方式而流通。東方主義是一個再現系統，將東方帶入西方的知識視野之中（Said, 1978）。此一再現系統

4　譯註：霍爾等人曾特別說明「襲劫」這個詞的典故。他們將「襲劫」當作一個社會現象（而非只是一個特定的街頭犯罪類型）來研究，整個研究的背景始於1972年8月。當時，有個英國老鰥夫看完戲劇表演返家途中，在倫敦滑鐵盧車站附近被人刺死，報紙開始用「襲劫」（mugging）這個原本只在美國使用的字眼報導這樁不幸事件，自此變成新聞報導用來描述街頭犯罪狀況惡化的語彙（Hall et al., 1978: vii, 3）。

包括福樓拜（G. Flaubert）描寫的與一名埃及高級應召女郎的邂逅，從而產生一種影響深遠的東方女性形象。在此形象裡，東方女性從不為自己說話，也不表現情緒，而且缺乏能動性與歷史，只是專供男性權力幻想、性消遣的無知少女形象；與此相反，東方男性則被看作是狡詐、瘋癲、殘酷與專制的。

就此而言，當代西方新聞媒體把「伊斯蘭」（Islam）視為頭號惡棍，可說是如出一轍的慣技。早在當前西方與伊斯蘭關係惡化發生之前，薩伊德（Said, 1981）即指出，西方媒體已將伊斯蘭民族再現成非理性狂熱分子，盲從救世主般的威權領袖。

伊斯蘭

最近數十年，西方有大量新聞報導聚焦於：

- 何梅尼（Ayatollah Khomeini）依據伊斯蘭教令（*fatwa*）對作家魯西迪（Salman Rushdie）發出追殺令；
- 1990到1991年間的波灣戰爭及其後續發展；
- 伊拉克海珊政權與美國之間的持續衝突，最終在2003年爆發戰爭；
- 賓拉登（Osama bin Laden）和2001年911事件的悲劇；
- 伊拉克人民武裝對抗美國為首的盟軍；
- 阿富汗、伊朗和伊拉克等國，以及「反恐戰爭」(war on terror)；
- 自稱伊斯蘭國（the Islamic State, IS）的伊斯蘭暴力組織的崛起；以及
- 伊斯蘭教徒訴諸暴力，抗議西方對穆罕默德的嘲弄醜化，例如2015年法國諷刺雜誌《查理週刊》（*Charlie Hebdo*）12人遇襲身亡事件。

針對「伊斯蘭基本教義」政治起源或「恐怖主義」的道德問題展開辯論，是件吃力不討好的事。文化研究的任務不是為某些人以伊斯蘭之名犯下的暴行辯護；不過，就西方媒體對伊斯蘭和穆斯林的文化再現進行分析，其中確實有明顯失衡的現象存在。

因此，

- 美國與伊拉克之間的衝突——至少在一開始——海珊應負最大責任，而且海珊被當成「邪惡皇帝」看待。少有媒體探討海珊敵視西方的原因，也很少提及伊拉克是**世俗**政權的事實。
- 塔利班、蓋達組織和賓拉登被描繪成邪惡狂人。少有媒體從他們的觀點論事，例如：賓拉登認為美國在沙烏地阿拉伯駐軍是對神聖伊斯蘭土地的侵犯。

- 少有媒體報導伊斯蘭被許多信徒，視為一種愛與和平合作的哲學和宗教。
- 許多人似乎不把這場衝突看成一條雙向道，也不認為西方文化和政治行動應對這場危機的發生負有責任；比方說，美國政府曾經提供軍火給塔利班。

美國極端主義者，穆斯林溫和人士

　　然而，主流媒體對任何議題的報導並非同質的。上述刻板印象曾是政治和媒體話語／論述中具有主導性的主題，但主流媒體也曾發出異議。當美國總統小布希（George W. Bush）在2002年國情咨文中指控伊朗、伊拉克和北韓是「邪惡軸心」時，主流媒體全面地予以嘲弄。自此，對這種「好人」vs.「壞人」思考邏輯和美國總體外交政策的媒體報導，已經形成聲勢。媒體報導出現的這些變化，與以下事實的理解有關：

- 海珊並未在伊拉克囤積大規模毀滅性武器；
- 美國在古巴關達那摩的拘押中心，以殘忍、不人道和侮辱的方式對待囚犯；
- 美國在國外多個地點使用所謂「先進偵訊技術」（enhanced interrogation techniques）（其實就是酷刑）對待遭拘押的嫌疑犯；以及
- 反恐立法在美國國內被用來監控和蒐集美國公民的資料，但這些公民與反恐調查並無關聯（另見第11章）。

　　有關這些議題的公眾知識，讓美國很難繼續裝成所謂邪惡「境外」勢力的無辜受害者。針對不同的國際穆斯林社區，也有越來越多較深入的媒體報導。比方說，根據2013年皮尤研究中心（Pew Research Center）對南亞、中東和撒哈拉以南非洲地區的調查，有67%的受訪者相當或非常關切伊斯蘭極端主義的問題。同一報告發現，蓋達組織被「廣泛唾罵」，大約有（中位數）57%的埃及、印尼、約旦、黎巴嫩、馬來西亞、奈及利亞、巴基斯坦、巴勒斯坦領土、塞內加爾、突尼西亞和土耳其的穆斯林持這種態度（'Muslim Public Share Concerns about Extremist Groups', 2013）。

國內的穆斯林

　　美國人在處理伊斯蘭時使用「我們」與「他們」這種標籤的現象很複雜，因為有相當數量的美國公民是穆斯林——而且自911事件以來，美國穆斯林人口持續增加。在1992年到2012年之間，大約有170萬穆斯林移民美國成為合法的永久居民，而這構成美國275萬穆斯林人口的一大部分（'The Religious Affiliation of U.S. Immigrants', 2013）。同時，皮尤研究中心預測到2050年之前，依據宗教信仰來說，美國穆斯林人口將超過美國猶太人。事實上，由於增長快速，在2050年之前，全球穆斯林人口總

數預估將與基督徒的數量相當（'The Future of World Religions', 2015）。

這些人口學的變化，至少在某個程度已反映在文化再現當中。比利吉（Mucahit Bilici, 2012）指出，美國媒體現在有兩種類型的報導集中在伊斯蘭和穆斯林，一種是外國新聞，將海外穆斯林再現為戰爭與恐怖主義脈絡下的敵人和麻煩製造者。雖然晚近的阿拉伯之春（Arab Srping）已改變這類型的某些報導，但混亂、不穩定和危險等主題仍是主流（Bilici, 2012: 3）。

不過，還有另一種新的報導類型。這一類型的報導不像前一種類型的報導那麼顯眼，但已逐漸成為一種重要的再現類型。這是有關美國穆斯林的報導，通常採取同情立場，將美國穆斯林視為合法權力遭侵犯的受害者：

> 美國穆斯林群體的成員一般被再現為左鄰右舍或善良美國人，是一群爭取自身公民權利的人，需要被同情、瞭解和尊重。他們是國內的穆斯林。
> （Bilici, 2012: 3）

諸如「穆斯林世界」與「西方」之類的詞語，因為涉及地理、文化和歷史的大崩塌（grand collapse）而遭受批評（Shryock, 2010）。你認為「大崩塌」在這個語境下是什麼意思？請列出你覺得更有幫助的詞語？

媒體與穆斯林女性

一些學者指出，911事件後，穆斯林女性在新聞媒體裡越來越被拜物化（fetishized）。荷西（Faiza Hirji）指出，穆斯林女性的再現方式已被用來當作有關西方「反恐戰爭」話語／論述的強烈象徵，特別是用以正當化西方對阿富汗的軍事干預行動：

> 阿富汗戰爭從開打、持續，轉為不知何時結束並有大量傷亡的戰事，解放阿富汗穆斯林女性遂變成用來彰顯這場戰爭成果的標記。不管是否已準備好，阿富汗穆斯林女性進入了這個全球舞臺——但只到某個點上。她們少有機會為自己發聲，而只是沉默、靜止的影像，全身包裹在藍色罩袍裡，任由西方媒體詮釋成需要被解救的符號。（Hirji, 2011: 36；內部引述從略）

荷西也發現，在世貿中心攻擊事件後的幾年間，穆斯林女性在電視娛樂節目中的人數有同步增加的趨勢，例證包括電視劇如《24反恐任務》（*24*）、《LOST檔案》

（*Lost*）與《大草原上的小清真寺》（*Little Mosque on the Prairie*）（稍後在個案研究中再詳加討論）。她的整體結論是：雖然這些穆斯林女性的再現包括一些非刻板印象的再現，但她們還是過於簡單化，無法「對公眾教育做出有意義的貢獻」（2011: 44）。這也拋出了一個問題，娛樂媒體在處理涉及重要社會議題的再現時，應該承擔何種（如果有的話）的義務。

搞笑聖戰士

911事件後，另一個有趣的文化發展是穆斯林喜劇演員爆紅的現象。例子包括美國喜劇團體「阿拉讓我變得好笑」（Allah Made Me Funny），一人擔綱的獨角喜劇如英國的莎奇雅・米薩（Shazia Mirza）（如圖所示，p.317）和澳洲的那西姆・海珊（Nazeem Hussain）。表演者阿西夫・曼迪維（Aasif Mandvi）也享有國際知名度，是《喬恩・史都華每日秀》（*The Daily Show with Jon Stewart*）的常客，在他扮演的許多嘲諷角色中，他經常出鏡擔任該節目的「資深穆斯林特派員」和「資深外國長相特派員」（Senior Foreign-Looking Correspondent）。

尤其是，有關穆斯林的機場笑話蓬勃發展。這種幽默的威力，一部分是因為機場是高度緊張的場所，也因現實情況不容許在機場開玩笑。〔美國執法人員實施的〕種族臉譜化（racial profiling）的作法也有助於解釋為什麼「有棕色人種搭機」（flying while brown）已變成「有黑色人種開車」（driving while black）的諷刺新笑點。「邪惡軸心」喜劇團成員迪恩・奧拜達拉（Dean Obeidallah）對觀眾說：「穿得更白一點，讓你一路順暢；穿得棕色一點，讓你寸步難行」（轉引自Ramirez, 2012）。「阿拉讓我變得好笑」喜劇團的阿查爾・烏斯曼（Azhar Usman）也開玩笑說他在美國登機引起的普遍反應：話說到一半的交談戛然而止，同行旅客的眼神似乎在說：「我們都死定了！」（轉引自MacFarquhar, 2006）。

同時，那西姆・海珊用他的澳洲搞笑電視秀《Legally Brown》揭露廣泛存在的種族歧視。其中一個橋段，他穿得像一些非白人名流（但其實完全不像），為的是「觸發」公眾的情緒。事實上，來往過客真的信以為真，把他當成板球球星薩辛・坦都卡（Sachin Tendulkar）、電影《暮光之城》（*Twilight*）裡的「傑考布」（Jacob）或歌手will.i.am，相當程度證明他的所說的，所有非白人名流都長得一樣。對此，澳洲學者阿里（Waleed Aly）認為那西姆・海珊用喜劇突顯「二元對立世界的存在，一邊是白種性（whiteness），一邊則是非白種的他者性（otherness）。白人是（面目清晰的）個體，而非白人（被視為單一群體）則不是」（2013）。

比利吉認為，穆斯林喜劇演員攪動了穆斯林是冷峻、陌生與危險的主流媒體形象：「搞笑與聖戰士？許多人看到『穆斯林』和『喜劇』在同一個句子出現會覺得

很好奇……你很少看到一個帶著笑臉的穆斯林在電視上出現」（Bilici, 2012: 171）。
然而，其他學者質疑幽默是否能夠有效地挑戰主流話語／論述當中的伊斯蘭恐懼症
（Islamophobia）。對加拿大學者福濟（Salua Fawzi）而言：

> 伊斯蘭恐懼症，不管它是種族主義、道德恐慌，或是一種深植人心的
> 對於伊斯蘭的恐懼，正劇烈地影響著穆斯林在西方世界的生活。儘管各個穆
> 斯林和非穆斯林圈子內外都不乏敢言的批評者，但這種情況卻未見減少。
> （2015: 229）

莎奇雅 · 米薩

©攝影：Martin Twomey

請思考穆斯林喜劇演員說過的以下笑話：
- 我的名字是莎奇雅·米薩（Shazia Mirza）。至少那是我的飛行員執照上面的名
  字。——莎奇雅·米薩（在911恐怖攻擊事件發生後，她戴著穆斯林女性頭巾演
  出）。
- 「我不再喝酒，我開始和男人來往。我不再把妹。我媽覺得我不再是穆斯林
  ——她以為我是同性戀。」——普里徹爾·莫斯（Preacher Moss）

- 「人們盯著我看，彷彿我該為911負責。你相信嗎？我，為911負責。911？不！難道是7-Eleven？或許吧。」——阿查爾·烏斯曼（Azhar Usman）

　　這些笑話開的是誰的或什麼的玩笑？誰會覺得這些笑話好笑？這些笑話的功能是什麼？如果這些笑話不是關於穆斯林的，什麼可能會改變？

電視與種族、族群再現

　　文化研究有個重要研究路徑，關切電視長期對種族和族群的再現。整體而言，多樣性已經增加，刻板印象正在減少，但當代的再現狀況仍遠非中立或毫無問題。白人臉孔仍然支配西方電視螢幕，而種族和族群的諸多再現方式仍然流於陳腔濫調、具有壓迫性，或是應該被反對。

只限白人

　　在某個層次上，有色人種全然被電視忽略。在美國，直到1960年代晚期及1970年代初期，電視劇才首度出現黑人家庭（Cantor and Cantor, 1992）。職司調查當時遍及美國的社會騷亂，1960年代成立的科納委員會（the Kerner Commission）論稱，美國新聞媒體「長久以來沉浸在白人世界裡，往外看的時候（如果有的話），也是用白人的眼睛和白人的觀點」（Kerner Commission, 1968: 389），反映了該委員會所謂「白種美國的無動於衷」（the indifference of white America）。

　　在1980年代英國，種族平等調查委員會（the Commission for Racial Equality, 1984）指出，與美國黑人相比，英國黑人在電視上出現的頻次更少，英國電視劇角色只有5%是黑人；而且，在六十二個擔任電視劇主角的非白人角色之中，只有三個是黑人。例如：整體而言，英國電視肥皂劇被批評是將社區再現為全然白種、異性戀及工人階級。收視率相當高的《加冕街》（Coronation Street）[5]，劇中黑人角色寥寥無幾，而這對照於曼徹斯特一地（該劇的設定場景）多元族群的事實，令人頗感不解。同樣地，美國電視肥皂劇如《朱門恩怨》（Dallas）、《朝代》（Dynasty）、《我們的歲月》（Days of Our Lives）[6]、《勇士與美人》（The Bold and the Beautiful）[7]與《飛越情海》（Melrose Place），也不算善盡再現美國多族群人口的職責。黑人在媒

---

[5] 譯註：《加冕街》是英國商業無線電視ITV於1961年正式播出的連續劇，至今已播出超過半世紀之久，是世界上少數幾個最長壽的電視劇。

[6] 譯註：美國著名的肥皂劇集之一，1965年開播至今。

[7] 譯註：CBS電視網播出的電視肥皂劇，於1987年開播至今。

體上的不可見／隱身性（invisibility），不僅與媒體的民主角色不相容，也讓白人對
黑人及黑人文化一無所知的問題更形惡化。由於忽視黑人的存在，媒體報導將他們擺
在主流社會之外，從而將他們再現為邊緣與不相干的人群。

刻板印象化的再現

　　由於有色人種的媒體再現在1980年代及1990年代大幅增加，因此注意力聚焦於
構成族群與種族的**再現類型**，例如：黑人在英國經常被新聞媒體再現為問題，特別
是年輕黑人被認為與犯罪和社會失序脫離不了關係。在許多「喜劇」節目中，殖民
時代的黑人形象被用來暗示黑人的愚蠢和無知。例如：《請講普通話》（*Mind Your
Language*）的電視劇，背景安排在一個英語課堂上，透過所謂外國人講的英語都很
可笑之類的「笑話」，將有色人種群體化約為刻板印象（Medhurst, 1989）。

　　在美國，首齣特寫非洲裔美國人的情境「喜劇」《阿莫斯與安迪秀》（*Amos
'n' Andy*），成為用刻板印象式「幽默」來貶低黑人的同義詞。的確，美國電影與電
視產業呈現黑人刻板印象，由來已久，始自「黑種混血兒」（Sambo）及「畜生」
（Brute）黑奴的拓殖時期的傳統，歷經1960年代溫和自由派人士，一直到1970年代
中期的「超級黑桃」（Superspade）偵探。「然而，無論黑種混血兒或超級黑桃，螢
幕上的黑人形象一直是缺少人性的面向」（Leab, 1976: 5）。

改變的符徵

　　這些歧視有色人種的媒體再現，不能只是一笑置之；不過，要瞭解關於種族的
當代媒體再現，我們必須承認變化已經開始發生。坎伯（Christopher P. Campbell,
1995）發現，在他針對四十小時美國本地新聞的分析裡，「沒有證據顯示有蓄意、露
骨的種族偏見」，只有少數屬於他稱作「老派種族歧視」（old-fashioned racism）的
例子（但有大量更幽微、不易察覺的現代版種族歧視）。更通則化地說，有人在努力
將英國、美國和澳洲的再現建構成為更多元的社會。此處所謂一個更多元的社會，指
的是不同族群的文化與習俗提升了社會的豐富性與多樣性。

　　在英國，《帝國路》（*Empire Road*）與《戴斯蒙》（*Desmond's*）等喜劇，聚焦
於黑人家庭，劇中有逗趣但不帶種族歧視的幽默；晚近，《我的老天》（*Goodness
Gracious Me*）和《住在42號的阿差庫馬斯一家》（*The Kumars at No. 42*）展現的是
英國亞裔的幽默風格。而肥皂劇《倫敦東區人》（*EastEnders*）則比過去任何一部
肥皂劇呈現出更寬廣的多族群社區與角色。在美國，黑人哈斯特伯一家（the black
Huxtable family）〔《天才老爹》（*The Cosby Show*）〕，曾經是黃金時段最受歡
迎的電視喜劇〔雖然對這齣電視喜劇的美好回憶，如今已因比爾·柯斯比（Bill
Cosby）的性騷擾和性侵指控而蒙上陰影〕。雖然《火線重案組》（*The Wire*）（見

本書第10章）確實將一部分非洲裔美國人再現成罪犯，但它也探討了導致毒品文化的社會和文化狀況，這是大多數犯罪類型劇少有著墨的。《火線重案組》模糊了「好」與「壞」和黑與白的界線，有時罪犯可能比警察和政客表現得更有道德。

同樣地，網飛（Netflix）製播的女性監獄劇《勁爆女子監獄》（*Orange is the New Black*），其中的黑人、拉美裔和亞洲裔角色，不再被以刻板印象的方式呈現。他們的背景故事被精心地鋪陳，其人格特質不再被過度簡單化，而且和《火線重案組》一樣，他們的行為準則比當局和獄政管理人員更加一絲不苟。再者，種族和都市部落主義（urban tribalism）的複雜性在該劇中被嚴肅探討，而非被忽略或輕率處理。正如帕斯琴（Willa Paskin）所說的，該劇的「種族多樣性，以及對種族議題的坦率態度，值得所有把避開這些議題視為理所當然的電視劇學習」（2013）。《勁爆女子監獄》也打破陳舊和侷限的種族刻板印象，特別是對其中一個跨性別的黑人角色，亦即由跨性別女演員拉維恩・考克斯（Laverne Cox）飾演的索菲亞（Sophia Burset）——有充滿同情與手法細緻的呈現（第9章）。

社會威脅

像《火線重案組》和《勁爆女子監獄》這樣能夠探討種族歧視背後的社會狀況的電視劇實屬鳳毛麟角。通常，種族主義繼續被看作只是少數人士的個人偏見（personal illiberality），更甚於把它當作一個結構不平等（structured inequality）的問題對待。再者，人們對於當前再現中的黑人文化特殊性所投入的注意力仍嫌不足。當代電視的種族再現繼續將有色人種（特別是青少年）與犯罪、社會問題相連結。根據馬丁戴爾（Carolyn Martindale, 1986）與坎伯（Campbell, 1995）的研究，新聞對非洲裔美國人最常見的描繪，總是與槍械和暴力有關。貧窮黑人被建構成一種「對社會的威脅」（menace to society），到了超過可接受行為的尺度，把他們與犯罪、暴力、毒品、黑幫和未婚懷孕等問題連結起來。

對葛雷（Herman Gray, 1996）來說，美國哥倫比亞電視網播出的紀錄片《消失的家庭：美國黑人族群危機》（*Vanishing Family: Crisis in Black America*）是其典型，將（白種）核心家庭當作正常家庭，卻將黑人家庭視為問題重重。該片描繪一群關愛與良心的年輕非洲裔美國婦女，努力扶養稚子幼女，但一群怠惰的黑人男性卻在街角閒晃。

葛雷提出一個值得重視的觀點：非洲裔美國人的「正面」再現，並非總是運作得當，特別是當這些再現與黑人的其他形象（在更廣泛的種族再現的脈絡下考慮）並置時，更是如此。雖然這個節目包含電視播報員稱作「美國一些成功而具凝聚力的黑人家庭」，是為了將責任從美國種族不平等結構和系統，重新導向貧窮黑人本身的個人弱點和道德缺失。

因此，「黑人性」（blackness）的意義是累積的與具有**互文作用的**。將黑人與犯罪相連結，並把他們描述成社會問題，雖然不同於當代情境喜劇的較正面的**同化主義**的形象，但或許也可說是被後者強化了。

同化主義者的策略

《天才老爹》裡的哈斯特伯一家人，以及談話節目主持人如歐普拉‧溫芙蕾（Oprah Winfrey），代表的是中產階級的成就和社會流動。與所謂「美國夢」沆瀣一氣的是，他們傳達的訊息是成功機會對任何具有天賦且努力向上的人開放。影響所及，非洲裔美國人的貧窮，充其量最多被看作是因為個人無能，或甚至被看作是非洲裔美國人文化的集體面向所致，要不然為何貧窮統計和都市貧困問題都顯示黑人不成比例地多呢？

正如賈利（Sut Jhally）和路易斯（Justin Lewis）指出，「哈斯特伯一家人的成功，暗示著大多數黑人的失敗，……她們沒有取得類似哈斯特伯一家人在專業或物質生活上的成功」（Jhally and Lewis, 1992: 137）。同樣地，雖然描繪中產階級美國黑人的情境喜劇強調物質成功與勤奮工作、教育、誠實和責任的價值，葛雷論稱「許多個人側身於貧困階級之列，雖然他們擁有同樣好的個人條件，但缺乏選擇和機會去實現」（Gray, 1996: 142）。

英特曼（Robert M. Entman, 1990）認為，地方新聞中也有類似的同化主義策略，例如：用黑人擔任新聞主播，試圖傳達所謂種族歧視不再存在於美國的想法。黑人權威人物得以現身電視螢幕，使得種族歧視問題被斥為不復存在（已經被扔到歷史的垃圾桶裡），而他們對於主流文化觀點的採納，更是無異於接納同化主義者的觀點。此一論點在坎伯（Campbell, 1995）的研究中得到支持，對金恩博士紀念日慶祝活動電視新聞報導進行質性分析：只有一個明顯的例外狀況，新聞報導多將種族歧視描述為過往雲煙，而且將報導重點擺在對於金恩博士成功事蹟的頌揚，更甚於將這些活動視為是一種提醒，提醒我們金恩的歷史願景仍未在美國日常生活中獲得實現。

後種族？

2008年，歐巴馬（Barack Obama）當選美國首位黑人總統，引起媒體競相宣告一個新的種族秩序已經到來。權威人士和新聞記者紛紛以此選舉結果為證，宣稱美國已經「以鈞天一擊之勢，翻轉它種族主義的過往，迎來一個種族平等的時代」（Smith and Brown, 2014: 162-163）。同樣的誇張宣稱，也被用來形容非洲裔美國藝人如碧昂絲（Beyoncé）和她的丈夫饒舌歌手Jay-Z在商業上獲得的成功。

像哈斯特伯一家人一樣，歐巴馬和碧昂絲被認為實現了所謂機會平等和物質成功的美國夢。因此，2009年1月，當碧昂絲在總統就職慶典舞會上演唱伊特‧珍

（Etta James）的歌曲《終於》（At Last）時，成了一個特別強烈的象徵。誠如艾利斯・卡什莫爾（Ellis Cashmore）所觀察到的，此一事件「裝載著」象徵意義：「碧昂絲演唱的同時，一旁翩然起舞的歐巴馬和妻子蜜雪兒成了一種意識形態上的證明」（2010: 135-136）。

「後種族」（psot-race）和「後身分／認同」（post-identity）等詞，是媒體和學界說明二十一世紀已達成自由個人主義許諾的個人成就與自我實現，讓我們來到了一個「後身分／認同」的時刻。這意味的是，與「黑人」或「女性」有關的歧視和壓迫，歷史包袱已經統統被消除了（Price, 2014）。

然而，對貝爾（Christopher E. Bell）來說，名流文化那種所謂「任何人都可以做到」的觀念，其實只是一種意識形態的謬誤（2010: 49）。因此，頂尖非洲裔美國人如碧昂絲、肯伊・威斯特（Kanye West）、荷莉・貝瑞（Halle Berry）、丹佐・華盛頓（Denzel Washington），無法代表更廣泛的美國黑人經驗。的確，碧昂絲毫不掩飾的物質主義甚至可能損及黑人政治訴求，因為她將毫無節制的消費和事業成功所揄揚的個人主義，置於集體政治參與之上。

> 「你怎能說種族歧視在美國，還是個問題？」美國普通人可能會問：「看看碧昂絲，還有其他黑人明星如Jay-Z、艾莉西亞・凱斯（Alicia Keys）或傑米・福克斯（Jamie Foxx），每個都賺得盆滿缽滿；她們不覺得有種族歧視，對吧？」這裡夾帶了碧昂絲成功故事的教誨……當眼前擺滿令人目眩神迷的商品時，種族歧視就很容易被忽視或遺忘。（Cashmore, 2010: 148）

你對「後種族」一詞的理解為何？若生活在一個「後種族」世界，那將會意味著什麼？你認為非洲裔美國名人如碧昂絲，有義務公開介入種族相關的政治嗎？

#BlackLivesMatter

自2014年發生數起警察殺害黑人的事件以來，所謂美國現在是個「後種族」社會的說法引起激烈的辯論。這些辯論全都涉及對所謂黑人犯罪威脅的過度反應。這些因警察暴力或警察槍殺致死的相關案件包括：紐約市史泰登島的43歲黑人埃里克・加納（Eric Garner）、密蘇里州弗格森市的18歲青年麥可・布朗（Michael Brown），以及克里夫蘭市的12歲少年塔米爾・萊斯（Tamir Rice）。

立場保守的新聞主播繼續堅持這些致死案件只是犯罪問題，與種族因素無

關。然而，米卡‧帕洛克（Mica Pollock）與譚雅‧寇克（Tanya Coke）指出，有關潛藏偏見的研究發現顯示，不論哪一種族，大多數美國人繼續無意識地將黑人與危險和犯罪聯想在一起（Pollock and Coke, 2015）。

　　這種陰險與頑強的種族主義已導致新社會運動，如#BlackLivesMatter的興起。這一開始是2013年在推特上的一個井字號標籤（hashtag），因為喬治‧齊默曼（George Zimmerman）獲無罪開釋的爭議事件而起，他在前一年於佛羅里達州槍殺17歲黑人少年特雷文‧馬丁（Trayvon Martin）。此後，這上升成為一場國際運動，因強而有力的女性運動領袖而知名，聚焦於黑人社群酷兒和跨性別成員的權利，也關注警察和私刑者對黑人的非法殺戮。

　　#BlackLivesMatter的網站提供鮮明的提醒，種族主義在美國當前社會裡仍非常普遍。它指出：

- 每二十八小時就有一個黑人女性、男性或小孩，被警察或私刑般的執法手段所殺害；
- 估計有25.1%的美國黑人女性生活在貧困狀態（高於任何其他族群）；以及
- 黑人女性跨性別者的平均壽命是35歲。

（資料來源：'All #BlackLivesMatter. This is Not a Moment, but a *Movement*', n.d.）.

再現的曖昧性

　　有色人種在英美國家的〔媒體〕再現狀況，充滿諸多矛盾。〔如前所述，〕黑人同時被再現為作奸犯科之徒與〔如《天才老爹》裡〕成功的中產階級。種族被看作是一個當下的問題，但種族歧視卻被認為是一個不復存在的問題。誠如霍爾論道：

　　　那些（無論在哪一方面）與大多數人有顯著差異的人——「他們」而非「我們」——經常被暴露於此一種二元對立的再現形式當中。他們的再現，似乎是透過尖銳對立、兩極化與二元式的極端——好／壞、文明／原始、醜陋／極度誘人、因為與眾不同而令人心生排斥／因為異國風情而令人讚賞，而且他們通常被要求必須同時是兩者！（Hall, 1997c: 229）

　　在那些企圖「正面地」再現黑人的嘗試，含糊曖昧（ambiguity）與愛恨交織（ambivalence）構成顯目的風景。例如：在奧林匹克運動會或籃球、足球賽事裡，媒體對非洲裔美國人與英國黑人運動員有顯著報導，但這類報導有如雙面刃。一方面是一種頌揚和接受黑人的成就，另一方面是把黑人成就**限制**在運動競賽，呼應黑人是

四肢發達但頭腦簡單人種的刻板印象。

在娛樂和音樂的世界，嘻哈、饒舌和音樂錄影帶，已變成顯著的電視類型之一。饒舌音樂可說是描繪黑人（特別是男性）經驗的「文化真實」（cultural reality）：他們與警方的對立，挑戰他們認為不公義的權威作為。的確，胡克斯論稱：

> 在韻律與藍調音樂中，「饒舌音樂」占據了主要位置，在年輕黑人之間成為最愛的聲音，或甚至開始變成一種底層階級的「證言」，並不令人感到意外。它〔饒舌音樂〕促使底層階級青少年發展出一種批判的聲音，正如一群年輕黑人告訴我的，成為他們的共同素養。饒舌音樂投射了一種批判的聲音，解釋、要求且充滿動力。（hooks, 1990: 75）

不過，也有人批評饒舌音樂是胸襟狹隘、帶有性別偏見、厭女與暴力傾向，即使它的確重塑並延展了流行音樂。饒舌音樂是批判的，但同時也是反動的，是一個充滿爭辯的場域。

新貧民窟美學

曖昧性可見於一系列與饒舌音樂密切關聯的黑人電影，包括馬里奧・范比柏斯（Marion Van Peebles）導演的《萬惡城市》（*New Jack City*）和約翰・辛格頓（John Singleton）的《鄰家少年殺人事件》（*Boyz N the Hood*）。瓊斯（Jacquie Jones, 1996）將這些電影描述為「新貧民窟美學」（the New Ghetto Aesthetic）：一方面這些電影是非洲裔美國人導演的好萊塢影片，被譽為再現了某些非洲裔美國人的生活處境；另一方面，它們可說是「編織了大量不符實情的黑人經驗，無異於白人導演電影對黑人的再現」（Jones, 1996: 41）。

這些電影在兩個面向上特別有問題：

1. 黑人社群被刻劃為充斥犯罪與暴力，其原因在於個人病理，解決之道則不外乎是更多警力或嚴父的管教；
2. 女性被用典型的母狗／妓女模式（in the standard bitch/ho mode）描繪，少有黑人女性被用她們與男性關係之外的特質定義。

雖然我們用他們的個人生命史和情感困擾來瞭解男性特質，女性卻經常被化約為只是強悍及（／或）性感。值得重視的是種族再現的性別化特質，因此常見誇大的男性陽剛風格被視為黑人反抗白人的象徵（hooks, 1992）。對某些黑人男性而言，採用

此一陽剛與強調男人本色的表達形式，是對白人權力的反制，使他們在面對社會排斥時找到自尊和力量，但這並未否定母狗／妓女二元劃分或「黑人男子漢」的再現方式（Wallace, 1979）

　　思索種族再現的曖昧性是相當重要的，以免辯論流於簡單的好／壞二元劃分，因為二元對立的思考，帶出的是種族主義未經思考的反射式的指控，或是要求媒體只能呈現有關黑人的正面形象。畢竟，正面形象雖然在刻板印象的情境下有其用處和價值，卻不必然破壞或取代負面形象。的確，某些人認定的正面形象，可能遭致其他人的抨擊，而這種莫衷一是的情況並不罕見。例如：英國電視肥皂劇《倫敦東區人》和美國電視劇《親情深似海》（I'll Fly Away），固然自覺地試圖以真實和正面的方式去再現黑人，但還是有評論者認為有可議之處。

《倫敦東區人》

　　出於刻意安排，英國電視劇《倫敦東區人》前所未見地有許多黑人和亞裔角色。它未將有色人種再現成「問題」，黑人角色被刻劃成積極且重要的戲劇角色。《倫敦東區人》再現了一個多元族群社區，而且不將黑人及亞裔角色化約為單向度的「黑人經驗」；再者，此劇對於跨種族關係／婚姻有相當同情的再現。根據所羅門與法威爾（Bramlett-Solomon and Farwell, 1996）的觀察，這種再現方式幾乎不存在於美國的肥皂劇[8]。但另一方面，此劇被批評為無法免於刻板印象，例如：劇中亞裔大多擔任醫生或小店鋪業主，忽略了種族主義更寬廣的結構問題，並且把它化約為個人性格特徵。同時，白人畢爾一家人（the Beale family）（和世居東倫敦的其他白人角色）在劇中占據核心地位，黑人及亞裔角色則被邊緣化，從未是劇情核心的一部分（見Daniels and Gerson, 1989）。

《親情深似海》

　　有關《親情深似海》的辯論，集中在劇中主角莉莉・哈波（Lilly Harper）的再現，包括她和劇中其他角色的關係，以及她和民權運動的關係。史密斯（Karen Smith, 1996）認為，莉莉・哈波這個角色雖然是女傭，但絕非「黑人老媽子」；相反地，莉莉・哈波被描繪成是一個思想獨立的睿智女性，活躍於民權運動，而且不會在她所工作的白人家庭面前低聲下氣。史密斯指出，雖然其他評論者視莉莉・哈波為黑人老媽子，但她所批評的主要對象是電視臺本身，因為電視臺在宣傳這部電視劇時，

---

[8]　譯註：《倫敦東區人》是英國BBC於1985年正式推出的連續劇，至今已播出超過三十年之久。

「斷章取義」地擷取了若干影像，誤導觀眾以為莉莉・哈波是刻板印象的黑人老媽子角色。換句話說，出於不同目的的再現之互文性，莉莉・哈波這個角色變成了矛盾與曖昧的意義建構的場域。

《大草原上的小清真寺》

《大草原上的小清真寺》（*Little Mosque on the Prairie*）是一齣加拿大的情境喜劇，聚焦於穆斯林社群在小鎮上僅有的一所教會裡租下當作清真寺使用的空間。該劇共有六季，自2007年在加拿大首播以來，吸引全球數百萬觀眾。該劇由穆斯林女性主義者扎爾卡・拿瓦茲（Zarqa Nawaz）擔任編劇，是首部有關穆斯林的北美情境喜劇，網羅許多穆斯林演員擔綱演出（Conway, 2012b）。

《大草原上的小清真寺》被認為是一部具有突破性的電視劇，描述穆斯林女性面臨三種力量的壓迫：(1)種族主義；(2)穆斯林社群和西方社會的父權體制；以及(3)不得不適應所處社會的支配文化（Eid and Khan, 2011: 188）。該劇的主要角色包括四位不同年齡和族群背景的穆斯林女性：

- 雷楊・哈默迪（Rayyan Hamoudi）〔希塔拉・赫維特（Sitara Hewitt）飾演〕：一位抱持女性主義觀點的醫生，也是虔誠的穆斯林，她優雅的伊斯蘭穿著風格讓不少粉絲為之風靡，甚至有專門建議觀眾如何穿得像她的粉絲網站。
- 莎拉・哈默迪（Sarah Hamoudi）〔希拉・麥卡錫（Sheila McCarthy）飾演〕：原英國國教徒改信伊斯蘭教的她，是為劇中女性市長工作的公關人員。
- 法提瑪・丁薩（Fatima Dinssa）〔阿琳・鄧肯（Arlene Duncan）飾演〕：一位寡婦和單親媽媽，經營一家小餐館，為了她所信奉的伊斯蘭教而不惜和顧客吵架。
- 蕾拉・席迪秋（Layla Siddiqui）〔阿里薩・維拉尼（Aliza Vellani）飾演〕：巴基斯坦裔加拿大移民第二代，她對男孩、音樂和服裝感興趣，其父屬於該穆斯林社群中最極端保守的一員。

和《倫敦東區人》及《親情深似海》一樣，《大草原上的小清真寺》對種族和族群的描寫也引起爭議。某些人覺得該劇未能展現穆斯林女性的多樣性（Hirji, 2011: 42），另有些人則讚揚它對具有混雜生活風格的穆斯林女性的刻劃，呼應芭芭所謂「第三空間」的概念（Eid and Khan, 2011）。對康威（Kyle Conway, 2012b）而言，該劇拆解了薩伊德所說的東方／西方的二元對立（Orient/Occident binary），讓劇中人物擁有女性與穆斯林的雙重身分／認同。他也指出，該劇運用情境喜劇裡在根本意義上較為保守的常規，其目的是為了對人們的世界觀提出質疑（Conway, 2012a）。

　　　　《大草原上的小清真寺》的劇名是模仿一本美國經典小說和電視劇《大草原上的小房子》（*Little House on the Prairie*），你認為該劇為何使用這個特別的參照點？在美國上映時，該劇劇名被精簡為《小清真寺》（*Little Mosque*）。你認為該劇特別調整名稱的意義為何？

再現 = 錯誤再現

　　考量關於種族和族群再現的諸多辯論時，值得注意的是，如我們在第3章所述，媒體再現必然不同於鮮活真實（雖然再現確實對我們如何理解鮮活經驗有所影響）。比方說，麥基（McKee, 2005: 11）指出，沒有任何一個群體會被媒體「正確地」再現，如果「正確地」一詞意指再現與真實狀況完全相符。再者，既然我們無法知道什麼是「正確的」再現，我們當然也無法知道什麼是不正確的再現。我們都被再現——既不完全正確，也非完全不正確——其結果有賴於我們根據自身價值觀去評判。

　　不過，這不是說所有的錯誤／再現（mis/representation）的創造條件是一樣的，因為其中涉及某些種族和族群的描繪，關乎更廣泛的社會不平等狀況。權力分殊同樣是重要的考量因素。比方說，所有企業總裁都被再現為貪婪的後果，畢竟不同於所有非洲裔美國人都再現為罪犯，或是所有穆斯林都被刻劃成暴力極端主義分子。

　　　　麥基認為公開再現（public representation）總是涉及「控制的喪失」（a loss of control）。你認為他這麼說是什麼意思？你認為媒體可能「正確地」再現某一群體嗎？你自己在社群媒體上的再現狀況為何？其中，哪些面向是「正確的」？哪些面向是「不正確的」？

賽伯空間與種族

　　上述討論很多是關於電影和電視，但再現的新空間是賽伯領域（見第11章）。網際網路早期的熱情擁護者通常宣稱，網際網路會超越種族，因為網路使用者是「不可見的」，可以擁有多重身分／認同。然而，研究顯示這種樂觀主義是錯置的。中村（Lisa Nakamura, 2000: xi）認為，「網際網路是種族發生之地」。這是說，在網際網路上，種族是話語／論述建構和展演的對象。網路使用者通常很明白自己的種族和性別身分，也會在網路上複製社會文化裡本來就存在的種族再現。就算他們的網路化身（avatars）有時佯裝成其他種族，他們經常會表現出「充滿刻板印象化的『東方』意象，從而讓關於種族差異的既有神話變得更難打破」（Nakamura, 2000: xv）。

　　在她的民族誌研究裡，中村（Nakamura, 2000）探討了種族被LambdaMOO遊戲玩家「書寫」和「閱讀」的方式。LambdaMOO是一個線上文本、角色扮演的世界，建立於1990年代初期，至今是歷史最悠久的線上社群。中村特別關注的是有關種族的文化規則，在這個新的社會空間裡是否發生轉變。雖然玩家對種族在遊戲裡的缺席感到樂觀，但中村認為種族主義並非不存在，而是由一種新形式的線上刻板印象取代。

　　這類遊戲社群的第一幕是透過文本描述去創造一個角色。在LambdaMOO遊戲裡，性別是必要的（雖然有三種選項：男性、女性，介於男女之間的性別），但種族連是個選項都還談不上。這可能意味此社群已無種族之分。然而，中村認為，種族變成暗示性的，有兩種方式：一是頭髮和眼睛顏色通常表明種族；二是因為在種族符徵並未給定時，角色通常被視為白種人。中村認為，遊戲包含一種自由和選擇的幻想，但從「真實生活」援引的有關種族的假設繼續存在。

　　當遊戲玩家**表明**角色扮演的種族背景時，往往充滿刻板印象。舉例來說，中村發現，當「亞洲」與「男性」二詞合併使用時，有一種她稱為「身分／認同觀光」（identity tourism）的現象，亦即扮演「亞洲男性」而在線上「路過」的白人玩家表現出來的是暴力、陽剛、漫畫式的角色，然後這又變成「亞洲性」（Asianness）的虛擬面貌，而種族在「真實生活」的複雜性則是缺席和受壓抑的。中村認為，跨性別打扮和種族觀光對亞洲女性更是雙重壓迫，因為她們變成性別化和順服的玩物（submissive playthings）。她論稱，亞洲女性的性別和種族的複雜真實性（在遊戲中）付之闕如。

　　中村討論的是網路遊戲社群中，玩家「自願」採納的身分／認同。不過，種族問題也出現在遊戲公司提供的許多虛擬化身一開始就充滿種族偏見。埃弗里特（Anna Everett）與華肯斯（S. Craig Watkins）討論種族在「都會」遊戲裡的展演狀況，特別是《俠盜獵車手系列》（*Grand Theft Auto*），該款遊戲將種族差異拜物化與妖魔化，卻將白種性再現成理所當然的正常規範。他們認為，在《俠盜獵車手系列》網路遊戲中，都會／貧民窟／黑人社區被呈現成偏差、危險、極端暴力、高度性別化與充斥非法活動的。同時，遊戲中的黑人角色被用誇張和幻想的種族標記再現，被稱為「高科技黑臉」（high tech blackface）──正如二十世紀初期街頭藝人秀（黑臉藝團表演）（the minstrel shows）裡的黑人形象。埃弗里特與華肯斯（Everett and Watkins, 2008）認為，這些化身讓白人玩家以一種娛樂、無害的方式玩弄黑人性，從而鞏固種族有優劣高下之分的偏見。

白種的網際網路

　　在一本晚近的著作裡，中村與周懷特（Nakamura and Chow-White, 2012: 17）發現，就「封閉社群（walled communities）、加深經濟與科技排斥狀況（economic and technological exclusion）的新形式（與新平臺），以及新舊並存的種族符碼、互動和形象」而言，網際網路與其他電腦科技涉及的是權力和地位的複雜面貌。他們認為，種族本身已變成一種數位媒介（a digital medium），各種數位落差正沿著種族軸線加深了新型態的不平等。凱特麗與拉斯特（Hensman Kettrey and Whitney Nicole Laster）證實了這個說法，她們分析二千則發布在YouTube論壇的評論，藉此檢驗與種族相關的話語／論述。結果發現，表明有色人種身分的網路使用者所發布的評論，比那些未表明自己種族身分的網路使用者，更可能招來充滿種族偏見的回應。她們的綜合結論是「白種網際網路」（World White Web）是一個白人的空間，自動地讓白人比有色人種更容易取得近用機會和權力（Kettrey and Laster, 2014）。

種族與向生物技術轉

「向生物技術轉」（the biotechnical turn），中村與周懷特（Nakamura and Chow-White, 2012）用此一詞語形容技術和數位發展對種族觀念的衝擊。有個例子是快速發展的種族基因組學（racial genomics），不只影響科學話語／論述，也影響了種族理論和流行娛樂。不妨考量一下知名美國黑人研究學者亨利・路易斯・蓋茨（Henry Louis Gates Jr.）從舊媒體到新媒體的生涯軌跡：1980和1990年代，蓋茨出版批判種族研究和文學理論的書面著作，到了2006年，他共同製作與主持了一系列電視節目《非洲裔美國人生活》（African American Lives）和《非洲裔美國人生活2》（African American Lives 2），用系譜學、歷史資源和DNA檢測，追溯知名非洲裔美國人的血統。該節目運用實境秀的製作常規，例如：用情感揭露方式突顯來賓發現自身種族淵源「真相」時的反應。比方說，蓋茨發現自己並不如原先想像的那麼「黑人」，而是有50%的歐洲血統。

雖然《非洲裔美國人生活》遭受諸如化約論的廣泛批評，蓋茨為自己參與製作該節目的初衷做出辯護，認為非洲裔美國黑奴長期被剝奪了關於自身背景和歷史的資訊。應用數位媒體去傳播生物資訊技術的發現，被認為可以矯正「被迫遺忘與資訊抹除或管理的老舊種族主義技術」（Nakamura and Chow-White, 2012: 3）。

不過，基因定序（gene sequencing）的結果，與種族身分／認同的鮮活真實並不相符，因為種族並非只是一個關乎基因的議題。當蓋茨在節目中接受自己的基因檢測結果時，他不覺莞爾地說，「這是否意味著我並非真正的黑人？」中村和周懷特建議他接受這個問題的制式答案，因為在2009年7月16日當天，他因為家裡門鎖故障而試圖破門而入時，竟遭警方逮捕：

這起種族臉譜化的粗暴案例造成轟動（因為竟然發生在哈佛大學教

授、知名人物身上），引起全國熱議，歐巴馬總統也邀請蓋茨到白宮，邊喝啤酒邊與逮捕他的警官討論這起事故。（Nakamura and Chow-White, 2012: 3-4）

中村和周懷特認為，種族不只是基因學的問題，而是「包含不只一種符碼」——即使《非洲裔美國人生活》這樣的節目宣稱數位傳播已經壓倒一切（Nakamura and Chow-White, 2012: 3-4）。

肯德爾（Lori Kendall, 2002）甘冒天下之大不韙，挑戰美國文化裡對種族問題避而不談的禁忌，認為白種性是「零空間」（null space），讓白人無視於其他人如何被種族化。那麼，在某個層次上，從解構和文化分析轉向基因組學，可能有助於提供一個更「中立」的討論種族的方式：「向技術——基因轉的趨勢，提供了一種讓許多人感到可以安全討論種族議題的新語言，因為它將種族議題舒適地偏離社會領域，進入另一個似乎較無爭議的領域」（Nakamura and Chow-White, 2012: 4）。然而，這種中立感其實是一頭合成怪獸，因為它過於依賴這個荒唐的概念，亦即所謂種族在「分子層次上可被映射與量化」（Nakamura and Chow-White, 2012: 15）。正如我們所討論的，種族和族群無法被化約為生物學，而是應該被理解為由符號、話語／論述和文化權力所產生出來的。

膚色的政治

種族與多重血統淵源的議題，2009年在澳洲變成一個熱門的政治議題，當時有位立場保守的新聞主播博特（Andrew Bolt）寫了數篇文章討論他覺得貌似白人的澳洲原住民。博特認為，這些人選擇原住民身分／認同是因為出於時髦考量，以及（／或是）因為這有助於他們的事業發展。他宣稱，「對許多膚色較淡的原住民來說，選擇原住民身分／認同似乎是相當任意與政治性的，因為他們的祖先有很多是高加索人種」（Bolt, 2009）。這些評論——連同他指控澳洲政府將種族差異制度化，但這些所謂的種族差異根本「一眼就可以看穿」——讓很多人有被嚴重冒犯的感受。被他公開點名的原住民當中，有9位對博特提出集體訴訟。2011年，博特被判違反澳洲的《種族歧視法》。

年輕黑人男性乙

- 這張年輕黑人的照片建構了一種特殊的身分／認同，你如何描述它？
- 這張照片可能是用在什麼脈絡下？請寫三種或四種不同的照片說明文字，以彰顯不同的意義。

・請比較這張照片和第7章（p.268）的年輕黑人照片，其中的異同之處為何？

©攝影：Ted Denson｜代理：Dreamstime.com

正面形象的問題

　　文化刻板印象毫無疑問的豐饒，使得許多為其所苦的人尋求正面再現有色人種和許多其他「被套用刻板印象」的弱勢團體。要求以正面形象再現有色人種，反映的是深切企盼黑人能被和白人一樣「好」、一樣「充滿人性」的方式再現（West, 1993）。不過，雖然就自尊的發展而言，正面形象的再現值得肯定，但此一策略不無問題，包括如下數端：

・它依賴的是一種本質主義和同質化的族群身分／認同觀，抹除了階級、性別與性意識上存在的差異。也就是說，黑人正面形象假設的是，所有的黑人具有共同的本質特性，但事實並非如此。
・不可能確知所謂非曖昧的正面形象應該包含什麼。我們不太可能對此問題會有共識，因此某個人認定的正面形象，對另一個人來說卻可能是刻板印象。
・此一策略依賴的是一種寫實主義的認識論，認為可以使黑人的再現契合於「真實」的黑人。這是不太可靠的，因為所謂真實本身，往往已經是一種再現了。

這些論點形成更大的有關再現的「作用」（見第3章）之辯論的一部分。要求正面形象，當表述成對種族再現正確性的要求時，由於無法確知何謂真實或正確，因此有其窒礙難行之處。不只種族是一種文化建構，我們也無從比較何謂真實與再現之間的差異。

 # 再現將種族建構成一種文化認同，而非反映或扭曲後者。因此，沒有任何判準能夠評量種族的再現是否正確。

對世界的特定話語／論述建構與散布，以及其社會和政治後果，進行務實的考量，應屬較能成立的論點。批判的角色在於對我們的文化與符號過程，以及它們如何被用來與社會政治經濟權力進行連結，發展出一種更全面的瞭解。這些問題的研究重點在於其後果，而非真理。霍爾主張（Hall, 1996d），與其要求〔媒體再現〕完全正面的〔種族〕形象，我們更需要的是一種再現政治（politics of representation）：

- 意識到表意的任意性；
- 支持有助於探索權力關係的再現；
- 解構黑人／白人的二元分類方式；
- 促進人們與差異共存的意願。

這個過程不是建立在先驗的理由或「真實」的正確再現，而是建立在文化價值觀的傳統上，從而認定差異、多樣性、團結平等與民主是可欲的目標。因此，雖然應該繼續批判那些對有色人種的刻板印象化再現，但問題或許不在於爭取正面形象，而是爭取**差異**和**多樣性**的再現。

壞穆斯林／好穆斯林

西方慣於將某些穆斯林框架為全「壞」或全「好」，這種傾向讓我們可以探究用正面形象去消解負面再現的嘗試可能會有些什麼問題。文化人類學者謝約克（Andrew Shryock, 2010）分析他所謂伊斯蘭恐懼症（Islamophobia）／伊斯蘭崇拜症（Islamophilia）的二分法。他將伊斯蘭恐懼症定義為一種對伊斯蘭和穆斯林的通則化的**恐懼**，而伊斯蘭崇拜症則是一種對伊斯蘭和穆斯林的通則化的**熱愛**。

伊斯蘭恐懼症是將伊斯蘭和穆斯林本質化和普遍化，視之為真實或潛在的敵人。被理所當然地套用在伊斯蘭和穆斯林身上的方式，「若同樣套用在猶太人或基督徒身上，將會顯得有多麼不符事實，或甚至有多麼惡劣」（Shryock, 2010: 9）。然而，問題是如何抗拒伊斯蘭恐懼症的衝動和話語／論述，同時又不至於顛倒或強化了

它們，甚至培育了一種「好穆斯林／壞穆斯林」的二分法。作為一種刻板印象，謝約克指出，「好」穆斯林被認為具有以下特徵：

- 伊斯蘭教蘇菲派信徒〔最好是那些朗讀十三世紀波斯詩人魯米（Rumi）詩作的人〕；
- 生性和平，鼓吹所謂聖戰是一種內在、精神之戰，而非一種暴力鬥爭；
- 多元主義與不同信仰共存共榮的倡議者；
- 政治溫和人士，倡議民主、人權和宗教自由；
- 非洲裔或南亞裔（特別是印尼或馬來西亞人），而非阿拉伯人。

　　如果「好」穆斯林是男性，他將會以平等態度對待女性，並且支持自由選擇，包括自由決定戴不戴頭巾。如果「好」穆斯林是女性，她將會是教育程度較高的職業婦女，丈夫的唯一妻子，能夠自由選擇婚姻，而且只有在她願意的時候才戴頭巾，或是根本不戴頭巾。

　　沒錯，這些特徵在不同程度上可見於數以百萬計的穆斯林。但同樣屬實的是，也有數以百萬計的穆斯林不具這些特徵：

> 好穆斯林顯然比其邪惡的雙胞胎要無害得多，但這些被用來定義好穆斯林的特徵，也同樣是出於一廂情願和一種恐懼政治。（Shryock, 2010: 10）

　　謝約克認為，在我們急於認同那些所行所想與「我們」較相像的穆斯林朋友，我們也同時將那些所行所想和我們不同的穆斯林當成潛在敵人看待。再者，當友誼被等同於、或必須服從於向我們看齊的要求，那會和它想要矯正的敵意同樣充滿脅迫性。我們真正需要的是一種新的互動政治，在穆斯林和非穆斯林之間，並且跳脫簡單的敵／友之分。

　　謝約克點出的兩難困境反映了更寬廣的問題：卸下壓迫性的刻板印象的困難，因為簡單的倒轉策略仍然維繫了毫無助益的二分法，而後者正是刻板印象產生的原因。正如我們所見，霍爾（Hall, 1997c）在他論及流行文化和大眾媒體再現差異與「他者性」（otherness）時，早已點出這個問題。為介入抗衡「負面」形象再現而另闢蹊徑，霍爾指出，呈現「正面」形象確實有助於「矯正平衡」（righting the balance），因為它們倒轉了二元對立，賦予原先處於臣屬地位者較佳待遇，而且有時可將負面重新解讀成正面。雖然這麼說，但「正面／負面策略」（positive/negative strategy）的問題是二分法依舊不動如山，意義也仍然繼續受這種二分法所框架（Hall, 1997c:

272, 274）。我們真正需要的，是一種更有效的「再現政治」，例如：前面謝約克所提議的那種。

✏️ 習作

請分析(1)線上新聞網站的照片；(2)電視節目如何再現種族？並回答以下問題：

- 再現的主體是誰或是什麼？
- 主要符徵為何？
- 在內涵與外延意義的層次上，它們產生何種意義？
- 「讀者」與此一再現的關係為何？
- 何種權力關係被再現？
- 男性特質與女性特質的再現，如何被寓意於「種族」的建構當中？
- 再現所建構的種族和階級之間有何關聯？

種族再現與未來主義電影

©攝影：Emma Bjorndahl

這張照片特寫的是澳洲原住民演員利昂‧布希爾（Leon Burchill），場景是一部充滿未來主義色彩的澳洲殭屍電影《末日屍殺》（*Wyrmwood: Road of the Dead*）。

• 在什麼情況下，這張照片可被解讀為跨越種族的刻板印象再現？
• 在你看來，它：
■ 是一個正面形象；
■ 是一個負面形象；
■ 既非正面也非負面形象？

後殖民話語／論述

電視仍然是西方流行文化之中的核心再現形式，因此是文化研究的核心關切所在。不過，也有相當數量的研究文獻探索種族族群與國族等議題，來自於文學的領域。這包括了目前對於後殖民主義文學（postcolonial literature）的興趣，這類例子可見於亞希克羅特等人（Ashcroft et al., 1989）的《帝國逆寫》（*The Empire Writes Back*）一書。對亞希克羅特等人來說，後殖民主義文學是那些由歐洲國家殖民地的人民所創作。

「後殖民」一詞意指被歐洲殖民期間及殖民之後的世界。**後殖民**理論（postcolonial theory）探討後殖民話語／論述與其主體位置，並且與種族、國族、主體性、權力、底層人民、混雜性和混語化等主題息息相關。

在何種程度上，哪些前殖民地可被看作是處於後殖民情境，學界看法分歧也不乏爭論（Williams and Chrisman, 1993）。因此，相對於歐洲，雖然美國文學或可被視為後殖民的，但美國新殖民強權與拉丁美洲的關係，卻使得此一通則化的論點大有問題。再者，許多學者將美國的黑人文學視為內部殖民主義（internal colonialism）或後殖民主義（postcolonialism）的一種面向。任何後殖民文學的研究也需要有所區分：白人移民聚居的前殖民地（如澳洲、加拿大及紐西蘭）所生產的文學作品，以及黑人非洲或印度次大陸的文學作品。

後殖民文學的模式

亞希克羅特等人（Ashcroft et al., 1989）強調，後殖民文學的兩種重要模式：

1. 「國族」模式（the 'national' model）。
2. 「黑人書寫」模式（the 'black writing' model）。

國族模式聚焦於某個國族與其前殖民主的關係，典型的案例是美國，文學在那裡是「一種樂觀地往國族性邁進」，奠基在它與（其前殖民主）英國的差異。這涉及的是脫離父母與子女（或大河與支流）關係之類的隱喻，〔在這類對英、美文學的隱喻關係裡，〕美國文學居於附屬的地位。

不過，觸及國族文化是正當合宜的概念工具，或只是一種被用來壓迫**差異**（例如：性別、階級和族群差異）的本質主義概念時，相關的辯論動了肝火。接下來，亞希克羅特等人（Ashcroft et al., 1989）舉了另一個例子——「黑人書寫」模式——聚焦於大西洋兩岸的黑人流離群落所書寫的作品。此模式可以被延伸，包括其他形式的書寫，例如：澳洲原住民或印度原住民的創作，因為此模式強調的是族群（更甚於對國族的強調）。當然，這並不意味著此一模式能夠免於本質主義的問題。

雖然它對瞭解問題的複雜性有所損害，我們或可為了當前的目的，將後殖民文學與後殖民理論的主題簡化為兩個基本的關懷：

- 支配－臣屬（dominatoin-subordination）；
- 混雜性－混語化（hybridization-creolization）。

支配與臣屬

支配與臣屬的議題直接可見於殖民軍事控制、種族屠殺和經濟上的「低度發展」（under-development）。就文化的角度來說，有關「本土」文化被殖民強權貶抑和臣屬的問題被提了出來，包括英語文學的語言本身。英語這種主要殖民強權的官方語言，對後殖民作家而言，到底是不是一個適當的創作語言？一方面，英語本身代表的是殖民強權的觀點和概念。另一方面，英語有其多樣的全球形式，導致後殖民文學關注各式各樣的「英語（複數）」。

取決於強調其中的哪一個方面，一個後殖民作家可能選擇棄用或挪用英語。

> 第一種，廢棄或拒絕承認「英語」的優越地位，涉及的是在溝通工具上拒絕中心強權國家的影響力。第二種，挪用並重新改造英語的用法，標舉與殖民優勢場域的分離。拒用英語書寫，是對於帝國文化、美學觀的拒絕，也是對那些界定正常或「正確」英語用法的虛幻標準，及其「銘刻」於英語字詞中的傳統和固定意義的拒絕。……挪用強調的是將英語用來「承擔」自己的文化經驗，或者，如拉賈·拉奧（Raja Rao）所言，「用的是別人的語言，但傳達的是自己的精神」。（Ashcroft et al., 1989: 38-39）

支配和臣屬關係，不僅發生於不同國族或族群之間，也發生在國族或族群之

內。後殖民文學對族群的強調，可能掩蓋了性別的權力關係。例如：女性意象被用來指涉國族的純粹性和一脈相承（複製性）。再者，女性背負了雙重負擔，既被外國帝國主義強權殖民，又被本地男性支配。的確，史畢娃克（Gayatri Spivak, 1993）論稱「底層人民無語」（the subaltern cannot speak），意指殖民處境下的可憐婦女，既無可以用來發聲的概念語言，也無可以用來聆聽的被殖民本地男性的耳朵。這不是說這些女性完全無法用語文表達，而是在殖民主義話語／論述裡沒有讓她們得以表達自我的主體位置，因此，她們註定只能沉默無語。

混雜化與混語化

　　對本質主義進行理論上的批判，加上人民之間的實際接觸與共處，對整個國族或族群文學的概念本身拋出了疑問。這是說，「國族」或「族群」概念如印度人或英格蘭人不再有清晰或穩定的意義。影響所及，語言、文學及文化認同的混雜化（hybridization）與混語化（creolization），構成了後殖民文學與理論的共同主題。比方說，所謂「混語連續體」（Creole continuum）的概念，強調的是加勒比海地區常見的語言混用和符碼轉換的現象。混語化強調的是語言作為一種文化實踐，也是新的具有當地特色的表達方式之發明。此處顯示，後殖民理論與後現代主義有某種心意相通之處。

　　與過去的價值觀和習俗對話，讓傳統有機會被轉化，從而產生新的傳統。舊詞語的意義被改變，新詞語的意義被創造出來。殖民者與被殖民者的文化和語言都無法再以「純粹」的形式呈現，彼此之間也再無法完全區隔（Bhabha, 1994）。這催生了各種形式的文化混雜性（cultural hybridity）。

＃文化混雜性不僅挑戰了殖民文化的中心地位與被殖民者的邊緣性，也挑戰了所謂中心或邊緣的概念本身，因為它們都只是「再現效應」（representational effects）而已。

後現代魯西迪

　　作家魯西迪（Salman Rushdie）的作品，例如：《午夜之子》（*Midnight's Children*）、《魔鬼詩篇》（*The Satanic Verses*）、《摩爾人的最後嘆息》（*The Moor's Last Sigh*），透過小說中那些穿越或模糊文化邊界的人物，提出了關於混雜性與文化再現問題。魯西迪獨特的非線性敘事風格，源自印度的口述故事傳統，不過同樣的敘事技巧被魯西迪用來挑戰事實與歷史敘事的確定性。換句話說，歷史有很多種（「歷史」是複數而非單數的詞），況且還是由特定的人、從特定觀點書寫或敘說的〔文本〕產物。此一挑戰，通常被看作是帶有後現代主義的印記，而被哈欽（Hutcheon, 2002）讚譽為魯西迪式的後現代仿諷（postmodern parody）。另一方

面，伯曼宣稱魯西迪的作品是現代主義的，特別是其爭取「真理與自由的願景，讓所有現代男女都能夠擁抱……一種內在動力與希望的原則」（Berman, 1982: 54）。

解構練習：黑 vs. 白

• 「黑」的意義為何？
• 「白」的意義為何？
• 黑與白的意義如何相互依賴？

本章摘要

　　族群、種族和國族是話語／論述—展演建構（discursive-performative construction），其所指涉的「東西」原本並不存在。這是說，它們是一種具有偶然性的文化類別，而非普遍的生物學「事實」。

• 族群概念指涉的是文化邊界的形成與維持，而且此概念有突顯歷史、文化和語言等面向的長處。

• 種族也是一個有問題的概念，因為它與所謂本質和不可避免的優越性與臣屬的生物學話語／論述有所關聯。不過，種族化或種族形構等概念，有其強調權力、控制和支配的優點。

　　我們指出，種族、族群、國族、階級、年齡與性別的糾結關係，因此文化認同需要以這些交疊話語／論述之間的接合來理解。種族、族群和國族必須以它們之間的互賴關係來探究，例如：某些國族主義者宣稱國族具有族群純粹性，以及性別化隱喻（例如：父祖之國、國族之母等隱喻）在國族建構過程中扮演的角色。

　　根據反本質主義的論點，身分／認同是在話語／論述之中，並且透過話語／論述形成的，因此種族、族群和國族的再現便成為核心問題。本章也指出，黑人被系統性地建構成某種客體、受害者及問題。特別是，我們探討電視上一系列關於種族和族群的話語／論述，不僅有極為露骨的種族歧視，也有其內在曖昧性和愛憎交織的一面。很多人強調混雜性這個概念，文化和身分／認同越來越是混雜化的，越來越多地方受到遠方事物的影響和文化混合，例如：橫跨大西洋兩岸的黑人流離群落，以及有關後殖民世界文學，說明了此一過程。
畢竟：

　　如果你分析當前的種族主義，並考量其複雜結構及動態，一個首要的問題就浮現了，允諾引為教訓。那是一種恐懼——驚悚的、深植內心的恐懼——對於必

須與差異共存的恐懼。這種恐懼來自於差異與權力之間的結合所產生的後果。再者，在那層意義上，文化研究該做的工作必須是動員所有力量，用知識資源去瞭解，是什麼力量形塑了我們現在的生活，以及我們所處的社會，全面而深遠地將人們非人性化，讓他們失去了與差異共存的能力。（Hall, 1996f: 343）

第9章 性別、主體性與再現

關鍵概念	
女性特質（femininity）	父權體制（patriarchy）
女性主義（feminism）	展演性（performativity）
性別（gender）	再現（representation）
同一性（identification）	主體位置（subject position）
男性特質（masculinity）	跨性別（transgender）

本章關切的主題是性（sex）與性別（gender），亦即探討在當代社會中男性和女性特質，特別是性別化主體（sexed subjects）的社會建構與女性的文化再現等問題。本章焦點擺在受女性主義、後結構主義和精神分析等理論影響的研究，而這些理論正是文化研究領域用以探討這些問題的主流思想。我們也將探討生物科學與這些建構論典範和研究之間的關係。

女性主義和文化研究

探討性和性別的問題，必然要處理汗牛充棟的女性主義理論，也很難想像文化研究有不這麼做的可能。然而，當女性主義思想瀰漫文化研究時，並非所有形式的女性主義皆應被看作是文化研究，而且也不是文化研究的任何範疇都與性別問題有關（雖然許多女性主義者主張，當代文化研究的缺陷在於欠缺對文化具有性別化的認識）。因此，本章目的不在於爬梳女性運動**本身**的歷史、分類或分析，而是探索文化研究之中關切性、性別與女性主義的思想潮流。

富蘭克林等人（Sarah Franklin et al., 1991）點出文化研究和女性主義在關懷面的相似之處，並且提醒我們注意：

- 女性主義和文化研究同樣都與學院外的社會及政治運動有所聯繫；
- 相對於更為建制化的學科如社會學與英國文學，它們都採取一種更批判的立場；
- 同樣懷疑並挑戰所謂「確定知識」（certain knowledge）；

- 希望生產有關（以及）「邊緣化的」（marginalized）及受壓迫群體（所生產）的知識，公開宣稱其政治介入（political intervention）的意圖。

\# 文化研究與女性主義共享著對權力、再現、流行文化、主體性、身分／認同與消費等議題的實質興趣。

女性主義者將性意識、性別、主體性和權力等問題，置於文化研究的核心。

父權體制、平等與差異

女性主義是一個多元的**理論**與**政治**場域，其中有各種相互競爭的觀點和行動方案。一般而言，女性主義主張，性別因素是**社會**構造中最根本的軸心，至今女性仍置身於男尊女卑的處境。因此，女性主義核心關切者，乃是**權力**關係充塞於社會生活當中，而性別因素是此一社會生活的組織原理。女性主義者論稱，女性的從屬地位，可見於全部的社會組織與實踐之中，也就是**結構的**。女性這種結構性的從屬地位，被女性主義者稱作**父權體制**（patriarchy），其意衍生自家父長制的家族，男性擁有支配的權力和優越地位。

作為一種運動，女性主義關注兩個主要議題。首先是爭取公民權利如投票權和法律平等權利，其次是想要影響文化再現和規範，使其有利於女性。女性主義者建構了各式分析與行動策略，藉以介入社會生活，追求婦女的利益。它們可被廣泛地分類為：

- 自由女性主義（liberal feminism）；
- 差異女性主義（difference feminism）；
- 社會女性主義（socialist feminism）；
- 後結構女性主義（poststructuralist feminism）；
- 黑人女性主義（black feminism）；
- 後殖民女性主義（postcolonial feminism）；
- 後女性主義（postfeminism）[1]。

---

[1] 譯註：這些名詞正確的譯名應是「自由主義立場的女性主義」、「社會主義立場的女性主義」……，但嫌其拗口，故一律從略譯為「自由女性主義」、「社會女性主義」……。

　　這些分類方式並非牢不可移，而且還可能對女性主義沒有幫助，讓人誤以為各種之間有牢不可破的分野。儘管如此，作為解釋用的概念工具，上述分類仍指出了各種關於女性利益的理論在觀點和假設上的差異。

女性主義「浪潮」

　　在概述上述各種女性主義的主要特徵之前，有必要簡述女性主義的歷史分期。「浪潮」（waves）這個隱喻提供了一個更簡單、編年史的方式，有助於思考女性主義實踐在不同時間的變化。

　　第一波的女性主義行動主義（feminist activism），與十九世紀末期和二十世紀初期的爭取女性投票權運動（the suffragette movements）有關。許多第一波的女性主義者也參與了禁酒運動和廢奴運動。女性爭取投票權運動尋求的是和男性平等的投票權利（按照自由女性主義的理想），也有一種女性在道德上比男性更優越的自覺（和差異女性主義類似）。

　　第二波女性主義通常被認為是從1960到1990年代。這個時期的女性主義歷史與激進行動主義（radical activism）有關，例如：在美國小姐選美會的眾多記者面前，將化妝品、高跟鞋和胸罩扔進垃圾桶（和流傳甚廣的神話不同，在這些事件裡，她們並沒有當眾焚燒胸罩）。

　　第三波女性主義被認為是開始於1990年代中葉，與更年輕女性反抗女性主義前輩的說教、強迫和「性負面」（sex negative）傾向有關。第三波女性主義（有時也稱作「後女性主義」）的特徵包括：

- 強調女性因種族、族群、國族和宗教而有所差異；
- 有別於集體主義政治，更強調個人和自己動手做（DIY）策略；
- 流動與多重的主體位置和身分／認同；
- 賽伯行動主義；
- 重新挪用貶抑女性的詞語如「蕩婦」和「賤人」，並用於解放女性的目的；
- 對性持正面態度（詳見後面有關性正面的討論）。

「浪潮」這一隱喻的限制

　　有人批評將女性主義分成三波的作法，並且基於以下理由：這種浪潮理論（wave theory）被質疑重歷史而輕理念。再者，它聚焦於極端受限的歷史階段，以及極端受限的文化條件；亦即，過去一百五十年西方白人女性的女性主義行動。學者尼科爾森（Linda Nicholson, 2010）認為，浪潮隱喻對第二波女性主義有其用處，因為

它提醒人們的是1960和1970年代的女性權利和解放運動並非「歷史反常現象」，而是漫長的行動主義傳統的一部分。然而，就像其他女性主義學者一樣，尼科爾森也認為浪潮隱喻的效用已經過時，在歷史意義上具誤導性，而且在政治意義上沒有幫助，因為它暗示性別行動主義「大部分時候團結在一組觀念，以及那組觀念可被稱為女性主義」（Nicholson, 2010）。

　　更細緻的作法是拆解女性主義的不同面向，聚焦於理論和觀念，而非聚焦於時間分期和行動上。不過，此一作法仍然涉及通則化和簡單化。因此，以下分類方式應該被看成是介紹某些主要女性主義的理論流派，而非一個關於女性主義理論的完整清單。

自由女性主義與社會女性主義

　　自由女性主義者視男女差異為社會經濟和文化建構的結果，而非天定的生物差異。她們強調，在西方的自由民主政體內，女性在全部範圍的機會平等，可以在既存法律和經濟結構下獲得實現（例如：MacKinnon, 1987, 1991）。與此相反，社會女性主義指出階級與性別的相互關聯，包括**資本主義**再製過程裡性別不平等具有根本的重要性。女性臣屬於男性被看作是資本主義的本質，因此女性要獲得完全「解放」，必須推翻資本主義的組織及其社會關係不可。論者指出，女性的家務勞動，在生理上（養育、居家照護等）與文化上（守時、紀律、服從權威等合宜行為的養成教育），對〔資本主義需要的〕勞動力的複製非常重要。再者，女性還為資本主義供給了便宜、彈性的勞動，因為她們在必要時較容易「回歸家庭」（return to the home）。因此，社會女性主義的核心話語／論述，強調的是女性在資本主義再製過程中的「雙重角色」（家務勞動和工資勞動）（Oakley, 1974）。

差異女性主義

　　自由主義與社會主義傾向的女性主義者都強調平等與同一性，而差異女性主義則強調男女之間有本質上的差異。這些差異，被看作是根本性的與無法改變的差異，被各種不同的詮釋視為文化、心靈與／或生物性的。無論其中任何一種情形，女性差異是被慶祝的，代表女性的創造力，其價值觀遠較男性的價值觀來得優越（Daly, 1987; Rich, 1986）。屬性使然，差異女性主義已有朝向分離主義（譯按：意指該派思想似有主張「女人獨立建國」的味道）發展的態勢。

　　差異女性主義針對父權主義提出質疑，批評後者將所有的女性一視同仁為無差異的人。「父權主義的問題」，正如羅貝珊（Shelia Rowbotham, 1981）所論稱的，在於它完全忽視女性的個別差異及她們的特殊性，從而演變成對女性的普遍形式的

壓迫。不僅所有女性都似乎遭受同樣方式的壓迫，而且都傾向於被認定為無助、無能的。這些觀念遭受黑人女性主義者的挑戰，黑人女性主義論稱白種中產階級的〔女權〕運動忽略了種族和殖民主義的重要性。

黑人女性主義與後殖民女性主義

　　黑人女性主義點出了黑人女性與白人女性在經驗、文化再現與利益上的差異（Carby, 1984; hooks, 1992），論稱殖民主義和種族主義結構了黑人女性和白人女性之間的權力關係，而只關切白人女性的處境。性別與種族、族群和國族性等因素交互作用，產生了身為女性的不同經驗。在**後殖民的**情境裡，女性身負雙重壓力，她們在帝國權威下被殖民，並且同時受制於來自殖民帝國與本地土生土長的男性。因此，史畢娃克（Spivak, 1993）稱此為「底層人民無語」。她認為，貧窮女性在殖民主義的話語／論述中不被允許擁有為自己發聲的主體位置。

後結構女性主義

　　一些受**後結構主義者**與**後現代主義**影響的女性主義者（Nicholson, 1990; Weedon, 1997），認為性與性別都是社會和文化建構的產物，無法用生物學解釋，也不能化約為資本主義運作的結果。此一**反本質主義**的立場，認為女性和男性特質皆非普遍、永恆的類別，而是話語／論述建構的產物，指的是女性和男性特質都只是用來描述和規訓人類主體的方式。就此，後結構主義關注的是**主體性**本身的文化建構，包括各種男性的與女性的特質。女性與男性特質，是一個關於男性與女性如何被再現的問題，是一個持續不斷地在意義上進行政治鬥爭的場域。

＃由於強調文化、再現、語言、權力和衝突，後結構女性主義在文化研究領域頗具影響力。

女性主義的成就

　　女性主義的根本主張是女性受到男性壓迫和征服，只因身為女性之故。這種立場的一個激進版是所有女性都受到所有男性的壓迫。因此，女性主義指向經濟和社會與文化權力制度的結構不平等。再者，它認為許多男性的態度和行為（亦如：蔑視、暴力和性騷擾）壓迫著女性。雖然有數十載的女性主義行動，許多人仍認為女性處境（甚至在西方社會）仍然少有改變，或甚至是全無改變。

　　然而，克華德（Rosalind Coward, 1999）將女性主義形容為「一個對自身成就目盲的運動」。關於女性主義取得的成就，她列舉如下：

- 女性的經濟狀況顯著提升；
- 女性在文化領域的可能度增加；
- 在學院裡發生的知識轉型；
- 性態度和行為的改變；
- 工資和離婚相關法律的改革；
- 男性失落與脆弱性獲得承認；
- 瞭解到女性也能施展性和其他形式權力。

　　此處強調的，不是性別不平等和不正義已經完全被消除，而是女性主義的核心理念已被吸納到文化和文化以外的領域。女性**不必然**只因為身為女性而受壓迫，男性也並非全都是壓迫者。這意味著我們需要有建設性的對話和結構性的改革，而非繼續用「女性vs.男性」的二分法來看待性別關係。

後女性主義

　　「後女性主義」（postfeminism）是一個有爭議的術語，以不同的方式被使用，也因為語境而有不同的意義。如前所述，它有時被稱作「第三波女性主義」（third wave feminism）。然而，在大多數時候，它指涉的是女性主義的「過去性」（pastness）——「而那所謂的過去性，只是聊備一格、被哀悼，或是被頌揚」（Tasker and Negra, 2007: 1）。

　　後女性主義的其中一個版本，例如：克華德（Coward, 1999）論稱，阻礙女性參與政治和文化的最重大和系統性的制度性障礙，在西方都已經被移除了。女性是與男性享有同等法律權利的公民。後女性主義脈絡下的女性，被認為能夠享受她想要的文化生活。在這個意涵上，後女性主義想要跳脫所謂女性是父權體制的被動受害者的說法，因為這只是出於女性主義運動的推論。強調受害者身分，反而強化了女性是「較弱的性別」（weaker sex）的迷思，也有將受害者與加害者（或受害者和偷窺者）間的權力動態永久化的風險。凱瑟琳‧奧爾（Catherine Orr, 1999）指出，後女性主義強調女性做出個人選擇的能力。因此，後女性主義倡議一種自由主義形式的女性主義，建立在女性自主的基礎之上。有影響力的後女性主義書寫，包括：娜歐蜜‧沃爾夫（Naomi Wolf）的《以火攻火》（*Fire with Fire*）（1994）、芮內‧丹菲爾德（Rene Denfeld）的《新維多利亞人》（*The New Victorians*）（1995），以及卡瑟琳‧蘭比（Catharine Lumby）的《壞女孩》（*Bad Girls*）（1997）。

　　後女性主義受到的一種批評是——就像「後種族」（post-race）（第8章）——植根於個人主義和資本主義。比方說，伊馮內‧塔斯克（Yvonne Tasker）與黛安‧內

格拉（Diane Negra）論稱，透過將女性想像成獲得培力（賦權）的消費者，後女性主義把女性主義商品化了：

> 因此，後女性主義文化強調婦女和女孩應得到教育和專業機會；工作、家務和生育兒女等方面的選擇自由；身體與特別是性方面的培力（賦權）。設想女性應有全面經濟自由的同時，後女性主義也（甚至堅持）女性有**選擇**從職場公共世界撤退的可能性……但這也意味著，後女性主義自動具有白人與中產階級的屬性，以消費作爲自我生產（the production of the self）的策略。（Tasker and Negra, 2007: 2，粗體字強調的文字爲原文所有）

什麼都變了，什麼也都沒有變

對後女性主義的商品中心觀（the commodity-centric view）的明顯批評，是只有那些負擔得起的人方有機會受惠於這種解放的可能。再者，許多女性主義學者並不同意所謂女性主義已經贏得最大戰役的樂觀說法。她們指出，女性在工作場所和文化再現與實踐的再製過程裡，依舊面對著不平等處境，女性依舊被排斥在外或是被貶低。數位文化發生的改變，同時也爲各種厭女症傾向的騷擾創造了新空間。

再者，過往的許多社會病態依舊問題嚴重，尚未因女性主義而減少。比方說，世界衛生組織估計，世界上有35%的女性曾遭受親密伴侶的暴力對待，或是非伴侶的性暴力（'Violence against women', 2014）。在美國，平均每天有3名女性慘遭目前的伴侶或前伴侶殺害，而南卡羅萊納州的家暴致死率穩居全美國最嚴重區域，雖然該州四十六個郡都有至少一個動物收容所，但只有十八個郡設有家暴庇護所。與動物福利相比，虐狗在該州可能獲刑五年，但毆妻或毆打女友的行為若屬初犯，在該州最多只會被判監禁三十天（Pardue et al., 2014）。

同樣發人思省的是，美國在過去十年間，男女的薪資差距幾乎是文風不動。在2015年，美國大學女性協會（AAUW）發布研究報告指出：

- 在全職、常年的勞工中，女性薪資只相當於男性的78%。
- 有色人種女性面臨的薪資差距問題更加嚴重。
- 每一種職業的女性都面臨薪資差距問題。
- 薪資差距隨著年齡而擴大。
- 受教育程度越高，所得越高，但這無法有效解決性別薪資差距問題。
- 薪資差距問題也存在於沒有生養小孩的女性。（'The Simple Truth about the Gender Pay Gap', Spring, 2015）

日常的性別歧視

除了這些「硬性」的不平等狀況，性別歧視的平常性和日常性也意味著女性所經歷的狀況與男性有很大的差異。這種情況證實，女性主義仍是一個重要的政治方案。英國女性主義作家貝茲（Laura Bates）在2012年啟動「日常性別歧視計畫」（Everyday Sexism Project），它的網站、推特帳號和書籍蒐集了性別歧視的日常案例，戳破所謂現代社會已達到性別平等的假象。這個計畫的網站也指出：

- 英國下議院國會議員中，只有22%是女性；
- 好萊塢電影中，有將近70%在片中有臺詞的角色是由男性擔綱（而女性角色在片中寬衣解帶的可能性是男性角色的五倍）；
- 富時100指數（FTSE 100）企業的董事會成員中，只有大約13%女性。（'The Everyday Sexism Project'）

> 'mansplaining'這個新詞，意指「直男癌的説教」，2014年被加入線上牛津字典；同時被加入的新詞還有'side boob'（故意側露胸部）、'vape'（吸電子菸）、'binge-watch'（瘋狂追劇）和'neckbeard'（死阿宅）。所謂「直男癌的説教」，指的是一個男性充滿優越感地解釋一件事給女性聽（通常恰好是她的專業領域）。你曾做過這種事或是妳曾遭遇這種情況嗎？這種情況是否算是一種「日常的性別歧視」？

街頭性騷擾

女性主義團體Hollaback!用隱藏式攝影機拍攝女演員肖沙娜·B·羅伯茲（Shoshana B. Roberts）身穿牛仔褲和T恤在紐約街頭行走的十小時影片，為的是突顯街頭性騷擾問題。影片顯示，在那十小時中，她至少遭遇一百次以上的噓聲、吹口哨或其他形式的性騷擾。其中，有個男人和她並肩而行——身體靠得非常近——長達五分鐘。這個影片在YouTube上有如病毒般廣傳，累積觀看次數超過四千一百萬次。

在街上對著女性吹狼哨或出聲品頭論足的男性，或許不覺得這些行為有多麼嚴重。然而，Hollaback!認為街頭性騷擾——包括叫囂、尾隨、伸出鹹豬手、公然自慰和攻擊——在世界各地的公共空間裡頗為常見：

> 在內核存在著一種權力動態，不斷提醒著我們一件事，亦即歷史上處
> 於從屬地位的群體（例如：女性和LGBTQ成員）在公共空間裡易遭攻擊的

現實。……這反映的是我們面對著犬牙交錯與交互重疊的各種壓迫，其作用是迫使我們保持緘默，並且「安於我們的卑下地位」（'About', n.d.）。

諷刺的是，在Hollaback!影片被上傳至網路的同一天，羅伯茲（Roberts）遭受大量賽伯仇恨語言攻擊，其中包括強暴和死亡威脅。正如麥肯尼（Kelsey McKinney, 2014）指出的，「如果該影片提醒我們的是女性出門在外時經常感到不安全，那麼這些反應（仇恨語言攻擊）更提醒我們：女性經常感到不安全，只因她們開啟了電腦。」

✎ 習作

- 請列出一份清單，說明女性在過去四十年爭取到的社會和文化成果？
- 請列出一份清單，說明女性在我們文化裡至今仍居弱勢地位的領域。
- 請比較你所列的清單，並討論女性主義成功提升女性權益的程度。

▶ 性、性別與身分／認同

在常民話語中，「性」（sex）一詞被用於作為生物學的標記。「性別」（gender）則意指人們認同自身的方式，與身體特徵有別。正如我們將看到的，後結構女性主義者和其他學者拒絕性與性別的二分法。不過，我們暫且將聚焦於常民為這些術語的理解方式，有關性與性別的常識性看法，背後有四個主要信念：

- 性是二元的（亦即，男性或女性只能二擇一，沒有其他可能性）。
- 性決定了性別（換言之，如果你與生俱來就有陰蒂，你就是女性；你生來有陽具，那你就是男性）。
- 性決定了行為（例如：如果你是女性，你就一定有同情心和良好溝通技巧等特質；如果你是男性，你就必須堅強和獨立）。
- 性決定了性偏好（亦即，女性受男性吸引，而男性則受女性吸引）。

酷兒理論家和行動主義者（詳見本章稍後介紹的「酷兒理論」），已幫助我們將思考轉向上述這最後一點。全球各地關於婚姻平權的法律改革也反映了這個事實，亦即越來越多人將同性戀視為人類性傾向光譜中的一個正常部分，而非什麼離經叛道的異例。不過，上述前三種信念在很多情況底下仍然是通行的「常識」。所幸，科學新

知與文化研究和性別身分／認同的學術領域，正在鬆動有關性、性別身分／認同和性別角色的傳統觀點。

本章下一部分將探討最近的一些關於性與性別的科學研究發現。這顯示許多關於男性與女性的所謂生物學「事實」，並沒有得到經驗研究證據的支持。的確，許多女性和男性之間的典型差異被誇大或是根本不存在。正如我們將會看到的，有充分證據顯示，許多「男性」和「女性」的行為根本不是天生的，而是後天學習而來的。換句話說，它們是社會與文化因素導致的結果。

因此，文化研究扮演著一個關鍵角色，拆解如何與為何我們對性與性別仍然如此深受刻板印象的影響。本章介紹過的許多學者支持性與性別完全具有可塑性的觀點。也就是，拒絕生物學的解釋，偏好將女性特質和男性特質理解為文化建構的產物（cultural constructionism）。「跨性別」越來越受到重視，意指「一個範圍內的性別經驗、主體性和呈現，跨越『男』與『女』那種意義的穩定範疇」（Hines, 2010: 1）。

性、科學與文化

二十世紀晚期，諸多科學研究指稱男與女之間存在著顯著的基因和神經學上的差異。這被人用來支持所謂「男人來自火星，女人來自金星」的說法。這個說法因為美國自助類書籍作家葛雷（John Gray）而蔚為流行，但他的著作經常遭人嘲笑。

這個時期的研究發現強調，男女之間在語言能力、空間判斷能力、侵略性、性慾、專注於工作的能力有別（Hoyenga and Hoyenga, 1993; Moir and Moir, 1998）。另一些研究發現，荷爾蒙會影響我們的大腦構造，因此男女會有不同的大腦活動型態（Christen, 1991; Moir and Jessel, 1991; Moir and Moir, 1998）。也有人認為，兩性大腦的組織方式不同，從而擁有的能力有異，也就是女性被認為語文能力和項目記憶（item memory）能力較強，男性則被認為有較強的空間和數學能力（Kimura, 1996）。

這類研究的許多面向，後來受到不少批評（Hyde, 2005; Jones, 2008; McCredie, 2011; Rogers, 2001），亦即1990年代的研究有用科學誇大性別差異之嫌，忽視男女之間諸多類似之處，而且迴避了大腦、荷爾蒙、基因和文化在實際運作上的複雜性。

打破二分法

用「女性」和「男性」來區分人類，似乎被認為是天經地義的。然而，最近性科學的發現顯示，即使在生物學的層次上，有相當多數量的人並不吻合所謂「女性」或「男性」的類別。世界上到底有多少人擁有這種雌雄難辨的身體，各種估計數字不一，部分是因為人們對於怎麼定義「雙性人」（intersex，或譯：間性人）有所爭

論。雖然如此，北美雙性人學會估計，大約二千名嬰兒當中就有一名，在出生時其性器官「讓在場所有人都感困惑」。換句話說，雙性人可能比囊性纖維化這種病症更普遍，雖然後者更廣為人知（'MYTH #10: Intersex is extremely rare'）。

在面對人體構造上曖昧不明的性器官時，醫療處置的決定一直是相當陽具中心主義的。正如珍妮・麥克雷迪（Jane McCredie）所解釋的：

> 至少直到1970年代，若是雙性人嬰兒的性器官被認為太微小，其標準作業是將它的性器官割除，或將其性器官縮小，然後再施打女性荷爾蒙。這背後的信念明顯是認定，要有完整的陽具才配當男性。（2011: 71）

這種醫療處置的決定依賴的是這樣的一種信念，亦即在性別身分／認同方面，嬰兒有如一張白板。但事實並非如此，並且導致許多案例，「專家」針對嬰兒性別所做的醫療處置決定，往往造成心理健康方面的災難性後果（McCredie, 2011: 72）。現在有更多人意識到雙性人議題，並且為其發起倡議行動，反對醫生對嬰兒施行所謂的性器官「正常化」手術。相反的，武斷決定嬰兒性別，以及對嬰孩健康來說不必要的任何手術，都應該延後進行，等他們長大後再由他們自己做決定。

性別劃分與文化

世界衛生組織指出，在許多文化裡，性和性別並非總是沿著男性／女性這樣的二分法軸線整齊劃分，並列舉這些例子：北美洲女扮男裝生活的印第安男子（Berdache）、太平洋薩摩亞群島的法法菲內（fa'afafine，意指被當女孩扶養長大的男性）、泰國變性人（kathoey），都不同於西方傳統社會那樣將人簡單地分成男性和女性。再者，它指出，在某些北美原住民社區，性別被看成是一個連續體（continuum）而非類別（categories），尤其是承認「雙靈」（two-spirited）人的存在，亦即同時具有男性特質和女性特質的人（'Gender and Genetics'）。

性、性別與語言

如我們將會看到的，許多理論家認為性別和生物性別是社會建構的產物。這似乎是一個激進的命題，但語言確實持續在強迫人們進入某些類別。例如：對於那些不願意被說成是「他」或「她」的人來說，英語裡並無別的人稱代名詞可以使用。這和西非約魯巴人的情況適成反比，他們更傾向於用年齡而非性別來定義個人。約魯巴語的人稱代名詞並不被用來表明性別，而是個人的相對年齡——沿著「較年長的那位」或「較年輕的那位」的軸線劃分（McCredie, 2011: 115）。

第三性別

2014年，在雪梨藝術家和行動主義者諾里·梅—韋爾比（Norrie May-Welby）贏得法律權利之際，也等於是澳洲最高法院實質承認了第三性別（the third gender）。梅—韋爾比——使用性別中立的「zie」取代「he/she」，用「hir」取代「his/her」——出生時是男兒身，做過變性手術，但選擇不接受荷爾蒙治療。「Zie」現在擁有「一個無法輕易歸類為男或女的身體」，但「zie」非常享受自己現在的樣子：「平胸、精實但擁有『女性管路系統』」（McCredie, 2011: 176）。在法律訴訟期間，新南威爾斯出生、死亡與婚姻登記處的委任律師主張，假如國家法律承認有超過兩種以上的性別，將會造成「無法接受的混淆」。澳洲高等法院拒絕了這個主張（Davidson, 2014）。

性與光譜

在「女性」與「男性」這種簡單二分法之外，另類出路是想像有個生物學上的光譜存在，一端是「非常女性」，另一端則是「非常男性」。然而，正如麥克雷迪在她的性相關科學完整調查中指出，即使這樣也還是一種過分的簡化。生殖系統構造是生物科學用來描述性別的依據，而染色體、荷爾蒙和大腦結構也有其重要性。再者，所有這些標記在不同程度上存在著，而且與社會角色、期待和性傾向交互作用。因此，不只一個光譜，而是存在著多個光譜。

對我們大多數人來說，這些光譜的狀態比較有秩序，染色體剛好與身體構造吻合，也吻合我們對自己身分／認同的感受，也與他人對我們的理解一致：

> 但個人在一個光譜上的任何位置（比方說，身體構造），與同一個人在其他光譜上的位置之間，未必是吻合的。無數種交互作用在這些相關但並非完全相同的光譜，產出令人目眩神迷的人類可能性：從充滿男子氣慨的直男到超級女性化的女同性戀，從蓄鬍的女性到從小以女性自居的男同性戀。（McCredie, 2011: 11-12）

\# 性別化行為當中許多被認為「自然」的類型，應該更好地用社會文化因素來解釋。

睪酮

睪酮既被嚴厲批評又被頌揚，因為它被認為是驅使人類許多屬性和行動的力量來源，包括侵略性、冒險性和性慾強度。然而，內分泌學家兼荷爾蒙專家札賈克（Jeffrey Zajac）認為支持睪酮和侵略性之關聯的證據薄弱。比方說，如果你是由女變男的跨性別者，你並不會因為施打睪酮變得更具侵略性。不過，用札賈克的話來

說，你可能會變得「令人滿意地雄性化」：

> 　　如果你有禿頭的家族遺傳，你會掉髮，你的體型會變得更像男性，你
> 的胸部會變小但不會消失，你會長出鬍子，體毛也會變長。那麼你現在會變
> 得更具侵略性嗎？不會，除非你本身就是屬於侵略性的人格特質。（Lewis
> and Zajac, 2013）

性與大腦

　　兩性之間的結構差異，已在大腦的每個區塊裡被發現。雖然如此，也有人不同意這些人體構造學差異的因和果。部分原因是大腦本身極為複雜，而且兩個人有可能經由不同的神經活動和路徑，而到達同一結果（McCredie, 2011: 79-81）。

　　在《本質差異》（*The Essential Difference*）（2003）一書中，英國神經學專家西門・巴隆─寇恩（Simon Baron-Cohen）主張，女性大腦擅於移情能力，而男性大腦則擅於理解和建立系統。他認為，這是基因、荷爾蒙和演化心理學共同作用的結果。

　　不過，澳洲神經科學家萊斯莉・羅潔絲（Lesley J. Rogers, 2003）對此不以為然。雖然她同意大腦功能確實有其性別差異，但認為造成這些差異的原因還有待討論——差異的大小及其對日常生活的影響亦有待商榷。巴隆─寇恩認為人類性別差異是受基因決定的，因為這些差異首度出現的年齡、缺乏明顯的跨文化變異，以及性別差異也存在動物身上。但羅潔絲對這幾點分別提出不同看法。她指出：

- 女孩和男孩從誕生之日起，就被以不同方式對待。比方說，護理人員和父母與新生兒互動時有著細緻的差異。同樣地，過往探討性別差異的研究多半是一到三年測試一次嬰兒，但中間的空檔時間已「足以讓文化影響力發生作用」（Rogers, 2003）。
- 不同文化裡的性別角色差異，也同樣可以用文化而非基因決定來解釋。羅潔絲引用的一些變異案例，讓基因決定論難以成立。其中一個案例是一項1966年的研究顯示，愛斯基摩女性比愛斯基摩男性有更好的空間能力。
- 有證據顯示，動物的性別典型行為同樣是後天學習而非遺傳所致。比方說，在《男生女生大腦不同？》（*Sexing the Brain*）一書中，羅潔絲指出，早期經驗對老鼠性別差異的發展有相當重要的影響（Rogers, 2001）。

那麼，男女之間有「任何」差異嗎？

　　有，但不是太多——根據心理學家海德（Janet Shibley Hyde, 2005）的觀點。她的「性別類似性假說」（gender similarities hypothesis）主張，聚焦於兩性差異的研

究者往往忽略了兩性之間的類似性。海德彙整現有心理學和其他領域有關性別差異的研究發現，雖然性別差異的說法甚囂塵上，女性與男性在大多數的心理變項上其實是很類似的。她的分析顯示：

- 將近80%的「典型」性別差異，實際上很小或趨近於零，這些包括數理能力、語言能力、自我揭露、助人傾向、活動能力與道德思維能力……方面皆然。
- 只有少數差異屬於中度或非常大的程度，其中差異程度最大的性別差異，包括投擲速度和距離、自慰頻率。但就侵略性而言，性別差異程度只達中度。

海德在做結論時提出呼籲，研究者和廣大社會應該考量繼續過度跨大性別差異的代價：

> 或許，它們在許多領域造成傷害，包括女性在工作場所的機會、夫妻衝突和溝通，以及青少年自尊問題的分析。最重要的是，這些宣稱與科學數據並不吻合。（Hyde, 2005: 590）

如我們將會在討論飲食失調症那一小節中看到的，有關男性心理輪廓的錯誤假設也會對男孩和男人造成傷害。

調解先天與後天

總而言之，我們知道女人和男人之間有差異，但我們並非總是瞭解：(1)什麼導致這些差異？以及(2)就行為而言，它們的影響有多大？這些差異有可能是後天因素造成的，受到文化的形塑影響，而非只是與生俱來的特性。不管哪一種情況，先天與後天持續交互作用，並且相互影響到某個程度，以致於幾乎難以區分生物性別和文化建構性別之間的差別所在。

因此，將這個同時關係自然與文化的議題設定成對立的二分法，並非探討性與性別的有用途徑。同時，我們也應謹記：

- 文化差異在基因相似性與差異性「之上」運作；
- 生物學稟性在不同情境下，會產生不同的結果；
- 人類文化和人類生物學共同演化，幾乎已經難以區分（見第4章）；
- 生物學的語言和文化的語言，具有不同的目的，並且達成不同的結果。

生物學的語言讓我們能做有限度的行為或身體方面的預測。同時，性別化仍是一

個文化問題。一方面，源自基因學的男性與女性的能力及行為差異只具有很小程度的預測力；另一方面，證據清楚顯示男性特質和女性特質是可以改變的。我們可以區分兩種身分／認同，一是作為一種社會建構的身分／認同（亦即一種我們在情感上產生認同的再現），一是與某些生物化學結構高度相關的人類能力和行為。文化的語言有助於重新形塑我們討論與展演「性」和「性別的方式」。

\# 關於文化和語言的問題，仍是瞭解性與性別時的重中之重。

關鍵在於文化對「什麼是女人？」與「什麼是男人？」提出的質問。

✎ 習作

在下面兩個標題下，各列出一份清單：

* 如何指認一位男性？
* 如何指認一位女性？

在清單裡面的每個項目上給予1-10分的評分，若該項目可改變程度越高，就越接近1分；若該項目的可改變程度越低，就越接近10分。完成評分後，請與同學進行小組討論。

女性差異

本質主義者在回答「什麼是女人？」的問題時，將「女性」等同於反映著生物學或文化的基本身分／認同。因此，在寇拉與康圖西（Collard and Contrucci, 1988）的生態女性主義（ecofeminist）[2]的著作《野性的蹂躪》（*Rape of the Wild*）一書中，立論於生物學本質主義，論稱所有女性之間都相互連結，因為她們都有可生養子女的身體，與生俱來即與這個自然的地球緊密相連，天性上傾向於平等主義和尊重生命的價值觀。同樣的，瑞奇（Adrienne Rich, 1986）慶賀與男性有所不同的女性差異（women's difference）乃源自於母職（motherhood）。母職有其歷史上的壓迫形式應被譴責，但寓意於母職之中的女性權力與潛力應被肯定。

頌揚女性文化（women-cultures）的論點多著墨於語言與文化層面，而非基於生

---

[2] 譯註：「生態女性主義」（ecofeminism）一詞，典出法國女性主義者Francoise d'Eaubonne。

物學上的理由。比方說，格羅斯（Elizabeth Grosz, 1995）論稱，「差異女性主義」被誤解為本質主義的，主張來自於特定規範影響下的差異並非一種形上學的「純粹差異」，而是基於女性身體這個符徵。比方說，在《女性／生態學》（*Gyn/Ecology*）一書中，達里（Mary Daly, 1987）將女性與自然相連結，強調女性受到物質與心理壓迫，並且頌揚一個分離的女性文化。她的論點多集中在分析被用來描述女性的語言及其對女性的影響力，更甚於強調「自然」差異。

一個清楚地從文化視角論證女性差異的論點來自於吉利根（Carol Gilligan, 1982）。她在對道德思維的研究中指出，男性重視「正義倫理」（ethic of justice），而女性重視的是「關懷倫理」（ethic of care）。她認為，女性為了文化的理由發展出「不同於男性的聲音」（a different voice from men）。吉利根論稱，西方文化規範重視男性的道德與倫理觀，卻犧牲了女性的，把她們視為先天不足的。吉利根的批評者從她的著作中看到有關道德發展的普遍類型之本質主義宣稱。

伊莉嘉萊與女性聲音

在女性差異的研究上，伊莉嘉萊（Luce Irigaray）提供了精神分析—哲學（psychoanalytic-philosophical）的途徑，[3]對女性獨特的不立文字（pre-symbolic）的「空間」或「經驗」提供理論解釋。此一空間或經驗係由女性的性**豪爽**（sexual *jouissance*，意指性愉悅、玩樂和歡愉）所構成的，可意會不可言傳。伊莉嘉萊（1985a, 1985b）開風氣之先，試圖透過獨特的女性書寫[4]〔愛蓮·西蘇（Helene Cixous）創造的名詞〕及女性聲音[5]，寫下無法用文字紀錄的女性經驗。

伊莉嘉萊思考女性「他者性」（'otherness'），並將之扎根於女性身體。她特別轉向前戀母情結想像（the pre-Oedipal imaginary）中的母女關係，視之為無法被符號化的女性特質的來源（因為它的存在先於符號秩序和上帝律法之前——見第1章和第6章）。對伊莉嘉萊而言，女性是外在於戀母情結時刻的鏡象（視覺）經濟之外的，也因此是存在於再現之外的（即在符號秩序之外的）。由於這種**符號**欠缺能夠接合母女關係的文法規則，女性特質（the feminine）的歸來，只能以一種被管制的形式（作為男性的「他者」）出現。

伊莉嘉萊藉**解構**西方哲學，來發展她自己的理論。在她的解讀中，西方哲學對於

---

[3] 譯註：伊莉嘉萊（1939-）是精神分析學者拉康的學生，後因敢於放言無忌而被逐出師門。她主要關切的問題是，女性書寫的差異及其政治。

[4] 譯註：原文為 *ecrituer feminine* 或 woman's writing。

[5] 譯註：原文是 *le parler femme* 或 womanspeak。

眼前這個男性支配的秩序（及其所宣稱的自我根源和統一的能動性）提供了保證。也就是說，西方哲學可說是隱含著**男性／陽具中心主義的**（phallocentric）。伊莉嘉萊探討的女性特質，被〔西方〕哲學排除在外，而這又使哲學的範疇本身得以構成（as the constitutive exclusion）。〔因此，在伊莉嘉萊眼裡〕女性不具任何自身的本質，而是作為一種被排斥的東西般存在著。女性特質因此無從想像，而且是無法被再現（除了作為父權中心話語／論述的負面對象）。

當然，為了試著去瞭解哲學中付之闕如的女性議題，伊莉嘉萊面對的困難是：怎樣以哲學的語言去批判哲學所排斥的。她的策略是「摹擬演出」（mime）哲學本身的話語／論述，援引並以哲學的語言發聲，但卻以子之矛、攻子之盾，彰顯哲學的無能及立論薄弱之處。女性聲音摹擬表演男性中心主義，是為了揭露被後者所掩蓋的真相（Irigaray, 1985b）。

主要思想家

露絲・伊莉嘉萊（Luce Irigaray, 1932- ）

伊莉嘉萊出生於比利時，也在比利時受教育，但就業後長居於法國。她目前是巴黎的法國國家科學研究中心哲學研究中心主任。她涉獵甚廣，包括哲學、語言學和精神分析，探索父權體制運作與女性所受排斥。是當代法國重要精神分析學者與女性主義哲學家，於1977年寫成《此性非一》。伊莉嘉萊解構西方哲學，批判後者對女性的排斥，但「摹擬演出」哲學的話語／論述，亦即，借用哲學語言來申說，但對哲學證成其宣稱的能力提出質疑。她的寫作風格多變，抒情和詩意有之，政治和教誨有之。

建議閱讀：Irigaray, L. (1985). *This Sex Which Is Not One.* Trans. C. Porter and C. Burke. Ithaca, NY: Cornell University Press. (First published in French in 1977.)

對於伊莉嘉萊的支持者而言，她的勇敢嘗試是力主女性特質有其特殊性，但對批評者而言，她的觀點流於本質主義，反映了父權體制的話語／論述。

性與性別的社會建構

與伊莉嘉萊不同，艾可夫（Linda Alcoff）認為所有強調女性具有特殊性和良善特質的說法都有問題，因為這種說法「有其危險，是替性別歧視的壓迫構築堡壘：相信有所謂與生俱來的『女人味』（womanhood）存在，將使所有女性從此不敢造次，免得被看成低等的或不『真實』的女性」（1989: 104）。

平等，而非差異，是麥金儂（Catharine MacKinnon, 1987, 1991）的研究重點[6]。女性文化在她看來，有如「織棉」（making quilts）；她認為，女性的臣屬地位是一個關乎社會權力的問題，立基於男性在制度化的雙性戀體制裡的支配地位。雖然不是所有男人都有同樣權力，也不是所有女性都承受同一形式的壓迫，麥金儂的女性主義話語／論述強調平等：「我們和你們一樣優秀；你們能做的，我們也都能做。所以，請不要擋路」（MacKinnon, 1987: 32）。

史考特（J. Scott）論稱，平等—差異之辯依賴的是錯誤的二分法，因為平等與差異是可能共存的，「平等不是抹除差異，差異也無礙於平等」（1990: 137-138），這是說，相同性（sameness）並不是宣告平等的唯一根據；相反地，差異是所有身分／認同的條件。

很多社會學、文化和女性主義方面的著作，包含麥金儂的著作，試圖透過在概念上區分性和性別，挑戰生物學決定論。性被視為身體的生物學，而性別指涉的是那些統理男性和女性社會建構及其社會關係的文化假設和實踐。其後，論者指出，性別的社會、文化和政治上的話語／論述與實踐，是造成女性處於臣屬地位的根本原因。不過，這種性—性別的區分（sex-gender distinction）本身已經遭到批評。

＃由於性別是一種文化建構的產物，與生物學特徵不同的是，它是可以被改變的。

性：一種話語／論述的構念

把性視為生物學、視性別為文化建構的區分方式已被打破，因為基本上沒有任何生物學上的「真理」可以自外於文化的建構。因此，不存在非文化的「性」。性化的身體（sexed bodies）永遠已經是管制話語／論述產製的結果，而被再現出來（見巴特勒的看法，容後敘明）。根據此一觀點，身體並未消失：

> 變成一種變數而不是常數，男女有所區別的宣稱，不再能無視於歷史的推移。但〔身體〕對男女的區別在特定社會中如何運作，仍將會一直是一個潛在重要的因素。（Nicholson, 1995: 43-44）

---

[6] 譯註：麥金儂是美國左翼女性主義者，她援引馬克思關於生產與再生產的理論發展其女性主義論述。在她看來，性意識這個概念對女性主義的重要性，有如勞動之於馬克思主義。她的著作已譯為中文版的有《性騷擾與性別歧視》（*Sexual Harassment of Working Women*）（賴慈芸等譯，臺北：時報文化）。

　　對後結構論者而言，女性之間（以及男性之間）有文化上的變動差異，意味著一個普遍適用的、跨文化的「女性」（或「男性」）類別並不存在。相反地，女性特質（和男性特質）有多重的展現方式，不僅具現在不同的女性身上，也可能被同一個人在不同的情況下表現出來。此一論點主張的是，「性」和「性別」在原則上是可變動的，但實際上兩者都在特殊的歷史與文化狀況下被形塑及管制。

性別化的主體

　　女性特質與男性特質被看作是可變的、社會建構的結果，在文化研究陣營裡做此主張者，大多從傅柯著作（Weedon, 1997）或精神分析取得靈感。下文將爬梳這兩種似乎是對立的觀點（傅柯不贊成精神分析的觀點），最後討論巴特勒如何嘗試整合這兩派觀點。

傅柯：主體性與性意識

　　對傅柯而言，主體性是一種話語／論述的生產，指的是話語／論述（被管制的言說和實踐方式）提供人們一些可用來理解世界的**主體位置**（subject positions），但也「役使」（subjecting）人們屈從於這些話語／論述的規則和規訓。所謂主體位置是一種觀點或一套被管制的話語／論述意義，使話語／論述能夠被理解。人們在發言時，非採取某個主體位置不可，但也因此受該話語／論述的管制權力所役使。

　　傅柯提出了一種反本質主義的論點，主張普遍的、反歷史的主體性並不存在。當個男人或女人，並不是用生物決定論（biological determinism）或普遍的認知結構和文化類型就能夠定義的。在文化和歷史上，性別的意義是特殊的，其意義可能因時間、空間變化而發生嚴重斷裂情形。不過，這不是指性別可任人俯拾、選擇，也不是說它全然無從蠡測。相反地，我們是被透過被管制的話語／論述力量而被性別化的。

性和身體的話語／論述建構

　　身體和性意識是傅柯著述中的主題。他認為性意識在西方社會是權力施展與主體性形成的焦點所在。主體性和性意識有密切的鄰接關係，因為主體的構成，透過性的形塑和身體的控制。傅柯重視的是「整體的『話語／論述事實』（discursive fact），亦即性被『置入話語／論述之中』的方式」（Foucault, 1979: 11）。他認為多樣態性意識的話語／論述（discourses of polymorphous sexualities）係透過以下機制散播：

- 醫學；
- 教會；

- 精神分析；
- 教育計畫；
- 人口學。

　　這類不斷增殖的性意識話語／論述**生產**了特殊的主體性，把它們（主體性）擺在特定的觀點之中（例如：醫學話語／論述）去理解。這些話語／論述分析、分類並管制了性意識，從而產生出性別化的主體，將性意識建構成主體性的基石。例如：傅柯認為從十八世紀初期以來，女性身體就已為現代科學話語／論述的主題，並且受其所役使。現代科學話語／論述將女性塑造成歇斯底里與神經質的，把女性身體降格為生育系統。傅柯更認為，源自於天主教信仰的告解，已成為當代的控制形式（mode of subjection），我們可以從電視脫口秀節目如《歐普拉秀》[7]看到具當代意涵的性別化例子。

　　然而，無論話語／論述力量在何處運作，反抗是可能的，尤其是透過「反轉話語／論述」（reverse discourses）的產生。例如：當醫師與牧師將同性戀意識置於話語／論述時，雖然意在譴責，但也同時給了同性戀者一個主體位置，使得同性戀者的聲音被聽見，進而要求同性戀者應享有的正當權利。

女性主義者對傅柯的批評

　　女性主義者對傅柯有所批評，指其疏於「檢視許多規訓技術的性別化本質」（McNay, 1992: 11）。論者指出（Bartky，轉引自McNay, 1992），傅柯把身體看成是性別中立的（gender-neutral），不脫男性的規範，而少有特殊性。例如：他沒有探索男性和女性如何和他描述的規訓制度產生不同的關係。

　　雖然這些批評很有道理，梅內（McNay, 1992）有所節制地指出，為女性提出一個全然不同的受壓迫經驗與歷史，同樣是危險的主張。男性與女性都有其歷史的特殊性，但梅內論稱，這一點不應讓我們誤以為兩性間有所謂永久的、本質上的對立。

　　傅柯將主體描述為「柔順的身體」（docile bodies），是話語／論述造成的「效果」。這種看法引起女性主義者關切，因為它似乎剝奪了主體的**能動性**，而能動性是女性運動的政治之所繫。不過，有爭議的是，傅柯後來的著作聚焦在「自我的技術」

7　譯註：《歐普拉秀》（*The Oprah Winfrey Show*）是美國黑人女性主持人Oprah Winfrey 的脫口秀節目。歐普拉另主持一個叫做《歐普拉讀書俱樂部》（*Oprah's Book Club*） 的節目，收視率極高（平均每週有三千萬人觀看），對美國觀眾選書品味及美國大眾 讀物的出版市場，有其可觀的影響力（該節目已於2002年4月初停播）。

（techniques of the self），確實重新提到了能動性，以及**反抗**和變革的可能性。傅柯因此思考「男人〔**原文如此**〕會如何思考他自己的本質？當他自認為瘋癲，當他認為自己有病，當他自認為是一個活著、會說話的、勞動的存有時」（Foucault, 1987: 6-7）。這個問題關切的是（作為一種話語／論述實踐的）自我的產製，亦即集中於透過探討自我去理解的倫理問題。

倫理與能動性

　　傅柯認為，道德（morality）關切的是根據形式化的符碼所建構的命令和禁令，而倫理（ethics）則與實際的行為建議有關，亦即與人們在日常生活上應該如何立身行事有關（Foucault, 1979, 1984b, 1986）。道德是透過一系列外力施加的規範和禁令來運作，而倫理則與人們根據可用的規則而做出的實際實踐活動有關；這些規則的生成，或由人們被動順服，或由人們主動創造。

　　傅柯探討一個介於法律與個人倫理實踐之間的空間，這個空間允許人們某種程度的自由去決定他們的個別行為。他特別指出，自我支配和「風格化」（stylization）的倫理，出自於關係本身的特性，而非來自禁令的外在規則。由此觀之，傅柯確實賦予個體相當程度的自主和獨立，即使他也同時指出主體性無法與社會和文化的限制分離出來。梅內論稱，這個較為動態的自我概念，有助於探索各種性意識，也為女性主義政治運動開闢了一條路：「傅柯的自我實踐這個概念，與女性主義對於女性受壓迫處境的分析，可說是相得益彰，避免了將女性當作父權體制支配結構下的無能為力的受害者」（McNay, 1992: 66）。

精神分析、女性主義和性別化的主體性

性的管制

　　在佛洛伊德最常被人引用的話裡，有兩段看似相互矛盾的話，予以細究質問，或許能有助於我們去理解**精神分析**在性認同問題上的意義。一方面，佛洛伊德認為「人體構造乃是天註定」（anatomy is destiny），另一方面他又描述人類性意識涉及了「多樣相的變態」（polymorphous perversity）；也就是說，變換成多種不同形式的能力。

　　根據佛洛伊德的說法，力必多（或譯「性衝動」）是沒有任何事先給定、固定的目標或客體。透過幻想，任何客體（包括人和身體的某些部分）皆可成為慾望的客體。性客體和實踐的種類幾乎數不勝數，存在於人類性意識的領域之中。其後，佛洛伊德的著作主要在記錄和解釋關於這種「多樣相的變態」的**管制**（regulation）與壓

抑，透過將戀母情結的解決（或未解決），進入異性戀性別關係的正常宿命。

人體構造被〔**佛洛伊德**〕說是天註定，並非因為基因決定，而是因為身體差異是性與社會差異化的符徵。

＃人體構造是天註定，因為人們很難逃離圍繞著身體差異符徵的管制文本（regulatory scripts）。

很清楚的是，誠如女性主義著作歷來主張的那樣，身體的重要性確實非同小可（bodies do matter）。雖然如此，重要的是仔細思考我們是如何讓身體變得如此重要，以及此一重要性應該如何（或是否）被執行？如我們即將在下一節討論的跨性別恐懼症（transphobia），部分女性主義者正試圖以某些方式管制哪些人能（／不能）自稱女性，而這可說是訴諸同樣基於（女性主義者長期以來反對的）生物學的歧視。

科多洛論男性特質和女性特質

科多洛（Nancy Chodorow, 1978, 1989）論稱，佛洛伊德提示我們的是：

- 我們對性客體的選擇和同一化的方式，並非不可避免的；
- 性別身分／認同是在母子關係的脈絡下發展而形成的；
- 人的性意識是受到管制的，而且女性付出了特別高的代價。

對科多洛而言，戀母情結這個理論就是一個展示，展示男性支配的再製與男性對女性的蔑視。她認為在父權體制的脈絡下，男孩被母親當作獨立、外向的人來對待，而女孩（因肖似母親）則被母親自戀般地疼愛。男孩脫離依賴母親的階段，轉而對父親，對象徵陽具的社會權勢、權力和獨立產生認同。某種形式的男性特質被產製出來，強調外在導向的活動，但付出的代價是必須掩飾自己對女性的情感依賴，並且擁有較差的情感溝通技巧。相反地，透過投入和認同母親的一些敘事，女孩較可能養成親密關係的溝通技巧，但女孩因此付出的代價是較難擁有外在導向的自主性。

科多洛認為，前舉這些性別化的主體性（sexed subjectivities）並非放諸四海而皆準，因為精神分析告訴我們，性的慾望客體和兩性關係的形構過程，在特定的家庭脈絡下發生，但若受到挑戰是有可能被改變的。隨著時間的推移，新形式的主體，以及新形式的男性特質與女性特質，有可能被形塑出來。

隱含陽具中心主義的精神分析

在帶有陽具中心主義（亦即男性中心）性格的精神分析中，仍有引人爭議的問

題，例如：佛洛伊德論稱女性會「自然地」對自己的生殖器官感到自卑，或是自然地在性意識上認定男性主動、女性被動是正常狀態。拉康在對佛洛伊德觀點的詮釋裡指出，戀母情結的時刻標記了主體在象徵秩序（the symbolic order）形成，並開始進入父權法則（the law of the Father）。此處，陽具象徵（the symbolic phallus）：

- 作為一種「先驗的符徵」（transcendental signifier），代表象徵秩序的力量。
- 讓主體得以脫離對母親的慾望，從而促使主體被形構出來。
- 它標記了母子關係被打斷，並且進入象徵秩序的必要性（若沒有這些，就會導致精神異常）。
- 透過掩蓋缺失感（sense of lack）〔譯按：男童在戀母情結形成時期所產生的閹割／去勢焦慮（castration anxiety）〕，從而讓主體得以將自身體驗成統一而完整的。

　　對某些批評者（Irigaray, 1985a, 1985b）而言，由於陽具在拉康理論占據核心地位，導致「女性」變成可有可無的附屬名詞。相反地，對藥秋（Juliet Mitchell, 1974）和科多洛（Chodorow, 1978, 1989）而言，佛洛伊德的父權假設反映的是他自己的價值觀，而非精神分析**本身**的本質。她們認為，精神分析的這些父權假設可以被清除，其中某些類別的歷史特殊性可被承認和重新修正。對她們來說，在父權體制社會的精神和象徵領域裡，精神分析有助於解構性別化身分／認同的形構過程。

克莉絲蒂娃：符號與象徵性

　　受拉康學派影響的克莉絲蒂娃（Julia Kristeva），或許是女性主義文化研究領域裡最引人注意的一位（Kristeva, 1986c）。主要有以下幾個原因：

- 克莉絲蒂娃的研究中心關切符號／符號學，亦即關注文化的符號象徵秩序。
- 其著作圍繞在主體性和身分／認同等問題。
- 她是執業的精神分析師。
- 她的著作探索精神力量與文化**文本**之間的糾結關係。

主要思想家

克莉絲蒂娃（Julia Kristeva, 1941- ）

　　克莉絲蒂娃生於保加利亞，學習馬克思主義與俄國形式主義。她後來移居法國，最初師從羅蘭・巴特（Roland Barthes），並供稿給前衛刊物《原樣》（*Tel*

Quel）。同時身為巴黎大學和（紐約）哥倫比亞大學教授，她發展出一種對結構主義的批評，並名之為「解析符號學」（semanalysis）的方法學。透過解析符號學的方法學，她探討表意、「引燃類別與概念」，尋求對支配的象徵秩序實現越界的可能性。一個講究實踐的精神分析家，她的著作特別關注性別和主體性。

建議閱讀： Kristeva, J. (1986). 'Revolution in Poetic Language', *The Kristeva Reader*, ed. T. Moi. Oxford: Blackwell.

克莉絲蒂娃區別「慾流空間」（semiotic chora，或譯「母性空間」，意指前象徵階段）與「論定階段」（the thetic，指的是象徵的運作場域）。對克莉絲蒂娃而言，主體「永遠同時是慾流的（semiotic）和象徵的（symbolic）」（Kristeva, 1986a: 93）。她所謂的「主體不斷自我塑身」（subject-in-process），指的即是「慾流」界（the 'semiotic'）和象徵界（the symbolic）之間的交相作用。語言——也就是象徵界（或論定）——是身體藉以賦予自身意義（作為一個被賦予意義的本我）的機制，其中包含象徵界對（前象徵的）慾流的管制。雖然如此，在象徵界主導的秩序之中，透過踰越這個象徵界（亦即越界），慾流界仍有可能返璞歸真的可能。越界（transgression）是某種（現代主義的）文學和藝術實踐，透過文本裡的韻律、斷裂和隱缺（absence），在時間和空間上重新安排符號，發展出一套新的語言。這種前象徵的「女性特質」並不是女性本身專屬的特質，因為克莉絲蒂娃她對性別身分／認同抱持堅定的反本質主義觀點。

解構性別身分／認同　克莉絲蒂娃認為，「相信自己是『女性』與相信自己是『男性』，同樣荒謬與愚昧」（轉引自Mio, 1985:163）。雖然我們接受性別化的身分／認同，但必須認識到無法以本質主義的方式身為一個女性：只有在進入象徵秩序後，性別身分／認同才成為某種相互對立的存在。這是說，女性身分／認同不是一種本質的存在，而是再現的結果。

根據克莉絲蒂娃的說法，小孩面對的是兩種選擇：認同母親，從而接受在象徵秩序裡的邊緣地位，或是認同父親，從而取用象徵界的支配力，但也會因此抹掉原先在前戀母情結（pre-Oedipal）階段對母親的認同。無論男孩或女孩，都會面臨這些選擇。因此，每個人都同時有男性特質和女性特質，只是程度有別罷了。女性特質是一種邊緣性的狀況或主體位置，某些男人（例如：前衛藝術家）也可以占據這個位置。的確，父權體制的象徵秩序企圖將所有女人固定為女性，將所有的男人固定為男性，從而將女性變成「第二性」（second sex）。克莉絲蒂娃認為，男／女這樣的二分法屬於形上學。

克莉絲蒂娃認為性別身分／認同的鬥爭，會發生在每個人身上。性別身分／認同

關乎男性與女性特質在特定男人和女人身上的平衡狀態，而不是男性和女性這兩種本質、對立的群體間的衝突。她強調，就象徵秩序裡的邊緣性而言，這樣的鬥爭導致性和性別身分／認同的解構。這個觀點也強調人的單一性和多重性，以及象徵與生物存在狀況的相對性。

\# 「強調女性表達和意念多重性的時機或許已經來臨」（Kristeva, 1986b: 193）。

　　克莉絲蒂娃不但堅決主張女人占據各種臣屬位置，而且強調一種新的象徵空間和主體位置正對她們開啟。尤其是，她認為女性現在擁有一個新的空間，得以結合母職（和差異）與追求平等及象徵秩序的政治。

巴特勒：在傅柯與精神分析學之間

　　和克莉絲蒂娃一樣，另一位嘗試解構性別身分／認同的是巴特勒（Judith Butler），她援引的思想資源是傅柯著作及精神分析。她接受傅柯所謂的話語／論述運作是一種規範性的管制權力，並且產生受其支配的主體。然而，她也主張回歸精神分析，以便追蹤「某種管制規範是如何形成一個『性別化的』主體，導致精神和身體形構之間無從區辨」（Butler, 1993: 22）。巴特勒用精神分析討論管制規範如何透過同一化過程，而被賦予精神力量。

　　與傅柯的觀點相近，巴特勒也認為話語／論述定義、建構與產生了作為知識對象的主體。話語／論述是我們得以瞭解身體為何物的工具。

> 　　從一開始，「性」這個類別就是受到規範的；這就是傅柯所謂「管制理想」（regulatory ideal）。在這個意涵上，「性」不只具有規範的作用，也是管制實踐的一部分，產生了它所治理的身體，亦即管制力量被看成是一種具有生產性的權力（productive power），而這種生產的權力——劃界、流通與差別化——它所控制的身體。因此，「性」是一個管制理想，其物質化過程是強制的，而且這種物質化的發生（或不發生）是透過某些高度被管制的實踐活動。換句話說，「性」是一種理想的建構，是在時間中被強迫物質化的。它不是身體的簡單事實或靜止狀態；而是一種管制規範將「性」物質化的過程，並且透過強制地重述這些規範來達成。（Butler, 1993: 1-2）

　　性的話語／論述，透過重複它所導引的行為，將性帶入人們的視野，成為一種必要的規範。性是一種建構，但它是形構主體和治理身體物質化過程中不可或缺的。

性的展演性

巴特勒以**引用的展演**（citational performativity）這個概念來理解性與性別。展演性指的是「話語／論述實踐制定法則，並產生其所命名之物」（Butler, 1993: 13）。這種實踐，透過「（父權）法則」（就其象徵的、拉康式的意義而言）規範和慣例的引述和反覆重申來達成。在語言行為理論（speech act theory）中，一個展演即是一種聲明，可使它所命名的各種關係發生效力，例如：婚禮中有「我宣布你們……」這種應景的展演。巴特勒關於「展演性」的觀點，重點不在於主體所做的行為本身，而是側重「話語／論述產生它所管制和限制的現象，亦即話語／論述反覆重申時發生的影響力」（Butler, 1993: 2）。

對巴特勒而言，「性」是被生產出來的，用來重新聲明霸權的規範，而展演永遠是其衍生物。有關性的「假設」不是單一行為或事件，而是一種可以反覆重申的實踐，並且透過反覆展演來確立。因此，「它是個女孩」這樣的聲明，開展的是一段「女孩養成」（girling）的強制過程。

> 然而，這是個「女孩」，被迫「引用」規範，以符合資格，並維持其為主體的狀態。因此，女性特質不是出於選擇的產物，而是被迫引用規範；這種規範具有複雜的歷史性，無法與規訓、管制和懲罰的關係分離。（Butler, 1993: 232）

展演性並不是單一的行為，而是對既有規範的重申。這種展演並非出於一個自覺、有意圖的行動者；更正確地說，性的展演是被異性戀的管制機制強迫的，而且透過「性」的強制生產而重申這套管制機制。因此，所謂有意圖的性別化行動者（sexed actor）的這個概念，其實是這個展演本身的話語／論述之產物。「所謂性別是展演的，是因為主體看似主動的表現，其實是展演造成的效應」（Butler, 1991: 24）。

同一化與厭棄

巴特勒結合並修正了話語／論述、語言行為理論和精神分析，認為性「假設」涉及對「性」的規範幻想（理想化）。性是一種象徵的主體位置，在面臨懲罰威脅（例如：象徵性的去勢或厭棄）的情況下被人所採納。

象徵界（the symbolic）是一系列規範禁令（normative injunctions），透過精神病和厭棄（abjection，包含排斥、拋棄與拒絕）的威脅，確保性的邊界（亦即什麼構成了性）。對巴特勒而言，同一化是一種對理想化幻想客體（人或身體的某部分）或規範理想的情感連結，以及它所產生的隸屬關係和表現方式。

同一化構成了一個具有排斥性的矩陣，藉此，主體形構過程同時產生了一種構成的外部（a constitutive outside），亦即，認同一組規範（例如：異性戀）的同時，也否定另一組規範（例如：同性戀）。確實，巴特勒特別關注在異性戀的「迫切壓力」下，男同性戀和女同性戀承受的厭棄威脅。她也極力強調，同一化從來都不是處於一種完成或完整狀態，而且同一化的對象是幻想或理想化。因此，它永遠不可能接近於「真實的」身體或性別化實踐；同一化永遠（與「真實的」身體或性別化實踐）存在著鴻溝，或是失之交臂。對巴特勒而言，精神分析強調的正是身分／認同的不穩定性。

扮裝：對象徵性的重塑

有些女性主義者（例如：伊莉嘉萊，而在某種程度上，克莉絲蒂娃亦然）認為，反抗異性戀、男性特質的霸權（heterosexual masculine hegemony），是源自於前象徵的「想像」，一個據說是存在於具備語言能力之前的區域。相反的，巴特勒認為有必要將象徵界本身重新理解為一組被用來治理「性」的管制規範。雖然象徵界管制著同一化的實踐方式，但這個過程從來都不是完整的，只包含**局部**同一化。因此，巴特勒得以構思一個改變的空間，讓「男性特質」和「女性特質」等概念本身可以被重新思考。

巴特勒認為，扮裝（drag，譯按：穿著異性服裝的行為，或譯變裝、易裝）透過對性別理想的重新表意（re-signification），顛覆和重塑著性別規範（Butler, 1990）。透過對性別規範的模仿，扮裝可以反思性別的展演性格，彰顯所有性別都有其展演性，從而顛覆霸權異性戀男性特質的宣稱。霸權異性戀本身就是一種模仿的展演，是被迫重述其本身的種種理想化狀態。異性戀霸權需要反覆重述自身，而這暗示著異性戀本身一直被它無法完全克服的焦慮所擾。需要反覆重申的原因無他，乃是因為異性戀身分／認同及其性別位置處於一種不安狀態。不過，巴特勒的論點只是標示了一種可能的顛覆活動，就如她所指出的，因為扮裝充其量一直是模稜兩可的，本身可能就是一種對於父權法則和異性戀的重述和確認。

「扮裝」一詞，通常與男性和男同性戀有關，然而女性也越來越熱衷於諸如「扮裝國王」（drag kings）的展演。酷兒與性別理論家傑克〔更早以前的名字是茱迪斯（Judith）〕・霍伯斯坦（Jack Halberstam, 1998）論稱，男扮女與女扮男有顯著差異，例如：各自面臨的風險有別、展演方式不同，而且男性特質展演與女性特質展演之間存在明顯差異。霍伯斯坦認為，扮裝「國王」提供了「一個難得的機會，特別是全面反諷白種男性特質」（1998: 238-239）。

身分／認同的規訓和虛構

巴特勒對身分／認同分類**本身**，特別是「酷兒」（queer）的概念討論充滿模稜兩可的心態。「行動起來」（ACT-UP）、「酷兒國度」（Queer Nation）及一些參與酷兒政治的社群，重新接合並賦予「酷兒」一詞新的意涵，將其中的傷痕效應轉換成具有反抗意義的表達方式。然而，巴特勒論稱，這類型的身分／認同範疇，無法用任何方式重新接合（重新定義），而且就算重新接合，其意義也無法控制，因為它們永遠可以再度被重新表意。

因此，用「酷兒」這個詞，一方面肯定它在政治上的作用，另一方面同時也延續對過去的回應。巴特勒進一步表示，我們必須注意到**任何**身分／認同分類都有排斥和厭棄的狀況產生。包括「酷兒」在內，身分／認同分類在男同性戀和女同性戀之間建立了一種虛假的統一，不見得能得到所有性別社群的共鳴。

扮裝國王

©攝影：Lauren Horwood (2015)｜laurenhorwood.com

- 澳洲作家與行動主義者塔拉莫斯（Tara Moss）這張照片的哪些特性顯示，我們正注視的是(a)一個女性和(b)一個男性？
- 你同意巴特勒（Judith Butler）的觀點嗎？她認為扮裝是一種性的展演。

＃對巴特勒而言，所有的身分／認同分類都是虛構的，同時應該被質疑。

酷兒理論

　　與塞德奇維克（Eve Kosofsky Sedgwick, 1985, 1990, 1993）一樣，巴特勒也是公認的後結構主義酷兒理論的先驅。後者1990年代從人文學領域開展，特別是受到傅柯有關性意識和話語／論述賦予身體意義的著作影響（Pilcher and Whelehan, 2006: 128-132）。酷兒理論主張「批判的再思考」或「求索」（querying）那些形塑性認同、性別和情慾的意識形態、心理學和身體經濟學」（Greet, 2000: 413）。

　　這股知識界的運動與前述行動主義者挪用「酷兒」一詞差不多是同步發生；在此之前，「酷兒」是一個貶義詞。在日常生活情境中使用「酷兒」一詞，提供了一種踰越同性戀／異性戀二分法的途徑，而且將身分／認同視為一種流動而非固定的狀態。這也被某些人認為比「男同性戀」或「女同性戀」一詞更具包容性。晚近，「酷兒」一詞已被用於喚起跨群體的政治行動主義立場，而非只侷限於性傾向的層面。

字母湯

　　在指涉被稱為「男同性戀權利」運動時，試圖極大化語言上的包容性，也導出某些出人意料的結果。其中一個例子是無法發音的縮寫字LGBTQQIAAPP，意指女同性戀（lesbian）、男同性戀（gay）、雙性戀（bisexual）、跨性別者（transgender）、酷兒（queer）、疑性戀（questioning）、雙性人（intersex）、無性戀（asexual）、直同志（allies）、多元之愛（polyamorous）、泛性戀（pansexual）。比較不這麼臃腫的用法包括：GSM，意指性／別少數（Gender and Sexual Minorities）；GSD，意指性／別多樣性（Gender and Sexual Diversities）；QUMUNITY，合併「酷兒」和「社群」而成的複合字。同時，蘇雷莎（Ron Suresha）呼籲，性／別多樣性（他所偏愛的名稱）社群應該善用創造力設計某種「更新鮮、更有品味與更滋養的名稱，而非繼續用上一世紀罐頭式的字母湯（canned alphabet soup）」（Suresha, 2013）。巴特勒偏愛的是「性少數」（sexual minorities）一詞，因為它不是一個基於身分／認同（identity-based）的詞語：

　　　　我們不是為男同性戀、女同性戀或跨性別者爭取權利；我們是為了因為各種原因不為現有規範容許的人而奮鬥，為那些因為乖違這些規範而遭受暴力、失業威脅或被剝奪某些權利的人奮鬥。讓我感到憂慮的是，許多主流同志組織已變得太過度強調身分／認同：出櫃搞成一件最要緊的大事，認定那是讓你的身分／認同公開的時刻。問題是，在那種布爾喬亞政治之間……

有很多人還不能站出來說他們是X或Y，也有人雖然能夠站出來說他們是X或Y，但他們的宣稱會遭遇很多攻擊。所以，比方說，一個在人體構造上部分屬於男性的女人——或是那些雙性人；她身上有乳房植體，所以或許她還處在轉型階段——或許能夠站出來說她是女性，但這種真正艱難的語言行動，還是很難讓許多人接受。因為總會有人說，「不，你不是。」而那將會是非常不妥的。（轉引自Olson and Worsham, 2000: 754）

巴特勒點出的是，跨性別社群的能見度越來越高，但也還將面對著各種挑戰——下一節處理這個主題。

「跨性別引爆點」

「跨性別引爆點」（The transgender tipping point）是2014年《時代》雜誌某期的封面標題，強調跨性別女演員拉維恩・考克斯（Laverne Cox）——首位在美國主流電視節目《勁爆女子監獄》飾演主角的跨性別黑人女性。《時代》此前曾被一場社群媒體倡議運動批評，因為它從美國百大影響力人物名單中刪除考克斯。而在它的〈跨性別引爆點〉一文中，這份美國雜誌宣告：為跨性別者的權利而戰，是「下一個民權運動的前線」（Steinmetz, 2014）。

此文既出，引發國際媒體針對越來越公開的跨性別者，以及這個易受傷害的群體所經歷的語言和肢體暴力，展開了熱烈討論和辯論。一些知名的跨性別角色模範（例如：考克斯），結合網際網路的網絡化力量，咸認是協助跨性別者「出櫃」和尋求彼此支持的關鍵因素。

另一個與跨性別再現有關的重大時刻在2015年，當時BBC Two推出由特立獨行的紀錄片製作人路易・泰魯（Louis Theroux）所製作的《跨性別孩童》（*Transgender Kids*）。《跨性別孩童》以同情的方式描繪一群有著跨性別困擾的兒童和青少年。泰魯聚焦於加州大學舊金山校區兒童和青少年性別中心，有一批醫學專家用多種途徑幫助跨性別兒童，包括心理諮商、荷爾蒙阻滯療法，與孩子們討論未來性別重整手術的優點和缺點等。被問到病人後來改變心意的「風險」時，有一位該中心的醫學專家釐清說，那不是一種「風險」，而是一種「可能性」。這位醫學專家想強調的是，這種狀況的真正風險可能會導致自殺或試圖自殺，往往是因為這些跨性別青少年的性別認同和選擇得不到他人的支持。

支持《時代》雜誌的引爆點一說的更多證據是，有越來越多媒體評論人願意公開討論跨性別議題。提及統計資料顯示有0.1%到5%的世界人口屬於跨性別者、雙性人或「性別酷兒」（genderqueer）（意指所有非「男」非「女」的所有身分／認同），羅利・佩尼（Laurie Penny）指出：

　　無論你怎麼切，那也是數以百萬計的人。身為人類，我們已擁有太空
旅行和抗生素，所以實在顯得太過古老的一點是，我們的文化裡竟還有這麼
多的部分（從金錢和時尚、愛情與家庭），圍繞著所謂人類只分作兩種（男
性或女性）的觀念，而且粗糙地基於褲襠裡的東西來區分。

同時，跨性別研究者茱莉亞・塞拉諾（Julia Serano）也評論說：

　　真相是跨性別者存在，而且我們的生活相當平凡。在美國，跨性別者
的人數大約相當於註冊會計師的人數。沒有人會把會計師看成是怪異的或不
名譽的！（轉引自Penny, 2014）

　　正如我們將會看到的，這個「跨性別引爆點」已證明是一支避雷針，可以化解過
往女性主義內部關於本質主義和女性特質的爭論。

變遷中的術語

　　「跨性別」（transgender）與「跨」（trans）這樣的總括術語，比「跨性」
（transexual）之類的舊術語，更加具有包容性。這些新術語被用來指稱尋求性別重
置手術（gender-reassignment surgery）的人（過去被稱為「變性」），以及那些藉
助荷爾蒙，或是單純不認同自己出生之際被指定性別的人。它們取代諸如「人妖」
（tranny）這種過時和具有冒犯性的用語。戈德堡（Michelle Goldberg, 2014）認為，
「跨性別」一詞的彈性讓我們重新思考性別的意義：「至少在進步圈子裡，真正具有
決定作用的不是人們的染色體、生殖器或是人們被養育的方式，而是人們如何看待自
己。」

患有跨性別恐懼症的女性主義者？

　　激進女性主義陣營中的一部分人，長期不承認跨性別女性是真正的女性。她們的
主張是出生時被指定為男嬰的女性無法瞭解姊妹們的痛苦，而且不管經過荷爾蒙療法
或手術，仍然還是個男人。持這種觀點的女性主義者堅持，跨性別女性不應被允許使
用女廁，也不該參加只限女性的活動。雖然這種爭論可回溯至1970年代，它在2014
年又被重新點燃，為的是回應活動越來越公開的跨性別名人和行動主義者。

　　女性主義學者謝佛瑞斯（Sheila Jeffreys）是最具爭議性，也最敢言的跨性別主義
的批評者。在她2014年出版的書——《性別傷害：跨性別主義政治的女性主義分析》
（*Gender Hurts: A Feminist Analysis of the Politics of Transgenderism*）——她引用後來
反悔的一些跨性別者的例子證實「跨性別方案非常不穩定」（Jeffreys, 2014: 59）。

對謝佛瑞斯而言：

- 性別重置手術與截肢無異；
- 女變男的性別重置手術意味著女性想在性別歧視體系裡，提高自身地位；
- 選擇性別重置手術為女性的男性，會這麼做是因為性拜物教（sexual fetishism）。

〈拉維恩‧考克斯挺身支持2015年舊金山跨性別遊行〉（Funcrunch-Own Work）。

　　謝佛瑞斯堅持依據一個人出生時的生物性別，來使用人稱代名詞。她宣稱，使用女性代名詞的男性刻意隱匿「他們在男性主導的性別種性制度（the male sex caste）裡成長過程中被賦予的雄性優勢」（2014: 9）。謝佛瑞斯和其他持有類似觀點的知名女性主義者，被批評患有「跨性別恐懼症」（transphobia），甚至是仇恨團體的共犯。導致這些指控的部分原因，是因為她們有類似女性主義作家布希爾（Julie Burchill）的發言：

　　　　切掉你的小雞雞，然後主張享有女性的特殊地位——凌駕在天生的女性之上，而且顯然不知受苦為何物——簡直是有點像「膽大妄為」

（chutzpah）一詞的原始意涵：殺父弑母的小男孩，然後基於自己是孤兒的
理由而要求法官寬恕。（2013）

　　跨性別行動主義者回敬以一個她們發明的貶義詞「跨排斥激進女性主義」
（Trans-Exclusionary Radical Feminism, TERF），並且主張禁止她們涉足相關會議和
演講安排。
　　以不同的方式，激進女性主義和跨性別行動主義都同樣落入本質主義的性別
觀。前者召喚了一個「基於本質、二分的性別雷池（binary sex rubicon）」來定義每
個人，而且任何人皆「不得跨越」（C. Williams, 2014）。後者則論稱性別化身體的
認同感才是真正的本質。巴特勒對這個議題的思考具有啟發性——而且也比較人道。
她說：

　　　　我們可能不需藉助天賦本性或基因學的語言，也能夠瞭解我們都有倫
　　理義務去承認另一個人的性或性別認同。我們不必非得在自我認同的「根
　　源」上有共識，也可以同意這是我們的倫理義務：支持和承認性與性別化
　　的各種存在方式，因為這些存在方式對人的幸福是至關重要的。（轉引自C.
　　Williams, 2014）

　　　許多跨性別者發現，自己在女廁或男廁都不受歡迎。這種經驗如何被用來作
為跨性別者和其他人關係的一種隱喻？(1)「主流」社會；以及(2)既有政治運動如
女性主義和同志權利運動？

✎ 習作

　　找一位同學合作，自行從下面術語中選取三個並加以研究。研究後，試加討
論：語言被認為攸關性別和身分／認同的理由，有哪些？

偽女王（faux queen）	三性別（trigender）
雙性性格（androgyne）	泛性別（pangender）
順性別（cisgender）	性別表現不一致者（gender non-conforming）
性別流動者（genderfluid）	疑性戀（questioning）
他性別化者（other-gendered）	高智商控（sapiosexual）
雙性戀（bigender）	跨性別者*（trans*） （星號是這個術語的一部分）

男性與男性特質

本章聚焦於女性，並且論及在女性主義與文化研究領域裡的相關辯論。不過，對性別的社會建構的反思，也必須應用在男性上。正如紀登思論稱：

> 至少，在西方文化之中，男性現在處於有史以來的第一個階段，開始發現自己是（to be）男性，或說是第一次發現自己擁有著其實是大有問題的「男性特質」。過去，男性老以為自己的活動構成了「歷史」（history），而女人則無與於世變，總是操持著同樣〔無足輕重〕的事。（Giddens, 1992: 59）

因為何謂男性會因時間和空間而異，所以「男性特質」可以被理解為一種文化建構的產物。

\# 尤其是，我們應該說的是複數形的男性特質，而非單數形的男性特質，因為並非全部男性都是一樣的（Connell, 1995）。

男性特質並非一成不變的，而這激發了越來越多有關男性和男性特質的研究（e.g., Biddulph, 1994; Connell, 1995; Connell et al., 1982; Farrell, 1993; Johnson and Meinhof, 1997; Nixon, 1997; Pfeil, 1995; Seidler, 1989），核心研究領域是：

• 男性與男性特質的文化再現；
• 男性的實際生活經驗有何特徵；
• 當代文化裡，男性面對的問題。

一般而言，傳統的男性特質崇尚力量、權力、堅忍、行動、自制、獨立、自足、男性間的哥兒們般的情誼和合群等價值觀，壓抑情感流露、口語表達、家庭生活、溫柔、溝通，並且避免有婦人孺子般的行為表現。

習作

• 請舉例說明和討論：何種男性體現了上述的傳統男性特質？
• 當代文化所再現的男性特質中，有哪些與這些傳統形式不一致？

　　自啟蒙運動以來，男性總是被與理性、控制和距離等隱喻連結在一起（Seidler, 1989）。尤其是，理性與男性特質的連結涉及自我規訓，並且與女性化的情感語言保持距離。

　　現代主義的分工社會賦予男性養家餬口的角色，而女性則被賦予養兒育女和操持家務的責任。影響所及，現代性的語言強調陰柔特質的私人世界與陽剛特質的公共世界之間的鴻溝。在公共世界，男性學會透過公開表現獲得尊嚴與成就被認可。這可能採取多種形式，暴力、乃至運動、教育文憑或職業地位皆屬之。這也導致高度個人主義（hyper-individualism）、競爭，以及不留情面，因為是「我」必須有所表現，以及是「我」要拿到這個光榮獎項。這種力求表現的傾向，從工作到性意識，一方面是高大偉岸，另一方面卻是深沉的無法勝任和沮喪。

現代年輕男性

©攝影：Dreamstime Agency ｜ 代理：Dreamstime.com

- 什麼讓你覺得這張照片是一位現代年輕男性？
- 何種程度上，這張照片再現的是不尋常的男性特質？
- 何種程度上，這張照片再現的是複製了尋常的男性特質？

這些傳統男性特質的價值觀，對男性不再有什麼好處。男性面臨的問題當中有一些可被理解為是因為男性特質的力爭上游觀，以及在當代社會世界裡必須處處與人爭鬥所致。

大有問題的男性特質

法瑞爾（Warren Farrell, 1993）認為，男性是「可拋式性別」（disposable gender）：他們比女性更常死於戰爭或自殺。當然，超過90%的暴力犯罪，以及超過90%的監獄囚犯，是男性（Biddulph, 1994）。無論如何，根據畢達福（Steve Biddulph）的說法，真正快樂的男性非常少。

畢達福論稱，男性的主要問題如寂寞、被迫與人競爭、終身不善於表達情感，根植於接受了男性特質那種不可能達成的形象，而很多男人嘗試但無法企及。這些理想化的形象是形成於缺乏一個充滿關愛的父親，沒有一個角色模範可供取法。

這些說法得到李約翰（John Lee）的呼應，後者的核心論點是「我們的父親，不管情感上、身體上或精神上，都完全不在場」（Lee, 1991: xv）。他說，由於沒有這種關愛之父的能夠給予的引導和訓練，男性並無充分學習到生活所需的技巧，包括付出和接受的能力。

男性成癮問題根源

芮爾（Terrence Real, 1998）指出，美國有48%的男性，在一生之中都曾有過沮喪、自殺、酗酒、濫用藥物、暴力和犯罪等困擾。澳洲統計局的數據也顯示，2011至2012年間，成年男性酗酒的人數大約是成年女性的三倍，已構成健康風險（分別是29%和10%）。男性酗酒比例，在每個年齡層都明顯高過女性（'Consumption of alcohol', 2013）。

心理治療相關研究（e.g., McLean el al., 1996; Rowe, 1997）指出，低自尊（這個現象本身是家庭生活導致的結果），連同因為無法達成符合文化期待的成就，而產生自認不像個男人的挫折感，乃是造成男性藥物濫用與沮喪的根本原因。芮爾（Real, 1998）認為，男性的暴力傾向、對性行為的耽溺、賭博、酗酒和藥物濫用等問題，其實都是一種自療（self-medication），是一種企圖防衛自己的舉措：藉著「溶入」藥物或自嗨，來對抗因自慚形穢及「惡劣」家庭關係所造成的那種揮之不去的挫折與沮喪。成癮和其他形式的強迫行為，包括高成就者的「工作狂」（workaholism），提供了他們某種反抗焦慮的安慰和防衛。因此，紀登思指出，成癮作為一種無法自制的行為，具有麻醉作用，就像是「在賽事中要求暫停」一樣，被用來暫時緩解因需求和慾望而產生的痛苦與焦慮。

　　二十一世紀男性容易陷入成癮問題與自毀的現象，需要在現代生活及其越來越強調情感自律的脈絡下理解。根據紀登思（Giddens, 1992）的觀點，男性在公領域（the public domain）占據優勢地位，並且被認定為比較「理性」，其實是付出了相當代價，與親密關係轉化的機會失之交臂。大體上，親密關係與男性情感溝通問題有關，而男性之所以拙於處理需要情感安全感和語言技巧的情感關係，乃是根源於這種文化建構與具歷史特殊性的男性特質。

現代男性的「背叛」

　　法魯迪（Susan Faludi, 1999）描述「戰後男人的承諾」及其後來的「背叛」；亦即喪失那份未經明宣卻能讓他們在現實社會中感到自豪的盟誓。法魯迪論稱，從戰爭和工作中錘鍊出來的現代男性，習於接受這樣的價值：在工作上有用、對家庭有用、對整個社區有用。一個男人被期待能夠控制，成為自身命運的主宰，能夠把事情做成。再者，作為一個男人，他能夠發展並仰仗與其他男人之間的弟兄袍澤之情。

　　第二次世界大戰註定是這種有用與盡職的男人，被當成理想男性的「最後一口氣」。戰後美國嬰兒潮世代，其「邁向男人的任務」是圍繞在征服太空、擊潰共產主義、企業組織人有如兄弟的情誼，以及保護自己的家庭。然而，「當年那個曾被告知未來將成為宇宙主人的男孩，最終發現自己什麼都無法主宰」（Faludi, 1999: 30）。

　　企業縮編、失業、越戰和韓戰、女性主義，以及公眾對太空旅行的興趣衰退，全都侵蝕了戰後美國人的自信和安全感。尤其是，法魯迪所謂「觀賞文化」（ornamental culture）標誌了男性功利角色的終結。觀賞文化是指名人、形象、娛樂和行銷的文化，全都是消費主義的產物。在此一脈絡下，男性特質成了一種在市場裡爭奇鬥豔的展演遊戲。

　　由於缺乏能夠提供新意義與新目的的另類男人觀，法魯迪列出「陷入麻煩的男人」的各色人等：

- 船塢工人：他們不只失去收入來源，也失去他們的技藝、自豪和團結；
- 企業主管和中階幹部：他們看著他們的那些夢想擁有房子、泳池、汽車和溫暖的家的消費者，已深受經濟衰退的威脅；
- 不分膚色的年輕人：他們在名人身上找尋人生目標，並且在夢碎之後以身試法，鋌而走險；
- 男性基督徒：即使老婆因為受不了而打包走人，他們還想要重申他們作為一家之主的象徵地位；
- 希望破滅的越戰傷兵：他們滿心期待返國將受到英雄式歡迎，但卻發現自己變成社會賤民（social pariahs），這讓他們再度受到傷害，即使越戰早已結束。

　　對法魯迪而言，包括上述這些人在內的很多人都是受挫與充滿困惑的男性，遊走在當代美國有如鬼魂般的地景當中。在這個脈絡下，針鋒相對的反文化模式（countercultural model）若聚焦在某個「可被指認、對抗和打敗」的敵人，對男性或女性來說都是不現實的。相反地，男性需要找到作為男性的新方式，或是找到成為人的新方式，從而使男性特質成為能夠帶來尊嚴、自尊和自我價值的形式與生活方式的副產品。

性別、再現與媒體文化

　　女性特質與男性特質並非人的本質，而只是再現的結果。很多文化研究領域中的女性主義著作都關注性別再現，特別是女性再現問題。就像伊文斯（Mary Evans, 1997）所評論的，首先是關注女性在文化，特別是文學領域扮演的角色，雖然好作品的正典遺漏了她們。和這很接近的另一關注是女性被建構的種種再現狀況；也就是說，「此論主張，對於再現的方案來說，性別政治具有絕對核心的地位」（Evans, 1997: 72）。

　　早期的女性主義研究帶有寫實主義的假設，亦即再現是社會真實的直接表現，以及（／或是）一種對該社會真實造成的潛在或實際的扭曲。也就是說，對女性的再現，反映的卻是男性的態度，並且構成了對於「真實的」女性的錯誤再現（見 Tuchman et al., 1978），此一觀點就是所謂的「『女性形象』觀」（the 'images of women' perspective）。然而，後來的研究受後結構主義影響，將所有的再現都視為文化的建構（cultural constructions），而不是真實世界的反射。影響所及，關心的焦點就轉而集中於這些問題：再現是如何在社會權力的脈絡下表意？此一再現對性別關係產生何種後果？這類針對「女性符號」（woman as a sign）（Cowie, 1978）的探索，或可稱之為「再現政治」（politics of representation）。

女性形象

　　刻板印象（stereotype）這個概念，在女性形象觀這一派研究裡占有重要地位。如同在第8章所討論過的，刻板印象涉及的是將人化約為一組誇大且通常是負面的性格特徵。透過權力的運作，刻板印象在「正常的」和「厭棄的」、「我們的」和「他們的」之間標記了界線。

＃對文化研究而言，此處的關鍵概念是女性的再現是一種政治，重要的是女性如何被再現，並且產生何種後果，而非再現的真假或對錯。

淫婦、女巫、女族長

　　「女性形象」取向研究的一個例子是米恩（Meehan, 1983）對美國電視節目中，女性扮演的刻板印象角色之分析。她的研究結合了量化分析，計算女性再現的數量的種類，並以質化方式解釋女性在這些再現中的角色和權力（較少）。她指出在電視節目中所再現出的「好」女人都是順從的、敏感的以及喜愛家庭生活的，而「壞」女人則是造反的、獨立的以及自私的。米恩發現一般的刻板印象有下列幾種：

- **小淘氣**：叛逆的、非性化、男人婆般的野丫頭；
- **賢妻**：女主內、有吸引力的、顧家的；
- **貪婪凶惡的女人**：具侵略性的、單身的；
- **淫婦**：鬼鬼祟祟的、欺騙的、善於操縱的；
- **受害者**：被動的、遭受暴力或意外；
- **令人心動的誘人女性**：看似柔弱，實則剛強的女性；
- **妖婦**：以美色誘惑男人導致惡果；
- **高級妓女（交際花）**：出入於飯店裡及歌舞表演的夜總會，以賣淫為業；
- **女巫**：能耐不凡，卻仍聽命於男人；
- **女族長**（matriarch）：在家庭中扮演權威角色、年長的、去性別的。

　　她的結論是「美國觀眾花了超過三十年的時間，觀看男性英雄和他們的冒險經歷，使得男孩青春期迷惑的願景裡，盡是充塞著女性作為女巫、淫婦、母親和小淘氣的幻念」（Meehan, 1983: 131）。

確認和否認

　　美國的電視節目並非錯誤再現女性的唯一力量：調查媒體對於女性的再現方式，蓋勒格（Margaret Gallagher, 1983）發現用商品化和刻板印象化的「好」、「壞」二元對立的形象來描述女性的作法，可謂**全球皆然**。舉例來說，克里許南和迪婕（Prabha Krishnan and Anita Dighe, 1990）在他們對印度電視節目的女性再現研究中，發現「確認」（affirmation）和「否定」（denial）是兩個顯而易見的主題：「確認」女性是被動和臣屬的，以家務、丈夫和孩子為生命重心，並且「否定」女性是有創意、活動力和有個性的（特別是在工作及公共領域）。

　　她們的研究指出（Krishnan and Dighe, 1990），男性在電視劇中扮演主角的人數遠多於女性（其中，男性擔任主角的有105位，而女性擔任主角的只有55位）。此外，男性大部分都是再現成操持各行各業，而女性（有34位）則多被刻劃為家庭主婦。每一個主角的特徵都用八十八種極端人格特質來測量，分析結果顯示最常用來描

繪男人和女人的一些特徵，如表9.1所示。

表9.1 印度電視節目再現的男性和女性特質

男性角色	女性角色
自我中心的	犧牲奉獻的
有決定權的	依賴的
自信的	渴望討好人的
視野廣闊的	透過家庭關係來定義世界
理性和有謀略的	感性的和感情用事的
支配的	臣屬的
父權的	母性的

資料來源：Krishnan and Dighe, 1990.

寶萊塢的女人

　　根據前述克里許南與迪婕所做的研究（Krishnan and Dighe, 1990），印度電視節目中再現的理想女性，係基於傳統印度教經典，而這也提供理想的道德世界給廣受歡迎的印度電影（Mishra, 1985）。

　　印度電影《丈夫》（Suhaag）的片名意味著婚姻的象徵，這也是該部電影的中心思想，並引導人們瞭解貞潔的女人的構成特質是什麼（Bahia, 1997；亦見Dasgupta and Hedge, 1988, Rajan, 1991，這些文獻是下面討論的資料來源）。這些特質包括貞潔、耐心和無私，並以女主角瑪兒（Maa）為例，她被凶惡的丈夫拋棄，撫養兒子長大成人，並且沒有偏離傳統的界線。整部電影從頭到尾，瑪兒的角色以正確和負責任的方式撫養兒子，而不論她自己付出多少代價。儘管她的丈夫完全忽視她的存在，當她丈夫在電影後段又出現時，無論他繼續背叛她的信任，瑪兒仍願意使自己附屬在丈夫之下。雖然有以上種種事情，她仍必須想辦法挽救她的婚姻，因為如果不這麼做，她就會沒有身分。

《馴悍記》

　　女性的文化再現，足以批評的並不限於流行文化，尚且包括「藝術」在內。例如：麥克拉斯奇（McLuskie, 1982）批評莎士比亞劇作《馴悍記》（The Taming of the Shrew），置女性於奢侈消費和貴族風格的生活類型之中，予以商品化。莎士比亞作品具有重要的文化意義，因為它的地位是「高級」文化，而這點也在教育系統中獲得確認。麥克拉斯奇認為「馴化」（taming）概念完全是意識形態的，彼特魯喬

（Petruchio）[8]馴服凱瑟（Kate）[9]，就如同馴服動物一樣。該劇裡的「笑料」，都是以凱瑟為戲弄的對象。根據劇本，彼特魯喬必須一再地透過俏皮的雙關語，迫使凱瑟乖乖就範。

在西方藝術史裡試著禮貌地結束與男士談話的女性

　　針對「高雅」文化形式裡的女性再現的解構和批評，也可見於線上女性主義幽默。美國作家馬洛里・歐特堡格（Mallory Ortberg）著有《來自簡愛的文本》（*Texts from Jane Eyre*）一書，同時是女性幽默與綜合網站The Toast的創辦人。她擅長為西方藝術史裡的仕女圖撰寫說明文字。她從〈對話〉（The Conversation）、〈調情〉（Two People Flirting）、〈情侶〉（The Couple）等名畫中的女性面部表情得到靈感：

　　　　你被明確要求把這看成一場愉悅的互動，但畫中女人的表情卻不言而喻：「天可憐見，誰快來救我啊！我想死的心都有。」我不想做全盤通則化的詮釋，但我喜愛這個概念，也就是基本上六百年來的西歐藝術，男性藝術家都這麼想：「當你在和她們說話的時候，掛在女人臉上的表情總是那樣：不是百無聊賴，那只是她們聆聽時的表情。」（轉引自Galo, 2014）

　　歐特堡格對上面這幅畫撰寫的說明文字──出自她頗受歡迎的〈在西方藝術史裡試著禮貌地結束與男士談話的女性〉（2015）系列文章──是：

　　喔，媽的，真討厭
　　考拉裝睡
　　現在我能做的只有微笑，並且把表達「喔，你怎麼這樣」的手肘擋在胸前，但願我能推得足夠用力，讓他明白我的意思
　　「哈哈哈哈哈，喔，你，傑洛米！」
　　（Ortberg, 2015，標點符號爲原文如此）

---

[8]　譯註：《馴悍記》的劇中男主角。
[9]　譯註：《馴悍記》的劇中女主角。

- 你覺得歐特堡格為這幅畫所寫的說明文字好笑嗎？為什麼是或為什麼不？
- 你認為歐特堡格的幽默在表達什麼嚴肅的觀點嗎？
- 你在這幅畫的男女互動狀態中注意到什麼？
- 寫下你對這幅畫的說明文字。
- 如何定位歐特堡格的說明文字：(a)作為一種拼貼（參見第6章）；(b)作為一種「混搭」文化的一部分（參見第6、13章）？

性別化的玩具

雖然女性主義取得許多成就，當代消費文化還是有個面向的性別話語／論述，比過去更加隔離並差別對待：大型百貨公司的玩具販售區。在「粉紅色是給女孩的」（pink is for girts）區的玩具，通常包括辦家家酒的家用品、附化妝品的梳妝鏡、公主和小仙女的全套行頭，以及洋娃娃——有些還需要餵奶和換尿布。「藍色是給男孩的」（blue is for boys）區的玩具，則堆滿各式武器、建築設備、交通工具如汽車、巴士和火車。令女性主義者特別不安的事實是，「教育類」玩具通常放置在藍色區。

對於兒童玩具分成「女孩」和「男孩」玩具，辯護者通常說這只不過是反映社會現狀的商業安排，畢竟女孩喜歡洋娃娃，男孩偏愛槍枝。你的看法為何？2015年8月，連鎖百貨Target宣布取消美國部分門市裡的性別區分標誌。這一舉動

招致巨大反彈，包括有人指控這家大型零售商「向政治正確警察（the PC police）
磕頭」（Scott, 2015）。你怎麼看這件事？

習作

選擇一個當代的玩具，討論這個玩具以何種方式爲消費者體現著性別話語／
論述？
- 作爲一種視覺的客體；
- 作爲一種供兒童玩樂活動的客體。

色彩編碼

「粉紅色是給女孩的」與「藍色是給男孩的」，這種心態是相對晚近的事。歷史
學家保萊迪（Jo B. Paoletti）指出，有數世紀之久的時間，所有6歲以下兒童都穿白色
服裝（轉引自Maglaty, 2011）。粉紅色、藍色和其他色彩是採用於嬰兒服裝是十九世
紀中葉以後的事情，雖然性別中立仍繼續維持到1940年代。在此期間，1918年的行
業刊物《恩紹嬰兒百貨》（*Earnshaw's Infants' Department*）建議：

> 一般接受的規則是粉紅色適合男孩，藍色適合女孩。因爲粉紅色是一
> 個較顯眼和強烈的顏色，比較適合男孩，而藍色是比較嬌嫩和精巧的顏色，
> 女孩穿會更好看。（轉引自Maglaty, 2011）

芭比娃娃

女性主義者從來都不喜歡芭比娃娃（Barbie）。在學術界，女性主義學者很長
時間糾結在芭比娃娃帶來愉悅和選擇，與芭比娃娃是桑德拉·巴特基（Sandra Lee
Bartky, 2002: 3）所謂的「內化的壓迫」（internalized oppression）之間的緊張關係
中。（所謂「內化的壓迫」意指一種虛假意識，女孩可能以爲玩芭比娃娃是出於自
己的「選擇」，但其實是追隨一種刻板印象化的劇本。）在大眾媒體裡，芭比娃
娃被怪罪爲導致許多社會病態，包括造成「殘害的」整容手術成癮（plastic surgery
addictions）（Hoskins, 2013），以及導致小女生的性感化，因爲它讓「明顯性
感……妓女般」的穿著方式變成可欲的（Shure, 2013）。

在《灰姑娘吃了我女兒》（*Cinderella Ate My Daughter*）一書中，佩吉·奧倫斯
坦（Peggy Orenstein, 2011）指出——雖然胸部縮小、腰部加粗了一些——過去芭比

©攝影：Emma A. Jane

娃娃曾有太空人、外科醫師和總統之類的角色，大都已被仙子、蝴蝶、芭蕾舞者和公主等角色所取代，而且服裝幾乎清一色是粉紅色和薰衣草色。不過，造訪美泰兒芭比網路商店（Mattel's Barbie e-store）會發現一幅些微不同的圖景。2013年7月，美泰兒公司在其網路商店裡提供一百七十四種芭比娃娃，其中有些的確是公主、芭蕾舞者和幻想人物如美人魚和仙子，但也有：

- 各種膚色的時尚娃娃；
- 各種年齡層的朋友；
- 青春期前身體尚未發育的兒童娃娃；
- 取材自芭比（和非芭比）電影角色的娃娃；
- 特徵上明顯來自美國以外國家的娃娃；以及
- 在「我可以是」的選項下，有二十九種不同職業生涯的娃娃可供選擇，包括動物園管理員、魔術師、賽道冠軍選手，以及一個名叫妮基（Nikki）非洲裔女性美國總統。

　　該網頁上只有四個是男性角色：穿著泳褲的肯尼、新郎肯尼，以及取材自《暮光之城》（Twilight）電影角色的兩個娃娃。

> 　　芭比娃娃通常被看成是對女孩和女性的壓迫。然而，想像一下如果美泰兒網路商店網頁上的性別被倒轉過來：提供一百七十種男性娃娃（從事著許多活動，包括溫馨友情、有挑戰性的職業生涯，以及刺激的幻想冒險），但其中只有四個角色是女性（一個穿泳裝、一個穿得像新娘，另兩個是電影明星的化身）。你覺得這是對男孩和男性的壓迫嗎？

探險時光

　　雖然流行文化的性別再現有很多受到刻板印象支配，但已露出改變的徵兆。比方說，卡通頻道（Cartoon Network）在國際上受歡迎的卡通影集《探險時光》（*Adventure Time*），以各種顛覆手法刻劃性別：

- 劇中男女角色的人數相當；
- 劇中包括擁有多重性別的角色，也有性別不明的角色；
- 利用性別化設計元素如眼睫毛和鬍鬚來表示人物性格特徵，而非用來寓意性別身分／認同；
- 智慧、勇氣、忠誠、權力欲、多愁善感、自私、利他主義、藝術氣質和幽默感等特質被平均分配在不同人物身上，與性別無涉；
- 用以框架性別和身分／認同的人物塑造和情節設計手法，是流動而非固定的；以及
- 納入酷兒和跨性別的潛臺詞。（Jane, 2015）

　　《探險時光》有一群古怪的王室女性，特別是聰穎但古怪的泡泡糖公主（Princess Bubblegum）。身為糖果王國的統治者，泡泡糖公主是個稱職的統治者，也是一名科學家和發明家。潛臺詞暗示著她和另一個女性角色吸血鬼女王艾薇爾（Marceline the Vampire Queen）有過一段情。與所謂「公主文化」（princess culture）充斥的狹隘刻板印象（Orenstein, 2011）完全不同的是，《探險時光》裡的公主們在道德上模稜兩可、古怪，有時甚至外觀上令人反感。事實上，卡通裡的許多王室女性，例如：腫泡泡公主（Lumpy Space Princess）超現實地令人完全拒絕性別化的解讀。

　　再者，像泡泡糖公主這樣的角色出場時，通常隨行在側的是模稜兩可的性別化角色如嗶莫（BMO，一個會走路、說話和玩滑板的遊戲機）和岡特（Gunter，一隻小貓生出來的「雄性」企鵝），以及一個跨性別的巧克力片餅乾角色。這些角色特別有趣的是，它們都偏離於主流的性別相關規範，但不是簡單地倒轉既有性別刻板印

象，而是有其具有想像力的重新發明。因此，《探險時光》的社會雌雄同體（social androgyny）與「跨規範性」（transnormativity）（Jane, 2015）是個很有用的示範，藉由霍爾（Hall, 1997c: 226）所提示的「再現政治」，實現性別刻板印象的協商和拆解。

✎ **習作**

觀看一集《探險時光》。

- 在何種方式上，這個節目可被視為複製和拆解性別？
- 為何你認為這部卡通——表面上是為兒童製作的——會有這麼多成人粉絲？

✎ **習作**

請分析建構女性和男性特質的一組廣告或電視劇。

- 性別化身分／認同如何達成？
- 其中使用的技術為何？
- 何種角色被指定給男性和女性？

正確性的問題

　　透過這些研究所得到的啟發，就是「女性形象」（images of women）的研究取徑，因為這種研究取徑主張再現有**真實**和虛假之分，因此對我們提出了一個**認識論的**問題。例如：蓋勒格（Gallagher, 1983）形容全世界對女性的再現都是貶低的、有害的和**不切實際的**。如同莫伊（Toril Moi）所評論的，「女性形象」研究取徑「等於是在研究虛假的女性形象，而這種圖像是由兩性共同建構的，因為在文學中，女性的『圖像』定義始終和『真實的人』相反，且不曾改變，但是文學卻未曾設法將後者傳達給讀者」（Moi, 1985: 44-45），問題的核心是：所謂「真實」本身，早已是一種再現了（見本書第3章）。

　　因此，晚近的研究較不關心再現是否適切的問題，而較為關注「再現政治」。這種研究取徑發現，主體位置是藉由再現來建構的。

＃此處，女性之所以被邊緣化或被置於被支配的臣屬地位，可被視為是再現〔在主體性建構過程裡〕對人產生的構成效應（constitutive effect），並被人們在日常生活裡實現（或反抗）。

主體位置和再現政治

所謂主體位置（subject position），指的是一種觀點或一組管制的語句，管制作用的話語／論述意義的規則，由於主體位置的存在，文本或話語／論述於是有了可以被理解的意義。我們必須要先認同某種主體位置，文本就會將我們役使於它的規則之中，並試圖將我們建構成某種主體或某種人。例如：在廣告的脈絡中：

> 透過一種特別親暱的語氣，商品廣告賣給我們女性的，不只是商品而已，還包括了一整套使我們更具女人特質的親身關係，像是如何讓我們成為（應該成為或能夠成為）具有某種女人味的女性，並且透過使用這些女性商品，使我們具備了與男性及家庭互動時應有的特質。（Winship, 1981: 218）

苗條的身材

在西方文化裡，較強大與持久的女性再現是「苗條身材」（the slender body）。這種話語／論述變成具有規訓作用的文化規範（Bordo, 1993）。苗條、節食和自我監督，占據了整個西方媒體文化，執迷於「緊實、光滑、較侷促的身體輪廓」。影響所及，廣告以腫脹、肥胖和鬆弛肌肉為敵，鼓勵女人瘦身與〔接受胎盤素注射等〕護膚美容。如同博朵（Susan Bordo, 1993）所說的，苗條身材是一個性別化的身體，而其主體位置則是為女性準備的。苗條是女性吸引力的當代理想，因此從文化角度而言，女孩和女人比男人更容易罹患飲食失調症。

雖然如此，有越來越多男孩與成年男性同樣飽受飲食失調症之苦。根據澳洲國家飲食失調治療中心的統計，高達四分之一的厭食症或神經性貪食症患者是男性，而飲食失調症患者的男性與女性人數相當（'Eating Disorders in Males', n.d.）。更進一步說：

- 怯於求診和文化汙名意味著，男性飲食失調症患者的實際比例可能嚴重被低估。
- 男性對自己身材不滿的比例快速攀升至逼近女性（雖然對男性來說，身材不滿主要是追求男子氣概、精實體型，而非像女性追求的是減重）。
- 男性面臨的風險因素包括：男性應該只有一種體型的觀念；男性想要「掌有控制權」的傾向；誤以為擁有「完美身材」就能獲得其他領域（如把妹、求職和社交）

的成功。（'Eating Disorders in Males', n.d.）

　　矛盾的是，廣告文化一方面提供的美食形象，令人垂涎而食指大動，另一方面又要我們多吃低卡路里的食物和購買運動器材。面對此一矛盾景況，博朵認為，自我控制的能力和對肥胖的遏阻，同時以道德和身體的姿態出現。選擇節食和運動，被認為是一種自我追求時尚的觀點，需要有一個結實的身體來作為性別認同的符號和「正確的」態度。若節食或運動失敗，就象徵著證明自己是肥胖和厭食的，而這些透過以描寫「飲食失序」或肥胖者減重的奮鬥過程為特色的電視脫口秀節目，有條不紊的再現出來。例如：歐普拉秀這個節目就是以節目主持人體重增加的奮鬥過程作為中心策略，並使節目具有教化的功能。

向資本主義一面倒

　　文本建構了女性的主體位置。然而，我們不應認定這些再現是一成不變的。因此，伍華（Kathryn Woodward, 1997）討論當代文化裡母職再現（representation of motherhood）的轉變。她指出，一種新的所謂「獨立母親」（independent mother）的再現，不再只是理想化、家務化的角色，全心全意照顧小孩，而是支持女性／母親應有其自主性與事業。伍華認為，這種主體位置的愉悅，在於它提供了一種幻想，這種幻想同時結合為人母者可以有自己的生涯事業，可以探索自己的個體性，**而且**還擁有吸引人的外貌。

　　當然，想把這種幻想變成現實，其結果不一定是解放而是筋疲力竭。想想與具有影響力的當代運動，如「挺身而進」相關的爭議。該運動的發起人是臉書首席營運官雪柔‧桑德伯格（Sheryl Sandberg），她也是《挺身而進》（*Lean In: Women, Work, and the Will to Lead*）（2013）這本書的作者。在這本書中，桑德伯格主張，雖然性別偏見充斥職場，但女性若以此為藉口，那麼她們永遠也無法獲得權力和事業上的成功。桑德伯格建議女性應學習接受批評，把事業成功看成攀登架而非梯子，而且不要在成家之前太早立業。

　　針對桑德伯格提供給女性的策略建議，法魯迪批評她改組了女性主義，把女性的自我當成是「可行銷的消費客體，其價值取決於它被購買了多少次——或者，在這個電子時代裡，它被點擊了多少次」。正如他所說的：

　　　　桑德伯格的崇拜者會說，「挺身而進」用自由市場的信念推進女性平權的理想；她的批評者則會（而且已經這麼）說，她的組織是用女性平權來推進自由市場的目標。而且，她們說的都對。⋯⋯在過去兩個世紀以來，和福音教派的教義一樣，女性主義已經與資本主義共舞。（Faludi, 2013）

　　在此同時，一邊閱讀美國無人機政策備忘錄，一邊為女兒的六年級音樂劇演員派對訂購客製化蛋糕，同時還一邊準備她要在國家安全女性圓桌會議上的發言稿，美國法律學者羅莎・布魯克斯（Rosa Brooks）說她突然有了頓悟。她說她意識到自己有多麼痛恨桑德伯格，因為嘗試遵照其兼顧母職和事業成功的建議，已導致自己完全陷入悲慘和自我懷疑的境地。這導致她寫下這樣的懇求：

> 女士們，如果我們想要統治世界，或甚至只是想得到領導職位的公平機會，我們必須停止「挺身而進」。它正在殘殺我們。我必須為我們躺下休息，並把雙腳翹高的權利而戰……我們很難應付一個全年無休的工作。沒有人能夠倖存於兩者（譯按：母職和事業）……。而且，只要女性是負責較多家務和育兒責任的那個人，女性就會受到不成比例的傷害，因為事業和母職都要求你無處不在。（Brooks, 2014）

　　布魯克斯所謂停止挺身而進、開始擺爛的建議，有開玩笑的意思，但這突顯了兩個嚴峻的社會議題：內在於科技驅動的「永遠處於開機狀態」之職場文化，以及——雖然投入職場的女性大量增加——女性至今仍然承擔著大部分家務的事實，包括照顧子女、年邁父母及生病或失能的家人。

瑪丹娜的展演

　　文化理論家們不但對主體位置會使性別特徵固定感興趣，也對主體會顛覆性別特徵感興趣。卡普蘭（Kaplan, 1992）利用巴特勒的著作來研究瑪丹娜的模稜兩可，她將瑪丹娜視為去結構的性別基準的文本。她所關注的並不是女性固定形象的虛構，而是關心性是變動但受控的再現這樣的研究，也就是一種政治的表示。

　　對卡普蘭而言，瑪丹娜能夠「改變性別的關係，同時把性別整個顛覆掉」（Kaplan, 1992: 273）。因此，瑪丹娜的錄影帶：

- 嘗試藉由告訴女人應該掌管自己的生活，來賦予女性權力；
- 遊戲於性和性別的符碼之間，模糊了男性特質和女性特質的界線。

　　卡普蘭指出在瑪丹娜的錄影帶中意味著主體位置不斷的改變，這牽涉到格式化和混合性別的符號，並對性別結構的界線提出質疑。卡普蘭表示這就是一種再現政治，焦點集中在性和性別是不穩定、「意義浮動的」（floating）表意符號。

卡普蘭指出，在瑪丹娜的〈表達你自己〉（Express Yourself）單曲錄影帶中[10]，持續的改變鏡頭焦點，使觀眾接受多樣化的主體——以觀眾的角度而言，認同是分散且多樣的。她違反身體的界線並跨越了性別的基準。例如：瑪丹娜模仿男性電影導演朗恩（Fritz Lang）[11]，解開夾克卻只露出胸罩。

淫穢文化

後女性主義對所謂「淫穢文化」（raunch culture）感興趣，而瑪丹娜是一個重要參照點。色情明星珍娜・詹姆森（Jenna Jameson）〔著有《如何像個色情影星般做愛：幕後故事》這本暢銷書〕、流行歌手克莉絲汀・阿奎萊拉（Christina Aguilera）和「名媛」芭麗思・希爾頓（Paris Hilton）也被認為是淫穢文化的要角。淫穢文化完全是第三波女性主義的產物，對抗道德保守主義者和第二波女性主義者將女性情欲視為禁忌的態度。在1980年代晚期與1990年代早期，為了支持性產業工作者與重新奪回行之有年的惡毒指控如「蕩婦」，崛起成為一股重要的政治運動。確實，這個運動目前仍以諸如國際「蕩婦遊行」（slut walk）運動之類的形式持續當中[12]。

---

[10] 譯註：根據二言的説法，「在美國演藝界名人普遍諱言自己的同性戀性傾向的年代，麥當娜毫無羞澀地坦言自己的同性情感和同性戀經歷。她承認自己對老牌女同性戀影星瑪琳・黛德麗（Marlene Dietrich）情有獨鍾，並在MTV〈表達你自己〉（Express Yourself）和〈時髦〉（Vogue）中，刻意模仿瑪琳的男裝打扮（〈時髦〉一曲就是紀念三十年代美國紐約的黑人同性戀酒吧而作）。」詳見二言（1998）：《認識麥當娜》，《桃紅滿天下》，第37期，北美華人性別與性傾向研究會（CSSSM）。

[11] 譯註：根據唐維敏整理的資料，朗恩（1890-1976）是奧裔美籍電影導演。朗恩曾受過建築和藝術訓練，因此電影風格以視覺語言發展電影敘事，透過表現主義、符號場景和燈光，傳達氣氛。朗恩的科幻片《大都會》（1926）處理機械一般的社會受到邪惡超級工業分子的控制。除了《大都會》，朗恩較著名的電影作品尚有《尼布龍根》。詳見唐維敏（1999）：〈《大都會》：同性關係、納粹神話、猶太伊底帕斯〉。

[12] 譯註：根據維基百科中文版的解釋，蕩婦遊行（又譯騷貨遊行）是一種為爭取婦女人身安全權利的抗議遊行運動。2011年4月3日，首次在加拿大多倫多發動，隨後迅速擴展成為國際性的示威遊行。這個遊行的目的，在於抗議對於被強暴婦女的社會偏見，反對以下的錯誤見解——婦女遭受強暴，是由於被害婦女自己不檢點，穿著行為像是個蕩婦（slut），被強暴是自取其辱，應該由受害女性自己負責。蕩婦遊行的宗旨即是希望糾正這種錯誤看法，認為應該被譴責的對象是強暴加害者，而不是受害女性。

　　淫穢文化的批評者如利維（Ariel Levy, 2005）指出，倡議女性主導的性挑釁（sexual provocativeness）和淫亂。它自由運用參照色情和讚揚性客體化和形體。利維（Levy, 2005）指出，認同這個「文化」的女性，言及她們像男人那樣將性愛客體化的權利，包括觀看和操演色情。她們拒絕婦女應該像個受害者的想法，聲稱她們有權用自己的身體為所欲為，觀看她們想看的，包括使用整形手術（如果她們願意的話）。利維描述了這類女性如何運用培力的言說／話語（discourses of empowerment），而正是在這個意義上，淫穢文化被盛讚為後女性主義（postfeminist）。其論點是，身為女性，她們不再需要關心被男性客體化本身，而是她們有權享受性愛，並為此自信地採取行動，甚至不惜就像男性那樣用掠奪的方式。

　　這個論點與傳統女性主義對抗明顯淫穢內容，如色情的立場截然相反。例如：德沃金（Andrea Dworkin, 1993）和麥金儂（Catharine MacKinnon, 1995）倡議對抗色情，以其為一種對女性的壓迫。德沃金描述色情為：「一個非人性化的過程，將某人轉化為某個東西的具體過程」（Dworkin, 1993: 2）。麥金儂（MacKinnon, 1995）認為，色情是對女性的二度客體化，第一次是它被製作時，第二次是它被觀看時。

　　淫穢文化的批評者視此一文化時刻與兒童的性感化（the sexualization of children）和流行文化的「色情化」（pornification）有關，例如：舞蹈課和運動課程中包含跳鋼管舞及脫衣舞。然而，雖然淫穢文化的批評者會說是為了年輕女孩著想，但她們也可能被看成和過往的「蕩婦羞辱」（slut shaming）大同小異，而這是年輕女性主義者首先就反對的。

性正面女性主義

　　淫穢文化和第三波女性主義都有一個共同的爭議，亦即所謂「性正面」女性主義（'sex positive' feminism）。女權主義網站Feministing.com提供了一個有用的清單，關於性正面主義（sex positivism）是與不是什麼。

　　性正面主義包含以下認知：

- 每個人都需要，但很少人擁有性自由；
- 性歡愉是值得倫理探索的，正當生活的一部分；
- 關於一個人應該擁有什麼樣的性生活之預設觀念和價值判斷，必須被拒絕；

　　為了突顯這個議題，參加遊行的女性，通常穿著清涼的服裝，手持抗議標語，希望能夠喚醒社會注意。這個活動希望增加社會大眾的認知，不管女性的穿著如何，她的身體自主權都應該被尊重。

- 性同意（sexual consent）應該被瞭解；
- 誠實、不帶價值判斷和完整的性教育，應該被支持。（Pervocracy轉引自B. S. 2015）

　　性正面主義**不是**：

- 大有問題地將對性的愛好，等同於性正面主義；
- 用「性正面主義」作為引誘或強迫他人發生性關係的工具；
- 羞辱或對異性戀、無性戀、非性怪癖、獨身主義者之類的人說三道四；
- 越俎代庖地為他人設置關於性的規範；
- 以自己個人的性反應、行為和態度為優先。（Queen轉引自B. S. 2015）

＼ 習作

請針對色情或「淫穢文化」，舉辦一次課堂辯論活動：
- 它們是否培力女性，或貶低她們？
- 請設計一個可以顛覆傳統性別角色的廣告活動。

女神卡卡

　　本章涵蓋的許多觀念和主題，都匯流到女神卡卡身上——音樂史上最成功的藝術家之一，而且或許是數位時代的首位巨星（Paglia, 2010）。原名史蒂芬妮・喬安・安潔麗娜・潔曼諾塔（Stefani Joanne Angelina Germanotta）的這位美國歌手與展演藝術家，因為她在翻唱皇后合唱團的一首歌曲〈卡卡電臺〉（Radio Gaga）時出了一點小差錯，於是機緣巧合地將藝名取為卡卡（Gaga）。她的影響廣泛多樣，包括所謂的「概念時尚」（conceptual fashion）。畢竟，這是把生肉、塑膠泡沫、大青蛙科米布偶（Kermit the Frog）穿上身的明星。確實，她的外觀是如此激進多樣，從一次現身到下一次現身，她很難被辨認出來。

女神卡卡與瑪丹娜

　　咸認女神卡卡繼承瑪丹娜，包括她自己也承認。這兩位超級巨星創造了容易接受的流行音樂，同時也因介入自由主義政治，並且以一種張揚和模稜兩可的方式展現她們的性意識而惹議（Gray II, 2012: 174）。因此，女神卡卡最好不要被看成與瑪丹娜有所不同，而是她擴展了瑪丹娜的路徑。確實，可以說女神卡卡甚至比瑪丹娜還更瑪

丹娜。

　　在她漫長且持續至今的生涯中，瑪丹娜因為介入一系列相對有序的重新發明而馳名於世。相反地，女神卡卡處在一種持續蛻變的狀態之中。她不斷推陳出新的搞怪作法恐非瑪丹娜所能及。政治上，兩人也有差異。比方說，葛雷（Richard J. Gray II）認為女神卡卡獻身於各種社會議題，介入的廣度超過瑪丹娜。

> 瑪丹娜的培力（賦權）訊息，主要聚焦於女性培力，而女神卡卡的培力訊息則擴展至所有的人，不分種族、性別、性傾向或社會經濟地位。（Gray, II, 2012: 7）

女神卡卡學

　　和瑪丹娜一樣，女神卡卡啟發了大量的學術書寫。事實上，這個領域的學者已自稱為「女神卡卡學家」（Gagalogists）（Gray II, 2012: 2）。大學提供與女神卡卡相關的課程，被呈現為「怪獸理論」（monster theory）或其他（「小怪獸們」是女神卡卡用來形容粉絲的稱呼，而〈超人氣怪獸〉（The Fame Monster）則是她2009年迷你專輯的名字）。女神卡卡在學術領域裡被從各種角度分析，包括：

- 名聲社會學；
- 法國視覺理論；
- 越界與搞怪；
- 景觀社會（the society of the spectacle）與情境主義理論（situationist theory）；
- 符號學與符號的操控；
- 性別流動性；
- 新形式的女性主義。

是男還是女？

　　女神卡卡對於性、性別與展演身分／認同的嬉鬧玩笑，導致有謠言說她是雙性人。明顯不認同她的克莉絲汀・阿奎萊拉（Christina Aguilera）一度說女神卡卡是「它」，並且說自己不確定卡卡是女是男。女神卡卡對此不以為意，回應道：「看著我，我可能還是個男同志」（轉引自Collins, 2008）。同時，在2011年MTV音樂錄影帶頒獎典禮上，女神卡卡扮裝為一個名叫「Jo Calderone」的男子，並且整夜以這個角色行走舞臺，自稱是卡卡的男友，代表卡卡受獎，並且和女歌星布蘭妮・斯皮爾斯（Britney Spears）調情（Halberstam, 2012: xi）。

卡卡女性主義

在《卡卡女性主義：性、性別與正常的終結》（*Gaga Feminism: Sex, Gender and the End of Normal*）一書中，霍伯斯坦說女神卡卡代表的是一種新型態的女性主義。他說，「卡卡女性主義」（gaga feminism）提供人們操作性與性別（doing sex and gender）的不同新方式：

> 女神卡卡是（她自己也承認）是一個超人氣「怪獸」：她肯定令人憶起安迪沃荷，因為她喜歡引人注意，而且在操作知名度、時尚和性別上絕對是個行家，擅長傳達關於種族、階級、性別和性意識的新矩陣關係的多重訊息……正如安迪沃荷一樣，她為文化、能見度、可行銷程度與酷兒性之間各種新關係提供了渠道，女神卡卡的天賦讓她成為一個載具，展演身體、性別、慾望、溝通、性別、情感與流動，而今我們可能想把這些稱作卡卡女性主義。（Halberstam, 2012: xii）

霍伯斯坦進一步闡釋這種新型態的女性主義，認為其特性是過度（excess）的，一種對失控的狂喜擁抱，以及特立獨行的身體認同感。他將卡卡女性主義的審美類別接近於龐克美學（punk aesthetics）和無政府女性主義（anarchic feminism）。

有趣的一點是，霍伯斯坦自己也是卡卡女性主義許多面向的縮影。出生時是女性的他，這位「女性主義之王」（king of feminism）也一直以朱迪斯·霍伯斯坦之名發表著作，但他現在偏好男性人稱代名詞的稱呼。雖然如此，他對其他稱謂也坦然接受：

> 某些人叫我傑克，我的姊妹叫我茱迪，我所認識的人一直都叫我茱迪斯——我試著聽之任之。很多人提到我時用「他」這個字，有些人用「她」，我任由它維持是一種怪異的混合體，我不試圖控制它。（轉引自 Sexsmith, 2012）

卡卡也不是那麼卡卡

女神卡卡的批評者包括女性主義學者卡米拉·帕格里亞（Camille Paglia），她攻擊這位歌手是一個「無性戀模仿者」（asexual copycat）。帕格里亞批評，卡卡是一個被製造出來的名人（manufactured personality），號稱為怪胎和錯位者發聲，但她其實從小在舒適、富裕家庭長大，包括就讀的是高檔的曼哈頓私立學校，和社交名媛芭麗思·希爾頓（Paris Hilton）與妮琪·希爾頓（Nicky Hilton）姊妹一樣：

　　卡卡身爲一個孤獨、反叛、邊緣化藝術家的誇張自我形象，與她背後有個強大企業機器資助她改頭換面，把她的歌曲如碾壓般地推向各地電臺放送，這兩者之間存在著巨大的不一致。（Paglia, 2010）

　　帕格里亞也批評卡卡對待粉絲的態度，特別是她宣揚自我接受的方式，「彷彿他們是瑕疵品，需要她的治療般的修復」。他們的錢，在此同時，爭先恐後地流進卡卡的潮包。

> 　　鑑於卡卡早已開心地宣告自己既是「騙子」也是「假貨」，你覺得帕格里亞的批評有效嗎？女神卡卡宣稱自己能夠一方面批評名聲，又能同時介入其中並享受名聲。你覺得這會過於自負嗎？如果你來設計一門聚焦於女神卡卡的大學課程，內容會包含些什麼？這門課的名稱會是什麼？

卡卡粉絲現象

攝影者：Rachel Groom

• 這名粉絲喜歡穿得像女神卡卡一樣，但拒絕「小怪獸」這個標籤，因為那有一種屈尊俯就的態度。你對卡卡用這個詞語有何看法？你對卡卡將自己定位成

「母親怪獸」（Mother Monster）有何意見？

• 你認為使用「迷姐迷妹」（fangirl）、「迷哥迷弟」（fanboy）等詞語，而不用「女粉絲」（fanwoman）或「男粉絲」（fanman），是否透露一個將粉絲和粉絲文化嬰兒化（infantalize）的更大趨勢？

• 女神卡卡在推特上有五千萬追隨者，而且她使用社群媒體的方式也預示了她打造了創新與前所未見的與粉絲的「水乳交融」（reciprocal bonds）（Click et al., 2013）。你認為透過社群媒體與名人進行真實的和親密的交流的潛力為何？

賽伯空間裡的性別

　　性別身分在虛擬真實裡是含糊曖昧的，這使一些人思索網路空間為女性主義提供新的機會的可能性。例如：普蘭特（Plant, 2000）認為，網路提供了終結兩千年來的父權體制的可能性。父權體制意指一種社會秩序，在廣泛的社會制度和實踐之中，男性支配、女性臣服是經常性和系統性的。

　　普蘭特指出相互聯繫的網路的流動性，逃避集中化的結構，而線上身分可變化的和模糊的，有助於一種新的女性主義的網路意識（a new feminist cyber-awareness）。她論稱，網路允許身體保持隱匿性，可促成有用的身分流動性，特別是當女性身分成為一種負債的時候。此外，她認為，網路空間的網路思考風格，使父權體制的陽剛想法變得過時。取而代之的，她認為對女性一直很必要的一種充滿變化、脈絡性的存在（a shifting contextual existence），變成網路文化裡的規範。普蘭特知道網路文化是由男性主導的，但她認為網路仍然為女性主義者提供了可能性。

人機合體宣言

　　普蘭特的想法延續了唐娜・哈洛威（Donna Haraway, 1985）在知名文章〈人機合體宣言〉（A Manifesto for Cyborgs）中開創的樂觀論點。人機合體是機械和生物混合組成的產物，在虛構（例如：電影《星際大戰》裡的「博格」）和社會真實（體內安裝心律調節器的人）裡都存在。還有一種意義是進入機器創造的虛擬世界時，人也變成一種人機合體。哈洛威描述她的文章是一個具有反諷意味的政治神話，效忠於女性主義和社會主義。該篇文章頌揚人機合體所代表的各種邊界的模糊化（confusion of boundaries），特別是她在其中看到的局部性（partiality）、反諷（irony）和反抗的性變態（oppositional perversity）。

主要思想家

唐娜‧哈洛威（Donna Haraway, 1944-）

　　美國女性主義者唐娜‧哈洛威接受科學教育，她的文化書寫反映她對科學引起的認識論和社會議題的關切。她拒絕科學宣稱及某些支派的女性主義，後者堅持有一種上帝般的中立知識存在。她主張「局部觀」（partial perspective），體認任何觀點皆有偏限性，提醒我們沒有任何一種觀點是完整的。她拒絕性別的區分，因為生物學是一種偏重性別特徵的局部觀。她以多重身分描述她自己，其中也包含人機合體；她認為這種立場有利於女性。

建議閱讀：Haraway, D. (1991). *Simians, Cyborgs, and Women: The Reinvention of Nature*. Cambridge: Polity Press.

　　人機合體模糊了生物體和機器，以及人類和其他動物之間的邊界，甚至到了文化與自然之分已經崩解的程度。當所有事物都是人造的時候，哈洛威認為「（男）人」宣稱的普遍超越知識的立場，已經不再成立。「自然」這個概念不再指涉一個獨立的客體世界，而只是一種維持政治邊界的戰略。因此，男人、女人、黑人和白人等概念本身都是一種建構。沒有任何自然的東西，可以將所謂「女性」的文化性質綁在婦女身上，或是將全部婦女當作一個同質的群體。

　　哈洛威的論點符合本章討論的反本質主義、後結構主義的女性主義理論。也就是說，本質性的女性特質並不存在，女性主義書寫的政治必須依賴自覺的結盟（self-conscious coalitions），而非依靠自然的同一性。人機合體女性書寫頌揚混雜的、邊緣化的和局部的，損壞了陽具中心主義的核心教條（或是獨尊男性知識，貶低和支配其他人的知識，當作是不同的和低下的）。

人機合體美女

• 描述這個意象的要素，它建構了何種類型風格？

• 對這個意象作為一種女性再現進行分析。

• 你認為這是哈洛威心中所想的（人機合體）意象嗎？

©攝影：Jaimie Duplass｜代理：Dreamstime.com

　　所謂賽伯空間能讓人們免於性別限制，因為他們匿名且能建構各種身分的說法，受到強烈批評。杜米特里克與蓋登（Delia Dumitrica and Georgia Gaden, 2009）認為，要想在網際網路上擴寬性別邊界，已遭到平臺本身和父權體系更廣泛的力量所阻礙。比方說，化身受限於西方審美觀的限制（女性腰要細、胸要大，男性肩膀要寬、有肌肉），而文化裡的男性與女性特質的行為符碼也被植入賽伯遊戲裡。甚至許多非人化身，也越來越能辨認是男或女。

　　希爾達・科內柳森（Hilde G. Corneliussen, 2008）關於〈魔獸世界〉（World of Warcraft）的討論指出，以些微模稜兩可的態度面對性別發生在賽伯空間裡。她認為，遊戲裡的性別再現是多樣、多重與多元的。女性也可取得傳統男性才享有的地位，而且也給男性提供了另類的女性化角色。雖然遊戲行銷和包裝仍然習於將女性角色性感化，但個別玩家可選擇不讓她們太暴露。某些技巧是由女性支配的，例如：治療或「裁縫」，但這遊戲提供男性和女性角色介入不同技巧的機會。整體而言，她認為：「性別在〈魔獸世界〉裡是有的，但那不必然過於僵化或明顯，而且有時它甚至沒有什麼意義——或者說，至少它並未透過遊戲設計本身來給定意義」（Corneliussen, 2008: 81）。

性別化的網路仇恨

　　所謂網際網路對女性來說主要是解放的這一點，已被性別化仇恨語言（gendered hate speech）在網路上的大幅增加而破壞。近年來，包括強暴威脅和帶有性別偏見的

酸言酸語在內的網路仇恨（cyberhate），已變成許多女性網路使用者會遭遇到的日常經驗（Jane, 2012, 2016）。特別是在遊戲社群裡更是如此，甚至有些學者發現有一股「厭女逆流」（misogynist backlash），其惡劣程度甚至已構成某種形式的恐怖主義（Hudson, 2014）（另見第13章）。

再者，線上暴民攻擊（mob attacks online）也越來越常走向線下。透過諸如「人肉搜索」（doxxing）的作法（以發布個人身分資訊的方式煽動網路敵對人士搜索線下領域的目標），以及「復仇色情」（revenge porn）（上傳與性有關的露骨內容——通常是某個女性的前男友／前性伴侶——這麼做並沒有得到當事人同意）。各種媒體也曾報導指出，男性發布偽造廣告宣稱其前女友／前性伴侶正在徵求「炮友」。比方說，有個美國男性——後來已被判刑入獄——發布一則標題為「快來強姦我和我女兒！」的廣告，導致有超過50名男性蜂擁至他前妻住處騷擾（Sandoval, 2013）。

美國法律學者丹妮爾・席純（Danielle Keats Citron）指出，強暴威脅和性別化的人肉搜索對女性造成「極大的」傷害，妨害後者全面參與線上生活，也損及「她們的自主性、身分／認同、尊嚴和幸福」（2009: 411）。她提供一項廣泛的調查，探討性別化網路仇恨、網路騷擾（cyberharassment）和網路跟蹤（cyberstalking）發生的各種情況，以及這些情況如何被網民、媒體評論人及負責執法、政策制定和平臺管理的人所輕視和漠視，甚至有時還被嘲笑（Citron, 2014）。

女性主義者的數位私刑行動

執法部門、政策制定者和企業未能適當回應性別化騷擾的情形，有助於解釋何以越來越多女性網路仇恨受害者轉而訴諸「數位私刑行動」（digilante）的策略，例如：「公開批評」（calling out）及（／或）試圖「點名回擊」（name and shame）那些騷擾她們的加害者。這類個人、微政治的（micropolitical）和自己動手做（DIY）的行動，也是第三波女性主義的特徵之一（與第二波女性主義較常訴諸集體動員的作法相反）。然而，雖然這些回應方式有助於喚起有關性別化的網路電子憤怒（gendered e-bile），但光是這種行動本身無助於適當解決更廣泛的性別化網路仇恨問題。雖然女性主義有代際緊張關係的問題，抗擊性別化網路騷擾將會需要來自個人行動和集體行動的合力——換句話說，需要一種雜揉第二波和第三波女性主義的途徑。

2014年底，澳洲遊戲玩家新聞記者艾倫・皮爾斯（Alanah Pearce）接觸在網路上發送強暴威脅內容的一些少年的母親，並且尋求這些婦女介入。他的行動獲得國際媒體關注，而且被廣泛讚譽是對惡化中的線上強暴威脅問題所做的「完美」因應手段。你同意嗎？

閱聽人問題

上述關於性別再現的討論集中在各類文本的分析，也聚焦於這些文本提供給閱聽人的主體位置。然而，另一種新的接收分析研究（reception studies）則研究觀眾建構、協商與展演了多重意義與性化身／認同的方式。與其將觀眾看成是只能複製文本提供的主體位置和意義，不如當成是在一些特定場所實際詮釋文本的具體的人。我們必須關切的，不僅是生產女性特質和男性特質的各種文本特性，也必須關切文本主體位置被具體的女性和男性閱聽人「接收」到何種程度（見第10章）。

解構練習：男性特質 vs. 女性特質

- 男性特質為何？
- 女性特質為何？
- 男性特質與女性特質在特徵上，如何相互依賴？

本章摘要

在文化研究裡，性與性別被視為與再現有關的社會建構，因此是文化更甚於是自然問題。雖然有一派女性主義者強調男性和女性間有本質上的差異，但文化研究傾向去探索性別認同的歷史特殊性、多變性、可塑性與可延展性。這不表示我們可以輕易地擺脫性別認同而接受其他思想，因為性是一種社會建構，它透過強加的權力和精神上的同一性，從而構成了我們的身分／認同。這也就是說，社會建構是受人為管制的，而且有其後果。

性別認同並不是一個普遍的生物學本質，而是一個關於女性特質和男性特質如何被談論的問題，因此女性主義與文化研究必須關切性和再現的問題。舉例而言，文化研究探索流行文化中女性的再現和文學，論稱女人在全球各地皆被當地社會建構成「第二性」，臣屬於男性之下，亦即女人被建構在家務性（domesticity）和美容化（beautification）的父權運作的主體位置上，或是漸漸地（在西方世界中）女人的主體位置轉變成為人母，同時擁有職業、發掘自己的個體性與吸引人的外貌。在後殖民主義社會中的女性，背負了臣屬於殖民主義和本土男性的雙重負擔。不過，我們也注意到性別化身體再現發生鬆動的可能性。

儘管文本構成主體位置，但並不表示每個女性或男性非得接受不可。相反地，接收分析研究中強調文本和主體間的協商過程，這也包括了抗拒文本意義的可能性。的確，這些研究經常頌揚女性的價值觀和女性的觀看文化。這種從文本到閱聽人、從形象到言談的轉變，將在第10章討論。

第 10 章　電視、文本和閱聽人

關鍵概念	
主動閱聽人（active audience）	意識形態（ideology）
商品化（commodification）	流行文化（popular culture）
匯流（convergence）	螢幕／屏幕（screens）
類型（genre）	綜效（synergy）
全球在地化（glocalization）	文本（text）

當前的電視

　　文化研究的發展和建制化，向來與媒體研究分不開。尤其是，電視這種大多數西方社會的主要傳播形式，歷來是文化研究的關切焦點之一。沒有任何其他媒體可與電視等量齊觀，產製出如此數量龐大的流行文化文本與觀眾。在現代工業化社會中，電視仍然是一種對每個人開放的資源。它是西方社會的主要傳播形式，它在發展中國家的重要性也與日俱增。不過，視聽娛樂製作、流通與消費的方式，近年來發生了激烈變化，因此有些人認為我們生活在一個「後電視」（post-television），或至少是「後電視網」（post-network）、「後廣播」（post-broadcast）時代。

　　這些變化及對其代表意義的解讀，將在本章稍後討論。目前，我們注意到行之有年的場景，亦即人們聚在一起觀看固定擺放在客廳的電視機，那種由電視網主導的視聽娛樂電視方式，已經不再是最主流的觀看方式。取代電視機的，如我們所見，是各種「螢幕／屏幕」的數位媒體世界的崛起，具有可攜性、彈性、互動性和個體性。因此，本書的未來版本可能要將這章改名為「螢幕、文本與閱聽人」，或甚至改為「什麼是電視？」。

　　不過，目前仍有充分證據顯示，電視及其多種變體仍是媒體地景的主要成分元件，值得被當成現在式、而非過去式來分析。比方說，2013年的數據顯示，不像固網電話和無線電廣播，電視在國際滲透率方面未見衰退。電視購買率在發展中國家正不斷增加，已開發國家的家戶電視機數量亦居高不下（'Measuring the Information

Society 2013', 2013）。再者，不管觀眾是在哪個裝置上觀看，電視的主要內容（如電視實境秀和電視劇）仍然非常受歡迎。很清楚地，電視並未步上電腦或汽車無線電天線的後塵。的確，在撰寫本書的當下，雖然某些娛樂節目評論人哀悼電視的死亡（因為電視網的時代已一去不復返），但也有人認為二十一世紀的第二個十年是電視的新「黃金時代」（Munro, 2015），因為電視劇如〔HBO自製的〕《權力遊戲》（*Game of Thrones*）廣受觀眾歡迎。

此處討論的文本類型和下一章論及數位文化時談到的文本類型，兩者有明顯重疊。不過，我們暫且考量的是主要由企業製作和銷售的電視內容。與電視研究有關的主要概念模式和取徑（例如：編碼—解碼模式、接收分析、粉絲研究……），脫胎於廣播電視網極盛時期的電視研究。因此，在考量這些文獻時，很重要的是記得將這個脈絡放在心上。比方說，莫利（Morley, 1986）描繪的父權控制家庭收視選擇的情況，現在可能會顯得很怪異，因為現在家庭每個成員可能都擁有可操之在己的多個螢幕，而來訪的孩童可能會禮貌地問道：「客人專用的iPad」在哪裡？雖然如此，這些當代現象提出了很多有趣的新問題，例如：父母如何規定和強迫小孩遵守他們的「螢幕時間」（screen time）。因此，早期電視研究的理論著作，不只提供了一個入口，讓我們瞭解文化研究的一些批判原理，對我們解開許多新媒體劇碼也有很大助益。

壞電視，好電視

白癡盒子（Idiot box）、愚人電視（Boob tube）、傻瓜燈籠（Fools' lantern）、電子保母（Electronic babysitter）、給眼睛吃的口香糖（Chewing gum for the eyes）；第二次世界大戰後，逐漸進入千家萬戶的電視，從來都不缺少貶損它的綽號。事實上，早在它真正被發明出來之前，人們就對這種能傳送影音到私人空間的設備極感焦慮。社會主義者論稱，要是被資本主義者利用，電視將會透過如同電影「一樣的真實謊言」來達成安撫閱聽人的作用；教皇庇護十二世（Pope Pius XII）預言，除非它「聽命於基督甜蜜的枷鎖」，這種新科技可能會導致數不清的罪惡（轉引自Miller, 2010: 3-5）。一個批評的持續主題是觀看電視是一種被動的經驗，導致觀眾容易受到意識形態灌輸。然而，米勒（Toby Miller, 2010）發現，烏托邦式或反烏托邦式的話語被用來框架電視的方式，與它們被用於框架網際網路的方式，如出一轍（見本書第11章）。比方說，胡貝爾（Richard Whittaker Hubbell）在1942年曾讚美電視具有「將整個國家變成一個大教室」的潛力，能夠教導公眾「精緻藝術、外科手術或滅火彈」（轉引自Miller, 2010: 4）。同樣的宣稱，繼續被用於賽伯領域（cybersphere）。

撇開兩極化的「支持」或「反對」電視的論點，我們可以看到電視是一種關於世界的通俗知識的來源，而且讓我們彼此接觸（雖說是以一種中介的方式）與我們不

同的生活方式。電視涉及的是「社會知識與社會想像的提供及選擇性的建構，從而讓我們瞭解『世界』、異己者（他者）的『鮮活真實』（lived reality），並且想像地重新建構他們和我們的生活，使之成為某種可以理解的『整體世界』（world-of-the-whole）」（Hall, 1977: 140）。對費斯克（John Fiske, 1987: 1）而言，「作為文化的電視是社會動態的關鍵部分，社會結構藉此持續不斷的生產，並且在生產過程中維持下去：意義、流行愉悅及其流通，是社會結構的必要部分。」

　　因此，欲瞭解電視，需要用到以下的概念：

1. 文本（節目）；
2. 文本與閱聽人的關係（閱聽人研究）；
3. 政治經濟（組織／產業）；
4. 文化意義的類型。

電視場景 vs. 螢幕場景

©攝影：Emma A. Jane

• 這張照片顯示的是電視場景，還是螢幕場景？你怎麼知道？

我們需要一種多面向的和多觀點的取徑（a multidimensional and multiperspectival approach）來理解電視，以避免**化約論**，從而掌握電視這種媒介的經濟、政治、社會和文化面向間的連結。

「什麼是電視？」，米勒在回答這個問題時給了一份清單：「玩樂、無聊、公共服務、利潤、運動、行動、新聞、人、美國、電影、電影、顏色、災難、常規、有毒的油煙、有毒零件、血汗工廠製造業和拾荒者做的資源回收」（Miller, 2010: 1）。這顯然不是一張窮盡的清單。那麼，你認為米勒為何以這種方式刻劃電視的特性？

✎ 習作

關於「什麼是電視？」這個問題，請用寫下一張清單的方式回答。

電視文本：新聞和意識形態

新聞是電視的一種主要**文本**，全球各地的每個電視網幾乎都播放新聞，而且是一些全球流通的電視頻道〔包括「有線新聞網」（Cable News Networks, CNN）〕的全部內容。在關於電視的辯論當中，新聞的產製（the production of news）占據了一個策略性的地位，因為新聞被假設（且通常被害怕）會對公眾生活造成影響。這一點因為全球跨國界電視的出現而備受關切——雖然現在這種焦慮已因所謂「公民新聞」（citizen journalism）的興起而減緩。雖然後者在事實層面上並非總是值得信賴，但它也不必然與任何大型媒體企業站在同一陣線。

把真實組合在一起

電視新聞與其說是反映真實，不如說是「組合真實」（the putting together of reality）（Schlesinger, 1978）。

\# 新聞不是未經中介的「世界之窗」（window-on-the-world），而是一種對「真實」進行選擇和建構後的再現。

新聞的選擇包含像是新聞，以及一旦以明確的方式選擇建構一個故事，這些

從來都不是一種中立的選取，它們通常是事件的一種特別看法。新聞**敘事**（news narratives）與解釋事物運作的方式有關，提供我們瞭解有關建構世界方式的框架和參考規則，因此新聞選擇判準告訴我們什麼是合理的「世界觀」，並且組合和散播這種世界觀。

第一個選擇與新聞報導的主題有關。對英美新聞而言，哈特利（John Hartley, 1982）指認出以下新聞主題：

- 政治；
- 經濟；
- 外交事務；
- 國內事務；
- 運動；
- 「偶發」新聞。

這些主題定義新聞的典範。我們可能會察覺到其中明顯的遺漏，像是個人的／性方面（personal/sexual）的新聞。換句話說，常規新聞主要關切那些表面上屬於「公共」而非「私人」事件。這種二分法已遭到女性主義者挑戰，認定是某些社會問題（例如：家暴和強暴）被視為「女性議題」，被降格至私人領域，從而被忽略、忽視或瑣碎化。

選擇判準也影響了新聞主題的構成。因此，**政治**被定義為關於政府和注重個人特質的主流政黨，經濟被受限於有關股票交易、貿易數字、政府政策、通貨膨脹、貨幣供給等範圍，當國內新聞被細分成「硬性」（hard）新聞——衝突、暴力、產業競爭——以及「軟性」（soft）的人情趣味新聞時，外交事務則是意指政府之間的關係，「體育」類別傳統上由男性專業的體育運動所組成。

同樣地，這些分類已遭媒介研究領域的女性主義學者挑戰。比方說，藍比（Lumby）指出，「陽剛修辭」（the macho rhetoric）一直充斥著整個新聞室：

> 好新聞是「硬性」而非「軟性」新聞。記者總說「讓好故事硬起來」，而特稿寫作則通常被中傷成是有點缺乏男子氣概的「鬆軟」實踐。傳統新聞價值沿著傳統陽剛和陰柔的軸線區分形式和內容，而且被視為理所當然。事實、客觀性和公共領域屬於男性，女性則與特稿寫作、主觀性和社交或家務議題聯繫在一起。（Lumby, 1994: 50）

為了進一步瞭解某個主題內的新聞產製過程，我們可以求助於戈爾登（Johan

Galtung）和魯格（Mari Holmboe Ruge）論及**新聞價值**（news values）先驅著作（1973），也就是價值引導新聞篩選過程，戈爾登和魯格指出西方世界的四種主要新聞價值：

1. 關於優勢國家；
2. 關於菁英人士；
3. 個人化（personalization）；
4. 壞事（negativity）。

　　然而，未意料到的事件是一個重要的新聞價值，假如這起未意料到的事件對優勢國家精英人士具有負面影響，那麼此事件更具新聞價值，亦即一則關於美國總統私生活的醜聞，比〔非洲〕馬拉威農作豐收的消息，要更「有新聞性」（newsworthy）。

✎ 習作

　　請為以下電視新聞排定1到10的優先順序清單，設想是(a)倫敦；(b)雪梨；(c)新德里的電視臺，再分別為每個地方的商業電視和公共電視列出優先順序清單。

- 美國總統造訪倫敦，與英國首相展開安全問題的會談。
- 印度南部洪水氾濫，造成25,000人喪生。
- 雪梨公雞隊贏得澳洲橄欖球聯盟決賽。
- 一隻名叫萊西的狗，每晚都和他的主人在當地酒吧喝醉。
- 一位名氣不大的印度女星，獲選演出下一部《星際大戰》電影。
- 一位澳洲的專家表示，基因改造種子能增加十倍產量。
- 一位80歲老翁在印度孟買街頭被車撞死。
- 美國政府宣布利率調高一個百分點。
- 巴基斯坦進行核子試爆。
- 英格蘭輸掉世界盃準決賽。

請與他人討論你這樣排列的理由。

有關新聞價值和新聞「寫實主義」的特性，你可得出什麼結論？

操控模式

　　說明新聞如何及為何提倡某種（而非其他的）世界觀，可有多種不同解釋。依「操控模式」（the manipulative model）的觀點，媒體被視為反映了階級支配的社

會。此處，意識形態是由有權力決定控制資源分配的人有意識地導入，這種情況通常會發生在媒體產權集中於「既有建制」（the establishment）的成員之手，或是由政府操控及（／或）非正式壓力影響下的直接後果。雖然是有新聞遭受直接操控的例子，但在西方多元主義民主社會裡，這種媒體（操控）模式顯得太過粗糙，因為：

- 媒體營運和新聞記者被賦予一種準獨立的地位；
- 新聞組織受到法律限制；
- 閱聽人老練圓滑；
- 公民新聞以及其他線上新聞報導模式的崛起。

多元主義模式

　　西方新聞記者和新聞組織本身通常標榜的是多元主義模式（pluralist model）。此論主張，市場力量會促成廣開言路（a plurality of outlets），以及針對不同的閱聽眾發聲的多元聲音（a multiplicity of voices）。雖然有媒體產權集中的情況發生，但這不會導致所有權人直接控制媒體，因為專業的媒體工作者有其獨立性。就媒體較關注某些議題而非其他議題而言，此論認為是閱聽人選擇透過市場機制決定的結果。閱聽人知道媒體有不同的政治觀點和呈現風格，並且選擇購買或觀看他們同意的媒體內容。

　　雖然多元主義模式承認媒體並非簡單地被媒體所有者所操控，此一典範可說是矯枉過正。不僅媒體產權日趨集中正好與多元主義的論點相左，而且有相當證據顯示，媒體有系統地排除某些世界觀點，並且偏好其他的特定觀點（見稍後討論的「波灣戰爭」的新聞）。再者，電視系統對廣告的倚賴日深，可能導致電視新聞過於強調即時性與娛樂性，從而忽略某些類型的新聞節目紀錄片（Blumler, 1986; Dahlgren, 1995）。

霸權模式

　　在文化研究裡，霸權模式（the hegemonic model）廣受歡迎。雖然任何特定文化都是被多重的意義流（streams of meaning）建構的，霸權模式論稱其中有一股特定意義流是當權的與支配的（Hall, 1977, 1981; Williams, 1973）。製造、維持和複製這一組具有權威的意義和實踐過程，影隨葛蘭西（Gramsci, 1968）的講法，被稱為文化霸權（見第2章）。

　　根據霸權模式，新聞產製的意識形態過程，不是由媒體老闆直接干預的結果，也不是新聞記者刻意操控所致，而是媒體工作者例行工作實踐和態度的結果。新聞記者學習「事情應該如何做」（how things should be done）等行事慣例和準則，包括將意

識形態當作常識複製（或是「合理化世界觀」）。舉例來說，霍爾等人（Hall et al., 1978）論稱，對「權威消息來源」（authoritative sources）的依賴，導致媒體新聞複製的是**主要定義者**（primary definers）的話語／論述。主要定義者包括政治人物、法官、企業家、警方等，亦即涉及製造新聞事件（in the making of news events）的官方機構。在轉譯新聞的主要定義時，媒體身為**次要定義者**（secondary definers），複製了與權勢集團立場一致的霸權的意識形態，並把這些轉譯成流行語彙。

霍爾等人（Hall et al., 1978）認為，在建構有關「襲劫」的新聞故事的同時，新聞記者複製了種族主義的假設，認定街頭犯罪是年輕黑人所為。新聞記者採訪警方、政客和法官的觀點，他們宣稱不僅街頭犯罪有所增加，而且認定當務之急是加強警力和加重刑罰等。新聞媒體在報導這些評論意見時，彷彿將之視為常識一般，將所謂犯罪情況惡化與黑人青少年涉案的說法視為理所當然。當法官引述犯罪新聞的報導作為公眾關切此問題的證據，並用來合理化嚴刑峻法，以及他們和政客要求增加警力時，這個循環論證過程於焉完成。

緊接著，警方巡邏活動被部署在黑人青少年聚居地區，因為他們被當作慣犯對待，而這更加惡化了警方和黑人青少年之間的敵對狀況。

議題設定

在新聞的霸權模式中，媒體是透過一種議題設定過程而導出並構成出社會共識的種種假設。媒體定義了何者構成新聞，什麼是重要的，以及什麼是在新聞典範之外的。霍爾等人（Hall et al., 1981）論稱，雖然現今很多時事節目確實提供了某種平衡（以電視分配給不同政治觀點的時間而論），但「政治」領域本身已經被設定了，亦即既有的政治程序如國會或議會。因此，綠色政治（Green politics）、革命政治（revolutionary politics）[1]與女性主義對家務生活的關切，通常不會被納入既有的政治和平衡報導的觀點之中。

波灣戰爭新聞

新聞意識形態和議題設定效能的例子，讓我們想到1991年「波灣戰爭」的報導；這場戰爭讓美國有線新聞網（CNN）成為一家全球範圍的新聞服務。這場戰爭的新聞報導是一個高度管理和篩選的結果，因為記者無法自由行動與報導。獲准前往記者的數量受限，而且又受到軍方嚴格的操縱。

---

[1] 譯註：「綠色政治」指的是持環保生態運動主張的政治活動，例如：綠黨，而「革命政治」意指立場不輕易妥協、持進步理念的激進改革運動。

電視上的波灣戰爭中持續最久的主題是「智慧型」武器（smart weapons），它們能非常精確地擊中目標。不過，莫拉納（Hamid Mowlana et al., 1992）等學者指出，伊拉克遭受比整個第二次世界大戰更多炸藥的地毯式轟炸。他們也指出，其中僅有7%是「智慧型」的，而智慧型炸彈也有10%炸到目標以外的對象。再者，莫理森（David E. Morrison, 1992）分析CNN、Sky News和英國無線電視新聞發現，只有3%的新聞報導是「以人員傷亡角度報導軍事行動結果」，只有1%的電視新聞畫面與「死亡和受傷」有關。

波灣戰爭的電視新聞報導，其最大敗筆在於未能提供足夠與適當的解釋。相反地，「這個事件本身──戰爭──似乎壓倒了新聞，而這麼做等於是造成1990年8月最初的〔伊拉克〕入侵科威特，以及呈現關於這場戰爭的歷史觀點，盡皆付之闕如」（Morrison, 1992: 68）。藉由聚焦在高科技武器的「魅力」（glamour）與這場戰爭的立即軍事目標，電視再現掩蓋了這場戰爭背後的原因。

十年後，2003年美國領導的盟軍入侵伊拉克的新聞管理（news management）手段更加精緻。所謂將記者「嵌入」（embedding）戰鬥部隊的作法，其用意是為了培養記者與士兵同仇敵愾的心理，而且也讓軍方更有機會掌控新聞內容。因為將機密文件洩漏給維基解密（Wikileaks）而在2013年被判三十五年徒刑的前美軍情報分析官曼寧（Chelsea Manning），曾批評2003年美軍入侵伊拉克時採用的這種嵌入式報導模式。她說美國軍方控制媒體對伊拉克和阿富汗的報導，再加上過度的政府保密措施，導致美國人很難理解在那個區域發生什麼事：

嵌入式記者計畫（the embedded reporter program），仍在阿富汗及美軍派赴的任何地方持續進行，因為軍方記取越戰期間媒體報導影響民意的覆轍。這些公眾事務的守門人擁有太多權力：記者自然會擔心近用資訊的管道被切斷，所以他們傾向於避免可能導致軍方不悅的爭議報導……其結果是美國公眾難以接近事實真相，也無從評判美國官方所作所為。（Manning, 2014）

不過，電視在這兩場戰爭中的角色，並非全然支持美國官方政策（見第8章）。老布希總統決定終止1990-1991年的波灣戰爭，而未演變成全面入侵伊拉克的戰爭，可說是因為他對屠殺和潰逃的伊拉克部隊之畫面有所顧忌的結果，因為這些畫面可能導致民意反彈。1990-1991年，CNN新聞之外，少有另類戰爭報導。今天，除了CNN新聞之外，不只有BBC World News（BBCWN），更重要的是，還有阿拉伯地區的半島電視臺（Al Jazeera）（詳下）。

1990-1991年及2003年的這兩場波灣戰爭，也說明新聞通常建立在本身的方式。

這是說，當代新聞敘事通常與過去發生的類似事件連結，為的是讓它更容易為人所理解。因此，2001年9月11日世貿中心的攻擊事件，導致美國小布希總統發動「反恐戰爭」（War Against Terrorism）。緊接著，2002-2003年期間有關美伊之間緊張關係的報導，被新聞媒體同時放在「反恐戰爭」和1991年波灣戰爭的脈絡下報導。透過這樣的方式，海珊（Saddam Hussein）和伊拉克政權被理解為有如蓋達（Al-Qaeda）般的恐怖主義分子，而且2002年的這場衝突也被媒體視為1991年那場「未完成的事業」。

半島電視臺

半島電視臺是總部設在杜哈的電視網和頻道，開播於1996年，產權性質上屬於卡達政府所有，並且由該國王室資助。半島電視臺最初只有阿拉伯語新聞頻道，後來增設包括二十四小時播出的半島英語新聞頻道（Al Jazeera English, AJE）。後者觸達一百四十個國家的2.7億觀眾（'Who we are', n.d.）。半島電視臺提供主要西方頻道之外的另類新聞報導，展示的是電視的全球化——雖然仍不平衡地偏袒西方——確實已有反制力量。一般認為，它在該地區致力於推動民主化，並且對「阿拉伯公共領域」（the Arab public sphere）的興起有所貢獻（Abdelmoula, 2015）。

雖然半島電視臺因為提供反霸權觀點而被讚譽有加，但它也被批評帶有偏見——有些人認為它是反美、反以色列、反什葉派的電視臺，同時是支持泛阿拉伯、支持伊斯蘭、支持遜尼派的電視臺。卡普蘭（Robert D. Kaplan, 2009）認為，該頻道「自信的和平主義傾向國際主義」（breezy pacifist-trending internationalism），代表「浮現中的發展中世界的布爾喬亞階級」的觀點。雖然如此，他認為：

> 半島電視臺帶有BBC或CNN沒有的偏見，但這是情有可原的。在半島電視臺的情況裡，它雖然有新聞偏見，但更多是誠實地反映發展中世界的中道觀點。你的立場取決於你坐在哪裡：如果你坐在杜哈或孟買或奈洛比，世界會和你坐在華盛頓或倫敦看的很不一樣。……相反地，在BBC和CNN的情況裡，你清楚知道，與其說是呈現它們發現的世界本來面貌，這些頻道很清楚地在外交政策辯論上選邊站，而且選的是左傾自由主義國際主義（the left-liberal internationalist）的那一邊（Kaplan, 2009）。

組織文化

CNN國際頻道（CNNI）、BBC世界新聞頻道（BCCWN）和半島電視臺英語頻道（AJE）是三家國際英語新聞頻道，不管在規模、發行、預算和聲望來說，都是全球電視地景裡最具影響力的頻道（Henery, 2010）。雖然每家都矢志提供全球觀點，

但各自的詮釋方式不同，而且提供非常不同的新聞內容。蜜雪兒‧亨納利（Michelle Henery）認為，這是因為每家頻道各有其特殊的組織文化。比方說：

> CNNI的組織文化特色是「美國的辦得到文化」（American can-do culture）；BBCWN承載著「它的歷史包袱」與內斂的驕傲，以它過去的卓越表現為圭臬；而AJE則是「落水狗心態」（underdog mentality）和「自卑文化」（culture of inferiority）……刺激它追求創意和冒險的極致。（Henery, 2010: 32；內部引文從略）

這些組織文化——結合閱聽人的人口學特性、財源模式和編輯政策背後的哲學——有助於解釋我們在這三家頻道看到的新聞態樣。

新聞呈現風格

電視新聞不僅是由新聞主題和故事的選擇構成，而且還有其特殊的語文和視覺的敘事方式（modes of address）。呈現風格（presentational styles）受制於資訊——教育目的與娛樂觀眾需求之間的緊張關係。雖然時事節目通常在調性上較為「嚴肅」，堅持平衡的「準則」，越來越多受歡迎的節目採用一種友善的、較輕鬆的呈現風格，邀請身為觀眾的我們從「大街上的一般人」的觀點思考特定新聞事件的影響。政治新聞越來越依賴刻意演出的聲刺（staged sound-bite），便於電視新聞報導擷取的響亮口號，或是生動搶眼的畫面。

達爾袞（Peter Dahlgren, 1995）認為，越趨激烈的商業競爭已導致電視轉向通俗模式（popular formats）。他舉的例子包括更快的剪接節奏與「更簡短」的表現型態，包括標誌（logo）、聲刺、快速影像鏡頭與新聞主播的明星架式。在新聞呈現上強調立即性，是全球新聞的晚近的特殊現象，電子新聞攝錄採訪（electronic news gathering, ENG）科技的應用，讓發生在全球或地方的事件直接呈現在螢光幕上，而輕巧的照相機、數位影像剪輯和電視員工的多重技能化（multiskilling）更能兼顧速度和彈性。當前，新聞即時顯示在我們的行動裝置上，大大縮短了構成新聞的「門檻」時間（the 'threshold' time）。

在傳統新聞節目裡，新的通俗模式也大量出現，包括八卦小報風格（tabloid-style）的新聞播報、政治脫口秀（political talk shows）、普通觀眾參與模式節目（vox pop audience participation format），以及充斥於晨間和日間時段的「資訊娛樂」（infotainment）雜誌型節目（Dahlgren, 1995）。這些節目依賴的是快速更新內容、象徵性的視覺影像，以及在日常經驗中透過新聞發生地點產生的鄰近性感受（人

情趣味新聞）。

通俗模式可說是更能增進理解，吸引不願忍受傳統新聞模式那種冗長、口語導向播報方式的觀眾。不過，它們也可說是降低了理解，因為未能提供新聞事件的結構脈絡：我們很快地得知發生**什麼**（或至少是其中一種版本），而不是它**為何**發生。這些辯論，因為社群媒體的發展而變得更加尖銳。

社群媒體與新聞報導

鑲嵌在「新聞」的「古典」概念的假設是，它在流動上是單向的，從主動的電視新聞生產者到坐在扶手椅的被動閱聽人。社群媒體的到來（本書第11章），正在改變這幅新聞過程的圖像。因此，透過公民或參與式新聞（citizen or participatory journalism），媒體科技的變化讓個人得以參與新聞故事的生產和傳播。沙恩·鮑曼（Shayne Bowman）與克里斯·威利斯（Chris Willis）將公民新聞定義如下：

> 一個或一群公民的行動，在蒐集、報導、分析和散播新聞和資訊的過程中扮演主動角色。這種參與的意圖是為了提供民主政治所需要的獨立、可靠、正確、廣泛與重要資訊。（Bowman and Willis, 2003: 9）

有些學者認為我們正在見證新聞接受的軸心，從電視轉向較不「主流」的社群媒體。根據泰瑞·弗萊（Terry Flew, 2008）的看法，有三種元素促成這種特殊新形式的「公民媒體」（citizen media）的興起，邁向「正統」渠道之外的參與：

- **開放出版**（open publishing），允許生產過程透明化。
- **協作編輯**（collaborative editing），建構了一個開放性的連續體，促使各種方式的用戶參與，包括貢獻新聞故事和評論已經被報導的新聞故事。
- **分散式的內容**（distributed content），RSS（Really Simple Syndication）能夠基於個人偏好蒐集並散布新聞故事和資訊，因此新聞過程變得更去中心化和多樣化。

弗萊進一步指出，主流新聞業本身的變遷也促成了公民新聞的崛起，「新聞記者是英雄」的神話式微。比方說，科技變遷讓每個公民都能在線上發布照片和文字，擺脫那些不喜歡批判式新聞業（critical journalism）的媒體集團的控制。同樣地，公民新聞業或許也能夠在某個程度擺脫國家控制。雖然如此，公民新聞業的民主潛力，以及社群媒體促成有意義的政治變遷的能耐，是有被過分誇大的傾向（第11章）。

傳統媒體的改變

在某個層次上，社群媒體驅動的新聞過程的變遷，發生在電視的邊界之外，並且與之形成競爭關係。由於報紙和電視面臨社群媒體的競爭，它們的收益基礎也在衰退，而這要求它們必須尋求轉型。然而，新媒體和公民新聞實踐也已滲透主流媒體。比方說，電視臺現在已普遍在報導中納入用戶上傳內容（user-submitted content），包括推文、YouTube視頻或由街頭民眾用手機拍攝的事件現場照片。因此，電視新聞已越來越多採用推特（Twitter）和Flickr作為即時資訊來源。兩者已成為傳統媒體的常規資料來源。比方說，由人們用手機拍攝和上傳的地震、災難和其他突發事件的照片，已有越來越多傳統新聞媒體採用。

新媒體實踐的支持者認為，推特和YouTube平臺的貢獻者比主流媒體更快對事件做出回應。這些新媒體平臺也能讓公民記者規避審查，從而扮演一種民主化的角色。然而，批評者認為公民報導的新聞逃避編輯的可信度查核，而且推特一百四十個字元的限制無法處理具有複雜性和深度的新聞，雖然這類新聞受到一部分人的歡迎。再者，不管社群媒體可能提供主流電視新聞什麼內容，是否以及如何使用它們的決定權，仍然掌握在電視頻道製作人手上，後者的新聞價值和議題設定的特權形塑了最終的新聞產品。

推特與伊朗

2009年伊朗總統大選中，用推特作為新聞採集工具已蔚然成風。在伊朗，人們普遍認為選舉不公地偏袒在位總統阿赫瑪迪內賈德（Ahmadinejad），因而爆發大規模街頭示威，並且發生政府鎮壓示威群眾的事件。喬‧施特魯普（Joe Strupp, 2009）發現，當地混亂狀況讓西方媒體難以「從外部」進行報導，因此伊朗人現場發出的網路新聞報導，包括推特上不斷更新的推文，「完勝大多數的報紙和有線電視」。

在示威事件爆發時，許多西方媒體開始對社群媒體扮演的角色讚譽有加。其中一個典型是《華爾街日報》所做的觀察，它發出社論指出「這場由推特加持的伊朗『綠色革命』（Green Revolution）……使用社群網路科技對這個伊斯蘭國家政權轉移發生的影響，要比制裁、威脅和在日內瓦的磋商加起來還要更大多了」（轉引自Morozov, 2011: 3）。

然而，莫洛佐夫（Evgeny Morozov, 2011）認為，伊朗的「推特革命」（Twitter Revolution）是一種城市迷思（urban myth）。雖然確實選後爆出大量與伊朗相關的推文，但不能說有多少是出自伊朗國內民眾。分析顯示，在該次選舉前夕，只有0.027%的伊朗人擁有推特帳戶。同時，半島電視臺也只能確認在示威期間德黑蘭有六十個活躍的推特帳號——而在當局開始鎮壓線上傳播後，當地的推特活躍帳號即遽

減為六個（Morozov, 2011: 15）。

莫洛佐夫認為，所謂伊朗社群媒體革命的唯一確定成就是透露了西方的強烈渴望，渴望有這麼一個世界，在那裡資訊科技扮演解放，而非壓迫的角色，而且只要公民擁有足夠多的新科技和網路連結，獨裁體制必然倒臺。與這種賽伯烏托邦觀點（the cyber-utopian view）截然相反的是，莫洛佐夫認為在許多情形裡科技都未能保護人民權利。尤有甚者，它還幫助威權政權打壓異議、幫助統治者操作宣傳，以及從事數位審查（digital censorship）和線上監控（online surveillance）。這些議題將在第11章詳論。

一個數位化的總統

社群媒體在2008年美國總統大選兩黨候選人的競選活動中都扮演著重要角色，特別是歐巴馬（Barack Obama）的競選活動。社群媒體被用於動員支持和營造候選人正面形象。比方說，歐巴馬回答選民透過YouTube上傳的辯論問題，讓他的競選活動變得更具直接、個人化的色彩，而且也讓他被刻劃為美國的第一位「數位化總統」（digital president）。

然而，網際網路是一把雙面刃，雖然歐巴馬善用網際網路，但他也受制於網路讓嘲諷他的內容更容易散播。有個例子是YouTube視頻〈歐巴馬女孩〉（Obama Girl），將這位即將上任的總統描繪成性感對象，並且據說這種情況惹怒了歐巴馬的兩個女兒。這段視頻被上傳後幾天內有如「病毒般」被瘋狂轉發。網際網路也在各種有關歐巴馬的陰謀論的傳播上扮演著重要角色，包括所謂他不是在美國出生的公民，沒有資格擔任總統云云（見第5章）。

BuzzFeed的調查

最初在2006年上線的病毒內容新創網路媒體「BuzzFeed」，以發布古怪——通常與動物相關的——照片清單。例子：包括〈19 Signs Your Cat is Seeing Other People〉與〈21 Moments of Cuteness Only Cat Owners Can Truly Appreciate〉。不過，自2013年以來，「BuzzFeed」已網羅許多新聞記者和調查記者，挺進傳統新聞業的疆域。此一實驗很有趣，因為——不像過去作為傳統新聞出口的所謂「遺產」媒體組織正不遺餘力地試圖進行線上轉型——「BuzzFeed」則是先在線上領域獲得成功，然後才將它的手伸進更傳統的新聞業。

波因特媒體研究中心（The Poynter Institute for Media Studies）對新聞實驗啟動一年後的「BuzzFeed」進行評估，結論是它尚未足以自證具有「看門狗影響」（watchdog impact）那種導致官員辭職或下臺的重磅調查報導。然而，由於擁有強大的編輯作業、記者監督與在政治菁英間的地位提升，波因特中心指出：

「BuzzFeed」的規模和增長幅度，讓它有機會在未來幾年內成為美國新聞業的主要玩家。要完全進入這個角色，「BuzzFeed」還需要善用它目前令人鼓舞的聚合優勢，並應用在新資訊的創造上。「BuzzFeed」具有發明新形式新聞業的潛力。（McBride, 2013）

「BuzzFeed」精於創造病毒式傳播的內容，而且──雖然有涉及剽竊的一些爭議──目前在透過行動裝置和臉書、推特與Pinterest等網站分發內容上已獲得巨大成功。「BuzzFeed」流量來自社群媒體導引的比例高達75%，其中Pinterest比推特導引了更多訪客到它的「生活」內容區塊（Isaac, 2014）。不過，這種商業模式是脆弱的，因為它過於依賴其他公司的政策。正如一位分析家指出，「如果臉書明天決定調整演算法，這些依賴病毒式傳播的媒體可能瞬間崩塌」（Elliott，轉引自Isaac, 2014）。

此一觀察強調臉書的影響力，用一位評論者的話來說，該公司正在「吃掉網際網路」（LaFrance, 2015）。由於近半數美國成人網民只從臉書獲知新聞，這個社群出版網站已成為「美國的新聞編輯」──雖然其新聞價值「含混且難以捉摸」（vague and amorphous），受到神祕與不斷調整的演算法及好友偏好的綜合影響（LaFrance, 2015）。

瀰漫新聞學與意外的新聞垃圾

社群媒體科技如推特，提供來自各種官方和非官方來源之碎片化資訊的立即散播。赫米達（Alfred Hermida）援引電腦科學文獻，強調這些「廣泛、異步（asynchronous）、輕量（lightweight）、永遠開啟的系統」，正促成一種喚醒系統（awareness system）的興起，他稱之為「瀰漫新聞」（ambient journalism）：

> 由於推文的速度與數量，推特是一個「吵雜」的環境，這個系統按時間先後有次序地接收訊息。新聞業未來的一個方向可能是發展各種途徑和系統，幫助公眾協商和監管這個喚醒資訊流，提供能夠考量這個新聞流通新形式的工具。新聞記者將會被視為幫助公眾理解資訊流的人，而非只是新聞的報導者。（Hermida, 2010: 304）

湯普森（Derek Thompson, 2015a）用「不期而遇的新聞」（accidental news junkie）來描述美國18-34歲的美國人，有80%從線上來源獲知新聞的事實，社群網站正取代電視新聞網，成為各種時事的日常墊腳石。根據美國報業中心（the American Press Institute）的資料，「千禧年世代」消費新聞並非用特定時段或是直接訪問新聞

媒體網站，而是以各種方式從社群媒體接觸新聞（'How Millennials Get News: Inside the Habits of America's First Digital Generation', 2015）。

資訊娛樂

　　當代媒體地景的一個特徵是「新聞」和娛樂的邊界模糊化，因為傳統「硬性新聞」已變得包含許多娛樂元素，為的是攫奪閱聽人的注意力，而娛樂節目則反過來開始著墨更多嚴肅議題（Moy et al., 2005）；其結果是被稱為「資訊娛樂」（infotainment）的混雜產物。幾十年來，媒體批評家將公民與民主參與程度下滑的現象歸罪於電視。然而，派翠西亞‧莫伊等人（Patricia Moy et al., 2015）建議應該重新審視這幅圖像的真正意涵，因為美國政治人物出現在深夜喜劇和日間談話節目的比率越來越高，為的就是觸達對政治不一定感興趣的觀眾。

　　一個共同的哀嘆是年輕人偏好的是無腦的娛樂，更甚於電視上的政治內容。年輕人確實正在遠離「純淨」時事節目，轉向以嘲諷見長的「喜劇新聞」（comedy news）節目，以《喬恩‧史都華每日秀》（*The Daily Show with Jon Stewart*）和《荷伯報告》（*The Colbert Report*）等節目作為他們的主要新聞來源（Freeman, 2010; Turow, 2011: 13）。簡金斯（Henry Jenkins, 2006）也指出，年輕人傾向於從娛樂節目而非新聞媒體獲知新聞。然而，正如我們將在後面看到的，這些數據並不意味著──不管從數量或品質上來說──年輕電視觀眾消費的政治內容變少了。

真正的假新聞

　　電視的一個顯著變化是，新聞與政治被納入越來越受歡迎的節目如《喬恩‧史都華每日秀》和《荷伯報告》，這兩個節目播出期間分別在1999年到2015年，以及2005年到2014年。在他的節目中，史都華標榜只提供「假」新聞（'fake' news），並且提供突發新聞的報導。同時，史提芬‧荷伯（Stephen Colbert）表現他的主持功力，包括把自己反串成超級保守的自大狂，宣稱自己在追求「真實性」（truthiness）（他希望能夠成立的事實或概念，而非基於實際證據）。因此，表面上來看，這兩個節目都似乎有共通之處，同樣被認為有助於民主政治運作的調查報導和「問責新聞」（accountability journalism）。然而，雖然這些主持人堅持自己是搞笑娛樂人士而非新聞記者，內容分析與閱聽人研究顯示並不盡然如此。

　　有一項分析2004年總統大選政治新聞的研究發現，《喬恩‧史都華每日秀》包含和普通新聞時段一樣多的政治實質內容（Fox et al., 2007）。再者，這兩個節目都獲頒聲望崇隆的皮博迪獎（Peabody Awards），以表彰它們對新聞業做出的「傑出成就與良善的公共服務」。政治人物也非常清楚這兩個節目的重要性，曾現身於這兩個節目的歐巴馬自不例外。

　　表面上是假新聞秀的節目裡包含越來越多的政治實質內容，呈現了一個相當弔詭的狀況。一方面，所謂「嚴肅」新聞網如福斯新聞臺越來越極力宣稱自己是「公正與平衡的」；然而，縱使它把這個口號變成臺標，並且試圖控制其使用，許多觀眾並不相信它是。在2009年，研究顯示美國人把福斯新聞臺看成全美「最有意識形態的」電視臺，因為它被認為有很多保守派的偏見（'Fox News Viewed as Most Ideological Network', 2009）。另一方面，史都華堅決否認他除了開玩笑之外還做了什麼別的；然而，2009年《時代》雜誌所做的民調顯示，他被公認是美國最受信任的電視主持人。

> 　　有論者宣稱，史都華和荷伯說真話的無畏精神，足堪新聞記者感到羞愧。這對電視新聞現況和電視觀眾偏好說明了什麼？史都華擁有巨大影響力和聲望，但他卻一再否認自己有任何嚴肅企圖，你怎麼看待這個現象？史都華試圖保持一個低檔諧星的局外人身分的企圖，可能發揮了什麼作用？

綠色螢幕解構

　　史都華與荷伯不只批評政治和大企業，也批評主流媒體的常規、偏見和意識形態。比方說，荷伯在節目中宣布他參與發起2010年「恢復理智和（／或）恐懼大型集會」（Rally to Restore Sanity and/or Fear）時，以超現實方式解構了所謂的「綠幕」（Greenscreen）或色鍵合成技術（chroima key compositing）。這些技術允許電視人物和電影角色（例如：氣象記者或超級英雄）出現在不斷變換的影像（例如：衛星圖或大都會天際線）當中。當綠幕被使用時，我們大多數人都可察覺到，因為畫面中的人會被怪異地蝕刻出輪廓，或是根本違反基本的物理法則。但電視常規要求我們暫時擱置懸念；也就是我們看見，卻裝作沒看見。荷伯在電視上宣布參加遊行時，把自己裝扮成林肯總統，而且毫不掩飾這個戲法的牽強和幕後一團亂的後勤作業。這個荒誕的景觀，如此直接和自我貶低，為的是迎合觀眾老練圓熟的媒體素養。這展現了荷伯和史都華對主流媒體的無情批評，包括對他們自己的節目（Jane, 2010a）。

> 　　《荷伯報告》在2014年播出最後一集，而喬恩·史都華在2015年後也不再參與《每日秀》。請找出你認為仍在延續這種政治娛樂風格的三個傳統節目。對於這種類型節目的未來，你有何看法？

電視文本：肥皂劇與流行電視

　　雖然新聞是一種很明顯的政治和意識形態利益的領域，文化研究也關注通俗電視，也就是綜藝節目、警察和醫院劇、運動、實境秀、音樂和肥皂劇等。我用肥皂劇作為通俗電視形式的例子，這在文化研究裡已有很多相關研究。

肥皂劇：一種類型

　　肥皂劇作為一種類型節目的特徵，可概括如下（見Allen, 1985, 1995; Ang, 1985; Buckingham, 1987; Dyer et al., 1981; Geraghty, 1991）：

- **開放的敘事形式**（open-ended narrative forms）：肥皂劇，作為一種長壽劇，在敘說故事時可能沒有時間限制，不像劇情片或十三集的電視影集那樣，可以找到結束的意味〔雖然長壽劇如《嗜血真愛》（*True Blood*）與《陰屍路》（*The Walking Dead*）確實已將肥皂劇的常規延伸至電視影集〕。

- **核心場景**（core locations）：大多數肥皂劇建立一種地理空間感，讓閱聽人得以指認，而劇中人物一再回到這個空間。因此，《加冕街》和《倫敦東區人》這二齣電視劇場景設定在英國大城市裡工人階級聚居的區域，《鄰居》這齣電視劇的場景安排在墨爾本郊區。

- **寫實主義和通俗劇常規的緊張關係**（The tension between the conventions of realism and melodrama）：肥皂劇運用寫實主義和通俗劇的常規。的確，肥皂劇之間的差別，也用它們在這些常規之間的平衡狀態來區分。寫實主義指的是一組戲劇常規，戲劇透過這些常規而顯得像是「真實世界」的再現，其中有扮演不同角色的劇中人物、可辨識的場景與讓人信以為真的社會問題。敘事技巧刻意隱藏和模糊其本身是一種建構，否認其人工性，目的是為了呈現彷彿像是「真實的」一樣。相反地，通俗劇有強烈的戲劇感，聚焦於情感糾葛和「生命磨難」，此處的劇中人物不具備「寫實主義者」觀點所說的足夠動機。藉由某種誇張的演出風格、戲劇化的音樂，以及特寫鏡頭的一再運用，故事線包含的各種偏差和轉變，這是延展寫實主義敘事的可信度。在通俗劇的脈絡裡，觀眾的情緒隨著劇情跌宕起伏。

- **重要的人際關係主題**（The pivotal themes of interpersonal relationships）：結婚、離婚、分手、新戀情、爭吵、報復行為和關懷行為，都是肥皂劇的核心，提供敘事動態和情緒興趣。由於肥皂劇強調私人領域，可以理解的是家庭形成肥皂劇的神話中心。之所以是一種神話，是因為「家庭」雖是主要主題，大多數人物都有家庭角色（可用於情節中的結婚、離婚或關係），只有極少數人物真正生活在傳統核心家

庭。想像中的理想家庭，持續地因為肥皂劇中必然有的爭論、外遇和離婚而破滅，這些是一般肥皂劇會有的特性。然而，必須認識到它在不同國家狀況裡以不同方式運作。比方說，潔洛蒂（Christine Geraghty, 1991）發現美國和英國肥皂劇對「家庭」的處理方式不同。她認為，前者採用的是一種家庭的父權模式（a patriarchal model），強調男性努力於將家人凝聚在一起共同面對危機，此處，家庭與財產、權力和金錢等問題緊密地相關。英國肥皂劇則有一個女強人角色的傳統，提供其他人無私的支持，最顯著的是一群不負責任的男人。因此，家庭生存的道德和實際任務都落在女性肩上。

肥皂劇

©攝影：Andrea Hall｜代理：Dreamstime.com

這張圖片的標題是「肥皂劇」。有關以下三者，這張圖片隱含了什麼假設？

• 肥皂劇的觀眾；

• 觀看肥皂劇的目的；

• 肥皂劇的價值。

你同意這些假設嗎？

主要思想家

洪美恩（Ien Ang, 1954-）

　　洪美恩研究觀眾解讀電視方式的先驅之作——《觀看朱門恩怨》（*Watching Dallas*）——已成為文化研究「主動閱聽人」一脈的奠基之作。除此之外，洪美恩的著作廣泛涵蓋了媒體、文化、移動和全球化等主題。在關於澳洲及亞太地區族群和移民文化的研究中，她也一如過往強調經驗研究的重要性。她是澳洲西雪梨大學文化研究中心教授兼主任。

建議閱讀：Ang, I. (1985). *Watching Dallas: Soap Opera and the Melodramatic Imagination.* London: Methuen.

女性和肥皂劇

　　女性主義學者通常認為肥皂劇是一個女性的空間（a women's space），女性的企圖心在此一空間裡獲得正視與頌揚。許多學者（Ang, 1985; Geraghty, 1991; Hobson, 1982）認為肥皂劇的中心主題——人際關係、結婚、離婚、孩子等——與傳統家庭女性關切的事務一致。因此，肥皂劇是一個空間，在此空間裡女性關懷與觀點被正視，而且女性也從中獲得愉悅感。

　　肥皂劇裡有很多強大與獨立心智的女性角色。不過，當私人領域被慶賀時，女性通常是受到限制的。舉例來說，在肥皂劇中財務獨立的女性，是相對最近才有的現象。此外，肥皂劇所強調的女性魅力和女性外貌遭受到批評，將女性再現成男性凝視的對象，肥皂劇雖然可能將再現女性剛強的一面，但卻被安排成是為了家庭和男人犧牲奉獻。

　　如同評論者指出，觀眾對肥皂劇中所刻劃的女性角色並非照單全收（Geraghty, 1991）。的確，電視肥皂劇經常涉及彼此競爭、**相互矛盾的意識形態**，舉例來說，在拉美電視小說（telenovelas）裡，女性一方面被呈現為男性的附屬物，她們在經濟和社會上依賴男性，所以女兒須從父命出嫁。另一方面，它們通常描繪女性用各種方式譴責和反抗這種支配（Vink, 1988）。在肥皂劇中，家庭也同樣以這種矛盾方式處理，一方面被過度理想化，另一方面又隨時面對著家庭破裂的危機。女性是家庭這個牢籠的受害者，而且在某個意涵上，她們是最珍貴的救星，提供家庭生活必不可少的關懷和照顧。

肥皂劇和公共領域

　　肥皂劇對家庭的強調，可能導致屬於公共領域議題被排除在外，暗指個人和家庭

關係比更廣大的社會與結構議題更重要。只要家庭幸福美滿，其他事情都無足輕重，或是這些事情只有對一己有私人利害關係時才重要。不管是否回應這種批評，肥皂劇已經開始介入公共議題，例如：種族主義、愛滋病、犯罪和失業。這似乎是令人歡迎的發展，雖然潔洛蒂（Geraghty, 1991）表達關切，對於肥皂劇中男性和青少年角色增加，甚至成為肥皂劇的核心，可能會擾亂肥皂劇原本面向女性觀眾的特色。

✎ 習作

為了國際電視市場而製作的一部新肥皂劇，你認為會具有哪些主要元素？請你列出：

- 四個場景；
- 六個角色；
- 三種故事線。

如果可能的話，請以小組討論方式進行。

《貞愛好孕到》

　　《貞愛好孕到》（*Jane the Virgin*）是改編自委內瑞拉電視小說《處女胡安娜》（*Juana la Virgen*）的美國電視劇。該劇場景設定在邁阿密，包含一種刻意複雜的情節，其中，一個23歲名叫貞的處女，因為人工受精（用她老闆的精子）而懷孕。從文化研究的觀點，此劇很有趣，因為它再現性別和種族的方式，也因它刻意解構了電視小說的類型。比方說，《貞愛好孕到》用很多方式開自己的玩笑，包括背後有個名叫「拉丁愛人」的全知敘事者開觀眾玩笑說，如果他不重複解說的話，觀眾一定會看不懂它那通俗劇與過頂般的劇情發展（melodramatic and over-the-top plot developments）。

　　雖然是通常與處女（以及電視小說更一般性的對女性的刻劃）有關的這種帶有壓迫性的老梗，貞是一個自信、有企圖心和有原則的女英雄，她不是為了宗教道德理由禁慾，而是因為她是「A型性格、超級自律的奇人」（Gina Rodriguez，轉引自 Itzkoff, 2014）。更多的性別刻板印象同樣無法成立，因為她的家庭是多代同堂、多語言與母系主導的。她與同樣性格剛強的母親和祖母同住。

　　吉娜‧羅德里奎（Gina Rodriguez）是本劇女主角，以參與社運和曾經拒絕演出電視演出機會（例如：女傭角色）而知名，因為她認為那加深了族群刻板印象。羅德里奎認為《貞愛好孕到》是一個具有開創性的作品，因為它真實地再現了拉丁美洲裔家庭的文化特質，顯而易見但不張揚：「我頭一次讀到一個不議論我的族群身分的劇

本。它沒有把波多黎各旗幟擺在我的肩上，也沒有把墨西哥煎玉米捲放進我的手裡」
（轉引自Itzkoff, 2014）。

> 　　在《貞愛好孕到》某一集中，螢幕解說文字出現「sp?」，意指懷疑是否拼字
> 錯誤。對於這部影集使用這個標記的方式，你有何想法？你同意這部影集是一部
> 「後設電視小說」（meta-telenovela）嗎？

▶ 二十一世紀的電視敘事

　　為《紐約客》（*New Yorker*）撰寫電視評論的埃米莉‧努斯鮑姆（Emily Nussbaum, 2009）認為，二十一世紀的頭十年是電視被認可為「偉大藝術」的年代。更早的節目如《黑道家族》（*The Sopranos*）和《魔法奇兵》（*Buffy the Vampire Slayer*）首開其風，這種電視製作的新風格包括藝匠精神和正式實驗。它願意疏離觀眾，而且能夠用一整年而非幾集的時間慢慢鋪陳劇情，例子包括艾倫‧鮑爾（Alan Ball）的《六呎風雲》（*Six Feet Under*）、艾倫‧索金（Aaron Sorkin）的《白宮風雲》（*The West Wing*）、大衛‧米爾奇（David Milch）的《死木》（*Deadwood*）和文斯‧吉利根（Vince Gilligan）的《絕命毒師》（*Breaking Bad*）。不過，對努斯鮑姆來說，最能代表電視藝術顛峰之作的是大衛‧西蒙（David Simon）的《火線重案組》（*The Wire*），播出時間從2002年到2008年，是她認為（美國）電視史上最好的影集：

> 　　為了鋪陳衰退中的巴爾的摩市，該影集用了六十集，呈現一個龍蛇雜處（毒販、警察、碼頭工人、教師、政客、新聞記者和熱心人士）、光怪陸離、尖酸好笑、蒼涼又令人激憤的世界。細火慢熬的不道德惡行，刻劃得如此生動，是因為製作人西蒙曾是採訪犯罪新聞的記者。正如它呈現非洲裔美國男性與女性角色令人驚訝的多樣性，演活了其他犯罪影集只會化約為無足輕重的暴徒。……但這部影集最不為人知的成就是它提升、打碎並再造了警察執法程序的模式，並且用無數次要情節、出色對白與令人震撼和細緻的影像，從犯罪影集的舊鷹架中展現新風貌。經過好幾季的時間，《火線重案組》創造出綿密的敘事，要求並設想電視機前坐的是有智慧且願意詮釋的觀眾。（Nussbaum, 2009）

時間挑逗

梅麗莎・亞莫斯（Melissa Ames, 2012）發現，二十一世紀最受歡迎的電視節目，大多含有（就時間而言）「時間挑逗」（temporal tease）這個元素。這包括把時間的速度慢下來以展開敘事，或是把時間先後順序打亂，透過大量倒敘手法的使用。這方面的例子有《24反恐任務》（*24*）、《星際大爭霸》（*Battlestar Galactica*）和《LOST檔案》（*Lost*）。雖然非線性敘事（non-linear storytelling）已出現在更早的節目，但亞莫斯認為二十一世紀電視時間實驗（televisual time experiments）所占有的核心地位，以及它被使用的密度和頻率，誠屬空前。而與時間密切相關的電視節目的大量出現，被視為（至少一部分來說）是對當代文化氣候做出的美學回應。它與以下現象有關：

- 晚近科學關於時間性的研究；
- 晚期資本主義生產與消費的趨勢；
- 即時（instantaneity）的新文化，亦即「毫微秒文化」（nanosecond culture）或「用過即丟的文化」（throw-away culture）；以及
- 911攻擊事件後的焦慮和創傷。（Ames, 2012: 9）

傑森・米特爾（Jason Mittell, 2006）也指出，越來越多節目依賴敘事複雜性，有別於過去美國電視劇集或連續劇常規形式。他列舉「叫好不叫座」的節目如《發展受阻》（*Arrested Development*）、《偵探小天后》（*Veronica Mars*）和《螢火蟲》（*Firefly*），這些節目在敘事安排上都有高度自覺，並且需要觀眾擁有一定程度的「程序素養」（procedural literacy）。

殭屍

殭屍（Zombies）——如同上面這張從2014年澳洲電影《末日屍殺》——充斥在二十一世紀的流行文化。通常它們出現在「殭屍末日」的劇碼，亦即社會因殭屍蔓延而崩潰。另一個例子，是高收視率的AMC TV的電視影集《陰屍路》（*The Walking Dead*）。在此同時，也有哲學家開始關注殭屍這種流行文化現象，因為可提供我們思考意識和物質真實之間的關係，以及它帶來的難題。

©攝影：Emma Bjorndahl

習作

瞭解一下殭屍過去在小說、電影、漫畫、遊戲和電視影集，是被如何再現的？

- 你可從中發現何種類型和主題？
- 這些如何有助於解釋殭屍題材在當代受到的巨大歡迎？
- 用五百字寫下你的發現。

實境秀

在傳統肥皂劇熱潮逐漸消減之際，實境秀（reality television）這種類型的節目在全球電視市場中變得越來越具支配地位。的確，有人觀察到，「美國有許多實境秀……如果你想避開它們，你就等於避開電視」（Daran Little，轉引自Raeside, 2011）。羅利‧奧內爾萊特（Laurie Ouellette）和蘇珊‧莫瑞（Susan Murray, 2009）追溯，實境秀已經從電視文化的邊緣挺進到中心，甚至已到了難以想像電視沒有這類節目的地步。在1980年代，實境秀提供廉價、流行與非工會化的解決方案，讓電視業解決法規變動、電視臺財務問題與勞工騷亂等問題。實境節目在1990年代的爆炸增長，伴隨著從無帶化存儲（tapeless storage）到數位、非線性剪接（digital, non-linear editing）等新媒體技術的出現。它依賴匯流策略如播客（podcasting）、用戶生成內

容、網路劇集（webisodes）和互動電腦遊戲，並將之置於媒體匯流發展的風口浪尖（Ouellette and Murray, 2009）。

實境秀101

　　「實境秀」一詞包羅萬象，以致於它變得幾乎毫無用處。然而，此一類型有若干共同特徵和常規（雖然這些也並非定於一尊）。這些特徵和常規包括：

- 幾乎沒有劇本〔雖然在「建構式的」（constructed）電視實境秀裡，其敘事大多是預先決定的，即使對白是即興演出〕；
- 依賴素人（非職業演員）；
- 將普通人置於不尋常情境裡；
- 用關於「真實」的宣稱作為賣點；
- 監控；
- 手持和隱藏攝影機（雖然棚內攝影機和固定設備仍是許多電視實境秀的特色）。

實境秀的次類型

　　奧內爾萊特與莫瑞（Ouellette and Murray, 2009）指認出一些特殊模式或電視實境秀的次類型，包括**紀實遊戲**（gamedocs）〔例如：《倖存者》、《老大哥》、《誰是接班人》、《超級名模生死鬥》、《決戰時裝伸展臺》〕、**約會節目**〔例如：《誰要嫁百萬富翁喬伊》（*Joe Millionaire*）、《鑽石求千金》（*The Bachelor*）、《宅男辣妹大配對》（*Beauty and the Geek*）〕、**改造節目**（makeover programmes）〔例如：《時尚大忌》（*What Not to Wear*）、《酷男的異想世界》（*Queer Eye for the Straight Guy*）、《改頭換面》（*Extreme Makeover*）、《天鵝選美》（*The Swan*）〕、**藝能競賽**（talent contests）〔（例如：《美國偶像》（*American Idol*）、《與星共舞》（*Dancing with the Stars*）〕、**法庭節目**（Court programmes）〔（例如：《茱蒂法官》（*Judge Judy*）、*Court TV*、**實境喜劇**（reality sitcoms）〔例如：《拜金女新體驗》（*The Simple Life*）、《奧茲家庭秀》（*The Osbournes*）、《搖滾皇帝的一家》（*Family Jewels*）〕、**名人實境秀**（celebrity variations）〔例如：《名人拳擊》（*Celebrity Boxing*）、《名人健身俱樂部》（*Celebrity Fit Club*）、《超現實生活》（*Surreal Life*）〕、**慈善節目高調版**〔例如：《家庭大改造》（*Extreme Makeover Home Edition*）、《愛車大改造》（*Pimp My Ride*）、《*Three Wishes*》、《愛心大手筆》（*Oprah's Big Give*）〕。

　　另有一些湧現中的變體，包括嘲諷實境秀的**惡搞節目**（spoof shows）〔例如：《*The Assistant*》、《阿周真人秀》（*The Joe Schmo Show*）、《*My Big Fat Obnoxious*

Fiancé〕）、**觀察式紀錄片**（obdocs）、**紀實肥皂劇**（docu-soaps）（例如：《*999: What's Your Emergency?*》），以及**戲劇結構實境秀**（dramatically structured series）〔例如：《忙碌的產房》（*One Born Every Minute*）及《*Airport*》〕。後者的優點是由同一批人擔綱，而且角色設定近似傳統電視劇。貫串上述不同模式的是，它們都宣稱提供觀眾某種「不經中介、偷窺與好玩的觀看經驗，得以看見『具有娛樂效果的真實』（the entertaining real）」（Ouellette and Murray, 2009: 5）。

建構的實境秀

　　一個浮現中且漸成主流的實境秀新次類型，是所謂「建構實境秀」（constructed reality）或「結構實境秀」（structured reality），從肥皂劇和紀錄片借用敘事技巧。例子包括《埃塞克斯是唯一的生活方式》（*The Only Way is Essex*）、《橘郡貴婦的真實生活》（*The Real Housewives of Orange County*）和《與卡黛珊一家同行》（*Keeping Up with the Kardashians*）（詳下）。這種類型興起的原因是觀眾重燃對戲劇的興趣，以及按劇本拍攝的節目在1990年代中期以後重新回潮（Chalaby, 2015）。

　　從那時起，建構實境秀大受歡迎，英國影劇學院電視獎甚至還為它設立一個專門獎項。

　　建構實境秀種類繁多，包括「無腳本的」（例如：《廚神當道》（*Masterchef*）、《美國偶像》、《倖存者》（*Survivor*）和《老大哥》），拍攝的是在營造情境和結構劇碼中演出的「真實」素人。編劇通常會和「演員」討論稍後將攝製的情節，以及稍後他們要參與討論的主題，並且要求他們把節目想達到的效果記在心裡（Raeside, 2011），甚至有時也可能有腳本（Chalaby, 2015）。回應對這種類型節目有造假場景（fake scenes）和捏造關係（manufactured relationships）的批評，《埃塞克斯是唯一的生活方式》的創意總監托尼・伍德（Tony Wood）說這是為了混淆觀眾而刻意設計的：「其核心永遠是想要把問題拋給觀眾：『這是真的嗎？他們是演的嗎？這是按劇本演出的嗎？不是按劇本演出的嗎？』，並且讓這些問題保持開放性」（轉引自Raeside, 2011）。

實境秀遭受的批評

　　實境秀常見的批評，包括指控它們：

- 是「垃圾」；
- 剝削、羞辱真實的人或是讓他們陷入道德上可疑的處境；
- 鼓勵一種對知名度的不健康的執迷；
- 鼓勵偷窺；

- 特寫哪些情緒崩潰的「演員」；
- 讓人習於被監控的狀態；
- 把紀錄片應有的常規和嚴肅性拆解並瑣碎化；
- 讓不該被喜愛／應該被討厭的人，得到不該得的知名度；
- 鼓勵以帶有種族、性別和階級歧視的尖酸刻薄對待參賽者；
- 讓電視製作公司賺進大把鈔票，但這些節目的參加者通常是無酬的；以及
- 和「真實」（reality）的關聯非常脆弱，因為剪接、重構、製作人的中介、隱而不彰的腳本、不真實的場景設定……（雖然沒有任何電視節目得以呈現未經中介的真實）。

實境秀得到的肯定

　　不過，奧內爾萊特與莫瑞（Ouellette and Murray, 2009）認為，關於這些節目的「真實」程度，觀眾是精明與具有懷疑精神的。再者，觀眾並不在乎其中含有造假成分。奧內爾萊特與莫瑞論稱，實境秀產製的是不穩定的文本，挑戰並測試觀眾自己對什麼是真實、平常和親密關係的認知。最終，奧內爾萊特與莫瑞認為，實境秀的蓬勃發展催生了節目製作人、節目參與者與電視觀眾之間的持續鬥爭：

　　　　實境秀並非如某些批評者所說的那麼無腦、欺騙和簡單，它提供一種多層級的觀看經驗，圍繞著文化和政治複雜性的真假概念而展開。再者，實境秀讓觀眾參與到這些活動和實踐當中（透過簡訊、近用線上材料如視頻、遊戲和自助資源，或是報名親上節目），挑戰了電視節目的首要性，並且進一步讓意義和真相原本以文本為基礎的狀況變得更加複雜化。（Ouellette and Murray, 2009: 8）

　　也有人說，實境秀使用來自各種年齡層、種族、地理、階級和性別背景的非職業演員，對於電視文化的多樣化卓有貢獻。

　　　　你同意上述關於實境秀的辯護和詮釋嗎？鑑於第1、8和9章裡討論過的寫實主義認識論的假設，你同意所謂實境秀不夠「真實」的說法嗎？電視實境秀的製作人應該注意什麼樣的倫理問題？請舉例說明有哪些實境秀(1)遵守；(2)違反了這些倫理？

《與卡黛珊一家同行》的流行文化衝擊

美國結構實境秀節目《與卡黛珊一家同行》（*Keepinf up with the Kardashians*）
（KUWTK）首播於2007年，目前已播出超過十季。追蹤卡黛珊—詹納一家人（the
Kardashian-Jenner family）的生活，它是美國E！娛樂頻道（E! cable channel）最賺
錢的電視節目，在全球五十個國家播出。在美國，它的第五季節目首播有5000萬觀
眾觀看，讓它比成功的腳本影集如《廣告狂人》（*Mad Men*）和《美國恐怖故事》
（*American Horror Story*）還更受歡迎（McClain, 2014: 5）。

透過社群媒體與粉絲互動是該節目商業模式的關鍵，在推特上擁有超過5000
萬追隨者（Reagan, 2014）。該節目特別吸引女性觀眾，而它的衍生節目（spin-off
shows）特別受到18-49歲女性的歡迎。2015年，布魯斯‧詹納（Bruce Jenner）接受
（美國電視新聞雜誌）《20/20》主持人黛安‧索爾（Diane Sawyer）專訪時，公開宣
布自己變性為凱特琳‧詹納（Caitlyn Jenner），觀看這段專訪的人達2070萬人，打破
美國電視新聞雜誌節目的收視紀錄（Berman, 2015）。

卡黛珊一家人把實境秀知名度變現的能力無人能及，結合新舊媒體模式打造他
們的人氣和品牌帝國（McClain, 2014: 7）。這家人從電視節目賺進大把鈔票：從
《與卡黛珊一家同行》的第七、八、九季賺得4000萬美元；但這與她們2010年從跨
平臺自我促銷活動（cross-platform self-promotion）中賺到的6500萬美元相比，還不
算什麼。這家人賺的錢比安潔莉娜‧裘莉（Angelina Jolie）、珊卓‧布拉克（Sandra
Bullock）和湯姆‧克魯斯（Tom Cruise）賺的錢的總和都還要多（Newman and
Bruce, 2011）。由於卡黛珊品牌商品種類繁多（包括衣服、書籍、香水、營養補充
品、酒精飲料和護膚產品），這個讓她們事業起步的實境秀已形同每集時長三十分鐘
的廣告（Newman and Bruce, 2011）。

和許多其他的電視實境秀一樣，《與卡黛珊一家同行》也被批評聚焦於名人，
而她們之所以有名就只是因為有名而已。許多人納悶，何以這個節目有如此大的國
際魅力，能讓觀眾樂於觀看卡黛珊家子女為瑣事爭吵、她們的購物習慣和除毛預約
（waxing appointments）。學者紐曼（Judith Newman）與布魯斯（Leslie Bruce）

將該節目受歡迎的原因，歸諸於觀眾認同這家人的日常瑣事，以及「只有上帝能恩賜的偷窺癖」（Newman and Bruce, 2011）。同時，學者麥克萊（Amanda Scheiner McClain）也認為，財富、憑空得到的名氣、妖嬈美麗，以及曇花一現的婚姻都具有某種文化魅力；用話語／論述敘事分析（discourse narrative analysis），她發現卡黛珊一家人：

> 剝削「性」這個元素來獲取知名度和人氣，既支持又挑戰傳統性別角色和其他常規標準。貫串（《與卡黛珊一家同行》）這部大雜燴媒體（assorted media）的首要理想追求是物質主義（materialism），以及對於地位（status）的關注。再者，透過這些一分為二的價值觀，有一種強調存在於女性、美麗標準與聲名的角色衝突當中。（2014: 14-15）

在麥克萊看來，卡黛珊一家人體現了對於內在於當代文化的消費主義之露骨的擁抱，而她們無所顧忌地依賴的是電視實境秀名人的告解和不受限制的本質。

習作

卡黛珊一家人被稱為一個「跨媒體流行文化奇觀」（transmedia popular culture spectacle）（McClain, 2014: 119）。你同意嗎？
- 還有同樣適合用這個描述（跨媒體流行文化奇觀）的當代電視節目嗎？請試舉三個例子並解釋給同學聽。

主動閱聽人

電視的意義並非由文本獨自產生，而是由與文本互動的閱聽人所產生的。文化研究裡的閱聽人研究，已被稱為「主動閱聽人」典範（the 'active audience' paradigm）。

\# 這個主動閱聽人「傳統」認為，閱聽人不是被動的文化蠢蛋（cultural dopes），而是有能力從自己文化情境中主動產製意義的人。

主動閱聽人典範的發展以各種方式回應過去許多閱聽人的研究，不假思索地假設看電視是被動的，而且電視所傳達的訊息和意義，閱聽人會毫無疑問的接受，

例如：相當數量的研究是以行為科學角度來理解看電視的行為，認為閱聽人模仿電視中的暴力，或是用統計上的相關來「證明」看電視對閱聽人會產生某些「效果」（effects），這也是回應到在文化研究中，暗示研究者只要透過對體現於電視的文本進行縝密分析，就可以「讀出」閱聽人會如何理解文本。

　　主動閱聽人取向的倡導者論稱，不只是行為的證據不能產生明確的效果而且是矛盾的，統計的相關不是在於它們本身的因果證明，而且這是根本上錯誤的方式來接觸到電視閱聽人。論者以為電視閱聽人不是沒有差異的烏合之眾，而是個別獨立的個體。而看電視是受到社會與文化影響的活動，其核心議題在於看電視的意義。閱聽人在觀看電視時是主動的意義創造者（他們不會單純的接受不重要的文本意義），而他們在看電視主動創造意義的過程中，必須仰賴先前獲得的文化能力，而這樣的能力是在語言和社會關係的背景下塑造出來的，然而它被認為文本沒有具體表現一組模稜兩可的意義，而是它們本身是多義的；也就是它們是多重意義的載具，它們之中只有一些被閱聽人所取用。的確，不同的閱聽人將會產生不同意義的文本，因此，主動閱聽人典範代表的是一種研究興趣的轉變：

- 從數字到意義；
- 從單數形的文本意義到複數形的文本意義；
- 從一般的閱聽人到特定的閱聽人。

　　目前文化研究傳統對於電視閱聽人的觀點已達成共識，作出以下幾點結論：

- 閱聽人被認知為主動的和有知識的意義產製者，而不是結構文本的產品。

　　但是……

- 意義是受到文本結構的方式以及收視家庭和文化情境所限制的。
- 必須從他們看的電視情境，就所有的意義建構和每日的例行生活方面來瞭解閱聽人。
- 閱聽人很容易去區分杜撰的故事和真實的差別，事實上他們主動設定了範圍。
- 意義建構的過程和電視在日常生活習慣中的地位，因文化而有別，而且即使在同一個文化社群中，因性別和階級差異也會有所不同。

　　關於閱聽人的主動性，已經被兩種互補的路徑所證實：理論著作（theoretical work）和經驗研究（empirical research）。在理論方面，製碼─解碼模式（encoding-decoding model）持續有其影響力。

製碼─解碼

　　霍爾（Hall, 1981）將電視製碼過程理解為一種在意義迴路裡相互連結，但各自獨立的環節之間的**接合**（articulation）。在這個迴路裡，每個環節都有其特殊的實踐方式，每個環節對這個迴路都是必要的，但它無法保證下一個環節（的製碼過程）（見圖10.1）。雖然意義鑲嵌在每一個環節裡，但不必然被這個迴路裡的下一個環節全盤接受。特別是，意義的生產無法確保意義的消費，雖然製碼者可能希望這樣。這是因為電視的訊息被建構成一種**多重音的符號系統**（a sign system with multi-accentuated components），具有多義性。簡言之，電視訊息承載著多重意義，而且可以用多種不同方式詮釋。但這並不是說，所有的這些意義都具有平等的地位；事實上，文本有其「支配結構」（structured in dominance），傾向於某種「偏好意義」（preferred meaning），亦即文本企圖引導我們以某種特定方式解讀它。

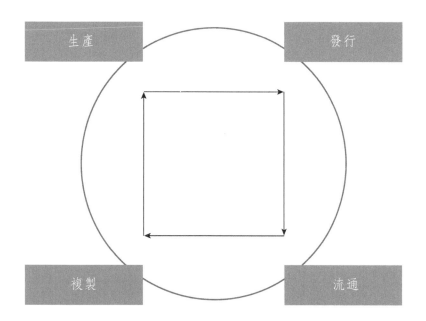

圖10.1 霍爾的「電視迴路」（Hall, 1981）

　　閱聽人則被看成是置身於特定的社會情境當中，其解讀方式會受到共享的文化意義和實踐所框架，某種程度閱聽人分享生產者／製碼者的文化**符碼**，他們將在相同的架構中解碼訊息。然而，在此架構下閱聽人被放在不同的社會位置（如：階級和性別）有著不同的文化資源，它可以用另一種不同的方式來解碼節目，援引〔英國社會學者〕帕金（Parkin）的概念，霍爾（Hall, 1981）提出了包含三種假設的解碼位置

（hypothetical decoding positions）的模式：

1. **支配—霸權的製碼／解碼**（the dominant-hegemonic encoding/decoding），接受了文本的「偏好意義」；
2. **協商式解碼**（a negotiated code），亦即承認理論上霸權的合法性，但它創造自己的規則適應特別的環境；
3. **對立式解碼**（an oppositional code），亦即人們知道偏好的製碼方式，卻加以拒絕並以相反的方式來解碼。

　　閱聽人不只是複製文本意義而已，他們也有能力**生產**新的意義。文本可能透過引導讀者而影響意義的某些面向，但它無法將意義定於一尊，因為意義是文本和讀者想像之間相互作用的結果。此一論點，因為莫利和洪美恩的早期著作而廣為人知。

《全國》觀眾

　　莫利（Morley, 1980）研究英國電視新聞「雜誌」節目《全國》（*Nationwide*）的閱聽人，建立在霍爾的製碼—解碼模式的基礎上，目的在於探究，解碼因社會—人口學的因素（階級、年齡、性別、種族）和他們相關的文化能力與架構而不同的假設。雖然莫利承認方法學上不是沒有問題，這個研究認為大量的閱讀聚集在由階級所建構而成的重要的解碼地位上。例如：一群保守的印刷經營者和銀行經理完成了主控的解碼，而協商的閱讀是由一群貿易工會的幹部所完成。後者的閱讀仍然是協商的，而不是敵對的，因為他們的解讀只適用於一個特定的勞資衝突事件，然而，他們的解讀仍侷限在一般的話語／論述，仍然認為罷工「對英國是一件不好的事情」。根據莫利所說，抗拒的解碼是由一群工人代表以及一群黑人大專學生所作成的；前者的政治觀點使他們完全拒絕這個節目提供的話語／論述，後者感受到與這個節目有疏離感，因為感受到和他們的生活是不相關的。

主要思想家

莫利（David Morley, 1949- ）

　　莫利是倫敦大學金匠學院教授，曾是伯明罕大學當代文化研究中心的一員，是文化研究「主動閱聽人」典範發展的要角。他在1980年代有關電視閱聽人的早期著作，結合了民族誌方法的理論辯護與閱聽人解讀方式的經驗研究。莫利的著作也觸及電視觀看的性別特性、科技進入日常生活的過程，以及全球化和文化認同等問題。

建議閱讀：Morley, D. (1992). *Television, Audiences and Cultural Studies.* London and New York: Routledge.

觀看《朱門恩怨》

〔華裔學者〕洪美恩（Ang, 1985）討論《朱門恩怨》及其閱聽人的研究，出自分析一群荷蘭的女性觀眾寫給她關於她們如何觀看這齣肥皂劇的信件。在這些研究裡，她運用了「徵候」（symptomatic）分析（亦即尋找文本背後隱藏的態度），並且從探索主動閱聽人與文本意義的潛在結構間的對立著手。她的中心論點是《朱門恩怨》的觀眾主動地介入意義和愉悅的產製，有多種展現方式，無法被化約為文本的結構、「意識形態效果」或是一個政治方案。

洪美恩說，肥皂劇的情節提供觀眾一種當下立即的感受，而且須要觀眾情感投入，其情感流動穿梭於設身處地感受劇中人物以及和劇中人物保持距離，對劇中人物產生認同和反感，它同時也是一種受到「大眾文化意識形態」（ideology of mass culture）居中促成的經驗，將《朱門恩怨》和其他文化活動相比較有難登大雅之堂的關係。此導致觀眾採用廣泛的觀看位置：

- 有些人覺得看《朱門恩怨》有罪惡感；
- 其他人採取一個諷刺的觀點來避開類似《朱門恩怨》的矛盾，而且視它為「垃圾」；
- 一個團體認為假如你「意識到危險」，看這個節目是可接受的；
- 其他團體，受多元主義的意識形態所啟發，其自我防衛立基於他們有權持有他們要的文化品味。

線上粉絲

近年來有關肥皂劇的研究，追隨並精進洪美恩（Ien Ang）的經典著作；例如：巴姆（Nancy Baym, 2000）檢視一個肥皂劇粉絲的線上社群。她認為，在粉絲之間的交流中，他們經常評價該劇的品質和真實性，並且涉入與編劇在意義上的鬥爭，編劇有時會遭粉絲批評沒有「做對」；她所研究的這些主體也能夠辨認並且批判劇中的意識形態訊息。以這些方式，閱聽人參與介入到他們觀看的電視劇文本。

　　正如它們被用於詮釋的目的，一個人對該肥皂劇資訊的掌握，對該類型的瞭解，以及他／她對真實的瞭解，也被用作持續評價該劇的判準……批

評不只是妨礙涉入的限制；它本身也可以是一種涉入，可能和另外一種接受的涉入一樣，可以帶來愉悅。（Baym, 2000: 97）

最重要的是，這種粉絲現象促進了閱聽人社群的人際關係：「這是關於一群朋友、一堆和朋友一起做的活動，一個從這些友誼中滋生的關係和感覺的世界」（Baym, 2000: 209）。

粉絲文化

最近幾年，電視觀眾作為粉絲的現象特別受到關注，尤其是在簡金斯（Henry Jenkins, 1992）的名著《文本盜獵者：電視粉絲與參與式文化》（*Textual Poachers: Television Fans and Participatory Culture*）。簡金斯將同人小說（fanfiction）和同人視頻製作（fan video-making）視為一種「參與式文化」（participatory culture），粉絲不只以不同方式詮釋意義，也在粉絲文化產生時刻創造意義：同人小說、同人視頻、同人藝術、同人音樂（filk）、耽美同人小說（slash fiction）和其他實踐活動。受到德塞圖（Michel de Certeau）的影響，簡金斯提出「文本盜獵者」（textual poachers）一詞當作思考粉絲的方式，後者像游牧民族一樣跨越媒體地景移動，從媒體文本中提取它們想要的元素，同時遺棄其他部分：「粉絲是盜獵者，保存他們掠奪的，並且用他們掠奪來的物資，作為他們建設另類文化社群的基礎」（Jenkins, 1992: 223）。因此，他為粉絲文化進行辯護，以對抗當時將他們視為文化「低下」的主流觀點。

不過，希爾斯（Matt Hills, 2002）對簡金斯有所批評，認為並非所有粉絲都是意義的主動創造者。對於所謂粉絲反抗消費文化的觀點，他認為：

> 傾向於微小化粉絲文化與消費文化更廣泛變化之間的聯繫，例如：以消費為基礎的社會和社群認同。它也降低了消費和商品化對粉絲文化的意義，例如：在粉絲文化裡有個有趣的——**反商業意識形態和商品蒐集實踐**——並存現象。（Hills, 2002: 28，粗體字強調為原文所加）

雖然在某些面向，粉絲「反抗」資本主義社會，例如：透過對過往的和被取消節目的喜愛，有助於反抗新商品的快速週轉率，但粉絲也身陷商品生產與消費的經濟和文化過程當中，因為他們構成了一個具有吸引力的客群。

小馬迷

一個無人預料到成人男性粉絲，圍繞著兒童卡通《彩虹小馬：友情就是魔法》（*My Little Pony: Friendship is Magic*）而形成。這個群體的成員被稱為「小馬迷」

（Bronies）。羅伯森（Venetia Laura Delano Robertson）指出（2013），透過消費「女孩子氣」的擬人化動物媒介，小馬迷得以參與「一場好玩的重建，重建宅男這個大體上被定義成陽剛特質的類別」。再者，「《彩虹小馬：友情就是魔法》裡的糖果色小馬是複雜的次文化象徵，被粉絲用來探索身分／認同、真誠性與本真性等概念」（Robertson, 2013: 23）。雖然有些媒體說小馬迷「令人不安」和「怪異可怕」，羅伯森（Robertson, 2013: 27）卻發現，他們對這部卡通的熱愛，說明了「新的真誠性」（neo-sincerity，見第6章）已透過玩樂，而形成了一種本真性的感覺。

反粉絲文化

葛雷（Jonathan Gray）提出「反粉絲」（antifans）一詞，用以描述強調討厭某一文本、類型或人物的閱聽人，他們可能刻意找出這些「精確地讓他們血壓升高」（Gray, 2003: 70）的厭惡對象。他嘗試將反粉絲理論化是為了擴展霍爾建議的「優勢」、「對立」和「協商」的讀者位置（Gray, 2005）。這一部分是承認這個事實，有一群閱聽人可能會表達對某些電影和電視節目的強烈負面觀點，而不一定都有看過它們。馬丁・巴克（Martin Barker）等人也曾將類似的閱聽人類型，稱為「拒絕者」（Barker et al., 2001: 85）。

習作

和同學一起討論，並且舉出一個你自己是反粉絲的電視節目。
- 討論你不喜歡的這個節目是什麼。以這種方式強烈地討厭某個媒介文本，是否會帶給你某種愉悅感？

葛雷（Gray, 2005: 852）指出，美國電視實境秀人物奧馬羅莎・曼尼格爾兒（Omarosa Manigault）的反粉絲投入報復與懲罰的幻想，並且使用激烈種族和性別歧視的言語。
- 你認為「愛著恨」（loving to hate）某個媒介文本或人物，是否應該有個界線，一旦越線就變成不是反粉絲文化了嗎？

反粉絲活動特別明顯表現在閱聽人對實境秀的反應，甚至也可以解釋何以這種電視類型節目這麼受到歡迎。比方說，貝維萊・史凱格斯（Beverley Skeggs）與海倫・伍德（Helen Wood）指出，電視實境秀最惡名昭彰的成就是激發觀眾和評論者的惡毒反應。她們引述針對傑德・古迪（Jade Goody）（《老大哥》）和利齊・巴德斯利（Lizzie Bardsley）〔《換妻》（Wife Swap）〕——兩人都是出道於電視實境秀的白種女性——的尖刻批評。這種尖刻批評的例子包括：電視主持人傑瑞米・克拉克森

（Jeremy Clarkson）說古迪是一個「有血有肉的種族歧視、豬臉廢物」，有個網誌作者說巴德斯利是「普通、闊嘴與邪惡的」。雖然到處都有類似這種充滿攻擊性的長篇大論，針對這些或其他女性電視實境秀參與者，但很難找到像這樣針對參加同一節目男性參與者的口誅筆伐。因此，這個中介的自我展演場域「充滿了性別和階級政治」（Skeggs and Wood, 2012: 2）。

意識形態和反抗

通常認為閱聽人的主動性減弱了電視的意識形態角色，亦即閱聽人主動性讓意義的接收和產製較不受文本建構和權力操控。因此，意識形態的複製被視為與被動閱聽人有關，而將主動閱聽人與**反抗**意識形態相連結。然而，儘管證據指出電視觀眾瞭解許多電視常規和產製過程，在電視**形式**這個層次上他們是極為世故和有素養的，但這並未使他們免於各種意識形態的生產和複製。

針對英國亞裔青少年肥皂劇觀眾的研究（Barker, 1998, 1999; Barker and André, 1996）認為，他們既是主動的，也同時受到關於家庭、關係和性別的意識形態複製的影響。的確，閱聽人主動性是意識形態契合和複製的**必要條件**。正如席維史東（Roger Silverstone, 1994）所說的，閱聽人**總是**主動的，但這是否構成一種對意識形態的挑戰，還必須在特定個案研究中透過經驗證據來判斷，不能視為理所當然。

＃只有能夠近用另類話語／論述時，閱聽人主動性才可能解構意識形態的「偏好」（preferred）意義。因此，自我變成一個意義與意識形態鬥爭的場域。

電視閱聽人和文化認同

觀看電視是由各種文化認同形式組成和建構而成的（第7章），電視是一種文化認同建構的資源，正如閱聽人開始運用他們的文化認同和文化競爭力，以他們特定的方式來解碼節目。電視已經變得全球化，所以電視的地位在種族和國族認同的建構方面已經特別重要（Barker, 1999）。

意義的輸出

李比斯（Tamar Liebes）與凱茲（Elihu Katz）做過一項大規模研究（Liebes and Katz, 1991），探討不同文化與族群背景的觀眾如何在觀看電視劇時產生意義。該項研究包含六十五場不同族群背景觀眾的焦點團體訪談，試圖探索人們觀看美國肥皂劇《朱門恩怨》（Dallas）的跨文化面向。這些焦點團體由阿拉伯人、俄羅斯猶太人、

摩洛哥猶太人和以色列的奇布茲成員（Kibbutz members）[2]組成，也包括日本和美國的國內觀眾。

　　李比斯和凱茲的研究證實，觀眾以不同方式解讀同一電視敘事，而且這種現象可見於不同文化背景的觀眾。尤其是，他們探索觀眾以不同的解讀方式——「參考式」（referential）和「批判式」（critical）——觀看這齣美國肥皂劇，而且這種現象出現在不同文化和族群背景的觀眾當中。整體而言，採取參考式解讀的觀眾比批判式解讀的觀眾多，比例上約為三比一。

- 所謂「參考式」解讀，意指他們把節目中看到的內容當成「真實」看待。
- 所謂「批判式」解讀，意指觀眾意識到節目本身的建構本質。

　　李比斯和凱茲發現，在每一種解讀方式上，不同族群背景的觀眾群體存在著明顯差異。他們發現，美國觀眾和俄羅斯觀眾特別批判；不過，美國觀眾展現的批判意識大多集中在節目形式和節目生產脈絡方面的問題，因為他們較為瞭解電視產業，但他們對節目主題／內容較少批判，而阿拉伯觀眾則對西方文化和西方「道德墮落」的危害，具有較高的敏感度。

　　李比斯與凱茲的此一研究顯示，觀眾在解讀電視節目時，會從他們自身的國族和族群認同裡汲取資源。因此，觀眾並非毫不批判地消費美國電視節目，而「本土」文化認同的破壞也非無可避免。

全球在地化

　　同樣地，米勒（Daniel Miller, 1995）也認為，把觀看美國肥皂劇《青春不羈》（*The Young and the Restless*）的千里達人簡單地看成只是在消費美國商業文化，是一

---

[2]　譯註：奇布茲（Kibbutz）在希伯來文中表示「共同屯墾」，是一種類似共產主義的集體農場，又被稱為以色列的「人民公社」，每個成年人都必須工作，來換取生活所需，基本上財產共有，不論工作、薪資平等。最早的奇布茲成立於1909年，由回到以色列的東歐猶太人所建立，希望透過共同勞動，迅速在祖先的土地上建立新家園。當以色列1948年建國時，已經有一百多個奇布茲，是以色列建國的重要基礎，後來曾達到二百七十個左右。每個奇布茲的大小不一，但人數約在數百至一千左右，全以色列共有十二萬人生活在奇布茲，占全國人口25%。早年奇布茲以農業為主，後來漸漸轉型至工業與觀光服務業。（資料來源：http://www.richyli.com/report/2002_04_30.htm）

種謬誤的看法。他重述該劇被「在地化」的方式；亦即被理解和吸納為在地實踐和意義的一部分。尤其是，八卦和醜聞（特別是和性有關的）是該劇敘事核心所在，恰好與千里達文化裡的「酒神祭狂歡」（bacchanal）概念產生共鳴。根據米勒，「酒神祭狂歡」是深植於千里達當地的概念，雜揉著困惑、八卦、醜聞和真相；因此，該劇核心內容正好「契合在地人將八卦和醜聞視為真相的觀念」（Miller, 1995: 223）。

拉爾在中國的研究顯示出電視不平均且矛盾的影響力，根據拉爾（James Lull, 1991, 1997）所說的，中國政府將電視引進中國，原本希望用它作為一種社會控制和文化同質化的工具，但它似乎扮演了相反的角色。雖然在天安門事件後，中國政府企圖運用電視來重新建立社會的穩定性，但它反而成為一個人民反抗的中心機構。

在中國，電視藉著呈現另類生活觀點，已經擴大、強化文化與政治意見的多元性，出於吸引更多閱聽人的需求，電視已經成為文化和意識形態想法競逐的論壇，商業的、進口的戲劇與中國自身的經濟難題並列。然而，不僅是節目本身多義性，而閱聽人也已經變得擅於領會官方聲明的言外之意。對拉爾來說，中國人民反抗運動挑戰了專制統治，強調的是自由和民主；若沒有電視，這些事情是不會發生的。

\# 電視在全球範圍內流通文本和話語／論述。然而，其消費和使用作為一種文化認同的建構資源，總是發生在本土的情境中。

得分！

©攝影：Ran Rosman｜代理：Dreamstime.com

義大利球迷狂歡於世界盃足球賽。

- 電視如何將世界盃足球賽變成既是一個全球活動，又是在地國族認同的時刻？
- 為什麼電視公司會轉播世界盃足球賽？
- 運動頻道在有線電視和衛星電視發展中，扮演何種角色？

閱聽人、空間和認同

　　電視在文化上的重要性，不僅是在文本意義和（閱聽人）詮釋方面，也見於它在日常家庭生活韻律和習慣上的地位。過去，看電視大多是在特定家庭空間裡（例如：客廳）進行的活動。對米勒（Miller, 2010）而言，電視將影音傳輸至家庭空間和公共空間的能力，正是這種本質上屬於家庭娛樂設備的媒體引起這麼多焦慮的原因，也是它成為最受——大部分是批判的——關注的一種文化媒介的原因所在。文化研究理論家特別感興趣的問題是：

- 廣電媒體如何提供家人或朋友一起觀看，並在節目播放前、中、後共同討論的儀式性之社交活動；
- 這些儀式、看電視的空間與各種文化認同生產之間，有著什麼樣的連結關係。

　　空間，如梅西（Doreen Massey, 1994）所言，不是「空洞的」，而是受到社會關係影響的文化產物（見第12章）。比方說，派迪·史甘那（Paddy Scannell, 1988）認為，廣電媒體在國族空間（national space）的建構上扮演重要角色，將重大公共事件帶進觀眾的私人世界，而且在這麼做的同時，它建構了一個國族行事曆（national calendar），組成、協調並更新了一個國族的公共社會世界。這些事件包括英國足球決賽、溫布頓網球錦標賽、國會開議，以及英國夏日逍遙音樂節的最後一夜；美國的國會選舉、每年七月四日的美國獨立紀念日慶祝活動，以及超級盃橄欖球賽，例如：觀看2015年美國超級盃的美國觀眾達1.144億人，創下美國電視史上的最高收視率（'Super Bowl 2015 becomes most watched event in US TV history', 2015）。當然，全球化的力量正在把這樣的國族事件設定在一個（更加寬廣的）國際脈絡下。

　　可攜式螢幕的到來，意味著大部分節目可以在觀眾自己選擇的任何時候、任何地點觀看。這導致什麼樣的社交或反社交儀式（social/anti-social rituals）開始湧現出來？客廳作為最主要觀看視聽娛樂的地點是否已經被取代？如果是，有任何地點已取代客廳的地位嗎？

家庭空間和全球空間

　　莫利（Morley, 1986）的《家庭電視》（*Family Television*）一書認為，權力和控制節目的選擇大多操控在男性手上。他論稱，男性和女性有不同的觀看類型和偏好，例如：男性較女性更專注地收看電視節目，女性則會將注意力擺在其他的家庭事務上，女性比男性更喜愛戲劇和虛構故事，對男性而言體育和新聞是更重要的。

　　然而，關於性別和觀看類型的更新統計顯示，女性不一定總是觀看刻板印象上「女孩氣」的電視內容。根據《廣告週刊》（*Adweek*）發布的統計數據（2013），18歲到49歲美國女性最常觀看的影集是含有性別暴力的《美國恐怖故事》（265萬觀眾）、犯罪飆車劇《飆風不歸路》（*Sons of Anarchy*）（238萬觀眾），以及浩劫後的殭屍影集《陰屍路》（192萬觀眾）。這個年齡層美國女性觀看《NBC週日足球之夜》（*Sunday Night Football*）（350萬觀眾）的人數，比觀看實境秀《千金求鑽石》（*The Bachelorette*）的人數（250萬）還要更多（Thielman, 2014）。

　　拉爾（Lull, 1991, 1997）探索了中國電視、空間和日常例行活動之間的連結。在中國，由於家庭空間狹小，這意味著電視機引進家中會產生相當大的衝擊。當電視開著的時候是無法逃離的，因此看電視成為一種集體的家庭經驗，家庭例行活動裡也包括一個看電視的時間。電視的出現已經改變家庭關係，對於看些什麼、何時及何人收看等問題，帶來潛在衝突，而管控兒童看電視則成為一個特別的議題。

　　不同於拉爾強調作為一個地方（place）的家庭，梅洛維茲（Joshua Meyrowitz, 1986）關心的是全球空間（space），認為電子媒體改變社會生活的「情境地理」（situational geography）之意義。因此，我們居住在一個虛擬的遍及世界的空間，其中鑄造了一種新的**同一化**的形式。他的核心論點是，電子媒體打破傳統上地理位置和社會認同之間的連結，因為大眾媒體提供我們豐富的認同來源，與特定地方並無直接關係。梅洛維茲的論點提出了加速全球化的情境下的電視問題，以及加速全球化的情境下文化和認同問題。

電視的全球化

　　全球化（見本書第5章）意指一系列導致世界空間壓縮和縮小的過程，也就是不斷增加的全球連結，以及我們對這些連結的瞭解。電視的全球化是一個科技、經濟、制度和文化的問題，電視被認為是全球的，主要是因為：

• 各種公共和商業的電視結構都是在民族國家的邊境之內及（／或）語言相同的團體中，被管制的、資助的和觀看的；
• 科技、產權、節目通路和電視閱聽人，其運作已經跨越民族國家和語言社群的邊

界：

- 相似的電視敘事形式和話語／論述在世界各地流通。

　　電視的全球化，出於**資本主義**動態擴張主義的邏輯，不斷地追求新商品和新市場。電視本身立足於更廣大商業活動的中心，攸關消費資本主義的擴張。在1998年，全球至少有10億臺電視機，每天至少有超過一百六十個國家的25億人觀看電視。2009年，全世界電視機數量已增長為20億臺（International Energy Agency, 2009），每個家庭平均擁有1.3臺電視機。不過，到了2013年，世界電視機市場衰退4.8%，預估全年銷售量為2.268億臺，但當年度平板電腦的銷售量達2.273億臺，智慧型手機的銷售量更是超過10億支（Sadauskas, 2013）。

　　美國一直都是人均電視機密度最高的國家，以2011年統計數據來說，高達96.7%的美國家庭擁有至少一臺電視機。不過，從1980年代中期開始，電視機增長率最高的地方是發展中國家；1990年代初期，中國成為電視機家庭最多的國家（http://www.museum.tv/eotv/china.htm）。以電視機購買量來說，中國目前占全球市場的24%，北美占16%（Sadauskas, 2013）。

＃電視以生產、散播和觀看類型來說，都是一種全球的現象──而且電視至今仍然保持著它的重要地位，縱使可攜式觀看平臺（portable viewing platforms）越來越受歡迎。

電視與發展中國家

　　到2012年底以前，全世界大約有80%的家庭擁有電視。這意味全球人口的絕大部分都能接收到電視信號，這也讓電視成為最普及的資訊傳播科技。再者，從2008-2012年，發展中國家又新增了八千七百萬擁有電視機的家庭（'Measuring the Information Society 2013', 2013）。

　　這些數據在發展中國家特別重要，因為這顯示電視已比其他資訊傳播科技服務觸達到這些國家的更多人。事實上，電視被視為「發展促進者」，因為它被認為可在其中扮演重要角色，包括提供新聞資訊、表達國族認同和培育本地內容。因此，資訊社會高峰會在日內瓦行動計畫裡所指認的十大全球目標之一，就是必須確保全世界的人都能近用電視和廣播服務（'Measuring the Information Society 2013', 2013）。

　　對特納（Graeme Turner）與鄭靜娜（Jinna Tay）而言，上述這些發現突顯超越「過往完全主導電視研究的英美紐帶」的重要性（Turner and Tay, 2009: 3）。雖然西方很多地方的媒體消費類型已改變，但在許多其他國家仍由廣播電視和國家監理機關

所主導。因此，雖然無線廣播電視觀眾在美國不斷減少，它們在印度卻是大幅增加。特別有趣的一點是，寶萊塢（以孟買為中心，歷史已長達百年的印度電影工業）是世界上每年電影產量最大的地方（Ghosh, 2013）。同樣地，用手機看電視的人在澳洲還很少，但在日本卻是主要平臺之一。正如特納與鄭靜娜指出：

> 在這種多樣性和易變性之間，很重要的是認識到，即使目前學術和公眾熱衷討論數位新媒體的當代媒體演化，但電視這樣的「舊媒體」在大多數地方，仍然是具有支配性的媒體。（Turner and Tay, 2009: 3）

全球電視的政治經濟學

政治經濟學關切的是權力與經濟和社會資源的分配，而這等於是：

- 關切誰擁有、控制電視通路機制和產品；
- 這些產權模式和文化地景控制所造成的影響。

莫達克與高丁（Murdock and Golding, 1977）認為，傳播媒體產權握在私人資本的手上就很容易在財團的影響下日趨集中，所產生的**多媒體公司**是一個更大資本集團形成過程的一部分。在傳播領域中，莫達克（Murdock, 1990）區分三種基本集團的運作方式：

- 產業集團（industrial conglomerates）。
- 服務集團（service conglomerates）。
- 傳播集團（communications conglomerates）。

這些運作在傳播產業改變的背景下，集中於綜效、匯流和去管制的過程（Dyson and Humphreys, 1990; Thussa, 2000）。

綜效和電視產權

1990年代以降，有許多方面的變化：財務、電腦和數據處理公司進入電訊傳播，創造一個個支配多個市場部門的多媒體巨人。這些公司透過購併獲致足夠財力，以因應為了全球市場玩家所需的鉅額投資。因此，1989年時代集團和華納集團的合併案，創造了當時世界上最大的媒體集團，並且緊接著在1995年收購透納廣播集團（下轄CNN）。

　　這些發展的主要原因是為了追求**綜效**（synergy），包含電視與其他媒體在產品和通路上不同元素的結合，以至於他們能夠彼此互補產生更低的成本以及更高的利潤。電影同步與流行電影原聲帶和虛擬實境電玩一同發行，並完全屬於同一家公司所有，此為軟體和硬體結合的鮮明例證。以上所說的都是很常見的，不是例外而是規則，沒有一家傳播組織在綜效方面表現得比梅鐸（Rupert Murdoch）的新聞集團更好。

　　新聞集團以5.25億美元購併以香港為基地的星空傳媒電視（STAR TV），讓梅鐸的衛星電視足跡遍布亞洲和中東。加上它所擁有的其他電視媒體產權，特別是英國BSkyB與美國和澳洲的福斯電視（Fox TV），新聞集團的電視頻道觸達全球的三分之二區域。重要的不只是該集團產權在空間上的涵蓋範圍，也在它自身各種媒體產業之間的整合。在二十世紀福斯電視公司和星空傳媒電視，梅鐸取得了一個巨大的電影和電視節目片庫，可以透過他的發行渠道的網絡將這些影視產品傳播出去。他希望創造一個獲利的全球廣告市場，同時，梅鐸可以使用他的報紙交叉推廣他的電視頻道，藉由他所擁有的報紙來報導在其電視頻道轉播的運動賽事。媒體產權的世界不斷發生變化，我們在這裡提供的任何媒體集團的組成狀況可能很快過時，但此處整理的趨勢是有效的。

✎ 習作

- 請設計可能達成極大化綜效目標的「理念型」（ideal-type）全球傳播公司。
- 請用包括交叉連結和箭頭的圖示方式，畫出這樣的一個組織。

解除管制和再管制

　　藉由產業龍頭的推動和政治人物的促成，使得綜效和匯流已經發生，雖然多媒體集團已經存在了好多年，它們的活動範圍後來獲得擴展，因為政府鬆綁跨媒體產權和新業者准入等限制。這不意味所有管制都被廢止；而是，電視和電訊傳播產業的再管制。但很明顯地，新的管制方式沒有原有的管制方式嚴格。造成各國管制鬆綁的原因如下：

- 「新」傳播科技的成長，使得傳播科技自然壟斷的論點不再有效，因為數位科技使頻寬能夠分割使用，而且已有另類傳送系統存在；
- 在許多國家的法院判決中，將合法的傳播權和多元性視為一項重要的公共原則；

- 政府傾向依市場機制運作，包括偏向支持電視的財源是藉由商業的方式，而不是透過徵稅。

　　因此，電視和報紙產權規定的鬆綁，讓梅鐸得以在美國開辦福斯有線電視，也讓他得以在英國擁有報紙和電視公司。同樣地，解除管制（deregulation）也讓美國最大的電信業者——美國電話暨電報公司（AT&T）——得以涉足過去它被法律禁止經營的電視市場。

　　在美國以外的許多國家，「舊秩序」的特徵是公共服務廣電（public service broadcasting）與政治管制（political regulation）。當前，電視的「新秩序」包含：

- 公共廣電和商業廣電的共存；
- 商業電視的解除管制；
- 多媒體跨國公司日增；
- 公共服務電視承受必須以商業邏輯營運的壓力；
- 需要找到新方式回應合法與非法形式的數位下載。

　　上述這些在世界各地發生的趨勢，促成一個全球的電子文化（a global electronic culture）的出現。

> 　　電視市場解除管制的支持和反對理由為何？維持公共廣電的支持理由為何？請試加以討論。

重新思考管制

　　比爾·柯克帕特里克（Bill Kirkpatrick, 2010）認為，當前電視政策研究過度鎖定在「官方」政策領域，利害攸關者包括政府官員、監理機關、產業、公民代表等人。援引費斯克的著作，他主張媒體政策實際上發生在社會所有層次，包含培力（empowerment）和去培力（disempowerment）的多重情境：「換句話說，數位轉換（digital transition）是媒體政策，但父母規定的『功課沒做完不准看電視』也是。」

> 　　看電視的家庭規定也是一種媒體管制，你同意嗎？這些日常的家庭「政策」和政府媒體管制政策之間，有什麼關聯嗎？

全球的電子文化

\# 在電子複製的年代，文化能夠經由多重裝置傳達給我們。我們不再需要在儀式化空間的情境裡探索文化。

在全球化的情境下，文化跨過時間和地方，來自不同歷史期間和地理地方的文化人工製品與意義可以混合及並置。和特定地方相連結的價值觀和意義，仍然具有重要性。然而，人們涉入的網絡向外擴展，已超越地理空間的限制。對一些批評家來說，這牽涉的是混合、匹配和文化交換；對其他人而言，這是一種文化支配。

媒介帝國主義

席勒（Schiller, 1969, 1985）主張，媒介配合世界資本主義系統，提供資本主義，尤其是跨國公司所需要的意識形態支持。媒體被視為是企業行銷的載具，操控閱聽人並把他們移交到廣告主手上。這與一般意識形態效果的主張一致，強調媒體訊息創造並強化閱聽人對社會現狀的支持。

對於媒體和文化帝國主義（media and cultural imperialism）的關切，得到少數目前已過時的關於全球電視貿易研究的支持，其結論是美國支配（全球）節目流動（Varis, 1974, 1984）。當然，美國是電視節目的主要輸出國，此優勢地位受惠於它的產業經濟，使得美國電視業者可以在國內回收大部分成本，外銷所得大都成為利潤。然而，「越來越多的國家正在增加本國自製節目生產的比例」，一個明顯的數字是「在所有的播出時間和黃金時段期間，本國自製節目比例已超過一半」（Straubhaar, 1996: 293）。

區域化

一項1990年代的研究顯示，美國可能占據「至少75%的全球電視節目輸出市場」（Hoskins et al., 1995）。然而，在共享語言、文化和歷史貿易關係的基礎上，電視市場已明顯轉向區域化（regionalization）。因此，美國媒體產品大部分銷往七個國家：澳洲、加拿大、法國、德國、義大利、日本和英國（Waterman, 1988）。史多包爾（Straubhaar, 1996）也發現有一些「地理文化」市場（geo-cultural markets）湧現，包括西歐、拉丁美洲、法國與其前殖民地的法語世界、阿拉伯世界、大中華市場和南亞市場。再者，這些市場不必然受限於地理空間，而是包含遍布世界的流離群落人口。比方說，印度電影工業服務的不只是印度次大陸，還有非洲、馬來西亞、印尼和歐洲等區域。

美國媒介帝國主義（US-media imperialism）的說法，沒有考慮閱聽人看電視時產生的矛盾、不可預測的和異質的意義。電視確實可以扮演引介外來意義系統、外來文化的重要角色。然而，與其把它看成是對地方文化概念的破壞，此一過程應該更好地被理解為在地意義被另類定義覆蓋，而且將兩者相對化，從而產生新的模稜兩可和不確定感（Ferguson, 1990）。我們正看見的是一系列可追溯至不同歷史時期的經濟和文化過程，有著不同的發展律動，彼此交疊在一起。此一過程造成全球斷裂，也創造了新的全球連結和共同點（Appadurai, 1993: Smith, 1990）。

✏ 習作

- 請寫下你最喜愛的十個電視節目。
- 請另外三人（與你品味不同的親友更佳）列出他們各自最喜愛的十個電視節目。
- 查閱電視節目表，試著指認上述每個節目的來源國。你得到什麼結論？

全球的與在地的

電視可說是全球性的，因為世界各地都流通著大同小異的敘事形式：大多數國家都有肥皂劇、新聞、運動、益智節目和音樂錄影帶。比方說，肥皂劇在兩種意義上屬於一種全球形式：

1. 它是全球眾多不同國家**產製**的一種敘事形式。
2. 它是一種輸出最多的電視節目，在各種不同文化脈絡下被全球觀眾**觀看**。

全球肥皂劇的吸引力，可歸諸於：

- 開放敘事形式，明顯普遍訴求；
- 以私人和親屬關係為中心；
- 鑲嵌在好萊塢傳統的一種國際風格的湧現。

然而，肥皂劇的成功也反映了一種可能性，亦即閱聽人參與可辨識的「真實」地方的在地或區域議題。存在於全球和在地兩端之間的張力，一方面被大量全球肥皂劇，例如：《鄰居》和《勇士與美人》在全球受到的歡迎所突顯；另一方面，同樣的肥皂劇在某些國家收視率不佳（例如：《鄰居》在美國），如同克路夫特（Crofts,

1995）已經指出，全球肥皂劇的成敗，繫於電視肥皂劇形式與接收情境，儘管我們見證一種國際黃金時段肥皂劇風格的湧現，包括高額製作費、吸引人的視覺表現、步調快速與動作導向的敘事方式。雖然如此，許多肥皂劇仍保有在地場景、區域語言觀眾和緩慢步調、通俗劇的敘事特色。

同樣地，新聞展現了全球相似性與在地差異性，史多包爾（Joe Straubhaar, 1992）的跨文化研究發現，「什麼是新聞」在不同國家的定義裡還算「相當一致」。葛維屈等人（Gurevitch et al., 1991）蒐集有關歐洲電視網[3]新聞交流以及經常使用此資料的三十六個國家，指出一般新聞連續鏡頭的可得性以及共享的專業文化，使得新聞報導「實質但非完整地」匯流，這可以反映出「基本新聞話語／論述國際標準化的潮流（Dahlgren, 1995: 49），一起隨之而來的是西方的新聞機構對全球新聞議題的支配。

然而，事實顯示出西方新聞機構傾向提供「即時新聞」和沒有評論的視覺報導畫面，允許以配音的方式來給新聞事件不同的詮釋，導致了葛維屈等人（1991）所說的全球新聞的「本國化」，這被視為是「全球化的相反拉力」。

除了明確的類型如肥皂劇和新聞之外，全球傳播科技的倍增已經逐漸地創造出一種複合的**符號學**環境，其中電視生產並傳遞一種符號和意義相互競爭的呈現。這創造出影像的流動，與新聞、意見、戲劇和新聞報導融合，並列在一個電子的**拼貼**中（Williams, 1974）。

＃電視全球化建構出不同時間和地方的影像拼貼，此現象被稱作後現代。

全球後現代文化

拉許（Lash, 1990）指認，**後現代**是從「話語／論述」到「圖像」（figural）的改變。可以這麼說，本質為視覺媒體的電視之全球化，形成了這種後現代文化轉向（postmodern cultural turn）的核心。在電視上，我們可以看到一些後現代風格的標記：

• 美學的自我意識（aesthetic self-consciousness）／自我反身性（self-reflexiveness）；

---

[3] 譯註：歐洲廣播聯盟 （European Broadcasting Union, EBU） 於1953年起設立「歐洲電視網」（Eurovision），促成歐洲各國的節目彼此流通播送，特別是體育與藝術節目。聯盟成立重要宗旨之一就是交換歐洲節目，目前每年平均交換二萬多則新聞及七千多小時的體育與文化節目。

- 並列／蒙太奇／拼貼；
- 弔詭／曖昧含糊／不確定性；
- 互文性與傳統類型的界線漸趨模糊；
- 反諷、仿諷和混成。

　　後現代電視的製作技巧，包括蒙太奇、快速剪輯、非線性敘事技巧和影像的去脈絡化。後現代節目通常將線性敘事的重要性去中心化，偏好影像更甚於敘事，希望營造一種新面貌和新感覺（Kellner, 1992）。其自覺的互文性（intertextuality）包含明確指涉特殊節目和間接參考其他類型的慣例和風格，例如：在卡通《辛普森家庭》（*The Simpsons*）裡，明確提到的《末路狂花》（*Thelma and Louise*）和《月光光心慌慌》（*Halloween*），這種互文性是出於一種擴大歷史和文化產品功能的文化自我意識。

　　《辛普森家庭》已廣泛被視為後現代的例證。它讓一個「功能失調的」美國家庭成為這個節目的反諷英雄，一方面它只是一部卡通，另一方面它又對美國生活和文化進行深刻反思。辛普森一家人的生活中心是電視機，而且該節目用一系列互文性指涉其他電視節目和類型，這些安排並非出於巧合。確實，《辛普森家庭》要求我們意識到各種電視節目和電影類型，例如：其中一集的結局完全是反諷地重演《畢業生》（*The Graduate*）的最後一段，而《貓鼠大戰》（*Itchy and Scratchy*）（《辛普森家庭》劇中小孩看的一種卡通）則是反諷卡通《湯姆貓與傑利鼠》（*Tom and Jerry*），並且嘲諷我們似乎既譴責、又愛看電視暴力的雙重標準。

✎ 習作

　　請觀看一部以互文性聞名的電視節目或電影〔例如：《銀翼殺手》（*Blade Runner*）、《黑色追緝令》（*Pulp Fiction*）、《黑道家族》、《魔法奇兵》（*Buffy the Vampire Slayer*）、《貞愛好孕到》、《發展受阻》〕。

　　請指認以下幾項：

- 它所參考或模仿的類型。
- 來自其他書籍、戲劇或電影等的人物角色。
- 模仿其他電影和電視節目的打光、鏡頭運用和風格。
- 參考或向其他書籍、電影致敬。

消費文化

　　全球化、消費文化和後現代主義是緊密結合的現象，因為電子媒體加速流行文化的崛起，意味著高雅和低俗文化之間的區分已經崩解，藝術、文化和商業之間的邊界正在變得模糊（Featherstone, 1991, 1995）。尤其是，全球電視已將視覺為主的廣告置於全球文化的核心（Mattelart and Mattelart, 1992）。電視是製造及複製**促銷文化**（promotional culture）的樞紐，聚焦於用視覺影像創造附加價值的品牌或商品符號（commodity-signs）。確實，威尼克（Andrew Wernick）認為用來傳播某些或其他類型的推銷訊息的文化現象，已經「實質上與我們所生產的符號世界共同擴展」（Wernick, 1991: 184）。「可口可樂文化」（Coca-Cola culture）一詞概括了這種促銷文化的全球觸達，並且強調了全球資本主義、廣告和文化同質化（cultural homogenization）之間的可能連結。這是說，對於某些批評者而言，全球化過程代表一種文化同質化，特別是在消費文化領域，包括風行全球的可口可樂、麥當勞、耐吉和蘋果等產品。

　　然而，消費產品的全球流通，並不意味它們的影響力在世界各地都是相同的。消費產品受制於全球在地化（glocalization），亦即在地消費層次上的各種意義。這一點，讓我們不至於將可口可樂文化等同於同質化的文化認同。的確，這是膝上型電腦和牛車、《天兵公園》（*The Regular Show*）和《兒童新娘》（*Balika Vadhu*）（一部印度肥皂劇）、好萊塢和寶萊塢、凱蒂·佩芮（Katy Perry）和傳統舞蹈音樂……並存的世界，而這也意味著一種全球後現代（a global postmodern）。

超級真實和電視擬象

　　有一種具有啟示性的後現代文化觀點，來自於布希亞（Baudrillard, 1983a, 1983b）；對他來說，電視是後現代文化的中心，一種無所不包的流動，其中充滿令人目眩神迷的擬象（simulations）和摹寫（facsimiles），亦即由超載的影像和訊息所構成的超級真實（hyperreality）。對布希亞而言，後現代電視是扁平和單面向的，其連續不斷的影像和擬象流動，並沒有內涵意義的階層；無論在字面上和隱喻上，它都是「膚淺的」（superficial）。

創造性的消費

　　大多數文化研究學者比布希亞持更正面的看法，強調當代電視和消費文化內蘊具有創造性的潛能。比方說，錢伯斯（Chambers, 1987）和赫布迪齊（Hebdidge, 1988）討論商品形式（包括電視）形成多重身分／認同建構的基礎，他們強調主動和意義導向的消費者活動，自行拼貼選擇與安排各種物質商品及意義符號的元素。對

凱爾納（Douglas Kellner）而言，電視是有意義的，但並不是「所有意義和訊息都可以被吸進的黑洞漩渦」（1992: 156）；相反地，他認為電視扮演一種整合中心的角色，其中蘊含支持主流價值、思想方式和行為的神話與儀式，從而讓人們得以建構自己態度、價值觀和後續行動。

費斯克（John Fiske, 1987）認為，流行文化是由人們創造的意義，而非由文本中那些可指認的部分所構成的。威利斯（Paul Willis, 1990）認為，商品化過程支撐了出現在年輕人消費實踐裡的一種「共同文化」。他指出，意義並非內在於商品之中，而是在實際使用上的意義和價值的建構。他稱此為「扎根美學」（grounded aesthetics）。

透過這種方式，當代電視世界可被解讀為一個民主與具創造性的文化，而非一個單面向的超級真實。透過創意發揮而被產製和消費的各種文化形式，提供了民主化的可能性，因為通俗音樂、電影、電視和時尚雖然掌控在跨國資本主義、多媒體的手上，但意義是在消費層面上被人們產製、改變和管理，而且這些人是主動的意義生產者。

當電視不在電視上觀看

如我們所見，電視的早期歷史包含一個大家都曾經歷的、科技入侵家庭的故事。這明顯可見於1950和1960年代的黑白照片，一個個盛裝打扮的全家人正全神貫注圍繞著屋內一角的電視機。特納與鄭靜娜（Turner and Tay, 2009: 1）稱這種場景裡的電視為「現代性的壁爐」（hearth of modernity），電視把「太空時代」的現代性帶進家庭空間。

那是全家人一起觀看電視節目的時代，按照電視節目指南（TV guide）表訂的時間觀看。當然，從那時起，電視——或至少是與電視相關的各種螢幕／屏幕——已經逃出家庭空間的範圍，進入到公共場所。傳輸平臺（delivery platforms）蓬勃發展，「電視」屏幕／螢幕出現在任何地方：

> 在商店、超市、地鐵、汽車、巴士、火車和建築物的側面。巨型電視螢幕變成都會公共空間景觀中，日常可見的一部分。後來，更多螢幕出現，而且越來越小，劇烈地私有化，尺寸縮小到符合行動電話、可攜式DVD播放機，或是汽車的操控面板。（Turner and Tay, 2009: 1）

你上次觀看無線電視在固定日期和時間播放的節目是什麼時候？你有沒有聽過某人說不看電視，但其實他的意思是只看DVD或網路串流節目？你認為這些活

動應該被當成是看電視嗎？電視和四處可見的螢幕的關係是什麼？它們是完全一樣的東西，還是相當不同的東西？

電視歷史分期

里維斯等人（Jimmie L. Reeves et al., 2007）提供了以下的電視史分期：

第一代電視（1948-1975）：無線電視網或廣播時代。

第二代電視（1975-1995）：有線電視時代。

第三代電視（1991-迄今）：數位時代。

視聽饗宴

在西方富裕國家，高速網路與新裝置的普及正改變電視文化，從原本的廣電業者主導，轉變成消費者選擇的模式。我們已進入一個新的電視時代，互動、隨選（on-demand）和觀眾自己決定播放時間（self-scheduling），是其主要特徵。觀眾現在可以選擇自己想看的節目，在他們想看的時間，自行選擇觀看直播的線性節目、隨選視頻、或是訂閱服務和應用程式（apps，雖然這種特權只限於能夠付費訂閱或購買這些服務的地方，並非全球皆然）。

除了商業製作的媒體，用戶生成視頻（user-generated videos）也吸引越來越多觀眾（第13章）。各種視頻片段如打噴嚏的貓熊、受驚嚇的貓咪、哭鬧著不想看牙醫的小孩，都變成「超級病毒式傳播」的視頻，而昂貴、耗費鉅資的電視劇卻因為收視率低而停播。商業電影和電視內容也能夠被下載——合法或非法的都有——使用點對點（peer-to-peer）網絡如BitTorrent。為了限制盜版並增加觀眾數量，無線電視網自己也開始製作專門放在網路上的內容（譯按：例如：網劇）。

匯流文化

不只電視可在許多種螢幕看到，我們也正見證跨媒體敘事（transmedia story-telling）的出現。二十一世紀許多吸引高收視率的節目都是多平臺、多媒體的。其中一個例子是《老大哥》（*Big Brother*），有專屬網站、聊天室、直播串流影音，以及關鍵的敘事時刻——例如：某個參賽者在現場觀眾面前被淘汰出局，讓淘汰出局變成了公開事件（Turner and Tay, 2009: 7）。這也是簡金斯（Jenkins, 2006）所謂的「匯流文化」（convergence culture）的一個面向，鼓勵消費者主動參與媒介內容的創造和流通。

　　所謂匯流，我指的是跨多種媒介平臺的內容流動，多種媒介產業之間
的合作，以及媒介閱聽眾的遷移行為，他們會到任何地方找尋自己想要的娛
樂體驗。（Jenkins, 2006: 2）

　　媒介渠道之間越來越模糊的界線，也讓我們難以簡單區分不同的媒介格式。例
如：源自某雜誌的文本內容，無線電廣播或電視節目可以稍後或同時在線上出現。反
過來說，網誌（部落格）內容可以用印刷的形式再製，網路視頻現在也經常被納入
電視娛樂節目。這些發生在新舊媒體之間的碰撞，克勞馥（Kate Crawford）與藍比
（Catharine Lumby）有所討論，她們指出：「不同媒介筒倉（media silos）之間的邊
界崩解，內容可以輕易地跨平臺移動」（2011: 5）。

數位串流

　　串流隨選視訊（streaming video-on-demand, SVOD）服務如網飛（Netflix），正
在改變電視的觀看典範。2014年尼爾森的數據顯示，超過四成的美國家庭已使用網
飛、Hulu或Amazon Prime之類的串流隨選視訊服務（Brouwer, 2015）。網飛一開始
是郵寄出租DVD的公司，但此一商業模式已被它的線上業務取代。在2014年，該公
司已在超過四十個國家擁有五千萬以上的訂戶[4]。它也以委製原創內容如《紙牌屋》
（*House of Cards*）、《勁爆女子監獄》（*Orange is the New Black*）而馳名於世。對
於2025年電視將會是何種面貌，網飛公司的首席產品經理杭特（Neil Hunt）提出以下
預測（轉引自Lapowsky, 2014）：

- 傳統電視格式，例如：半小時或一小時一集的節目格式，將遭棄用；
- 訂閱收視費（subscription fees）將取代廣告收入；
- 網路電視（Internet-enabled televisions）將成為唯一碩果僅存的電視；
- 預測／個人化技術（predictive/personalization technology）將取代長篇累牘的型
  錄；
- 只限網路的發行渠道（Internet-only distribution channels）會讓規模較小，利基型
  的製作在財務上變得更加可行。

　　過往曾經「賺翻了的」電視業正面臨各種威脅，湯普森（Thompson, 2015b）對

4　譯註：目前，Netflix的全球付費訂戶已超過一億，而其美國付費訂戶總數亦已超過
　　五千萬。

此反思後指出，有線電視大型套餐組合正被小型套裝組合或點菜式的節目收視方式（*á la carte* programming）取代。在思索哪一種新套裝組合可能會顛覆「大套裝」（Big Bundle）商業模式後，他認為答案可能是「以上皆非」，因為「真正的顛覆不是來自於重新包裝原先的套裝組合節目，而是來自人們不當成電視的大量視頻和視聽娛樂內容，正在爭奪稀有的年輕人的注意力：Vine、YouTube、Instagram和臉書（Facebook）」（Thompson, 2015b）。媒體市場研究公司MoffettNathanson也同意這一點，表示：

> 我們的感覺是，在找尋顛覆性創新這件事上，我們還是找錯了地方。真正革命可能來自於傳統生態系之外，從Vimeos、Vessels或甚至是普及全世界的臉書，其內容的創造與流通，完全在目前的生態性之外，而且成本通常只相當於傳統線性電視極微小的一部分。**我們的懷疑是，剪線退訂有線電視的千禧世代（the millennial cord cutter），根本沒有耐性等待適合的有線電視頻道套裝組合出現，因為那只有他們的父母會看。**（轉引自Thompson, 2015b，粗體字強調處為原文作者所加）

套裝全集 DVD 和瘋狂追劇

「瘋狂追劇」（binge-viewing或binge-watching）是一個新詞，用來形容人們消費電視劇的能耐，不再是每週觀看一集，而是一口氣連看很多集。「瘋狂收聽」（binge-listening）一詞也被用於播客（podcast）的收聽行為上。瘋狂追劇的現象開始於電視「馬拉松」和套裝全集DVD（DVD box sets）的出現。套裝全集DVD現在可能有點過時，但在它的極盛時期，它也曾劇烈地改變人們觀看電視的方式（Kompere, 2006）。最早廣受歡迎的套裝全集DVD是2000年推出的《X檔案》（*The X-Files*），以及隨後的《黑道家族》（*The Sopranos*）、《24反恐任務》（*24*）、《LOST檔案》（*Lost*）、《死木》（*Deadwood*）、《火線重案組》（*The Wire*）等美劇。套裝全集DVD讓觀眾可在短時間內看完整部劇，而且能夠暫停和重播。閱聽人擁有與重播電視節目的新能力，意味著製作人在拍攝續集時，可以仰賴觀眾複雜與精緻的電視劇知識。由於套裝全集DVD通常包含額外材料，像是該劇的幕後花絮等，電視觀眾也被邀請一起反思節目製作過程（D. Johnson, 2007）。那個DVD時代現在已讓路給瘋狂追劇這種新的觀看模式，特別是2013年，當網飛決定一次釋出全季十三集的政治劇《紙牌屋》之後。

研究發現，大多數人將瘋狂追劇定義為一次看完二集到六集不等的電視劇。三分之二的人承認自己經常這麼做，73%的人對這種體驗持正面評價（West, 2014）。

不過，美國電視評論人拉柯布（Jace Lacob）拒用「瘋狂追劇」這個詞，因為此詞帶有負面貶義。在談及自己懷著「幸福的奉獻精神」火速看完日舞頻道（Sundance Channel）電視劇《矯正人生》（*Rectify*）時，他建議應該把這種看劇的方式稱為「整體觀看」（holistic viewing），因為這有助於基於完整形式來評價一齣劇，而非基於個別的集數（Lacob, 2013）。

套裝全集

　　有趣的是，舊的稱謂往往會留下來，即使它們指涉的是過時的科技。一個例子是「套裝全集」（box set），過去被用來描述一整套裝在硬紙板盒裡的DVD或CD，現在則被用來形容數位收藏。比方說，2014年，一家澳洲有線電視業者開播了一個名為「套裝全集」的新頻道，主打的就是受歡迎的電視劇，例如：《權力遊戲》（*Game of Thrones*）、《新聞急先鋒》（*The Newsroom*）和《女孩我最大》（*Girls*）的完整劇集。

電視已死？

　　遇過各種有關後現代主義、種族、女性主義與身分／認同「已成過去式」的宣稱之後（第6、8、9章），我們不會感到驚訝地發現某些評論者也試圖「後」（post）電視。有關我們已進入後電視時代的許多報導，從新的千禧年開始至今已流傳多時。的確，洛茨（Amanda D. Lotz）指出，2005年前後，預測電視即將死亡一事似乎已成為美國科技與文化記者的新採訪路線（2007: 1）。諸如〈我們所知道的電視之終結〉、〈為何電視將不再是電視〉，以及〈電視死了，電視萬歲〉之類的標題在媒體裡大量出現外，還有不少類似標題的書籍。然而，德布雷特（Mary Debrett）認為，電視前景現在看起來還更加健康，即使它所提供的內容形式、觀眾參與方式，以及電視財源與製作方式都發生了顯著改變：

> 電視作為一種形式、類型和模式、一種流動的視聽美學，以及一個生產部門，看起來仍將繼續存活下去，不管客廳裡的設備會變成什麼，雖然「電視機」的存活狀態現在似乎也還未真正遭受威脅。（Debrett, 2010: 169）

雖然收視習慣的統計數據顯示人們看傳統電視的時間呈現微幅下降趨勢，這仍然

是最主要的電視觀看方式。比方說，2014年的尼爾森調查數據顯示，美國人仍然每個月大約花一百四十一小時觀看傳統電視。雖然如此：

- 整體而言，他們每天觀看傳統電視的時間從四小時又四十四分鐘（2013年第三季），減少了十二分鐘，變成四小時又三十二分鐘（2014年第三季）；
- 在同一期間，他們觀看時光平移內容（time-shifted content）的時間增加了一小時，而且用來觀看網路視頻的時間也增加了四小時；以及
- 使用智慧型手機的時間增加了二十三分鐘，從每天一小時十分鐘增加到一小時三十三分鐘。（'Content is King, But Viewing Habits Vary by Demographic', 2014）

> 就你所瞭解，所謂「內容為王」（content is king）是什麼意思？這和當下有關電視的重要性與預期壽命的辯論有什麼關係？

電視收視率系統的暴政

　　吸引並追蹤眼球已變成電視產業在匯流時代的關鍵挑戰。電視收視率系統都很重要，因為它們扮演關鍵角色，決定何種節目獲得委製，何種節目被迫腰斬，決定數以十億計的廣告經費怎麼花，也決定了什麼被認為具有文化影響力。然而，主流的尼爾森公司（Nielsen）的調查方法廣泛被認為有瑕疵，除了其他缺陷之外，它過度依賴類比方法和自我報告，而且傾向於跳過少數群體和青少年（Li, 2013）。尼爾森公司和奧多比公司（Adobe）的一項新夥伴關係，為了納入數位裝置和串流服務，已在2015年生效，企圖矯正舊系統的侷限。《財星》雜誌預估，這個新系統對820億美元產值的電視產業會有巨大的影響；它指出，音樂產業此前曾導入一個類似系統，而在導入新系統後，另類搖滾（alternative rock）和嘻哈（hip-hop）等邊緣類型音樂的銷售狀況比原先還要好（Suciu, 2014）。

從置入性行銷到數位廣告插入

　　雖然避開廣告的能力是時光平移（time-shifted）和串流（streamed television）電視最大的魅力之一，廣告主正在找尋新的、更不正當的方法促銷商品。一個例子是置入性行銷（product placement；或譯產品置入），就像新聞網站上的原生廣告（native advertising）一樣，將促銷訊息嵌入節目內容當中，而非以廣告形式出現在傳統廣告破口（traditional ad breaks；或譯廣告時段）裡。2012年，全球廣告主花費82.5億美元在電視和電影的置入性行銷（Quinn, 2013），而且此廣告市場產值預估在之後五年內還將翻倍。

　　許多觀眾不同意廣告業吹噓這種品牌內容（branded content）行銷手法的整合與精緻程度。比方說，《紙牌屋》被戲稱為「置入性行銷之屋」（House of Product Placement），因為它讓黑莓機、戴爾電腦、三星、可口可樂、雪佛蘭汽車，以及一大堆名副其實的白色系蘋果手機和平板，紛紛在該節目中客串演出。雖然《紙牌屋》製作人否認有簽署正式的置入性行銷合約，但工作人員確實承認有免費奉送這些產品給《紙牌屋》劇組，用這些產品對這齣電視劇發動了奇襲（Rose, 2014）。

　　下一代原生廣告是「數位廣告插入」（digital insertion），亦即電腦生成的產品和標誌被插入已經拍好的內容當中。事實是這個過程是發生在剪輯室，這意味著被賣到世界各地的大預算電視節目，可以為在地交易量身定做。一個例子是索尼的電視影集《雙面人魔》（Hannibal），某些場景裡的賓利汽車在巴西播出版本裡被置換為三菱汽車，為的是配合三菱汽車公司在當地的新車促銷活動（Rose, 2014）。

　　打斷電視節目播出的廣告破口（commercial breaks），雖然很惱人，但也清楚分隔了廣告與內容。你認為「置入性行銷」、「原生廣告」和「數位廣告插入」與傳統廣告相比，是否在倫理上比較有問題？〔除了上述各種取徑的廣告之外〕由於電視節目在製作過程的某個階段必須有人買單，你認為還有哪些其他財源呢？

電視文化政治的研究仍然重要

　　艾拉娜・萊文（Elana Levine, 2011）不同意電視已死，她認為這種說法掩飾了仍在電視文化裡運作的政治與意識形態的強大勢力。她將那些「後」電視的企圖與「後」文化爭論議題（與女性主義、種族、同性戀權利、階級）的企圖放在一起看。對她來說，把這些行動主義者的社會運動和進步倡議的前面「加上一個後字」（posting），一種權力的施展，從而企圖將持續中的政治分殊的命名和挑戰都予以緘默化。她認為，「後」電視的說法應該讓我們有所警覺，回歸研究最初形塑電視學術的問題。與其棄用當代電視研究作為一個文化協商的核心場域，更明智的作法是追問：否認電視仍然是權力鬥爭的場域，否認電視仍然在其中有角色可以扮演，到底是服務了誰的利益？

　　　電視這種媒介不需要一言堂，也可以在支配利益運作中扮演要角。閱聽人也不需要單一的電視經驗，也能夠讓他們與電視之間的協商情況成為當下社會、文化與政治辯論的重要因素。……新渠道帶來的新問題，以及因為不同渠道而造成的觀眾碎片化問題，都可能讓我們從中提煉出新的研究問

題，但這並未改變電視文化的這些根本運作狀況，即使是在這個後電視網的時代。（Levine, 2011: 182）

 習作

電視 vs. 螢幕

填寫表格空白處，比較「舊」電視文化與「新」螢幕文化的差異。試著加入兩者之間還有哪些差異。

電視文化	螢幕文化
固定	移動／行動
節目收視選擇由外部決定	
	自己動手做（DIY）或與他人一起動手做（DIWO）
	觀看內容的時間有彈性
私人	
	瘋狂追劇
管制	
	盜版
大眾傳播	
	病毒式傳播
	互動性
	多平臺
	多媒體
	公民新聞
頻譜稀缺性	

解構練習：文本 vs. 觀眾

• 文本如何建構觀眾？
• 觀眾如何建構文本？
• 可不可能區分文本意義和那些觀眾所產製的意義？

本章摘要

電視向來是文化研究的關切對象，因為它身處西方社會傳播活動的核心地位，而且它還擴散至全球各地。這些關切變得越來越尖銳、迫切，因為全球電視從公共服務廣電，轉向由追求綜效與匯流的多國籍企業所支配的商業電視發展。與此相關的新議題，是透過網際網路與社群媒體平臺而製作、散播和消費的視聽娛樂內容。

電視制度的全球化與世界各地主要電視敘事與類型的流通（包括新聞、肥皂劇、音樂電視節目、體育和遊戲活動），兩者是並行發展的現象，都是置身於一個先進的「促銷」文化，以及具有拼貼、互文性及類型模糊（genre blurring）等特質的後現代文化之中。

電視節目的意識形態建構受到注意，包括排除另類觀點的霸權版本的世界新聞。然而，也有人論稱電視節目是多義的，含有許多通常矛盾的意義。所以，閱聽人可以探索各種潛在意義。再者，證據顯示閱聽人是主動的意義生產者，而非只是單純接受批評家所指認出來的文本意義。因此，全球電視應被理解為促成拼貼和混雜，而非單純只是文化帝國主義的推手。

電視的意義不囿限於文本的意義，因為它置身於、且維持在日常生活的各種活動當中。雖然電視的政治經濟學和節目流動可能是全球性的，看電視卻是置身在日復一日的家庭實踐活動之中。特別是，家庭空間是更廣大的文化身分／認同（包括性別認同）建構與爭辯的場域。最後，當我們進入二十一世紀越久，電視已變得越來越與數位媒體交織在一起，這個主題我們將在下一章及第13章討論。

第 11 章　數位媒體文化

關鍵概念	
爭勝主義（agonism）	資訊經濟（information economy）
匯流（convergence）	搜尋文化（search culture）
網路行動主義（cyberactivism）	逆向監控（sousveillance）
深網（deep web）	監控（surveillance）
數位落差（digital divide）	烏托邦／反烏托邦（utopia/dystopia）

數位革命

　　當代西方文化處於媒體飽和狀態，而媒體提供的社會知識和圖像，使我們對世界有所掌握。在進入新的千禧年之後，這些媒體的本質已經發生劇烈的變化。電視、廣播、電影、音樂和印刷媒體的傳統商業模式岌岌可危，或處於激烈的重構當中。所謂「傳統」（legacy）媒體形式，已經因為數位革命而發生巨大轉變。雖然「革命」一詞被浮濫使用，但在這裡是允當的。廣播花了三十八年達到五千萬用戶，電視花了十三年達到同樣的用戶規模，而網際網路只花了短短的四年（Naughton, 2014），成為史上普及速度最快的媒介。此刻，全球上網人口大約占40%，相當於超過30億人（'Internet Users'），這些數字仍在快速增長。

　　這場數位革命的意義不侷限在文本層面上，因為它已經鑲嵌在我們的日常生活當中。從文化研究的視角，應該探索的是：

- 「新」、「舊」媒體文化之間的異同；
- 有關數位媒體潛能與風險的種種聲稱；
- 傳統文化研究理論對我們理解二十一世紀媒體生態系統的用處；
- 有關網際網路與社群媒體平臺的全新理論的浮現。

由於不可能探討關於數位文化的各個方面，我們將只聚焦於四個具有代表性的主題。在簡介數位媒體之後，我們將討論**數位落差**（digital divide）和關於**平等近用**（equity of access）網際網路的議題。接著，我們將檢視**民主和網路空間**（democracy and cyberspace）的問題，特別是**網路行動主義**（cyberactivism）的潛能與侷限。再來，我們會討論所謂**資訊的文化政治**（the cultural politics of information），包括有關政府和企業監控的社會和政治影響。最後，我們將探討有關**全球資訊經濟**（the global information economy）的議題，包括行動電話在**數位匯流**（digital convergence）時代的意義。而與數位文化息息相關的自己動手做（DIY, do-it-yourself）及和他人合作（DIWO, do-it-with-others）的娛樂形式，將留待第13章探討。

你才是專家

在繼續之前，我們想說的是數位媒體的地景變化迅速，像這樣的一本「紙本」教科書不可能趕上變化的步伐。新媒體科技變化如此神速，任何以傳統印刷形式出版的書籍很快就淪為歷史文件（形式與內容皆然）。雖然我們對本書討論的許多新的理論取徑將持續有效的這一事實抱持信心，但我們也知道本章的一部分內容遲早將會變得過時。

再者，在新興數位媒體的使用上，我們承認讀者才是專家。首先，你可能是新媒體科技的早期採納者（early adopter）；其次，你可能是「數位原住民」（'digital native'）：換句話說，你是和網際網路及社群媒體平臺一起長大的，可能不記得在生活中曾經不存在這些科技。因此，歡迎批評本章提出的概念和理論，思索如何精練它們，甚至提出你自己的理論和概念，如果你覺得既有的理論和概念已經過時或是無法勝任新的情況。同樣地，如果特定研究個案似乎已經不合時宜，也請你利用這個機會思索能夠闡明同一論點但又具有當代關聯性的例子。

數位媒體 101

數位科技將資訊變成電子的位元（bytes）或是封包的資訊，使得更多資訊能被儲存和處理得更快，超過有史以來的其他任何媒體。這些資訊可以在傳輸過程中被壓縮與解壓縮，允許數據以更快的速度傳送到更遠的距離。數位媒體也使文化再現能被無休止地和廉價地複製，並且在品質上完全不失真。此一新科技的影響，特別是數位化過程，可以用速度、數量和距離來概括，亦即更多訊息能以更快速度處理，並傳送到更遠的距離。「數位科技」（digital technology）一詞涵蓋電腦及其所有功能，包括資訊儲存在資料庫、資訊處理和網際網路，也包括像可攜式的資料儲存設備、相機、MP3播放器等數位設備。沒有數位科技，網際網路根本不可能存在。

✎ 習作

　　某些評論家正絞盡腦汁，想找到一個能夠對應於「數位原住民」（digital native）的反義詞，而且還必須不帶冒犯意涵。請你找一位同伴，共同構思能夠代替「數位原住民」的稱呼。接著，請你們為以下群體構想一個適合的稱呼：

- 那些選擇不使用網際網路或數位媒體的人；
- 那些因為某些原因而無法使用網際網路或數位媒體的人。（同樣地，請用不帶貶意的稱呼！）

www.happybirthday.com

　　雖然網路（the web）尚未達到中年，它在2014年已屆25歲，不再被看成是狂放不羈的青少年。確實，如我們將會看到的，它已告別無政府、自由放任主義的過往，充分轉變成企業化的現況。網際網路源自於1960年代美國軍方和科學界的實驗，因為個人電腦的進展而得以快速成長。我們今日所知的網頁是在1989年由軟體工程師伯納斯─李（Tim Berners-Lee）所「發明」的，他當時想要找到讓置身世界各地的人容易在電腦上交換數據的方法，但當時能夠充分瞭解他的願景的人並不多。伯納斯─李的上司當時對他的構想之評語是「含糊不清但有趣」。縱然最初得到的反應並不熱烈，但伯納斯─李後來被尊崇為谷登堡（Johannes Gutenberg）的真正傳人，後者在十五世紀發明活字版印刷術。誠如諾頓（John Naughton, 2014）所說的，「伯納斯─李是（谷登堡之後）貢獻同樣卓越的史上第一人。」

網絡社會

　　柯司特（Manuel Castells, 2010）提出一個關於網際網路的重要理論，認為我們正生活在一個不同形式的社會之間的歷史轉折階段。他論稱，大約在第二個千禧年結束之際，許多主要的社會、科技和文化轉型共同促成一種新型社會的興起，稱為「網絡社會」（network society）（雖然他承認網絡在人類經驗裡，是一種早已存在的組織形式）。柯司特觀察到，雖然網際網路時代的數位網絡科技在原則上可促成全球系統的形成，但其發展是不均等的。這些問題將在後面介紹數位落差的小節裡討論。

Web 1.0到Web 3.0

　　"Web 1.0"一詞指的是網際網路仍處在大多靜態、只供讀取的階段，彷彿一座超大圖書館裡的超豐富藏書的電子版。"Web 2.0"指的是從大約2004年起發生在網頁建置和使用上的改變，強調的是用戶生成內容（user-generated content）、互動性、協

作和共享。萊辛格（Lawrence Lessig, 2007）稱此為「讀寫」網，亦即每個人都有成為生產者的機會——由於數位媒體工具的發展，讓人們得以更容易編寫網路內容。布魯恩斯（Axel Bruns, 2008）建議我們使用「生產使用者」（producer）一詞，突顯一種混雜的生產者－使用者，因為在他看來，生產者、消費者與終端使用者等概念已經難以區分。一個顯著的Web 2.0的發展是透過維基百科這樣的平臺，用戶得以參與建構大型、共享的資料庫。溫伯格（David Weinberger, 2003）描繪這種型態的網路，是「鬆散連接的小片」（small pieces loosely joined）。"Web 3.0"——也就是所謂的「語意網」（semantic web）——是一種新興的網路應用，能夠閱讀、分析與採集大量的線上數據（Naughton, 2014）。

> ### 習作
> - 關於網路，從你最初使用至今，發生哪些明顯的變化？請列舉三個。
> - 請用一百四十個字以內的篇幅，寫下你對Web 3.0的定義。
> - 你認為未來會有Web 4.0嗎？請列出三個它的可能特徵。

網絡、網頁和網格

　　雖然許多人將「網際網路」（internet）和「全球資訊網」（world wide web，或譯：萬維網）看成可以互換的同義詞，但它們的意義各有殊異。網際網路和全球資訊網相當於全部與局部的關係，網際網路就像一家餐廳，而全球資訊網則是這家餐廳的菜單裡最受歡迎的一道菜（Gil, n.d.）。「網際網路」一詞被用來指涉所有的數位科技（例如：電腦和智慧型手機），既透過網際網路，也透過發生在這些網絡上的內容、溝通／傳播和資訊分享而相互連結（Flew, 2008）。全球資訊網則相反，它是數位化網頁的集合體，可以用網頁瀏覽器軟體閱讀。它是基於超文本交換協定（hypertext transfer protocol）——這種電腦語言讓人們得以點開其他的公開網頁。不過，薛基（Clay Shirky）質疑這些關於網絡或網路的傳統定義，改用「網格」（grid）一詞來捕捉電話網路和網際網路已經變得越來越交纏在一起的事實。比方說，印度、肯亞和埃及等國的人們以混雜的形式使用手機簡訊和網際網路。就此，薛基估計世界上大約有六成的成人已經連結上了同一個通訊網格（轉引自Dubner, 2013）。

數位科技何以那麼具有革命性？

　　數位媒體的革命本質，遠遠不止於人類花費大量時間使用新傳播科技的事

實，而是這些新媒體的特徵讓它們具有文化上的非凡意義。這些特徵包括相互連結（interconnectivity）、互動性（interactivity）和資訊近用程度（information accessibility），有助於解釋何以「非專業人士」能夠輕鬆生產、編輯和消費內容。雖然這些參與和協作的機會帶來許多好處，在評價它們時也必須考量這個事實——除了其他問題之外，數據的數位化促使企業和國家監控達到了空前未有的程度。

科技烏托邦和反烏托邦

　　早期許多關於網路領域（cybersphere）的想像，擺盪在**烏托邦**（utopia，意指網路空間的非物質性將會帶來無限的可能性）或**反烏托邦**（dystopia，意指科技會壓迫、奴役人類，或是將人類變得非人化）的兩端之間。這種二元對立的思考逐漸讓位給更精細的思考，但它仍然是一種趨勢，容易將網際網路框架成極端正面或是極端負面；取決於脈絡，這兩種立場往往都有一定的說服力。

「在我們聚集的地方，你們沒有主權」

　　關於網際網路，最早的一種烏托邦立場是它將對所有人開放，無分性／別、年齡、階級或國族。再者，在這個網路空間裡，人們將會去形體化（dis-embodied），並且得以免於線下世界遭受的監視和偏見。比方說，波斯特（Mark Poster, 1997）頌揚網際網路是一個民主化的空間，因為話語／論述行動（acts of discourse）是多方向的，不像面對面傳播會受限於性別和族群特徵。一些批評者更進一步將網際網路想像為具有通用語言的、先驗的民主媒介（a transcendent democratic medium）。這是說，網際網路被想像成我們能夠自由地相互溝通的空間，跨越階級、種族、國族、性別、語言和地理。

　　1996年，美國網路自由論者巴洛（John Perry Barlow）發表〈賽伯空間獨立宣言〉（A Declaration of the Independence of Cyberspace），拒絕線上的國家干預和管制，他向工業世界的政府們，這些「令人生厭的鐵血巨人們」喊話，要求讓網路空間保持著無政府狀態的平靜：

> 你們並不受歡迎。在我們聚集的地方，你們沒有主權。……我們宣布，我們正在建造的全球社會空間，將自然獨立於你們試圖強加給我們的專制。……這樣的管理將依照我們的世界——而不是你們的世界——的情境而形成。（Barlow, 1996）

　　巴洛所謂網路世界既不同於、而且優越於「真實」世界的觀點，概括了烏托邦的網路想像。

網路空間

　　網路空間是一個空間隱喻，意指電腦、線纜系統及其他數位傳播科技的電子活動發生之「烏有」之鄉（'nowhere' place）。在早期的網際網路研究中，網路空間通常被和網際網路的烏托邦式英雄人物相提並論。網路空間一詞，據說是威廉・吉布森（William Gibson, 1984）提出的，意指電腦產生的集體幻覺，建構出電子文化的虛擬空間。韋特海姆（Wertheim, 1999）指出，網路空間的熱情擁護者往往把它想像成烏托邦式的空間，「凌駕並超越」我們身處的這個時代的種種文化、歷史和問題。她指出，烏托邦式的觀點通常將網路空間設想成一個去形體化的神聖之地。此意象有其事實根據，網路空間雖未明確存在於實體世界，但對很多人卻是一個非常真實的日常社會空間。當然，「網路空間」已進入日常語言當中，成為我們用以描繪線上經驗的簡便說法。

電子老大哥

　　不過，另外一些人並非如此樂觀：他們把它想像成《一九八四》一書描繪的那種歐威爾式的惡夢。根據這種觀點，數位科技可能變成老大哥式（Big Brother-style）的集權監控工具，令人感到焦慮。這是因為電子攝影機和音訊設備可以跟蹤所有人，數位資料庫可以儲存關於他們的大量資料。國家稅收、社會安全和治安機關已利用先進軟體，從各種不同政府資料庫裡交叉參照有關我們的資訊，並以反詐欺和犯罪偵防的名義進行。但是，批評者質疑，同樣的方法也可能被用來指認和「管理」政治異議人士。

科技恐慌？

　　另一些學者持中庸立場，指出新的文化現象往往激發全然樂觀或悲觀的看法。某些人憂慮對於網路空間的憤怒可能轉變成另一場「科技恐慌」（techno panic）或「媒體恐慌」。比方說，回到十八世紀，閱讀小說的新習慣被譴責為道德墮落，而且是賣淫、通姦和私奔現象增加的原因（Lumby and Fine, 2006: 55-56）。搖滾樂也一樣，不同的人把它看成是社會世界的救贖者，或是破壞者。

　　薛基精巧地指出，憂慮新傳播科技對青少年造成負面影響的保守人士實際上往往是對的：

　　　　維多利亞時代的人說：「我的老天！與目前的規範相比，如果電話這種玩意擴散開來，男人和女人的互動方式將會澈底被翻轉。」這種情況後來真的發生了。人們說搖滾樂將導致種族融合，他們說的確實沒錯。（轉引自 Dubner, 2013）

　　薛基的論點是，如果所謂「道德效應」（moral effect）指的是創造出一個環境，孩子在那裡得以接觸學習到有別於父母的觀點，那麼人們對網際網路「道德效應」的憂慮確實並非無的放矢。

數位雙元論

　　無論你對網際網路的道德問題抱持何種立場，值得一提的是「網路烏托邦」和「網路反烏托邦」最好被理解為一種修辭手段——用來詆毀對手觀點的汙名——而非真正有用的描述。為了更好地理解線上世界廣袤與差異化的本質，我們必須和這類數位雙元論（digital dualism）分道揚鑣，後者完全將網路領域（cybersphere）理解為烏托邦或是反烏托邦的形式。這並不是說網際網路和社群媒體平臺是中立的空間。在這一章裡，我們將會看到早期有關網路空間的烏托邦希望一一應驗，也會看到早年擔心政府和企業使用與誤用數位化個人資料的反烏托邦恐懼也在陸續發生。透過呈現背後的原因，以及關於數位媒體的正負面宣稱得以成立的證據，我們的目標是鼓勵同樣的細緻的思考，並且用以應用在非數位化的領域裡。

稀鬆平常的網際網路

　　一個不錯的起點是以**平常心**看待網際網路。雖然這種途徑對數位原住民（digital natives）世代毫無難度，但對我們這些仍然記得郵件總是姍姍來遲的人來說，可能還滿困難的。正如簡森（Klaus Bruhn Jensen, 2011）所指出的，早期的思想家將網際網路想像成非比尋常的，一個和實體世界迥然不同的地方，各類身分／認同實驗、前衛藝術、創新商業模式在那裡得以繁榮發展。這個我們稱作網際網路的「震懾」年代（the "shock and awe" era）的終結，算是一件好事，讓我們得以擺脫網際網路是好是壞的二元論，開始能夠探索各種新的想法。雖然這麼說沒錯，但平常性（ordinariness）有其自身的研究挑戰。比方說，谷歌已變得如此自然化（naturalized），「它似乎不再有源頭，而彷彿一直是——而且永遠會是——我們的一部分」（Hillis et al., 2013: 3），而這可防止我們完全瞭解和詰問這家公司在網路空間裡非比尋常的權力。另一個因為平常性而導致的問題是網路空間裡四處蔓延的厭女症和種族主義的仇恨語言，但許多人卻對此「視而不見」。雖然這種技能讓人們相當有效率地瀏覽線上環境，但它也可能導致人們忽視重大的社會問題。

我們不是「在網上做事情」，我們只是在做事情

　　早期的網際網路，除了用烏托邦／反烏托邦的二分法想像網際網路，也經常用線上／線下（online/offline）這一組二分法，其假設是線上與線下關係和身分／認同之間可以完全割裂斷開。這樣的區分最初還有些道理，但現在網際網路和社群媒體平臺

已完全整合成為社會生活的一部分，在高度連結的已開發世界，「線上」或「線下」等概念已變得不合時宜（Buchanan, 2011）。正如美國科技記者帕特爾（Nilay Patel, 2014）所說，網絡與人們生活的每一個時刻緊緊交織在一起：「你不是『在網上做事情』，你只是在做事情。」我們同意這句話的意涵，但也認為需要更精細地理解它，因為不同的人在近用網際網路程度和網路運用技能這兩方面，仍有相當差距存在（另見下一小節有關「數位落差」的討論）。

　　有趣的是，政府已經執行的政策正是為了移除線上與線下身分和社會關係的分野。其中一個例子是把線上參與者視同具有權利和責任的法律行為主體，為的是將網際網路用於政治和商業目的。如此一來，斯雷特（Don Slater）指出許多線上關係和互動的「真實狀態」（reality status）的複雜性，「提供你的信用卡號碼，點擊『送出』之後，就構成受法律拘束的交易，就如同面對面交易具有同樣的『真實』狀態」（2002: 544）。

　　斯雷特所說的是，線上和線下的分界線將永遠是充滿偶然性、可變動與不穩定的。與其探討線上對線下的影響（或是反過來），不如探索線上／線下之分背後的理據。比方說，網路性愛關係是否構成一種「真實」的性關係？關於網路欺騙是否構成不忠的辯論方興未艾，這顯示人們意見紛歧，而且通常對應於人們自身的既得利益。

✎ 習作

　　想像某甲以匿名方式透過一個約會app和某乙聊天，以下哪一種情況可以說是（1）「線上」和「線下」之分；（2）「虛擬」（virtual）和「真實」（real）之別？

- 當某甲以手指「向右滑動」（swipe right）或以其他方式表明有意和某乙交往。
- 當某甲告訴某乙自己的真實姓名。
- 當某甲以工作單位的電子郵件寫信給某乙。
- 當某甲寄給某乙一張性感的自拍照片。
- 當某甲和某乙用推特私訊相約見面。
- 當某甲和某乙在酒吧裡碰面。
- 當某甲和某乙發生性關係。
- 當某甲和某乙互加臉書好友。
- 當某甲意外地坐到自己的手機，並且因此撥打電話給某乙。
- 當某甲用智慧型手機打電話給某乙，並且在語音信箱中留話。
- 當某甲和某乙決定要正式交往。

- 當某甲和某乙在社群媒體帳號裡，改變自己的「關係狀態」。
- 當某甲傳送一則嘲諷的簡訊給某乙，同時他們正一起參加一場無趣的家庭晚宴。
- 當某甲工作出差到外地時，透過視訊和某乙聊天。
- 當某甲送給某一張手寫的卡片，慶祝兩人在一起的週年紀念日。
- 當某甲用Snapchat和他的一位同事調情。
- 當某甲用網路攝影機和一位同事發生與性有關的交流。
- 當某甲意外地寄給某乙一封包含曖昧內容的電郵，而這電郵原先是寄給另一位同事的。
- 當某乙發出結束交往的簡訊給某甲。
- 以上皆是／以上皆非。

　　你覺得以上清單是否還算合理地再現了當代關係的形構？按照上述時間順序下發生的事情，你有何看法？和你的同學一起討論這些問題。

數位落差

　　雖說數位媒體在西方文化裡無所不在，但將網路世界看成是公平的場域將是錯誤的。「數位落差」（digital divide）是指與網路空間有關的不平等狀況。在1980和1990年代，數位落差通常是用物質性的近用電腦和網路連結來測量，而這是網路參與的明顯前提。然而，隨著時間流逝，數位落差的理論已經獲得擴展，將社會差異也考量在內，如與技能、使用類型和線上經驗的差異。例如：性／別被認為是線上媒體差異和不平等狀況的主要因素。這方面的例子包括賽伯仇恨（cyberhate）的性別化本質（見第9章），亦可見線上遊戲性騷擾方面的兩性經驗的差異（見第13章）。數位落差目前仍是研究數位文化的重要概念。它提供我們一個重要的連結，連結網絡領域浮現中的理論工作與文化研究的傳統，後者關切權力動態、邊緣化群體和社會正義等議題。這類不平等狀況對數位公民身分（digital citizenship）構成了潛在的威脅。

數位公民身分

　　「數位公民身分」一詞被用來指涉在網路空間的全面參與，以及線上環境的倫理行為。莫斯柏格（Karen Mossberger, 2009）論稱，網路政治資訊和機會的爆炸，意味著數位公民身分已變成傳統、政治意義上的公民身分的核心概念。因此，數位公民身分，包括資訊的近用權、攸關民主過程，以及發聲和代表的平等性：

那些無法有效使用網際網路的人，是政治上的弱勢者。他們無法接觸政治資訊來源，而就豐富性和多樣性而言這又遠非其他媒體所能替代。他們被排除在電子網絡之外，無以動員、討論和交換資訊，而這些對公民參與、投票和其他方面的參與都極為重要。（Mossberger, 2009: 184）

　　克勞馥與藍畢（Crawford and Lumby, 2011）認為數位公民身分的概念很有用，可以跳脫過去簡單化的網路安全（internet safety）研究。這反映了提供成人和兒童裨益，讓他們具有參與數位經濟的技能，並且有能力為他們的行為負責。克勞馥和藍畢認為數位公民身分包含三種技能，構成了數位能力（digital competency）：

- **數位禮儀**（digital etiquette，亦即在線上表現出合宜與負責任行為的能力）。
- **數位素養**（digital literacy，亦即近用、理解、參與或創造線上內容的能力）。
- **數位安全**（digital security，亦即確保個人資訊能力）。

中國網民

　　「網路公民」（netizen）一詞在西方世界似乎顯得怪異，但它在網路自由受限的其他地方仍然重要。正如馮子龍（Brian Fung, 2012）解釋，有八成中國網路使用者是相對富裕的青少年或年輕人，而「網路公民」一詞（中文的混成詞稱作「網民」，意指網路世界的公民）指涉的是特殊的網路使用者群體。不只是有用的簡稱，「網民」一詞有其廣泛的象徵意涵，有助於我們理解依賴特殊網路用語、隱喻和嘲諷的這個數位社群，他們企圖規避中國大陸當局對言論自由的箝制：

　　　　在實體世界政治言說受到限制的國家，虛擬城鎮廣場的建構可被視為是一種積極、公共意識的公民身分的挪用，而那對未使用網路的人口而言是難以近用的。（Fung, 2012）

近用障礙

　　這些有關數位公民身分的討論有助於釐清的是，數位落差不只是近用電腦和網絡連接的問題。除了物質近用方面的問題之外，范代克（Jan van Dijk）和赫克（Kenneth Hacker）（2003）認為有三種額外的資訊和網路社會近用障礙：

- **心理近用**（mental access，缺乏基本數位經驗，因爲缺乏興趣、因爲對電腦感到焦慮，或是無法受新科技吸引等因素所致）。
- **技能近用**（skills access，由於缺乏適當教育程度或社會支持）。
- **使用近用**（usage access，由於缺乏有意義的使用機會）。

　　當科技在全球範圍內正變得越來越容易近用，也變得越來越可負擔，物理意義上的近用問題已經減緩（雖然仍未完全消失），但其他的近用障礙變得越來越明顯。與早期網路烏托邦論者的期待相反的是，網路領域越來越反映著線下世界的社會、經濟和文化不平等狀況。

全球科技一瞥

在2015年：

- 全世界使用網路的32億人當中，20億住在已開發國家；
- 行動電話的門號數已超過世界總人口；
- 行動寬頻（亦即透過行動裝置如行動電話或平板而得以無線上網）是成長最快的市場，全球滲透率達47%，相較於2007年，成長了十二倍；
- 寬頻在一百十一個國家已變成一般人可負擔的服務；
- 在寬頻近用上，各國之間存在上網速率的差異；
- 世界上擁有行動電話的人數，已超過家裡擁有廁所的人數。（Levitin, 2015）

社會地位與使用類型

　　當我們考量網路使用者最常拜訪的網站類型，也會發現其中存在著平等問題。為了瞭解數位落差的這個面向，我們運用布爾迪厄（Bourdieu）的資本和資源理論（見本書第2章）。

　　在網際網路歷史的前三十年，它被中高教育程度的人所支配。不過，最近的研究顯示，低教育程度的人把閒暇時間用在上網的時數超過中高教育程度的人；這和低教育程度與低收入的人看更多電視、閱讀更少書籍和報紙的現象，頗有相類似之處。就此，可以進一步探問的問題：是否不同類型的上網行為對人的裨益有別？比方說，范多爾森（Alexander J. A. M. van Deursen）與范代克（van Dijk）（2014）指出，某些類型的上網活動會增加職涯、工作、教育和社會機會。套用布爾迪厄的理論，我們可以說某些網路使用者有比較優越的條件去建立自己的經濟、社會和文化資本。因此：

網際網路不只是社會不平等的主動複製者，它也是潛在的加速者。與其說是均等化，網際網路傾向於強化社會不平等，導致弱勢和被排斥群體的形成。（van Deursen and van Dijk, 2014: 521，文中引述省略）

然而，無須遽下結論，認定涉及娛樂、好玩和逸樂的常民線上活動是「較無價值的」，或是較被動的，相較於教育、知識和高雅文化的追求，因為這等於是重談關於大眾和流行文化的那些不假思索、充滿價值判斷的老調（見第2章）。

✎ 習作

持續一週記錄你自己上網和使用社群媒體的行為。將你的網路使用行為分類，根據新聞、商業、社會互動、遊戲……。將你的發現與同學比較，並且運用文化資本累積的概念（見第2章）討論其中的優缺點。

冪定律

有人論稱，網際網路存在的不平等的某些面向是不可避免的，而且不必然是件壞事。「冪定律分配」（power law distribution）是一個統計學術語，意指少數網站吸引極大流量，而其他網站則沿著「長尾」（long tail），吸引到的流量極少。冪定律模式也有助於解釋，即使是一群人擁有平等貢獻的工具，線上參與仍然是非常不均等的。對薛基（Shirky, 2008）而言，這種統計類型有兩個驚人特徵，一是這種不均等在各種網路平臺上都有（正如許多線下的社會系統），二是這種不均等**有助於**、而非**有害於**整體社會系統。他舉例說：「維基百科使用者當中，曾經為其內容做出貢獻的少於2%，但這已足夠為數以百計的使用者創造極大的價值」（Shirky, 2008: 125）。

▶ 網路空間與民主

有多種核心論點都認為，網際網路是有助於社會和文化生活裡擴展民主的載體。其中一種認為，網路空間增進既有的民主觀念和實踐。根據此一願景，公共領域的核心原則和實踐未變，但更廣泛地傳播資訊和互動討論將導向更好的教育和更積極的選民。它也表明，電子投票和網路公民投票（internet plebiscites）將使自由民主體制運作得更好。

另一種論點主張，網際網路將改變和擴大我們的民主概念本身，因為它會產生新的空間，其中可以聽到嶄新的聲音。根據此觀點，公共領域是擴大的，並且有多重形

式，開啟新的發聲空間。這使原先被排斥的群體得以參與民主過程，並將社會生活的新面向引進政治過程。事實上，網路空間可能浮現一些目前無法想像的、新形式的激進民主（radical democracy），我們此處的討論將圍繞這些論點，探討網際網路是否將促成這種更激進的民主形式出現。

對於公共領域的形式，雖然理論家意見分歧，但它仍然被理解為以民主方式交換意見的空間（a space for the democratic exchange of ideas，見本書第14章）。許多批評者擔心，當代文化不再包含民主對話的互動空間，像過去咖啡館、市民集會所、公共廣場和大學曾促成的那樣。大眾媒體（特別是電視）至多是透過資訊傳布與形成公眾輿論來構成公共領域（Hartley, 1992; Thompson, 1995）。然而，傳統大眾傳播媒體根本上仍然是集中化、單向的傳播系統；例如：觀眾與電視的對話是不足為道的。相反地，其支持者論稱，網際網路將促成澈底去集中化與互動形式的溝通，從而擴大公共民主。

民主願景

作為一種科技，網際網路被認為是去中心化的網絡，任何人都可以用它來傳播文字、聲音或影像給另一個人或許多人。

＃因此，網際網路被頌揚是一個新的社會空間，本質上完全開放和民主的，不受任何權力中心的控制。

在這個脈絡下，更廣泛的民主過程得以形成，因為網際網路促進資訊流通並鼓勵對話。再者，網路民主的過程將滲透到更廣泛的社會，因為網路使用者體驗線上的民主討論，也將在他們的其他生活領域裡要求民主。

另一種支持網際網路能夠促進民主的論點關注的是超文本（hypertext）的特性，網路使用者得以從一個文本連結到另一個文本。我們在閱讀一本書或觀看一個電視節目的時候，這些文本無可避免地強加給我們一種階層化的意義序列，必須從頭到尾一路跟進。然而，透過一系列的資訊節點和網絡，超文本讓我們得以自行建構多重路徑。任何使用超文本的人都將自己的興趣擺在探索的中心位置，而不是跟隨他人為我們預設的議程。透過這種方式，互文性（intertextuality）已內建在超文本的結構當中。

具有互文性的超文本

互文性的概念指涉的是跨文本的意義累積和產生，其中所有的意義皆取決於其他脈絡下產生的意義。文本沒有單一的涵義或原始的來源，而是由一組已經存在的文化

引文（cultural quotations）所組成。換言之，文字的涵義是不穩定的，並不能侷限於單一字詞、句或特定文本。所有的意義是開放協商的，而非出於自然力量或權威宣告的結果（Barthes, 1967）。因此，蘭道（Landow, 2005）認為超文本不允許一個專制的聲音主宰全局，本質上多重的聲音，假設存在著（而且需要）一個積極主動的讀者（active reader）。

在早期的網路研究裡，查爾斯・艾斯（Charles Ess, 1994）認為超文本可能會導致社會的民主化。他指出，超文本促成「理想語境」（ideal speech situation）所需要的開放、無階層差別的溝通。正如哈伯瑪斯（Habermas, 1989）所描述的，「理想語境」是一個民主辯論的場域，其間的真理宣稱（truth claims）取決於理性的裁決，而非由既得利益者的權力所決定（見第6、14章）。對艾斯來說，超文本將促成接近理想語境的公共領域得以發展，因為它不會強加一種文本意義給讀者，而是邀請他們參與一場開放、多重聲音的對話。因此，艾斯認為超文本作為一種本質上的民主溝通方式，將滲透到日常言說／話語之中。

你同意有關網路超文本的樂觀看法嗎？為什麼是或為什麼不？請試著列舉三種超連結的壞處。

主要思想家

哈伯瑪斯（Jürgen Habermas, 1929-）

哈伯瑪斯是德國法蘭克福大學哲學教授。他立足於法蘭克福學派的傳統，但不忽視啟蒙理性本身（enlightenment reason per se），而是把它區分為工具理性（instrumental reason）和批判理性（critical reason）。工具理性將「生活世界」（lifeworld）的社會存在問題臣服於金錢和行政權力的「系統驅動」（system imperatives）之下，批判理性則為尚未完成的現代性啟蒙方案（the unfinished emancipatory project of modernity）提供基礎。身為後現代主義的批判者，透過包括「理想語境」和「公共領域」在內的溝通過程，哈伯瑪斯追尋的是人類解放的普遍基礎。

建議閱讀：Habermas, J. (1989). *The Structural Transformation of the Public Sphere*. Cambridge, MA: MIT Press.

激情的公共空間

莫芙（Chantal Mouffe, 2000, 2005）拒絕哈伯瑪斯的公共領域觀，也不認可所

謂新媒體特別有助於民主的觀點。她避開「公共領域」一詞，改用「公共空間」（public spaces），這是為了和哈伯瑪斯做出區隔，因為她認為公共空間的多重性（multiplicity）涉及了不同形式的接合。尤其是，莫芙拒絕哈伯瑪斯公共領域的理性觀；相反地，她感興趣的是「激情」（passion）在政治中的角色：

> 對哈伯瑪斯而言，這正是公共領域不該有的表現：它不是表達激情的所在。它從理性的溝通模式立論，一種追求共識的意志，而且審議在其中扮演要角。對我而言，公共空間完全不是這麼一回事。公共空間應該是異議得以表達的場所，將權力企圖隱匿的事情搬上檯面。（Mouffe，轉引自 Carpentier and Cammaerts, 2006: 11）

莫芙發展的政治理論，圍繞著爭勝主義（agonism）這個概念，特別有助於討論線上的民主參與活動。爭勝主義這個概念，意指某些形式的衝突和對抗是政治衝突當中的一種有生產性和持續存在的部分——否則政治根本無以存在。爭勝與對立（antagonism）不同，因為前者包含建設性的對抗形式，後者則是相互毀滅的敵意行為（Wenman, 2013: 47）。莫芙的核心概念之一是「爭勝多元主義」（agnostic pluralism）（「多元主義」在此意指不同觀點和立場的多重性）。莫芙的觀點可以概括為以下幾點：

- 如果社會上有政治存在，必然是因為有衝突存在。
- 若將不同觀點調和一致，即意味這是一個**沒有**政治的社會。
- 多元主義必然包含衝突（因此需要被理解為既是「分裂的人民」，也是「多重的人民」）。
- 純正的多元主義意味著終極的調和一致是不可能的。
- 民主政治應該創造條件，讓衝突得以在爭勝而非對立的狀況下表達。（Mouffe，轉引自 Carpentier and Cammaerts, 2006）

線上的爭勝主義

一些學者援引莫芙的理論指出，衝突和排斥是線上公民身分形成與實踐的重要部分。在她「反霸權」群體如澳洲女性主義部落客社群的分析中，蕭氏（Frances Shaw, 2012）拒絕公共領域理論的共識導向。她援引莫芙的理論，政治必然涉及行動者之間為了贏取話語霸權的爭勝式對抗。因此，衝突、排斥和「我們與他們」式的思考是必然的現象。

再者，在線上空間堅持一種激進納容（radical inclusion）的政策，意味著邊緣群

體可能被壓制、霸權話語所淹沒。比方說，一個為肥胖者發聲的社運網站可能會刪除某些貼文，並且將某些人排斥在外，為的是防止被那些對體重持負面社會認知的留言評論所支配。一種反對這類排斥作法的論點關切的是，決定什麼是或不是邊緣群體或「反公眾」（counter-public）的主觀判斷需要被保護的。比方說，一個白種驕傲組織可能用同樣的論點來合理化它對特定膚色或文化的人的排斥。

在此同時，麥克斯科（Anthony McCosker, 2014）認為，即便是網路上最惡毒的噴子（trolling）或「仇恨」（hating）式語言，也與數位公民身分相容。他的理由是一個多元參與的經驗應該允許向外行動（act out）或甚至是「向上行動」（act up）的可能性：

> 這是說，參與不只包括行動主義、反抗和衝突，也包括理想形式的網絡化公眾（networked publics）的特徵，亦即新媒體素養的創造性應用，以及媒體共創（media co-creation）的具有生產性的文化。（2014: 201-202）

為了闡明這一點，麥克斯科引述與2011年紐西蘭兩起事件有關的YouTube影片下方的評論貼文：基督城的大地震，以及哈卡舞（haka）在奧克蘭購物中心的快閃表演（哈卡舞是毛利人的傳統戰舞）。他認為，即使涉及具有性別偏見的言語激怒、種族偏見和刻薄傷人的話，這些評論還是有助於維持線上討論的活力和熱度。對他而言，言語激怒和反激怒應被視為數位公民身分必然含攝的一部分環節，而非單純是異常行為。

對此，電腦科學家藍尼爾（Jaron Lanier, 2011）不以為然。他認為，可見於具侵略性的暴眾攻擊的一種虐待狂文化（a culture of sadism）已在線上發展出來，而且變得相當普遍。藍尼爾並不認為「匿名、碎片化的假人民」（anonymous fragmentary pseudo-people）有什麼具有生產性的民主功能，而是他們在斲傷人性：

> 其中沒有學到什麼教訓，而只是一種勝利或挫敗的宣洩。如果你在匿名情況下獲勝，沒人會知道，而且如果你輸了，你只是改個網路暱稱，重新開始，一點也不需要修正自己的觀點。（2011: 60）

你曾經參與線上小白（online trolling，或譯線上噴子）的行為嗎？你認為這種〔網路小白〕話語有助於或有礙於數位民主——你同意這個問題其實是想太多了，因為那只是無害的玩笑？

網路行動主義

一些人認為網際網路有利於新形式的政治行動主義（political activism），吸納過去被邊緣化的社群，進而擴展民主。例如：伊文斯（Kristy Evans, 2005）指出，電子郵件和郵寄群組（list servers）已經成為女權運動組織的日常工具。這一論點也適用於和平運動者、生態環境運動者、人權組織和動員人們參與政治行動的網站（例如：MoveOn.org和GetUp.org）。

雖然科技的使用對行動主義很重要，伊文斯（Evans, 2005）認為，最有趣的是那些挑戰虛擬空間基礎的發展。例如：近用訊息是一個重要的議題，特別是有越來越多的網站要求付款取用資料。伊文斯指出，「自由和開放源碼軟體」（free and open software, FOSS）和「創用CC」（Creative Commons），即是設法消除數位落差的兩種方法。他們已經這樣做了，透過降低成本和反抗管制，促使思想的近用和交換變得更容易。比方說，創用CC運動開發了一系列新的授權方式，目的是為了保護個別文化生產者的利益，但同時提倡創用社群並推進公共文化。創用CC授權方式比著作權法規的限制較小，但有賴於創作者自願採用。

莎森（Saskia Sassen, 2002）認為，網際網路對「非菁英」而言是一個功能強大的媒介，可促進一個更民主的公民社會和全球化的跨界行動主義（globalized cross-border activism）。透過網際網路，在地議題可以成為全球連結網路的一部分，但仍然貼近在地關懷。她指出，網路空間與許多正統的國家政治系統相比，往往是一個更具體的社會鬥爭接合的空間。這是因為它比傳統的言說／話語和機構，更能納入廣泛的議題和人。

再者，與家務和家庭有關的機構如診所與學校，歷來將婦女孤立在公共領域之外，但現在婦女身處在地空間如家庭、學校或鄰里社區中心，卻可從事全球政治討論。再者，傳播科技的全球化如網際網路，不僅對婦女也對非政府組織（例如：慈善機構、遊說團體和其他追求社會正義的團體）開啟了公共領域。例如：生態環境與和平運動大量使用網際網路來傳布訊息和組織行動者。數位媒體也促成全球各地出現大規模社會運動，正如麥考（Martha McCaughey）所指出的：

> 團結得以迅速成為跨國界的，不只是因為這些議題比過去更明顯地彼此聯繫在一起，而且因為資本流動、戰爭和環境破壞的影響是全球性的。（2014: 5）

在此同時，達爾葛（Peter Dahlgren, 2013）認為，在這個對政府和政治過程越來越感到憤世嫉俗的時代，數位媒體促成了新形式的政治介入和參與。他檢視網路和「另類民主」（alternative democracy）的交互作用，繞過傳統選舉政治，訴諸新的政

治手段。有個這樣的例子是占領華爾街運動，它非常依賴數位媒體來動員和維持人們對其政治方案的支持度。

部落格領域

在Web 2.0出現的最初幾年，部落格（blog，或譯「網誌」、「博客」）被視為有助於民主行動主義，因為它讓任何人得以表達觀點。比方說，在2003年前後的入侵伊拉克事件中，阿卜杜勒穆內姆（Salam Abdulmunem）〔（他用帕克斯（Salam Pax）這個化名撰寫部落格〕在國際上擁有大量粉絲相隨，因為他寫下他在戰火紛飛的巴格達的親身經驗，由於他的部落格作品極受外界重視，他甚至被稱為「這場戰爭的安妮・法蘭克〔亦即《安妮日記》的作者〕」。部落格寫作（blogging）也被讚譽有加，咸認有助於行動主義者發現彼此，並且進行全球範圍的串聯。雖然如此，早期這種將部落格寫作視為民主的頌揚過於簡單化。首先，正如數位文化的其他面向，並非每個人都能夠平等參與其中。其次，更多的參與，不自動等同於更多的民主。

嚴厲批判部落格寫作的基恩（Andrew Keen, 2007）認為，網際網路是出於「無限猴子定理」（infinite monkey theorem）的聯想。該定理描述了這種可能性，亦即讓數量無限的猴子在打字機上隨機地敲擊，最終有可能敲擊出一整部文學鉅著。對基恩而言，這種數學玩笑已變成一種反烏托邦的現實：

> 部落格已變成令人目眩神迷的無窮無盡，它們已損及我們判別真假和虛實的感官能力……舊媒體瀕臨消亡……而猴子們正在接管一切。和當前的專家和文化守門人——記者、新聞主播、編輯、音樂公司和好萊塢電影研究——說再見吧！當今對業餘者的崇拜（cult of the amateur），猴子們已經變成主角。（2007: 3, 9，內部引述省略）

雖然基恩預言「文化之死」（death of culture）與正確知識的消亡，但也招致萊辛格（Lessig, 2007）批評說，基恩的書本身就有編輯人員未能校對並修正的錯誤，而且不會比維基百科的內容更加正確。

對部落格更樂觀（而且更少高高在上的姿態）的看法，來自於蕭氏（Shaw, 2012）。他認為，女性主義部落格展示了行動主義者與政治文化得以在這些網絡中繁榮發展的方式，這是因為她們促使參與成員介入主流媒體話語／論述、批評支配意識形態，提供另類觀點，並且分享她們認為主流媒體報導失當的議題資訊。

部落格（網誌、博客）曾經是網際網路上的一種特殊類型。由於主流媒體組織現在也有其網路陣地，而且企業（和國家）也慣常使用部落格，部落格能被視

為是一種特殊的媒體形式嗎？

懶人行動主義

　　當代的一個特徵是被稱作「井字號標籤行動主義」（hashtag activism），它描述的是推特井字號標籤被用於網路行動主義（cyberactivism）當中。有個例子是#YesAllWomen運動的興起。一名美國縱慾殺人凶手羅德格（Elliot Rodger）在加州維斯塔市謀殺6人並傷害另外14人之前，曾在網路上散播各式各樣的厭女宣言。在這場2014年的謀殺案發生後，一些推特用戶用#NotAllMen的井字號標籤回應，表達並非所有男性都認同羅德格的觀點，也不會犯下這種令人髮指的罪行。緊隨其後的是#YesAllWomen的回應，為的是突顯這樣的觀點：雖然不是所有男性都有厭女偏見，但所有女性都因為性別歧視和厭女偏見而受害。

　　正如其他形式的「點擊」（click-through）行動主義，使用井字號標籤的倡議行動被批評為「懶人行動主義」（slacktivism）。這個混成詞是結合了「懶人」（slacker）和「行動主義」（activism），意指線上行動較容易操作的形式讓參與者自我感覺良好，但卻難以導出具體結果。米科森（Barbara Mikkelson, 2007）是批評懶人行動主義的代表人物之一，認為參與連署和轉發線上請願活動並非推動社會改革的有效途徑。她的看法是，懶人行動主義的主要成就是讓參與者覺得自己在拯救世界，但卻全然不費一番功夫，不必投入時間或金錢。

　　在某種程度上，這些對網路行動主義的抨擊可被視為一種科技恐懼（technophobic）——抗拒社會運動必須與時俱進，而且必須動用技術輔助的省力技巧。當然也有人不認同米科森的看法而提出了所謂「行動主義2.0」（activism 2.0）的觀點。比方說，薇伊（Stephanie Vie, 2014）研究被用於支持同性戀婚姻的婚姻平權標誌的病毒性擴散過程，她認為即使是小小的支持行動，例如：把自己的臉書狀態改為與婚姻平權相關的圖像，也有助於反擊那些對邊緣群體的日常偏見和歧視。因此，雖然懶人行動主義通常被否定為「自我感覺良好」的姿態，對世界的影響有限，但透過社群媒體，數位行動主義有可能讓人們對重要議題有所認知，從而可能導出其他類型的行動。

　　支持薇伊看法的證據顯示，社會變遷可能來自於微小行動的累積，而非來自於巨大革命。自由放養的雞蛋和路邊回收箱蔚為主流，只是其中的兩個例子。同樣值得記住的是，社會行動主義者採取的策略從來都無法取悅每個人。網路中心的倡議行動被否定為懶惰和被動，而那些參與「傳統」街頭抗爭的人卻也被汙名化為不負責任的暴民。例如：2014年在澳洲，有位知名評論家批評大學生針對教育預算削減的街頭抗議

是蘇聯時代的陳舊抗爭方式，呼籲學生應該更精於用網路來抗爭：

> 網際網路的來臨，讓我們擁有巨大、時而令人困惑又振奮的資訊洪流，也帶來前所未見的可能性，讓人們得以聚合在一起討論、爭辯、分享編織技巧，或是得以傳達一個微小的真相給廣大閱聽眾，又能引起他們的共鳴。那麼，學生抗議如何可能經歷這麼長時間，卻改變如此少呢？而且，當我們的手機變得更加有智慧，抗議者怎麼卻變得更蠢笨了呢？（Crabb, 2014）

對上述關於學生抗議活動的觀點，你有何看法？你認為有任何倡議行動途徑可能得到普遍讚揚嗎？你曾經在線下或線上情境裡，參與過一項有關社會議題的抗議活動嗎？你認為你用過的抗議方式有效嗎？

混雜社會運動

網路行動主義的批評者通常依賴的是舊觀念，為線上與線下行動主義之間有一道清晰的界線。然而，正如本章前述的討論，這種二分法的實際助益有限。在社會運動的情況裡，「網路行動主義」和「常規行動主義」（regular activism）的分野已經消解，因為網際網路已成為抗議行動組織者的標準配備，而非一種「實際」行動的替代品：

> 網路行動主義現在已經與類比時代的其他形式運動組織和抗議行動相結合，包括貢獻時間和捐款、與人們討論、出庭作證、街頭示威、衝撞警方，或是親上火線。（McCaughey, 2014: 2）

因此，追問線上參與是否「導致」到場抗議，已經不再是個有意義的問題，因為社會運動是線上和線下行動的混合體，兩者既非因果關係，彼此也不相扞格。再者，這類混雜社會運動（hybrid social movements），可見於當前的許多集體行動當中，通常相對來說是無人領導的。因此，這種社運的結構需要重新思考運動領導方式和成功的定義。比方說，波勒（Megan Boler）和尼特蘇（Christina Nitsou）（2014）認為，批評占領華爾街之類的運動缺乏清晰的領導人或是運動目標，其實是不準確的，因為這些混雜社會運動具有「水平主義」（horizontalism）和非階層化空間（non-hierarchical spaces）等特性。（「水平主義」是占領運動的基本組織原則，意指強調非階層化關係的一種民主模式，允許參與者之間以平等方式互動。）

停電行動

　　雖然前述的混雜行動主義蔚為風潮，仍有一些抗議行動主要以（或只以）線下方式進行。比方說，2012年有數以千計的受歡迎網站包括Reddit和維基百科以讓人難以近用其核心內容的方式，抗議美國「反盜版」相關立法草案，因為該法被認為是惡法，而且影響範圍過於廣泛。在這些網站以「停電」方式發動抗議的兩天後，兩部相關法案都在國會被撤回。洛居（John Logie）觀察這些抗議行動，認為這些行動意義重大，因為「這些網站以令人驚訝的方式結盟——雖然只有一瞬間——共同將自己的網站熄燈，卻將這兩部問題重重的法案照得無比敞亮」（2014: 38）。

粉絲行動主義者

　　社會行動主義與網路粉絲現象之間有個有趣的交互作用，發生在人們對2010年海地嚴重震災回應的事件裡。在震災發生數個月之後，哈利波特聯盟（the Harry Potter Alliance, HPA）聯合其他粉絲群體，募集五架貨機的醫療物資送至海地首都太子港。哈利波特聯盟是由粉絲組成的非營利機構，善用哈利波特小說和系列電影裡面的典故，激發一場真實世界的社會變革行動。它利用「電視馬拉松」的網路版，進行募款活動。泰洛爾（Jennifer Terrell, 2014）指出，這種粉絲行動主義者往往出乎他人意料，因為人們通常將粉絲行為視為主要是毫無裨益或甚至是偏差的。她認為，哈利波特聯盟之所以能夠打動年輕人，是因為它透過有別於傳統社會行動概念的參與方式，從而促動了他們「改變世界」的企圖心。這些從哈利波特故事中汲取的公民身分概念，亦即年輕人有能力改變世界的想法，驅使了他們參與社會行動，因為他們的責任是把他們生存的世界變得更加美好。

瀰因戰爭

　　網路行動主義的目的之一是說服他人接受其論點，而這是馬克思主義文化研究稱作「意識形態衝突」（ideological conflict）或反霸權鬥爭的一部分。然而，有些關注數位媒體的人使用不同概念理解此一過程。刻正發生在網路空間的資訊爆炸，導出我們正處於一場「資訊戰爭」（information wars）的說法。有一本激進社會運動小誌（radical activist zine）這樣描述這個概念：

　　　　傳統上，戰爭是為了獲取疆土或經濟利益。資訊戰爭則是為了獲取資訊時代的疆土，亦即人的心靈。……尤其是人類的想像力遭逢多媒體超載資訊的攻擊，正面臨滅絕的威脅。……**誰若控制隱喻，誰就控制了心靈**。（轉引自Bey, 2005: 119）

　　資訊戰爭相關思考的一個顯著特性是，它並不僅只是關注資訊近用或資訊流通的需求，而是在資訊汪洋中讓自己的訊息被牢牢記住的能力。瀰因（meme）這個概念（見本書第4章）已被用來掌握這一過程，而在網路空間裡爭取人心的鬥爭被稱作「瀰因戰爭」（meme wars）。（這與「瀰因」一詞常用於描述內容在線上有如病毒般成功擴散的意涵有所區別。）

　　瀰因的概念源自於演化理論，被理解為等同於基因的文化特質（Blackmore, 1999; Dawkins, 1976）。然而，由於瀰因的數量遠超過人腦能夠處理和保存的極限，勢必需要有所篩選。瀰因和人類大腦的匹配程度，解釋了為何某些瀰因存活而其他瀰因則否。人類大腦演化的心理機制，特別是注意力和記憶力的機制，使得某些想法和做法存續，但讓其他想法和作法消亡。

　　瀰因理論的一個意涵是，文化變遷在我們的意識選擇之外悄悄發生。另一個意涵是，如果你希望人們注意你的訊息，有必要使它成為值得記憶的。畢竟這是廣告想要做的事。那麼，瀰因可以被看作是更廣泛的促銷文化（promotional culture）之一環。的確，在我們的文化裡，最活躍的瀰因似乎是病毒式行銷（viral marketing），而非網路行動主義。比方說，蝙蝠俠電影《黑暗騎士》（*The Dark Knight*）（2008）製作精巧的另類實境遊戲（alternate-reality game，另譯另類現實遊戲、替代現實遊戲、侵入式虛擬現實遊戲、或是侵入式虛擬現實互動遊戲），提供給粉絲玩，而且在玩的過程中需要粉絲積極參與其中。這是行銷策略的一部分，讓粉絲參與並沉浸其中，並同時透過這種遊戲文化散播黑暗騎士的瀰因。

　　然而，簡金斯（Jenkins, 2006）對瀰因這個概念被用於討論數位文化有所批評，因為他認為將觀念比喻成病毒是沒有建設性的。雖然病毒可以在人不知情的狀況下傳播，數位媒體的產物卻是社會行動之間有目的的傳播。因此，他比較喜歡「擴散式媒體」（spreadable media）這個概念，因為它強調的是使用者的能動性，得以為了某些社會考量而自行選擇分享和消費特定數位內容。

\#對網路行動主義者的教訓是，有必要創造獨特與令人難忘的訊息，否則將輸掉這場與消費文化和政府機構相抗衡的瀰因戰爭。

網路民主的侷限

　　雖然某些學者預見一個政治和文化民主的新紀元，另有一些學者對數位媒體提供的可能性並不這麼樂觀。帕琶查理西（Zizi Papacharissi, 2002）指出，可近用資訊的增加、線上政治團體和社運網站的興起，似乎支持這種聲稱，亦即網際網路確實可以增進民主；然而，她也指出，近用機會不平等（數位落差）和網路「論戰」（'flaming'，憤怒、謾罵和無意義的線上交流），也提供證據說明網際網路政治空間

的侷限。帕芭查理西強調三個值得關注的領域：

1. 民主力量在網際網路上傳布資訊的能力受限；
2. 網際網路將各種不同背景的人聚合在一起的能力受限；
3. 全球資本主義商業利益對網際網路的支配。

　　雖然網際網路為辯論提供了新的政治空間，帕芭查理西認為，它仍然受限於更廣泛的政治系統的缺陷，特別是代表主要政黨的少數關鍵聲音用他們的權力和資源主導了辯論。再者，即使有線上的政治討論，但它卻可能鮮少達成具體成果。網際網路可能促成一種異議的**幻覺**（illusion of dissent），但實際上卻無法改變什麼。比方說，達爾袞（Dahlgren, 2013）指出，現行政治制度使用網際網路的方式，對民主參與抱持著一種形式主義的態度。他說當代情境裡的政治參與往往流於口惠，並且侷限在近用或是互動的層次：「上網表達你對市政府的想法 —— 參與地方治理！」（2013: 28）。他認為，真正的參與必須包含權力共享 —— 但往往在這類流於口惠的參與中付之闕如。

　　另有一個爭論是關於在網路上居主導地位的內容，是否必然有助於民主。資訊公開（freedom of information）是民主政治的基石，但如帕芭查理西所指出的，網路使用者產製的內容當中有很多欠缺文化或政治價值。網路使用者可能是被動、對民主漠不關心的袖手旁觀者，也可能是新數位民主的積極公民。同時，網路上數量龐雜的內容，也可能遮蔽了真正有價值的部分，一如我們很難見樹又見林。

　　網際網路對進步政治構成的另一個問題是，雖然數位媒體確實能夠提供培力行動主義者的新工具，但這也讓抗議示威者更容易被掌握權力者指認、拘捕和監控。正如賽爾特（Lee Salter, 2014）所觀察到的，網際網路和數位科技提供抗議者更大的潛能，使國家和安全部門採取遏阻抗議行動的新手段，讓警方和其他權力機構擁有前所未有的監控能力。

網路資本主義與民主

　　網際網路運行於資本主義世界，而這個世界受到利潤追求所驅動，也受到強大的消費文化所主導。對於民主前景的憂慮，在於網際網路可能淪為娛樂和銷售的商品化領域，更甚於是政治討論的領域。特別是，正在入侵網際網路的廣告不僅是收益來源，而且是一種文化。的確，整個數位世界正迅速成為最先進的資本主義消費文化。可以確定的是，藝術，基於身分／認同的群體，以及更加邊緣化的政治力量，都不太可能得到廣告的支持。

　　谷歌作為最多人使用的網站的這一事實，並不意味著網際網路是由公民控制

的。透過建立龐大的資訊入口網站，並且投資許多線上活動包括新聞、電子郵箱、聊天室和線上串流影音服務，像谷歌這樣的一些大公司有能力引導網路流量。我們或許認為自己在網際網路上自由悠遊，但實際上我們是被引導到由龐大商業利益所決定的有限選擇當中。

也有論者擔心，網際網路將進一步促進一種視覺促銷文化（visual promotional culture）的發展，依賴感性形式的說服，而不是嚴謹的論證。網際網路可能變成另一個無深度商品符號的領域，只是自我促銷（見第6章和第10章）。這將有損於應該以理性辯論為基礎的民主公共領域——雖然，如前述莫芙（Mouffe, 2000, 2005）所說的，毫不保留地頌揚理性在公共領域的角色也同樣應該受到批評。

智慧財產權／知識產權

對於商業化網際網路和數位媒體將縮減公共領域的關切，因為著作權法的延長和利用而增強。版權使文化生產者控制創作物的使用和收益，阻止他人從這些創作物中平白牟利，並提供生產者創造新作品的誘因。這在數位時代特別重要，因為電子文化的複製可以用很少成本或根本不須額外成本。然而，對生產者的保護必須兼顧公共文化和未來創造力的需要。版權歷來有其限期，在一定期間後任何創作物即可供他人自由利用，並透過圖書館、教育機構和藝廊，使新的生產者用有創意的方式使用，豐富公共文化。

十八世紀時，美國的第一個著作權法只保護創作物十四年，但後來逐漸增加，1962年美國國會延長保護期間至七十年。1975年，再次延長至作者死後五十年，並於1998年增加為作者死後七十年。美國著作權法具有全球意義，原因有二：首先因為美國生產者是數位媒體時代的要角；其次是因為美國一直推動自由貿易協定，將其法律強加給其他國家（例如：澳洲已採納作者死後七十年的版權保護規定）。值得注意的是，美國制定這種延長保護為作者死後七十年的規定，正當迪士尼米老鼠即將超過版權保護期限之際。換句話說，批評者論稱，著作權法不僅被用來增進跨國傳媒公司的商業利益，也降低了未來文化生產時可用的原始素材（Moore, 2005）。

著作權法延長在數位化時代有助於主要商業文化生產者，但它危害小規模的創意人才和公共文化。這對個人創作者的額外誘因極小，理查森（Richardson, 2004）論稱，但它嚴重限制其他創作者能夠汲取的資源，增進獨占利潤的利益。再者，這當中還有公共文化的淨成本，因為圖書館和教育機構為此付出更多的版權費用，否則他們（和我們）將無法近用重要的文化資源。

除了延長著作權法之外，還將智慧財產權侵權行為罪犯化，並用反規避條款管制、計算、編碼和保護數位著作權內容（Moore, 2005）。這在很大程度上是為了限制以點對點軟體如Bit Torrent，以及網站如YouTube去使用商業內容。也就是說，著

作權法被用來限制Web 2.0的參與式民主文化，以保護企業權力的商業利益。特別是，著作權占據全球化的文化商品貿易（globalized trade in cultural commodities）與計次付費文化（pay-per-use culture）發展的核心。

創用CC

　　萊辛格（Lawrence Lessig）在2002年發起「創用CC運動」（Creative Commons movement），試圖發展一種另類形式的著作權觀念，一方面保護原創的所有權，另一方面允許他人可以做衍生性的使用。它尋求擴展而非限制使用。根據其官方網站資料，創用CC的精神是：「合法地——分享、重製和重新利用」，這表明「創用CC是一個非營利組織，致力於增加分享和促進協作」。創用CC提供授權，並且為可以自由分享和重新混搭的作品提供典藏庫。它區分為為了商業（獲利）目的使用，或是娛樂／個人目的使用——此一區分無法體現在傳統著作權法中。

　　萊辛格（Lessig, 2008）認為，內容的著作權保護如數位權利管理（Digital Rights Management, DRM）比類比時代的著作權保護，對內容使用的限制更甚。比方說，iTunes的數位權利管理保護範圍包括一首歌可以被下載幾次，可以被複製在多少設備上。

　　　　數位時代的唯讀（read-only, RO）文化，因此是比類比時代更有利於控制的。法律的監管程度更高，科技也讓監管更有效率。科技能夠控制每一次使用，法律則授權科技做這種控制。在著作權所有者想要的程度上，除了「合理使用」（fair use）的限制外，他／她的著作物在數位空間的使用得以被完美地控制起來。在這個意義上，法律對唯讀文化（RO culture）的支持比過往更甚。（Lessig, 2008: 100）

　　萊辛格認為應該全盤修正現行智慧財產權法律（intellectual property laws），阻止它們把年輕人變成罪犯，並且允許自由表達：「……這種引用權（right to quote）——或是如我所稱的，重製權——在廣泛脈絡下是創意自由的重要表現，任何自由社會都不該限制」（2008: 56）。

中國

　　中國的網路審查（cyber censorship）與頌揚網路領域的解放潛能想法截然相反。雖然這個共產黨統治的國家並非世界上唯一的「網際網路之敵」（enemy of the internet）（詳下），它是有助於我們瞭解為了掌握權力和壓制公民而使用與濫用數位媒體的典型案例。自2009年以來，臉書、推特和YouTube在中國都被所謂「中國防

火長城」（the great firewall of China）的審查監控機制所封鎖；取而代之的，是大量「相仿的」（competing）、但受到政府嚴密監管的本地服務。社群媒體網站「人人網」（Renren）通常被稱作中國的臉書，而新浪微博（Sina Weibo）則類似推特。目前，中國網路使用者大約有6.5億人，約當全世界網路使用者的22%，也讓中國躋身全球網路使用者人數最多的國家（'Internet Users'），包括1億博客（或譯網誌、部落格）作者和3億微博用戶（Sullivan, 2014: 27）。中國微型部落格（微博客／微網誌）有個獨特之處在於，一百四十個字元在英文裡必須精簡表達，但在中文裡，一百四十個字足以寫一篇「短篇小說」（艾未未，轉引自London, 2011）。

　　微型部落格（微博客／微網誌）在中國的風行，對中共黨國資訊控制構成某種挑戰，因為它有助於公民公開表達他們對經濟成長趨緩與官員貪腐的不滿。基德（Dorothy Kidd, 2014）認為，雖然中國農民工很少被提到他們對網路行動主義的貢獻，他們的抗爭其實並不遜於當代其他抗爭型社會運動，以他們對抗高科技資本主義造成的殘酷競爭壓力、不平等和物質委屈而論。基德追蹤他們結合線上和線下傳播實踐的方式，有時足以促成這些——有時是十幾歲的——工人成功地中斷全球資本主義企業如三陽汽車、蘋果公司和沃爾瑪（Walmart）的供應鏈。的確，與中國「世界工廠」裡的2.5億年輕工人相關的行動主義和非法罷工，頻繁發生且相當有效，以致於中國已稱之為「全球勞工騷亂的震央」（Friedman, 2012）。

　　不過，中國的資訊控制也變得更嚴厲，新媒體平臺的解放潛能自不宜過度放大。新浪微博僱用數以百計的審查人員，使用精密軟體來監控「敏感詞」，屏蔽內容，並且把所謂顛覆性的訊息「和諧掉」。為了回應官方審查，某些中國「網民」改發圖片而非文字，或是使用「草泥馬用語」（grass-mud-horse lexicon）——意指被用來規避審查的字詞（Sullivan, 2014: 29, 34）。雖然如此，公民新聞（citizen journalism）和社群媒體發動的行動主義，還是受到相當限制。確實，有證據顯示，中央政府刻意給人一種對個別孤立騷亂有所回應的假象，但卻同時嚴格審查可能導致廣大動員或挑戰政權合法性的資訊流通和社會運動。更有甚者，流通在微博的數以百萬計的訊息構成了：

　　　形同民調系統的大量網路輿情，被國家用來當作調整政策、告知官方媒體，指認或消解潛在威脅的民意回饋系統……線上發表意見缺乏個人權力和自由的保障：網民可能，而且的確是這樣，只因為網上發言就被逮捕。（Sullivan, 2014: 31）

　　就像其他威權政府一樣，中共也利用網際網路宣傳——這種模式被莫洛佐夫（Morozov, 2011）稱為「輿論引導網」（spinternet）。據估計，中國中央政府僱用

多達25萬到30萬名網路評論員，為的是操控線上討論。此外，政府機構和官員也利用網路直接和網民溝通。比方說，統計資料顯示，在2011年12月已有超過五萬個政府機構帳號，遍布中國四大微博平臺，其中有三萬二千個帳號與黨務機構有關（Sullivan, 2014: 32）。簡言之，雖然人們對社群媒體在威權國家如中國的寄望甚高，但這些新媒體促成政治變革的潛能還是受到極大限制。

仇恨網站

因為Web 2.0允許人們參與其中而頌揚它是民主的，這種觀點可能忽略了參與機會也會對仇恨團體開放的事實。貝克等人（Les Back et al.）發現，網際網路提供少數、分散在各地的新法西斯次文化一個傳播的工具，讓它得以發展出一種共同目標的感覺，並且為這些人「象徵性的創造了一個虛擬家園」（1998: 98）。這呼應了近來對激進右派團體的研究，對這些人來說，網際網路已深度整合在他們的策略和身分／認同當中，被用來推廣和散播意識形態，招募新成員和組織活動（Caiani and Borri, 2014）。

新納粹團體「風暴前線」（Stormfront）是世界上最主要的白人至上網路論壇之一。2014年，一項由南方貧窮法律中心所做的研究發現，該團體與大約一百起凶殺案件有關。根據貝瑞區（Heidi Beirich, 2014）的研究，被風暴前線吸收的典型殺人犯是無業、白種、成年男性，將個人不幸歸罪於社會，並且透過網際網路為自己的行為找尋開脫的藉口和解釋。像風暴前線這樣的種族歧視論壇提供這些人一個回聲室，裡面有和他一樣的憤怒魯蛇，將任何事情都怪罪於猶太人、同性戀、少數民族和多元文化主義：

> 自己所屬種族的優越性獲得確認，但同時又對自己的一事無成深感挫折的他，每天泡在網路上達數小時，自我療癒，而且在慢慢啜飲這杯憤怒的雞尾酒後……他只會變得更加憤怒。最後他拿起了一把槍。（Beirich, 2014: 2）

因此，所謂種族主義殺人犯躲在暗處的想像其實是個迷思，正如研究者所發現的，大多數暴力攻擊者會在網路上公開宣揚自己的意識形態，而且通常一天泡在種族歧視論壇和部落格長達數小時，執迷其中，難以自拔。

社群媒體與激進化

所謂伊斯蘭國（Islamic Sate, IS）運動，因為涉及謀殺、處決、大量屠殺、強迫改信宗教，以及奴役少數民族和女性而聲名狼藉。它得以成功動員年輕穆斯林加入

支持它在中東建立消除一切邊界的統一國家之願景，一部分歸功於其善用社群媒體（Rashid, 2015）。它建立了各種全球媒體生產單元，用於散布將一些士兵、平民、記者和援助工作者砍頭的網路視頻。它建立了大約二千個專門帳號，以協同的方式發送推文，有系統地增加其訊息的病毒性行銷效果（Berger, 2014, 2015）。雖然如此，伊斯蘭國成功運用社群媒體的核心因素是它將訊息推送給主流媒體守門人的能耐，再由後者擴大傳播。因此，伊斯蘭國的優勢：

> 來自於它橋接社會網絡和網路新聞，大體上得益於它的極端主義施虐癖，以及它選中的受害者屬於媒體感興趣的人物……對伊斯蘭國的恐懼確實已變成隱喻意義上的病毒一樣。（Berger, 2015）

除了它好戰主義的一面，伊斯蘭國這個組織也展現了比較柔性的一面，在其散布的視頻中顯示幼童和伊斯蘭戰士一起享用開齋節盛宴。結合這些元素，這些策略被認為成功地投射其力量、提升線上參與熱度、浪漫化伊斯蘭國的奮鬥目標，並且從世界各地吸收新血，激勵孤狼式的恐怖攻擊行動（Pape and Morell, 2015）。的確，伊斯蘭國使用推特等平臺的技巧，被認為比許多美國企業還要更精細，甚至被認為在二十一世紀重新定義了怎麼搞宣傳（Aaron Zelin，轉引自Khalaf and Jones, 2014; Stone, 2014）。

平衡狀態的民主

整體而言，賽伯空間裡的「民主」可以被看成是一場「蹺蹺板式的鬥爭（see-saw struggle），存在於公民和經濟及政治菁英的利益之間（Moore, 1999）。不同觀點以不同方式，看待線上民主和公民身分。與其試圖得到一個定論，不如採取一種爭勝主義的途徑（agonistic approach），為持續的辯論和不同意創造空間。

習作

- 寫下三個支持線上環境烏托邦式民主願景的論點。
- 寫下三個支持數位世界其實是反烏托邦的民主夢魘的論點。
- 找三位同學一起討論並比較你們列出的上述論點，哪一種可能性的論據最強？烏托邦或反烏托邦？
- 試著討論一下，你認為誰提供了解釋當代政治的最佳模式：哈伯瑪斯或莫芙？
- 完成上述討論後，思考一下你剛才和同學的討論過程比較接近哪一種情況：完全是屬於共識導向、對立或其他情況？

資訊的文化政治

　　網際網路上的可得資訊數量龐大到令人吃驚。全球網路流量數以百萬位元計，但線上媒體消費的暴增意味著需要新的計量單位。因此，美國科技公司思科（Cisco）宣布了**皆位元組**時代（the zettabyte era）的到來。一個皆位元組大約相當於1,000,000,000,000,000,000,000位元，亦即相當於大約2500億張DVD光碟的資訊容量。據估計，到2018年左右，全球網際網路每年產生的資訊量將達到1.6皆位元組，而這比1984至2013年的二十九年產生的資訊總量還要多（Foddering, 2014）。因此，我們可以看到，雖然網路的作用像是人類的記憶義肢（memory prosthesis）一般，它無止盡的擴張也同步創造了我們需要記得的更多資料。就此，它同時是一個問題，也是可能解方。

　　對文化研究而言，關於這個資訊相關的弔詭，我們需要提出一些問題。許多人關注我們如何從這些震耳欲聾的電子白雜訊（white e-noise）找到、鎖定並萃取資訊，以及其中的成本效益、或是認識論、意義詮釋方面的問題。另有些人投入與近用問題相關的研究。誰掌握什麼資料，用於什麼目的？什麼資訊讓人們、政府和企業知道是屬於合理的？什麼樣的私人資訊應該受到保護？由於網路擴張的速度，這些問題也將越來越迫切。

資訊超載

　　樂觀主義者將數位宇宙的龐大資訊流動頌揚有加，認為是有助於滿足教育、興趣和娛樂需求，更是令人讚嘆的人類知識拓展。這種觀點認為，網路空間是協作、參與和好玩的身分建構的場域，任何事在這裡都可能實現。但在悲觀主義者眼裡，我們被當成是漂浮在無邊無際的資訊汪洋裡的失落靈魂，因為資料大海而感到不堪負荷，不知何去何從，所以需要依賴他人為我們「選擇」和管理資訊。

搜尋文化

　　我們已經瞭解，盲目樂觀或極度悲觀看待網際網路都不恰當。雖然如此，若是缺乏有效率的搜尋工具，網路上有再多資訊也是沒有意義的。因此，搜尋（searching）仍是最熱門的線上活動，平均每個月有超過10億人用谷歌進行搜尋（Lemann, 2014）。搜尋包括在YouTube上找尋有如病毒般傳播的最新可愛貓咪（喵星人）影片，在OkCupid上面尋覓伴侶，在專業社群網站如領英（LinkedIn）上面找工作，或是搜尋最新的哲學論文。因此，希利斯（Ken Hillis et al., 2013）等人認為，現代網路文化是一種「搜尋文化」（search culture）。

　　搜尋已變成我們上網過程中的一種再自然又明顯不過的狀況，而這些日常實踐的特殊性也變得難以察覺。然而，搜尋這個概念，或是搜尋用到的技術，其實在政治和倫理意義上都不是中立的。以谷歌為例，我們知道近用搜尋文化的價格就是我們「具有貨幣價值的資訊」（monetizable information）（Hillis et al., 2013: 5），但谷歌收取的價格端視這些資訊的有用程度而定，實際價格一直變動，而且並不透明。谷歌所謂「始終開放」的企業信條，並不適用在它那有利可圖的搜尋和廣告演算法（search and ad algorithms）（Lemann, 2014）。更有甚者，雖然它有「不作惡」（don't be evil）的信條，谷歌這家企業一直在做的是不感情用事的賺錢行當，並以其用戶的隱私為代價（見「被谷歌」一節，詳下）。這讓波格斯特（Ian Bogost, 2013）感到納悶，到底谷歌對道德哲學的主要貢獻是否已將谷歌所作所為全部排除在「作惡」的範圍之外，而這也導致谷歌無法匹敵和「無所不在」的權力已擴張至我們難以注意到的細節，或是難以察覺其所累積的衝擊（Stross, 2008）。

> 　　有人認為，搜尋演算法界定什麼是真實，而又同時影響真實本身。你同樣這樣的看法嗎？你在搜尋網路資訊時採取了何種策略？其中的直接和間接成本為何？

✎ 習作

　　研究人們在網際網路出現之前，是用什麼方式搜尋資訊的？請用五百字左右討論網路搜尋文化帶來的文化衝擊。

網際網路讓你變笨

　　在〈谷歌讓你變笨？〉一文中，美國作家卡爾（Nicholas Carr, 2008）宣稱，網際網路正對我們的心智造成有害的影響。他認為，它讓我們變得較無法專注，也較無法深度思考。對卡爾來說，閱讀網路文本不算是傳統意義上的閱讀，部分原因是超連結總是把我們趕到無止無盡的「威力瀏覽」（power browse）。影響所及，人們越來越不可能專注，閱讀不到幾頁書就會感到煩躁，轉而找別的事情做。卡爾引用許多神經科學和腦科學的研究發現，認為網際網路實際上已「重新程式化」（reprogramming）我們的大腦：

> 　　比較網際網路和先前的資訊科技（紙本印刷書籍）對認知的影響，真的很令人震驚和沮喪。網際網路分散了我們的注意力，而書籍則讓我們的

注意力得以聚焦：不像螢幕那樣，書頁能夠提升我們的思考能力。（Carr, 2010）

這種論點的一個問題是它暗示以前有個黃金年代存在，那時存在的科技是適量的——不會太少，也不會太多（或許是筆出現之後、電腦出現之前）。然而，一如我們所見，人類歷史上每一種主要技術變遷都引起人們憂慮。因此，「網際網路讓你變笨」論文關乎人類對社會變遷的一般焦慮，更甚於只侷限於對網路領域的焦慮。

薛基用樂觀主義回應卡爾——不只不會降低識讀能力——網際網路把閱讀和書寫變成了人類的核心活動。薛基也指出，正如印刷術帶來出版革命，緊跟低俗事物的腳步，高雅事物總會出現：

> 在印刷史上，早在科學期刊出現的一百年前，我們先有色情小說。本身是印刷術受益者的馬丁路德（Luther, Martin）也曾抱怨：「大量書籍的存在是一種巨大罪惡。這種對書寫的狂熱無止無盡。」愛倫坡（Edgar Allan Poe），在另一波出版熱潮的歷史時刻也曾寫道：「每一門類知識領域都出現了汗牛充棟的書籍，是這個時代最大的罪惡：因為它意味著一種最嚴重的障礙，妨礙人類取得正確資訊。」（Shirky, 2010）

薛基的完整論點是閱讀和電腦使用都是「非自然」行為，而且——正如文字社會之所以成為文字社會，必須透過教導兒童學會閱讀——我們現在也必須思考如何善用數位工具。

> 對於網際網路的憂慮，你認為會不會只是另一波科技恐慌（techno panic）？愛倫坡關於書籍和「正確資訊」的警告，與那些關於維基百科內容不夠正確的批評之間，有無類似之處？

習作

以四人一組的方式，討論並比較你們如何評估真理宣稱：(a)書籍裡面的內容；(b)網路上的內容。

被遺忘權

我們在線上建立的綜合個人檔案，通常與我們看待自己的方式有別——或至少是我們比較偏好的再現方式。網路資料可能會揮之不去。因此，這也變成標準作業對職涯諮商顧問而言，警告學生不要在網路上張貼自己狂野的照片，因為這種形象可能後來對我們的職業生涯造成負面衝擊。的確，擁有正面的線上聲譽變得很重要，以致於一大批專業人士向客戶收取網路「化妝」費用，這包括提升正面形象的內容，同時埋葬負面的搜尋結果（O'Hara, 2013）。

一個引起國際辯論和法律行動的相關主題是「被遺忘權」（the right to be forgotten）。2014年，歐盟法庭裁定，應公眾要求時，搜尋引擎應刪除「不適當、不相關或不再相關」的數據（Dredge, 2014）。這樣一來，這些資訊可能還存在於網站、媒體組織的線上檔案庫等處，但人們可能不一定知道還在那裡。

這項裁定引起爭議。批評者宣稱這是一種審查，而且會被有權力的人濫用。例如：在這項裁定之後，谷歌收到以下人士提出移除部分內容的要求：

- 一名尋求再度參選的前政治人物，要求移除一篇有關他前次擔任公職期間所作所為的文章；
- 一位因持有虐童照片而遭判刑的人，要求移除所有有關他被判刑的文章連結；
- 一位醫生要求從搜尋引擎結果中，移除來自病患的負評。（Wakefield, 2014）

不過，支持這項裁決的人則認為，這項裁決能夠幫助那些受到負面影響的人，例如：大學期間喝醉酒的照片被公開在社群媒體上。也有人指出，谷歌同意移除的內容也包括被公開在網上的病人醫療紀錄、親密私人照片，以及網路群聊的私密訊息。同樣被移除的還有個人資訊：強暴、暴力攻擊或其他刑事案件的受害者；意外目擊某個悲劇事件的人；或是伴侶或子女自殺去世的人（Powles and Chaparro, 2015）。

論及「被遺忘權」的哲學面向，鮑爾斯（Julia Powles）和查帕羅（Enrique Chaparro）對照人類記憶與遺忘的複雜和混亂過程及數位記憶嚴格與永恆的本質。人類心靈能夠「重建、覆蓋、脈絡化與沉澱」，但網際網路能夠收納大量資料並賦予「永久、去脈絡化的新鮮感」（perpetual, decontextualized freshness）。再者，它用演算法做到這一點，但演算法本身在本質上是偏向廣告主和商業的。最終，鮑爾斯和查帕羅指出，人們揭露、尋求、發現、轉化與散布資訊的權利，必須與人們同樣具有獨處的權利之間達到平衡：「這是真正要緊的事：對自身生命故事、傳播和甚至是記憶本身，我們應該擁有主權」（Powles and Chaparro, 2015）。

對於上述「被遺忘權」的法庭裁定，你有何看法？你認為有權力的人有權改寫歷史，並將網路搜尋結果變成公關新聞發布稿嗎？網路上有哪些關於你的資訊並不正確，或甚至讓你覺得聲譽受損？若然，你想怎麼做？你認為人們除了要求改動搜尋引擎結果之外，還應該有權利要求整個網頁或網站被徹底移除嗎？

習作

課堂活動（較活潑的學生適用）：找一個夥伴，互相用谷歌搜尋關於對方的資訊，並且表達對彼此線上聲譽（基於搜尋結果）的看法。

資訊赤字

在探討與各種資訊**過度**（excesses of information）相關的議題後，我們接著討論被廣泛稱為資訊**赤字**（information deficits）等問題。資訊的稀缺性與線上的社會實踐有關，也與科技設計（technology design）有關。

過濾泡泡

許多工具被用來從浩瀚的網際網路中萃取有意義的資料，而由於這些工具的功能如此強大，它們不只讓我們免於遭受大量無用資訊摧殘，也讓我們無法接觸到多元觀點和資訊。帕里澤（Eli Pariser, 2011）用「過濾泡泡」（filter bubble）一詞描述企業如谷歌和臉書採行的個人化策略（personalization strategies），如何改變了我們的網路經驗。比方說，自2009年以來，谷歌用演算法提供客製化的搜尋結果，而這是基於每一個用戶先前的線上活動紀錄。因此，帕里澤描述有兩位女性朋友用臉書搜尋「BP」一詞，其中一位得到的搜尋結果是投資理財資訊，另一位得到的是（有關英國石油公司）新聞，而且兩人得到的搜尋結果在數量上甚至也有明顯差異。帕里澤承認，在某種程度上，人們總是接觸符合自身興趣、教育程度和政治立場的媒體，但他認為過濾泡泡會帶來三種新的動態影響：

- 我們完全孤立在自己的泡泡裡面；
- 這些過濾泡泡不可見，而且其個別特徵背後的思維邏輯並不透明；
- 我們進入這些泡泡，並非出於自己的選擇。

這意味著網路的民主潛能將受到衝擊，因為民主政治需要的是能夠相互理解彼此觀點，並基於共享事實的公民。

你同意帕里澤關於過濾泡泡效應（the filter bubble effect）的憂慮嗎？這對關於「幹細胞」、「氣候變遷證據」等議題的搜尋結果有什麼影響？

習作

找人一起做這件事：選定一個詞，並且分別用自己的個人設備搜尋這個詞，比較兩人的搜尋結果。

網路自閉症

更一般而言，我們可以看到，雖然網際網路提供不同背景的人一個相互連結的空間，這個相互連結的空間並不必然帶來更多元的政治討論。相反地，它可能導致更加碎片化，出現平行、彼此不相連結的意見，因為每個利益團體或身分團體都抱團取暖，無法走出自己的藩籬和外人溝通。巴勒斯坦人和以色列人、女同性戀與福音教派基督徒、和平運動者和軍方之間，會在線上溝通彼此嗎？

莫芙對新媒體平臺有所保留，雖然網際網路提供不可思議的選擇，但實際上，人們卻越來越「逆向」倒退回到自己的小世界，避開具有挑戰性或衝突性的觀念。這提醒她的是有一種自閉症，患者聆聽那些他本來就同意的人，也只和後者交談。她認為這種現象不利於民主，因為對她來說，民主需要爭勝式鬥爭，從而人們得以「受到不同觀點的轟炸」（Mouffe，轉引自Carpentier and Cammaerts, 2006）。

主要思想家

尚塔爾·莫芙（Chantal Mouffe, 1943-）

莫芙是具有影響的政治理論家，生於比利時，目前是英國倫敦西敏斯特大學民主研究中心主任。她最為人所知的是她和拉克勞合作發展的後馬克思主義理論——特別是重新建構了霸權理論。雖然莫芙的研究主要與政治理論，而非與數位媒體有關，但她的「爭勝式多元主義」（agonistic pluralism）對民主和線上不同意的相關思考相當有影響力。「爭勝式多元主義」一詞來自於莫芙的觀點，倫理衝突基本上是無法和解的，而且不應迴避、而應擁抱衝突和差異，這樣才能鞏固和深化——並且激進化（radicalize）——民主制度。

建議閱讀：Mouffe, C. (2000). *The Democratic Paradox*. London, New York: Verso.

網路詐欺

　　過濾泡泡效應是（至少一部分）不幸的，但也是試圖克服資訊超載的非意圖副作用（unintended side effect）。即使「網路自閉症」能被看成是一種人類容易犯錯的非意圖後果。網路詐欺，相反地，涉及刻意的欺騙。它是騙子將內容呈現給搜尋引擎時所使用的一種搜尋引擎最佳化（search engine optimization, SEO）策略，與人類訪客看到的網站內容不同。受歡迎的搜尋詞被用來引導人們接觸完全不相關的內容，企圖欺騙他們（Wang et al., 2011）。

　　「網路詐欺」（cloaking）也被用來描述個人和團體網站故意隱匿作者身分，乃是為了掩飾他們真正的政治意圖。比方說，在卡崔娜颶風後，一些網站突然出現，貌似正常網站，呼籲人們幫助受到風災影響的人。然而，這些網站將網路流量導向InternetDonations.org——一個由白人至上主義者經營的網站，後來被控告違反募款法。詐欺網站也被用在墮胎議題上，一個例子是一個叫做Teen Breaks的網站，看起來是正常網站，提供生育健康資訊給年輕人，但實際上是一個反墮胎團體的宣傳陣地（Daniels, 2014: 665）。

　　對丹尼爾（Jessie Daniels, 2009, 2014）而言，網路詐欺帶來的是一個關於數位時代的知識生產和認識論問題。這是因為詐欺網站出現在一個越來越區分事實和宣傳的時代。她認為，分辨詐欺網站和正常網站相當複雜，需要數位素養和批判思考技巧，以及精準的「偵錯」能力（2014: 150）。

　　你給自己的「偵測狗屁」（bulls*** detector）能力打幾分，特別是面對網路資訊的時候。你用什麼策略來分辨正當和不正當的資訊？與較年長的網路使用者相比，你認為數位原住民在這方面的技巧是否更好？

深網與暗網

　　最大的資訊赤字之一——至少就其龐大體量而言——與所謂深網（the deep web）有關。如果你認為網際網路已是龐然大物，我們大多數人看到的網路只有如冰山之一角。據估計，只有4%的網路資訊能被傳統搜尋引擎找到，其餘96%的內容包含所謂的「深網」（Bradley, 2014）。由於有將近五十億個網頁可以在可見的、表層的或明網（clear web）找到，大量隱藏網頁的存在是十分驚人的。雖然如此，這些網頁有很多是普通內容，包括用戶數據庫、網頁郵件頁面、需要註冊才能登入使用的網路論壇、付費牆後的頁面，以及已被創造但未公開「上線」的網頁（Egan, 2015）。

　　暗網（the dark web）——深網的一部分——就不是那麼普通了。它是一些無法用傳統搜尋引擎的網站，而且讓使用者有高度的匿名性。要想近用暗網，使用者需要

瀏覽像是洋蔥路由器（The Onion Router, Tor），可以隱匿使用者實際的位置，並且允許近用已被屏蔽封鎖的網站（Bradley, 2014）。暗網的一部分聲名狼藉，因為被用來買賣毒品（見第5章），以及被用來交易兒童色情、武器或犯罪服務。不過，這些層級的網路也有許多應屬正當的用途：

> 在封閉、極權社會的人們，可以用暗網來和外在世界溝通。而鑑於英美政府監聽網路通訊的情事曝光，你可能也會覺得在暗網上溝通是比較安全的。（Egan, 2015）

有論者將暗網的擴張歸因於圍繞吹哨者斯諾登（Edward Snowden）（詳下）的媒體辯論，這種說法有其道理。在斯諾登爆料之後，大約30%的美國成人自承已採取步驟躲藏或保護自己的通訊資訊免於遭到政府監聽（Rainie and Madden, 2015）。對於無法追蹤的私密搜尋的需求日增，也意味著越來越多人投入這種網路使用的新典範。事實上，人們已表達關切，我們可能正邁向一種新的數位落差，擁有專門技能和知識的人得以安置或操縱這些更隱晦的資料，或許是付費購買產品和服務，透過一種虛擬、難以被追蹤的貨幣如比特幣（bitcoin）（Bradley, 2014）。

暗網次文化主要關切匿名性和言論自由，必然有其分離主義、科技菁英的面向。蓋爾（Robert W. Gehl, 2014）用民族誌方法研究暗網社群網絡（Dark Web Social Network, DWSN）——一個只能在安裝洋蔥路由器之後才能瀏覽的社群網站。蓋爾的研究發現，暗網社群網絡的規範和理念更近於網際網路的早期歲月，亦即大約是巴洛（Barlow）發表〈賽伯空間獨立宣言〉（Declaration of Independence of Cybersphere）的那個時代。比方說，暗網社群網絡上面張貼的宣言譴責國家干預，並且呼籲用非身體化的溝通方式，免除一切表面的慣用標記如種族或性別。但和巴洛那個時代的網路行動主義者不同的是，他們對抗的不是線下的實體世界，而是嚴重企業化和受到監控的「明網」。

\#深網是無法被商業搜尋引擎找到，但可以被一般瀏覽器近用的線上資訊。暗網——深網的一部分——需要特殊的軟體和一定程度的技術能力才得以近用。

2015年7月，有個名為衝擊團（The Impact Group）的組合駭進Ashley Madison社交網站——一個偷情社網站，其口號是「人生苦短，何不偷情」。有十億位元組（gigabyte）的用戶資料（包括姓名、電話號碼和其他個人資料）被發布在暗網上。你認為誰應該為這種侵犯保密原則的行為負責：Ashley Madison社交網站、駭客、公開這些資料的第三方網站，或是Ashley Madison社交網站的用

> 戶？以上皆是或以上皆非？

我用天眼監控，某些 S 開頭的東西

比方說，這些 S 開頭的東西包括監控（surveillance）和逆向監控（sousveillance）。「資訊想要自由」（information wants to be free）這句口號通常被網路行動主義者用來要求更大的國家和企業透明度。然而，其間有一種緊張關係，存在於這種要求制度透明度和個人有權保有線上隱私與「被遺忘」權利（詳上）。同樣的緊張關係也存在於安全和自由之間的競爭壓力，一方是為了國家安全目的之政府監控或商業優勢，另一方是言論自由、吹哨者保護……理念。一方面，人們希望政府監控並且預先防範潛在恐怖主義威脅，另一方面又希望能夠瀏覽網站、和別人電話交談、參與政治示威抗議活動、傳送露骨照片給自己的愛人時，能保有私人隱私。在本小節中，我們檢視二十一世紀關於監視和監控的研究，以及一種透過由下而上的監控實踐（亦即所謂「逆向監控」）來「逆襲」由上而下的隱私窺探。

數據監控

在大數據（big data）時代，人們對「數據監控」（dataveillance）的關切升高。數據監控是指系統性的監控人們活動（例如：他們的行動電話使用、網路搜尋歷程和信用卡交易）的電子記錄。在這種數據能夠被大量數位化之前，隱私通常是涉及以實體方式儲存和檢索資訊時的作業疏失偶然導致的副作用，隱私受到「保護」是因為這些實體資料的消化和近用成本昂貴，或是因為記錄在紙張上的資訊容易損壞或遺失。然而，數位化讓資料檢索變得非常快速、容易和便宜。再者，與資料儲存有關的成本消減措施也更可能對個人有害。這是因為想要節省時間和金錢的機構可能回應另一機構的資訊要求，而將整個資料庫或個人完整記錄傳輸出去，而非僅萃取滿足特定要求的資料。正如戴維森（Alan Davidson）指出的：

> 數位世界的隱私困境是一個潘朵拉盒子。人們如今在賽伯空間裡擁有一個虛擬的存在狀態，一種由原本可能不相連結和無法連結的資料所組成的數位人格（digital persona）。（2009: 217-218）

愛德華・斯諾登

美國國內與全球監控的完整面貌，因為前國家安全局（National Security Agency, NSA，簡稱國安局）分析師斯諾登（Edward Snowden）在2013年將機密資訊洩漏給

媒體的戲劇化狀況而被揭開面紗。斯諾登揭露，數位化資訊和新軟體讓美國間諜有能力追蹤幾乎世界上任何人的活動和移動狀況。這讓美國國安局成為「美國人和外國人數位資產的實際擁有者」（Risen and Lichtblau, 2013），並且構成了被譴責的一種「數位極權主義」（digital totalitarianism）（Sigmar Gabriel，轉引自Koepf, 2013）。斯諾登——本書寫作之際仍在莫斯科流亡——被某些人批評為涉嫌叛國，讓美國軍隊陷入危機，並且助力恐怖分子。然而，若沒有斯諾登，世界將可能不會知道美國國家安全局：

- 近用全世界公民的電子郵件、臉書帳號和視頻；
- 祕密截取美國人的數以百萬計的電話通信紀錄；
- 有能力從商業網路公司獲得用戶的數位資訊。（Cohen, 2013）

　　斯諾登的行動促發了關於以下議題的辯論：吹哨者的倫理；在後911時代如何兼顧自由與安全；政府將「數據探勘」（data mining）合約委外給私人企業的意涵。他的行動也挑起一些嚴肅的問題，包括：面對擁有嶄新數據分析技術的情報機構，我們如何保護公民自由（Cohen, 2013）？

　　雖然如此，脫口秀節目主持人奧利佛（John Oliver）在2015年論稱——在一場對斯諾登的專訪中——大多數美國人對國安局的行徑感到冷漠與不在乎。奧利佛用他對普通老百姓的訪談證明，美國公民只有在國安局掌握他們的「性器官照片」時才會在乎。斯諾登對此只好挖苦道：「這樣的話，好消息是沒有一個名為『性器官照片計畫』的情報偵蒐計畫。但壞消息是他們仍然蒐集了每個人的資訊，包括你本人的性器官照片」（轉引自Yuhas, 2015）。

> 　　所謂人們只關心政府是否握有他們的「性器官照片」，但不關心更廣泛的侵入性監控和公民權利，你同意這樣的說法嗎？你認為斯諾登做的是合乎倫理的行為嗎？和同學分享你對上述問題的見解。

網路公敵

　　由於政府拜數位和網絡科技所賜而權力大增，導致無國界記者組織（Reporters Without Borders）發布年度「網路公敵」（Enemies of the Internet）名單，提醒人們注意那些在網路審查和監控方面做得最過分的國家。在2014年的名單上包括美國和英國，以及這份名單上的常客：北韓、中國和伊朗。無國界記者組織選擇聚焦在機構而非國家，為的是強調民主國家面對線上自由問題時的「精神分裂」態度，因為民主

國家一向宣稱尊重基本人權。因此，它特別點名批判美國國安局、英國政府通訊總部（Government Communication Headquarters, GCHQ），以及印度的電信技術研發中心（Centre for Development of Telematics）：

> 美國國安局和英國政府通訊總部監聽數百萬美國公民和記者的通信資料。他們刻意將安全漏洞植入網路傳輸資料時需要用到的設備和軟體上，並且使用美國國安局的量子嵌入（Quantam Insert）惡意軟體和英國政府通訊總部代號為「時代」（Tempora）的網路數據監控手段，駭進網際網路的內核當中，導致網際網路這個屬於人類的集體資源被美國國安局和英國政府通訊總部當作武器，為其特殊利益服務，並在這個過程中侵犯資訊自由、表達自由和隱私權。（'Enemies of the Internet 2014', 2014）

無國界記者組織的這份報告指出，這些國家使用的大眾監控手段（許多被斯諾登揭發）將更無法被容忍，因為它們可能（而且確實已經）被伊朗、中國、土庫曼、沙烏地阿拉伯和巴林等威權國家用來合理化他們對資訊自由的侵犯行為。

逆向監控

這些嚴峻的發現，不應讓我們忽視監控並非總是單行道的事實。曼恩（Steve Mann et al., 2003）等人用「逆向監控」（sousveillance）一詞，描述由下而上（而非由上而下）的監控。他們指的是人們用數位科技（如手機和可攜式電腦設備）調查警方和其他權威機構。論者指出，這種逆向監控削減了傳統全景敞視監控的優勢（見第3章），以彼之道、還施彼身（社會控制者）。因此，「某種打破規則能夠被刻意地用來促發新一輪的平衡」（Mann et al., 2003: 346）。一個逆向監控的早期例證是洛杉磯警方毆打金恩（Rodney King）的視頻，後者因為交通違規而遭警方攔查。

不認同這種觀點的反證是，這種行動主義者製作的逆向監控視頻通常被企業媒體忽視，而且可能被權威機構用來消解示威抗議活動。比方說，賽爾特（Salter, 2014）認為逆向監控手段的成功只是偶然，更多時候「行動主義者頌揚的反向監控也可能導致更大的鎮壓，特別是當危機情勢發生之際」（2014: 264）。岡納夏（Jean-Gabriel Ganascia, 2010）也提出一個倫理問題，資訊科技現在讓人們宛如住在玻璃屋，每件事都對任何人透明。由於這種完全透明（total transparency）並非總是可欲的，他認為當今最棘手的倫理問題在於，我們應該基於什麼規範對不透明度做出合於倫理的辯護。

個案研究：瓦特・史考特

2015年4月，警方射殺手無寸鐵的黑人瓦特・史考特（Walter Scott），後者因為車尾燈故障而企圖規避警方臨檢。警方宣稱，史考特企圖奪槍攻擊一名警官，導致這名警官不得不對史考特開槍。幾天後，媒體取得一個由路人拍攝的現場視頻，顯示事件經過完全與警方說法不同。在視頻裡，警官史雷格（Michael T. Slager）朝著試圖逃跑的史考特的背後連射八槍。視頻顯示警方沒有對史考特進行心肺復甦術的急救措施，但警方先前宣稱曾試圖救治史考特。事實上，他們把史考特銬起來，當時史考特已癱軟在地。警官史雷格後來被控謀殺。

事後，《大西洋月刊》讚揚這些拍下警方執法失當的視頻的無名英雄的勇敢，並稱他們代表高度的民主理想：

> 「拍下來，否則它不曾發生」，這對司法體系而言是個可怕的格言。警官的問責也不能總是依賴在現場附近拿著手機的某人。但這彰顯真理的過程必須從某處開始。一個視頻是彰顯真相是什麼的多一道保證。今天，透過無名英雄擇善固執的見證，而非逃逸，按下錄影鍵並觀看可怕的事情發生，我們有了關於真相的另一道保證。（Meyer, 2015）

- 你認為在刑事犯罪現場拍下事件發生經過的路人是勇敢的嗎？
- 你認為警察執法時佩戴身體攝錄儀對於問責警方行為有幫助嗎？
- 逆向監控的行為有無危險性？是否可能有反效果？
- 如果有的話，相對於我們經常遭到由上而下的監控，你認為由下而上的逆向監控能夠提供什麼樣的平衡？

家庭紀錄片

由於可攜式科技的普及，每個人都是潛在的紀錄片製作者、犯罪現場吹哨者、YouTube的病毒式行銷發動者……。

- 請臚列攝影和錄影民主化的三個優缺點。
- 注視下述照片，並回答下列問題：
  - ■ 這種活動以何種方式可被視為是將其中的主體（包括不可見於我們的攝影者）凝聚在一起？
  - ■ 這種活動以何種方式可被解讀為創造距離？
  - ■ 你認為人們何以熱衷於拍下正在拍照的人？

◎攝影：Nicole A. Vincent

全球資訊經濟

在早年歲月，網際網路是小而去中心化的電腦網絡，活躍其中的人大多類似巴洛（Barlow, 1996），希望保護賽伯空間免於遭受商業和國家控制所侵蝕。他們希望這個新社會能夠從菁英手上拿回權力和優勢，並且重新分配給大眾；而這會是一個不受任何人控制，而且不存在任何國界的場所。而他們自己也身體力行、說到做到，避免將網際網路商業化。比方說，伯納斯—李（Berners-Lee）將會因此致富，如果他把網際網路視為賺錢機會的話，但他說服他的上司，把網際網路當作送給世界的免費資源（Naughton, 2014）。

二十年後，這個賽伯空間的許多部分已被資本征服，少數大型的網路企業控制龐大的通訊傳播工具，並將網際網路變成它們的牟利工具而岌岌可危。確實，如帕特爾（Patel）悲觀地指出，網際網路已經被這些大企業「被強暴了」：

在企業貪婪和政府失能的這場完美風暴中，網際網路已經從充滿活力的新經濟中心變成經濟控制的繁榮工具。美國一度有洛克斐勒和卡內基這些財閥，現在則有康卡斯特的羅伯茨（Brian Roberts）、美國電報與電話

公司的斯蒂芬森（Randall Stephenson），以及威瑞森的麥卡亞當（Lowell McAdam），它們都是建立在光纖和貓咪網路圖像（kitty GIFs）的基礎設施壟斷時代的強盜資本家……而且這個新網絡——工業複合體（network-industrial complex）的巨大權力未受到任何監督。（Patel, 2014）

因此，在形塑這個新的全球資訊經濟的影響力上，政府的影響力似乎已不如全球資本主義。在這一小節中，我們將先討論資訊經濟和數位匯流（特別是行動電話）的理論觀點，接著再檢視谷歌在全球資訊經濟享有主導地位的影響，最後處理有關勞動實踐和電子廢棄物（electronic waste）的新議題。

資訊經濟

曼紐爾・柯司特（Manuel Castells, 1993）一直是最重要的資訊經濟理論家，他描述了可以用來刻劃新的全球經濟的五個相互關聯的特徵。

柯司特首先指出在現代經濟裡，資訊和應用知識日益重要的作用。一個經濟體的複雜性和生產力越大，其資訊組成元件和新知識的重要性和價值越大。這包括科學和管理知識。例如：公司執行長的高工資和管理教育受到重視，反映出一個事實，亦即經濟增長逐漸被理解為生產要素更有效率的組合。

先進資本主義社會經濟體的第二個轉變，是從物質生產轉向資訊處理活動，同時反映在後者於國民生產毛額的占比，以及勞動人口從事資訊處理相關職業的比例。符號的數位操控在經濟活動中扮演著越來越重要的角色，而資訊品質也成為生產力的一個主要策略性因子。

新的資訊經濟的第三個特徵是發生在生產組織的深刻變化，從標準化的大規模生產轉向彈性的客製化生產（見第5章）。此處，資訊科技彈性和適應力的基礎，以回應不斷變化與多樣化的市場。

新經濟的第四種動力在於它是全球性的。儘管民族國家仍然重要的現實，是經濟思想和實踐發揮著全球影響。這就是，我們正在見證的各國經濟和經濟活動的相互滲透，而國族特徵也變成全球系統的一環。

最後，至關重要的是注意到，世界經濟的轉變正透過技術革命發生。這一轉變的核心是微電子、資訊學與電信構成的資訊科技。微晶片革命受到經濟變遷的刺激，並同時形成了它的物質基礎，特別是數位科技使經濟體得以處理它們需要的大量訊息，並且建立彈性的生產過程。

＃世界經濟增長現在取決於數位技術，推進它的擴張。

匯流與行動電話

當代數位文化是一種匯流文化（convergence culture），意指科技之間和公司之間的邊界瓦解。簡金斯（Jenkins, 2006）認為有幾種匯流正在發生：

科技匯流（technological convergence）：所謂科技匯流意指包含（先前只在不同設備操作的）多重功能的單一設備被發明出來。目前主要的匯流設備是膝上型電腦和行動電話。

產業匯流（industry convergence）：所謂產業匯流是指為了追求綜效的企業併購，已創造出一些跨越多重媒介類型的媒體集團。例如：新聞集團（NewsCorp）同時擁有報紙、圖書出版、雜誌、音樂和廣播、職業球隊、電視和電影製作公司、電視臺、網站……（另見第10章）。

媒體匯流（media convergence）：所謂媒體匯流是指使用者消費媒體的方式已經發生丕變。正如簡金斯在2006年即指出，「一個正在做家庭作業的青少年可能同時在四、五個視窗間穿梭，瀏覽網頁、邊聽邊下載MP3音樂檔案、和朋友聊天，一邊用文書處理軟體撰寫報告，一邊回覆電子郵件，在不同任務之間快速切換。」這種多工作業的情況，現在只會比當時還更加普遍。

因此，數位文化的匯流，既包括媒體被生產的方式，也包括媒體被消費的方式。這包括由上而下的企業過程（科技和產業匯流），也包括由下而上的消費過程（參與式文化和web 2.0等實踐）。在這個脈絡下，根據簡金斯的說法，媒體內容的流通現在依賴的是消費者的主動參與。

手機文化

當代文化裡，最普遍使用的匯流設備是行動電話。在2000年的時候，只有剛好過半的英國成人擁有行動電話；2014年，這個比例已達94%（Bradley, 2014）。在2013年，行動電話成長最快速的區域是非洲和亞洲太平洋區域，預估手機到2014年年底的滲透率將分別達到69%和89%（'ITU releases 2014 ICT figures', 2014）。而自2012年以來，大英國協成員國、阿拉伯國家、美洲和歐洲的手機滲透率更已達到百分之百。

這些統計數字說明了數位行動電話在當代文化已經無所不在，並且成為我們生活中的必要通訊傳播工具。新一代的智慧型手機是多媒體平臺，在消費者娛樂產業裡居於核心地位，它們是有如萬用瑞士刀一樣，而且威力更加強大，能執行的功能超過三十年前IBM總部裡最先進的電腦（Levitin, 2015）。除了不斷擴充的科技功能外，手機裡的全球定位導航系統（GPS navigation）元件現在讓人們得以定位自己的地理

位置，並且可以獲得有關任何地點的資訊。雖然這提供了相當有用的服務，定位資訊也可以被鎖定用戶位置並用於監控或行銷目的。

復古電話

　　1930年到1950年代的電話已變成收藏品。你知道如何用撥盤式電話（如圖所示）打電話嗎？從過去電話以有線的方式連結在牆壁上，並且被安置在（通常是富裕家庭）固定地點的時代相比，與電話有關的社會實踐和儀式發生了何種轉變？

行動網路

　　行動電話帶來的一個顯著變化是，人類越來越依賴智慧型手機上網。一個常見的假設是這種作法發生在貧窮國家，但皮尤研究中心（the Pew Research Center）的調查發現，五分之一的美國成人主要用智慧型手機上網。這些人的特徵通常是較為年輕、較窮、非白種人（Mirani, 2015）。此處我們可以看到另一種類型的數位落差，意即人們用什麼來上網，也關乎它們怎麼使用它，以及他們上網能做些什麼。因此，博德（d. boyd）指出，只透過智慧型手機觀看世界是相當有侷限的——與其他設備相比——它耗費更多時間、更感挫折，因此較不常使用網際網路（2014: 193-194）。

由於行動科技和娛樂內容被美國大型企業控制，行動電話的全球普及也造成一種文化帝國主義（cultural imperialism）的問題。赫斯（Larissa Hjorth）等人認為，匯流了社會、地理位置和行動媒介的智慧型手機，也對越來越具行動性和相互連結的媒介生產、流通和消費的研究構成了挑戰：

> 就像三十年前的隨身聽（Walkman），它代表的是一種歷史性的局勢，有關身分／認同、個人主義、生活風格和社交性——以及它們與科技和媒介實踐的關係——需要被重新接合。（Hjorth et al., 2012: 1）

習作

找一個夥伴討論智慧型手機如何可以被看成以下事物的象徵：數位文化時代的(a)個人實踐；以及(b)產業實踐。

多工作業導致的效率低落

在神經科學家列維京（Daniel J. Levitin）看來，多工作業（multitasking）是「一種強大與惡毒的幻覺」。為什麼？這是因為當你在同時執行多項工作時，你通常快速地——也通常是無效率地——從一項工作切換到另一項工作（Levitin, 2015）。列維京引用研究顯示，如果你試圖專注在一項工作上，但同時有封未讀的電子郵件提醒，你的有效智商將會降低10分。多工作業已被發現會增加皮質醇和戰鬥或逃跑反應的腎上腺素，讓大腦無法聚焦，並且不斷尋求外部刺激（Levitin, 2015）。

- 列維京描述察看電子郵件、臉書和推特的習慣，是一種神經學上的成癮現象。對此你有何看法？在你覺得有需要之前，通常可以多久不察看智慧型手機和社群媒體帳號？

賽伯空間的企業殖民

發明網際網路的人反對資本主義的原理，亦即網際網路和牟利被視為互斥的（見本書第5章）。然而，雖然去中心化成為早期網際網路的重要特徵，當今大量的通訊傳播乃是透過少數企業進行，並且受控於它們的「巨大影響力」（Kopstein, 2013）。除了維基百科這個少有的例外，前一百大網站大多都由企業營運（Naughton, 2014）。

　　網際網路的企業殖民，通常被理解為另一個原先充滿理想主義的志業，慘遭市場的無情和非個人化的力量所劫持。諸如意識形態、霸權和結構化（第2章）有助於解釋賽伯空間目前的處境，但研究網際網路的歷史也有助於我們反思那些打造資本主義系統「零」與「一」的個別人士。

　　這些個別人士包括祖克柏（Mark Zuckerberg）。他利用網路的相對自由和開放創立臉書時，還是哈佛大學的在學生。然而，就像其他因為剝削網際網路提供可能性而發財致富的人一樣，祖克柏並未反哺回報，因為「在他一手創辦的（臉書）平臺上，年輕創新者無法自由使用並從中激發另一波創新」（Naughton, 2014）。因此，我們能夠看到這種網路帝國的打造不只是剝削網際網路曾有的自由和開放特徵，而且正在改變原先鼓勵這種創新的自由和開放文化本身。

被谷歌

　　谷歌也成長為賽伯空間裡，最重要且最具影響力的企業力量。該公司成立於1998年，懷抱著將全世界資訊組織起來的任務。從那時起，它已變成世界上最多人近用的平臺，也是二十一世紀最成功的新經濟企業。谷歌的權力難以估量，有人說如果谷歌搜尋找不到你，那麼你在網路上幾乎就沒有可見度。線上聲譽諮詢顧問公司甚至說，如果網站不顯示在谷歌的搜尋結果首頁，它們就等於不存在（Michael Fertik，轉引自O'Hara, 2013）。關於谷歌在全球網絡社會的中心地位，更具體的證據來自於谷歌所有服務在2013年占據全球大約40%的網路流量（'Google Outage: Internet Traffic Plunges 40%', 2013）。

　　該公司——市值約3800億美元（Lemann, 2014）——一心推動它毫不留情的商業策略擴張企業版圖。除了核心的搜尋引擎業務外，它也提供電子郵件、雲端儲存服務、套裝辦公軟體和社群網絡服務。斯特羅斯（Randall Stross, 2008）指出，谷歌在無法斬獲它想要的新市場時，它即投入鉅資展開併購行動。在2006年，比方說，它以16.5億美元收購了YouTube。兩年後，它又花了31億美元收購了DoubleClick——一家經營網路橫幅廣告的主導公司。廣告投放系統是谷歌的主要營收來源（Stross, 2008: 2）。在2011年，谷歌每月從廣告獲利30億美元，相當於該公司總營收的97%（Jackson, 2011）。谷歌的獲利模式就是獲取用戶資訊，而後者則透過谷歌搜尋引擎使用「免費」資訊。接著，谷歌再把用戶資訊賣給廣告客戶，讓後者得以對顧客進行精準定向的廣告投放，而這是舊媒體大亨難以企及的效率：

　　　　用戶數據的豐富和其網絡的規模，讓谷歌在線上廣告市場獨占鰲頭：
　　　它在全球數位廣告收益的市場占有率大約過半，讓數以千計的其他公司苦苦
　　　掙扎於分食谷歌留下的廣告收益。（Lehmann, 2014）

> 谷歌在成立五年內，「谷歌」作為動詞的地位獲得美國語言學會正式認可。
> 這家企業的品牌成功故事說明了什麼？

經濟監控

在〈谷歌資本主義〉（Google Capitalism, 2012）一文中，福克斯（Christian Fuchs）指出，谷歌是透過「生產消費者」（prosumer）的商品化和「經濟監控」（economic surveillance）手段來獲利。谷歌是「終極的經濟監控機器，也是終極的用戶剝削機器」，利用用戶數據來創造利潤（Fuchs, 2012: 44）。福克斯的結論是谷歌體現了網際網路最好和最壞的一面。它是最佳網路實踐的一部分，因為它增進與支持人們日常生活，幫助他們搜尋並組織資訊、與他人溝通和合作。但它也同時是網路最壞的一部分，因為它是利潤導向、以廣告為財源的機器，藉由剝削和隱私侵犯將用戶和他們的數據轉化成商品。

數位帝國主義

在第10章裡，我們看到席勒（Schiller, 1985）和其他批評者認為，電視的全球化是一種西方文化帝國主義。而針對「全球資訊高速公路」（the global information superhighway），他也提出了類似的論點。他指出，透過多媒體整合全球公司的形成，美國正在控制著數位傳播部門。這些公司同時經營新媒體的科技面和內容面。

席勒論稱，時代華納（Time Warner）、美國電報與電話公司（AT&T）、微軟（Microsoft）和他們的競爭對手，並不關心社會不平等現象，而是著眼於收益。然而，利潤來自那些有錢購買他們服務的人。他認為，伴隨全球化的資訊經濟與數位媒體而來的是差距正在擴大貧富之間的差距，而美國企業對資訊的控制讓他們在全球經濟中具有優勢地位，甚至能夠躲避主權國家的控制。席勒認為，國與國與一國之內的貧富之間越來越大和明顯可見的經濟差距，將會導致不滿越演越烈，而這可能政局不穩，並在先進工業國家的邊境上湧進大批難民潮。

在文化上，席勒指出，英語仍然是網際網路上最重要的語言。隨著英語的廣泛散播，英美思想也容易被採納，因此觀念自由流通實際上意味著美國文化產品獲得優勢。這一過程削弱了各國的在地文化，並推進了西方經濟利益。這也使得經濟發達國家，成為更吸引經濟和政治移民的目的地。

席勒的論點顯然有一定的有效性，很難否認英語在網際網路或是在全球資本主義中的重要地位。然而，在第10章裡可讀到關於他的媒體帝國主義的同一類批評，亦即有必要尋求更為複雜的文化解釋。席勒傾向於忽視西方影響的不均等，而且太容易

偏向重經濟、輕文化的解釋。例如：英語在全世界蔓延，可能導致簡單的文化帝國主義，但也可能興起各種混雜的文化（hybrid cultures）。有關服務西方客戶的印度電話客服中心運營商的證據表明，學習英語之外，他們仍然熱衷於維護和加強印度傳統文化習俗。

勞工與資訊傳播科技

許多與全球資訊經濟有關的勞動實踐，已被視為具有剝削的性質。在討論線上經濟裡無酬勞動的角色後（第5章），我們在此討論資訊時代裡的其他勞動議題。事實上，我們已進入「向勞動轉」（turn to labour）的研究路徑。邱林川等人（Jack Linchuan Qiu et al., 2014）的研究指出，雖然過去十五年聚焦於資訊傳播科技的勞動問題，但這方面的學術研究成果仍然顯得零散與碎片化。既有文獻中仍呈現分裂狀態，包括以下二元對立：物質勞動vs.非物質勞動、情感勞動vs.機械勞動、網絡化勞動vs.孤立勞動、工資勞動vs.「免費」或「志願勞動」、創意勞動vs.非創意勞動、受壓抑／壓抑勞動vs.被解放／解放勞動。為了連結處於十字路口的勞動與資訊傳播科技的概念發展，一種受到保羅・蓋等人的「文化迴路」取徑（見第2章）所啟發的「勞動迴路」（circuits of labour）模式已被提出。

此一勞動迴路模式的目標之一，是弭平非物質文化與物質製造之間的鴻溝。比方說，有人論稱即使是最不具物質性的勞動產出——例如：軟體或廣告公司員工的產出——也有物理的面向，因為勞工的身體一整日被置放在電腦及（／或）電話前面。因此，「身體購物」（body shopping）一詞被印度軟體工程師用來指稱落腳於印度、全球資訊科技勞動管理系統（Xiang, 2007）。企業生物政治（corporate biopolitics）的一個極端版本，也可見於中國科技製造廠透過正式契約和管理措施，控制著工人的身體，包括上班與下班時間，也包括身體和心理兩方面（Qiu et al., 2014: 573）。

玩工

「玩工」（playbour）一詞，被用來描述浮現在娛樂產業和（特別是）電腦遊戲的工作與玩樂之間的變動關係。科里奇（Julian Kücklich, 2005）指出，電腦遊戲模組修改（computer game modification或簡稱modding）已變成遊戲文化重要的一部分，也成為遊戲產業越來越重要的價值來源。然而，協助修改遊戲的玩家（Modders）很少因為承擔遊戲產業「似乎無法負擔」的風險而得到報酬（Kücklich, 2005）。雖然成功的遊戲修改玩家得以享受明星光環，並且在遊戲產業裡謀得差事，但也有很多人無意或無法透過在遊戲產業就業一途而成功轉換這種社會資本。科里奇論稱，遊戲修改玩家作為一種無酬勞動的不安定地位，因為電腦遊戲被認知為休閒活動或玩樂的一

部分而被掩蓋。然而，個別遊戲修改玩家從工作中得到滿足的這一事實，不應讓我們忽視電競選手社群和遊戲產業之間的關係，有必要從政治經濟觀點予以分析。

勞動與網絡社會

　　另一種思考當代勞動的方式，是探究它和網絡社會的關係。柯司特（Castells, 2010, 2013）提供一個勞動市場的雙元結構，區分為「自我程式化的」勞動（'self-programmable' labour）與「普通的」勞動（'generic' labour）。前者涉及具有搜尋和重組資訊技能的勞工，而普通勞工則相反，被分派執行基本但價值極低的任務，除了聽命行事之外，缺乏特殊技能，而且通常陷入不穩定、低薪和枯燥的工作。這種關於網絡化勞動（networked labour）的二元區分，已變得更加複雜，正如中國網絡社會裡一種新的、中低階層的興起，被稱為「資訊少者」（information have-less），亦即存在於數位落差的「有者」和「無者」之間的新階層（Qiu et al., 2014）。

個案研究：蘋果的「耐吉時刻」？

　　2010年，為蘋果生產電子產品的臺商代工廠富士康（Foxconn），發生工人的「18跳」事件（其中至少有14人死亡），引發中國和全球的廣泛譴責。這些自殺事件被歸咎於軍事化管理、低薪、工時過長與惡劣的勞動條件，激起全球抗議，有如1990年代針對耐吉和一些跨國服裝品牌的反血汗工廠運動：

　　　　全球各城市的社運人士哀悼生命喪失，並且明顯將這些自殺悲劇歸咎於企業血汗工廠之際，一些評論者不禁懷疑這是否成了電子業的「耐吉時刻」。（Kidd, 2014: 209，內部引述從略）

　　在蘋果公司2012年的稽核報告透露存在著嚴重的勞動侵犯（包括工時過長、部分無酬工時、主要健康與安全風險）之後，要求富士康誓言改善工人的勞動條件。然而，BBC在2014年的臥底採訪發現，許多蘋果公司代工的中國工廠仍舊不當對待員工，許多工人因為十二小時輪班制而疲憊不堪。BBC宣稱，蘋果公司保護勞工的承諾一直沒有兌現——但蘋果公司否認這一指控（'Apple Under Fire Again for Working Conditions at Chinese Factories', 2014）。

　　在此同時，世人對蘋果產品的崇拜仍在繼續……

　　雖然關於蘋果全球工廠的實際細節仍然存在爭議，它的品牌光環仍舊閃亮。的確，許多研究者將該公司比喻為有如宗教崇拜。在2011年，英國神經科學家的研究報告（Matyszczyk, 2014）指出，「果粉」的大腦和虔誠的宗教信徒無異。加拿大人類學家貝爾（Kirsten Bell）也發現，麥金塔粉絲現象（Mac fandom）與宗教狂熱有著驚人的相似性。她指出，蘋果「充斥著神聖符號」，而且涉及魅力型領袖，不斷號召信徒「覺醒並更新他們對這個品牌或宗教的信條和核心訊息的信仰」（轉引自Osborne, 2012）。

• 你曾買過蘋果產品嗎？如有，在你決定購買時，背後的思維是什麼？你認為自己是否已成為這個行銷崇拜現象（a marketing cult）的信徒？

環境議題

　　令人眼花撩亂的技術創新與商品化步伐，連同我們永不休止的追求新奇，意味著新科技產品迅速普及與汰換。這種「週轉率」（churnover）的速度，可見於數位文化的許多面向如今都已成為復古產品。（老式撥接上網的刺耳噪音，現在被錄製為MP3格式當作新奇品銷售。）這種產品週期循環一部分受到有計畫的汰舊換新所驅動，亦即廠商在設計產品時就刻意縮短其使用壽命。史特內（Jonathan Sterne, 2007）

指出有兩種汰舊換新的方式：風格式的汰舊換新（stylistic obsolescence），意指產品風格過時，需要被置換；技術式的汰舊換新（technological obsolescence），意指產品故障，需要被升級或置換。不管哪一種方式，結果都一樣：顧客被迫棄舊購新。正如你一定有注意到的，科技產業大量投資於行銷，促使顧客持續升級產品，即使大部分升級與現有系統和單元的差別不大。這種科技行銷週期對環境和我們荷包造成影響，在每一支光鮮亮麗的智慧型手機被開箱的同時，即有另一支稍舊、稍不顯光鮮亮麗的手機被丟棄。

致命的新玩意

全球消費者需求——包括發展中國家不斷增長的購買力——意味著電子垃圾已變成地球上各城市廢棄物最大的來源。電子垃圾包括棄用的電腦、手機、遊戲機、電視機，以及含有音樂晶片的生日賀卡。在2013年，全球產生5300萬噸的電子碎屑，另有6700萬噸被以各種形式轉售（Miller, 2015）。平均每位美國人產生29.5公斤的電子垃圾，相較之下，中國平均每人產生的電子垃圾不到5公斤（Vidal, 2013）。這些物質當中有很多是具有毒性的，正被非法地丟棄在發展中國家。正如米勒（Toby Miller, 2015）所發現的：

> 很大比例的這些致命小玩意，以及他們更為致命的致癌氣體和化學物質的混合物，最終由窮國裡最窮的人和最脆弱的弱勢者負責操持著不安全的廢棄物回收工作。

就像其他的環境議題，電子垃圾問題已日益嚴峻，因為全球電子垃圾每年以5%至10%的比率增加當中。估計在2017年以前，廢棄電視機、手機、電腦、螢幕、電子玩具和其他產品的總量，將可填滿15,000英里長的40噸貨櫃車（Vidal, 2013）。

> 你曾經擁有過多少支手機？你更換手機是因為必要（例如：遺失或意外摔壞）或因為想買較新的型號？受廣告驅動的技術更新熱潮和被稱作「害怕落伍」（fear of missing out，簡稱FoMO）的心理現象之間，你可以指認出什麼樣的連結關係？

物聯網

對於環境的關切也在「物聯網」（internet of things，簡稱IoT）的領域被提出。所謂物聯網是指越來越多物質客體被連上網路，而且彼此相連。一段時間後，這個網絡可望包括心臟監控植入物、生物晶片、汽車、冰箱、心情燈光、家庭保全系統、烤

麵包機等無數裝置。的確，列出不可能被連上網路的新玩意會比較容易，因為預測到2020年以前，將會有近二百六十億臺裝置（除了個人電腦、平板和智慧型手機之外）被連上物聯網。零件成本可望變得越來越低廉，連上網路將變成標準配備，即使是最便宜的一些產品。這將導致大量具有連上網路功能，但未被使用的「鬼魂」裝置（'Gartner Says the Internet of Things Installed Base Will Grow to 26 Billion Units By 2020', 2013）。關於物聯網對隱私和安全，以及人類能動性和自主性的衝擊，已受到關切。可穿戴技術的進展也已經把我們帶到一個這些裝置能夠監控我們能做的和代表我們與其他服務互動的新境界——通常我們根本毫無所知（Bradley, 2014）。被生產出來的這些新玩意——以及不可避免地快速遭棄置的這些新玩意——物聯網也將讓全球電子垃圾堆積如山。

數位足跡

人們最初以為網際網路將減少能源消耗和溫室氣體排放。然而，現實是幾乎任何我們在線上做的事都會增加我們的能源足跡（energy footprint）。比方說，據估計用以傳輸每年數以千億計的垃圾郵件的電力，足以供電給美國兩百萬戶家庭使用，而其產生的溫室氣體排放量相當於三百萬量汽車（Schmidt, 2010）。更有甚者，雲端運算（cloud computing）也被預測將造成更多而非更少的電子垃圾，因為需要大量一週七天、一天二十四小時運轉的數據中心，需要巨量的電力用於運轉和冷卻其硬體設備。

在2013年，數位經濟已使用全球電力的十分之一，這個比率可望將持續增加。正如密爾斯（Mark P. Mills）在一份具爭議性的全球數位經濟電力使用的研究報告中所指出的，「雲端升起於燃煤中」（2013）。再者，行動網路（mobile internet）這一浮現中的雲端架構的主要特徵，比固定網路（wired networks）需要耗用更多的能源。

資訊墳場

這張照片被命名為「資訊墳場」（Information Graveyard）。

• 考量數位革命的缺陷時，這張照片給我們何種啟示？

• 關於當前的文化，這張照片告訴了我們什麼？

©攝影：Brian Mcentire｜代理：Dreamstime.com

如果網際網路壞了，能修嗎？

在本章中，我們已看到許多關於網際網路的樂觀期待未能實現，而某些險峻的預測卻已悄然而至。論者提出各種不同的建議，希望修理網際網路當中已被視為「壞掉」的許多面向。比方說，帕特爾（Patel, 2014）論稱，網際網路是一種像水電一樣的基礎公用設施，其近用不應是奢侈品或是選擇；如果你生活並參與現代經濟，它是必需品。因此，他主張那些控制網路近用的大企業應該受到監管，程度如同那些提供水、電和電信服務的公司一樣。

在此同時，諾頓（Naughton, 2014）也建議回歸當年驅使網際網路增長的那種「無須許可的創新」（permissionless innovation）。他指出，1970年代網際網路之父們高瞻遠矚的兩項設計：一是無中心化的所有權或控制，二是網際網路不為任何特定應用最佳化：「實際上，網際網路的設計師們創造的，是一臺不斷湧出驚喜的全球機器」（Naughton, 2014）。強調擁有一個自由和開放的網絡的重要性，他呼籲回歸這些早年的價值——以及開發一個有效的網路微支付系統（micro-payment system）。後者可用於酬賞那些出版的人，而非用以支持功能失調的現有企業所提供的「免費」服務，但卻有隱藏和未曾明說的成本，亦即用戶個人數據的剝削。

福克斯（Fuchs, 2012）提出倡議，希望打造一個由非營利組織如大學和公部門資金支持的公共搜尋引擎。若然，像谷歌圖書這樣的服務就能「服務全人類，讓所有書

籍的知識得以免費向所有人開放，無須從中獲取私人利潤。」同時，他也建議法律應強制谷歌提供志願選用的選項（opt-in option），並且成立谷歌監督組織，讓這些監控用戶的大企業得到來自公眾的監督。

你同意網際網路已經「壞掉」了嗎？選出本章討論過的三個與網路相關的問題，以三或四人一組的方式，討論這些問題可以被怎麼處理。

解構練習：真實生活 vs. 虛擬真實

- 我們定義的真實是什麼？
- 我們對於虛擬世界的瞭解是什麼？
- 我們能夠輕易找到兩者之間的分野嗎？

本章摘要

在本章中，我們已探討新興數位媒體世界的許多方面。我們首先指出，儘管一般廣泛認為我們生活在一個電子世界，絕大多數人事實上無法近用適當的科技。即使在先進工業國家，資訊有者（information haves）、無者（information have-nots）和少者（information have-littles）之間，仍有數位落差。

在網際網路的早年歲月，網路激起許多言過其實的臆想或「賽伯浮誇」（cyberbole）（Woolgar, 2002）。比方說，很多人認為網際網路將引領一個民主與行動主義的新紀元，最初這種觀點被與這個事實連結，亦即網路科技和超文本在根本屬性上是不具層級性的。這些人也認為，網路將使新的文化聲音被聽到，並且促進進步的政治行動。比較不這麼樂觀的批評者擔心，網路政治只是複製「真實世界」的霸權，給人們一種改變的幻覺，但實際上什麼改變都沒有發生。關於賽伯空間的民主潛能，更晚近與細緻的觀點認為社群媒體的使用只是傳統形式政治行動的補充，而非替代。

資訊的文化政治在網路研究中，也成為顯學。某些資訊相關的議題都與這個事實有關，亦即我們面臨資料超載（overloaded with data）的問題，讓訊號和噪音的區分變得極為困難。它也增加了我們對谷歌——這種在賽伯空間裡已取得霸權地位的搜尋引擎——的依賴。其他議題則與資訊的匱乏有關，其中一個例子是網路的個人化導致「過濾泡泡」的形成，限制了我們接觸異己的觀點。一個與資訊有關的特別迫切的政治議題是侵入性的政府監控，如已在英、美等國所見到的，

已被視為「網路之敵」。

　　網路空間有其電腦科技的物質基礎，攸關全球資訊經濟。數位硬體及其使用的軟體，是由跨國公司所生產和販售的，而跨國公司關注的不是民主、資訊自由、保護地球，而是利潤。許多人擔心，數位媒體促使我們每個人成為文化生產者的民主和文化潛能，將輸給在全球資本主義脈絡下受到娛樂驅動和汙染環境的消費文化。

第12章 文化空間與城市地方

本章將考量空間（space）與地方（place）的意義，包括它們由權力的社會關係所構成的方式。正如傅柯論稱：「完整的歷史仍有待從空間的角度來書寫，這也同時是一部權力的歷史（這兩個詞——空間和權力——都是複數形），從地緣政治的大戰略到居家環境的小戰術，盡在關照之中」（Foucault，轉引自Soja, 1995b: 14）。

當代理論中的空間與地方

正如紀登思（Giddens, 1984）所說的，瞭解人類活動在空間中分布的方式是分析**社會**生活的基礎。人際互動發生在充滿各種社會意義的特定空間中。例如：一個「住家」被區分為許多不同的生活空間，包括起居室、廚房、餐廳、臥房等，使用方式不同，其中活動的範圍也有不同的社會意義。因此，臥室是一個私密的空間，我們鮮少邀請陌生人入內，而起居室或客廳則被視為接待外人較合適的空間。

紀登思（Giddens, 1984）採用高夫曼（Erving Goffman, 1969）「前」與「後」區的概念，說明社會空間活動的基本差異。前區是公共「臺前」（on-stage）表現的空間，主要是那些程式化、正式並且被社會所接受的活動。後區則是那些屬於「幕後」（behind the scenes）活動的空間，主要是為公共表現作準備、或是稍做放鬆表現一些較不正式的行為和語言。將空間區分為前區、後區，或依照適當使用分為廚房、臥室和客廳，這樣的社會區分絕對是**文化的**。不同的文化以不同的方式設計住家的空間，並配置了不同的意義或適當的行為模式。

✎ 習作

請畫一張草圖：(1)房子；(2)工作場所。
請為其中的每個房間命名，並寫下：

• 通常發生在這個房間的活動；
• 這個房間的內涵意義；
• 這個房間的前區與後區的使用方式；
• 這個房間的性別化特徵。

時間地理學

　　社會文化的世界在空間組織成一個包含不同地方的區域，其中有各種不同的社會活動，例如：

• 工作的地方；
• 玩樂的地方；
• 睡覺的地方；
• 吃東西的地方；
• 購物的地方等。

　　由於當代生活的複雜性，我們必須跨越穿過這些空間與地方。時間地理學（Hagerstrand, 1973）透過物理環境，描繪人類的空間活動與路徑。追蹤多樣的社會活動，以及對人類空間活動類型產生侷限的物質與社會因素。正如羅斯（Gillian Rose）寫道：

　　　時間地理學追蹤每個人在時空中常規化的路徑，尤其對活動中物理、科技、經濟和社會上的限制特別感興趣。它聲稱能證明個人重複性行為所帶來不經意的結果，如何建構整體社會。（Rose, 1993: 75）

　　簡單的時間地理學也許包括，我搭火車由這個城鎮移往另一個城鎮，接下來走一小段路到達工作的地方，我穿越前門走進去，經過一個小走廊到我的辦公室，在那裡停留一小時。接著，我移往演講廳，再到餐廳，最後去圖書館。在回家的路上，我先到超級市場購物，再去戲院。這整個活動中，我遇到一連串的物理限制（距離、城牆

和交通堵塞）和社會期望（例如：聽我演講的人）。在這些活動中，我橫跨許多其他的人，包括學生、圖書館員和收銀員等，他們每一個人也有自己每天的時空路徑。

◸ 習作

請寫下你昨日一整天生活的時間地理（time-geography）。

時間空間

\# 追隨愛因斯坦的相對論，梅西（Massey, 1994）論稱，空間和時間不應該被視為分開的實體，兩者間其實相互交纏。

空間不是絕對的，而是相對的，因為空間的產生至少需要兩個質點。再者，時間是透過這些質點的移動所構成，而這些質點同時建立時間與空間。因此，並不是時間橫跨靜止的空間，兩者其實互相建構，我們稱之為時間空間（time-space）。原則上，時間空間是透過物體相互間的關係所組成。而社會空間也同樣透過社會關係和互動的同時存在而構成。從此觀點出發，梅西（1994）針對空間提出五項論點：

1. 空間是一個社會概念。
2. 社會是空間建構的。
3. 社會空間是動態而非靜態，由不斷改變的社會關係所建構。
4. 空間隱含權力和符號象徵的問題，也就是空間的「權力幾何學」（power-geometry）。
5. 社會空間意味著「一個同時存在的空間多樣性：相互橫切、貫穿、聯合、或相互矛盾與對立」（Massey, 1994: 3）。

空間和地方

目前為止，我們交互使用空間（space）和地方（place）這兩個詞，但通常有必要區分兩者的差別。紀登思（Giddens, 1990）以不在場與在場（absence-presence）的特性，區別空間和地方：地方是人與人面對面接觸的場域，而空間則是透過我們與不在場的他者間的互動關係而定義的。空間是一個抽象的概念，指的是一個空洞的或麻木的空間，有賴各種具體、明確和人性的地方予以填補。因此，家庭是我們固定與家人共處的地方，而信件或電子郵件則是使不在現場的人得以跨越空間相互接觸。另一

個不同的取向，西蒙（Seamon, 1979）將家這個地方視為是生理存在和社會儀式下的產物。然而，不在場與在場的區分法，雖然具參考意義，似乎還是有些粗陋，正如哈維（Harvey, 1993）所言，地方不僅只含括那些現存的事物，還包含了更廣範圍的隱含意義。

我們也許可以這樣區分空間和地方，後者的焦點在於人類經驗、記憶、欲求和**認同**。也就是說，地方是話語／論述建構的產物，是感情上**產生認同**或投入情感的對象（Relph, 1976）。

> 家……是空間中意義投入的實現，是我們為地方所做的一種宣示。它透過各種內部和外部的社會關係所建構，並持續地在他們的權力關係中轉變。（Silverstone, 1994: 28）

主要思想家

昂希・列斐伏爾（Henri Lefebvre, 1901-1991）

列斐伏爾是法國馬克思主義社會學者與哲學家，著述甚豐（譯按：六十多本書和三百篇文章），而且在「社會空間」這個概念的發展上具有影響力。這有別於將空間嚴格看作只具有幾何學上的意義，亦有異於將空間當成空洞的區域。列斐伏爾有三十年的法國共產黨員資歷，他對都市的分析，公認促成了從批判和馬克思主義觀點對於城市的重新思考。他討論一種城市政治經濟學的概念，將城市視為資本主義的產物。列斐伏爾檢視空間如何成為社會組織的元素，以及他如何被政府形塑並用來當作一種社會控制的形式。他認為房地產投資是一種「資本的第二迴路」（second circuit of capital），伴隨著作為主要迴路的工業活動。

建議閱讀：Lefebvre, H. (2000 [原書出版於1974]). *The Production of Space.* Translated by D. Nicholson-Smith. Oxford: Blackwell Publishers.

社會空間研究途徑

對馬克・戈特迪納（Mark Gottdiener）等人（2015）來說，都市社會學忽略空間的符號面向，亦即過去都市社會學者傾向於將空間看成是社會活動的容器而已。然而，空間不只包括行動，也構成了社會關係。作為都市研究「向列斐伏爾轉」（the Lefebvrian turn）的一部分，戈特迪納等人支持一種社會空間的研究取徑（sociospatial approach），將環境的符號本質與傳統因素如階級、種族、性別、年齡和社會地位整合起來。如此一來，空間變成人類行為的構成要素之一。此一社會空間

研究取徑也強調：與全球資本主義的連結、房地產業的行動、政府政策、發展的結構因素、都市與郊區居住空間的社會組織型態，以及文化的重要性。

＃如同書寫的文本，人們使用都市空間並在其中進行互動的方式，可能符合都市計畫或發展專家最初的規劃設計。但（同樣和文本一樣）人們可能以一種無法預測的方式，「閱讀」或使用這些空間。

習作

　　用社會空間研究取徑，拆解你家附近某一個重要的公共、私人或商業空間的發展及其當前的使用方式。

地方的社會建構

　　因此，最重要的是去探問：一個地方是透過何種社會過程所建構的？以下兩個例子足以回答：梅西（Massey, 1994）對性別空間的論點，以及恩則伍（Nkiru Nzegwu, 1996）對拉哥斯城（Lagos）的討論。

性別化的空間

　　性別是充滿權力關係的社會生活組織原則，因此性別化也存在於空間的社會建構。誠如梅西（Massey, 1994）所言，性別關係隨著空間而不同：空間是象徵性的性別化，而在一些空間中則自然排除特定的性別。

　　傳統西方空間的性別化，主要將「工作場所」和「家庭」的區別與「公」、「私」畫上等號。因此家庭被視為「私人」和女性的領域，而給薪的工作場所則被**解碼**成男性的公領域。家庭被投射為母親與子女不給薪的領域，隱含照顧、愛、溫柔和顧家的第二價值。相反地，給付薪資的工作地方則視為男性的領域，內含堅強（生理或心理）、嚴厲、同伴之誼和現實的首要價值。即使這樣嚴苛的空間地圖在性別關係的改變下已逐漸轉型，但大部分的文化符碼依然存在。

　　梅西指出，「女性流動性的限制，就空間和認同來說，在一些文化情境中是一個嚴苛的附屬手段」（Massey, 1994: 179）。她憶及小時候在馬其賽郡（Mersey）有大片的男生專用遊樂場，她為此感到震驚，因為她根本不曾真的去過那個地方，然而，她的確去過藝廊，但是在那兒屬於她的地方與男性有很大不同。對男性來說，高雅文化是一個可以窺視裸體女人畫像的領域。詭異的是，在今天，板球、橄欖球和美式足

球主要是（就算不完全是）屬於男性空間的男性運動。更可怕的是，特定街道、公園和夜店，隻身前往的女性不太安全，尤其晚上更是如此。因此，一些婦女發動的「收復夜晚」（reclaim the night）運動，這種運動的企圖基本上也是一種空間的實踐。

男性的現代主義

美學形式的**現代主義**的興起，與城市中的空間和社會組織息息相關。例如：現代主義中對**城市漫遊者**（*flâneur*）[1]的描述是，一個走在現代城市中不知名空間的人，對於街道上的商店、商品陳列、圖像和各式各樣不同的人感到錯綜複雜、混亂與困惑。梅西認為這些城市空間和現代主義者的經驗，都是男女有別的。**城市漫遊者**的經驗和現代主義的經驗都屬於男性象徵的公共空間，女性是被排除在外的（例如：林蔭大道和咖啡館），或者只准許男性消費的物品進入其中。因此：

- **城市漫遊者**是一個男性的身軀，行走在大部分女性被排除的空間中。
- **城市漫遊者**的凝視通常是色情的，將女性當成物體般注視。
- 現代主義畫作中的主角通常是女人，在空間上是透過一種「超然」（但並非不感興趣）觀點，以嘉惠男性感官的方式安排。

拉哥斯的多重空間

恩則伍（Nzegwu, 1996）對奈及利亞大城拉哥斯的研究是一個多層次的分析，引導我們注意空間與地方、城市與家庭都是藉由**階級**、性別、**人種**、**族群**、殖民主義、現代化、多國資本主義、城市規劃、軍事力量、政府介入，以及其他操弄符號或物質力量的方式所建構。因此，空間的分析顯示價值系統的存在和他們轉變性的影響。

根據恩則伍所言，拉哥斯不只是一個居住的場所，而是一個 *ile*（家），同時尤魯巴人（Yoruba）對於土地和 ile 概念的復甦，是瞭解當代城市特色的關鍵。ile 家的概念中心就是家庭，而尤魯巴人的建築風格是將家庭空間上的組織與水平組織的一家人相結合，並且包含強調親屬間廣大概念的重要性。土地被視為是神聖的，屬於整個家族，而不是如商品般販賣給出價最高的得標者。恩則伍認為，支援尤魯巴人土地概念的文化信仰鼓勵了都市空間「自由風格」（freestyle）的取向，由房舍、庭院和裝飾的牆壁所相連而成的大雜院，不同於嚴格規劃的西方城市空間。再者，尤魯巴人重視

---

[1] 譯註：「城市漫遊者」（*Flâneur*）是出現在巴黎的一個族群，以撰寫《巴黎的憂鬱》的波特萊爾為代表。*Flâneur* 的源頭是當時出身下層布爾喬亞階級的男性，遊蕩於彼時大量出現的城市公共空間，觀察人群，並從中追尋自我意義。

家族性的空間組織，而典型現代主義者劃分城市空間以區隔富者和貧者，這也是在尤魯巴人社群中完全看不到的。

後殖民城市

　　拉哥斯被併吞為大英帝國殖民地，導致帶有商品邏輯的土地法制度，以及殖民主義對於住房需求的解決方式表現出當地特有的種族主義：

- 將歐洲人與非洲人的居住區域分隔開來；
- 在住房建造的地點和設計上，著眼於瓦解尤魯巴人的家庭組織。

　　為「土著」所建造的房舍坪數很小，而且高密度的聚集限制了家庭的發展，避免了傳統庭院和建築物的擴張。尤魯巴人的空間組織是水平地分配男性和女性之間的權力場域；相反地，西方垂直式的建築象徵權力的秩序和兩性關係，按等級地劃分家庭空間，主人臥房和會客室可反應出對男性的禮遇，而女性家庭工作的場所如廚房，則安排在看不到的地方，與尤魯巴人的生活截然不同。

　　1960年奈及利亞獨立之前，拉哥斯早已被現代劃分的方式重新整頓，整個城市依人種被區分為不同的地區，包括低密度的歐洲區、高密度低品質的非洲區、巴西區和商業區。之後，當殖民主義的影響式微，歐洲區被奈及利亞的上層階級家庭進駐，並且依然保留殖民權力的外貌。

　　屹立在商業中心的現代化摩天大樓象徵著階級的優越地位，同時也在符號和物質上象徵著強勢多國資本企業的存在，以及他們在投資、貿易和商業上的特性。這些都受到軍事政府「發展」口號的推動。當然，在這樣的發展下有成功者、也有失敗者，因此在這些高度發展的建築物之間的重要空間，被窮人、市場商人和金融騙子所接管並互相爭奪。然而，1980到1990年代的經濟衰退，使得階級間的對立擴張、犯罪行為增加，富人的土地房屋周圍也築起了城牆。

女孩回擊

　　這一口號被噴漆在一座公共的天橋上，靠近一所菁英私立男校。這可以被解讀為將空間性別化嗎？作為一種政治策略，你對這個訊息有無效果的看法為何？

城市作為地方而存在

＃空間是社會關係的建構和實踐，顯露出文化假設和實踐。

　　西方對於城市生活的學術研究，實際上與後來出現的現代社會科學，尤其是社會學的學科相連接。社會學三大家，涂爾幹（Émile Durkheim）、馬克思（Karl Marx）和韋伯（Max Weber）將都市化視為是資本主義工業化的主要特色，並對此抱持相當矛盾的態度。

　　涂爾幹希望都市生活能成為創造力、進步和新道德秩序的空間，但也擔心它成為道德淪喪和社會混亂的地點。對韋伯來說，都市生活是現代工業民主的發源地，但同時卻也危及工具理性並成為官僚制度組織下的「牢籠」。馬克思則一方面將城市視為進步的象徵，以及資本主義所帶來生產量激增。可是另一方面，他也認為都市是貧窮、冷漠、骯髒卑鄙的地方。對於都市生活看法較為正面的現代主義者是齊穆爾（Georg Simmel），對他來說，城市是現代主義美感的發祥地，同時也是逃離傳統控制的地方。簡單來說，城市可被視為是**現代性**的產物和象徵，而涂爾幹、韋伯和馬克思等人對現代性所懷抱愛恨交織的看法，則彰顯著現代性本身〔所代表的複雜意象〕

（見第6章），有如雅努斯的臉（Janus-face）[2]。

鄉村文化研究

本章回顧文化研究如何發展成一種現代、都市中心的方案。不過，在文化史、文化地理學和文化研究的跨領域研究中，近年來已顯露對鄉村文化研究（rural cultural studies）的興趣（見Carter et al., 2008）。都會研究者眼裡的鄉村文化的特徵，通常是以其相較於都市文化的「欠缺」。然而，鄉村文化研究對此表達異議，尋求探索鄉村文化的特殊性和複雜性，包括其生產、消費和參與的型態。

一般而言，鄉村文化研究探索鄉村地區多樣的日常生活實踐，以及鄉村生活在更廣大的全球網絡中的地位。比方說，澳洲鄉村地區既有文化與移民文化的融合，引發有關地方、認同、社區，以及全球化媒體在鄉村地區的地位等一連串問題。同時，鄉村文化研究尋求質問和鬆動城鄉二元對立的分類本身。鄉村文化研究者也對討論鄉村文化時使用的語言有興趣，以及它在更寬廣的文化形構裡扮演的角色。比方說，「the bush」這個被用來描述人煙稀少的大片未開發土地的語彙和形象，在澳洲國族認同裡是個意義重大的神話，而且也確實是反映了全世界更廣泛的拓殖者／殖民者的意識形態。

芝加哥學派

將城市研究發展成一個特定研究領域，乃是出於齊穆爾的學生派克（Robert E. Park）、芝加哥學派的伯吉斯（Ernest Burgess）及沃斯（Louis Wirth）等人的貢獻。他們採取一種功能主義的「都市生態」（urban ecology）研究取徑，其中同心圓的都市區域是互相爭奪、侵犯、改變的領域，直到建立新的平衡秩序。

伯吉斯（Burgess, 1967）的「理想類型」城市是由中心商業區（Central Business District, CBD）呈放射狀往外擴張而來，每一個隨之形成的區域都進駐特定種類或階級的人與活動。當我們由中心商業區往外遷移時，我們穿越：

- 一個轉變中的區域；
- 一個工人階級房舍的地區；
- 一個高階級房舍的區域；
- 一個聚集通勤者的衛星城鎮地區。

---

[2] 譯註：羅馬神話裡，堅納斯（Janus）是一個頭部有前、後兩張臉的神祇，同時看著兩個相反的方向。

　　實際上，許多社會階級團體是透過薪資來分配居住的區域。即使伯吉斯原本是透過芝加哥學派的架構來建構其主張，但他的城市地圖被用來作為城市成長的通用模式，特別是「每一個內部區域都有藉由入侵鄰近外部的區域來擴張其範圍的傾向」（Burgess, 1967: 50）。即使使用一些如入侵、接替等語言，並將區域的轉變視為混亂和惡化，伯吉斯基本上對於都市生活仍是抱持樂觀的態度，將它視為不可避免的進步過程。

　　沃斯傾向以文化的角度，而非生態學的觀點來檢視都市生活，主要將都市生活認為是一種生活的方式和社會生存的形式。他對都市生活的文化和生活方式的多樣性感興趣，他認為當人們失去了對「地方」的意識和固定的社會關係後，那增進了客觀性和流動性（社會與空間）。

　　根據沃斯的看法，都市生活主要是有一大群人緊密地居住在一起，卻又沒有真正地認識對方。他們得處理工具性的交易，並與這些偶遇的人擦肩而過。這造成膚淺、短暫且競爭的關係，以及一種疏離和無力感。然而，沃斯也指出城市居民透過生活方式、**文化**和種族與其他人建立關係。此外，所謂的「社區研究」（community studies）認為，城市建立了社區的範圍，或說是緊密社會關係的都市村莊，例如：在波士頓的義裔美人，以及在倫敦的工人階級地區（Young and Willmott, 1962）。

習作

　　請影印一張你居住城市的地圖。使用符號和你自己的文化知識，標示出以下地點：

- 住宅區的社會經濟類別；
- 主要的購物區；
- 主要的工業區；
- 主要的商業區；
- 主要的休閒活動區。

你的城市是否符合芝加哥學派的分類？如果不符合，它的不同之處為何？

對都市研究的批評

　　早期的都市研究有許多問題存在，主要有：

- 功能主義和假科學。
- 將美國城市（特別是芝加哥）過度同化到其他地方。

- 都市生活的高度多樣性不是生態學模式所能理解。
- 強調你所居住的**地方**是決定你**如何**生活的主要影響因素，因此空間決定了文化和經濟。

　　因此，甘斯（Herbert J. Gans, 1968）強調形塑生活方式的重要因素不單只有人們生活的地區，更主要的是他們的社會階級和在「家庭生命週期」中的位置。

政治經濟學和全球都市

　　哈維（Harvey, 1973, 1985）和柯司特（M. Castells, 1977, 1983）的著作中強調空間的結構和再結構，可被視為是經過工業資本主義擴張所創造的環境。他們認為城市的地理空間不是「自然力量」下的產物，而是來自於資本主義創造市場和控制勞工的權力。

資本主義和都市環境

　　資本主義企業鼓吹**商品化**與開發新市場，使他們對位置的問題和比較優勢（comparative advantage）格外重視。低廉的勞工成本、軟弱的工會力量和稅務上的讓步，使公司特別中意某些地區來設置工廠、建立市場和發展商業活動。同樣地，為了尋找其他替代的投資方式，加上特定的市場狀況與政府干預，使一些經濟區域（也就是一些地方）能夠獲得青睞。

　　對哈維來說，政府在資本主義的再生和都市環境的形塑上是一個主要的角色。例如：冷戰時期郊區的擴張，其主要原因一部分是由於：

- 對房屋所有人和建築公司的減稅措施；
- 銀行／信用合作社建立的借貸手續；
- 再加上設立交通工具、電訊傳播和福利基礎建設。

　　對柯司特來說，這些房舍、學校、交通運輸服務、娛樂設施和福利規定都是來自資本主義中「集體消費」的一個面向，同時都市環境的創造是有益於商業發展的。

　　城市被視為是資本主義所引起階級鬥爭的場域，主要是搶奪空間的控制和資源的分配。對哈維和柯司特來說，程式的重新組織是資本主義以全球規模重組的一個面向。哈維（Harvey, 1989）指出，全球經濟衰退加速了世界經濟活動**全球化**的復興，包含生產和消費交易額的激增。透過資訊和傳播科技的使用，創造出一個嶄新的**後福特主義**的「積累政權」（regime of accumulation）（見本書第5章）。

根據拉許與厄里（Lash and Urry, 1987）的描述，資本主義以全球規模的重組，是一個「解組織化的」（disorganized）資本、資源和人口的全球流動。他們指出，透過全球化的生產、資金流動和運輸配送，讓資本變得更為去集中化。同時，西方經濟體經歷了採掘／製造部門的衰退，一連串服務階級的出現，使得主要工人階級的規模相對縮減，這些都對城市的結構產生衝擊。

全球都市

在這個脈絡下，都市空間的再結構可經由全球都市的出現和都市復興中的「文化」空間來探究。**全球都市**（global city）的根本概念是指都市化的世界和全球經濟被少數的中心所支配，這些中心是逐漸分散的經濟活動的指揮和控制點。這些中心包括倫敦、紐約、東京、漢城、洛杉磯、法蘭克福、巴黎、新加坡，它們的重要性不是因為人口數和商業交易量，而是因為落腳於此地的重要人士和活動。換句話說，它們是聚集、分配和運作資本的重鎮，在此，資訊和制定決策的功能遠比面積大小來得更重要。

根據克拉克（David Clarke, 1996）指出，全球都市的形式和出現背後有三個主要原因：

1. 全球資本機構在數量和範圍的成長。
2. 資本在地理上的集中。
3. 透過電訊傳播和交通運輸，延伸全球化的領域。

財務金融和銀行業是使城市成為全球重要性地位的重要面向。例如：雖然英國的製造業地區對全世界來說相對很小，但倫敦卻是世界城市，因為它是全球市場金融服務提供者的主要中心。在紐約之下，也許主要的金融中心就是倫敦，它有全世界最大的股票交易中心，同時世界前一百大銀行全都在那裡。

東京的全球地位主要是植基於其學術導向和政府保護的微電子產業，以及它先進的彈性生產方式。在這成功的背後，東京之所以發展成為商業中心主要是透過將聚集的資本作跨國性的運用，對鄰近的亞洲經濟體（如韓國、臺灣）進行外銷，對歐洲和美國等國家則以投資車子和電子業的方式進行。

後工業全球都市

莎森（Sassen, 1991, 1996）探究空間的多樣性，決定了當代後工業全球都市中都市形式，例如：紐約、倫敦和東京。這包含成長快速的中心商業區、**後工業**地區和種

族空間的消退。中心商業區中快速成長的公司同質性和都市形式，也就是移民社群的多樣性之間的衝突，顯示出權力如何在都市風貌中展現。「一個代表科技進步和國際性文化，另一個則處於經濟和文化的『落後狀態』（Sassen, 1996: 24）。」當然，所謂的「進步」和「落後」是一種相對的概念，以及再現的效應。正如莎森所強調，所謂的「落後狀態」是城市中經濟和文化生活中一個很重要的部分，並且與那些自稱「先進」的區域緊緊地糾纏在一起。

資本主義日漸全球化的趨勢，提高了對「全球都市」指揮、控制和協調中心的需求。在紐約、倫敦和東京市中心，在空間上和建築上高成長率、高密度的辦公處發展可以證明上述情況。這些由大型跨國企業辦公處所構成的中心，需要供應商、轉包商和顧問公司等所提供的服務。因此，在這些指揮站周圍，發展出其他層級的經濟活動，包括一些小公司和個別種族社群的勞動力，這些種族社群在生理上和文化上代表了另一層面的全球化。因此，在地區性非正式的（例如：不受管制的）經濟活動中，引導某部分全球經濟活動的擴張（Sassen, 1991, 1996）。

城市的符號經濟

哈維和莎森主要專注於政治經濟學，而佐京（S. Zukin）則探究城市在**符號**和**再現**的面向。

> 「誰的城市？」這個問題所顯示的不只是職業政治學的面向而已，還包括誰有占據城市主要形象的權力。當不同的社會團體互相競爭近用城市的中心，以及爭奪城市中心的符號再現時，通常與實際的地理策略有關。（Zukin, 1996b: 43）

對於城市的符號經濟的疑問，主要集中在以下三個根本的議題上：

1. 社會團體的再現和「解讀」兩者間的關係，標示出容納性和排他性。例如：特定的地區、街道、公園或建築物在符號上，標示出都市區域的劃分和社會規則的物質化。因此，在北美城市中，中心商業區高聳的企業建築暗示的訊息是窮人、黑人和拉丁美洲人被「排除」在外。
2. 經濟的再發展，包括由碼頭和運河地帶轉移到購物中心或娛樂地區，表示在物質經濟力量中，符號經濟的角色。
3. 再現於地方組成中的角色，藉此活躍的符號經濟吸引投資者，並賦予特定城市不同於競爭者的相對優勢。

\# 空間和地方是透過資本投資的綜效，以及結合識別與認同的文化意義所形成。

　　佐京（Zukin, 1991）指出，基於都市地區相較於郊區長期的衰落、金融投資的擴展、文化消費的成長、「種族移民」的增加，以及**認同政治**（identity politics）的行銷，城市符號經濟學的重要性日漸增加。因此她建議，我們在瞭解城市時不能不考慮以下幾點：

- 城市如何利用文化作為經濟基礎；
- 文化的資本化如何湧入私有化和軍事化的公共空間中；
- 文化的力量如何與恐懼的美學相關聯（Zukin, 1996a）。

文化經濟學

　　文化在許多方面扮演經濟的角色：

- 它是一個城市的**品牌**（branding），和許多「財貨」連結在一起。例如：電影再現紐約的天際、波士頓中美國革命時的協商會議室、雪梨的雪梨大橋、歌劇院和海港、佛羅倫斯的藝術文化、倫敦的「議會之母」、東京高科技的霓虹燈。
- **文化產業**（culture industries），包括電影、電視、廣告公司和音樂工業，都為城市添加魅力，帶來直接的工作機會和其他的經濟利益。
- 城市中的博物館、餐廳、商店、戲院、夜店和酒吧，為商業集會和觀光事業提供了歡樂的**消費空間**（consumption spaces）。例如：巴黎之所以為「世界城市」不是因為它在製造業或金融業的影響力，而是它的建築歷史和美食名聲吸引了國際會議和國際組織總部的設立。

　　佐京上述討論聚焦於北美城市。然而在歐洲的情境下，都市再結構的文化地區也同樣顯著。例如：英國的伯明罕市企圖移轉它內部的權力中心和公共空間，使它能回歸世界和歐洲的符號文化和經濟秩序中。在此城市所召開的八大工業國高峰會、1998年歐洲歌唱大賽（Eurovision Song Contest），以及它的國際會議中心（International Convention Centre, ICC）和運河開發區，都顯示出它的成功。同時，它其中的策略是在城市中貼滿「伯明罕歡迎全世界」的標語。就如霍爾（Tim Hall, 1997）所言，伯明罕的再次發展證明了「次要」地區使用文化策略以贏得投資的戰略。

　　伯明罕的策略包括藉著科技的卓越、名聲，以及重點展示時表現出的現代化設計和專業精神，打開一連串壯觀的「一流」空間，包括了國際會議中心、商店、餐廳和

環繞河渠港灣的水道以及交響樂廳的文化象徵，表現出古典音樂的高尚文化世界和精采的表現。因此，「這個城市想像自己是特定的文化空間，是那些高尚文化、國際性文化和景象的空間」（Hall, 1997）。隨後，伯明罕試圖將這些話語／論述透過媒體傳播，將城市的認同與轉變過程、未來的殖民化相連接（Hall, 1997: 215）。

文化的空間化

洛氏（Setha Low, 2014）論稱，透過空間和地方的視角研究文化與政治經濟學，提供了一個有利的工具，得以發現物質和再現的不正義，以及各種形式的社會排斥（social exclusion）。她特別感興趣的是社會空間排斥的系統，例如：

• 物理性的圈地，限制誰可以進退出諸如有著圍牆和門禁的空間；
• 監控策略，例如：警察、私人保全和錄影監控，可能因為種族因素而讓有色人種無法進入的空間；
• 財產的私有化；
• 限制進入與使用的各種法律和治理工具。

援引列斐伏爾的著作（Lefebvre, 1991），她認為歷史可以同樣的方式照亮文化變遷的狀況，後者被不正確地視為歷久不變的，而空間的研究能夠導引我們關注被認定為一成不變，甚至被視為「自然的」或「一直都是這樣」的社會和空間安排。洛氏的**文化空間化**（spatializing culture）概念強調一種多重的過程——社會生產、社會建構、身體化和話語／論述實踐——從而發展出一種關於空間和地方的人類學分析。

個案研究：種族歧視的立交橋

關於社會空間排斥的一個惡名昭彰的例子，是（紐約市）布魯克林區被稱作「種族歧視立交橋」（racist overpasses）。羅伯・摩西（Robert Moses），這位深具影響力與爭議性的二十世紀中期紐約市的都市規劃建築師，在長島區的公園大道上蓋了很多立交橋，而這些立交橋因為高度較低而無法讓公車通過，只有私家轎車才可以通過並抵達瓊斯海灘島，這意味著只有少數買得起轎車的人才能通行；在摩斯的時代，這等於是只有白人才能通行。摩斯的傳記作者辯稱，這種設計的特性是刻意的，反映了這位都市規劃建築師的社會積極偏見和種族偏見（van de Poel and Royakkers, 2011: 199-200）。

伯明罕的運河港

- 這是英國伯明罕在都市更新後的運河港照片，都市規劃師試圖達成什麼？出於何種目的？

- 請找出伯明罕與運河在工業革命的角色，為何遊客會想造訪此地？

請從旅遊手冊或網路上查詢以下這幾個城市：

- 北京：
- 柏林：
- 開普敦：
- 倫敦：
- 紐約：
- 巴黎：
- 舊金山：
- 聖保羅：
- 雪梨：
- 東京。

■上述城市各有哪些與其密切關聯的文化符號（cultural icons）？

■這些符號個別的內涵意義為何？亦即透過這些文化符號，這些城市希望我們如何瞭解它？

創意產業

　　自1990年代晚期以來，「創意產業」（creative industries）這個概念橫空出世，提倡一種用文化來促進都市經濟發展的策略。其新理念是將文化、商業和工業活動整合在一起，以更好地促進其創意的發展潛力。「創意產業」一詞，首見於1997年贏得大選的英國工黨政府，此後被廣泛採用於世界各地（Jones et al., 2004）。

　　英國政府的「創意產業工作小組」（Creative Industries Task Force）將創意產業定義為「根源於個人創造力、技能、天賦的那些產業，透過智慧財產的生產與利用，具有創造財富與就業的潛力」（Department for Culture and Sport, 1998）。這個工作小組也將十三類產業納入這個集合的創意名詞之內：廣告、建築、藝術和古董市場、手工藝、設計、時裝設計、電影與視訊、互動娛樂軟體、音樂、表演藝術、軟體和電腦服務、電視與廣播。另有一些衍生的詞包括「文化產業」（cultural industries），旗下包含文化觀光、歷史遺產、博物館、圖書館、運動與休閒，以及「創意群聚」（creative clusters），意指特定產業或部門相互連結的公司和機關朝地理上集中化發展的現象。

　　創意產業支持者認為，創意產業是先進工業化經濟體從貨物和服務生產，轉向思想和知識生產的一股強大力量。他們也論稱，文化創意產業可同時帶動社會和文化發展，甚至重新活化先前邊緣化的文化生產類型（Cunningham, 2004; Matheson, 2006）。

創意階級的興起

　　有兩本書已躍為創意產業的宣言：學者佛羅里達（Richard Florida）寫的《創意階級的興起》（*The Rise of the Creative Class*）（2002）[3]，以及政策制定者查爾斯・蘭德利（Charles Landry）和法藍科・比昂契尼（Franco Bianchini）合寫的《創意城市》（*The Creative City*）（2000）[4]。佛羅里達與蘭德利都已成為成功的都市經濟發展顧問。佛羅里達（Florida, 2002）指出，當代城市必須吸引新興的「創意階級」，他認為這批人是經濟發展的主要推手。根據佛羅里達的說法，未來的成功城市和區域將會是「三T」最豐沛之地：科技（technology）、人才（talent）和容忍（tolerance）。大量創意人才據說是至少和科技基礎同等重要，皆可驅動都市和區域發展。根據佛羅里達的觀點，一個城市的文化氛圍和科技勞動市場一樣重要，皆可吸

---

[3]　譯註：該書中譯本為《創意新貴：啟動新新經濟的菁英勢力》，譯者鄒應媛，臺北：寶鼎。

[4]　譯註：該書中譯本為《創意城市》，臺北：馬可孛羅。

引創意人才進駐。他論稱，文化容忍程度可吸引創意人才，而創意人才又可刺激科技創新並促進經濟增長。

然而，批評者認為創意產業的概念已被過度膨脹，並且對它是否真能成功地刺激經濟增長有所懷疑。有人更批評，佛羅里達的明星地位和創意產業概念的全球化，是標榜英美敘事卻忽視在地情境（Gibson and Klocker, 2004）。一些人也論稱，創意驅動力敵視傳統郊區家庭生活風格，因為它將經濟發展連結於另類生活風格（alternative lifestyles）（Kotkin and Siegal, 2004）。批評者也認為，保守的經濟正統造成並擴大階級、種族和性／別之間的社會經濟不平等，但創意產業對此少有撼動。佩克（Jamie Peck, 2005）特別嚴厲批評佛羅里達，認為他提出的方案實際上是鞏固新自由主義造成的不平等狀況，但卻幫忙塗脂抹粉，給它穿上一個軟性、文化和容忍的虛飾。比方說，創意產業是私營企業部門的一部分，對重建傾頹中的公共文化空間，少有貢獻。

公共空間的私有化

佐京（1996a）對公共空間私有化所舉出最主要的例子，是公共公園的革新和轉型。西方主要城市中的公園和廣場，通常建於十九世紀時期，是一個讓市民可以聚會、散步、談天和參與公共文化的公民近用場所。這些集體的空間主要是為了慶祝公民成就而創造的，就如同紀念公共名人的紀念碑。今日，有些人則認為，這些空間已式微，公共聚會、公共文化和**公共領域**的新舞臺則位在私有的商業空間中——私人公園、購物中心和刺激主題世界。這是許多因素結合下的產物，包括：

1. 城市政府沒有能力或不願意資助和維持公共空間。
2. 察覺到周遭犯罪率的提升，特別是公眾攻擊和搶劫（通常和種族間的緊張對立有關），使得每日恐懼的程度增加。
3. 娛樂工業增加，私有保全和娛樂公司逐漸參與「公共」空間的管理。

佐京（Zukin, 1996a）同時也舉出其他數個例子，包括紐約的布萊恩公園，原來是一個繁榮的公共空間，目前已經由吸毒者、遊民和窮人所占據，成為一個骯髒危險的區域。在私人資助的修復公司贊助下，公園已「打掃乾淨」和重新設計。引進娛樂活動、限制開放時間，並設立保全巡邏警衛以監視公園。這個方案與其他類似的方案成功地創造「安全的」公共空間，它相當受到歡迎，並在一天中的特定時段非常熱鬧。同樣地，這樣的結果也使得公園轉而在視覺和空間上成為中產階級公共文化的再現，主要由白人上班族所占據。

私人精英的公共文化

佐京關注的是公共文化，受到私人部門的菁英所形塑。這造成三個問題：

1. 只有特定有利益的地區才會被發展，也就是那些有潛力增進房地產價格或零售業發展的地區。
2. 透過保全制度來控制這些「公共」空間的近用，同時也明確地排除「不受歡迎的」社會團體，也就是那些都市窮人，其中更是過分強調有色人種。
3. 透過大量的人口流動和有助於商業發展的符號文化，例如：購物中心和主題樂園，企圖控制全部的環境。因此，「迪士尼樂園（Disneyland）和迪士尼世界（Disney World）是二十世紀末最重要的公共空間。他們超越種族、階級和區域認同，並根據美學差異和恐懼控制，提供了一種全國性的公共文化」（Zukin, 1996a: 49）。

迪士尼：幻想和監控

迪士尼的景觀提供了一個多媒體的經驗，再現出對觀光客的吸引力和符號性嚮往的生活方式。這是一個「公共」文化，在保全制度的情境下，充滿禮貌和社會互動，而且沒有槍械、遊民和毒品。迪士尼中理想和夢幻的「美國大街」（Main Street USA）[5]，藉著恐懼的移除，透過符號和想像的形式呈現給我們都市生活的愉快面向，卻和「真實」的紐約街頭相距甚遠。迪士尼世界則透過私人的管理、地域的控制，以及刺激／仿真的視覺文化，成為公共空間的新模式，並受到許多購物中心的仿效。對佐京來說，迪士尼世界之所以重要，是因為它堅定並鞏固了文化成為商業和社會控制形式的重要性和力量。它利用意義的形式，透過視覺意象和實體空間的控制來操縱社會的多樣性。

為迪士尼世界答辯的人，所持理由基於它是一個安全、被保護的公共空間。然而，受布希亞影響的評論者則批評它的超真實和瓦解真假的概念（反而頌揚虛假）。其他人則辱罵迪士尼世界太過現實，他們使用自己的條例、語言、規範、保全人員、甚至於環境清潔人員，藉此全盤控制空間。大部分的員工都是相對低廉的勞工，並且必須服務不斷增加的區域（Zukin, 1996a）。這些爭辯紀錄了當代生活的後現代化

---

[5] **譯註**：仿造一百多年前的美國景觀所建，一草一木均有相當古味。對參觀遊客而言，美國大街是進入迪士尼各主題園區的第一站，因此又有「時光隧道」的效果。美國大街也是迪斯尼擁有最多服務設施、商店和餐飲的區域。除此之外，此地更是觀賞迪士尼花車遊行的最佳地點。http://www.geocities.co.jp/SilkRoad-Desert/2526/La/Disneyland.html

（第6章）。

後現代城市

> 後現代都市化的過程可以這樣定義，亦即它簡要描寫出二十世紀最後
> 二十五年的城市主要變化。（Soja, 1995a: 60）

正如華森和吉布森（Watson and Gibson, 1995）的評論指出，世界上每一個城市都有某些程度上的**後現代性**。然而，對索雅（Edward W. Soja, 1989, 1995a）來說，後現代都市化的「典型」案例是洛杉磯，表現出「異常強烈」的都市再結構過程，而且有著「廣泛生動」的變遷。

後現代都市化

索雅認為，後現代都市化並不表示都市景觀完全轉型至全新的景象，後現代的城市還是會延續過去。另一方面，後現代的概念代表的「不只是零碎改變的事物」。索雅強調我們可以看到洛杉磯城市中六個互相交纏的過程和關係，產生出一個複合的後現代都市地理狀態。主要如下：

1. **由福特主義到後福特主義的都市化**：由福特主義移往後福特主義（見本書第5章），包含由原本大量生產和制式化財貨的消費轉移到針對利基市場彈性專門化的少量生產。對索雅而言，它包含了去工業化和再工業化的過程，造成在都市經濟基礎上戲劇化的轉變。洛杉磯再工業化的構成是透過高科技工業的發展，包含航太工業和電子業（座落在舊有商業區域之外），以及低技能、勞工密集和設計密集產業的成長。這些產業原來是集中在市中心，現在已逐漸分散到都市景觀之外。此外，金融、保險和房地產事業的成長是洛杉磯後現代再結構的重要標識。同時，這些發展不只在洛杉磯的經濟基礎上重新組織，也擴及至住宅區，包括市中心的空心化和郊區的都市化。

2. **全球化和世界城市的形成**：洛杉磯是世界城市中最明顯的例子，由於是金融／貿易中心，吸引全球特別是來自日本的投資。它同樣也是「世界城市中人口文化異質性最高」的地方（Soja, 1995a: 130）。由原本百分之八十的盎格魯人（Anglo）[6]，到現在至少三分之一是在國外出生的外國人，他們許多是廉價、組織鬆散的勞工，為

---

[6] 譯註：美國西南部北歐裔英語系美國人。

洛杉磯經濟成長重要的主幹。

3. **去中心化和再中心化**（recentralization）**的結合**：根據索雅所言，後現代城市的都市形式與原來的事物是完全不同的。他強調它已不再符合芝加哥學派的同心圓模式，甚至是近期由中心商業地區所構成「分散的都市中心」，一個城市內部的貧窮地區和一連串蔓生的近郊住宅區。再者，當這些地區繼續存在，後現代城市就一再顛覆他們。原本位在「城市內部」的貧窮區不再需要真的位於實體的城市中心，而近郊住宅區逐漸成為工業發展新形式的地點。這是工作、可負擔的房舍、交通運輸系統和種族／人種區分界線的再結構和重新分配的結果。

4. **社會碎片化、隔離和兩極對立的新形態**：後福特主義、去工業化、全球化和城市空間地理的再結構，與都市生活社會結構的改變有關，包括社會碎裂、隔離和兩極對立的新形態。對索雅而言，這包含了社會、經濟和文化上逐漸增加的不平等。一個複雜新式的社會萬花筒，將藝術、商業和政治帶向創意的跨文化結合，但也同樣帶來了更強烈的絕望、貧窮、犯罪和暴力。特別是社會景象中出現逐漸增大的管理階層技術官僚、日漸縮小的中產階級、遊民、社會救濟者和廉價勞工的數量，則不斷成長。

5. **越來越「監禁」**（carceral）**的城市**：後現代萬花筒般的城市已漸漸變得難以管理，造成財產土地上築起城牆、武裝的警衛、有巡邏的購物中心、監視錄影機和鐵絲網圍牆，所有的目的都是在防止犯罪、暴力和種族差異所帶來的威脅。洛杉磯中幫派和員警之間的地盤衝突相當顯著，後者配有最新的控制科技。然而，索雅也指出地方上逐漸增加的**政治**，包括在當地市政的議題上引起廣大鄰里的參與。

6. **牽涉超真實和擬象興起的新形式或法規**：索雅對後現代的主張最明顯的是社會控制的新形式、或法規模式的出現，主要由「都市意象」的轉變所構成。這是新的**認識論**，意象和真實之間的關係模糊不清、甚至解構。最明顯的例子是超真實（hyperreal）或**擬象**（simulacrum）日漸增加的重要性。索雅強調，好萊塢或迪士尼樂園超真實的產物已不是新的東西。新的東西是將超真實擴散傳播到平日正常的生活中，最明顯的就如媒體造勢專家（spin doctors）、虛擬實境（virtual reality）、賽伯空間（cyberspace）、「聲刺」（sound-bites）[7]和流行文化等字彙。

---

[7] 譯註：「聲刺」指候選人用幾秒鐘說一句吸引媒體注意甚至大幅報導的辭令或口號，吸引選民注意，營造自身的有利形象。

迪士馬樂園

〈無題〉，SMC[3], 2006

　　這個由木頭雕刻的米老鼠剪影，是雪梨街頭藝術家SMC[3]的系列作品之一。
- 藝術家對米老鼠這個高度商業化的迪士尼形象人物的重新改作，可能有什麼樣的效果在裡面？

　　在2015年，英國街頭藝術家班克斯（Banksy）策劃了一個名為迪士馬樂園（Dismaland）的反烏托邦主題樂園藝術展，展示破爛令人毛骨悚然的仙杜瑞拉城堡，以及一群狗仔正對著翻覆馬車裡死去的仙杜瑞拉公主猛拍照的場景。
- 街頭藝術家對迪士尼品牌這麼有興趣，你覺得是什麼原因？
- 班克斯會說迪士馬樂園展示的作品並非街頭藝術，因為後者「就像其他任何藝術運動，只是一樣讓人放心地白種的、中產的和缺乏女性的」，你覺得他是表達什麼？

都市變遷：郊區和邊緣城市

　　索雅企圖攀爬至隱喻的山巔上的高度，來描繪整座後現代城市。他處理全球化的語言和總體經濟的再結構。然而，改變的模式可透過都市研究中更在地的語言，以城

市內部、近郊、仕紳化（gentrification）[8]和邊緣城市等字彙來瞭解。

　　「現代的」英美城市通常會以貧窮、非白人的城市內部區域來討論，這些區域隨著中產階級所主導近郊的成長而衰退。這很典型地包含由城市移往郊區「白人遷徙」的程度和城市內部的空心化，因此最極端的如美國底特律市，有一個貧窮的黑人區，整個區域沒有水電等基礎服務設施。在世人的想像中，這些是危險的地方，充斥幫派混戰、毒品泛濫和犯罪行為。

　　索雅認為近郊已成為工業活動的地點，而所謂城市內部的貧窮區已擴張跨越整個都市景觀。再者，城市內部的某些地方，特別是遭受去工業化的地區，已被那些受惠於碼頭區復興的中產階級團體所接收，或拿來作為「高層生活」（loft living）的享受（Zukin, 1988），也就是仕紳化的結果，包含房價的攀升和以「受大學教育世代」的生活方式為基礎所產生的文化活動，結果取代了低收入的族群。

　　邊緣城市（edge cities）是居住和工作的都市地方，由已發展城市的外部邊緣成長。通常有中產階級近郊住宅區的特色，邊緣城市所出現的空間沒有特定的名稱，或直接的當地政府結構。為了要反抗合併入既存的地區，這些美國的邊緣城市准許中產階級達到、或至少遊說低稅率和減少公共行政機構的政策，包括當地政府的私有化。那些邊緣城市不只是近郊住宅區，還是工作的地區，而經濟活動就佐京而言，對美國邊緣城市的發展相當重要，這象徵：

> 　　一個主要的城市與其郊區間的意義翻轉。直到最近，我們認為城市是經濟的心臟地區，它的富裕孕育了周圍、從屬的地區性文化。……即使在最醒目的文化再現中，也無法想像郊區能夠與城市相抗衡，成為一個生產財富的來源，一個經濟權力的地景。（Zukin, 1991: 135-136）

主要思想家

愛德華・索雅（Edward Soja, 1935-）

　　愛德華・索雅是加州大學洛杉磯分校的都市計畫教授，他的著作聚焦於洛杉磯的都市更新，以及更廣泛的城市與區域的批判研究。他的著作結合政治經濟學與批判的文化研究，通常被認為具有後現代主義色彩。他特別有興趣的是階級、種族、性／別、性意識如何與社會生活的空間交互作用，創造出差異與身分／認同的文化政治。他的書寫聚焦於社會科學家和哲學家思考空間、時間和地理的方

---

[8]　譯註：又稱高級化、縉紳化。意指將窮人住的地區以都市更新名義，改建為高所得者（仕紳階層）所居住的地區。

式。

建議閱讀：Soja, E. (1989). *Postmodern Geographies: The Reassertion of Space in Critical Theory.* London: Verso.

都市騷亂

　　這種都市轉變在美國很典型，某些程度上在英國和澳洲也可以見到，被一些批評者批評是受到專業化管理階層的中產階級和大型企業所驅使。這加速並增強了社會分裂，主要是由於放任「下層階級」成為廣大失業人口、毒販、窮人和遊民所致。這樣的都市暴動在1980年代的英國（利物浦的吐克斯〔Toxteth〕、伯明罕的漢茨華斯〔Handsworth〕、倫敦的布里斯頓〔Brixton〕與托特罕〔Tottenham〕）和1992年的洛杉磯都出現過。

　　當大多數人的印象都認為都市動蕩，主要起因於內部城市的黑人和拉丁美洲暴民，但麥奎根（McGuigan, 1996a）卻指出，牽涉其中的主要都是來自都市邊緣地區勞工階層的白人。每個事件中，城市必須被視為是一個競爭的場域，伴隨著都市動蕩，因此在**監視**和控制手段上必須不斷增加。此外，戴維士（Mike Davis, 1990）在他的《石英城市》（*City of Quartz*）一書中生動地描寫洛杉磯的典型事件，他對洛杉磯的觀察主要有以下幾點特色：

- 一個建築在日落的迷思和舒適生活的城市。
- 財產和土地價格是主要的動力和社會價值。
- 快速的人口成長和郊區化。
- 基礎建設的衰退、環境汙染與其他問題的產生。
- 冷漠自私的中產階級，傾向減稅和減少公共開支。
- 腐敗的政治體制，即使已區分種族並日漸分裂，卻仍然握有相當大的權力。
- 在日本資本的支配下，洛杉磯逐漸有世界都市的影響力。
- 社會和經濟的分裂、貧窮問題、低廉的薪水和都市動蕩的情形不斷升高。
- 黑社會的犯罪與高科技的警力。
- 通勤地區和都市荒原。
- 嚴重的種族分裂和種族歧視。
- 充滿種族歧視的警方，投入一項持續但嚴重錯誤的「向毒品宣戰」（war on drugs），幾乎等同於對非盎格魯族裔的青少年實施宵禁。

碉堡洛杉磯

這些因素呈現洛城暴動的狀況，從而支撐並正當化了將洛杉磯碉堡化（Fortress LA）的思維邏輯。戴維士強調在後自由主義（post-liberal）的洛杉磯：

> 對奢華生活方式的防衛已轉換為在空間和行動中新壓制的蔓延，為無所不在的「武裝反應」所支援。這個對實體保全系統的入迷，以及為社會分界所建築的警力，成為都市再結構的時代精神，是對1990年代所浮現的環境的最佳敘述。（Davis, 1990: 223）

對戴維士來說，洛杉磯合併了都市設計、建築和警方設備，成為一個綜合的保全系統，致力於使恐懼成為保全系統動員的功能。他指出市中心地區的重新設計和重新建造，街道旁的土地被夷為平地、行人道仔細地隔離出來，阻隔進入到「令人不安」的區域，同時特定「種類的人」（特別是有色人種和窮人）是被「勸阻」和排除的。他強調，與「整頓」市中心並行的措施是一個審慎的策略，將窮人「圍堵」到一個特定的空間，受到監督和騷擾。同時禁止搭建厚紙板的避難所，甚至避免在特定地區設立公共廁所。

對保全的顧慮已提升到建築設計的結構上，由「強化」公共圖書館，到眾多受到柵門和警衛保全的住宅設備。同時洛杉磯當代的住宅保全也逐漸依靠私人的保全服務，私人的保全警力和公共的洛杉磯警方日漸分工，後者主要從事高科技的監視活動和情報蒐集，將大部分「跑腿」的工作留給商業組織。

洛杉磯市區

- 什麼特性使洛杉磯成為一座當代的後現代城市？
- 這張照片顯示這座城市的權力中心和來源為何？

©攝影：Byron Moore｜代理：Dreamstime.com

城市的刺激之處

　　對於輕率地頌揚城市是不受限制的文化融合場所，戴維士的看法是有著豐富訊息與令人恐懼的矯正。同時，源自於政經學派的悲觀立場指出都市生活的問題，但忽略城市特殊的文化面向和它們提供的樂趣。對那些得以享受的人，城市能夠提供：

- 無可匹敵的工作和娛樂機會；
- 讓各色人等相融與相遇的情境；
- 各種令人驚喜的邂逅的文化刺激、不確定性與可能性。

　　只有在大城市裡，人們得以享受美食、欣賞音樂、觀賞電影、梳妝打扮、開展旅行與玩弄身分／認同。

請思索城市的哪些東西會：
- 將人們聚集起來；
- 將人們分開；
- 支持人們；
- 造成人們受苦？
這些因素是否可能因年齡、性別、階級和種族而有所不同？

▌賽伯空間與城市

當代都市生活的異質娛樂和再現，越來越多是來自電子文化的成長。

　　西方世界的文化，越來越依賴電子媒介如電影、電視、遊戲、行動裝置和網際網路。這是一個高度「媒介化的」（mediatized）（Thompson, 1995）文化，其中，社會空間和文化互動由特定的社會和地理場所分隔開來。電子文化有能力提供更大的彈性和空間來建構**認同方案**，但也同樣成為越來越多的監視和控制的工具（見第11章）。

　　位居這個都市電子文化核心的是網際網路。如我們所見，網路曾被熱情擁護者想像成一個自由與開放近用的地方。這樣的一個地方是否曾經存在是可疑的，至少現在沒有，因為企業發展出訂閱服務、商業導向的網站，也有越來越多將用戶個人資訊貨幣化的方式。有句話是這麼說的，如線上服務是免費的，這個免費的產品就是**你**。

　　網際網路現在是都市消費者文化的主要來源。電子科技提供更多人更多資訊和

服務，而且更快與更遠，其中大部分已是具有互動性的服務。行動電話突顯了數位技術帶來的科技匯流議題，亦即以往被分開生產與使用的技術已開始融合為一（見第11章）。

電子都市網路

葛拉漢和馬文（Graham and Marvin, 1996）指出，探索電訊傳播和城市之間的關係時，有三個主要的分析區域：

1. 在都市場所中的穩定性和電訊傳播與電子空間中的流動性之間，有功能上和本質上的緊張狀態。
2. 發展於都市地方和電子空間形塑上的社會掙扎。
3. 在城市和電訊傳播產業中，圍繞在社會再現、認同和感知上的議題（Graham and Marvin, 1996: 113）。

傳統上，城市被視為是相對固定的地區，它的主要力量是能夠解決「空間中摩擦的距離」。也就是說，城市聚集了工業化、工作和娛樂的基礎要素。城市減低人們和財貨長途運輸的需要。然而，既然電子科技能夠立即解決距離的問題，它也創造新的網絡關係和對時間及空間的知覺。

> 電訊傳播「縮短距離」的概念，使它類似於其他運輸和傳播的進展。然而，這樣的概念沒有掌握先進傳播科技中最基本的本質，它並不是縮短「距離的摩擦」，而是使它變得完全沒有意義。（A. Gillespie and H. Williams, 1988: 1317）

就如柯司特（Castells, 1989）所強調，生產、消費和資訊流動的新結構，否定了在一個網路位置之外的地方意義。特別是，城市是全球資訊經濟的電子中心，而都市地區則是社會、科技、文化和經濟網絡的節點。再者，電子通訊傳播系統的成長納入整體城市中，是全球經濟重組與去工業化的一個面向，資訊在此是後工業「資訊城市」中的主要商品（見第5、11章）。電子通訊傳播系統幫助了經濟活動得以散落在「都會區」，以及甚至是全球的範圍。

主要思想家

曼紐爾・柯司特（Manuel Castells, 1942- ）

　　生於西班牙的曼紐爾・柯司特是加州大學柏克萊分校的社會學教授與城市及區域計畫教授。他已出版超過二十本書，而且是新都市社會學（new urban sociology）的創始人之一。他的著作著墨的課題，包括都市社會運動研究、資訊科技與經濟重整導致的都市和區域變遷。他被公認為探討資訊時代的世界級專家，也曾在聯合國經濟與社會的資訊科技與全球發展會議上發表演說。

建議閱讀：Castells, M. (1989). *The Informational City: Information Technology, Economic Restructuring and the Urban-Regional Process*. Oxford: Blackwell.

資訊城市

　　對柯司特（Castells, 1989, 1994）而言，我們見證了一場跨時代的轉變，由專業和管理階層的議題所主導。主要有：

- 電腦的科技革新和資訊的交流。
- 「資訊社會」的出現，經濟、社會、軍事和文化能力都以資訊為基礎。
- 出現實際以全球規模運作的全球經濟。
- 城市作為全球經濟指揮中心的重要性，包括為相對優勢而競爭。
- 世界各地區（北方－南方）和劃分種族與階級的城市（雙元城市）（dual city）中，社會對立的增加。

　　在關於科技和城市空間意義的社會分裂與衝突日增之際，電子通訊傳播系統挑戰了城市的固定性。在此領域中，資訊富者（information-rich）和資訊貧者（information-poor）之間的距離越來越大。電子科技也成為社會控制和監視的中心，透過：

- 市中心使用逐漸頻繁的閉路電視監視系統攝影機；
- 住房周邊的保全系統；
- 使用紅外線攝影機的警方直升機；
- 電子購物卡的使用，讓店家得以掌握交易資訊以管理客戶的消費習慣；
- 可穿戴式運算裝置的興起；

• 無人天線載具或無人機的數量越來越多。

　　簡單地說，電子科技的發展是當代城市的本質，與社會權力和衝突事件緊緊相連。城市是一個競爭的場域，許多種族、階級、性別和組織代表互相競爭對抗以形塑社會和建構環境。這表現在老舊社區、碼頭地區或市中心再發展的爭論上，也可見於有關網際網路是否轉型成一個商業支配複合體的辯論，而這剛好和一個為了傳播交換目的的自由空間之烏托邦想像恰成反比。

全球空間中的電子家庭

　　受到電子科技威脅而改變的都市地方之一是家庭，正如柯司特所言：

> 　　家庭……已有資格成為一個在圖像、聲音、新聞和資訊交流自給自足的世界……家庭可以隔絕於鄰居和城市之外，但卻不會成為孤單、被孤立的地方。他們仍然可以依聲音、意象、音樂、意見、遊戲、色彩和新聞而居。
> （Castells, 1985: 34）

　　最初的時候，普遍認為我們正朝向一個以家庭為中心的新社會，建立於在家工作（home-working）、互動式的電信服務和「智慧型」的家庭上。也就是說，家庭成為大部分跨國企業下電子流動的終端。

　　2013年，雅虎公司禁止在家工作，為的是增加「溝通與協作」，讓有關在家工作或電子通勤等議題的辯論浮上檯面。然而，對科特金（Joel Kotkin, 2013）而言，電子通勤促進家庭關係，降低溫室氣體排放，也擴大了工作和機會的地理。他認為電子通勤對環境更友善，也有利於那些面臨工作和育嬰兩頭燒的女性。堅持人們應該在工作場所如雅虎的帕拉奧圖總部親自現身，「基本上等於告訴他們必須住在美國最貴的居住區域」（Kotkin, 2013）。

　　暫別這些辯論，我們可以看到，家庭已成為電子文化的主要場所，因此我們能成為不用出門的旅行家。電子文化橫跨時間和地方，透過螢幕、視訊、音訊直達我們面前。不同歷史時間和地理位置的文化藝術品和意義，能夠相互融合、並列在一起，即使附加於地點的價值與意義仍然是重要的，人們參與其中的網路範圍卻遠遠超過他們實體的地區（第5章和第10章）。這是影像、**互文性**與美學的自我意識的後現代文化，已在日常生活的美學化過程中模糊了藝術、文化和商業之間的界線（Featherstone, 1991, 1995）。

虛擬城市及其廢墟

　　討論空間和城市的一個新面向，圍繞著虛擬空間和城市而浮現。曾經有很多人註冊的線上世界**第二人生**（Second Life），整個存在於虛擬空間的陸地，人們在上面建造虛擬家園和島嶼。比方說，在它的極盛期，第二人生有數以千計的「島嶼」，廣達1700虛擬平方公里（比大倫敦地區還大），在超過18000臺伺服器上運行。回到二十一世紀的頭幾年，第二人生宣稱有6至8萬人同時上線登入，大約相當於2014年的60萬活躍用戶數（L. E. Hall, 2014）。這個網站的受歡迎程度和它打造社區的優勢，讓人類學家湯姆‧博爾斯托夫（Tom Boellstorff, 2008）認為不只空間虛擬地「存在」於第二人生，而且裡面的土地可以被個人擁有，而且建築物可以聚在一起形成社區或鄰里，即使它們只包含電腦數據。對用戶而言，這些網站可以是「家園」或「傾注畢生心血的作品」。在這意義上，博爾斯托夫認為，雖然「地方」在第二人生裡是虛擬的，但它在某些方式上是「真實的」或純正的。

　　由於這種線上空間的「所有權」通常需要持續更新，「就像花園需要持續照料以免荒蕪一樣」，蘿拉‧霍爾（Laura E. Hall, 2014）語帶懷舊地寫道，玩家離開遊戲多時，但這些狀態良好的廢墟還在。她並且指出，早期網際網路的命名方式很多都具家庭色彩，例如：home pages（首頁）、key words（關鍵字）和hosts（網路主機）等。1990年代晚期，雅虎地球村（GeoCities）是最早開放用戶建立網頁的網站之一，並且依主題劃分社區鄰里，相當於各有各的門牌號碼。當雅虎地球村在2009年4月關閉時，數位保存團隊試圖蒐集並典藏這些網頁內容。網路行動主義者也參與相關努力，主張這些社區有歷久不衰的歷史和社會價值。

> 　　人們用「雄偉壯麗」、「令人讚嘆的空曠」與「末日浩劫後」等詞語形容真實的廢墟……因為我本身曾投入很多時間居住在數位房間裡，我常想時間如何侵蝕數位結構。我想像所有在我之前或之後的文字串，同樣會消逝於虛空。但因為在虛擬世界的關係，不會像實體空間傾頹毀壞，那麼這些持續存在的空間會發生什麼？（Hall, 2014）

　　再訪**第二人生**，霍爾驚訝地發現，那個世界依然還可以住人。她評論道，雖然目前空無一人，但那個世界仍讓人感覺充滿可能性，彷彿並未遭到棄用，而是正在等待人們再度造訪。

虛擬廢墟

製圖：Emma A. Jane；資料來源：Minecraft

- 你曾在線上世界（如Minecraft）建造過房子或其他結構嗎（例如：上圖所示的那樣）？你能回去看看，並觀察什麼已變成「廢墟」了嗎？
- 虛擬的和「真實世界」的廢墟之間，有何異同之處？

賽伯空間裡的私有財產

　　賽伯空間和全球經濟通常被看成是自然發生的固定現象。但我們對空間的瞭解總是與我們的文化假設連結在一起，特別是有關財產和國家的觀念是建立在空間的所有權之上，以致於它們實際上定義了空間是什麼。比方說，十八和十九世紀英格蘭的圈地運動將公有地轉化成私有財產，為資本主義農業鋪路，而一些民族國家的形成則有賴於它們對領土的主權控制。當前，空間的法律和技術定義正強化私有資本主義對賽伯空間的控制，而這已成為全球資訊經濟的一環（Graham, 2002）。

　　首先，「岩土空間」（geotechnical spaces）如無線電頻譜和電信基礎建設的所有權和排他性占用，增進了社會空間的私人控制。現在是全球資本主義企業在擁有並管理賽伯空間許多關鍵技術，軟硬體皆然。

　　其次，深遠的法律裁決促成「智慧財產」的私人所有權，從而使資訊變成賽伯經濟（cyber economies）的原料。這包括我們必須付費才能取得資料的網站，從學術論

文到MP3音樂檔案，也包括人類生命的基本面向如語言和DNA。這種生物科技公司真的宣稱，對人類基因組擁有所有權和權利。

第三，作為全球資訊經濟領頭羊的賽伯空間本身的商品化，增強了將人類價值化約為價格問題的趨勢。正如賽伯空間變成了一個市場，它也同時湧入了大量以各種形式出現的廣告。

關於科技、資訊、娛樂和消費者文化的匯流，最佳例證是新一代的行動電話。行動電話已變成「數位公共空間」（digital public spaces）圍繞的支點，而數位公共空間是你允許自己的資訊被公開的場域，這可能包括諸如臉書這樣的網站，也可能只是我們分享給別人的數位相簿。

社會空間與科技

網路與其他資訊傳播科技使用日趨普及，社會互動不只是由科技中介，也越來越依賴科技。這讓我們有了另一種動力，不只從**地理空間**（geospatial）的角度，也從社會空間（sociospatial）的角度思考問題。在這個脈絡下，「社會空間」指的是科技中介的空間，而「地理空間」指的是實體位置如房子、學校、工作場所、城鎮、國家……。對楊斯（Gillian Youngs, 2005）來說，跨越距離與時間的科技對這兩種空間領域都有影響，而且強力地結合了新形式的行（／移）動傳播，讓我們一邊穿梭於不同的實體空間，同時又得以占領不同的虛擬空間：

> 網路使用的擴張，藉由多重社會空間的同時可得性，越來越突顯社會空間的重要性……虛擬世界的邊界可能相當不同於、而且也平行於村落、城鎮和國家等地理空間實體疆域的邊界。（Youngs, 2005: 70）

這些發展的隱憂與數位落差有關（第11章），因為它們關乎鑲嵌在當前資訊革命的不平等狀況。這些包括各種全球科技的不平等，以及廣泛的由男性支配的科學、工程和技術。令人樂觀的一面則是社會空間性能夠促進水平形式的溝通／傳播，像是行動主義團體得以突破民族國家的界線，讓他們彼此聯繫互動。對女性來說，這有克服壓迫的潛力，包括家庭裡的父權環境、男性支配的國家政治領域，以及男性支配情況更加嚴重的國際關係領域（Youngs, 2005: 79-80，內部引述從略）。

▶ 城市文本

我們探討的大多數城市研究途徑都假定，它們提供的城市圖像是正確無誤的，未能觸及圖像背後的再現問題。然而：

＃城市的描繪與再現需要書寫的技巧，包括隱喻、換喻和其他修辭的技巧等，而不單單只是由一個「真實」的城市到「再現」的城市之間簡單的透明化。

例如：我們看過由以下幾種語言所描寫的城市：

- 工廠的生活和生態（如：芝加哥學派）。
- 經濟發展、重整和投資（如：哈維）。
- 權力與監控（如：戴維士）。
- 符號文化、郊區化和仕紳化（如：佐京）。
- 後現代主義（如：索雅）。
- 資訊科技（例如：柯司特）。

在「再現危機」（crisis of representation）的脈絡下（見第3章），有關城市的討論逐漸以**後結構主義**的語言，以及其再現的問題化中重鑄，從而使得城市被當作**文本**來解讀。根據席德斯（Rob Shields）所言：

> 當我們快樂地將城市的「真實」以事物或形式來討論時，他們便是分類的文化行動的結果。我們區分環境為城市，接著將城市「具體化」為一個事物。「城市」的概念，也就是**城市本身，就是再現**。這是在約定下對環境所下的一個批註，只存在於不言而喻的斷定特定的環境就是「城市」的基礎上。（Shields, 1996: 227，粗體字強調處為原文所加）

未經中介的「真實」的近用渠道並不存在。所謂真實和現實，其實是話語／論述建構的結果，透過分類過程而將知識客體帶入我們的視野。城市的再現，包括地圖、資料、照片、電影和檔案等，使人們得以瞭解城市；然而，人們後來在討論這些再現時，又彷彿將城市當成是一個物品，一個清楚切割的物件獨立於人類文化再現之外。席德斯強調，再現概括了城市的複雜性，並將城市的實體層次以**符號**取代——擬象會以「真實」的面貌呈現。這些賦予地方意義的再現是政治性的，因為它們與規範性概念（亦即適當的社會行為）緊密聯繫在一起。

城市生活的符號

©攝影：Anne Fawcett

　　澳洲雪梨老城區一棟建築物外牆上繪有一家法國咖啡廳的壁畫，壁畫前有個學童在玩耍。這幅照片有任何元素可被歸類為(a)完全「真實」；或(b)完全是再現？

分類化的空間

　　城市空間分割的再現是符號上的缺陷，劃分出社會關係，藉此人們透過建構的環境來想像世界。也就是說，文化再現和城市區域的劃分就如黑或白、工人階級或中產階級、安全或危險、商業區或住宅區、迷人的或骯髒的，都是具體的文化抽象概念，藉此世界是充滿生命力的。這些是**詩意**的再現，對隱藏和顯現什麼的問題附有明確的答案。再現政治需要去探究劃分環境的權力運作。透過只呈現城市中的某些面向，再現有權力去限制行動的過程，或以特定方式框架「問題」。

　　有一種傾向是用公共空間，而非家庭空間來再現一個城市。因此，在古老男性公共空間的城市中，大部分女性和兒童的世界是位於暗藏的地位。同樣地，「危險地區」的再現，透過恐懼的操弄（通常與有色人種有關），沒有認知到所謂的「危險地區」，其實只有針對特定的人或特定的時間。這個後結構主義者對再現和城市的描述有助於分析以下幾點：

· 社會和空間是隱而不見的。

- 城市透過再現而結構、生存。
- 提供了有關社會的去中心化的陳述，也就是說，都市在一連串可見的場域中被生產出來，所以「城市實際上是**許多**城市」（Westwood and J. Williams, 1997: 6）。

城市並非一統

席德斯（Rob Shields, 1996）強調，我們應該將城市視為一個活動和互動的複雜表面，能夠透過多元的分析和對話式的再現而挖掘，並且不是要相互綜合或解決衝突矛盾，而是使互相對抗的聲音能多元地並列和表現。用來描寫城市的語言（Tagg, 1996），主要也是城市的語言、社會科學的語言，由現代城市中浮現，同時話語／論述地建構生產出城市，其中是沒有優先地位的。城市的話語／論述是多樣而且異質的。這樣的城市就如戴格（Tagg, 1996）所言，並呼應伊莉嘉萊（Irigaray）的說法，「並非一統」。

✏ 習作

請選擇一部電影，其中有突顯城市特徵（例如：《銀翼殺手》、《曼哈頓》、《十七歲的單車》）。

- 片中如何再現這座城市？我們對這座城市知道些什麼？影片如何讓我們知道這些？
- 片中從誰的觀點去看這座城市？別人對這座城市的看法是否有所不同？

解構練習：地方 vs. 符號

- 地方如何形塑符號的使用？
- 符號如何建構地方？
- 你如何區分意義（符號）和客體（地方）？

本章摘要

本章指出，文化研究對空間問題（特別是城市）的關注日增。空間和地方是社會和文化建構的產物，而後者（地方）標記著人們的情感投資和認同。空間和地方總是與階級、性別、種族等社會關係有關；也就是說權力的地方，標記著有關這個地方的意義的爭辯。城市從來都不是一個東西，而應被視為是一連串競爭的空間和再現。所以，城市不只是城市。

　　根據政治經濟學的觀點，我們察覺全球都市的出現是世界經濟的指揮部。他強調城市的再造是全球經濟重組的面向之一。我們同樣也可探索城市的符號經濟，推動了它們的再造和復興。因此，許多都市地方（urban places）透過取得符號資本尋求比較優勢（comparative advantage）。

　　我們討論後現代都市化的碎片化、兩極對立、監視、控制、衝突與擬象等趨向。這些情況，伴隨公共開支縮減和都市騷亂脈絡下的近郊邊緣城市發展與公共空間私有化，影響著二十一世紀城市的成長與發展方向。不過，我們也要注意城市是一個刺激、有趣、與陌生人邂逅和好玩的身分／認同的交融之處。

第13章　青少年、風格與反抗

　　二次大戰後西方世界的一個明顯標記，當屬青少年獨特的音樂類型、時尚風格、休閒活動、舞蹈與語言的出現及擴散。青少年文化（youth culture）的問題，在文化研究占有顯要地位，特別是因為英國伯明罕大學當代文化研究中心（the Centre for Contemporary Cultural Studies，簡稱CCCS）的首批研究生，例如：赫布迪齊（Hebdige）、克拉克（J. Clarke）、柯恩（P. Cohen）、麥克羅比（A. McRobbie）、威利斯（Willis）和葛羅斯柏格（L. Grossberg）等人，多屬戰後嬰兒潮的搖滾世代。青少年文化是「他們自己的」文化，在面對高雅文化的鄙夷之際，當年他們認真地看待此一文化，就已幾乎等同於認可流行文化的價值（見第2章）。

　　《透過儀式的反抗》（*Resistance Through Rituals*）一書（Hall and Jefferson, 1976），是伯明罕文化研究群對於青少年次文化的分析，也是文化研究的里程碑，參與研究者包括（當代文化研究中心的）師生，親身和專業地參與流行音樂、風格與流行時尚。英國文化研究理論家在1970年代的青少年文化研究成果，對當代讀者而言將顯得過時，但基於以下幾個原因，瞭解這本著作是很有助益的：首先，它有助於我們瞭解文化研究領域的歷史發展。其次，該著作的研究成果有助於我們分析當代青少年文化與次文化。

　　更進一步來說，青少年文化的研究提出了一些意義重大的關懷與研究主題，橫跨了文化研究的各個路徑，並引起迴響，亦即：

• 人可由文化分類成各種社會類別（如：青少年）；

- 有關階級、種族與性別的區分；
- 關於空間、風格、品味、媒體與意義的問題（如：文化問題）；
- 消費在資本主義消費社會裡占據的地位；
- 有關「反抗」（resistance）此一爭論不休的問題。

　　這些主題將結構我們〔在本章中〕對青少年文化的探索。然而，我們應該注意的是，文化研究傾向於探索比較炫目的青少年文化，此種顯眼的、喧鬧招搖的、異類的與前衛的青少年風格，受到多數人的注目與重視，而這難免有損於對大多數的青少年的生活進行社會學的探索。本章的書寫方式，也不例外於此一通則。

▌青少年的浮現

　　常識告訴我們，青少年時期是生理年齡天生與不可避免的標記，以生物機能所做的區分，使得人類的特定年齡產生特定的社會位置。然而，一些社會學家如帕森思（Talcott Parsons）指出：

＃青少年並非以生物上的共同類目來區辨，而是特定狀況和時間出現的一種變動中的社會建構。

青少年時期有如延期償付期

　　帕森思（Parsons, 1942, 1962）認為，青少年時期是一種社會類別，此一社會類別與**資本主義**發展而導致變遷的家庭角色一起浮現。他指出，在前資本主義社會中，家庭履行的是社會再製所需要的生物、經濟與文化功能。從孩提時代到成人的轉折，被標示為成年禮（rites of passage），而非青少年時期的延伸。隨著資本主義社會中專殊化、普遍化與理性化的職業及成人角色的出現，在家庭與廣大社會之間產生了一種斷裂的不連續狀況，需要為青少年設計的轉型與訓練期來填補。這不但顯示出青少年所屬的類目，也代表著在孩提與成人之間的時期，是「結構化的無責任」（structured irresponsibility）的延期償付期（moratorium），允許青少年文化的出現，而其功能在本質上是社會化的。

　　青少年時期作為一種社會位置，其特殊性在於它是介於童稚依賴與成人責任之間，而這可見於家庭、教育與工作中的制度之中。比方說，一般認為青少年時期是為未來必須離家、進入成人世界作準備。青少年也被要求肩負比孩提時更大的責任，但仍然服從於成人的控制。這樣的觀點，導致社會控制的權力機制（如政治人物、政策制定者與青少年問題專家），制定出一套關於青少年的重要假設與分類，包括以下幾種：

- 青少年時期是經過統一的類別，有著某種共同的心理特質與社會需求，共同屬於一個特別年齡群體所有。
- 青少年時期是具備發展性的特殊形構舞臺，在那裡態度與價值觀變成固定在某種意識形態內，且保持穩定於此種生活模式之中。
- 從依賴的兒童到自主的成人之轉變過程，一般而言包含了叛逆的階段，本身傳達了從上一代傳到下一代的部分文化傳統。
- 現代社會中，年輕朋友們在追求成功的過程以及要求專業上的幫助、建議及支持時，遭遇到困難（Cohen, 1997: 182）。

青少年是一種文化分類

　　青少年這個類目是文化分類系統的一部分，而非一個自然的固定點，可以安置各種社會期待。青少年從年齡上來看，沒有統一的特徵，也不是一個確定的過渡階段；如果我們拋出以下問題，這種情況就變得顯而易見：

- 從生物學來看，青少年時期是從何時開始與何時結束？
- 所有16歲的青少年，其生理發展與文化發展是否一致？
- 25歲的人有何共通點？
- 為何在紐約、〔印度〕孟買及〔巴西〕里約熱內盧等地的青少年看起來都不一樣？
- 40歲以上的成年人如何努力使自己變得年輕一點？
- 有無可能在西方社會的「青少年時期」會比較長？
- 你認為自己是否屬於「青少年」這個類目？

習作

　　請以小組方式討論這個問題。

- 對於青少年這個分類的統一性，你作何感想？

　　將青少年時期看成一種受到社會影響的生物學類別，不如把它看作是一組複雜的變遷的文化分類方式，有著**差異**和多樣性的標記。作為一種文化上的構念（cultural construct），青少年一詞所代表的意義，隨時空而有變化，看是誰在發言、對誰發言而定。青少年也是一個話語／論述建構的產物，其意義形成於我們以有組織和有結構的方式談論著，並且體現青少年為某一特殊人群類別，其中特別重要的是各種與風格、形象、差異和認同有關的話語／論述。

青少年的曖昧性

　　無論我們如何定義它，青少年仍然是曖昧不明的概念，即使是法理上的定義也不一致。例如：在英國，幾歲可以買酒、幾歲有權決定是否與異性發生性行為或同性戀，以及幾歲可以投票，法律規定有別。因此，生理年齡在被用來定義、控制與管理社會活動時，充其量只是不精確與差別適用的標記（James, 1986）。如同西柏利（David Sibley）論稱，青少年仍是充滿爭議與矛盾的分類，被硬塞進兒童與成人的畛域之間：

> 兒童這個類別的界線，因文化而異，而且在西方資本主義社會裡已發生相當程度的改變。這個被用來區隔兒童和成人的界域，顯然是模糊的。青少年時期是一個曖昧的灰色地帶，那道兒童／成人間的界線可以擺在其中的任何一個位置，端視誰在作分類的工作。因此，青少年不被允許進入成人世界，但他們試圖與兒童的世界保持距離；在此同時，他們又保留著某些與孩童時期的連結。青少年可能逐漸威脅到成人，因為他們穿越了成人／孩童的分界，而且在「成人」空間中顯示出矛盾。……在建構具體類別時會有劃界的舉動，中斷了在自然狀態下原本屬於連續的東西，而這樣的舉動當然是任意而武斷的。（Sibley, 1995: 34-35）

　　許多成人把青少年看成只是一種過渡階段。然而，青少年已將這個階段賦予特殊意義，強調它們自身的差異感。這包括他們拒絕認同常規化日常生活的百無聊賴。青少年已變成一個意識形態的符徵，寓有對未來的烏托邦想像。另一方面，它也常被視為對既有規範和規約的潛在威脅。因此，青少年被「曖昧地評價」（Grossberg, 1992）。

　　對葛羅斯柏格而言，重要的是青少年這個意義曖昧的類別被**接合**到其他話語／論述〔例如：音樂、風格、**權力**、責任、希望、未來與美國性（Americanness）等〕之中。誠如他所言，「問題不在於各種不同的青少年話語／論述在參照意義上是否正確，而在於它們〔這些話語／論述〕本身構成了青少年被建構時的情境脈絡的一環」（Grossberg, 1992: 199）。

麻煩與玩樂

　　赫布迪齊（Hebdige, 1988）表示，青少年的被建構大抵不脫「麻煩」（trouble；例如：說青少年等同於麻煩，或是說遇上麻煩的青少年等）和「玩樂」（fun）這兩種話語／論述。舉例來說，像是足球流氓、暴走族（motorbike boys）與街角的幫派

分子之類的青少年，通常會和犯罪、暴力、偏差行為扯上關係。此外，青少年文化也代表消費者熱衷於流行、風格和各式休閒活動，而這是經常出入派對、熱衷流行風尚，以及特別是熱衷消費的「年輕世代」的專利。根據赫布迪齊的說法，年輕世代導致兒童期與成人期之間的分隔，它代表的是青少年時期的**商品化**與年輕消費市場（the youth consumer market）的創造，而這些都必須是工人階級青少年手頭上有閒錢可以揮霍才行。

無盡的青春

在他們關於老化和青少年次文化的研究中，安迪・班奈特（Andy Bennett）與哈金森（Paul Hodkinson）（2012）讓我們注意到青少年階段的多樣性、複雜性和長時段。這很明顯反映在進入「成人」前的轉型期被普遍延後，例如：比過去更晚結婚、育兒、置產和擇業，但閒暇和生活風格則繼續維持有如「青少年」的狀態（2012: 1-2）。這個情況可能令某些年輕人尷尬，過去與青少年文化聯繫在一起的音樂和風格，如今已變成是跨世代的。

這帶來一個（或許同樣令人尷尬的）議題，亦即身體老化可能帶來的侷限。比方說，在1970年代晚期和1980年代初期，也就是霹靂舞（break-dancing）的早期歲月，舞者通常16歲就退休了。然而，現在，有很多在1980年代出道的「霹靂舞女」和「霹靂舞男」到現在還在跳。霹靂舞這個場域也歡迎年長的新手舞者，例如：來自瑞典的「瘋狂阿媽」（Krazee Grandma）六十幾歲才開始跳霹靂舞。福格蒂（Mary Fogarty, 2012）的研究發現，身體的侷限不必然妨礙舞者表現，因為舞技的肢體性「被社會階層所補充。年長者通常被賦予權威，即使他們表演生涯的顛峰期已過」（2012: 55）。

青少年次文化

文化研究對青少年的關注所在，其核心是次文化（subculture）這個概念。

\# 次文化這個概念在文化研究裡是一個流動的研究對象。它是一個分類用語，試圖透過再現去描繪社會世界。

次文化並非以一個純正的客體的姿態存在，而是研究次文化的人造就之物（Redhead, 1990; Thornton, 1995）。因此，我們應該問這個詞是如何被使用的，勝過於問它什麼意義。對文化研究而言，次文化一詞中所謂的**文化**，被用來指涉「生活的全部方式」或是一張「意義地圖」，使社會的成員們得以理解這個世界。「次」這

個字的內涵意義，意味著與支配的或主流社會的區分與差異。因此，所謂有一種純正的次文化的想法，依賴的是一種二元對立的概念，亦即將大量生產的主流或支配文化當成是不純正的。

> 這樣說來，「次文化」最重要的屬性，繫於特定文化／社會團體與整體文化／社會之間的區分如何被強調。強調的重點在於它們與廣大社會集體之間的變異，後者總是一成不變地（但這其實是有問題的）被置於常態、平均和支配的位置。換句話說，次文化一方面因此被〔主流社會〕咒罵譴責，一方面又自得其樂於其自身的「他者性」（otherness）或差異的意識。
> （Thornton, 1995: 5）

社會底層的價值觀

如同松頓（Sarah Thornton）所論，「次」（sub）這個字首的另一個重要意涵，是代表底層（subaltern）或下層（subterranean）之意。次文化已被視為是偏差文化的空間（spaces for deviant cultures），被用來重新協商其位置，或是贏取屬於它們自己的空間。因此，在許多次文化**理論**裡，「反抗」主流文化的問題常最先被提出來。最初這在文化研究裡被理解為**階級**問題，但後來進一步將性別、種族及性意識等問題納入。

透過與美國的「〔青少年〕犯罪」社會學（sociology of 'delinquency'）研究的互動，底層人民的、偏差的與階級的價值觀，逐漸被吸納進入文化研究之中。特別的是，芝加哥學派探討「青少年犯罪」（juvenile delinquency），視之為一種受到次文化、階級價值觀影響的集體行為。青少年公然表現出令人頭痛的行為，不再被看做是一種個人的病態行為，或是所謂無差異的「青少年時期」導致的結果，而是被視為他們對結構性的階級問題做出的集體實踐的回應。在此一脈絡下，有關「青少年犯罪」的特徵，出現了各種不同的劇碼，例如：

- 工人階級出身的青少年對中產階級工作、成功與金錢等價值觀的摒棄與倒置，目的在因應他們被認為不足之處，而且用他們自己的立場論事（Cohen, 1955）；
- 體現與強調位居社會下層的工人階級價值觀，尤其是娛樂閒暇活動方面的價值觀，只有在中產階級的社會控制者眼裡才變成偏差的（Matza and Sykes, 1961; Miller, 1958）；
- 工人階級的青少年試圖體現成功、財富與權力價值觀（Merton, 1938），以及／或者是關於休閒和享樂主義的價值觀（Cloward and Ohlin, 1960），但他們透過的是另類的路徑，因為既有社會認可的路徑都已被階級結構所阻絕。

神奇的解方

　　文化研究的理論家反對將「青少年」當成同質性的群體，他們較同意差異化階級的說法，以及如何與支配性或主流文化的價值觀做連結。次文化被看做是對於**結構性**階級問題的神奇、**符號化**的解方（solutions）。或者如同布瑞克（M. Brake）後來所說的：「次文化企圖解答社會結構矛盾引起且為人們集體經驗到的各種問題。……他們產生一種集體認同，藉此，個人認同得以透過階級、教育與職業之外的管道來達成」（1985: ix）。

　　布瑞克繼而考量次文化對參與者可能發揮的五種功能：

1. 對於社會—經濟的結構性問題提供神奇的解方；
2. 提供一種不同於得自學校和工作的集體認同；
3. 為另類經驗與另類的社會真實爭取存在空間；
4. 提供一組（不同於學校和工作的）饒富意義的休閒活動；
5. 為身分／認同上既存的兩難困境提供解答。

習作

　　請思考兩種當代的青少年文化。
　　• 請描述符合上述五種功能的具體活動。

同族關係

　　在此一脈絡下，威利斯（Willis, 1978）援用「同族關係」（homology，或譯「異體同形」）這個概念，描述存在於以下事物之間的「符應」（fit，或譯「吻合」）狀態：

• 社會秩序中的社會位置；
• 次文化的參與者的社會價值觀；
• 被他們用來表達自我的文化符號與風格。

　　同族關係這個概念將鮮活文化作為一組「構成的關係」（constitutive relationships），與「環繞在此一鮮活文化的各種客體、人造物、制度與他者的系統性的實踐」連結起來（Willis, 1978: 189）。同族關係的分析是共時性的，紀錄了社會結構與文化符號的掠影。它涉及的是彼此關聯的兩種不同層次的分析：一是對社會

團體進行檢視，二是檢視他們偏好的文化項目。

> 本質上，這是關於在他們的結構和內容之間的距離多遠的問題，特別的項目平行地反映出此社會團體的結構、風格、典型的關係、態度與感覺。他們實際上在這些結構項目上有完全的瞭解，可以找出其中的相似性。在此團體和這些特別的類目之間不斷地上演著產製出各種風格、意義、內容與有意識的形式。（Willis, 1978: 191）

次文化的參與者並非以文化研究學者認知的方式去理解同族關係，不過，這些群體表現出來的創造力與文化反應並不是隨機的，而是表達了社會存在的矛盾狀況。「在文化行為的邏輯上，他們『瞭解』某些關於他們自己的存在狀況」（Willis, 1978: 170）。某些在世俗文化裡被賦予神聖意義的客體，提供了這種統合的次文化的**符碼化**價值系統。

暴走族

威利斯認為，「**行進中的**機車、噪音、騎士的整體感覺」表達了〔英國〕暴走族的文化、價值觀和認同。「這種摩托車堅硬、負責、無法逃避的**力量**，符合摩托車男孩世界中具體的、穩當的本質」（Willis, 1978: 53）。摩托車給了男孩一種有形的事物，一種陽剛與力量，因此「〔摩托車〕瞬間加速的驚喜、拿掉消音器砰砰而出的廢氣聲響，這一切都吻合並象徵男子漢魅力、陽剛的袍澤之情、男人用的話語，以及他們的社會互動風格」（Willis, 1978: 53）。

根據威利斯的觀點，次文化對當代的資本主義與文化注入了重要的批判與洞見。例如：嬉皮顛覆並重新組織了工業化資本主義原本線性、有序與紀錄的時間感。〔英國的〕暴走族「馴服猛烈的科技，使之符合一種象徵的人類目的」，告訴我們資本主義中「巨大科技的恐怖」。這表達出人類尺度的異化與巨大損失。因此，次文化的創造、表達和象徵的運作，可被看成是**反抗**的形式。

主要思想家

保羅・威利斯（Paul Willis, 1945-）

保羅・威利斯曾是伯明罕大學當代文化研究中心的研究生，參與了文化研究興起的過程。尤其是，他是文化研究領域裡最強調民族誌研究，認為文化是感覺得到、鮮活的經驗。在理論層面上，威利斯同時受到馬克思主義和「文化主義」的影響。他的《學做工：勞工子弟何以接繼父業？》（1977）是針對「年輕小伙

子」的民族誌研究，探討這群勞工階級青少年複製其從屬階級地位的過程。後來在《共同文化》（1990）一書中，他檢視了青少年在消費時刻所展現的有創造力的符號實踐（creative symbolic practices）。

建議閱讀：Willis, P. (1977). *Learning to Labour*. Farnborough: Saxon House.

透過儀式的反抗

如同赫布迪齊（Hebdige, 1979）所強調的，同族關係與**拼貼**（bricolage）等概念，在當代文化研究中心研究青少年文化的重要著作（即《透過儀式的反抗》一書）中扮演重要的角色（Hall and Jefferson, 1976）。拼貼描述了「將客體重新結構與重新脈絡化去傳達新的意義」（Clarke, 1976: 177）。這也就是說，原已承載、已沉積符號意義的客體，在新的脈絡下被重新表意與其他客體的關係。克拉克（Clarke, 1976）指出，泰迪男孩（Teddy Boy）風格的建構，即是透過組合原本不相干的事物如愛德華時代的上層階級外表、靴帶和防滑紳士鞋。同樣地，鞋子、褲子吊帶、大平頭、垮衣（stayprest shirts），以及平頭族少年（skinheads）喜愛的源自牙買加的斯卡舞曲（ska music）[1]，已經是一種符號化的拼貼，傳達出一股「冷酷、陽剛與工人階級的氣味」（Clarke et al., 1976）。這個主題呼應了該群體所處的社會關係，兩者之間處於同族關係的統一狀態。

青少年次文化的雙重接合

在此分析中，青少年次文化被視為對**霸權**文化的反抗，並以其特有風格的形式展現。青少年的構成，是透過與父母輩的工人階級文化（parent working-class culture）及支配的文化進行「雙重接合」（double articulation）。父母的工人階級文化有其獨特的存在方式與意義，關聯並且對立於霸權文化。因此，雖受到歷史衰退及變動的支配，透過工人階級的反抗並未完全消失，他仍然處在一個結構性抵禦及反抗霸權文化的位置上。青少年文化被認為是一種「分享共同的問題」，這是關於主流文化如同父母的工人階級文化一樣持續不斷地與青少年文化做出區隔。次文化牽涉表達與父母文化既有差異又**認同**的關係。

青少年文化有其特定的世代意識，並且在一組制度和經驗中身體力行階級的問

---

[1] 譯註：1960年代在牙買加盛行的音樂。這種音樂是以美國的藍調音樂為基礎，使用吉他或薩克斯風以快節奏展現爵士樂的反覆旋律感，也有人認為這是1970年代雷鬼音樂的雛形。

題框架，有別於他們父母那一輩的文化。青少年次文化被認為是由特殊**風格**發展標記著，也就是透過穿著、音樂、儀式與暗語的形式，主動地組織客體、活動與態度。這是一個重新表意的過程，透過拼貼，商品，同時也是文化符號，被組織成新的意義符碼。青少年次文化為自己從父母的文化與支配的文化中「贏取空間」（win space），透過用象徵解決他們所面對的階級矛盾。

平頭族與階級的再造

《透過儀式的反抗》（Hall and Jefferson, 1976）一書論稱，某些青少年次文化（youth subcultures）試圖透過風格化（stylization）的手段，再造失落的社區和勞動階級價值觀。此處，次文化被理解為一種對傳統英國工人階級價值觀與空間的傾頹而做出之回應。空間的失落與工作的消失同步發生，而重新發展既有的勞工社區，標誌著後工業社會的一線曙光。因此，平頭族們堅持透過他們削短的頭髮、短筒鞋、牛仔褲與褲子吊帶以重溫想像中過去工人階級的「硬漢氣質」（hardness）。透過「小伙伴」兄弟情誼的凝聚和忠誠感，他們的風格強調的是工人階級的集體主義與地域性。同樣地，摩登族（mods）也藉由拜物化的風格與消費，以便在不眠的週末夜和每週一清晨無聊困乏的工作之間「填補落差」（covers the gap）。因此，風格化的盛裝打扮是一種符號化的反抗（symbolic resistance），存在於霸權與反霸權鬥爭的場域。然而，由於缺乏對低薪、單調又重複的工作與不當教育等問題的次文化解方，青少年次文化的「解決方案」仍停留在符號儀式的層次。

風格的符號

《透過儀式的反抗》的一個問題是可能有變成某種形式的化約論的危險，將青少年風格化約為階級結構。相反地，赫布迪齊（Hebdige, 1979）從**符徵**自主性運作的層次上對風格有所質疑，肯認其文化和語意上的特殊性，但仍保留拼貼與反抗等概念。

赫布迪齊認為，風格是一種表意實踐，而在引人注目的次文化的情況裡，風格是一個明顯杜撰出來的意義符碼的展示，對主流秩序進行一種符號學式的反抗。

透過差異的表意（signification of difference），風格構成了一種群體認同。這主要是透過商品符號的轉換與拼貼之過程來達成。

> 次文化代表著「噪音」（相對於聲音來說）：對於從真實事件與現象轉變為媒體再現的那種有條不紊的秩序，進行干擾。所以，對於蔚為奇觀的次文化，我們不能夠低估其符號力量，不僅是作為一種隱喻，暗示有一個「就在那裡」（out there）的潛在的無政府狀態，而且也是語意學失序的實

際機轉：在再現系統中，它就像是一種暫時的封鎖狀態。（Hebdige, 1979:
90）

　　英國的龐克族是赫布迪齊喜歡舉的例子。他指出，龐克不僅是英國衰敗危機的反
映，顯示出失業、貧窮與變動中的道德標準，而且還**戲劇化**此一危機。龐克挪用危機
的媒體語言，以肉身及視覺的方式回收再利用；龐克風格表達憤怒與挫折，用的是尋
常的語彙，但在重新表意後，如今已變為一組當代問題的徵候。

　　龐克風格是特別錯置、自覺與反諷的表意模式。它「複製了整個戰後青少年工
人階級文化的服裝歷史，以一種『裁剪』（cut up）的形式，整合原本屬於完全不同
時代的元素……。龐克風格包含了對於整個戰後次文化的扭曲的反映」（Hebdige,
1979: 26）。如同拼貼在每個噪音與混沌的層次呈現的符號，對赫布迪齊而言，龐克
風格是秩序井然且有意義的。龐克是一種「造反的風格」（revolting style），建立了
乖張反常的整體效果：安全別針、垃圾塑膠袋、染髮、塗彩過的臉、畫有塗鴉的襯衫
和性拜物教的象徵物（皮鞭奴役工具、魚網狀絲襪等）。透過亂無章法的舞蹈、不和
諧的聲音、褻瀆的歌詞、激進的言語與無政府的圖像，「龐克不僅打亂了衣櫃而已，
也逐漸地侵蝕了每一個相關的話語／論述」（Hebdige, 1979: 108）。

習作

　　請思考兩種當代的青少年文化。
- 它們是否具有獨特和特殊的風格？
- 若然，請描述這種風格，包括(a)客體；(b)符號；(c)意義。
- 若它們沒有特殊風格，它們之間如何與其他青少年群體區隔？

對次文化理論的批評

　　回應霍爾、赫布迪齊、威利斯與其他人的作品，柯恩（Stanley Cohen, 1980）批
評，在這些文化研究理論家的手上，「青少年」總是不能只是它自身而已。他認為，
由於當代文化研究中心過度引伸的反抗概念，青少年不再可能「只是」行為偏差的不
良少年了。他指出，風格這個概念被誇大成了反抗，而反抗又同時被化約為風格問
題。風格因此被劫走它的玩樂性質，而且被窄化為政治問題。同樣地，連恩（Laing,
1985）也論稱，龐克主要是一種音樂的**類型**（genre），但赫布迪齊卻用可議的政治
目的和預設的政治命運的名義，把它〔龐克〕化約為一種表意實踐。

　　柯恩提出一個霍爾等人（Hall et al., 1976）及赫布迪齊（Hebdige, 1979）（但

威利斯較無此問題）作品都有的根本問題，他指出，「此處令人頭痛的問題是，這些生活、自我與認同，並非總是和它們被認為應該代表的意義相符」（Cohen, 1980: xviii）。問題在於如何將分析家所做結構的解釋，與自覺的主體持有的意義聯繫起來。他認為不僅赫布迪齊與其他人提供的詮釋有商榷的餘地，而且青少年也被期待「背太多包袱」（carry too much）了。深切地，他的批評是認為當代文化研究中心無力處理次文化成員自身對於次文化參與經驗的說法（Widdicombe and Wooffitt, 1995）。

來自文化研究內部對當代文化研究中心次文化理論展開的實質批評，在於後者將青少年文化框架成主要是白人、男性與工人階級的。論者指出，當代文化研究中心慶賀奇觀般的青少年次文化，但同時卻便宜行事地擱置〔青少年次文化裡的〕種族主義與性別主義等面向。

這被認定是反映了：

- 次文化理論家對次文化太過執著；
- 過於強調次文化的特殊奇觀的一面，而忽視了其平凡常態的另一面；
- 強調次文化的意義與風格，忽略其中的玩樂與幻想成分。
- 反映了早期男性理論家關於男性氣質的偏見。

青少年差異：階級、性別與種族

工人階級的自毀

文化研究裡被廣泛閱讀且歷久不衰的一本書是威利斯（Paul Willis）的《學做工：勞工子弟何以接繼父業？》（*Learning to labour*）一書，他的民族誌學研究探討「工人階級小孩如何獲得工人階級的工作，〔以及〕為什麼他們這麼做」（Willis, 1977: 1）。威利斯追蹤觀察一群工人階級男孩發現，這群「小伙子」透過搗蛋、逃避與拒絕遵照校方要求。而「耳洞」（'ear'ole'）（譯按：聽話用功的「好」學生）（由這群小伙子自己指定人選）與這群男孩恰恰相反，為了自己的未來前景而願意與教師配合。

這群「小伙子」的理解與行動，包含威利斯所說的「滲透」（penetrations）與「限制」（limitations）。在威利斯觀點裡，這群小伙子對「教學典範」（teaching paradigm）嗤之以鼻，後者承諾個人成長與社會進步，但要求服從與聽話。他們瞭解這個令人不快的事實：教育是一條通往「成功」的道路，但只限極少數人，而其中像他們這樣的工人階級男孩更是少之又少。因此，他們覺得「參加這場遊戲」並無意

義。相反地，他們以「取笑」教師和「耳洞」為樂，並且熱衷於追求休閒與性的愉悅。

然而，這群小伙子的視野很悲慘地被限制而且構成了一種「自我詛咒」。在一種回歸的意義上，階級結構（寓意於這群小伙子的意識裡）透過這些男孩自己的行動而被複製及實施。他們對體力勞動的正面評價，以及他們關於心智勞動沒什麼用處的觀念，導致他們拒絕參與學校裡的學習活動，其結果是：這些小伙子把自己送進了工人階級的工作。

性別化的青少年

威利斯研究的最大優點在於接合「青少年」與階級。然而，這同時也是限制，因為他研究的工人階級清一色是白種男性。麥克羅比（A. McRobbie）與賈柏（J. Garber）論稱：

> 在青少年文化研究中，似乎很少談論到女孩的角色。她們在典型的次文化民族誌研究、庶民歷史、個人紀錄和對這個場域的新聞調查裡缺席了。就算出現女孩，不是不加辨別地強調女性的刻板形象……就是將其一筆帶過且邊緣化地呈現。（McRobbie and Garber, 1991: 1）

麥克羅比與賈柏並非未考慮到次文化研究的價值，她們一直明確強調階級、學校、休閒與次文化的重要性。然而，她們在以下討論中提出了性別議題：

• 女孩被男性研究者所忽略；
• 在男性的次文化中，女孩是被邊緣化與臣屬的；
• 女孩的青少年次文化在結構上，被放置在不同於男孩的場域。

麥克羅比與賈柏批評威利斯（Willis, 1978）對暴走族少年文化的研究忽視了女孩，宣稱只是以她們跟男人的關係來評斷。麥克羅比同時指出，在《學做工：勞工子弟何以接繼父業？》一書中，「小伙子們」的語言風格「毫不含糊地侮辱女性」（McRobbie, 1991a: 23）。她認為，威利斯未能面對此問題，逃避了男性工人階級是如何把他們對階級結構壓迫的反抗，建構在他們對女性的暴力之上。她進一步指出，赫布迪齊的青少年文化研究（見前）包含一種「『風格』的使用，結構性地排斥女性」（McRobbie, 1991a: 25）。

女孩的另類空間

　　麥克羅比與賈柏指出，女性在盛大奇觀般的次文化中被邊緣化，是因為她們也在工作的男性世界裡被邊緣化。再者，她們也不被鼓勵「在街角閒蕩」。事實上，女性不僅是家庭的中心，也是另類由雜誌、流行音樂、海報和臥房組成的女性青少年文化的中心。

　　在她的早期著作中，麥克羅比仍對這種「女孩文化」（girl culture）的消費文化源頭持懷疑態度。比方說，她認為青少女雜誌《Jackie》（McRobbie, 1991b）不斷操弄浪漫、顧家、美麗與時髦等符碼，從而將個人私密的領域定義成女孩的主要領域。麥克羅比論稱，《Jackie》呈現的是「浪漫的個人主義」（romantic individualism），並以之作為青少女的終極追求目標（McRobbie, 1991b: 131）。在她對工人階級女孩的討論中，麥克羅比（McRobbie, 1991c）探索這種女性特質文化（culture of femininity）被女孩們用來創造屬於她們的空間，但同時又爭取擁有男朋友、婚姻、家庭與孩子的那份安全感。

　　後來，由於文化研究的重點從文本轉移到消費，麥克羅比（McRobbie, 1991d）也批判自己過度依賴文本分析。她指出，女孩們與女性雜誌和其他形式消費文化的關係，（比她原先認為的）更加主動且具有創造力。她指出，女孩們從時尚風格導出具有生產力、能夠證明自己與有創造力的拼貼，也將購物的動態特徵作為一種賦權／培力的活動（McRobbie, 1989）。

　　麥克羅比強調女性特質的主動性與變動性，反映在青少女雜誌本身的轉型上，為的是迎合「精明與挑剔的青少女消費者」（McRobbie, 1991d）。這種轉型，包含更多注意力的轉移，從羅曼史到流行音樂、時尚與更多的女性自信。麥克羅比強調幻想的生產性，它標記了前青春期女性特質到青春期女性特質的轉變，包括留下讓個別青少女讀者插話的縫隙和空間。她也發現，青少女雜誌是一個女性主義政治的空間。

主要思想家

安潔拉・麥克羅比（Angela McRobbie, 1951- ）

　　安潔拉・麥克羅比也曾是當代文化研究中心的成員，她目前是倫敦大學金匠學院傳播系教授。她的研究致力於探討1970年代青少女與雜誌之間的關係，包括意識形態的文本分析。她在後來的著作中，更加強調青少女的主動意義創造及消費實踐。晚近她探討了當代文化的許多其他面向，包括時尚、現代藝術和流行音樂。

建議閱讀：McRobbie, A. (1991). *Feminism and Youth Culture*. London: Macmillan.

龐克女孩

©攝影：Ralph Daniels｜代理：Dreamstime.com

- 我們可能如何描述這位「龐克女孩」正在表現某種透過儀式的反抗？
- 這張照片賦予次文化世界的女孩何種地位？
- 這張照片的形象是否吻合麥克羅比對次文化女孩的分析？

暴女

　　暴女運動（the Riot Grrrl movement）與第三波女權主義有關（見第9章），源自於1990年代初期龐克音樂場景中參與者對於性別歧視的抗議。被視為頹廢音樂（grunge）的女性主義版本，暴女運動最有名的倡議者是凱斯琳‧漢納（Kathleen Hanna）。她是「比基尼殺戮」（Bikini Kill）樂團極富魅力的女主唱。在她的許多方案中，其一是在現場音樂表演裡避免女性在充滿侵略性、陽剛的舞池裡遭到傷害和性騷擾；因此，她的口號是：「所有女孩都到舞臺前排來！」如果群眾不聽從她的指揮，她就不會開始演出。

　　在還沒有Web 2.0的年代，暴女運動就採取了自己動手做的出版（DIY publishing）模式，以「小誌」（zines）〔同人誌（fanzines）一詞的縮寫〕的形式，

亦即自己出版的小冊子，通常用影印機複製。和龐克本身一樣，小誌場景最早是男性主導的場域。事實上，早期龐克小誌製作者之一的馬克‧佩里（Mark Perry），曾在《*Sniffin' Glue*》的某一期寫道：「龐克不是女生，如果到了不得已的時刻，我們勢必將予以反擊」（轉引自Schilt, 2003: 6）。不過，暴女運動沒有因此退縮，將小誌再造成一個討論禁忌主題如強暴、亂倫、肥胖羞辱（fat shaming）與飲食失調症的媒介。

> 製作並出版小誌，提供女孩一個與擁有共同經驗的其他女孩相互連結
> 的方式。這些連結讓她們瞭解到，被強暴和攻擊的個人經驗，其實是更大的
> 政治問題的一部分。（Schilt, 2003）

對1990年代初期的年輕女性主義者來說，暴女集會（Riot Grrrl meetings）提供了一種社會和政治的空間。莎拉‧馬庫斯（Sara Marcus）回憶，除了抨擊媒體性別歧視的憤怒發言外，參與者彼此交換戀愛故事，以及她們最喜愛的衛生棉和冰淇淋品牌（2010: 7-8）。此一運動與主流媒體的關係不睦，因為主流媒體通常姿態倨傲並且（／或者）批評該運動成員。為了回應她們認為負面和不正確的報導，認同暴女運動者會發起一場媒體斷電行動（a media breakout）。在行動期間，漢納只願意戴著滑雪面罩接受記者訪問——這種形象令人聯想起俄羅斯當代女性主義龐克搖滾團體「暴動小貓」（Pussy Riot）。在她們對暴女次文化的分析中，戈特利布（Joanne Gottlieb）和沃爾德（Gayle Wald）發現，男性龐克傳統和硬核龐克表演者在表現反叛的時候，「以女性為代價，犧牲了女性」（Gottlieb and Wald, 1994: 252）。雖然如此，這些音樂風格強力結合性與憤怒，確實開創了一個女性主義介入的富饒空間，也為性別女性身分／認同的政治化創造條件。

> 特別是，暴女次文化超越了現場或預錄音樂的生產和消費，也超越了
> 次文化表達的愉悅；透過同人誌的出版，它已經進入政治策略化和持續重新
> 排練自我定義的領域。（Gottlieb and Wald, 1994: 253）

因此，從一開始，暴女就以一種真實次文化的面貌出現；依照麥克羅比（McRobbie）的觀點來解釋，它鞏固了「一種對立社會性的感覺，一種在風格上毫不含糊的愉悅，一種具有顛覆作用的公眾認同，也是一組集體的幻想」（Gottlieb and Wald, 1994: 263）。

　　請在網路上搜尋有關暴動小貓樂團（Pussy Riot）的資料。你認為這個女子團體應該被視為青少年文化、青少年次文化、女權主義、政治行動主義或上述特徵的綜合體？

暴女

　　暴女運動對女搖滾歌手（如上圖的女貝斯手）有著持續的影響。

• 請列舉三位當代女性歌手，其政治立場或展演風格屬於暴女運動的遺緒。
• 你認為凱斯琳・漢納在現場音樂創造對女性更為友善的觀眾空間這個任務上，是否算是成功的？

種族化的青少年

\# 「我們可以看到，在英國工人階級青少年文化的表面之上，有一個戰後以來的種族
關係的幽靈史」（Hebdige, 1979: 45）。

這是說，英國青少年文化可被解讀成「不絕如縷的對於英國黑人移民的差異化反
應」（Hebdige, 1979: 29）。

例如：

- 雖然涉嫌攻擊西印度群島移民，泰迪男孩將黑人節奏與藍調及貴族氣質的愛德華時
代風格並置。
- 摩登族曾試圖模仿西印度群島移民的「酷」（cool）風格，同時接受了他們的靈魂
樂。
- 雖然有種族主義的惡名聲，平頭族模仿西印度群島移民的裝扮、暗語和音樂。
- 龐克族在反英國性與反權威的黑人青少年身上找到共鳴。同時，龐克音樂也吸納了
雷鬼音樂（reggae），儘管龐克音樂和黑人音樂原先是兩種涇渭分明的音樂形式。

在雷鬼音樂、聲音系統文化與羅斯塔發里派教義（Rastafarianism）的符號中，
赫布迪齊看到了反抗白人文化與種族歧視的資源所在。雷鬼音樂包含黑人口語與非洲
節奏音樂的越界／踰越特色（transgressive features），被認為是從奴隸時期至今的黑
白種族關係的鮮活紀錄。羅斯塔發里派教義包含透過聖經的挪用與翻轉，「完全顛覆
白種男人的宗教」。雷鬼音樂與羅斯塔（Rasta）「明確表達出許多青少年英國黑人
的疏離感受」（Hebdige, 1979: 36）。

黑人文化有無數面向，已被接合在英國青少年文化當中。不過，梅瑟（Kobena
Mercer, 1994）對黑髮作為一種「風格政治」（style politics）的討論特別有趣，與赫
布迪齊（Hebdige, 1979）對風格概念的探索有異曲同工之妙。

黑髮的技藝

梅瑟指出，頭髮從來都不是出於自然的簡單事實，而是一種文化的象徵手段。頭
髮是經過修剪、打理與造型的，因此它包含關於自我與社會的宣示。特別是，頭髮也
是一種主要的族群符徵，重要性僅次於膚色。透過頭髮，種族主義者的話語／論述將
「黑」投射在自然、野性與醜陋的一邊；而「白」則被放在文化、文明與美麗的另一
邊。梅瑟認為，重新評價黑髮這個族群符徵，在策略上採取了兩個基本形式：一是強

調**自然**原貌，一是強調**人工**技藝。。

　　圓蓬髮型（afro）與細辮髮型（dreadlock）宣告自己是自然的，為的是對抗所謂黑人頭髮只有燙直或其他技術涵化後才會好看的說法。因此，這些髮型：

- 賦予黑人頭髮本身物質性的價值；
- 重新建構與非洲的象徵連結；
- 呼應反殖民、後殖民和反種族主義的鬥爭。

　　然而，圓蓬髮型召喚出來的是一個浪漫化與想像的非洲。梅瑟指出，圓蓬髮型本身並無任何特別非洲之處。的確，他認為圓蓬髮型是依附在歐洲人對於非洲及自然的想像之上。因此，戰術上的翻轉包含黑是自然美的宣稱，同樣依附在將非洲與自然聯想在一起，與種族主義與帝國主義的話語／論述並無二致。再者，一旦被商品化成為一種風格，圓蓬髮型原本作為反抗符徵的意義被掏空了。

　　梅瑟並非批評將黑髮燙直是在模仿白人文化，而是從中看到黑人的創新技藝。黑人離散群落的髮式包含對西方形式的混血與激進轉化。西方社會裡的黑人髮型是從白人與黑人文化萃取各種元素而成，經過交換、挪用、模仿與整編的過程。黑人髮型透過對霸權常規的主動反應與再製碼，展現出來的是共享經驗與刻意拒絕被動性。

　　比方說，黑人的conk髮型（一種使用化學藥劑將頭髮弄直並緊貼頭皮的髮型）並未拷貝任何事物。雖然與白人髮型外觀相近，但卻是透過人工手段來強調兩者間的差異。對梅瑟而言，黑人髮型向那些內行人傳達一組顛覆的訊息：黑人髮型的多樣性證明一種創新、即興創作的審美觀與文化多元性的價值。

◸ 習作

　　請思考饒舌（rap）和嘻哈音樂（hip-hop），作為一種當代青少年文化。
- 請描述其中突顯性別和種族的方式為何？

▍空間：一個全球青少年文化？

　　青少年可能在多樣的空間與地方被生產出來，這些空間和地方促成各種不同的意義和行為。比方說，街頭與購物中心明顯成為青少年出沒與競爭的區域。的確，這些地方是青少年能夠為自己創造的少數半自主性的空間。然而，這些地方也可能讓成年人感受到青少年正構成對社會秩序的威脅。在家裡，透過發出噪音、門鎖、整潔與

進出的時間等方式表達的隱私與個人邊界等問題，已是世代家庭政治（generational family politics）的一環。

　　青少年也置身於全球化的跨國空間當中。一些評論者指出，跨國品牌如Pizza Hut、IKEA、Calvin Klein、Coca-Cola與Apple，連同國際流行音樂巨星，代表青少年次文化的商品化與同質化。對另一些人來說，包括青少年在內的全球文化的發展，在性質上是更混亂與合成的，代表的是有創造力的混雜文化（hybrid culture）（見第5、8章）。

全球的饒舌與銳舞音樂

　　在他1980年代的著作裡，吉爾洛指出，饒舌音樂是：

> 源於〔紐約〕南布朗克斯區的大雜燴社會關係，1970年代移植過來的牙買加聲音系統文化在此扎根，結合特定的技術創新，啟動了一連串過程，不僅改變了美國黑人的自我認同，也改變了流行音樂產業。（Gilroy, 1987: 144）

　　饒舌音樂可沿著這樣的路線追溯其發展路徑，包括西非音樂與奴隸制度的影響。它同時是美國的、牙買加的、西非的、南非的、英國的、印度的、德國的與冰島的，以及其他國家的，很難說饒舌音樂有任何清晰的源頭或純正性。饒舌音樂已經是一種文化混雜化的產物，具有根莖狀般文化流動（rhizomorphic cultural flows）的特徵。

　　在英國，亞洲裔青少年已經創造他們自己的混雜音樂形式——雷格—彭戈—雷鬼—饒舌的混合體（ragga-Banghra-reggae-rap cross-overs）。確實，非洲裔美國人與英國黑人的時尚、音樂、舞蹈風格，已被吸納在亞裔的生活風格當中（Gillespie, 1995）。對梅瑟而言，這些「浮現中的文化混雜性，在相互重疊的非洲、亞洲與加勒比海移民文化中形成」（Mercer, 1994: 3），這對於白人西方權威是一種挑戰。它們既是處在彼此共存的狀態，也處於「危機和轉變的狀況」。

\# 傳播科技建構了青少年文化的商品、意義與認同，跨越種族或民族國家的邊界：全球的饒舌音樂、銳舞（rave）與薩爾薩舞曲（salsa）。

　　錢平（Sarah Champion, 1997）描述銳舞文化（rave culture）如何擴張到美國中西部這個保守、搖滾樂主導，且不太可能有銳舞發展條件的地區；如她所描述的，跳

銳舞已成為美國新的狂野文化，適應在地環境。從芝加哥、底特律、〔西班牙的〕依微沙（Ibiza）、〔英國的〕倫敦、曼徹斯特與英國的舞蹈場景，最後抵達〔美國的〕威斯康辛州。「跳舞文化（dance culture）像是擴散時不斷變種的病毒，美國中西部人民接受銳舞，並且把它變成自己的」（Champion, 1997: 114）。在威斯康辛的情境下，汽車扮演重要角色（汽車在英國場景中缺席），如同對電影《美國風情畫》（*American Graffiti*）的仿作[2]。年輕人不是在倉庫（英國）與地下碉堡（德國），而是在滑雪坡與牛棚下徹夜跳舞。

合成的全球青少年

梅西（Doreen Massey, 1998）講述她在訪談（墨西哥）猶加敦的一群馬雅族女性後，她不再關注這幅明顯純正與原住民文化的圖像，從而接觸到十多名玩著電腦遊戲、聽著西方音樂的青少年：「電子噪音、美國俚語和一點西方音樂流動在午夜叢林之中」（Massey, 1998: 121）。

她強調，雖然猶加敦馬雅青少年文化不再是封閉的「在地」，但它也不是一個無差別的全球（或美國）文化。它是一個互動的產物，而所謂「在地」與「全球」的術語本身是有問題的。在每一種特定的青少年文化中，其在地與全球的混雜狀態有所不同。確實，對青少年來說，什麼是或不是全球文化將會因地而異。

至關重要的不只是對青少年的瞭解，還有對文化的位置。文化比較不是一個有其根源的地理位置問題（a matter of location with roots），而是在全球空間裡的一條混雜與混語化的文化路徑（hybrid and creolized cultural routes）。青少年並不是純粹、純正與侷限在某地的，而是跨空間互動下的合成與混雜化的產物。它們是「在特定空間裡暫時凝聚的群集（在這樣的群集裡我們得以認同在地文化），是從在地到洲際的關係和相互連結的產物（Massey, 1998: 125）」。

全球範圍的相互連結（global interconnections）總是受到權力的影響，而且其間發生的文化混雜在條件上是不均等的。美國流行文化被馬雅青少年視為一種國際地位的象徵。同樣地，文化流動並不都是單向的（the cultural traffic is not all one-way）。緣起於加勒比海黑人的羅斯塔發里派教義「紅、綠、金」，變成流離群落反抗與團結的象徵符號。某些第一世界（譯按：以西方國家及部分東亞已開發國家為代表的高度發展國家）的青少年的政治參與也關切全球不平等議題〔例如：（1985年西方歌手為募款濟助非洲飢民而發起的）Live Aid慈善演唱會〕。國際的青少年文化，在克里佛

---

[2] 譯註：《美國風情畫》是喬治盧卡斯導演的一部美國電影，1973年發行，是一部評價頗高的美國青少年影片。

（James Clifford, 1992）「旅行文化」（traveling cultures）的概念上產生新風貌。舉例來說，追尋反璞歸真的「探索星球」（checking out the planet）（Desforges, 1998）活動，已構成青少年文化中越來越重要的一部分。在這裡，旅行被框架成一系列的不同經驗，以整個自我成長的故事作為基礎，而且以旅遊歸來時獲得文化資本為報酬。然而，對旅行者或探險家而言，沒有任何場所是保留供旅人探索的純正場域，因為所有地方從來都已經被標示並被賦予了意義（Culler, 1981）。瑞海德（Steve Redhead, 1990）進一步挑戰青少年次文化的純正性，他認為將媒體、文化工業與反抗的、純正的青少年次文化一刀切是有問題的，因為後者（青少年文化）「深受全球娛樂工業影響與形塑，流行音樂是整個結構中的一環」（Redhead, 1990: 54）。對瑞海德而言，「青少年文化之死」標記的是**純正次文化**這種觀念的終結，它曾在文化研究對青少年的理解上扮演過一個重要角色。

新宿女孩

©攝影：Freya Hadley

- 這張照片反映的是東京新宿的次文化風格，這能說是一種透過儀式的反抗嗎？
- 這些女孩與前一張照片的「龐克女孩」有何共通之處？
- 她們之間有何不同？
- 有一種全球青少年文化存在嗎？

在次文化之後

在1990年代，新一波青少年研究已經遠離次文化這個概念，以及所謂次文化代表反抗的這種想法。一般稱作**後次文化研究**（post-subculture studies）（Huq, 2006: 20）。這些著作吸收後現代理論，反對所謂有個與次文化相反的「父母文化」（parent culure），主張文化形式是更為流動與多元的（Huq, 2006），並且追隨米歇爾・馬費索利（Michel Maffesoli, 1996）和齊格蒙・鮑曼（Zygmunt Bauman, 1987）的觀點，把這些文化形式成為**新部落**（neo-tribes）。與次文化相比，新部落在組成上是暫時與流動的，其成員身分是對這種暫時共處（temporary togetherness）有強烈的情感連結。此處所謂的「成員身分」很容易取消，不涉及長期義務。它很少像次文化那樣根植於特定的地理空間，而是在地理空間上是更為含混的，而且個人與新部落的連結是情感上的，是不穩定和暫時的（Feixa and Nilan, 2006）。

然而，大衛・海斯蒙德夫（David Hesmondhalgh, 2005）批評用「部落」（tribes）和「場景」（scenes）等詞語來取代「次文化」。他認為場景一詞太侷限在音樂，而部落一詞的意義則太不精確和流動。他建議，我們應該拋棄大詞，改用一系列的因地制宜的小概念。他認為，我們應該集中探索構成青少年文化的各種因情境而異的元素之間的接合狀況。

松頓（Sarah Thornton, 1995）接合了一系列次文化理論的評論。她的主張如下：

- 青少年文化的差異不一定是反抗的；
- 差異是權力的分類與品味的區隔；
- 次文化理論依賴無法維持的二元對立觀點：主流／次文化、反抗／順從、主要／次要；
- 青少年文化並非形成於媒體之外，或與之相對立；
- 青少年文化的形成是在媒體之內，而且透過媒體去進行；
- 青少年文化不是統一的，而且有著內部差異；
- 青少年文化特色不在於青少年的政治化（the politicization of youth），而是政治美學化（the aestheticization of politcs）。

這些批判，不只是點出次文化理論的盲點，也標記了面對年輕人閒暇活動的新態度。瑞海德指出，「自從赫布迪齊的書在1979年出版後，次文化這個概念就『不再合適——真的，如果它曾經合適——作為一種概念機制』，被用來解釋流行音樂文化的發展」（Redhead, 1997a: x）。「次文化的終結」已經被宣告了，不是因為青少年的特殊文化不見了，而是因為：

1. 青少年文化越來越碎片化；
2. 所謂一種草根、完全不依賴媒體的純正次文化（grass-roots, media-free authentic subculture）是不能成立的。

社群媒體平臺的後次文化空間

　　社群媒體平臺如臉書已變成年輕人社交互動與溝通的主要媒介。雖然這些網站確實提供年輕人形成傳統意義上的新連結，但它們更常被用來接合既有的和通常線下的網絡（Robards and Bennett, 2011: 307）。因此，與其說是重塑社會關係或身分／認同和歸屬的新體系，不如說它們是讓日常生活的這些面向變得更有能見度。

　　羅巴斯（Brady Robards）與班奈特（Andy Bennett）研究澳洲青少年社群媒體用戶時發現，這群青少年的身分／認同展演較接近新部落模式的歸屬方式（neo-tribal readings of belonging），更甚於是次文化架構下那種有著較嚴格邊界的身分／認同。比方說，把跳舞音樂當作線上身分／認同展演基本元素的受訪者，拒絕接受過往（與跳舞音樂）連結在一起的次文化實踐（例如：嗑藥），而是強調其他實踐（例如：同志社群連結）。

　　羅巴斯與班奈特論稱，青少年使用網際網路的特殊方式確實意味著有必要完善這個新部落模式。這是因為——和馬費索利（Maffesoli, 1996）將新部落模式的連結狀態理解為只是短暫社交互動所形塑的暫時關係相反——這些網路上活躍的新部落群體還是可能產生一種持久的關係。比方說，在週末舞會或其他形式的社會接觸後，參與者可能用臉書進一步相互瞭解。因此，雖然個人尋找有志一同者時必須穿越的疆域越來越廣大與越來越多層級，但短暫與各種集體互動的經驗，可能是最終創造出更長期群體關係的必經之路（Robards and Bennett, 2011: 314）。

媒體聚光燈

　　對當代文化研究中心的次文化研究有所啟發的「道德恐慌」（moral panic）與「偏差擴大」（deviant amplification）等概念（Cohen, 1972; Young, 1971），賦予大眾媒體一個核心角色，因為它針對青少年群體貼上偏差、麻煩、可能一再發生等標籤。公眾對此做出道德恐慌的反應，企圖往下追蹤與懲罰此一偏差的青少年文化。接著，青少年以擴大偏差程度的行為回應，因此一個貼標籤、擴大化和偏差的循環（a cycle of labelling, amplification and deviancy）便形成了。

　　這些主題在當代文化研究中心的著作中得到呼應，摩登族、龐克族與平頭族被看成當時的媒體「民間惡魔」（folk devils）。在此一模式中，其假設是媒體運作依賴的是先前已存在的次文化活動。這是說，次文化理論認為青少年文化存在於媒體「之

外」，而且與之對立；相反地，當代理論家認為這些青少年文化總是存在於媒體「之內」，而且相當依賴媒體，即使青少年想要否認這一點。

> 「道德恐慌」的文化研究與社會學研究，傾向於將青少年文化定位為負面汙名化的無辜受害者。但是，大眾媒體的「誤解」，經常是某些次文化工業（sub-cultural industries）想要達成的目標，而不是出於青少年文化追求的一場意外。所以，「道德恐慌」可被看成文化工業為瞄準青少年市場而精心安排的誇大宣傳。（Thornton, 1995: 136）

媒體惡魔與次文化女／英雄

松頓指出，所謂純正文化（authentic culture）是形成於媒體之外的說法，是具有誤導性的，因為「在許多情況裡，青少年次文化之所以獨樹一格，其實是一種媒體現象」（Thornton, 1995: 116）。

\# 對次文化的形構和青少年活動的形塑過程中，媒體扮演了不可或缺的角色。

比方說，所謂「地下」（underground）的概念被定義為反抗大眾媒體，以及從「負面的」媒體新聞中獲得愉悅。沒有比謀殺次文化成員的樂趣，更能讓大眾媒體贊同的事情了。實情是，廣播電視禁止且（／或）冷潮熱諷的表演是次文化生活形態中最重要的事；媒體上的惡魔將會成為次文化中的英雄。的確，龐克（punk）與浩室（house）音樂被次文化娛樂業與唱片公司所販售，而道德恐慌或他們助長的「時尚」特性則有促進作用（Thornton, 1995）。

媒體，尤其是八卦小報，並非沒有進行道德恐慌的產製。一些新聞標題如「迷幻浩室的恐怖慘狀」（Acid House Horror）、「禁止這種殺人音樂」（Ban This Killer Music）、「瘋狂嗑藥的迷幻浩室樂迷」（Drug-Crazed Acid House Fans）等（Redhead, 1997b），證明媒體確實在產製道德恐慌。新聞報導的框架與散播的次文化是值得讓人注意的事件，讓唱片公司發現他們的行銷對象。松頓表示，次文化研究傾向認定青少年次文化是有破壞性的，直到它們被媒體報導出來的那一刻。相反地，她指出，只有框架成這樣，次文化「才變得具有政治意義。詆毀次文化的媒體報導不但是一種裁決，也是他們進行反抗的本質所在」（Thornton, 1995: 137）。

後現代主義：純正性的終結

假如青少年文化完全被捲入大眾媒體與文化工業的**監控**之下，那麼次文化成員

與次文化理論家宣稱的**純正性／本真性**（authenticity），似乎啟人疑竇。這是風格概念的問題，一如主動採取反抗作為，依賴於原初、純淨與純正的時刻（Redhead, 1993）。

有人論稱，風格包括了與原創作品意義無涉的拼貼。風格沒有根本訊息或反諷的轉化。它是一種外觀，而且也就只有外觀而已，僅只是另一種時尚形式而已，是混成而不是仿諷（Muggleton, 1997）。對詹明信（Jameson, 1984）而言，這種從過去與現在的風格的吞噬，代表著藝術深度的喪失，而有利於膚淺的混成仿作。這種布希亞式的**後現代主義**指出，「當代流行文化只是一種誘人符號遊戲（sign-play），已觸及它最終的指涉物：無意義（meaninglessness）這個黑洞（black hole）」（Chambers, 1987: 5）。不過，誕生在媒體上的青少年時尚與風格，並沒有把風格化約成無意義。純正性的終結並非就是意義的死亡。後現代拼貼（包括不拘一格從歷史取材當作衣著配件），包括創造性地重組現有的項目去創造出新的意義。在此，「後次文化主義者」能夠「陶醉在隨手可得的次文化選擇」（Muggleton, 1997: 198）。

後現代修補匠

錢伯斯（Chambers, 1987, 1990）與赫布迪齊（Hebdige, 1988）討論商品形成**多重身分／認同**建構的基礎。他們強調意義導向的消費者活動，其行為如同修補匠（bricoleurs）選擇與整理商品材料及意義**符號**的元素。

> ……後現代主義，不管如何形成它可能採取的推理，基本上已經參與了過去二十年的大都會文化：在電影、電視與錄影帶的電子符碼中，在唱片錄音室與唱片玩家中，以一種時髦與青少年的風格，以所有的聲響、影像與每日混雜分歧的歷史，循環並共同「抓住」當代城市的巨大場景。
> （Chambers, 1987: 7）

這種創造性發生在後現代消費資本主義的「巨鯨體內」（inside the whale），是內／外與純正／人造等二分法的崩解，因此：

- 風格是外觀；
- 文化是工業；
- 次文化是主流；
- 高雅文化也是一種次文化；
- 前衛是商業流行藝術；

• 時尚是重新流行。

習作

請以小組方式討論前述這六點。

• 你是否同意這六點？

• 你可為每一點舉例嗎？

• 你認為「純正性」這個概念的意義為何？

• 以何種方式，上述這六點鬆動了純正性這個概念？

對純正性的宣稱

在理論的層次上，對純正性進行解構並不能阻止青少年文化的參與者對純正性的要求。的確，經驗研究指出對真實的要求，位居青少年次文化與夜店文化的心臟地帶。在衛迪康與伍非特（Widdicombe and Wooffitt, 1995）針對一定範圍內的次文化「成員」的訪談中，參與者解釋可推論到一個「真實」內部自我的維持與出現。成員所擁有的「深度」與「純正性」，建構出其他人的不純正與膚淺。所以，純正性是一種積累出來的社會成就。

品味區辨／秀異

搖滾樂總是聲稱藝術的純正性，以現場演出為立論基礎，而且特別貶抑舞曲、迪斯可（disco）的價值。相反的，舞曲經過漫長的文化涵養過程，已賦予唱片和DJ音樂**高於**現場表演音樂的純正性（Thornton, 1995）。影響所及，夜店文化（club cultures，或譯俱樂部文化）標舉的是一系列所謂內部純正性與區辨／秀異（internal authenticity claims and distinctions）的宣稱。

> 夜店文化不折不扣是一種品味文化（taste cultures）……夜店文化將他們自己的品味視為純正，並且正當化其所屬的流行文化……夜店文化充滿文化階層……可以被精簡地指派如下：純正vs.膺品、「嬉皮」vs.「主流」，以及「地下」vs.「媒體」。（Thornton, 1995: 3-4）

追隨布爾迪厄（Bourdieu, 1984）觀點的松頓認為，區辨／秀異（distinctions）不再僅僅是人我有別的聲明，而是包含自我標榜為權威和純正，並且貶抑他者。此論基於**文化資本**（cultural capital）概念，亦即賦予權力與地位的知識累積；比方說，教

育及（／或）談論高雅文化的知識涵養，傳統上被認為是一種上流或中產階級的文化資本（cultural capital）。文化資本不同於**經濟資本**（亦即財富）和**社會資本**（social capital，亦即人脈）。在夜店文化的脈絡下，松頓認為這些**次文化資本**（subcultural capital），也就是與服裝、唱片、髮型、舞風等青少年次文化的相關知識，賦予了這些青少年某種地位與權力。

次文化資本包含「我們」（另類、屌酷、獨立、自主、少數）和「他們」（主流、平庸、商業、虛假、多數）之間的區辨／秀異。它也包含夜店文化內部的區辨／秀異：知道最新發行的唱片與舞曲、穿最炫的衣服、看最酷的DJ、去最正點的夜店。當代夜店文化的變化是如此快速，不斷進行一次又一次的變形，所以要維持次文化資本誠屬一項難度不低的技術。

＃消費是具有創造性與生產性的過程。

創造性消費

一篇對德國舞曲場景的評論指出，「在平等與充滿愛的銳舞空間中，青少年為整個社會創造了一個可追隨的潛在藍圖」（Richard and Kruger, 1998: 173）。然而，雷諾（Simon Reynolds, 1997）認為，超越種族、跨階級統一的銳舞夢，與銳舞音樂固著於其自身的激情之間產生矛盾。很明顯地，這些作者對銳舞文化的評價是對立的。更明顯的是，他們都未提供任何經驗證據支持他們的說法。相反地，在1980與1990年代有相當多的消費研究面世，他們辯稱**文本**分析（非常廣義的）無法告訴我們實際的讀者／閱聽人／消費者如何將意義帶入其玩樂之中。

可以說，閱聽人是主動的意義創造者，會把先前獲得的文化能力用在文化文本上。閱聽人不應被視為文化笨蛋，他們在自身的文化脈絡裡是主動的意義生產者。尤其是，費斯克（Fiske, 1987）論稱，流行文化不是由文本單獨構成的，而是由人們從文本生產的意義所構成的。

共同文化

一個關於年輕人消費實踐的重要研究是威利斯（Paul Willis, 1990）的《共同文化》（*Common Culture*）。威利斯認為，青少年之於商品有一種主動、創造和符號生產的能力，構成青少年文化的一部分。他認為，意義並非內在於商品之內，而且在主動使用被生產出來。他把這個現象稱為「扎根美學」（grounded aesthetics）。

對威利斯而言，當代文化不是無意義或膚淺的，而是包含作為文化生產者的所有人主動創造意義：「青少年符號創造力是基於他們日常非正式的生活，而且將意義注

入他們所置身的整體世界」（Willis, 1990: 98）。透過一系列對青少年的訪談，威利斯認為他們：

- 看電視時是主動與有創造力的；
- 看廣告時是老練與有發明能力的；
- 透過舞蹈與時尚的客製化來展示他們的個人能力；
- 轉化並重新編碼日常事物的意義。

　　諷刺的是，正是資本主義與消費主義的擴張，為青少年的創造力表現提供了更多符號資源的供給。資本主義（在工作的領域）可能是青少年想逃離的，不過資本主義也提供了他們這麼做的工具和媒介（在消費的領域）。消費主義是一種主動，而非被動的過程（Willis, 1990）。

　　回應上述觀點，麥奎根（McGuigan, 1992）認為威利斯代表一種對市場消費者主權的不具批判性的擁抱。根據麥奎根的說法，威利斯不再相信有任何批判既有秩序的理由，也未能提供另類的願景。其他學者（Silverstone, 1994）也指出，消費者／閱聽人**總是**主動的，但這一點並不能保證足以對霸權秩序構成挑戰。

　　不管閱聽人的主動性是一種挑戰或默認，最終是一個必須逐案檢視的經驗研究問題。青少年消費者是主動的意義創造者的證據確實相當充分。不過，**能動性**與主動性不必然代表反抗；也可能是對霸權價值觀的主動挪用，因為主動性也可能是被意識形態**利用**。的確，在這個後現代、不再強調純正性（post-authentic）的世界中「反抗」意指為何並不甚清楚。

反抗的回顧

　　諸如「反抗」之類的改變的隱喻是工具，而非真與假的分析類目。霍爾（Hall, 1996e）指出改變的隱喻，主要做兩件事：

1. 它們允許人們去想像，假如當下盛行的文化階層被轉化，世界將會變成怎樣；
2. 它們幫助我們「思考」社會與象徵符號之間的關係。

　　隱喻也讓我們得以新的方式思考問題，因此「反抗」這個問題是一個效用與價值觀問題，非關真假。

反抗是局勢的

霍爾（Hall, 1996e）指出，《透過儀式的反抗》（不管其他限制）的力量，在於它的反抗概念是關係的（relational）與局勢的（conjunctural），亦即反抗不被認為是一種總是具有單一的和普遍性的；而是劇碼（repertoires）所構成的，而這些劇碼的意義受特定時間、空間與社會關係所影響。假如我們將青少年文化看作是「反抗」，我們需要問一些基本問題：

- 青少年文化在反抗誰或反抗什麼？
- 反抗在什麼情況底下發生？
- 反抗是以什麼形式彰顯？
- 哪裡是反抗的場域？

> ✎ 習作
>
> 　請回答上述問題，並參考：
> 　(a)饒舌音樂；(b)重金屬音樂；(c)舞曲文化；(d)網路遊戲社群；(e)線上瀰因文化（online meme cultures）。

反抗作為一種防衛

對班奈特而言，「反抗基本上是一種針對文化力量的防衛關係，受到次社會力量的調整，而這種文化權力明顯被體驗是來自於外部和他者」（Bennett, 1998: 171）。這是說，反抗議題來自於權力和臣屬的關係，支配文化（dominant culture）尋求從外部將自身強加於臣屬文化。因此，反抗的資源在某個程度上也是來自於支配文化之外。班奈特認為，《透過儀式的反抗》的價值，是它看到驚人的青少年次文化如同對於新的侵略性資本主義擴張的防衛反應。反抗是源自於工人階級文化，以作為一種對立於統治階級文化的獨特空間而存在。

對班奈特而言，這是反抗所具有的生產性，因為它很清楚在反抗誰、在哪裡反抗與何時反抗。班奈特認為，這種反抗和那種被構思成非特定的、浪漫的反抗屬性截然相反，後者將任何對權力的反應都視為反抗〔此處，他批評的是學者德塞圖（de Certeau）的反抗觀，容後再討論〕。

在巨鯨體內

然而，我們可以看到班奈特對反抗的詮釋是兩極化的；這不是長處，而是問

題。資本主義是反抗的目標，然而我們在前面針對青少年文化的討論已經指出，青少年的文化文本、象徵符號與人造物都非存在於資本主義之外。作為商品的修補匠，年輕人已沉浸其中，而非置身於消費資本主義與大眾傳媒之外。縱使有反抗發生，這也有如發生「在巨鯨體內」（inside the whale）。青少年文化並非純正、另類的反抗空間，而是一個**協商**的場域，其間的反抗立場／位置是策略性的，而且本身受到權力結構所影響。

對霍爾而言，《透過儀式的反抗》（不管其他的限制）一書的長處在於它將反抗概念化為「一種對支配秩序的挑戰與協商，不可被同化為革命階級鬥爭的傳統類目當中」（Hall, 1996e: 294）。霍爾在書中用個案證明了反抗不該被當成是高低秩序或權力有無的簡單翻轉。霍爾論稱，當代文化理論已經放棄純粹超越（pure transcendence）這種概念。

相反地，矛盾心理與模稜兩可占據著反抗的空間。此一過程可用「狂歡節」（carnivalesque）的越界（／踰越）本質來說明。一場狂歡節透過儀式、遊戲、嘲弄與褻瀆，暫時地翻轉了權力秩序。在此情境下，鄙俗凌駕於儀節之上，傻瓜可以目無君王。然而，對霍爾而言，這場「狂歡節」的力量不是對秀異／區辨進行簡單的翻轉而已，而是低俗文化入侵高雅文化，創造了一個「怪異」、混雜的形式。此處，重要的不在於高雅文化受到低俗文化挑戰，而是權力對文化進行分類這件事本身遭到挑戰。

這種挑戰，霍爾歸因於「流行」的概念，越過了文化力量的邊界（因為它有價值，雖然被分類為低俗的）。以這種方式，青少年文化可被視為一種越界特質的流行文化，以及（／或是）一場狂歡節對既有權力秩序的顛覆。

隱藏在燈光之中

應用傅柯的觀點，赫布迪齊（Hebdige, 1988）思索建構青少年為麻煩與玩樂背後的權力微型關係（micro-relations of power）。特別是，他認為十九世紀那種想要控制、滲透與監控群眾的衝動，繼續存在於當前社會關於青少年的想像。青少年次文化對這種監控的回應方式則是創造自己的「奇觀」（spectacle），以吸引陌生人（而且，尤其是媒體）充滿讚嘆的注目。赫布迪齊繼續提供關於青少年文化的三個命題：

1. 當它的存在被視為有問題的時候，青少年才得以存在。當青少年表現「出格」（out of bounds）時，他們立刻就被注意到而且變得可見。這讓他們得以「玩弄他們手上掌握的唯一力量，亦即一種令人不安、構成……威脅的權力」（Hebdige, 1988: 18）。

2. 新的權力形式生產了新形式的無權力（new forms of powerlessness）與新型的反抗。影響所及，青少年政治（politics of youth）與愉悅的微型政治（micro-politics of pleasure）無法用舊的／現存的有組織的政治活動來理解。

3. 青少年文化的政治（the politics of youth culture）是一種以姿態、象徵與隱喻的政治，此間只用符號這種貨幣來交易。因此，它的意義是曖昧含糊的，而且對它不可能有權威性的解釋，因為它置身於權威化的話語／論述所無法觸及之處。因此：

> 次文化是在監控與逃逸監控之間的介面上形成的。它將被監控的事實轉譯成被觀看的愉悅，而且將膚淺表面的東西精緻化，從而透露了邁向曖昧不透明性的一個更為幽暗的意志，一種對抗分類與控制的驅力，也是一種超越的欲望。（Hebdige, 1988: 54）

赫布迪齊指出，次文化既不是一種確認，也不是一種拒絕。它是一份獨立與心有異志的宣言。它同時是對於自身的無權力處境的反抗與順從；它是一種爭取被人注意的耍弄，而且拒絕被用透明的方式解讀。

戰術與戰略

目前，文化研究中對反抗提出另類理論解釋的是德塞圖（Michel de Certeau, 1984），他的著作因為費斯克（Fiske, 1987, 1989a, 1989b, 1989c）大力引介而廣為人知。德塞圖著作的價值在於他將日常生活中的反抗實踐概念，化為一直已存在於權力空間之中。如同傅柯（Foucault, 1980），對德塞圖而言，權力之外沒有「邊緣」（margins）存在，更別說是供人對權力（中心）展開攻擊或宣稱純正性。更確切地說，流行的詩意與難辨的實踐，是各種可能的反抗的形式，能夠在權力裡面進行具有創造性與適應力的運作。

德塞圖區辨出權力的戰略（strategies）與反抗的戰術（tactics）。**戰略**是權力用來為自己圈出特定專屬空間，與外在環境有所區隔，從而使權力本身成為一個意志主體（a subject of will）而操作自如。因此，一家企業的權力包含創造自己的空間，而且透過手段使自己能與競爭者、敵對者與客戶等權力有所區隔並且自主行動。相反地：

> 戰術是由於沒有自己的專屬空間而採取的一個經過算計的行動。然而，由於沒有外部的限定，也讓它擁有自主的必要條件。戰術的空間是他者的空間。因此，它必須在一個強加於它的地域範圍內利用，並且受到這個地域範圍外的權力法則的限制……。它善用「機會」並且依賴這些機會，雖然

不擁有一個能夠累積戰果的基地，但它可以建立自己的有利位置，並且計畫
突襲行動。（de Certeau, 1984: 36-37）

塗鴉藝術家

©攝影：David Davis｜代理：Dreamstime.com

- 「塗鴉」是「藝術」，還是「破壞公物」？
- 以何種方式來說，這名女性「隱藏在燈光之中」？

　　戰術是盜獵者的拿手好戲，是日常生活的欺敵計策，利用「他者」的資源來創造
一個屬於自己的生活空間。這些包括透過消費的間接生產，「暗示了它的無所不在、
默默與幾乎無形地進行。因為它無法經由它自己的產品來彰顯自身，而是透過使用主
流經濟秩序所強加的產品來彰顯自身」（de Certeau, 1984: xii-xiii）。比方說，青少
年次文化接受唱片公司、服裝製造商和雜誌生產的產品，以及在夜店、酒吧和街道的
空間，並把這些變成他們自己的。也就是說，青少年將自己的意義投注在這些產品
上，從而也協商出自己在世界上的位置。

文化研究的陳腐性

　　德塞圖的反抗概念有其價值，亦即取代磐石般且滲透的文化工業這個概念，後者將其意義強加在被動的消費者身上。然而，對他的批評者來說，這種論點的風險是將每種流行文化與青少年風格都看成是反抗。根據莫理斯（Meaghan Morris, 1996）的看法，這造成一種「文化研究的陳腐性」（a banality in cultural studies），亦即不斷有學者發現在流行文化有所謂的反抗存在。對此，她仿諷道：「在現代媒介化世界（modern mediatized societies）裡，人們是複雜而矛盾的，而大眾文化的文本也是複雜而矛盾的，因此人們使用它們〔大眾文化的文本〕產生出複雜而矛盾的意義」（Morris, 1996: 161）。

　　對莫理斯而言，付之闕如的是一張可以用來衡量損失與利益、希望與絕望的資產負債表。她指出，我們需要的是一種批判的邊緣（a critical edge），一方面能夠接合「它們總是吃定我們」這個概念，又能同時建構一個可供我們想像烏托邦的空間。同樣地，對班奈特（Bennett, 1998）而言，反抗這個概念在費斯克與德塞圖的著作中並未充分區分在社會學與歷史特定狀況下的反抗類型，因此他們都不算是完成了充分的局勢（sufficiently conjunctural）分析。

反抗：文化研究者的規範性立場

　　在文化研究的脈絡下，將一個行動描述為反抗，與真假無涉，而是事關效用與價值。文化研究獻身於不服從的**文化政治**（cultural politics of insubordination）與差異政治（politics of difference），因此，反抗是一種**規範性**概念（a normative concept），其「成功」與否，宜用規範性的判準予以策略性的評量。換句話說，反抗必須追求人所共知的價值觀（named values）。

　　比方說，平頭族被認為是以工人階級團結（working-class solidarity）或陽剛特質等價值觀的名義，對中產階級權力進行反抗。龐克族被認為是以差異與多元之名，實踐他們對常態語義秩序（normal semantic order）的反抗。當然，要宣稱這些反抗成功與否，完全是另一回事：龐克成就了什麼？根據何種判斷標準？此外，被視作反抗的那些價值觀本身是好是壞，也是一個受到爭論的問題。文化研究者可能正面評價「工人階級」，卻不太可能正面評價平頭族的「陽剛特質」價值觀。所以，反抗可說是一個雙重的價值觀問題：反抗本身所認同的價值觀，以及我們對這些價值觀的認同。

＃反抗指的不是一個行動本身的性質，而是對行為進行判斷時所憑藉的概念範疇。

反抗是一種價值觀的區辨，將這些價值觀區分的概念範疇，重新再行區分（classifies the classifier）（摘釋Bourdieu, 1984）。它是一種判斷，透露出的是文化研究者本身抱持的價值觀。

數位青少年文化

若不觸及當代數位文化，那麼對當代青少年文化的討論將不完整；確實，在許多情境中，數位文化和青少年文化是同一件事。這不是說只有青少年使用網際網路，也不是說只有青少年在網際社群裡聚集，而是說出一個簡單的事實，亦即許多當代青少年文化至少部分、主要或甚至是全部在賽伯空間裡展現。

線上青少年文化太廣太雜，此處無法完整探討，所以我們將會把討論侷限在幾個主要領域。首先，我們聚焦在音樂和新的數位傳輸平臺的重要性。接著，我們將檢視動漫迷文化（一種依賴傳播科技的全球媒體文化）以及親厭食症線上社群（pro-ana online communities）（有個案研究顯示，某些線上青少年文化帶有性別化和具有潛在傷害的元素）。最後，我們將探討遊戲玩家——同樣是強調性別——並在結束本章之前討論三種特別受歡迎的青少年文化：逗趣的重新配音（overdubs）、關於可愛貓咪（cute cat）的幽默，以及「拆箱」（unboxing）視頻。

> 請舉例說明(a)部分存在；(b)主要存在；(c)全部存在於線上領域的當代青少年文化。你能想到任何完全存在於線下領域的當代青少年文化嗎？

數位音樂與真正「像專輯一樣的」專輯

與時尚和審美一樣，音樂品味也是任何青少年文化會具有的特色。音樂類型在文化研究興起的過去半世紀以來並未發生劇烈變化，但網際網路已對音樂製作、銷售和消費方式產生巨大衝擊。這和數位媒體對電視產業的衝擊有諸多類似之處（見本書第10章）。雖然舊的音樂格式如黑膠唱片仍有懷舊的死忠粉絲，但和過去音樂以實體形式銷售的情況相比，現在已經發生了澈底的改變。對X、Y和Z世代的音樂粉絲而言，這是一個播放清單的時代（the era of playlists），也是一個盛行音樂下載、音樂串流（music streaming）和推薦服務（recommendation services）的時代。同時，像Spotify這樣的音樂服務平臺具有社交網絡元素，讓用戶可以分享播放清單給朋友和追隨者。圍繞音樂清單而凝聚在一起的線上社群，符合羅巴斯和班奈特（Robards and Bennett, 2011）關於社交網站的新部落特徵（the neo-tribal character of social networking sites）的觀察，亦即這種群體通常是流動、短暫的，只需要較低程度的參

與及情感投資。再者，形成這種群體（的人數門檻不高），不太需要達到臨界大眾（a critical mass）。

搞弄音樂的數字

在2014年：

• Spotify在全球擁有6000萬活躍用戶，其中1500萬是付費訂戶；
• （音樂產業的）數位營收已超過CD銷售營收；
• 只有一張專輯——泰勒絲（Taylor Swift）的《1989》——賣出超過一百萬張。
（Kornhaber, 2015a, 2015b）

上述這些變化對音樂產業意味著什麼？分析師莫利根（Mark Mulligan）指出，現在受歡迎的是「後專輯藝術家」（post-album artists），意指那些將音樂創作成持續釋出的單曲，並以一種適合「注意力週期較短的世代」（short-attention-span generation）的方式發行（轉引自Ellis-Petersen, 2014）。這種趨勢讓電臺經理甚至做嚴峻的預測：專輯已經瀕臨死亡。而這也得到音樂人如搖滾樂團「The Cult」主唱伊恩·阿斯特伯里（Ian Astbury）的呼應：

> 我們不再製作新專輯，或許永遠都不會。專輯死了，這種格式已死。iTunes已經摧毀了整個所謂專輯這樣的概念。它曾是1970到1990年代音樂產業的關鍵角色，但現在已經結束了。它只是一種舊格式，跟不上時代，就是這麼一回事。（轉引自Ellis-Petersen, 2014）

然而，正如音樂作家孔哈伯（Spencer Kornhaber）所觀察到的，「專輯，真正像專輯那樣的專輯——精心安排歌單，自成一體的封面設計藝術，以及反覆出現的主題——依舊不斷推出」（2015b）。除了泰勒絲的《1989》，還有碧昂絲2013年發行的同名專輯，以及造物主泰勒（Tyler, the Creator）2015年推出的《櫻桃炸彈》（*Cherry Bomb*），後者還被譽為「極致的網路頑童帶來的極致的老派聆聽體驗」（Kornhaber, 2015b）。

✎ 習作

以三或四人為一組，集體討論以下問題：

• 所謂「真正像專輯一樣的專輯」，你認為應該具有哪三種特徵？

- 一張收錄十五首歌的專輯能夠提供什麼播放清單或串流服務無法提供的？
- 由於數位化的趨勢，還有理由堅持這種為了符合「老派」限制和要求的、批次釋出的格式？
- 關於專輯格式的音樂，你對其未來的預測為何？關於電視節目以季或集播出的格式，你對其未來的預測又是如何？
- 假若樂團只釋出一系列的單曲，或是電視「影集」變成長度難以預測或長短不一，會造成什麼樣的社會、文化與藝術衝擊？

親厭食症線上社群

最近幾年，親厭食症（pro-ana）、親暴食症（pro-mia）和親飲食失調症（pro-ed）線上社群崛起，男男女女在線上交流經驗、相互支持與分享彼此的故事。社交網站如Tumblr、Pinterest、Instagram和臉書（Facebook）也開始突顯女性「變瘦的靈感」（thinspiration）的相關照片和影像，包含各種身材，從自然纖細到可能導致生命危險的消瘦憔悴都有。

飲食失調症患者會強迫自己將食物嘔出，或是不吃任何東西，有時甚至有致死風險。這通常用文化脈絡來解釋，因為纖瘦被認為是吸引人的，導致人們把自己當成客體而非具有能動性的主體。因此，身材被視為男性與女性之間權力關係的面向之一。

的確，戴伊（Katy Day）和奇斯（Tammy Keys）（2008）指出，這不只是身材，還有包括鼓勵女性服從、自抑、自我否定，以及自我規訓。尤其是，她們用一種後結構主義觀點解構飲食失調症的臨床症狀，認為它們是在特定文化、歷史和政治脈絡裡（特別是西方醫學）被話語／論述地產生出來的一些權力模式（power models）。

在這種脈絡下，她們將親厭食症社群理解為行使對於女性特質角色的反抗；親厭食症社群不只拒絕所謂正常化身材，而且感到自己毫無權力，她們想要控制自己能控制的部分：進食。戴伊和奇斯發現，在親厭食症社群文化的話語／論述裡：「那些強迫自己餓肚子的人被呈現為既是文化預設角色的『受害者』，也是敢於反擊和反抗的『反叛者』，為的是協商出一個令人滿意的女性身分／認同」（2008: 3）。蓋利（Jeannine A. Gailey, 2009）將親厭食症社群次文化實踐理解為產生日常生活少有的強烈情緒，它們構成了「冒險行為」，威脅到一個人的身體或心理健康，而且這是為了完成尚未達成的需求，給自己一種能夠控制生活和環境的感覺，也需要一些技能，亦即那種面對近乎一團糟的局面時，仍然能夠感到還在控制之中的技能。

在學院之外，關於親厭食症網站和變瘦靈感照片是否美化危險的飲食失調症，或

單純只是提供健康減重的靈感，存在著激烈的辯論。醫學會如美國全國厭食症與相關失調症學會（ANAD）認為這些網站大有問題，因為它們鼓勵人們成為「菁英」（雖然充滿風險）線上社群的一員。美國全國厭食症與相關失調症學會對這類親厭食症社群網站的分析，導出以下結論，這些網站的問題包括：

- 美化或偶像化那些暴瘦或極瘦的人的形象；
- 暗示食物和體重是敵人；
- 教導危險的飲食失調行為；
- 不惜一切代價鼓吹纖瘦身材；
- 論稱飲食失調症是生活風格的選擇，而不是什麼嚴重疾病；
- 透過尊榮感和菁英式話語／論述，企圖掩蓋飲食失調對人體健康的危害。

 習作

　　相對於「變瘦的靈感」，「變健美的靈感」（fitspiration）照片通常被視爲比較健康和負責任的另類選擇。然而，批評者認爲這種形象對女性而言仍是一種誘發羞恥感、客體化與壓迫性的。請寫下五百字的網誌文來討論這個議題，並用至少五張最近被上傳至網路的「變健美的靈感」照片作爲參照。

日本動漫迷文化

　　在過去二十年間，一個龐大、跨國與散布全球各地的青少年粉絲文化，投入於一種名為日本動畫（anime，日文作「アニメ」）特殊形式的動畫與漫畫（manga，日文作「漫画」）。動畫和漫畫在日本都有廣大閱聽眾，而且也都在西方社會裡受到歡迎。日本動漫最早在1970年代傳入北美，隨後在1980年代有幾部知名電影如《阿基拉》（Akira）（1988）在美國獲得小範圍流通。網際網路的興起，讓分散各地的粉絲團體得以彼此連結，彼此分享從日本傳來的新動漫作品。到了二十一世紀初期，在美國可以隨時在電視上看到日本動畫，日本漫畫也很容易在大型連鎖書店取得。

　　當代動漫迷大多是從小看1990年代中期電視動畫《金剛戰士》（Power Rangers）和《寶可夢》（Pokémon）長大的青少年。多倫多地區的動漫迷人數中，有超過85%的人年齡在14-22歲，多為高中或大學生，男女比例約為4：6。在族群背景上，70%是白人，16%是東亞裔，8%是混血兒（Carey, 2006）。

　　動漫迷構成了一種全球青少年文化，他們都喜愛日本動漫和日本文化。動漫迷通常學習日語，喜歡接觸日本文化如武術和日本料理，有的甚至親赴日本旅遊或常居日

本。它是碎片化的，也是全球性的，包含了日本符號在新文化脈絡下的拼貼，吻合青少年文化的「後次文化」特徵。比方說，「御宅族」（*Otaku*）——在日文裡原指特別熱衷於某些事物的人，但後來衍生出某人有反社會、執迷、與世隔絕和危險等極端負面的意涵。某些粉絲樂於自封為御宅族（此處意指日本動漫迷）。此外，日本服裝式樣也被吸收到西方服裝裡，例如：日本「哥德次文化蘿莉塔」（gothic Lolita）時尚服飾風格，和西方青少年的龐克／哥德服飾風格（punk/goth fashion）之間的相互借鏡。

動漫文化的參與者活躍於線上社群、粉絲俱樂部、聚會、扮裝（costuming）、角色扮演、撰寫和閱讀同人誌、創造和觀看動漫音樂視頻（anime music videos, AMVs）、同人藝術（fan art）與蒐集玩具。動漫次文化有許多次群體：遊戲玩家、腐女（yaoi girls）、哥德次文化蘿莉塔、以女性為主的科幻影集迷（media fandom）……，但他們的共通之處是想要避免關於「酷」（coolness）的常規定義，而且敢於把自己的「怪」（geekiness）和「呆」（nerdiness）表現出來。動漫文化涉及一個龐大的全球媒體市場，以及與其他地區的動漫迷線上溝通與聯繫。比方說，日本動漫迷通常會掃描原版日本漫畫，寄交「字幕組」（the scanlation group）的志願者將日本翻譯成英文（譯按：或其他語文）。這種全由志願者擔綱的活動，完全是在網路上完成。

外國媒體產品通常很難打入美國市場，因為「異國性」（foreignness）通常阻礙它受到大眾歡迎。的確，日本動漫製作人通常試圖把他們的內容「美國化」。不過，艾利森（Anne Allison, 2006）針對熱愛日本視聽文化產品的美國青少年觀眾的民族誌研究發現，青少年覺得動漫裡的混雜和異國元素極富吸引力。不斷變換的奇思異想世界經常是動漫的主題，其中包含可以變換的身分／認同，以及有機和機械的結合，剛好和「碎片化、移動性和不斷流動的鮮活經驗同步發生」（Allison, 2006: 11），因此對當前的青少年特別具有吸引力。她認為，與美國文化的差異，並且在文本當中突顯這些差異，是日本動漫能夠吸引美國青少年的原因。

同樣地，諾瑞斯（Craig Norris, 2005）發現，澳洲青少年認同的是「他者」和日本動漫裡常見的蛻變主題。他認為，澳洲青少年擁抱日本動漫的差異，部分原因是他們自覺與澳洲主流文化有疏離感：他們感到碎片化，難以和國族根源（national origins）有所聯繫，彷彿盎格魯／說英語的族群是一張空白石板，正處在「空洞」狀態。

遊戲玩家文化

許多複雜的青少年文化圍繞電動玩具或電腦遊戲而繁榮起來，這些遊戲可以

部分或全部在網路上進行，包括遊戲機（console games）、虛擬線上世界（virtual online worlds），以及手機和社群媒體上的小遊戲。某些學者嚴格區分玩遊戲和居住在虛擬或永恆世界如「Habitat」、「第二人生」（Second Life）或「安特羅皮亞世界」（Entropia Universe）之間的差異；不過，這些區分變得越來越無關緊要，因為受歡迎的遊戲如「當個創世神」（Minecraft）早已模糊了兩者的邊界。大型多人線上角色扮演遊戲（massively multiplayer, online role-playing games，簡稱MMORPGs或MMOs）仍然非常受歡迎，而且繼續吸引比許多中小型國家人口還多的玩家社群（Crawford et al., 2011: 3）。角色扮演幻想遊戲「魔獸世界」（World of Warcraft）繼續吸引很多玩家，雖然在2014年已是一款推出屆滿十年的遊戲（以網路世界的時間標準來說，這已經算很老了）。2010年在它的顛峰時期，「魔獸世界」在全球擁有1200萬玩家，而且至今仍是世界上最受歡迎的大型多人線上角色扮演遊戲。

遊戲一瞥

- 美國擁有1.9億名遊戲玩家；
- 美國人在電玩遊戲的支出已超過電影票的支出；
- 目前銷量最多的電玩遊戲「俠盜獵車手V」（Grand Theft Auto V），銷售速度快過史上任何產品，三天內的銷售額就超過10億美元。（Harwell, 2014）

「當個創世神」

　　「當個創世神」是遊戲界不尋常的成功故事，在不到兩年內，從一個名不見經傳的小型獨立遊戲，搖身一變成為全世界風行的一款遊戲（Duncan, 2011）。自2009年發行以來，這款遊戲已在全球售出超過五千四百萬套。2014年，它被微軟公司以25億美元買下（Bass, 2014）。「當個創世神」的特色是區塊層級（block-based）和開放世界（open world）平臺，讓人聯想到樂高玩具。玩家可選擇「創造模式」（creative mode）或競賽的「生存模式」（survival mode）。這款遊戲可以在各種平臺上玩（包括手機、遊戲機、平板和桌上型電腦），可以一人或多人玩。它的玩家不分年齡層都有，但最多的是青少年，占這款遊戲玩家的60%（Alex, n. d.）。鄧肯（Sean C. Duncan）指出，「當個創世神」的成功祕密包括這款遊戲的美學感性、它的機能性、它的開發史，以及玩家的主動創造力（2011: 2）。

研究路徑

　　在晚近的學術研究裡，已從社群、培力、消費、形式與美學、身分／認同、語言、生產力與排斥類型等視角，探究線上遊戲的社會和文化意義（Crawford et al., 2011: 3）。早期有關線上和電腦遊戲的研究以量化為主，受「效果」典範主導，將閱聽人視為明確訊息的被動接受者（見第10章）。像先前的電視觀眾研究一樣，電腦遊戲相關研究過度重視暴力問題，探討「真實世界」的侵略行為是否源於虛擬世界。根據史密斯（Jonas Heide Smith, 2002），沒有足夠證據支持暴力和玩電腦遊戲之間有直接的因果關係，但這仍然是一個有爭議的問題。

　　晚近的學術研究為遊戲研究帶來了更多文化、意義導向的路徑，從詮釋學和文學理論汲取養分（Aarseth, 1997），特別是電腦遊戲的互動性質，使它們成為探索作者、文本和讀者的主動關係的有價值的網站。然而，阿賽斯（Espen Aarseth）認為，這仍將是有限的，套用既有的文學概念到遊戲，無法掌握遊戲獨特的動態。阿賽斯（Aarseth, 2003）認為，探討「虛擬環境的遊戲」的詮釋循環（hermeneutic circle），將需要探討：

* **遊戲—玩樂**（game-play）：針對玩家動機和行動的心理—社會學的探討；
* **遊戲—結構**（game-structure）：針對遊戲設計和規則的研究；
* **遊戲—世界**（game-world）：針對遊戲裡的角色和敘事進行文學／文化的檢視。

　　尤其是他主張有必要擴大調查分析，超越遊戲的文本分析，進入遊戲玩家及其展演技能的探討。文本分析若脫離對主動意義產生的玩家與遊戲展演的具體狀況之瞭解，可能會對遊戲的文化影響有所誤解。例如：將美國科倫拜高中屠殺事件的青年歸咎於受到暴力電玩的影響，這種想法即屬毫無根據的臆測（Finn, 2000）。

遊戲成癮

　　文化理論家阿薩・伯杰（Asa Berger, 2002）探討了電玩遊戲作為一種流行文化現象，透過結合文本與「生理—心理社會的」分析。他得出結論說，電子遊戲與社會孤立、暴力和成癮有關。他認為：

> 如果電玩遊戲變成互動電影，這意味著，玩遊戲的玩家將成為這種新遊戲／電影的英雄或女英雄，或是惡棍或惡女。我們可能會發現玩遊戲如此迷人，我們忽視我們生活的其他方面，包括親人。（Berger, 2002: 109）

　　伯杰認識到，玩家們是更大的遊戲社群的一部分，但他將它想像成僅是一種虛擬

網路，缺乏「真實社群」的本真性。這種將遊戲和寂寞、反社會男子（在大多數情況下）連結在一塊的說法，恰好呼應了大眾媒體的觀點。然而，這種說法未經過針對遊戲玩家的實證研究，僅依賴理論論證和文本分析。它呼應了電視研究文本分析無法進行主動閱聽人研究的侷限性，因此對其結論應該謹慎看待。

遊戲與身分／認同

　　與伯杰的悲觀適成反比的是一些學者的烏托邦夢想，將網路空間視為一個自治的邦國，供人把玩身分／認同，不受社會限制。

\# 有人認為，讓玩家掩飾自己的世俗身分，在虛擬空間允許人們進行各種身分展演，不受實際軀體的限制。

　　當然，問題是網路空間的行動者仍然被捆在日常物質世界，日常物質世界對虛擬世界的影響持續存在。貝爾薩莫（Anne Balsamo, 2000）認為，遠遠不是一個自由的反抗文化的空間（counter-culture space），虛擬真實複製更廣大的文化力量的權力關係。網路文化的「身體」觀仍然受制於性別和種族，因為有個複製熟悉與舒適想法的趨勢存在。創新科技未能被用來形成新想法，而更可能是強化傳統有關性別化和種族化身體的霸權敘事。

扮演多重身分

　　特克（Sherry Turkle, 1995）討論了後現代多重身分（multiple identities）的狀況，在多人線上遊戲（MUDs）裡被啟用的情形。多重身分的概念指涉的是人們在不同時間和地點，採取不同的和潛在相互矛盾的身分。既然我們都具備多重的身分如階級、性別、性傾向、年齡、種族和國族，我們最好被理解為多種而非一種身分組成的，而且這些身分並非統一在統合一致的「自我」之中（見第7章）。

　　特克認為多人線上遊戲，讓人們有機會扮演不同身分和嘗試新的身分；她認為在多人線上遊戲裡，一會是多。這取代了有一個本真身分的概念，無限制地將自我去中心化。對特克而言，線上身分的多重性和異質性根植於新的後現代文化的社會經驗。她指出，遊戲一直是一種重要途徑，有助於發現自己是誰與想成為誰。因此，多人線上遊戲可以變成一個用來建構多重身分的實驗室。當然，實驗不一定總是得到好結果，雖然她談及有些玩家欣喜於身分發明，特克也指出有些玩家的遊戲生活不過是更突顯了他們「真實生活」的限制與不足。

　　這方面更常討論的面向是證據顯示，有相當多的真實生活中的男子在虛擬環境裡偽裝成女性。有些玩家說這沒有什麼特別重要的意義，不過是單純好玩而已。然而，

特克認為，虛擬「跨性別打扮」往往是一個更為複雜的心理現象。例如：她討論一位真實生活男性，他的女性遊戲角色讓他有機會體會他覺得無法在日常生活中扮演的自信。該名男子告訴特克，在他的日常生活裡，圍繞陽剛之氣的假設使自信變成一個充滿侵略行為的「混蛋」，而身為一個虛擬的女性，自信是適切的現代。特克還提醒我們注意一個真實生活女性的虛擬男性角色，讓她發出在其他地方遭到剝奪的自信的聲音。

在《我的小生活》（My Tiny Life）一書裡，朱利安‧迪貝（Julian Dibbell, 1998）談及他的第一次網路跨性別打扮的經驗，他進入LambdaMOO遊戲扮演「薩曼莎」（Samantha）這個1960年代電視劇《著魔》（Bewitched）的女主角。迪貝的線上和離線的朋友塞巴斯提爾領著「薩曼莎」參觀了林地社區（這是深藏在LambdaMOO遊戲的主要空間，亦即大廈的一個壁掛之內）。林地已成為「Lambda的酷兒們的某種次社群」的聚集地點。看來，在一個「真實生活」的複製中，非霸權集團撤退到特定的「郊區」，藏身在Lambda的許多房間和空間裡。

迪貝接著談到他在扮演薩曼莎時體會到的感情和感覺。他指出，他常常對虛擬空間裡的新角色感到興奮，但薩曼莎這個角色讓迪貝感受到最深入的轉變，他說，彷彿他們的身體融合在一起。他認為泰然自若、迷人與充滿女性特質，性別認同讓他感覺到非常具體。那麼我們可能會問，這種感受如何成為可能的，迪貝不就是單純在電腦上打字和閱讀而已嗎？當這一切是發生在一個文本、線上虛擬空間的角色轉變上，「薩曼莎特質」和女性特質究竟是從何而來？

特克認為，跨越真實和虛擬之間的邊界，包括多重身分的扮演，產生了一種新的道德話語／論述。例如：與一個不是「真實生活」伴侶的虛擬角色在網路上發生性行為，是否構成不忠？她認為，模擬文化可以幫助我們實現多重但整合的身分的理想，提供我們近用我們的許多自我，從中獲得喜悅。另一方面，她也警告迷失在網路空間及誤認夢想為真實世界的危險。

一個更晚近的針對虛擬世界「第二人生」的民族誌研究，是博爾斯托夫（Boellstorff, 2008）所做的，其研究也支持特克（Turkle, 1995）的發現：人們在虛擬世界裡會參與多重且時而矛盾的自我表達，特別是因為他們的化身是可以變換和客製化的。參與者可以測試新的身分／認同，學習／練習他們在真實世界裡缺乏的技能，例如：透過化身而試著讓自己更外向一些。

根據博爾斯托夫（Boellstorff, 2008）的觀點，虛擬世界可以免於性別二分法，因為化身能夠變換性別或可以是無性別者。然而，他們通常將性別嵌合在虛擬世界中，因為遊戲提供的化身通常是默認（內建）為男性或女性，而且名字一旦設定後即無法修改，而且默認（內建）的動畫也流露某種性別特徵，例如：男性角色和女性角色的坐姿不同。白種性也是另一種默認（內建）的特徵，雖然事後還可以客製化調整，但

很少非白種的化身可供選擇，在遊戲商店裡很難找到非白種的「外觀」（skins）。

✎ 習作

是否可能寫一個沒有性別或種族身分的角色？

• 試著寫一個虛擬遊戲的簡短故事或描述，其中有不具性別或種族特徵的角色，然後評估你／妳的嘗試是否成功。

• 試著請別人讀你寫的故事，請他／她看看這些角色當中是否有任何性別和種族的假設。

再現和管制

正如史東（Allucquère Rosanne Stone, 1991）所指出的那樣，網路空間有一種再現的政治存在，大部分掌握在年輕男性電腦工程師和程式設計師手裡。她說，男性建構了一個網路空間的笛卡兒世界觀（Cartesian world view）。也就是說，他們握有上帝般的知識的特權地位，從中再次複製性別和種族的傳統層級式的二分法。畢竟，網路遊戲裡充斥了那種刻板印象式的大胸脯、性感的年輕女性，而且網際網路充斥著色情。這就引發了一個問題：網際網路是否應該受到更大的公眾管制。

在LambdaMOO網路遊戲裡發生過一起聲名狼藉的「強暴」案，引發了性別和管制的問題。根據迪貝（Dibbell, 1998），該事故是由一個叫做「搞砸先生」（Mr. Bungle）的人引發的，該角色是一個怪異猥瑣的小丑，住在網路遊戲（LamdbaMOO）大廈的地牢當中。該角色的原始創作者是一群男性大學生。一連串發生在線上的暴力和強暴案，經追查是由於「搞砸先生」侵入其他角色，強迫他們在不知情或不同意的情況下發生性行為。

迪貝描述某些玩家想要這些虛擬行為產生真實生活的結果。這引發有趣的有關真實和網路文化的問題。這是一個文本的環境，但對那些被影響的人來說，他們感受的憤怒是真實的。在某個社會空間中缺乏直接的身體接觸，並不必然否定存在於人們之間的思想、感情和權力關係。在LambdaMOO網路遊戲當中有一種權力結構，其中「巫師」具有一種監督者的角色。當強暴發生的時候，巫師們被要求透過判決。某種形式的管制透過新的「法律」生效而實施，確實是一個在遊戲社群中浮現的有組織的政治系統。

遊戲與性別

在產值高達千億美元的電腦遊戲和電玩產業吸引更多年輕玩家之際，關於玩家多

為年輕男性的刻板印象已經和事實不符（Harwell, 2014）。在美國，成年女性玩家是男孩的兩倍，全美遊戲玩家中有48%是女性。

女孩遊戲

- 「金‧卡黛珊：好萊塢」（Kim Kardashian: Hollywood）是一款以女性為主角的「紅毯冒險遊戲」（red-carpet adventure），是最受歡迎的一款手機應用程式。
- 女性玩家玩的遊戲大多是男性設計的，只有21%的遊戲開發者是女性。
- 為的是避免性騷擾，大約有70%的女性玩家在線上扮演男性角色。（Harwell, 2014）

科內柳森（Hilde G. Corneliussen, 2008）論及遊戲情境裡，同時是玩家和再現客體的女性。她認為，雖然「魔獸世界」這款遊戲在很多面向上是性別化的，例如：療癒和裁縫，但男性和女性都有機會擁有這些技能。她指出，在這款遊戲的歷史裡，女性被納入傳統陽剛角色（例如：戰士），也為男性提供了另類、女性化的角色。雖然如此，這款遊戲的行銷和包裝仍然將女性角色視為性慾望的客體，即使個別玩家可以自行決定角色的外觀。整體而言，她認為「魔獸世界」的性別再現是多樣與多元的。對電玩文化抱持類似曖昧與最終正向的性別觀點的學者是泰勒（T. L. Taylor, 2006），在論及「無盡的任務」（EverQuest）這款遊戲時說道：

> 雖然性別轉換也是一定會發生在「無盡的任務」裡的事，最有趣的一個面向是遊戲允許近用性別身分／認同的方式，而且那又是線下世界不被允許或被非法化的：同時既性感又有力，或是陽剛又美麗的角色。「無盡的任務」裡的女性透過與這款遊戲提供的空間，經常介入傳統女性特質概念的把弄，並且參與重塑性別身分／認同。（Taylor, 2006: 97）

遊戲門

近年來，有關線上遊戲的身分／認同扮演的嚴謹學術論證已支持對於性騷擾和女性歧視的關切（見第9章）。「遊戲門」（Gamergate）是2014年針對遊戲產業充斥女性歧視現象（雖然應該提醒注意的是：女性在線上技術與玩家社群裡，長期承受特別惡意的賽伯仇視）。雖然遊戲門表面上是對遊戲新聞學倫理的抗議，它的目標幾乎清一色針對的是女性遊戲開發者、學者和作者，而且這場運動的伏流「總是……充滿暗黑的厭女情結」（Stuart, 2014）。在她們的住址和其他個人資料，連同描述她們將會

如何被強暴、虐待和殺害的圖像威脅被公開在網路上後，這些被遊戲門敵意對待的女性一度被迫離家避難。

> 暗網（the dark web）裡的社群，通常強烈反對任何透露用戶性別或種族的話語。你認為這是否能帶來更平等主義的線上空間？這種政策的優點為何？缺點為何？

混搭文化

《連線》（*Wired*）雜誌在2015年7月宣稱，「這是一個混搭的時代」。如前所論，重混（remix）包括從既有內容中「剪和貼」或「取樣」，以便產生某種與既有形式不同的新東西。當代案例包括網路上蓬勃發展的音樂和影片。更廣泛地看，可以這樣定義混搭文化：「是一種遍及全球的活動，涉及拜數位科技之賜而促成具有創意的與有效率的資訊交換，也因剪裁／拷貝和黏貼的實務而得以實現」（Navas, n.d.）。這涉及的是把現有的文化文本加以拆解和重組，也跨越包含藝術、文學、電影、動畫、音樂和廣告等不同的媒介光譜。

音樂混搭通常以「混搭」（mash-up）的形式出現，將兩首以上不同的歌曲重新編製為一首歌曲。特別受歡迎的是A vs. B混搭的形式，將兩首音樂風格和聽眾文化截然不同的歌曲重新混合為一首「新」歌。例子包括涅槃樂隊（Nirvana）和天命真女（Destiny's Child）的歌曲被混搭成「Smells Like Teen Booty」，以及鼓擊樂團（The Strokes）和克莉絲汀·阿奎萊拉（Christine Aguilera）的歌曲被混搭成「Strokes of Genie-us」。受歡迎的電影預告片混搭視頻，例如：布蘭肯海姆（Robert Blankenheim）的（惡搞混搭電影預告片）《鐵達尼2》（*Titanic Two the Surface*）在YouTube上有多達1100萬人次觀看。而知名的文學混搭是賽斯·葛雷恩·史密斯（Seth Grahame-Smith）的《傲慢與偏見和殭屍》（*Pride and Prejudice and Zombies*）（而且把珍·奧斯汀列為共同作者），將珍·奧斯汀（Jane Austen）的經典小說重新安排在「攝政王時期的英格蘭」，並且加入殭屍，改變了整部小說的情節和人物角色。

流行文化的剪貼是後現代文化的一大特徵。當然這個過程本身並不新，比方說艾略特（T. S. Eliot）的詩作《荒原》（*Wasteland*）裡就指涉了很多文化文本，莎士比亞的作品也一樣。在音樂方面，牙買加雷鬼音樂（Reggae）和Dub音樂（其字源是double，意指另類版本的音樂）藝術家，從1970年代初期以來即創作了許多現成歌曲的新版本。的確，所有的文化都透過吸收和混雜既有的文化形式而來。不過，目前的混搭風潮涉及值得注意的新特徵，比方說，雖然《荒原》是現代主義高雅文化的作

品，大部分當代混搭作品玩的是流行文化，具有後現代的風格。當一個混搭作品結合了高雅和流行文化文本時，它也就跨越並消解了高雅—低俗的文化邊界，而這也是後現代的另一個特色。

但混搭文化最重要的特徵或許是文化生產已從過往「專業限定」（professional only）的基礎，轉向生產閱聽人（the producer-audience）（或如第11章所描述的生產使用者，produser）。這是說，大部分的混搭作品是由非專業藝術家所製作的。在web 2.0的發展初期，即使是一種非專業現象，混搭的實作只和極少數人有關。然而，攝影、電影和音樂編輯軟體晚近的發展，已讓自己動手做的混搭（DIY remixing）實作變成線上娛樂的主流現象之一。這方面的例子包括素人翻唱（shredding）（經典音樂視頻的音軌被業餘演出者的聲音取代）、多軌疊錄（overdubbing）或重新混音錄製（redubbing）（影片如資訊型廣告的音軌被以搞笑的方式重新過音）。

在你看來，創意重混（creative remixing，譯按：二次創作）和剽竊的差別為何？同人小說（fanfiction）和耽美同人小說（slash fiction）是否屬於混搭？混搭如何是一種後現代現象？它以何種方式擴展了文化生產領域的參與？

崩壞讀唇語

崩壞讀唇語（Bad Lip Reading）是一個YouTube頻道，由一個匿名的音樂和視頻製作人嘲諷從電影、電視節目、音樂、運動轉播和政治新聞的片段，透過多軌疊錄的超真實過音，精確吻合螢幕人物的唇型。在2012年，《滾石》雜誌（Rolling Stone）描述這個頻道是當年度美國總統選舉「史無前例的大熱門」（the breakout hit），因為崩壞讀唇語頻道發布了共和黨總統參選人米歇爾·巴赫曼（Michele Bachmann）的競選視頻，並由她親口說出她的個人生涯「從兩棵香蕉樹上升為追求刺激的鯊魚，販售我想要的不同玩具的照片」（譯按：無厘頭的惡搞）（轉引自Dickinson, 2011）。截至2015年8月，該頻道已有超過450萬訂閱者，累積觀看次數達4.74億次。有趣的是，許多遭該頻道惡搞的名人對它讚譽有加，甚至在自己的社群媒體粉絲群裡推廣。

崩壞讀唇語頻道，可說是集當代線上青少年娛樂的許多關鍵特徵於一身：

• 它包括精細的混搭技巧，似乎耗費大量時間而且注意細節；
• 它的製作人是業餘及（／或）獨立的（明顯未與主流媒體集團有任何關係）；
• 它的受歡迎程度有如病毒般擴散，而非由傳統廣告或行銷方式所驅使；
• 它的受歡迎程度也是主流媒體報導予以擴大的結果；

- 它吸引的觀看次數和粉絲，令主流媒體望塵莫及；
- 它的幽默在於顛覆文本類型，而且充滿超真實與荒謬感；
- 要懂它的笑點（梗），閱聽人需要一定程度熟悉影片裡的人物、類型和文本。

> 你能想到當代線上青少年娛樂的其他例子，至少具備前述三種以上特徵嗎？

網際網路是用貓咪做的

> 網路被發明出來，物理學家們得以分享研究論文。Web 2.0被發明出來，我們得以分享可愛貓咪的照片。Web 2.0的工具，雖然是為了庸常的目的而設計的，但在數位行動主義者手上卻可發揮極為強大的效用，特別是在言論自由受到限制的環境裡。（Ethan Zuckerman，轉引自Yurdam, 2013）

> 以上引自網路研究者扎克曼（Ethan Zuckerman）的這段話，已被稱為「網際網路的可愛貓咪理論」（the cute cat theory of the internet）。
> - 你覺得為何貓咪在線上幽默領域扮演如此重要的角色？
> - 在第4章裡，我們談過網路明星不爽貓（Grumpy Cat）。你認為牠的成功說明了什麼：(a)線上名聲；(b)「不爽」在線上的吸引力；以及(c)貓瀰因（cat meme）在線上的吸引力？
> - 扎克曼將可愛貓咪和賽伯行動主義連結起來，對此你有何看法？

YouTube百萬富翁、拆箱和「第一人稱玩具色情」的祕密

如我們在第11章所見，網際網路已稱許為引領了一個民主文化參與的新時代。YouTube、SoundCloud和Instagram等平臺確實讓業餘視頻製作人、音樂人和攝影師獲取名聲，有時甚至得到非比尋常的財富，透過自己動手做的方式，跳過跨國巨頭企業的直接控制。的確，當代數位文化最令人興奮的一個面向是由普通人為普通人製作的娛樂內容獲得的驚人成功，不論是展示貓狗情誼的熱門YouTube影片或是「當個創世神」（Minecraft）玩家的網路直播影片。

在寫作本書的此刻，一個最受歡迎與盈利頗豐的YouTube頻道是DisneyCollectorBR，其業餘、低預算的影片突顯一位操著南美口音的不知名婦女拆箱並解說她的迪士尼玩具，所有人能看到的只是她的手和閃亮的美甲藝術。在2015年中，該頻道已有超過450萬訂閱者，累積觀看次數達66億次。其中，「Play Doh

Sparkle Princess」這個視頻被觀看超過2.73億次。該頻道光是2014年從YouTube廣告獲得的收益估計即達490萬美元（Goodkind, 2015）。

不像大多數的YouTube網紅，DisneyCollectorBR頻道與美甲背後的婦女堅定拒絕露面，而且也不與為獨立YouTuber服務的多頻道聯播網（multichannel networks，簡稱MCNs）建立合作關係。人們至多猜測，她可能是43歲的巴西婦女，家住佛羅里達州的迪士尼世界附近，而且她的夫婿也有個類似且受歡迎的YouTube頻道BluCollection。他們是「真正的迪士尼魔人，生性離群索居，同時又能日進斗金」（Reinsberg, 2014）。

DisneyCollectorBR頻道的YouTube影片在類型上屬於「拆箱」（unboxing），被前迪士尼執行長稱為「第一人稱的玩具色情」（first-person toy porn），因為他們提供觀眾「每分鐘都是耶誕節早晨」的體驗（David B. Williams，轉引自Reinsberg, 2014）。拆箱視頻（至少從2006年起已是顯著的線上現象）的受歡迎程度，不限於幼齡人口，更老的觀眾也同樣喜歡這類視頻，特別是高科技新玩意的拆箱視頻。對洛內塔（Mike Rugnetta, 2014）而言，拆箱涉及某種程度的情色，因為「慾望客體」（the object of desire）被以脫光的方式呈現在觀眾面前。這些視頻因此可被視為一種新玩意脫衣舞表演，流露炒作與行銷活動的「無厘頭的廣告口吻」。雖然拆箱與傳統廣告有若干類似之處，但脈絡是不同的，因為拆箱涉及的是「一個公民消費者、一個非正式場合，以及單一的客體」，而非某個產品的理想再現。當然，「這整個安排有個必要前提，而且需要有個定點讓這個事情可以啟動」（Rugnetta, 2014）。

對文化研究而言，類似拆箱這樣的現象有其弔詭之處：一方面，這個類型有一種「業餘時光」的地位，將普通人置於具有主導權的位置。這些視頻的製作，不像大企業有經費或炫技，而是從普通消費者的觀點出發，並以解構的狀態呈現產品。雖然他們有提供一種反霸權觀點的潛力，但他們很少對消費者文化提出嚴肅的挑戰。比方說，除了為迪士尼產品提供多一個推廣平臺外，DisneyCollectorBR與這個全球資本主義經濟共存共榮，該頻道為其製作人賺進大筆廣告資金，而這些廣告在視頻播放前或播放期間出現。

拆箱這個類型的視頻如何與馬克思所說的商品拜物教（見本書第1、3章）產生關聯？拆箱視頻有助於或有礙於企業的行銷策略嗎？它可能兩者兼而有之？這種如此迷戀消費和商品的「人民為人民製作的」娛樂，對以下兩個層面可能有些什麼意義：(a)當代青少年；(b)資本主義意識形態力量？

名聲2.0

　　Web 2.0的一大吸引力，至少在理論上，是任何人都能製作影片、錄製歌曲或撰寫小說，並且因此聲名大噪。再者，至少某些人能夠以他們的方式從事這些活動，並且樂在其中。正如瑞斯伯格（Hillary Reinsberg）所觀察到的，「DisneyCollectorBR已經達成現代網際網路的理想：她因為自己所愛的事而受到崇拜（而且因此致富），而且觀看者眾，卻不受到聲名所擾」（2014）。不過，很重要是必須記得，網路名聲（就像非網路名聲一樣）是稀有與涼薄的。一方面，製作和公開散播文化內容比任何時候都更加容易，但吸引眼球的競爭也同樣是空前激烈。在臉書平臺上，人們每分鐘分享一百三十萬則訊息，每天上傳3.5億張照片（Bullas, 2015）。要想在賽伯群眾（cybercrowd）裡脫穎而出，並不是像在公園裡行走（除非你走進的公園剛好有一億棵樹，而這是目前網際網路上網頁總數的估計值）。

✏ 習作

　　找一位夥伴一起挑選過去一個月在網路上有如病毒般擴散的YouTube視頻，一個是由業餘人士製作的，一個是由企業製作的，並列出它們得以成功的特徵。它們的這些特徵有無共同之處？你認為病毒式擴散的結果可不可能透過事前的刻意操作來達成呢？

自拍

　　類似下面這樣的自拍照（selfies）在當代文化裡已變得無所不在，以致於現在有一個名為自拍研究網絡的非正式團體，由一些研究自拍照「社會與文化意涵」的學者組成。

- 你認為自拍照的社會與文化意涵有哪些？
- 自拍照的哪些面向可被理解為性別化的？
- 鑑於他們有的是拍攝專業宣傳照的機會，你認為名人擺拍和自拍的動機是什麼？
- 自拍照如何促成身分／認同的形構與扮演？
- 列舉十種當代自拍照的類型及其可能扮演的文化角色。

©攝影：Nicole A. Vincent

解構練習：主流文化 vs. 次文化

- 讓一個文化活動成為主流的因素是什麼？
- 讓一個活動成為次文化現象的因素是什麼？
- 主流文化和次文化之間有著什麼樣的彼此依存關係？

本章摘要

　　年齡仍是社會分類與階層化的一個重要標記，但文化研究對它的討論比階級、性別、種族等概念要少。這些描述詞如孩童、年輕人、青少年時期、成人、老人及領取養老金者……，都是身分／認同的類別，而且寓有關於能力與責任的言外之意。在文化類別上，青少年的年齡具有彈性，它也是一個模稜兩可的符碼，被成人指稱為「麻煩」與「玩樂」。青少年承載了成年人寄予未來的希望，但是也引起恐懼與關切。

　　英國文化研究的早期著作關心引人注目的青少年次文化，並視之為階級霸權秩序的象徵性反抗。次文化有如底層價值觀（subterranean values）的獨特領域，也被認為提供了結構化階級問題一個神奇的解答。三個主要的分析工具強調：

- 同族關係的概念：次文化象徵客體（subcultural symbolic objects）藉此表達了青少年群體的根本關懷與結構位置；
- 拼貼的概念：先前互不連結的象徵符號，被多元並置地創造出新意涵；
- 風格的概念：符號的拼貼所建構的一致與有意義的表達方式，並藉此表達次文化的價值觀。

當代研究青少年文化場景（特別是跳舞文化與線上文化）的學者，如今開始質疑次文化這個概念是否還有效。他們論稱，青少年變得越來越碎片化與「非一致的」。所謂純正的青少年文化這個概念不再可行，這不是因為青少年文化不再是包含流行、舞蹈、音樂與其他表達青少年文化風格的獨特群集；更確切地説，它們是「內在於」、而非「外在於」大眾媒體中介的消費資本主義（mass-mediated consumer capitalism）。它們最好被理解成品味（及對於純正性的宣稱）的內部差異之標記，而非代表著反抗或反對的一致表達。

這個論點不會將青少年引進無意義的黑洞之中。相反地，透過主動的、具創造力消費者的有意義活動，他們對商品的創意使用已達到後現代主義的「大雜燴」（cut 'n' mix）狀態。的確，混雜的青少年次文化是一個日漸全球化的現象，並且在世界各地挑戰所謂文化是穩固場域的概念。這是否能夠被看成是「反抗」容或有爭論餘地，因為這將取決於在特殊環境之下誰反抗什麼及反抗誰。反抗是關係性的（relational）、局勢的（conjunctural）與規範性的（normative）。

第14章　文化政治與文化政策

關鍵概念	
公民身分（citizenship）	霸權（hegemony）
文化政策（cultural policy）	意識形態（ideology）
文化政治（cultural politics）	權力（power）
解構（deconstruction）	實用主義（pragmatism）
治理性（governmentality）	公共領域（public sphere）

　　本章關切的是文化政治與文化政策的相關議題。我們將從探討「文化政治」（cultural politics）開始。文化研究所理解的文化政治，聚焦於與族群、公民身分及公共領域有關的「差異政治」（politics of difference）及「再現政治」（politics of representation）。文化政治的討論之後，我們將介紹對文化研究提出批評的一些論戰，特別是關於：

- 文本取向的文化研究與政治經濟學的關係；
- 發展文化政策的必要性。

　　我們將回顧論者的觀點諸如所謂文化研究對文化政策著墨不足，所以文化研究已變成邊緣化的學術領域，我們也將考量強調文本實踐的文化批評與政策形成、執行之間的關係。

文化研究與文化政治

　　文化研究是一個跨學門、或甚至是後學門的研究領域，模糊了它自身與其他學門的分界。然而，文化研究不希望自己被看作成「任何東西」（Hall, 1992a），它尋求透過政治實踐來定位自己：文化研究向來宣稱其聚焦於權力、**政治的議題，並且強調**社會變革的必要性。的確，文化研究懷抱與學院外的政治運動連結的企圖，因此：

\# 文化研究將理論生產視為其政治實踐的一環。

　　對文化研究而言，知識從來都不是一種中立或客觀的現象，而是一種**發言位置**（positionality）的問題，亦即葛雷所謂「誰能知道什麼，關於誰，透過什麼方式，為了何種目的」（Gray, 1997: 94）。

命名是一種文化政治

　　廣義說來，我們或可將**文化政治**看成與下列事物有關：

- 命名的權力（the power to name）；
- 再現常識的權力；
- 創造「官方說法」的權力；
- 再現何謂具有正當性／合法性的社會世界之權力（Jordan and Weedon, 1995: 13）。

習作

　　請用性／別、種族或階級，舉例說明上述每個項目。也就是說，命名「身為一個男性」的意義是什麼？它是如何變成常識的一部分？……。

　　文化研究的核心論述之一是認為它的研究對象（即文化）是一個爭辯的領域，關於這個世界的各種相互頡頏的意義與版本競逐優勢地位，並且爭奪關於何謂真理的發言權。尤其是，在文化領域之中的意義與真理是在權力的類型中組成的。也是在這一層意義上，「命名的權力」以及將特定論述塑造得強而有力，都是一種文化政治。

　　文化**再現**的問題是「政治性的」，因為它們與權力問題有密切關係。權力，如在「自我」形成過程的社會規範／管制，一方面使某些種類的知識和認同得以存在，另一方面又否認或排斥其他種類的知識和認同。我們是黑人或白人，是女人或男人，是非洲人或美國人，乃至於是富是貧，俱屬非同小可的問題，不能等閒視之，因為這些差異影響了我們如何構成自我，以及我們得以近用的文化資源多寡。

　　例如：將女性描述成完整的人和擁有平等社會權力義務的公民，或是將她們看作是次等人、家務勞動者，或只是擁有取悅男人的身體，兩者差別相當大。用公民身分的語言來描述女性，迥異於常識與官方意識形態的再現方式，後者將她們描述成妓女、蕩婦和奴僕。公民身分的語言，正當化女性在商業與政治領域的地位，而性奴隸與家僕之說，則否定了女性理應享有的公民地位，企圖將她們侷限在傳統家務領域，或是成為專供男人窺視的性對象。

文化政治：葛蘭西的影響

在1970和1980年代，文化政治的相關討論，大多套用葛蘭西（Antonio Gramsci, 1968, 1971）的語彙（另見本書第2章）；受葛蘭西影響的文化研究援用的概念之中，最重要的當屬**霸權**一詞。此處，由統治階級派系構成的「歷史集團」（historical bloc），係透過贏取人民的同意，而得以擁有「社會權威」（social authority），享有凌駕於從屬階級之上的「領導權」（leadership）。霸權包含的正是這些意義創造〔以贏取人民同意〕的過程，透過這些過程，具有權威的再現與實踐被生產與維持。

競逐霸權

在葛蘭西的分析裡，霸權涉及教育與贏取同意，而非只是用赤裸裸的暴力與脅迫手段。雖然國家機器不可被看做只是統治階級的爪牙，國家機器與階級霸權還是脫離不了關係。葛蘭西對國家的性質做了區分：

- 「**守夜人國家**」（night-watchman state）：作為一種依賴軍警力量與司法系統的鎮壓性國家機器；以及
- 「**倫理國家**」（ethical state）：在公民養成與贏取同意的過程中，扮演教育與形塑角色。

雖然暴力仍然是國家機器的社會控制手段之一，但在相對承平時期，國家機器通常訴諸**意識形態**所提供的社會整合功能。

追隨葛蘭西的腳步，文化研究的觀點認為意識形態（在此可理解為一張張有利於特定社會團體鞏固權力的意義地圖）根植於人民日常生活。對葛蘭西而言，意識形態提供人們實踐作為與道德行事的準則，既是鮮活經驗，也是一組有系統的觀念，足以組織並整合各種不同的社會元素，從而形成霸權集團與反霸權集團（hegemonic and counter-hegemonic blocs）。意識形態霸權（ideological hegemony）即是這樣的一種過程，某些瞭解世界的特定方式變得不證自明或被自然化，導致另類方案的想像或思考變得毫無可能。

對葛蘭西而言，人們賴以組織其生活經驗的「常識」與「流行文化」，是意識形態鬥爭的重要場域。這是霸權（可理解成一系列易變的與暫時的結盟關係）需要被不斷地再贏取與再協商的場所。文化霸權的營造和崩解，是一個持續進行中的過程，而文化則是意義鬥爭不斷發生的場域。

葛蘭西的概念有其持久不竭的重要意義，因為他極力強調流行文化作為一種意識

形態鬥爭的場域。更者，雖然霸權這個概念最初被用來討論階級關係，它的適用性現已變得更加寬廣，擴及性別、種族、族群、世代與國族認同等層面的權力關係。意識形態和霸權等概念，非常貼近女性主義、後殖民理論、種族政治與酷兒理論的需要。

封鎖線

©攝影：Freya Hadley

- 在維持現代國家的過程中，暴力扮演何種角色？
- 國家何時會使用暴力？對付誰？為何目的？
- 在現代國家中，暴力和贏取同意之間有何關係？

主要思想家

安東尼奧・葛蘭西（Antonio Gramsci, 1891-1937）

　　安東尼奧・葛蘭西是義大利馬克思主義理論家和政治運動者，他對文化研究的主要貢獻是他用馬克思主義解釋現代西方社會。特別是，他發展與應用了意識形態和霸權的概念，在1970年代文化研究形成之際，影響相當深遠。葛蘭西影響力在於發展出一種非化約論的馬克思主義，探討意義和思想作為一種具有發展性

的力量，無法僅用經濟觀點解釋，因此他對西方馬克思主義的文化研究者來說，重要性無與倫比。

建議閱讀：Gramsci, A. (1968). *Prison Notebooks*. London: Lawrence & Wishart.

知識分子的角色

葛蘭西思想將文化分析與意識形態抗爭置於西方政治的核心。因此，就其延伸的意義言，對那些關切社會變遷的人來說，它也將文化研究提升到顯赫的位置上。的確，他特別看重知識分子的工作，以及他們與社會抗爭的其他參與者之間的關係。此處，葛蘭西對於「傳統」與「有機」（organic）知識分子所做的區分值得重視。

傳統知識分子（traditional intellectuals）是那些從事科學、文學、哲學和宗教工作的人，任職於大學、學校、教會、媒體、醫療機構、出版公司和法律事務所。雖然傳統知識分子可能出身於不同的階級背景，其地位和功能使他們自視為獨立於任何階級立場或意識形態角色。然而，對葛蘭西來說，他們生產、維持並流通那些構成霸權的各種意識形態，而霸權則植根並且自然化於常識之中。例如：許多對當代媒體內容的分析（見第10章）論稱，新聞記者、電視製作人和其他媒體知識分子，都有其意識形態角色。

相反地，**有機知識分子**（organic intellectuals）是工人階級（以及後來的女性主義者、後殖民主義者及非洲裔美國人）抗爭（運動）的一部分；他們是反霸權階級及其盟友的思想和組織元素。如葛蘭西論稱，當新的階級發展出來，它創造「有機的一個或多個知識分子層級，給予他們同質性和使命感，不僅是在經濟場域，也在社會和政治的場域」（Gramsci, 1971: 5）。由於葛蘭西對所謂有機知識分子採取極寬廣的定義，此一角色並非只能單獨由學院人士扮演，工會運動者、作家、社會運動倡議者、社區組織工作者及教師等人，都可能扮演有機知識分子的角色。

文化研究作為一種政治方案

隨著文化研究的發展，許多文化研究的擁護者採取一種有機知識分子的模式，將文化研究理解為一個知識方案（intellectual project），為廣大的社會及政治力量提供「意識形態抗爭」（ideological struggle）的知識資源。此處，透過指出文化文本被建構的特性，文化研究希望扮演一種「去迷思的角色」（de-mystifying role）。它試圖強調植根於文本之中的迷思與意識形態，希望藉此產生主體位置（subject positions），從而使真實主體（real subjects）有能力反對從屬的不利地位。的確，作為一種政治理論，文化研究希望組織不同的反對團體，形成文化政治的結盟力量。

　　文化研究進入學術體制的開始，並未與階級抗爭的升高同時發生，而是一種認同政治的「新」社會與政治運動成為文化研究的潛在支持者。即使如此，這仍有保留懷疑的空間，亦即文化研究是否與這些運動以任何「有機」的方式進行結合。事實可能不是這樣，正如霍爾（Hall, 1992a）評論說，文化研究知識分子的所作所為，「彷彿」把自己當成有機知識分子，或是希望有一天可以成為有機知識分子。其他人，特別是班奈特（Bennett, 1992），更是篤定地質疑文化研究曾經符合這種所謂有機知識分子的說法。

> ### 習作
>
> 下列何者你會描述為「知識分子」？
> - 一位教授；
> - 一位中小學教師；
> - 一位公關經理；
> - 一位牧師；
> - 一位新聞記者；
> - 一位警官；
> - 一位醫生；
> - 一位工會組織者；
> - 一位人權運動者；
> - 一位天才兒童；
> - 一位律師。
>
> 決定某人是否為知識分子的標準為何？知識分子在一個文化中發生何種作用？

受葛蘭西影響的文本分析

　　《透過儀式的反抗》（Hall and Jefferson, 1976）是文化研究領域最具影響力的著作之一，書名已經概括文化研究的葛蘭西觀點。此處，青年次文化被探索，作為對霸權文化的一種風格化的反抗形式。青少年次文化被認為是回應傳統工人階級價值觀、空間與地方的式微，尋求透過風格化（stylization），再造失落的社區和工人階級的價值觀。

　　風格（style）被認為是一種**象徵**反抗（symbolic resistance），形成於霸權與反霸權抗爭的領域。然而，它是一種受限制的反抗形式，因為象徵／符號資源無法克服工人階級的結構位置，也不能廢除失業、教育弱勢、低收入或城市再生的問題。這會

需要一個更全面接合與組織的反抗和反叛的反資本主義政治。葛蘭西關注的意識形態、霸權、反抗與圍堵（containment）等主題，也可見於《治安危機》（*Policing the Crisis*）（Hall et al., 1978）一書。該書探討1970年代英國報紙圍繞街頭搶劫的道德恐慌。該書作者群探索「襲劫」與種族的接合關係，以及媒體所謂黑人威脅法律秩序和英國生活方式等指控。特別是，該書企圖：

- 爭論襲劫與英國黑人的關聯，並且提供另類的解釋；
- 解釋在英國形成這種道德恐慌情境的政治、經濟、意識形態與種族危機；
- 展示媒體在建構襲劫並將它與種族失序的關切連結在一起的意識形態作用；
- 闡明霸權「意識形態」，如何透過媒體的專業工作實踐過程而蔚為主流；
- 論證圍繞襲劫問題的道德恐慌，如何造成英國轉向一種威權的「法律秩序」社會的「不尋常狀態」。

對柴契爾主義（Thatcherism）當道於英國的現象，霍爾（Hall, 1988）做了葛蘭西式的分析，並且進一步擴展了前述核心論點。柴契爾主義代表的是英國戰後以來最右派的政府，然而也是最受民眾擁戴的政府之一。霍爾稱此為「威權民粹主義」（authoritarian populism），據以解釋一個縮減社會福利與打壓工會的威權政府，何以能夠維持民意對它的高度支持。霍爾將柴契爾主義的成功，歸諸於意識形態的鬥爭，轉化了人民的常識，從而使人民擁抱「占有式個人主義」（possessive individualism）。柴契爾主義（見Hall and Jacques, 1989）玩弄的是非常真實的人民感受：

- 國家侵入私人生活；
- 福利國家缺乏效率；
- 消費資本主義提供個人多樣化選擇；
- 變遷中的階級結構。

葛蘭西對文化研究的影響，也可見於一系列針對意識形態的文本分析，或與新聞時事報導的意識形態有關（Brunsdon and Morley, 1978），或與肥皂劇（Dyer et al., 1981）、廣告（Williamson, 1978）及電影（Bennett et al., 1986）有關。同時，這些文本分析的成果，也促成閱聽人研究的轉向，透過霍爾（Hall, 1981）提出的製碼解碼模式，以及莫利（Morley, 1980）對新聞雜誌型節目《全國》（*Nationwide*）觀眾的研究（見第10章）。不過，整個文化研究與文化政治的領域，之所以發生相當程度的轉變，也有受到後結構主義、後現代主義與差異政治的影響。

差異的文化政治

後結構主義與現代主義的核心論述已在本書其他部分討論，特別是第3章（語言）、第6章（後現代性）及第8章（身分／認同），在此不贅言。不過，容我們在此提醒讀者注意，後結構主義與後現代主義的某些面向，被吸納於文化研究之中，使得文化研究修正了它承襲自葛蘭西的思考方式。這些面向包括：

• 在文化裡，語言與話語／論述建構（社會真實）的重要性；
• 身分／認同與社會生活的話語／論述建構；
• 所有社會類別的反本質主義性格；
• 構成話語／論述的諸元素之間存在的是「非必然的」對應關係；
• 權力在本質上是分散的，而且對於所有的社會關係影響至深；
• 宏大敘事（grand narratives）（例如：馬克思主義提供的）和總體化研究領域的式微；
• 強調政治權力與反抗發生的微領域（micro-fields）；
• 重視新社會運動與身分／認同政治（identity politics）；
• 強調語言之中意義的不穩定性（或謂**延異**）；
• 對差異政治的重視。

文化政治的新語言

\# 受到後結構主義影響，文化研究對於「政治」的理解，轉趨重視被用來描述和規範文化認同與社會行動的話語／論述權力。

文化認同現在被認為涉及「命名」的鬥爭，以及用羅逖（Rorty, 1989）所謂的「新語言」（new languages）來重新描述我們自己的權力。文化權力的這些問題轉譯為認同政治的實踐目的，例如：

• 非洲裔美國人挑戰黑人在電視上的隱身性（invisibility），或是挑戰他們被再現為邊緣的和犯罪的；
• 婦女重新描述自己是與男性平等的公民；
• 占領運動（the Occupy movement）表達「99%」美國收入較低家庭的不滿；
• 各國同性戀、女同志與跨性別社群手執彩虹旗舉行「同志光榮遊行」（pride）。

透過重新思考與重新描述社會秩序和未來的可能性，社會變遷成為可能。既然無所謂私有語言（private language）存在，那麼重新描述本身就是一種社會和政治活動。這種關於我們自己的「重新思考」，從社會實踐中浮現，而且經常是透過矛盾與衝突，使得新的政治主體和實踐成為事實。比方說，談及牙買加的羅斯塔發里派教徒（Rastafarians）時，霍爾論稱：

> 羅斯塔（Rasta）是一種有趣的語言，借用自一種從來不屬於他們的文本：聖經；他們必須將聖經這個文本上下顛倒，以獲得與他們的經驗相符的意義。但在將聖經這個文本上下顛倒時，他們也重新塑造了自己；他們將自己以不同方式定位成新的政治主體；重新建構自己為新世界的黑人：他們變成他們自己。而且，以那種方式定位自己，他們學到用一種新的語言說話。而且，他們用極端激烈的方式說出來。……他們構成了一個政治勢力，亦即他們只有將自己構造成新的政治主體，才得以成為一種歷史性的力量。（Hall, 1996b: 143-144）

對差異的「新」文化政治進行理論化，來自多個不同的方向，但拉克勞與莫芙（Laclau and Mouffe, 1985），以及霍爾（Hall, 1988, 1990, 1992a, 1996a）的著作特別重要。他們都沿用了霸權這個概念，但重新將它更新為**後馬克思主義**（post-Marxism）的一種形式，自後結構主義理論汲取養分。後馬克思主義是選擇性的繼承馬克思主義的精髓，但亦有所創新。因此，馬克思主義不再被當作我們這個時代的宏大敘事，雖然它對文化研究來說曾經是。

接合的政治

根據德希達、拉克勞和莫芙等人的觀點，意義在本質上是不穩定的，亦即具有所謂的**延異**──「差異和延宕」──意義的產製是一直處於延宕狀態的，不斷有其他語文的意義添加（或增補）（見第3章）。例如：查字典的時候，字典對某字詞的解釋通常是提供了其他的字詞供你參考，如此反覆進行，可以是一個無窮盡的過程。

意義的不斷補充性，持續的替代和加入意義透過符徵的操弄，挑戰了某一字詞的身分／認同。包括「女性」、「階級」、「社會」、「認同」、「利益」等，不再被理解為具有固定意義的，或單一基礎結構和決定性的單一、統一的客體。

影響所及，對拉克勞和莫芙而言，「社會」是透過一系列話語／論述差異而構成的，而話語／論述的差異則涉及多重的權力節點與敵對關係。權威與衝突的特殊性和生產方式之間，並非（如馬克思主義和葛蘭西理論所示）是彼此對應、條理連貫的。

社會並非一個客體，而是一個鬥爭場域，有關於自我和他者的多重描述在相互競逐優勢地位。社會不該被理解成是一個總體，而是一組偶然相連的差異，被接合或縫合在一起。

　　所謂接合（見第3章），意指原本不必非「在一起」的話語／論述元素之間的一種暫時性並置或統一狀態（the temporary juxtaposition or unity）。接合是一種連結，在某些狀況下得以統一兩種以上的不同元素。比方說，我們通常將國族稱作「社會」，但不僅一個國家的成員從未會面，而且他們在階級、性別、性意識、種族、年齡、政治信念與道德觀念等方面有著根本**差異**；此處，國族是一種話語／論述的機制，透過對諸如「英格蘭」或「澳洲」等國家的**同一化**，將這些差異予以統一。對拉克勞與莫芙而言，這是因為意識形態和霸權實踐將差異固定化，從而在話語／論述的場域將符徵原本不穩定的意義予以固定化，例如：把男性特質或美國認同的意義穩定化。

沒有階級歸屬

　　意義的封閉性或暫時的穩定化是多元的，這使得拉克勞與莫芙將階級與經濟關係的最後決定作用擺在一旁。對他們而言，經濟關係並不能決定文化的意義（因為後者可被以各種不同方式接合）。循此，拉克勞與莫芙認為，葛蘭西的霸權概念錯誤地聚焦於階級，強調歷史既非社會變遷的主要策動力量，也非導致社會敵對的核心因素。對拉克勞與莫芙而言，意識形態並無所謂「階級歸屬」（class-belonging）（Barrett, 1991），而且社會也沒有所謂的單一原點存在，或是可以將差異領域固定化的根本決定原理。相反地，霸權和反霸權集團的形成，都是透過暫時與策略性的結盟，連結許多話語／論述建構的主體和不同利益的團體。

　　就社會變遷的主要策動力量而言，階級不見得是最重要的（雖然階級有其重要性），至少重要性不若社會運動那般顯著。這些社會運動從源自新的社會對立／敵意的擴散，較少是發生在工作場所，而是更常見於消費、福利與居所的空間之中。在此脈絡下，自由民主的意識形態被再造為強調更寬廣的「社會權」（social rights）領域。追求這些社會權利，一個新的政治軸心得以形成，可見於「城市、生態、反威權、反體制、女性主義、反種族主義，以及族群、區域或……性少數群體」發動的抗爭之中（Laclau and Mouffe, 1985: 159）。

語言裡的「截斷點」

　　語言生產了潛在無窮與無限擴散的意義。因此，霍爾（Hall, 1993）論稱，因為，任何關於自我、身分／認同、或是同一化的共同體（國族、族群、性別或階

級等），都是一種必要的虛構，標誌著一種暫時的、局部的和任意的意義封閉性（closure of meaning）。由於語言的不穩定性，重新描述何謂「女性」，永遠會是一種無窮盡的「補充」過程。不過，為了可以敘說（或標示重要性）任何事物，而且為了能付諸行動，一個暫時的意義封閉性和固定性是必要的。

　　因此，關於什麼構成一個女人，以及在特定情況下何謂符合女性的利益，女性主義政治需要取得暫時的共識。對霍爾而言，為了讓文化政治成為可能，必須要有一個句點（雖然是暫時的），一個在意義流動裡的截斷點（a cut in the flow of meaning）。

＃身分／認同和同一化或許是文化建構的虛構物；不過，對人類文化及其繫屬的政治而言，它們是必要的。

　　　　所有試圖轉化社會與需要新主體性構成的社會運動，必須接受任意的意義封閉性必然是虛構的，也要承認此一虛構的必要性。任意的〔意義〕封閉性不是目的，但卻使政治與認同成為可能。〔這是〕一種差異的政治，一種自我反身性的政治（politics of self-reflexivity），一種向偶然性開放，但仍有能力行動的政治。……這必須是一種接合的政治——一種霸權方案的政治。（Hall, 1993: 136-137）

　　根據韋斯特（Cornel West, 1993）的觀點，「差異的新文化政治」（new cultural politics of difference）可透過以下方式進行：

- **解構**（deconstruction）：一種挑戰修辭文本運作中的借喻、隱喻（metaphors）及二元劃分的文本解讀方法。例如：賦予前者「好的」特權地位的男／女、白人／黑人……二元分類，在解讀文本時首先應被扳倒，繼而將它們置於一種生產性的緊張關係中。簡言之，解構（見第1章）有助於我們看穿文本裡隱含的政治假設。
- **去神話**（de-mythologization）：突顯那些管制著描述世界的方式，以及將社會分類化的可能後果係出於社會建構。也就是說，勾勒出這些與我們息息相關的隱喻，以及它們與政治、價值觀、目的、利益與偏見的關聯。去神話的過程足以彰顯，我們不應夸言單一的大歷史（History），而應強調多重的歷史（histories）；不應夸言所謂單一的理性（Reason），而應著墨於因歷史偶然性而形成的各種理性。
- **去迷思**（de-mystification）：意指描述並分析制度和其他權力結構的複雜性，以找出有利於社會改革的各種實踐方案。對韋斯特而言，欲得此一「洞燭機先的批評」（prophetic criticism），非透過社會分析不可，並且在道德和政治目標上必須有毫

不含糊的論事立場。再者，批判立場與新理論的發展，必須連結於人民的社區、團體、組織和網絡，積極地投入於追求社會和文化變革。

差異、族群性與再現政治

「差異政治」（politics of difference）的象徵是有關「新族群性」（new ethnicities）（見第8章）的研究，族群性：

- 為身分／認同定義了新的空間；
- 構成了新的混雜身分／認同；
- 堅持所有知識和身分／認同的特殊性和位置性。

族群認同是一種話語／論述的建構；亦即，它是一種語言的表述，而非一種本質、固定和自然存有狀態的反映（Hall, 1990, 1992a, 1996a）。對霍爾而言，將族群性重新概念化，有助於探討特殊歷史與政治**局勢**之內的文化實踐，因為是在這些特定歷史與政治局勢之中，我們才以族群的方式定位自己（Hall, 1996d）。族群性關切的是，在歷史形式與狀況的變動脈絡下，中心與邊緣的關係與再現。

隱身與無名

根據韋斯特（West, 1993），黑人流離群落的核心文化問題是「隱身與無名」（invisibility and namelessness），不論是再現自己，或是對充斥的負面刻板印象表示異議，他們都相對缺乏權力。對此問題的應對之道，包含採取以下策略：

- 要求正面形象（positive images）；
- 追求多元文化主義（multiculturalism）；
- 反種族主義（anti-racism）；
- 再現政治（politics of representation）。

正面形象

關於正面形象的要求，可被理解為：在白人社會充斥負面刻板印象與同化主義期待的脈絡下，有必要將黑人呈現成「真的〔和白人〕一樣好」或「與〔白人〕一樣有人性」。然而，此一策略也有如下問題：

- 同化要求的是喪失（黑人群體自己的）文化特殊性。

- 正面形象傾向於將黑人同質化，無視於他們的階級、性別、地區及性意識等方面的差異。

- 正面形象依賴一種「寫實主義的」再現觀，從而認定再現「真實的」黑人經驗是可能的。但這是不可能辦到的，因為種族再現本身一直已是被建構的產物（見第3章和第8章）。

- 由於再現是充滿爭辯的議題，因此很難知悉毫不含糊的正面形象究竟為何物。

多元文化主義與反種族歧視

多元文化主義論者也要求正面形象，但放棄同化的要求。各族群團體被認為是平等的，有權保存自身的文化傳統。多元文化主義頌揚差異。比方說，多元信仰的宗教教育、儀式表演和推廣各族群傳統美食，成為教育政策的一環。

雖然此一策略相當值得肯定，但這種將文化相對主義化的過程，在制度化種族歧視的社會秩序下，或有可能忽略權力面向。居住、就業和肢體暴力等日常生活上的種族歧視經驗，可能被多元文化主義的觀點所遺漏。相反地，反種族主義的論點，突顯其中的權力運作，挑戰那些構成種族歧視社會的意識形態和結構實踐，例如：對教科書裡的種族歧視語言表示異議，或是抨擊那些誇大黑人退學和休學人數的再現。

再現政治

雖然多元文化主義與反種族主義各有優點，它們都不能免於關於黑人身分／認同的本質主義，從而將「黑人」這個符徵所代表的複雜經驗同質化。正如霍爾（Hall, 1996d）指出，黑人身分／認同不是一個本質主義的類別，而是經後天學習而來的社會類別。因此，他傾向於介入「再現政治」，一方面指出表意的任意性，同時也尋求與差異共存的意願。不單只是要求正面形象，再現政治探索的是權力關係的再現，並且解構黑／白之類的二元對立分類本身。霍爾（Hall, 1996d, 1997c）發現這種政治可見於〔英國亞裔作家〕庫雷西（Hanif Kureishi）的《歡樂洗衣店》（*My Beautiful Laundrette*）、梅波索普（Robert Mapplethorpe）的裸體攝影作品，以及電影導演亞瑟・朱利安（Isaac Julien）的作品，都可看到這種混雜認同（hybrid identities）。

再現政治是雙重編碼的（double-coded）。一方面，它關切話語／論述形象語言真實與意義等問題；另一方面，再現問題是民主、公民權利與公共領域等話語／論述的一環。的確，公民身分（citizenship）這個概念是個重要機制，連接了再現／身分／認同的微型政治（micro-politics），以及涉及制度和文化權利的官方鉅型政治（macro-politics）。

因此，梅瑟論稱「公民身分這個概念至為關鍵，因為它以開放和非決定的關係接合著市民社會與國家」（Mercer, 1994: 284）。從英國亞裔的脈絡下出發，帕利克

（B. Parekh）指出，強調公民身分和文化權利，對於「新族群性」的政治（politics of 'new ethnicities'）可能有如下意義：

> 首先，文化多樣性應被賦予公共地位和尊嚴。……其次，少數族群難以被認真對待，除非他們接受英國公民身分的全部義務。……第三，少數族群社區必須被允許以他們自己的步履及選擇的行進方向發展。……第四，如同一般個人，只有在適合、友善的環境裡，族群社區才得以枝繁葉茂地發展。……第五，法理系統必須承認族群社區的特殊性。（Parekh, 1991: 194-195，轉引自McGuigan, 1996a: 152）

差異、公民身分與公共領域

根據達爾袞（Dahlgren, 1995）主張一種市民的「公民身分／認同」（identity of citizenship），將民主架構下的多樣價值觀與生活世界組合起來。公民身分／認同或許是我們共同擁有的唯一事物，各種群體對民主程序的奉獻與承諾，以及對互為主體承認的公民權利與義務在社會市民和政治領域，將增進民主的實現，從而為各種特殊主義的認同方案提供實現的有利條件。這涉及了「民主價值的霸權」（hegemony of democratic values）在公共領域中得到發展。

✏️ **習作**

請討論並定義下列名詞的意義：

• 公民身分；

• 民主程序；

• 被互為主體地承認的權利與責任。

結論：身為公民，意味著什麼？

哈伯瑪斯與公共領域

對哈伯瑪斯（Habermas, 1989）而言，**公共領域**是在「資產階級社會」（bourgeois society）特殊階段崛起的一個領域。公共領域代表的是：

• 一個中介於市民社會與國家機制的空間；

- 公眾進行自我組織的地方；
- 「民意」（public opinion）形成的所在。

在此一領域中，眾人得以發展他們自己，並得以介入社會發展方向的辯論。哈伯瑪斯繼而指出，面對資本主義邁向獨占形式的發展與國家機制的管控能力的增強，前述公共領域已逐漸衰敝。雖然如此，他仍然試圖將（公共領域）振衰起敝的契機，立基於所謂「理想語境」的概念之上，亦即各類真理宣稱（truth claims）能夠在理性辯論與論證的規範下相互競逐。因此，公共領域可被理解成是一種以平等對話為基礎來進行論辯的空間。

然而，誠如弗雷瑟（Fraser, 1995b）論稱，此種（以平等對話為基礎來進行論辯的）情況實際上並不存在。擺在眼前的事實是社會的不平等，這意味了一般公民平等近用公共領域的機會匱乏。弱勢群體未能擁有參與的平等地位，也欠缺以他們的語言與需要來發聲的空間。根據弗雷瑟的說法，哈伯瑪斯的現代公共領域概念，仰賴參與對話的人不考慮地位差異，將討論限制在公共利益（the public good）的層次（即排除私人利慾），並且創造唯一的、但為所有人共同擁有的公共領域。

不過，社會不平等無法被忽視，而且許多私人議題其實也是公共的（例如：家庭／婚姻暴力問題）；此外，所謂公共利益其實有許多種版本。因此，弗雷瑟主張後現代的公共領域概念，一方面應接受**多重公眾**（multiple publics）與**多重公共領域**（multiple public spheres）的可取之處，同時戮力於減少社會的不平等狀況。在她看來，女性主義代表的正是這種在論辯與政治實踐活動上〔與單數形的現代公共領域概念對立的〕的「反公共領域」（counter-public sphere）。

民主的傳統

公共領域這個概念，其實並不需要哈伯瑪斯想要建構的普遍與超越的理性辯護。公共領域的辯護是在**規範的**與實用的層次，而非在認識論層次，因為它可以透過與文化人權（cultural human rights）及文化多元主義（cultural pluralism）的相關價值觀而獲得保證。支持一個民主的公共領域，是因為我們相信它是良善的，而非因為它代表了真理或人類命運。

＃民主傳統認定的良善原則，包括正義、多樣性、自由與團結。

正義與多樣性等概念寓意的是，文化多元主義與再現多元民意、文化實踐與社會和地理狀況的必要性。自由與團結等概念倡議的是分享與合作的各種形式，基於自發

的純真而非由於形勢所迫，亦即人我之間相互扶持的自由與共存，而非控制。

激進民主

在西方自由民主傳統的歷史偶然性之基礎上，形成的正義、容忍、團結與尊重差異等價值觀，促使拉克勞與莫芙追求「激進民主」（radical democracy）的願景；激進民主的目標是追求「一個〔良善的〕社會，其中每一個人，無分他或她的性別、種族、經濟地位、性傾向，將會處於一個實質上是平等與參與的情境，〔在這個社會裡〕不再存在任何歧視的基礎，而自我統理（self-management）將會存在於社會上的各個領域」（Mouffe, 1984: 143）。欲實現此一激進民主的願景，必須在莫芙稱為「民主價值的霸權」架構之下重新接合「平等鏈」（chains of equivalence），亦即「民主革命」（democratic revolution）提議的是平等與差異的理念。各種不平等的徵象與各種形式的壓迫，在比較的邏輯下，其實沒有兩樣。這是說，性別、階級、種族與國族意義上的不平等，同樣是必須優先處理的問題，而且必須與反霸權實踐的形構聯繫起來。

請思考以下問題：

- 公共領域正在擴張或萎縮嗎？
- 今日的公共領域與十八世紀的公共領域有何不同之處？
- 造成當前世界上的文化民主擴張或萎縮的因素為何？
- 為何當前的公共領域不是一個由相互平等的成員組成的？

質疑文化研究

所謂差異的文化政治是由再現政治構成的這種觀點，被批評忽略了物質不平等和權力關係等問題，欠缺關於住屋、勞動市場、教育成就等問題的**政治經濟學**分析（McGuigan, 1996b）。批評者宣稱，因為未能掌握物質狀況與權力關係，文化研究缺乏促成變革的手段。明顯具有文本分析與民粹主義傾向的文化研究，被認為不足以介入文化政策議題。這類針對文化研究的批評，最常見有：

1. **文本**的意義拆解／解構；
2. 頌揚讀者「生產」能力的**主動閱聽人**研究。

對文化民粹主義的批評

雖然文化研究不乏「圈外的」批評者（Ferguson and Golding, 1997），我們將在此處討論的是那些來自於大體上同情文化研究的人所做的批評，例如：麥奎根（McGuigan, 1992, 1996a, 1996b）對「文化民粹主義」（cultural populism）的批評[1]。麥奎根論稱，對法蘭克福學派關於「大眾文化」（mass culture）的觀點，以及利維斯主義（見本書第2章）的「文化菁英主義」（cultural elitism），文化研究正確地發出異議，因為它們將流行文化貶抑為不值得參與，亦不值得嚴肅對待。文化研究對它們的批評，採取兩種基本形式：首先是對高雅—低俗文化的區分，在哲學基礎上展開抨擊，其次是突顯將消費本身看作是產製意義的觀點。

然而，麥奎根認為，文化的逐漸「後現代化」，已使文化的雅俗之分不再適當，但喜孜孜地認定閱聽人具有產製意義和反抗的能量則是矯枉過正，變成所謂「消費者主權」意識形態的共犯。文化研究，在麥奎根看來，無力批判消費文化的產物，因為它已經失去文化價值的理念，更無法據此對文本進行批判分析。再者，文化研究過度誇大閱聽人拆解意識形態的文化能力（cultural competence），未能充分正視此種（文化）能力因階級、性別、族群或年齡而分配不均等的事實。影響所及，不管在分析或政策層次上，對應於（占主導地位的）市場機制，文化研究都無力提出社會改革的另類方案。

麥奎根的批評，靶心對準的是費斯克（Fiske, 1987, 1989a, 1989b）。對費斯克而言，流行文化是一個符號／語義戰爭（semiotic warfare）的場域，也是尋常百姓施展各種小戰術，藉以逃逸或反抗文本生產者產製（與銘刻於商品之中）的意義。麥奎根指控費斯克從原來的批判思考的路線上撤退，並且棄守任何形式的政治經濟學，從而接受了自由市場和消費資本主義的論調。洪美恩對此指控提出商榷意見，論稱承認閱聽人有能力產製多元的意義，不等於放棄探索媒介制度或文本的必要性，而是提出了一個研究與思考的新框架，亦即確實值得探討「置身當前的後現代文化，處處可見的矛盾、不一致與不統一的文化現象」（Ang, 1996: 11）。

多重視角的研究途徑

麥奎根期許文化研究更全面地介入文化的政治經濟學（the political economy of culture），亦即關切產權、制度、控制與權力等問題，探索文化生產如何將意義銘刻於文化產品的過程。他主張一種多重視角的研究途徑（multiperspectival approach），

---

[1] 譯註：麥奎根此書的中譯版，可見桂萬先譯（2001）：《文化民粹主義》。南京：南京大學出版社。

詰問政治經濟、再現、文本與閱聽人之間的關係，並致力於文化政策的議題。同樣支持這種多重視角途徑，凱爾納（Kellner, 1997）亦建議文本取向的文化研究應將政治經濟學納入，以便：

- 展示文化生產發生於特定歷史與政經關係之中，而後者結構了文本的意義；
- 彰顯資本主義社會的組織方式，即以商品化和謀求利潤為核心的支配性生產方式；
- 關照文化的生產所涉及的支配與從屬的向度；
- 闡明在特定歷史局勢下，政治與意識形態話語／論述和文本可能的限制與範圍。

　　因此，對瑪丹娜現象的文本分析（見本書第9章），專注於分析其符號價值與閱聽人反應，以便介入意識形態與反抗的問題。然而，可能有必要將瑪丹娜有「在流行音樂史上最頂尖的製作和行銷團隊為其效命」（Kellner, 1997: 118）的事實考慮在內。這種對於多重視角途徑的強調，並非否定將瑪丹娜現象當成**符號**來分析，凱爾納的用意是為了突顯，所謂文化研究（作為一種文本取向的研究）與政治經濟學分析的區分其實是個假議題。

文化迴路

　　雖然對於文化研究的運用（與誤用），上述的政治經濟學分析是及時的提醒，但卻嫌言過其實，因為政治經濟學分析從未真的在文化研究中消失。1990年代的一些文化研究成果，包括霍爾的著作，已將以「文化迴路」（circuit of culture）概念為基礎的多重視角觀點置於論證核心（參見圖2.2）。許多關於文化研究對立於政治經濟學的辯論，似乎是被誇大了。

　　文化迴路的主要論點是：在此文化迴路之中的各個時刻／環節──如再現、管制、消費、生產與認同等，是彼此接合的，其之所以能夠（在某個時刻／環節）產製某些意義，有賴於整個文化迴路的連續運轉，但此不足以決定其他時刻／環節的形式與內容。

＃真正的挑戰是，在每個案例中掌握其生產時刻如何將自身銘刻於再現之中，並且不假定它可以從經濟關係中被「讀出來」。

　　我們也可能對另一種相反的情況感興趣，亦即文化或再現如何寓意於生產發生的組織形式，追問「經濟」是如何被文化形塑的。

　　關於文本政治與政治經濟學的辯論，是一場老辯論的當代版。不過，對於文化

研究來說，呼籲回歸文化政策是更為激進與晚近發生的事。對文化政策，或是對於與國家、乃至於商業組織的合作，文化研究過去致意不足。的確，它似乎經常對這種想法嗤之以鼻。文化研究歷來堅持文化政治必須由主流制度機構之外的反霸權聯盟來組成。不過，在1980和1990年代，班奈特（Tony Bennett, 1998）的著作曾引發相當多關於文化政策的討論。

文化政策辯論

班奈特（Bennett, 1992）論稱，文化研究著力甚多的文本政治忽略了文化權力的制度層面。他鼓勵文化研究應該：

- 採取一個比較務實的途徑；
- 與文化生產者合作；
- 將政策制定議題置於文化研究的核心。

對班奈特而言，文化政治的核心在於政策制定，並且透過制度付諸實現，而制度安排則左右了文化產品的形式和內容的生產與管理，包括像是英國國立藝術基金會的組織、博物館、主管教育／藝術／文化／媒體／體育的政府相關部會、學校、高等教育機構、劇場管理單位、電視組織（含公共及商業電視）、唱片公司及廣告公司等。

文化研究方案的新方向

班奈特批評文化研究把**政治**的關懷，錯擺在表意與文本的層面。他論稱此一錯置付出的代價，是忽略了產製與配送文化文本的制度及組織的物質政治。對班奈特而言，文化研究過分重視繼承自葛蘭西的意識形態抗爭，而對權力和文化政策的物質科技層面致意不足。他認為文化研究有必要：

- 瞭解文化研究本身側身於高等教育體系，而後者又是政府分支臂膀的事實；
- 將文化概念化為一種構成「治理」及社會管制的特殊領域；
- 指認文化的各種不同「區域」及其管理作業；
- 研究權力的不同技術，以及關於文化實踐各領域的權力形式；
- 將文化政策置於其思維理路的中心地位；
- 與文化「治理」的相關部門密切合作，以便發展政策與策略性介入的方式，因為「我們不是在討論兩個分立勢力（文化批評與國家）的關係，而是對文化管理涉入甚深的兩種治理部門之間的接合」（Bennett, 1998: 6）。

治理性

　　班奈特的論證依賴的是援引自傅柯所詮釋（對某些人來說具有爭議性）的一種特殊的文化概念，以及「治理性／治理技術」（governmentality）概念。正如傅柯指出：

> 我用這個字「即治理性／治理技術」代表三種事物：
> 1. 由制度、程序、分析與反思、計算、戰術等組合而成的集合體，容許行使此種特殊但形式複雜的權力，有其目標人口作為其知識政治經濟的主要形式，以及作為保障其安全的基本技術手段和工具。
> 2. 遍及西方世界，有一種經歷漫長的歷史過程已慢慢地導向凌駕於此類權力的其他所有形式（如主權、規訓等），或可被稱作政府，導致一方面是一整個系列的特殊政府機關之形成，另一方面是整個複雜的應變能力之發展。
> 3. 透過此一過程，或者應說是此一過程的結果，使得中世紀的司法國家轉化成十五、十六世紀的行政國家，逐漸變成「被治理化」（governmentalized）。（Foucault, 1991: 102-103）

　　雖然治理性與國家有關，我們最好將它理解成更廣義且遍布於社會秩序中的管制（regulation），或是用傅柯偏好的社會「治安」（policing）一詞的意涵，讓所有人服膺於官僚科層及規訓模式之下。

　　治理性是增長中的權力微血管特徵，亦即權力關係是多重的，不是集中而是分散的。這包括管制的形式，透過醫療、教育、社會改革、人口學與犯罪學運作，將人口分門別類並組織成可管理的群體。國家被認為或多或少是時有衝突的制度與機制之間的偶然組合體，其中的各個「公務機關」（bureau）有其自主的「營生技術」（technology for living），依循其自身的官能而組織，擁有自身的行為模式。

文化與權力

　　治理性這個概念，強調的是社會管制過程並非全然凌駕於個人之上，或是與個人有相互抗衡的關係；治理性是由行為、倫理能力與社會運動的反身性形式所構成的。在此一解讀方式下，文化可透過治理性這個概念來掌握，因為「由文化與權力關係定義的現代社會，最好是根據此一觀點來理解，亦即文化場域目前正越來越是以治理的方式被組織和建構」（Bennett, 1998: 61）。

　　對班奈特而言，文化緊密扣連於文化技術（cultural technologies），從而組織與形塑社會生活及人類行為。文化技術是制度與組織結構這部「機器」的一部分，產製

出**權力／知識**的特殊形構。

文化不只是再現和意識的問題，也是制度化實踐、行政措施和空間安排的問題。

　　此處是一些文化組織：
- 電影製作公司；
- 圖書出版商；
- 當代藝術博物館；
- 學校。

　　請針對上述每個組織撰寫並討論：
- 其中可能涉及「再現政治」的議題是什麼？
- 其中可能涉及「制度實踐政治」（the politics of institutional practices）的議題是什麼？

　　文化與治理性／治理技術的場域，最為班奈特津津樂道的是教育和博物館。例如：他論稱，文化研究必須被理解為高等教育擴張的一環，提供教程給那些缺乏「高雅文化」傳統資源的學生。班奈特論稱，教程拓展在文化研究出現以前就已進行。因此，文化研究是帶有改革色彩與管制精神的政府的一部分。

　　將博物館當作探討對象，是因為博物館透過有意識地運用所謂「文明化效應」（civilizing effects），管制著工人階級的主體性和行為模式。尤其是，博物館以生產自我管制的個人（self-regulating persons，通常是男人）為目標，透過「新」主體性的養成與監控，從而變成更好的公民。在此意涵上，文化是「一種改造者的科學」（a reformer's science）。

主要思想家

東尼·班奈特（Tony Bennett, 1947-）

　　東尼·班奈特早期著作延續文化研究的葛蘭西傳統，特別是有關電視和流行文化的研究。其後，班奈特對此一傳統有所批評，認為其過度強調表意和意識，犧牲了文化政策方面的務實考量。身為葛里菲斯大學文化與媒介政策的澳洲重點研究中心主任，班奈特扮演要角，倡言文化政策應成為文化研究的目標。他目前是西雪梨大學社會與文化理論研究教授。

建議閱讀：Bennett, T. (1998). *Culture: A Reformer's Science*. St Leonards, NSW: Allen & Unwin.

傅柯或葛蘭西？

　　班奈特將他援引的傅柯對文化和治理性的概念，與根據葛蘭西版本的文化研究所著重的意識形態、意識與贏取同意（亦即以意義和再現為核心的文化的一種版本），做了一番比較。班奈特認為，修正主義的葛蘭西文化研究（即「接合的政治」），徹首徹尾是話語／論述的，強調的主要是在語言和意識形態層次的抗爭。相反地，根據班奈特對傅柯的詮釋，各種（在偶然的情況下形成的）實踐之間的關係秩序，必須透過嚴密的物質主義觀點來描繪。

　　班奈特認為，在葛蘭西理論中，意識形態（霸權）的向下流動的概念，導致從屬階級組織全面的反抗運動去對抗一個單一來源的權力的企圖，亦即反霸權的抗爭。相反地，對傅柯而言，單一來源的權力並不存在，權力應是分散的與相互衝突的，並且因文化的「區域」及相關的特殊技術而有所差異。

　　對班奈特而言，葛蘭西傳統對文化制度、科技及機制的特殊性關注不足，反而是聚焦於文本分析與頌揚邊緣性。相反地，根據班奈特的詮釋，傅柯要求的是一種「細節政治」（politics of detail），目的在對於治理技術、文化政策和文化技術進行有效分析。

　　班奈特論稱，葛蘭西對「有機知識分子」（organic intellectual）的期待，是不可能實現的願景，因為文化研究進入高等教育系統之後，也意味著側身其間的知識分子已然是前述治理性的分支部門，缺乏直接涉入特定社群和社會運動的經驗。充其量，文化研究或可提供「發展一種工作形式——文化分析和教習——或許能對與有機知識分子有關的政治和政策議題的發展有所貢獻」（Bennett, 1998: 33）。

　　在班奈特看來，治理性這個概念促使知識分子關注文化實踐和技術的特殊性。雖然承認此種工作有很多種進行方式，班奈特認為有機知識分子若欲實現他們的工作，最好的路徑是「朝公務機關前進」（towards the bureau），因為公務機關是政府機制的一部分。與其繞道既有的社會行政形式，他鼓勵文化研究回答官僚的疑問：「你能為我們做什麼？」

　　文化研究或能有用地自視為扮演「訓練文化技術官僚」的角色，後者對文化批評和改變意識的工作沒有興趣，更傾向於「透過技術性地調整行政資源的配置運用而達成修正文化的功能」（Bennett, 1992: 406）。

政策與價值問題

　　班奈特的著作言之成理，讓我們以更嚴肅的態度看待文化機構的實用主義政治。然而，即使介入文化政策有其必要，許多問題仍然未獲解答，例如：

- 何種政治與社會價值觀能夠引導我們從事〔文化〕政策的工作？
- 我們試圖〔透過文化政策〕實現的「目標」及其後果為何？

　　班奈特可能會說，這些目標取決於特定情境與可運用的技術，亦即文化政策的目標取決於可供運用的特定文化技術與組織。雖然如此，如果**真理**被看作是一個實用主義的問題，亦即什麼「被當作真理」（如班奈特所言）的問題時，真理與行動是在社會價值當中，且透過社會**價值**形成的。問題是，班奈特未能釐清他所謂文化政策追求的價值為何：他致力追求的是平等、正義、自由及團結等價值？他採取的究竟是追求自由主義民主的策略，或是如霍爾、拉克勞與莫芙等人，獻身追求的是差異的政治與「激進民主」的實現呢？

　　請問你對以下概念的瞭解為何：平等、自由、正義以及多樣性。請與他人討論上述概念，並試著達成共識去定義每個概念。這些價值如何影響與下列領域有關的文化政策？
- 數位媒體；
- 教育；
- 藝術。

改變文化研究的主導隱喻

　　另一位鼓吹文化政策研究的學者康寧翰（Stuart Cunningham, 1992a, 1992b, 1993），態度立場更加積極，主張以社會民主與自由、平等和團結等價值，作為新一波改革主義的推進馬達。他力倡「一種社會主義民主的公民觀，並且激活和促進此一觀念的必要養成教育」（Cunningham, 1993: 134），而這有賴文化研究更替若干其過去慣用的「主導隱喻」（command metaphors），「一方面告別反抗、對立及反商業主義等修辭，另一方面與民粹主義的修辭分道揚鑣，轉而關注近用、平等、賦權／培力，並提示可施展文化領導權的機會」（Cunningham, 1992b: 137-138）。

　　他也認為，文化研究若能增加其對政策議題的敏銳度，將會有如下發展：

- 更能注意文化的政治與**制度的**政治（institutional politics）之間的互動方式，例如：女性主義者在政府部門及科層組織中發動的社會改革運動；
- 重建**文本**分析，使之足以介入重要政策議題如「平等」、「卓越」及「多樣性」等面向，特別是在廣電領域的相關辯論；
- **接收**分析，其目的不在於追求文化的純正性，而是致力於描繪閱聽人的品味，並且

懷抱著文化維護與更新公民身分的理念。

可思考的範圍

　　康寧翰的著作，關於文化研究在規範層面的必要性有說理清楚之長處，尤其是他致力伸張的是社會民主的公民身分（social democratic citizenship）。雖然如此，他鼓吹的政策提議或特定價值觀還有值得商榷之處。例如：康寧翰論稱，就文化政策而言，我們應該嚴肅地從國族立場針對電視廣告進行內容管制，以便振興（澳洲）國族認同。他所說的，彷彿把澳洲國族認同當成一個固定現象，因此澳洲媒體內容有其可以使力之處。然而，本質意義上的澳洲國族認同並不存在（見本書第7章），我們必須問的是：我們想要的（澳洲）國族認同（如果有的話）究竟是何物？認同與政策的各種管制會對哪些人造成排斥效應？雖然促進公民身分是值得追求的目標，這並不表示我們非立基於國族和族群的排他性不可。

　　這裡並不是不同意康寧翰的政策關切，也不是不同意電視作為研究課題有其重要意義。更確切地說，此處是透過質疑他的電視與國族認同分析，再次提出**價值觀**之於政策的重要性。誠如莫理斯（Morris, 1992）在另一脈絡下指出康寧翰對於什麼是具有進步意義的界定，其實大有辯論的餘地。處於變遷中的社會文化脈絡之中，我們需要不斷地再思考價值觀的問題，以便讓政策導向反映的是值得追求的價值觀，而這也是文化理論與批評持續重要的原因。

　　奧瑞根（Tom O'Regan, 1992a, 1992b）持類似看法，描述班奈特及康寧翰的著作提供的是「一種實用主義的政治，一種可思考的地平線」。對奧瑞根來說，他們兩位的政策提議仍然受限於目前的思潮，未能「發明新的語彙」（Rorty, 1989）或是足以成為他稱作「設定議題的社會研究」（agenda setting social research），允許我們挑戰並擴展我們的目標。簡言之，奧瑞根倡議的是批判的知識分子在形塑政策價值目標上扮演的角色，因此，例如：有關社會階級的研究，可以告知並確保意在實現平等與公平機會的政策勝出。正如他指出：

> 　　文化批評與文化政策當然不同，但兩者都是政策過程的一部分。與其痛斥文化批評，不如找出文化批評的特殊形式、方向與性質，並且分析其對於政策的可能會有的貢獻，會更有生產性一些。文化評論者的社會權力或許很難加以動員、運用，但這些人士可能形塑公共議題，提供政策分析有價值的資源與論點。（O'Regan, 1992b: 530-531）

批評與政策

　　莫理斯（Morris, 1992）論稱，對側身於（康寧翰所稱道的）學術界、官僚體系與參與政策方案的女性主義者而言，永遠存在著一個「批判的外部」（critical outside），亦即一個未受管制的場域，專業的女性主義者從而可以被調查和批評。她認為，這意味著通常標誌著政策辯論的二元對立的批評或政策邏輯，很少適用於女性主義。

　　文化研究沒道理不能一方面關注政策的重要實用要求，另一方面又同時把握好「批判文化理論」必須扮演的角色。同樣地，如果嚴肅地對待政治（而非裝腔作態），文化研究確實需要介入文化政策問題。為了實現此一目標，我們願意簡要地探討可能在這場辯論中扮演有用角色的一個思想流派，亦即美國的實用主義哲學的傳統（它目前在羅逖手上得到振興）。既然實用主義是一種思想流派，從未在文化研究之中扮演濃墨重彩的角色（雖然它的影響力已在增長當中），讀者或可把這看作是我們的個人偏好。

綠色示威

©攝影：Freya Hadley

- 我們能說綠色環境運動是一種新社會運動嗎？
- 何種程度上，綠色環境運動代表一種「批判的外在」（critical outside）？
- 在面對氣候變遷的挑戰上，你預期綠色環境運動與政策制定者之間的關係為何？

新實用主義與文化研究

實用主義哲學有多種版本，可溯及皮爾斯（Charles Peirce）、詹姆斯、杜威及其他學者的作品[2]。韋斯特認為實用主義的最佳定義如下：

> 實用主義可被定義為是一種學說，主張所有問題在根本上來說都是行為問題，而所有的判斷隱然牽涉的則是價值判斷問題。實用主義也認為，在理論與實踐之間，無法做任何終極、有效的區分，因此任何有關真理的問題，不能與特定行動是否有其可辯護目標的問題分割開來。（C. L. Lewis，轉引自West, 1993: 109）

實用主義與文化研究

實用主義與文化研究當中的後結構主義一派，共享一種反基礎論（anti-foundationalist）、反再現的與反寫實主義的真理觀。不過，實用主義並未偏廢對於務實社會改革的獻身與承諾。

\# 實用主義認為，爭取社會變革的努力，同時是語言／文本層次與物質實踐／政策行動層次的問題。

如同文化研究，實用主義試圖將看似「自然」的事物視為「偶然」（contingent），同時戮力追求一個「更好」的世界。不過，不像「文化左派」（the cultural left）偏好革命修辭（revolutionary rhetoric），實用主義偏向改良主義（reformism）。與文化左派不同，但與文化政策話語／論述相同的是，實用主義認為自由主義民主體制是迄今已發展出來的最佳制度。

此一立場要求我們獻身於自由民主體制之內，再謀精進。以此角度論事，實用主義的生命觀點是比較像「悲劇式」的，不像馬克思主義那樣對烏托邦懷抱著樂觀期待。實用主義所心儀者，是「試誤」（trial-and-error）的實驗精神，追求的是可用吾人價值觀檢驗後的「更好」的實踐方式。

如同後現代主義導向的文化研究，實用主義反對「宏大理論」（grand

---

[2] 譯註：皮爾斯（Charles Peirce, 1839-1914）、詹姆斯（William James, 1842-1910）與杜威（John Dewey, 1859-1952）向來被認為是美國實用主義（American pragmatism）最重要的三位哲學家。

theory），同意李歐塔的「後設敘事」（incredulity towards meta-narratives）。實用主義者對於世界的看法，是一種激進的偶然觀（a radically contingent view），也就是社會實踐是真理的檢驗標準。不過，這並非指所有的理論都應被拋棄；相反地，從在地經驗提煉出來的理論（local theory），變成了（在規範意義上）可以重新描繪世界的方式。換句話說，實用主義還是敢於想像新的與更好的實踐可能。

實用主義認為世界處於永遠「形成中」（in the making）的過程，因此，未來具有倫理上的意義。根據實用主義的論點，我們的努力會有影響並創造新的更好的未來。在此意涵上，實用主義堅持，人類**能動性**具有不可化約性，即使它承認過去的因果故事。實用主義與後結構主義、後馬克思主義的文化研究共享的理念是，社會與文化變遷是一個「沒有保證的政治」（politics without guarantees）。此處，無須訴諸馬克思主義的「歷史法則」，因為政治是以倫理承諾和實踐行動為依歸。

羅逖：反基礎論的政治觀

羅逖（Rorty, 1980, 1989, 1991a, 1991b）已前後一致地闡釋其哲學觀點，將「反再現主義」的語言觀及一種「反基礎論」的政治觀共冶於一爐（見第3章）。

反再現主義

所謂「反再現主義」（anti-representationalism）是指，我們不可將語言看成是以一種幾乎對應於物質世界的方式再現世界。對羅逖而言，「沒有任何語文項目得以再現任何非語文的項目」（Rorty, 1991a: 2）。

反基礎論

所謂「反基礎論」（anti-foundationalism）意味的是，我們無法以任何普遍真理去發現或證明我們的行動或信念。人類歷史沒有任何**預設目的**（telos），歷史變遷也無不可避免的時點。人類的「發展」是無數出於偶然的行動與環境調適的結果，因此人類演化「方向」也充滿偶然性。所謂「進步」（progress）或「目的」（purpose）之說，只能是後見之明。

偶然性、反諷與團結

羅逖論稱，我們應該本於自身傳統的價值觀，務實地追求人類處境的改善，但這並不需要任何放諸四海普遍適用的基礎。的確，我們無法逃避價值觀的問題，就像我們不能把價值觀問題置於形上學的領域，所以因歷史與文化而有別的、基於特定價值觀的政治，是人類無可避免和無所遁逃的處境。

對羅逖（Rorty, 1989）而言，語言的偶然性與其衍生而來的**反諷**。在此處，反諷意指堅信自己的想法係出於偶然，亦即自覺到事實可能與自己的想法相反，知道我們自身想法並無放諸四海普遍適用的基礎，從而使我們發出大哉問：什麼樣的人類處境是我們想要的（因為沒有任何先驗的真理，也沒任何先驗的上帝能幫我們回答這個問題）？這個大哉問包含了許多問題，在個體的層次上是我們自己想做什麼樣的人，若在群我關係上則將是我們如何對待他者。羅逖認為，這些其實都是實用主義層面上的問題，需要的是涉及政治價值的回應，而非形上學的或是認識論層面上的問題。

真理作為一種社會讚許

羅逖認為，大部分被我們堅信為「真理」的信念確實是「真實的」，但真理並非一種認識論層次的聲明，有關語言與真實之間存有對應關係，而是一種共識的術語，指涉的是同意的程度與行動習慣的協調。主張某事物不必然真實，亦即建議某人已經得出描述該事物更好的方式，此處所謂「更好」，指的是對於此方式描述世界的結果（及其預測效力）進行價值判斷。

對羅逖而言，知識也者，並非是取得一個真理或客觀的真實圖象，而是學習如何以最好的方式面對這個世界。我們產製了各式各樣關於這個世界的描述，從中汲取最適合我們的目的的部分。我們需有的各種多樣的語彙，因為我們希望實現各種多樣的目標。以此觀之，持續地重新描述我們的世界，並且比對這些不同版本話語／論述的優劣之處，在實用意義上是值得追求的，這樣做的原因如下：

• 透過比較不同實踐活動，它提供了壯大自我、改善人類處境的可能性。
• 「我們的心靈逐漸成長地更大、更強且更有趣，因為加入了新的選項——信念與欲求的新對象，並以新的語彙被表述出來」（Rorty, 1991a: 14）。
• 我們被鼓勵去傾聽可能正在受苦的他者的聲音，戮力使人類免於苦難為至高的政治善念。

歸納來說，科學、哲學或文化研究都無法提出最終的單一解決方案。只因為在當下未遇到強力挑戰，我們的語彙才具備最終的意涵。雖然我們總是在「我們」的文化傳統的概念框架下說故事，但必須對新語言的可能性保持開放態度，以便能用不同的方式看待這個世界。

打造新語言

要使這些「新語言」（new languages）獲得社會廣泛支持，需要的是在文化政治領域的抗爭。比方說，羅逖論稱，女性主義代表的是將女性重新描述成主體。他的論

證重點是：

> 　　不公義的事情可能不會被認為是不公義的，即使對承受這些不義的人
> 也是如此，直到某人發明了一個前所未有可供扮演的角色。只有當某人擁有
> 一個夢、一種聲音，以及用來描述這個夢的聲音，原先看似自然的東西才開
> 始看似文化，原先看似命運的東西才會開始變成道德上令人憎惡的事情。因
> 為直到那一刻來臨前，只有壓迫者的語言可用，而大多數的壓迫者早知道要
> 教導被壓迫者這種語言，這導致甚至對被壓迫者自己而言，若是將自己描述
> 成被壓迫者，自己都會覺得匪夷所思。（Rorty, 1995: 126）

　　因此，女性主義的語言使壓迫的情況「進入人們的視野」，並且延伸了在道德和
政治上進行協商審議的邏輯空間。在此意涵上，女性主義（以及所有形式的身分／認
同政治）並不需要本質主義或基礎論。真正需要的是「新語言」（new languages），
從而使女性的宣稱不被當作是瘋狂的，並得以被接受為「真理」（在社會讚許的意義
上來說）。女性主義所認知的世界觀並不是沒有扭曲；它真正代表的是一種有影響力
的語言，為了特定的目的和價值觀服務。此一種語言的浮現，目標不在於發現一種與
意識形態相反的普遍真理，而是一種不預先決定命運、不斷演化的抗爭的一部分。

先知式的實用主義

　　羅逖認為女性主義在彰顯「女性經驗」時，主要透過語言的創造，更甚於是藉由
發現女性應該是什麼，或是為真理和不義的真相「揭開面紗」。因此，羅逖認為女性
主義是一種**先知式的實用主義**（prophetic pragmatism），可以被用來想像並追尋另類
形式的共同體的實現。女性主義為女性打造身為女性的道德身分／認同，力爭自己的
發言權與詮釋權，但不認為女性之間有一種普遍且具本質性的認同。

　　弗雷瑟（Fraser, 1995a）同意羅逖的實用主義，但論稱後者將重新描述的工作完
全擺在個別的女性身上。相反地，她建議此種重新描述應被視為一種集體的女性主義
政治的一部分。對於哪一種新的描述較重要，或是什麼樣的女性會因重新描述而獲得
培力之類的問題，女性主義政治必須涉入論證和爭辯的過程。弗雷瑟將女性主義與民
主傳統中最好的部分扣連起來，主張女性主義對於營造一個集體辯論和實踐的「女性
主義的反領域」（feminist counter-sphere），將會有所貢獻。

　　如同弗雷瑟一樣，韋斯特（West, 1993）也是一位對實用主義持同情立場的文化
批評者，但他擔心羅逖的理論概念不足以分析權力問題，而且也未能援引社會學解釋
去指明現實與實用的集體社會變革路徑。這或許也是韋斯特對羅逖式的實用主義的主
要批評，因為後者將他的分析置於去神話（de-mythologization），而非去迷思（de-

mystification）的層次，而傅柯的追隨者則關切權力在社會生活的位置。

私人認同與公共政治

羅逖倡議的理想社會，是那種能「使人們盡可能容易地達成他們迥異不同的私人目標，又能避免傷害彼此」（Rorty, 1991b: 196）的社會。他想要鍛造的是最能夠允許差異與多樣私人認同方案發展的社會制度，而這意味了對話的需要，也提供了支持一個多樣與多元的公民的公共領域的論點，在此公共領域裡公民權利是身分／認同的一種形式，提供了共享一個政體的理由。換句話說，對我們來說，實現自身私人認同方案的最佳機會，或許是生活在一個以文化的異質多元而自豪的社會。

羅逖鼓吹「新語言」政治，也主張在制度和政策層次上採取政治行動。羅逖說，「左派」是（或者應該是）「希望的力量」（the party of hope）（Rorty, 1998: 14）。這是羅逖的論點，認為在主要的程度上，文化左派已變成一個旁觀者左派（a spectator left），對理論的興趣多過於物質變革的實際政治，對知識的興趣多過於對提供希望（即敢於想像，並以行動創造更好的社會），誤以為可在理論的層次「搞定一切」（get it right），而放棄了從事實踐的任務，致力於讓民主的制度再度為社會正義的目標服務。這不是貶抑這個事實，亦即「文化左派有其非凡成就。除了是極有原創性的學術成就的中心之外，此一新穎的學術課程已經完成了他們原先半自覺地想要完成的志業：他們的貢獻大大減少了國人的麻木不仁的殘忍習性」（Rorty, 1998: 80-81）。因此，雖然少有追求社會正義目標的立法變革，「就我們彼此互相對待的方式而言，巨大變化已然發生」（Rorty, 1998: 81）。比方說，「身為女性在美國仍然容易受到屈辱，但此種屈辱與三十年前相較已不是那麼頻繁發生了」（Rorty, 1998: 81-82）。不過，當代左派仍然對文化權力的關注多過於對經濟社會和政治權力的關注。再者，他們放棄了實際的改革行動，卻心儀用抽象和完全理論上的革命企圖澈底改造這個「體系」。

羅逖同意尼采、傅柯與德希達（他們是文化研究裡最具影響力的哲學思想家）的反再現主義；不過，他們採取一種革命的語調，而羅逖更樂於強調改良主義和務實的社會實驗主義（pragmatic social experimentalism）。整體上，羅逖的理論結合的是：

• 堅持差異的文化政治，亦即用語言來重新描述世界，從而擴展民主文化；
• 堅持透過公共**政策**來支持民主和社會正義的必要性。

再現的文化政治和文化政策導向之間，在自由民主體制之下，不必然是互斥的。

實用主義對文化研究的意涵

　　羅逖關於真理和知識的許多論點，和文化研究的主流觀點是契合的。主要差異點在於雙方追求社會正義的方法殊異。羅逖更強調在自由民主政體裡的常規政治中努力，致力於發展諸如希望（hope）……價值觀，更甚於著眼於與社會目標相關的理論擴展。

　　整體而言，實用主義的文化研究會堅守以下理念：

- 不存在普遍、形而上的真理，可用以支撐理論或政治行動。
- 真理是一種社會和文化建構的產物。
- 語言是意義和文化的核心。
- 真理彰顯於在地故事，而非宏大敘事當中。
- 個人方案與身分／認同政治，有賴於我們書寫關於自身的新故事。
- 有必要介入自由民主政體的政治，包括國家和文化政策形構的層次。
- 個人自我反身性和反諷的發展，理應在自由民主社會裡受到歡迎，因為這增進了容忍和團結。
- 在追求社會正義的鬥爭中，有必要發展希望這種價值。

解構練習：文化批評 vs. 文化政策

- 文化批評如何形塑文化政策？
- 文化政策對文化批評有何影響？
- 我們需要區分文化批評和文化政策嗎？

本章摘要

　　在本章中，我們探討了文化政治認知未盡相同且側身於學院內／外的文化研究。文化政治被定義為命名和再現世界的權力；其中，語言構成了社會世界，並且引導人們的行動方式。文化政治可被理解為各種以階級、性別、種族、性意識及年齡等因素為基礎而形成的集體社會抗爭，試圖以特定價值觀及可欲目標來重新描述社會。

　　在本章的討論中，我們處理文化政治概念化的問題，運作於寬廣的意義之上與意義之內抗爭的架構。例如：我們指出文化研究中深具影響力的「葛蘭西時期」（Gramscian moment），也討論了拉克勞、莫芙與霍爾對葛蘭西的理論修正，邁向一種差異政治，這包括：

- 不再把階級當成是政治的軸心；
- 接受社會分類和政治結盟有其偶然、反本質主義的特性；
- 對「接合政治」和「再現政治」的關注。

　　我們也指出「差異的文化政治」面對的挑戰，特別是班奈特呼籲文化研究更有生產性地介入文化政策的形成與執行過程。此一論點係基於傅柯對於治理性／治理技術這個概念的詮釋，文化是政府治理與「改造者的科學」的一部分。同時，我們也提及，文化政策的呼籲似乎對價值觀和批判的知識實踐的強調不足。最後，我們簡要地探討了作為一種哲學的實用主義，或可提供一條路徑，供我們整合對於差異政治、再現與文化政策的關懷。

文化研究的語言遊戲：關於關鍵詞語常見用法的指引

Acculturation（涵化）：一種社會化過程。透過這些過程，我們學習如何在文化中「適
　　應存活」，這些過程包括了語言、價值觀與規範的學習。

Active audience（主動閱聽人）：閱聽人可以成為意義的創造者，並非一味接收文本所
　　產生出來的意義。

Agency（施為／能動性）：社會所提供的，足以行動與製造差異的潛能。

Agonism（爭勝主義）：意指某些形式的衝突和對抗是政治衝突當中的一種，有生產性
　　和持續存在的部分（與敵意行為那種不具生產性的衝突不同）。

Anti-essentialism（反本質主義）：文字並非指涉一個本質或普同的特質，相反地，是在
　　話語／論述中所形構出來的，其會根據時間、空間及其使用而改變。例如：因為文
　　字不指涉一個本質的存在，兩者之間的一致便不是一個固定而普遍的「事實」，而
　　是語言所描述出來的。

Articulation（接合）：話語／論述中的兩個不同元素、彼此暫時完成的統合狀況，這情
　　況不必然是永遠的。接合是一種連結的形式，指其在某些條件下，不同的兩個元素
　　之間可能會產生一貫性。例如：接合使人想到，在某些特殊情況與條件下，性別問
　　題可能與種族問題產生關聯。

Authenticity (claims)〔純正性／本真性（宣稱）〕：指一種理念，認為一個概念是絕
　　對、自然、真實而純粹的。例如：認為一個地方的文化是真實的、不被觀光業所汙
　　染的，或者認為一個青少年文化是純粹的，而不受消費資本主義腐化的。這個概念
　　與本質主義論者的觀點很接近，因為純正性暗示著潔淨起源的存在。

Body（身體）：身體通常被理解為一個有機體的物理性的血肉之軀。不過，在文化研究
　　裡，身體也被認為是風格化與展演的；亦即，受到文化的作用影響。因此，我們經
　　常被要求展演「身體工作」，例如：以節食、運動和整容手術等形式。

Bricolage（拼貼）：指將原本完全無關的符號概念重新排列與組合，進而在新的脈絡下
　　產生新的意義。這是一種再表意的過程，藉著這個過程，原本有既定意義的文化符
　　碼被重新組織而具有了新的意義。

Bricoleur（修補匠）：有能力建構拼貼（見前）的人。在文化研究裡，此詞最常被用於
　　指稱那些以風格化方式（利用流行文化的打扮方式和人造物）表現自己的人。

Capitalism（資本主義）：基於財產私有制與利益最大化的概念，所發展出的動態、普

遍化的工業生產與交換制度。對馬克思主義來說，資本主義是一種剝削制度，會造成社會中的階級衝突。

Citizenship（公民身分）：一種認同的形式，藉此個人在一政治社群中被賦予社會權利與義務。

Class（階級）：指基於共有的社會經濟條件，將人們劃歸成不同的團體。階級根據經濟、社會、政治和意識形態不同面向，表示著不平等的關係。馬克思主義將階級定義為與生產方式相關。後馬克思主義論者認為階級是由話語／論述所形構出的集體性主體位置。

Cloaking（網路詐欺）：隱藏真實目的及（／或）網站營運者真實身分的線上詐欺。

Codes (cultural)〔（文化的）符碼〕：再現的系統，其中符號與其意義會根據文化慣例被以特定的方式安排、以暫時地穩定其關係。交通號誌被編碼為紅（停止）、黃（觀察）、綠（前進）的順序。物體通常被性別化：洗衣機（女性）、鑽頭（男性）、烹調器具（女性）、汽車（男性）。

Commodification（商品化）：一種與資本主義關係密切的過程，在過程中物體、性質、和符號被轉變成為商品。商品定義是指其主要存在目的，是在市場上被販售。

Conjunctural (analysis)〔局勢（分析）〕：與時空條件高度相關的分析法。此法是探究在一特定時間與空間中，某特定力量、決定與邏輯的聚集、結合或接合。

Constructionism（建構主義／建構論）：一個用以指稱反本質主義的通用名詞，強調具有意義的類別與現象的社會創造，有其文化與歷史特殊性，這與以普遍的、生物學解釋現象的理論剛好相反。

Convergence（匯流／融合）：指各種科技與工業的界線被打破的現象，例如：資訊高速公路。行動電話正逐漸成為先前分離功能（如電話、攝影、聽音樂和上網）匯流的場域。

Cultural identity（文化認同）：自己或他人所認定，根據其所知而得的基本印象。文化認同指文化意義的節點，最有名的如階級、性別、人種、族群、國族或年齡。

Cultural imperialism（文化帝國主義）：指一個文化被另一個文化所支配的現象，通常被認為是某些國家的優越以及／或者全球性的消費資本主義。

Cultural materialism（文化物質主義）：關切在產製的過程中意義如何，以及為何會產生。探究意義的產製過程的情境，是文化實踐與政治經濟的中介。

Cultural policy（文化政策）：企圖規範、主導文化產品與實踐的散布，所訂出的步驟、策略和手段，是具有文化優勢的機構、組織與管理部門所作出的努力。

Cultural politics（文化政治）：命名與再現的過程構成了意義的版圖，而文化政治則關注在這過程中的權力現象議題。也是指文化意義與資源的競爭，也指以新的語言來

詮釋我們自己，並認為這樣可以達到我們所希求的社會結果。

Cultural studies（文化研究）：跨學域或後學科的領域，企圖研究意義版圖的產生與灌輸。是一種話語／論述的成形、是一種經過規範的說話方式，關心在人類體中的表意實踐中的權力現象。

Culturalsim（文化主義）：一種研究文化的途徑，與雷蒙‧威廉斯（Raymond Williams）有關，強調一種基於人類學與歷史學的分析。它也強調文化的「平常性」，以及普通人建構共享意義實踐的創造力。

Culture（文化）：錯置散亂的意義重疊而成的版圖，其間偶爾會有一致性的存在，但不同的意義在社會空間中幾乎都處於彼此競爭的狀態。

Culture jamming（文化干擾）：是一種顛覆媒體符號學的實踐，透過將商業修辭轉化為對抗它自身。文化干擾是一種文化反抗的行動，修改商標和廣告，以便傳達不同於原意的意義，藉此轉化媒體訊息成為反訊息，以喚醒人們的政治關切。

Cyberactivism（賽伯行動主義／網路行動主義）：使用網際網路，特別是電子郵件、網站和網誌（部落格）作為政治倡議行動的載具。

Cyberdemocracy（賽伯民主／網路民主）：此一概念有兩種意義，一是數位媒體（例如：透過電子投票）有助於民主過程，二是網際網路與其他數位媒體本身就是民主參與的場域。

Cyberspace（賽伯空間）：一個空間隱喻，意指電腦、線纜系統和其他數位傳播科技活動發生的一個「無地」之地（'nowhere' place）。此概念指涉的是電子文化的虛擬空間，一種電腦生成的集體幻覺（collective hallucination）。

Cyborg（人機合體）：一種是半生物體、半機器的實體，因此它模糊了兩者之間的界線。人機合體經常出現在科幻小說或電影，例如：《魔鬼終結者》。人類也正變成人機合體，因為他們使用科技維持所需：例如：隱形眼鏡、心律調節器、義肢等。

Dark web〔暗網（和深網不同）〕：深網的一部分，只能用洋蔥瀏覽器之類的軟體近用的部分，讓使用者享有較大程度的匿名性。

Dataveillance（數據監控）：「數據」與「監控」的合體字，意指對個人活動電子記錄（例如：他們的手機使用、網路搜尋、信用卡使用等紀錄）所做的系統性的監控。

Deconstruction（解構）：拆解、復原，以尋求與展現文本的前提、修飾策略和盲點。將呈現階級形式的二元對立逐一拆解，例如：內在／外在、先天／後天、理性／瘋癲，以顯示：(a)二元中的其中一者被視為較低級的；(b)二元對立的存在是為了保障真理；(c)二元中的其中一部分與另一部分必有牽連。

Deep web〔深網（和暗網不同）〕：網際網路有一大區塊是未被（商業搜尋引擎）製作索引的，因此也無法被搜尋到。

Deregulation（解除管制）：意指鬆綁國家對媒體產權和內容管理程度的通訊傳播環境脈絡，包括用較不嚴格的限制來取代這些管制。解除管制應該更正確地被描述為重新管制（re-regulation）。

Diasporas（流離群落）：指雖有血緣與文化關係的種族，卻散居四處的情形。著重在旅行、遷徙、分散、離職、家園與邊境的概念。通常這暗示外來者、難民、流浪漢、被迫／被勉強的遷徙。

Différance（延異）：德希達後，其意指「差異與延宕」。意義是不穩定的、不可能完滿的，因為意義在產生的過程中總是不斷地被延宕，而且被其他字詞的意義所增補。其指透過許多符徵的運作，意義不斷地增補、代換、增加的過程。

Difference（差異）：非一致性、不同、區別、分別、相異、變異。差異性是意義產生的過程，這並非是一個物體的本質或屬性，而是其意義的某個位置或觀點得出來的。

Digital divide（數位落差／數字鴻溝）：數位科技（如電腦、相機、音樂播放器、行動電話）驅動了通訊傳播革命。然而，階級、性／別、種族和國族因素限制人們近用這些科技，能近用與無法近用的人之間出現差距。

Discourse（話語／論述）：語言與實踐，一種被規範過的談論方式，以修飾、建構、產生知識體。

Discursive formation（話語／論述形構）：一種話語／論述的模式，其指涉了、或產生了在不同場所中的一個共有的物體。

Disorganized capitalism（解組織化的資本主義）：資本主義在全球範圍的重新組織，包含透過全球化生產、財源與分配的資本分散。在西方，這與去工業化有關，朝向服務業部門發展，以及彈性形式的工作組織之興起。

Distinctions (of taste)〔（品味）區辨／秀異〕：一個與布爾迪厄有關的概念。此處，文化品味的區辨／秀異被理解為基於權力軸線的分類方式。區辨／秀異從來不只是同等差異的聲明，而是包含權威與純正性／本真性的宣稱。

Dystopia（反烏托邦）：一種有如夢魘一般的社會想像（烏托邦的反義詞）。

Emotions（情緒）：情緒是大腦生物化學、認知分類功能與文化意義之間的互動結果。它們包含生理變化、後天學習的反應，以及認知評價活動。情緒在表達和展現時，同時包括普遍的身體反應與後天學習的文化差異。

Encoding-Decoding（製碼－解碼）：製碼意指符號被轉換成符碼，而解碼則是讀者從它們（符碼）生產意義的過程。霍爾發展出來的製碼－解碼模式指出，不論評論家對文本意義的分析結果為何，很難確定讀者／閱聽人／消費者將會從同一文本中指認出何種——如果有的話——意義。

Enlightenment (the)（啟蒙時代／思想）：十八世紀歐洲哲學的一種立場，為了改善人類

處境（此被稱為進步）而追求普適真理。理性——特別是科學——將世界去迷思化的力量，是這個方案的核心。啓蒙時代的道德與政治議程是平等、自由與博愛。

Epistemology（認識論）：關注知識的來源與狀態。關於真實的問題，便是認識論的議題。

Essentialism（本質主義）：本質主義認為文字始終指涉著某個事物。例如：標示社會屬性的文字，會反映著一個本質而根本的身分。透過這個標記，可以從中發現到一個穩定的真實與本質，例如：女性特質。文字指涉著一個不變的本質，也代表著身分認同會被視為是不變的存在。

Ethnicity（族群性）：一個文化用語，其根據共有的價值、規範、實踐、符號和藝術品，以及自己和其他人的看法將不同群的人劃分開來。與人種的觀念有密切的關係。

Ethnography（民族誌學）：一種經驗主義、理論的研究方法，基於密集的參與式田野調查，以追求對一個文化的鉅細靡遺的描述式分析。針對文化中的規範、價值與藝術所進行的質化、小規模、詳盡的研究，因為這些都是屬於較廣的「生活的全部方式」的社會過程。

Evolution（演化）：因為天擇，有機體（生物體）為了生存所做的調適變遷過程，結構了物種的長期發展。天擇是顯型變異、差異化適應力與遺傳性相互作用的結果。

Evolutionary psychology （演化心理學）：演化心理學關注的是認知機制的演化，那是我們祖先面對其環境挑戰為了增進適應力而產生的結果，（這種認知機制）持續會對我們的行為產生影響。此處，文化的基礎被認為是演化的心理機制，能夠利用並作用在社會與文化因素之上。

Femininity（女性特質）：一種話語／論述─展演的建構，描述並規訓何謂一個女人的文化特質；亦即受文化管制的行為，被認為在社會上合宜於女性。

Feminism（女性主義）：(a)內部存在許多歧異的理論；(b)社會與政治運動。女性主義企圖檢視女人在社會中的位置，並進一步提升她們的利益。

Filter bubble（過濾泡泡）：此詞用於描述搜尋引擎個人化，導致資訊多樣性的縮減。

Foundationalism（基礎論）：為知識與價值的真實性給予絕對普遍的基礎於合理性的企圖。

Gender（性別）：影響男性、女性及其社會關係之社會建構的文化假設與實踐。女性特質與男性特質都是文化規範出來，被認為是對某一特定性別較適合的社會行為模式。性別總是跟男人和女人如何被呈現息息相關。

Genealogy（系譜學）：著重在來源與系譜的學科。傅柯用來進行文化研究的方法，試圖

檢驗話語／論述在特定與無法回復的歷史情境下運作時，其中的權力、與歷史連續
性和非連續性的現象。

Genome（基因組）：基因組或基因型是基因的集合體，或是有機體（生物體）所攜帶
的經過數位編碼的化學資訊。

Genre（類型）：透過相同與相異點的模式所規範出來的敘事過程，此敘事過程會產生
一致性與可靠性。

Global city（全球城市）：為了管理、控制在不同地方的各種經濟活動，所形成的城市
群聚。在這裡會進行著資本的累積、分散與循環，也是資訊交換與決策發生的節
點。

Globalization（全球化）：在世界上，不斷增加中的各地在經濟上、社會上、文化上與
政治上的連結，還有我們對其漸漸增加的認識。在地性的全球化生產，也是全球性
的在地化生產。與現代化機構與時空壓縮，或者漸漸縮小的世界概念相關。

Gloalization（全球在地化）：表示在地性的全球化生產與全球性的在地化生產的名詞。
表示全球性已經包含於在地性裡，而在地性的生產，也就是什麼被視為是在地性，
則是全球性的話語／論述。

Governmentality（治理性／治理技術）：透過社會秩序的規範方式，藉此一群人會屈服
於一個官僚統治與馴化模式。指一制度、程序、分析和計算，其形成特定的管轄機
構和知識的形式，以產生自省的行為道德表現。

Grand narrative（宏大敘事／大敘事）：一個宣稱具有普遍效力的包羅萬象的故事或後設
敘事，用以合理化現代世界的科學、技術和政治方案。宏大敘事／大敘事的例子，
包括馬克思主義、基督教和科學。

Hegemony（霸權）：對強勢者有利的暫時性的意義固定。一個特定文化裡，意義的統
治的產生、維持、複製過程。對葛蘭西而言，霸權暗示著「歷史集團」中的統治
階級的派系，對弱勢階級以武力、甚至是同意的方式，擁有社會權力與領導權的情
形。

Holism（整體主義）：是一種方法學途徑，堅持組成部分與整體的不可分離性，整體的
性質無法完全被它的組成部分的性質所決定。整體總是超過對其組成部分的加總。
指定層次或部分是為了理解而設，只能被用在一個明確的分析安排或隱喻之中，旨
在實現特定目的。

Homology〔同族關係（或譯「異體同形」）〕：社會結構、社會價值、文化符號，被認
為暫時結合的情況。

Hybridity（混雜性）：不同的文化元素混合後，產生新的意義與認同。混合物會以融合
與混語的方式破壞原先文化疆界的穩定，並使其模糊化。

Hyperreality（超級真實）：藉由一個模型所創造出來的擬真效果，比真實還要真實。真實與再現之間的區別的崩解與內爆。模擬或人工創造出來的真實生命，其自行運作自己的世界以構成真實。

Hypertext（超文本）：是組織和呈現符號的共同模式。超文本是由一系列的文本區塊組成的，包含書寫、圖片、圖表和聲音，彼此藉由超連結而連接在一起。此處，一個文本將你導向另一個文本，它闡述原先的文本，或是原先的文本有所評論。因此，進入一個網站時，我們會被提供多重的選單和跨網站的超連結。

Identification（同一化／同一性）：透過幻想，將話語／論述與心理力量部分地聯繫結合而產生的暫時性的依附與情感投注。

Identity（身分／認同）：意義暫時穩定的狀態。演變中而非固定後的一體的狀況，將「外在」的話語／論述與主體性的「內在」過程聯繫結合在一起。情感暫時投注於話語／論述實踐，所建構出的主體位置。

Identity politics（身分／認同政治）：形塑一身分的新語言，並藉以改變社會實踐，通常是透過擁有某些共同價值而彼此結盟的方式來完成。

Identity project（身分／認同方案）：關於我們對過去、現在以及期待中的未來的認知，持續不斷產生對自我認同的描述。

Ideology（意識形態）：將意義和世界觀修正為對強勢者有利的企圖。指意義的地圖，雖然它被認為是普適真理，但事實卻是受限於特殊歷史脈絡下的認知，這掩飾並維持了社會團體的權力（如階級、性別、種族）。

Information society (economy)〔資訊社會（經濟）〕：此概念用以指稱一種社會，其中資訊（訊息）成為後工業經濟的主要商品，而且其經濟、社會、軍事和文化能力是基於資訊（訊息）之上。資訊（訊息）的管理取代製造部門，成為主要的經濟驅動力量。這是一個由數位科技革命所驅動的全球經濟。

Internet of things（物聯網）：越來越多物質客體／物件被與網際網路相連，而且它們也彼此相連。

Intertextuality（互文性）：跨文本的意義的累積與產生。在文本中，所有的意義產生都奠基於其他的意義的存在。當自己在某文本中引用到另一文本的時候可以有所察覺，以作為推廣文化自覺的表現形式。

Irony（反諷）：對自我價值及文化的基礎的偶發與缺乏的反省。被認為是後現代的特色。知道正在說的話、做的事，已經被說過、被做過了。發掘自我陳述的雙重性，藉此，將原本已知的事情用反話來說。

Jouissance（豪爽）：指涉的是愉悅的各種面向，包括性高潮。特殊化的意義——通常與越界（踰越）、過度、弔詭，以及主體的形成（或分離）有關——能夠在精神分

析、後結構主義、哲學、文學批評和女性主義理論中發現。

Language-game（語言遊戲）：意指字詞的意義是從與其他字詞的關係所建立而成的複雜網路中所產生的，而非來自於本質或一指涉物。意義是由情境和關係決定的，意義有賴於和同具有家族相似性的字詞的關係，以及在實際陳述時的應用情境。

Life-politics（生活政治）：與反身性、自我實現、選擇與生活方式有關，為的是追求更有品質的生活。生活政治圍繞著的是創造合理化的生活形式，越來越少強調經濟積累，更加強調需要重新道德化的社會生活，以及採行新的生活風格。

Lurking（潛水）：在網際網路上「潛水」是指拜訪或觀察一個線上社群，但不讓社群成員知曉其存在的一種線上參與。

Marxism（馬克思主義）：從卡爾·馬克思的作品中發展出來的思想體系，強調物質條件的決定作用與人類事物的歷史特殊性。馬克思主義將焦點放在資本主義的發展與變動以及階級衝突，主張平等解放的哲學。

Masculinity（男性特質）：一種話語／論述—展演的建構，描述並規訓何謂一個男人的文化特質；亦即受文化管制的行為，被認為在社會上合宜於男性。

Mass culture（大眾文化）：帶有貶義的詞，暗示以商品為基礎的資本主義文化缺乏價值，是一種不純正、被操縱與無法帶來真正滿足的文化。此一概念的反義詞是高雅文化，以及（／或是）所謂純正的人民／庶民文化。

Meme（瀰因／媒母）：可由人類模仿能力予以複製的最小的文化單元。瀰因／媒母是為了完成行為的文化教導，被儲存在人的大腦，經由模仿傳遞。人類意識被認為是瀰因／媒母的產物。

Modernism（現代主義）：(a)現代性的文化體驗，特色有：變動、矛盾、懷疑、風險、不確定性和片斷化；(b)強調美學的自我覺醒、拼湊、反對寫實主義的藝術風格；(c)追求特定知識的哲學觀點，儘管該知識被認為仍在不斷緩慢地修正中。

Modernity（現代性）：接在傳統之後的歷史時期，特色為工業主義、資本主義、國家以及監控的形式。

Mods（摩登族）：1960年代的次文化，發軔於倫敦，與盛裝打扮的青少年、摩托車、靈魂、斯卡（ska）與節奏藍調（R&B）等音樂風格、夜店跳舞文化，以及鬥毆鬧事有關〔後者因為與另一種被稱作搖滾青年（rockers）的次文化有關而聲名狼藉〕。

Moral panic（道德恐慌）：一種社會過程，亦即媒體對某個文化認同群體開始產生興趣，並且將他們的行為貼上惹麻煩的標籤，而且認定這種行為會反覆發生。公眾對此一狀況的反應是道德恐慌，試圖壓制並懲罰這種偏離主流文化常軌的偏差文化。

Multimedia corporations（跨／多媒體企業）：跨越經營不同媒介形式的媒體企業。

Multiple identities（多重認同）：一種假設，認定不同、甚至可能相互矛盾的認同感，

且在不同的時空下無法成為整合協調的自我。

Myth（迷思／神話）：在混沌中，可以成為符號導向或意義指引的故事或寓言，巴特及其後學者將其視為是內涵意義的自然化。

Narrative（敘事）：經過安排的線性陳述、或對事件的紀錄，故事建構與述說的形式、模式和結構。

National identity（國族身分／認同）：將國家視為符號與話語／論述，與其產生想像認同的形式。因此國家不只是政治體，而是文化再現的系統，因此國族認同不斷透過話語／論述行為被複製。

New Social Movements（新社會運動）：象徵式、政治性的臨時集合，強調民主參與及倫理為本的行動，存在於工作場合以外，並不分階級。與女性主義運動、生態政治學、和平運動、青年運動和文化認同政治相結合。

News values（新聞價值）：用於結構化新聞事件及其再現選擇的價值觀。

Orientalism（東方主義）：一組被用來建構東方的西方話語／論述，其建構方式取決於並且複製了西方的優越地位和霸權。一種充斥歐洲優越性、種族主義與帝國主義的再現體系，將所謂「東方」的觀念帶進西方知識視野之中。

Patriarchy（父權體制）：男性在各社會機構與實踐中，反覆且系統性地宰制臣服其下的女性。表示男性當家的家庭制、統治與管理。

Performativity（展演）：透過「法則」規範與傳統的引用及覆述，來產生命名的話語／論述實踐。身分／認同的話語／論述生產，係透過如認同範疇（如男子氣概）的重複使用。

Phallocentrism（陽具中心主義）：男性中心的話語／論述。由男子氣概的觀點來看事情，將陽具視為象徵的、先驗的、普遍的符徵，指涉一個起源、自我創造和統一的能動性。

Phenotype（顯型）：一種演化生物學的概念，意指一個有機體（生物體）的顯性型態、生理特徵和行為。顯型效應是基因與環境交互作用的結果。

Place（地方）：在空間中由社會建構而成的場域地點，特色是身分與情感投注。空間中，由意義創造而成的，具有界線的存在。

Pluralism（多元主義）：多重的各式觀點與立場之存在狀態。

Political economy（政治經濟學）：著重權力以及經濟資源的分布。政治經濟探究誰擁有，並控制經濟、社會和文化機構的問題。

Politics（政治）：關注在各層次的人類互動關係中，權力的存在證明及關係。文化研究尤其關心「再現政治」：意指權力透過意義的暫時穩定，深藏在文化範疇的建構、規範與競爭中。

Polysemic（多義的）：符號具有許多潛在的意義。符號並非是只具有透明絕對的意義，只指涉著客觀世界中的一物體；相反地，它依賴著說者與聽者之間對話的實際使用。符號「多重音」的觀念，是社會傳統與努力來企圖修正意義。

Popular culture（流行文化）：廣布各處且常見的公眾文本。由大眾所創造出來的意義與實踐。從政治的範疇來看，大眾是權力也是意義競爭的中心之一。大眾超越了文化力量的疆界，也藉挑戰高低水準的概念，而表現出文化範疇的任意性特質。

Positionality（位置性／發言位置）：這個概念表示知識和「聲音」總是定位在時間、空間與社會權力中，關於對誰、哪裡、何時、為何的判斷與理解。

Postcolonialism（後殖民主義）：一種具有批判性的理論，探究後殖民的話語／論述情況，也就是殖民關係與其結果。後殖民主義從種族、國族、主體性、權力、僚屬、混雜性和混語化的角度，來看後殖民話語／論述及其主體位置。

Post-feminism（後女性主義）：後女性主義的基本觀點，是女性主義核心思想在西方文化裡被吸納與被超越。後女性主義學者認為，阻礙女性處境改善的大多數系統性障礙在西方社會已被移除，女性不必然因為女性身分而受到壓迫。後女性主義反對所謂女性是父權體制下被動受害者的說法。

Post-Fordism（後福特主義）：由原先針對大型市場、大量生產標準化商品（福特主義）轉而針對利基市場進行小規模、客製化生產。其特色是勞動的彈性，和消費模式的個人化。由原先的生產中心轉為消費中心的社會。

Post-industrial society（後工業社會）：這個概念表示工業化國家正經歷一場由工業製造為主，轉而成為以資訊科技主導的服務業為主的變革。後工業社會的特色包括伴隨著意義，由生產到消費的轉換的資訊生產與交換。

Post-Marxism（後馬克思主義）：意指在馬克思主義之後，從此馬克思主義不再被認為是當代主要的解釋敘事。在文化研究之中，馬克思主義被取代，但文化研究批判、選擇性的繼承其精髓。

Postmodernism（後現代主義）：(a)一種文化風格，其特色有互文性、諷刺、混成品、類別模糊與連結；(b)一種哲學運動，反對「大敘事」」（例如：對人類歷史與活動的普同性解釋），偏好反諷與在地知識（local knowledge）。

Postmodernity（後現代性）：(a)接在現代性之後出現的歷史階段，特徵是後工業社會脈絡下消費占據的中心地位；(b)一種文化感性，拒絕「大敘事」（亦即對人類歷史與活動所做的普遍性解釋），偏好在特定語言遊戲之內的在地的真理（local truth）。

Poststructuralism（後結構主義）：「在結構主義之後」而同時包含了批評與吸收。後結構主義吸收了結構主義各觀點，強調語言的本質在於「關係」、與透過差異建立意義的現象。後結構主義反對穩定結構中的二元對立概念，相反地，意義總是在延宕

中、進行中、與具互文性的。後結構主義反對尋找根源、穩定的定義、普適真理和歷史演進「方向」。

Power（權力）：通常被當成是一種力量，藉此，個人或團體得以在違反他人的意願下達到自己的目標和利益。這裡的權力是限制性的（優勢權力），也是零和模式（全有或全無）而組織成二元對立的權力集團，在傅柯之後，文化研究則強調權力是具有生產性與致能性的（驅動的權力），因此權力在社會各階層與所有社會關係中流動循環著。

Power/knowledge（權力／知識）：傅柯提出這個概念之後，知識便不再被認為是中性，而總是蘊含許多社會權力的疑問。權力和知識是相互建構的。

Pragmatism（實用主義）：一種哲學傳統，採取的是一種反基礎論、反再現主義與反寫實主義的真理和知識觀。此處，所有問題都是行為問題，所有判斷都是出於價值觀的判斷。實用主義的世界觀強調激進偶然性，真理取決於社會實踐，進步是基於試誤過程（實驗主義）的、出於事後之明的價值判斷。

Psychoanalysis（精神分析）：由佛洛伊德學說發展出來的一個思想體系和醫療方式，它將人分成自我、超我和無意識三個部分。精神分析在文化研究中，被用來探究異化主體的建構與形成。

Public sphere（公共領域）：由公民自己所組成，介於公民社會與國家間的空間，以供作為民主公眾討論辯證的地方，使得「民意」得以形成。

Race（種族）：一種符徵，意指基於有些人所認定的相同的生理特徵（包括膚色）而劃分的人群。一個「種族群體」是以種族為基礎的話語／論述所建構。

Rationality（理性）：意指信念基於條理清晰、合於邏輯，且與經驗相符的理由。理性並非一個普適的形上學基礎，而是一種建立在文化程序的社會讚許，被用來合理化某些信念和行動。

Realism（寫實主義）：一種知識論的看法，認為真理是可辨識的，而相應或符合於真理情況的一種藝術傳統，文本藉此創造「擬真效果」而再現真實。

Reductionism（化約論）：將一現象或範疇，以另一個現象或範疇來連結或解釋。特別是文化研究一直以來都反對經濟化約論，後者將文化文本用政治經濟來解釋。

Reflexivity（反思能力／反身性）：自我監控，並且將社會生活當成知識的構成元素並使用之。在新知識下，關於經驗以及社會生活的話語／論述。

Representation（再現）：表意實踐，藉此在某種程度之內，代表或描述「真實」世界中的物體或實踐。最好是把它當成「再現效果」，因為符號並非完全代表或反映一物件。再現是由文化、意義和知識所構成。

Resistance（抵抗／反抗）：一種關於行為舉止的規範性判斷。抗拒的重要性來自於權力

的關係以及弱勢者對上層秩序的挑戰與妥協。抗拒是關係性的、連結性的。

Search Engine Optimization (SEO)〔搜尋引擎最佳化（SEO）〕：被用來增加網站出現在搜尋引擎（如谷歌）優先列示搜尋結果之策略。

Self-identity（自我認同）：我們思考自己的方式或建立對自己的整體性描述的方式。

Semiotics（符號學）：研究符號和表意行為的學科（或「科學」）。

Sex（性）：性被用來描述身體的生理特徵，而性別則是關注於文化隱喻與實踐，籠罩了男人與女人的社會建構。巴特勒認為性與性別都可被視為話語／論述展演下的社會建構。

Signification（表意）：透過符號系統（表意系統）產生意義的過程。

Signifieds（符旨／所指）：概念、觀念、觀點、意味和意義。

Signifiers（符徵／能指）：符號的形式或媒介，如聲音圖像和頁面上的標記。

Signifying practices（表意實踐）：生產意義的活動。產生意味，也就是意義、觀點和重要性的符號產製與交換過程。

Signs（符號）：藉與其他符號的關係，而產生帶有意義的標記與聲音。符號代表與再現了概念。

Simulacrum（擬象）：原作或參考物的模仿或複製品。模擬是比真實更接近真實，對真實的模擬是對真實的測量工具。

Skinheads（平頭族）：一種源自於1960年代英國的工人階級次文化，經常與光頭造型的青少年有關。

Social（社會的）：社會的、或在社會中的，其中社會被當成是藉秩序在管理的互動所產生的人類關係的組織。在此，社會被視為是活動的自主領域，然而，對許多文化研究理論家而言，「社會」不見得有一適合的指涉物，而只是一個由一連串的話語／論述差異構成的符號。對他們而言，社會不是物件，而是競爭的場域，在其中有許多對自己和他人的描述在競爭著優勢的地位。

Social formation（社會形構）：社會被視為是具歷史性的一個整體，結合不同實踐（意識形態、政治、經濟）的複雜組合體。不同等級的實踐，各有各的特殊性，被形構在一起，彼此間卻不見得相應於彼此或產生關係。

Social identity（社會認同）：灌輸在人們身上的社會期待、規範性權利和義務，關注於一個人應該具有什麼特質，而認同是從社會與文化資源、較明顯的是語言，來形成的。

Sociospatiality（社會空間性）：一種被用來思考空間問題的馬克思主義途徑，將空間視為社會組織的一個組成要件，而非只是一個空洞的區域。

Space（空間）：空間是藉由至少二個質點的關係來定義的。社會空間是一個動態的、

異質的、改變中的社會建構，透過權力的社會關係建構而成。

Stereotype（刻板印象）：生動卻簡單的對一事物的再現。將人簡化為誇張，有時甚至是負面的個人特質。一種再現的形式，透過權力的運作將人本質化。

Strategic essentialism（策略性的本質主義）：為了特定的政治因素，把身分當成看似穩定的存在。例如：女性主義中為了促進像女性地位的流動，而將女性視為一個穩定的整體。

Structuralism（結構主義）：產生自對語言研究的思想體系，關注於讓人們習得語言能力的語言結構。結構主義者將文化視為一個深層結構的「關係系統」，這個結構造成了文化而使意義產生（並非指實際上語言的無窮變化特性）。

Structure（結構）：規範或趨於平穩的模式，組織成語言的規則和傳統。人類關係的週期性組織與模式化安排的現象（社會結構）。

Style（風格）：將物件組織以拼貼來表示異同的方式與行為和態度結合的表意實踐。與青少年文化相關的意義符碼展現，透過商品當成文化符碼轉換的方式。

Subculture（次文化）：一個群體擁有一些明顯與主流強勢社會不同的價值與規範的情形。次文化為其成員提供了意義的指引，以瞭解世界。

Subject positions（主體位置）：話語／論述中的空間或作用，世界藉此而產生了意義。說話的主體是先前話語／論述位置的存在，話語／論述透過表意的過程建構了「我」。

Subjectivity（主體性）：成為人或自我的情況與過程。對文化研究來說，主體性在傅柯之後常被認為是話語／論述的「效果」，因為主體性是話語／論述的主體位置為我們建構出來的。話語／論述的主體位置能夠提供發言主體，某種能動性與身分／認同的特質。

Surveillance（監控）：針對一個主體群的資訊進行監看與蒐集，以管理與規範各種活動。

Symbolic（象徵）：將一個東西用來表示另一個東西，所謂的象徵秩序是指經由與彼此間的差異，而產生關係的表意與意義、規範與模式化而成。

Symbolic economy（符號經濟／象徵經濟）：一方面，這個概念意指將符號組織成有意義的再現。另一方面，它指的是文化的象徵實踐，也是貨幣經濟裡具有生產力的活動。

Symbolic order（象徵秩序）：受管制與類型化的表意與意義形式，由符號之間的差異關係所構成；亦即，構成文化的符號和再現之結構方式。

Synergy（綜效）：在生產與交換以產生更大利益的過程中，將原先分離的活動或時間合在一起。在跨國、跨媒體的公司形成中，可以發現。

Teddy Boys（泰迪男孩）：一種1950年代的英國次文化，與搖滾樂、肖似愛德華時代的時尚風格，以及幫派暴力有關。

Text（文本）：平常對這個字眼的用法是表示不同形式的書寫，所以，書、雜誌都是文本。然而，它的文化研究卻是縱貫全部的中心概念，文本是透過表意實踐產生意義的一切事物。因此，衣著、電視節目、圖像、運動賽事、流行歌手等都可被視為文本。

Theory（理論）：一敘述企圖區別並解釋一個普遍的特質，該特質描述、修正、解釋一直被感知的現象。透過描述、定義、預測、控制的方式，來干預世界的工具。理論建構是反身話語／論述，企圖解釋和干預世界。

Tor (The Onion Router)（洋蔥瀏覽器）：被用於匿名通訊與網路活動的自由軟體，通常被用來近用暗網。

Truth（真理）：常識和寫實主義認識論，把真理解釋為以客觀的方式。因文化研究而建立的建構主義／建構論（constructionism），認為真實是社會所創造的。文化研究使用「真理政權」這個傅柯所提出的名詞，其意為真理是透過權力而產生的。從羅逖的實用主義來看，真理是一種社會讚許，意指真理是無法與價值觀分離的社會共識。

Under erasure（加上刪除符號）：德希達所提出的字眼，後來成為解構主義的重要觀念。把一個字置於刪除中的狀態是表示這個字是不正確的或是被誤認的，但我們卻仍避不了如此。這暗示了形而上、二元對立的不可決定性。

Urbanization（都市化）：形成大都會區的社會、經濟與文化實踐。此一概念意指將鄉村轉化為城市，是資本主義工業化的主要特徵。

Utopia（烏托邦）：一種完美或理想社會的願景（與反烏托邦是反義詞）。

Virtual reality（虛擬實境）：虛擬真實是在數位媒體之內再現的世界。此詞暗示虛擬是「近於」（'near to'）或「近似」（'approximation of'）真實；然而，在認識論的意義上，它與其他再現並無差別。在社會實踐中，虛擬真實意指網路空間裡的浩瀚文本與電腦製作的更立體與複雜的影像。

英漢人名索引

國家圖書館出版品預行編目資料

文化研究：理論與實踐／Chris Barker, Emma A.
 Jane著；羅世宏譯. ——四版.——臺北市：
五南圖書出版股份有限公司, 2022.09
　　面；　公分
譯自：Cultural studies : theory and
practice
ISBN 978-626-343-362-5（平裝）

1.CST: 文化研究

541.2031　　　　　　　　　　111014584

1Z84

文化研究：理論與實踐

作　　　者 — Chris Barker, Emma A. Jane

譯　　　者 — 羅世宏（413.2）

發 行 人 — 楊榮川

總 經 理 — 楊士清

總 編 輯 — 楊秀麗

副總編輯 — 陳念祖

責任編輯 — 陳俐君、李敏華

封面設計 — 王麗娟

出 版 者 — 五南圖書出版股份有限公司

地　　　址：106臺北市大安區和平東路二段339號4樓

電　　　話：(02)2705-5066　　傳　　　真：(02)2706-6100

網　　　址：https://www.wunan.com.tw

電子郵件：wunan@wunan.com.tw

劃撥帳號：01068953

戶　　　名：五南圖書出版股份有限公司

法律顧問　林勝安律師事務所　林勝安律師

出版日期　2008年 9 月初版一刷（共八刷）
　　　　　2010年12月二版一刷（共七刷）
　　　　　2018年10月三版一刷
　　　　　2022年 9 月四版一刷

定　　　價　新臺幣900元

經典永恆·名著常在

五十週年的獻禮——經典名著文庫

五南，五十年了，半個世紀，人生旅程的一大半，走過來了。

思索著，邁向百年的未來歷程，能為知識界、文化學術界作些什麼？

在速食文化的生態下，有什麼值得讓人雋永品味的？

歷代經典·當今名著，經過時間的洗禮，千錘百鍊，流傳至今，光芒耀人；

不僅使我們能領悟前人的智慧，同時也增深加廣我們思考的深度與視野。

我們決心投入巨資，有計畫的系統梳選，成立「經典名著文庫」，

希望收入古今中外思想性的、充滿睿智與獨見的經典、名著。

這是一項理想性的、永續性的巨大出版工程。

不在意讀者的眾寡，只考慮它的學術價值，力求完整展現先哲思想的軌跡；

為知識界開啟一片智慧之窗，營造一座百花綻放的世界文明公園，

任君遨遊、取菁吸蜜、嘉惠學子！